GRACIELA SORIANO
Mª IDOYA ZORROZA
GENARA CASTILLO
JUAN FERNANDO SELLÉS
(EDITORES)

FILÓSOFO, MAESTRO Y AMIGO

TESTIMONIOS SOBRE LEONARDO POLO

VOL. II

EDICIONES UNIVERSIDAD DE NAVARRA, S.A.
PAMPLONA

Cupón para la Biblioteca Virtual

Accede a la versión eBook de este título por solo **1,99 €**. Con la compra de este libro puedes utilizar el siguiente cupón para la lectura en *streaming** desde la Biblioteca Virtual. **Sigue estas instrucciones** para visualizar tu libro:

1. Dirígete a la web de la Biblioteca Virtual **https://ebooks.eunsa.es/library**.

2. En la web ve a **Iniciar sesión** e introduce tu email y contraseña. Si no estás registrado, deberás completar el proceso en **Registrarse**.

3. Tras registrarte, accede a la página del libro o lee el QR de esta página. Bajo el precio podrás **insertar el código oculto en el siguiente cupón** para activar la promoción.

Despegue para visualizar

Acceso directo al eBook

No se admitirá la devolución del libro si el código promocional ha sido manipulado.

Canjéalo en ebooks.eunsa.es

*Con acceso a internet desde cualquier navegador.

Primera edición: 2024

© 2024. Graciela Soriano, Mª Idoya Zorroza, Genara Castillo, Juan Fernando Sellés
Ediciones Universidad de Navarra, S.A. (EUNSA)
Campus Universitario • Universidad de Navarra • 31009 Pamplona • España
+34 948 25 68 50 • www.eunsa.es • eunsa@eunsa.es

ISBN: 978-84-313-3950-0
DL NA 1107-2024

Printed in Spain – Impreso en España
Imprime: Podiprint

Leonardo Polo con Agustín González Enciso, Ángel Luis González García
y Mª Amor Beguiristain, en el Aula Magna del Edificio Central
de la Universidad de Navarra en el Acto de su Homenaje
el 27 de noviembre de 1996

Índice

PARTE PRIMERA
TESTIMONIOS DIRECTOS

PARTE SEGUNDA
TESTIMONIOS INDIRECTOS

PARTE TERCERA
EN BREVES TRAZOS

Palabras de las autoridades académicas

D. Ignacio Barrera Rodríguez, Vicecanciller de la Universidad de Navarra: *El gran filósofo de nuestra universidad*

Hace un tiempo, Juan Fernando Sellés –qué buen discípulo para tan buen maestro– me sugirió que colaborara en este libro homenaje. No me veía capaz de aportar gran cosa, pues no pertenezco al distinguido grupo de los antiguos alumnos de don Leonardo ni estudié en la entonces Facultad de Filosofía y Ciencias de la Educación ni tuve un especial trato con él. Por eso, envío estas líneas con "el tiempo reglamentario casi vencido" siguiendo los tópicos al uso del fútbol español.

Mis recuerdos de don Leonardo (en mis años universitarios el "don" siempre iba por delante y todos sabíamos quién era don Leonardo) son pocos, pero muy agradables y enriquecedores. Todos, en tertulias o encuentros similares. Relato, en primer lugar, uno vivido de manera indirecta, pues procede de una tertulia con el profesor Alejandro Llano en el Colegio Mayor Belagua. En esa ocasión hablamos de distintos filósofos y pensadores, libros, teorías… y alguien preguntó en concreto por los de la Facultad de Pamplona. Respondió con una pequeña historia. Un buen día acompañó a un grupo de estudiantes de COU –para los de la ESO, vuestro segundo de Bachillerato– que habían viajado a Pamplona para conocer la Facultad de Filosofía. El profesor Llano les llevó por los distintos despachos y fue presentando a los profesores que iba encontrando en su camino. Explicaba a esos chicos y chicas en qué consistía la materia que impartía cada uno y les invitaba a hacer alguna pregunta. Así lo hizo con unos y otros hasta que se paró delante de la puerta de don Leonardo y les dijo: "Hasta ahora habéis conocido a varios profesores de filosofía. Ahora vais a conocer a un filósofo". Y es que así era percibido don Leonardo por todos: el gran filósofo de nuestra universidad.

Pero no era don Leonardo una especie de extraterrestre que aterrizaba en el campus con su platillo volante. No. Otros de mis recuerdos se refieren a los ratos de tertulia que disfrutamos con él en los colegios mayores. Era ingenioso, divertido, amablemente provocador. Disfrutaba con el fútbol –no como jugador, claro está– tanto como nosotros. Además, se notaba que sabía. En alguna de esas tertulias salió, por ejemplo, que también disfrutaba con los cómics, como los antiguos "Hazañas bélicas" (he de aclarar que a mí no me interesaban gran cosa). Con él, en esas conversaciones, reíamos y pensábamos: más pensábamos que reíamos, pero siempre nos quedábamos con la satisfacción de haber crecido.

En 1992, año de la beatificación de san Josemaría, el fundador del Opus Dei y de la Universidad de Navarra, hubo muchas actividades en torno a su figura. Una de ellas fue una mesa redonda en el salón de actos de Belagua. En ella contaron sus recuerdos algunos profesores, entre los que estaba don Leonardo. La verdad es que no recuerdo ninguna de sus palabras. Tampoco, las de los otros ponentes (don Carlos Soria, entre otros), pero sí recuerdo que yo estaba sentado a su derecha –para entonces era el Director de una de "las Belaguas"– y que pasé un rato delicioso, por tantas ideas tan bien hilvanadas, por su ingenio y por cuanto nos ayudó a profundizar en el mensaje de san Josemaría. No se lo pregunté, pero me bastó oírle para saber que le quiso muchísimo.

Hace mucho tiempo tuve un profesor de literatura que nos decía: "Procurad leer libros que se tengan de pie". Todos entendíamos bien el sentido de ese consejo. A la vuelta de los años, la vida me ha traído de nuevo a la Universidad de Navarra. No es mérito mío ser ahora el Vicecanciller. Pero sí puedo afirmar, ayudándome de ese consejo del profesor de literatura, que don Leonardo es uno de esos libros que se tienen de pie y hacen que la Universidad de Navarra sea lo que es.

Gracias a quienes habéis promovido este libro homenaje. Gracias por contar conmigo para dejar unas palabras de recuerdo y agradecimiento a don Leonardo.

Ignacio Barrera Rodríguez
FCOM 88
Vicecanciller
Universidad de Navarra

Breves palabras de la Rectora de la Universidad de Navarra: *La huella que el profesor Polo ha dejado en tantas personas*

Escribo estas líneas en un nuevo volumen de testimonios sobre Leonardo Polo y comienzo con una confesión: no puedo decir que le conociera personalmente, únicamente asistí a una conferencia suya en los años 90, cuando yo era una joven investigadora y él estaba en la etapa final de su carrera académica. Sí puedo dar, en cambio, testimonio de algo que me ha llamado la atención durante todos estos años: la huella que el profesor Polo ha dejado en tantas personas. Al profesor Polo se le atribuye con frecuencia y con toda propiedad el término maestro, un concepto que puede referirse, como señala el diccionario de la RAE, a aquella persona "de mérito relevante entre las de su clase". Me atrevo a decir que en el caso del profesor Polo esa definición debería completarse con otra: maestro es el que deja una huella profunda y duradera en otros, el que sigue vivo y presente en el pensamiento y el trabajo intelectual de sus discípulos, el que suscita preguntas y abre caminos de reflexión para las generaciones futuras. Ese ha sido y sigue siendo, diez años después de que nos dejara, el legado del profesor Polo. En estos tiempos en los que abunda la información y escasea el conocimiento y la sabiduría, el profesor Polo es un referente luminoso de qué significa ser profesor universitario y de la dimensión profundamente humana de la vida académica. A él mi gratitud y la de la Universidad de Navarra por habernos hecho partícipes de su legado.

María Iraburu Elizalde
Rectora
Universidad de Navarra
rectora@unav.es

Presentación de los Editores

Hace 6 años se publicó un primer volumen de testimonios sobre Leonardo Polo titulado *Filósofo, maestro y amigo* (Eunsa, Pamplona, 2018, 644 págs.), que comprendía 234 escritos sobre esta figura señera de la filosofía, siendo entre estos trabajos 203 de testigos directos, es decir, de personas que trataron personalmente con Polo, 24 indirectos, de personas que relataron el bien que ha hecho en su vida su obra escrita, y 7 textos *In memoriam*, redactados con ocasión de su fallecimiento acaecido en Pamplona el sábado 9 de febrero de 2013, recién cumplidos sus 87 años. En total colaboraron personas de 27 países.

En las fechas en que se publicó ese primer volumen los editores éramos conscientes de que quedaban muchas otras personas que, conocedoras de Leonardo Polo y agradecidas por su amistad, magisterio y filosofía, no habían podido colaborar narrando sus recuerdos, por falta de comunicación con nosotros, es decir, porque no pudimos llegar a ellos.

A la vuelta de estos pocos años la celebridad de Polo se ha esparcido por los cuatro vientos, seguramente por diversos motivos: la publicación de sus *Obras Completas*[1], las cuatro revistas existentes sobre su pensamiento[2], los congresos internacionales celebrados[3], los artículos[4] y los libros[5]

---

[1] Cfr. POLO, L., *Obras Completas*, Serie A, vols. I-XXVII, Pamplona, Eunsa, 2015-2018; Serie B, vols. XXVIX-XL, Pamplona, Eunsa, 2019-2023.

[2] Periódicamente se publican estas cuatro revistas sobre su pensamiento: *Studia Poliana* (2º cuartil), con sede en Pamplona (España); *Miscelánea Poliana*, con sede en Málaga (España); *Revista de Estudios Filosóficos Leonardo Polo*, con sede Buenos Aires (Argentina), y *Journal of Polian Studies*, con sede en Notre Dame (USA).

[3] Han tenido lugar 11 *Congresos Internacionales* y 15 *Nacionales* sobre su pensamiento.

[4] Se han publicado 850 *artículos* sobre su filosofía.

publicados sobre su filosofía, las reseñas sobre estos últimos[6], la multiplicación de tesis doctorales[7] y trabajos de investigación[8], de cursos orales[9], seminarios y conferencias, sobre su pensamiento, los grupos de investigación por *zoom sobre su filosofía*[10], la *web* de PODIUN, sofisticada herramienta digital para la búsqueda de datos en sus escritos[11], etc. Evidentemente a ello han contribuido los nuevos medios técnicos de comunicación.

Con esto, el mensaje de Polo ha llegado a muchas otras personas, algunas de las cuales le conocieron en vida, otras en cambio, a través de sus obras. Unas y otras están agradecidas a este singular pensador. Es obvio que esto no significa que todos se consideren discípulos suyos y que sigan su estela filosófica, pero a nadie se le pasa por alto el don de su preclara inteligencia y el esfuerzo denodado de su trabajo intelectual.

Teniendo *in mente* dicha expansión, se ha visto pertinente conformar este segundo volumen con nuevos testimonios sobre tan ilustre pensador. Consideramos que era el momento adecuado porque la vida de los que hemos coincidido con él, como toda otra humana, tiene fecha de caducidad, y de no recoger estos relatos, seguramente se hubiesen perdido para la posteridad. Repárese, a título de ejemplo, que de entre los que le conocieron personalmente y escribieron sobre él en la anterior publicación 7 de ellos ya no están entre nosotros.

La estructura de este libro sigue la pauta del anterior: en primer lugar se ofrecen escritos sobre Polo de las autoridades académicas de la Univer-

---

[5] Se han publicado 64 *libros individuales* sobre su pensamiento y 19 *colectivos*.

[6] Se han editado 163 *reseñas* sobre sus libros.

[7] Se han defendido 39 *tesis doctorales* sobre su filosofía.

[8] Se han defendido 73 *trabajos de investigación* sobre su filosofía.

[9] Se han impartido 96 *cursos* sobre su pensamiento. Presenciales en España, México, Brasil, Kenia… Y por *zoom*, en todas partes.

[10] De momento existen los siguientes: *Polo-Empresa*, que coordina el Profesor: Cernin Martínez Yoldi (zerninmartinez@unav.es); los de *Polo-Antropología*, *Polo-Teoría del conocimiento* y *Polo-Teología*, que coordina el Profesor Louis Cardona (louiscardona@gmail.com); el de *Polo-Educación*, que coordina el Profesor Joaquín León Parodi (joaquinleonparodi@gmail.com); y el de *Polo-Psicología*, que coordina el Profesor Gonzalo Alonso-Bastarreche (gabastarrec@unav.es).

[11] Se ha confeccionado una *herramienta informática* de última generación de cara a la investigación en su pensamiento, para hacer búsquedas de múltiples conceptos: PODIUN (Polo Digital Universidad de Navarra). Cfr. para mayor información sobre el manejo de la herramienta: Santiago Tejero Matía (stejero@unav.es).

sidad de Navarra, institución de la que él fue el primer profesor de filosofía y a la que dedicó su vida académica, autoridades que, como las que manifestaron su gratitud en el primer volumen, conocieron a Polo *de visu*. Seguidamente se añade lo que en aquél volumen se denominó "Breve panorámica biográfico-filosófica de Leonardo Polo" A continuación, en la *Parte primera* se recogen, numerados, 113 testimonios de personas que de un modo u otro coincidieron durante su vida con él por motivos de trabajo o amistad. Después, en la *Parte segunda*, se exponen 119 testimonios indirectos de quienes agradecen sus escritos por el realce que estos han tenido en sus vidas. Al final, se omite, como es obvio, los *In memoriam* publicados con ocasión de su fallecimiento, pero se añade la *Parte tercera* titulada "En breves trazos", que son breves referencias de algunas personas a la personalidad u obra de Polo, donde se recogen 35 sucintos testimonios más. Los colaboradores de las tres secciones pertenecen a 24 países distintos[12]. Con estos 267 relatos, más los 234 del primer volumen, contamos con 501 escritos sobre L. Polo. No es un número despreciable, pero la puerta queda abierta a nuevos volúmenes.

Al término de la exposición de estos testimonios se ofrece la transcripción de una charla que Leonardo Polo impartió en una casa de convivencias llamada Molinoviejo (Segovia, España) en octubre de 1998. La damos a conocer por una sencilla razón: todo el mundo tiene hoy acceso a sus libros, pero son muchas personas las que se preguntan cómo eran las charlas de formación que él impartía a pequeños grupos de personas en un ambiente más familiar y menos académico. Sirva, pues, esta charla de respuesta. Tras ella sigue un sucinto "Epílogo" y, a falta todavía de una suficiente biografía humana e intelectual, se añade la "Tabla cronológica del autor", que cuenta solo con un pequeño añadido referido a la publicación de sus obras, pues la que se ofrecía en el primer volumen se cerraba indicando que 2015 fue la fecha de inicio de la edición de sus *Obras Completas*, mientras que en ésta se añade que 2024 es la fecha de finalización de la publicación de las dos primeras series de esas obras, la Serie A, de 27 primeros volúmenes (del I al XXVII, escritos publicados durante la vida del

---

[12] A saber, en Europa: España, Italia, Suiza, Inglaterra, Austria y Lituania; en América: USA, México, Guatemala, El Salvador, Honduras, República Dominicana, Colombia, Ecuador, Perú, Bolivia, Chile, Argentina, Uruguay, Paraguay y Brasil; en África: Kenia y Nigeria; y en Oceanía, Filipinas.

autor), y la Serie B, de 13 volúmenes (del XXVIII al XL, inéditos). De los títulos de ambas series se da razón al final del volumen. Con todo, quedan por trabajar alrededor de 1300 cintas grabadas ya digitalizadas, de las que se pueden entresacar documentos para publicar en la Serie C.

Tras mencionar estos datos no queda sino agradecer a todos los colaboradores de este volumen el tiempo y esfuerzo empleados en la redacción de sus aportaciones, así como a los directores de las *Obras Completas* de Leonardo Polo, en especial al Profesor Ángel Luis González (q.e.p.d.), de grata memoria, que las puso en marcha, su trabajo realizado hasta el momento.

Graciela Soriano
Dra. Filosofía
Universidad de Navarra
(gracielamsoriano@gmail.com)

Mª Idoya Zorroza
Dra. Filosofía
Universidad P. de Salamanca
(izorrozahu@upsa.es)

Genara Castillo Córdova
Dra. Filosofía
Universidad de Piura
(genara.castillo@udep.edu.pe)

Juan Fernando Sellés Dauder
Dr. Filosofía
Universidad de Navarra
(jfselles@unav.es)

Breve panorámica biográfico-filosófica
de Leonardo Polo[1]

1. *Síntesis biográfica.* Leonardo Polo Barrena nació en Madrid –España– el 1 de febrero de 1926. De 1931 a 1936 cursó la enseñanza básica en el Liceo Francés de Madrid, con unas calificaciones extraordinarias, salvo en educación física o deportes que obtuvo calificaciones de notable. En 1936 ingreso en el Bachillerato. Desde 1937 a 1939 vivió en Albacete –España–, a raíz del trabajo de su padre. En 1939 regresó a Madrid. Entre 1939 y 1945 cursó los estudios de Bachillerato en el Instituto Cardenal Cisneros de Madrid y en 1945 obtuvo el Premio Extraordinario de Bachillerato en el examen de Estado.

[1] Aunque sería deseable disponer de una buena biografía intelectual, todavía por hacer, de momento contamos con varias semblanzas breves de L. Polo y algunas relaciones bibliográficas: FRANQUET, M.J., "Semblanza Bio-bibliográfica"; *Anuario Filosófico*, XXV/1 (1992) 21-25; "Trayectoria intelectual de Leonardo Polo", *Anuario Filosófico*, XXIX/2 (1996) 303-322; GARCÍA VALDECASAS, M., – PIÁ TARAZONA, S., "Relación de obras publicadas e inéditos de Leonardo Polo", *Anuario Filosófico*, XXIX/2 (1996) 323-331; GARCÍA GONZÁLEZ, J. A., "Capítulo 1: Apunte bio-bibliográfico", *Principio sin continuación*, Málaga, Universidad de Málaga, 1998, 16-19; ESQUER, H., "Bibliografía: I. Obras de Leonardo Polo, II. Estudios sobre Leonardo Polo". *El límite del pensamiento*, Pamplona, Eunsa, 2000, 219-232; PIÁ TARAZONA, S., "Bibliografía", en *El hombre como ser dual. La antropología trascendental de Leonardo Polo*, Pamplona, Eunsa, 2001, 463-473; SELLÉS, J. F., "Leonardo Polo", *Asociación Española de Personalismo*, Recursos (2014) 1-5 (en http//www.personalismo.org); "Leonardo Polo: una breve semblanza del maestro y amigo", *Miscelanea Poliana*, 49 (2015) 1-13; "Claves del pensamiento de Leonardo Polo", en *Ocho filósofos españoles contemporáneos*, J.L. Caballero (ed.), Madrid, Diálogo Filosófico, 2008, 257-293; "Leonardo Polo", en Enciclopedia *Philosophica* (www.philosophica.info); ESCLANDA, R., & SELLÉS, J.F., *Leonardo Polo: A Brief Introduction*, South Bend, Leonardo Polo Institute of Philosophy, 2014, 21-42; Cfr. http://www.leonardopolo.net; http://www.ensayistas.org/filosofos/spain/Polo.

De 1945-1949 realizó los estudios de la Licenciatura de Derecho en la Universidad Complutense (llamada entonces Universidad Central) en Madrid. En 1949, a sus 23 años, comenzó a cursar, como estudiante libre, Filosofía y Letras. Justo en esa edad pidió la admisión como miembro Numerario al Opus Dei. En esa fecha, viviendo en una residencia de la calle Serrano de Madrid, dándole vueltas a la relación entre el pensamiento y la realidad, en concreto en el pasillo irregular de esa casa –según Leonardo Polo contaba–, descubrió un método nuevo para hacer filosofía, al que luego llamó "abandono del límite mental", que consiste en ejercer los niveles superiores del conocimiento humano. Terminó la Licenciatura de Filosofía en 1952, a sus 26 años. ¿Impronta? En filosofía Leonardo Polo ha sido autodidacta desde el comienzo.

Desde 1952 a 1954 residió en Roma debido a la obtención de una beca del Ministerio Español de Educación y Ciencia (CSIC) para realizar estudios de tesis doctoral en Derecho. Allí empezó la redacción de sus primeros trabajos filosóficos dedicando muchas horas del día a pensar sobre su anterior descubrimiento. Finalizada esa intensa estancia, en la que no trabajó sobre Derecho, sino sobre Filosofía, y por indicación de san Josemaría, Leonardo Polo llegó a la Universidad de Navarra en 1954 para iniciar la Facultad de Filosofía. Empezó su magisterio en la Facultad de Derecho, pero al iniciarse la Facultad de Filosofía en 1955-56, Polo fue su primer profesor. Obtuvo la Licenciatura en Filosofía en 1958 en la Universidad de Barcelona, a sus 32 años. Cuando la terminó, hizo su Trabajo de Investigación titulado *La antropología de Carlos Marx*, que defendió ese mismo año y en la misma universidad. Seguidamente emprendió sus estudios de doctorado, defendiendo su Tesis Doctoral en Filosofía por la Universidad de Madrid cuatro años después, en 1962. Contaba con 36 años. La tesis, *Evidencia y realidad en Descartes*, fue publicada un año más tarde (1963). A este libro siguieron otros dos en años sucesivos: *El acceso al ser* (1964) y *El ser* I (1965). Queda de esa primera época de su vida un escrito todavía inédito, a saber, el que trata de la distinción real entre esencia y acto de ser. Publicó esas tres primeras obras en la primera mitad de la década de los '60. Pero al no encontrar eco sus primeras publicaciones –de seguro debido a su dificultad– dejó de escribir por temor a no ser entendido, o incluso malinterpretado.

Desde ese tiempo, aunque sin duda sus colegas se dieron cuenta de que estaban ante un singular 'maestro' –así le llamaban–, seguramente no entendieron las claves de fondo de su pensamiento (como algunos de ellos públicamente han confesado). Con todo, Polo apreciaba mucho sus observaciones. Su filosofía no es clasificable dentro de una determinada escuela de pensamiento. Tal vez baste decir que se halla dentro del *realismo*, que todos sus cursos son –como él decía– de inspiración aristotélica, pero no se tomaba el realismo como una pieza de museo, sino vivo, floreciente y sobre todo, inconforme con las altas metas alcanzadas antaño y, por tanto, proseguible.

En 1966, a sus 40 años, dejó forzosamente la Universidad de Navarra. Aprovecho la cesantía para presentarse a las oposiciones de catedrático en Madrid. Obtuvo por oposición la plaza de Catedrático de Historia de la Filosofía en la Universidad de Granada, en la que permaneció dos años impartiendo su magisterio. En 1968, a petición de la Facultad de Filosofía y Letras de la Universidad de Navarra, se le invitó a regresar a ella con el título de Profesor Ordinario. Desde 1968 hasta 1972 fue Director de Estudios de la Facultad de Filosofía y Letras. En 1975 obtuvo el nombramiento de Director del Departamento de Historia de la Filosofía y de las Ciencias. En los veranos entre 1964 y 1969 estuvo impartiendo en 7 ocasiones sus enseñanzas en la Universidad de La Rábida, Huelva (España).

De lo que hasta la fecha tenemos constancia, sabemos que en 1979 dieron comienzo sus viajes veraniegos por América aprovechando el periodo de vacaciones estivales de los meses de julio y agosto en la Universidad de Navarra. El primer viaje fue a México, a colaborar con la Universidad Panamericana, país al que viajaría dos veces más (1983 y 1990). En el verano de 1983 viajó por primera vez a Perú, para impartir su magisterio en la Universidad de Piura, lugar al que viajaría un total de 17 veces, desde esa fecha hasta 1999, recibiendo de esa universidad del Doctorado Honoris Causa en 1994. A la Universidad de La Sabana, en Bogotá (Colombia) viajó 5 veces, desde 1986 hasta 1997. A la de Los Andes en Santiago de Chile, otras 6, desde 1987 hasta 1998. Y una a la Católica de Valparaiso en 1987. También estuvo en la Universidad de Málaga (España) 14 veces desde 1979 hasta 1998, así como 3 en la Università della Sancta Croce de Roma, desde 1990 a 1998, y solo una en la Universidad de Palermo en Sicilia.

De silencio editorial transcurrieron dos décadas, desde 1964 hasta 1994 fecha en que su alumna María José Franquet, tras grabar su primer curso de *Teoría del conocimiento*, lo transcribió, se corrigió y se envió a la imprenta. Desde entonces hasta la fecha han sido unos 40 los libros publicados por este sistema, los cuales, en la actual edición de las *Obras Completas*, se han agrupado en 27 volúmenes de la Serie A. También disponemos de otros escritos aparecidos en red (en la web del IEFLP). Con todo, el número de inéditos es grande, y el de cintas grabadas de cursos, que se están digitalizando, es ingente. Sin embargo, debemos lamentar que otros muchos cursos se hayan perdido o, por lo menos, carecemos por el momento de documentación. Muchos de los colegas de otras Facultades de la Universidad de Navarra guardan gratos recuerdos de los seminarios que impartió Polo en sus respetivas sedes, pero, aunque recuerdan el tema en cuestión, la mayor parte del contenido se ha borrado lastimosamente de sus memorias.

En 1996 fue nombrado Profesor extraordinario en la Universidad de Navarra y al año siguiente, en 1997 Profesor Honorario. Desde 1998, fecha en que impartió algún seminario en la Universidad de Navarra y durante el verano viajó a las universidades de Los Andes (Chile) y Piura (Perú), dejó de impartir su magisterio público. Desde esa fecha trabajó en algunas ocasiones en el actual despacho 2200 de la Biblioteca de la Universidad de Navarra y otras, las más de las veces, en su casa de Pamplona situada en la calle Monasterio de la Oliva nº 6, 6º del barrio de San Juan hasta una semana antes de fallecer el 9 de febrero de 2013.

2. *Su quehacer filosófico*. En cuanto a lo ordinario de su vida laboral, a Leonardo Polo no le gustaba tener varios frentes de investigación a la vez. Prefería dedicarse a un solo tema y darle vueltas hasta que, como fruta madura, caía el descubrimiento. Desde luego que en su filosofía hay evolución, cierto cambio, matizaciones con el paso del tiempo, pero siempre dentro de los parámetros del *método* que descubrió al inicio de su andadura filosófica. Designó como 'límite mental' el pensar objetivo, es decir, esos actos u operaciones inmanentes de la razón que forman un objeto pensado (abstracto o idea) al pensar. Y sostuvo, desde el inicio hasta el final de su andadura filosófica, que ese nivel de conocimiento humano puede ser superado de modo natural ejerciendo otros niveles superiores del conocer

humano, a saber, el propio de los hábitos adquiridos de la razón (que son múltiples y de diversas vías operativas) y el de los tres hábitos innatos (de inferior a superior: sindéresis, primeros principios y sabiduría). A ellos hay que añadir el del conocer personal o conocer a nivel de acto de ser – además de los conocimientos sobrenaturales propios del '*lumen fidei*' y del '*lumen gloriae*'–.

En cuanto a su sintonía con su *método* filosófico, Polo solía decir que la mayoría de los grandes filósofos habían detectado el límite del conocimiento objetivo –Aristóteles, Tomás de Aquino, etc.–, pero que escasamente lo habían abandonado. De entre los pensadores del s. XX, el que –según Polo– más había detectado lo que él llamaba "límite mental" y más se había esforzado por abandonarlo, era Bergson, y el que menos, Zubiri. Respecto de pensadores modernos, Polo decía que el más serio fue Hegel, y el menor, seguramente Marx, porque 'el materialismo siempre es la posición teórica más débil'. Pero ninguno de ellos abandonó el límite mental. Y del siglo XX, la corriente de filosofía más seria es –según decía– la *fenomenología*, y la más débil, el *pragmatismo* de finales del XX y de comienzos del XXI, pero ninguna de ellas abandona dicho límite, sino que lo consagran. De la *postmodernidad* pensó que es una especie de esteticismo culturalista con el que ni siquiera se dignaba discutir. Prestaba más atención a los pensadores mejores, los más grandes y profundos, los de primera fila, aunque estuviesen equivocados. Connaturalizarse con ellos –dejando al margen los de segunda categoría– tiene la ventaja –decía– de intentar ponerse a su altura y superarlos. En efecto, Polo trabó contacto con las obras de los más encumbrados pensadores de todos los tiempos.

¿Qué supone en filosofía Leonardo Polo para nuestra altura histórica? Seguramente un gran favor, pues se trata de una prolongación de los hallazgos más importantes del pensamiento clásico griego y medieval, así como de una rectificación –tras aceptar el reto de sus propuestas– de los puntos capitales de la filosofía moderna y contemporánea. Como es obvio, esa visión, a la par sintética y elevadora, no es usual en los últimos siglos, y menos en los tiempos que corren, en los que dominan temas y métodos bien modestos, distintivos de las diversas escuelas, así como un último pensamiento que, más que débil o líquido parece gaseoso. ¿Qué es, pues, Polo para la historia del pensamiento? Seguramente, un gran pensador que soluciona por elevación la problematicidad moderna y reciente a la par que abre los logros antiguos y medievales a nuevos desarrollos.

Quienes conocen más de cerca el pensamiento de Polo, han tenido oportunidad de seguirlo durante décadas, y de compararlo con el de otros pensadores centrales de la historia de la filosofía –antiguos y recientes–, se dan cuenta de que no están ante un profesor más o menos destacado, ante un comentador o hermeneuta exitoso, un analizador más o menos válido de textos, un orador reconocido, sino ante uno de los grandes del pensamiento occidental, que la historia –si le hace justicia– acabará reconociendo, aunque seguramente tarde, porque los tiempos de crisis que hoy vivimos no son los más propicios para centrar en serio la atención en asuntos tan profundos como los que Leonardo Polo ha trabajado, y mucho menos, para dejarse la vida por ellos. En efecto, para que la filosofía de Polo sea reconocida, se requiere formar pacientemente en sus descubrimientos durante muchos años a las nuevas generaciones, así como animarlas a que no se limiten a repetir al maestro –como Polo reiteraba–, sino a aprovechar sus descubrimientos para proseguirlos. ¿Y si los que vienen detrás notan que les falta suficiente capacidad, incomparable con la de D. Leonardo? Que no les preocupe demasiado, pues él reiteraba el dicho según el cual "un enano a hombros de un gigante ve más que aquél".

En cuanto a las materias que Polo más ha desarrollado, se puede decir que son las superiores de la filosofía: 1º) la *antropología trascendental*; 2º) la *metafísica*; 3º) la *ética*; 4º) la *teoría del conocimiento*. Y tras estas, otras: la psicología, la sociología, la teoría de la empresa. En cuanto a los filósofos más estudiados por él, cabe decir que son los más destacados de la historia de la filosofía: Platón, Aristóteles, San Agustín, Plotino, Averroes, Avicena, San Anselmo, San Alberto Magno, San Buenaventura, Sto. Tomás de Aquino, Escoto, Eckhart, Ockham, Descartes, Espinosa, Leibniz, Newton, Hobbes, Locke, Hume, Kant, Fichte, Schelling, Hegel, Marx, Dilthey, Kierkegaard, Schopenhauer, Nietzsche, Bergson, Weber, Freud, Husserl, Scheler, Heidegger, Wittgenstein, Sartre, Jaspers, Marcel, Zubiri... De esto se ha dado cuenta en varios números de la revista *Studia Poliana*, dedicada a su pensamiento.

En cuanto a su estilo formal, como se sabe, la redacción de su filosofía es compleja cuando Polo escribe para quienes son filósofos, pero sus exposiciones son fácilmente asequibles por parte de un amplio auditorio cuando se pone al nivel de éste. En efecto, Leonardo Polo se ponía a la altura de sus interlocutores. De ahí que tengamos tan variopinta documentación que oscila entre tratados bien difíciles de comprender, a libros de divulgación para alumnos de primeros cursos de Filosofía, pasando por cursos y charlas dirigidas a un determinado sector profesional como directivos, empresarios, profesores de colegios, etc. Como también es sabido, la mayor parte de su obra responde a cursos por él dictados, luego grabados y transcritos, y después corregidos, anotados, divididos en capítulos y epígrafes, tarea en la que han colaborado muchos.

3. *carece de sentido hablar de 'Escuela Poliana'*. Lo indicado más arriba es perfectamente compatible con que carezca de sentido hablar de 'escuela poliana'. Polo es un pensador en exceso abierto, pues siempre deja los temas aptos para nuevas indagaciones. Nunca ponía punto final a nada, y decía que el que pone punto final a lo que dice, precisamente en ese momento se equivoca. De modo que sería un grave error sostener que es necesario usar sus palabras o modos de decir, ajustarse a una determinada formalidad, o sea, emplear su filosofía como un asunto cerrado, terminado, fijo, como sería necio prescindir de las verdades por él descubiertas. Nada más lejos de la mente de Polo, tan amante de cada libertad personal. Si bien se mira, entre los que leen y entienden a Polo lo que en ellos resplandece es la diversidad, no solo obviamente por la personalidad o el carácter de cada quien, sino por los temas que cada cual trabaja (teología natural, teoría del conocimiento, ética, física, antropología, metafísica, etc.), el modo de trabajarlos tan dispares en unos y otros, por el modo de ponerlos en correlación con otras filosofías habidas en la historia (aristotelismo, tomismo, idealismo, fenomenología, filosofía analítica, etc.), y por su parecer sobre todos los temas opinables.

Entonces, si no se trata de 'escuela', de punto de vista elegido inicialmente, de opción voluntaria por un modo concreto de hacer, etc., ¿dónde radica el 'secreto' de la *metodología* propuesta por Polo? En el conocimiento humano mismo, el mejor método de que todo y cada hombre dispone. En efecto, el conocer humano está conformado por una serie de niveles cognoscitivos jerárquicamente distintos entre sí, y tenemos la suerte de que Polo es quién más los ha perfilado (algunos de modo pormenorizado) a lo largo de la historia de la filosofía. Con todo, podemos seguir indagando en cada uno de ellos para descubrir más su índole y sus respectivos temas. Como tales niveles del conocer humano son como son, es decir, conocen como conocen (de modo axiomático), y no como a alguien le gustaría que conociesen o dejasen de conocer, si se descubre el modo propio de conocer de cada nivel, se advierten sus temas propios –en cada nivel distintos– que cada uno de ellos permite conocer, a la par que cualquier propuesta contraria puede ser corregida, no porque sí, o porque lo diga una determinada autoridad, sino porque podemos advertir de modo claro su insuficiencia, error o contradicción interna.

Como se ve, este 'método' no consiste más que en 'jugar a la verdad', asunto que aunque no esté de moda, en definitiva es el alma de la filosofía. ¿Qué no se quiere participar en ese juego porque se 'duda' del conocer humano, porque se 'prefieren' otros modelos más 'subjetivos', de intereses 'voluntarios', de métodos 'pragmáticos', de procedimientos reglados externos 'more cartesiano' a los que haya que sujetarse? Cada quien es libre de proceder como quiera, pero desde luego, si se fija a modelos ajenos a la índole y niveles del conocer humano, no estará actuando según su propio modo natural de conocer, sino imponiéndole a éste unas injerencias que no le son propias sino extrínsecas y que éste no tiene por qué cumplir. Pues bien, lo que en el fondo añade a este modo de conocer natural humano el *método* poliano es ejercer en mayor medida, y porque libremente se quiere, los niveles superiores del conocer natural humano, pues las distintas dimensiones (cuatro) de ese método son equivalentes al ejercicio de cada uno de los cuatro niveles superiores del conocer humano. Pero la exposición paciente de esas facetas noéticas tan sugerentes (se trata de los *hábitos intelectuales* adquiridos e innatos) la podemos dejar para otro momento.

Que su obra puede hacer mucho bien y el panorama ofrece esperanzas es indudable, no sólo porque proliferan por decenas los trabajos de investigación, tesis doctorales, congresos sobre su pensamiento, o porque ya existan varias revistas filosóficas periódicas sobre diversos puntos de su filosofía (*Studia Poliana, Miscelánea Poliana, Journal of Polian Studies, Revista de Estudios Filosóficos Polianos*), sino también porque paulatinamente hay más lectores de su obra en los países más diversos del mundo, de momento al menos en América (USA, México, Guatemala, Colombia, Ecuador,

Perú, Brasil, Uruguay, Chile, Argentina, etc.), Europa (España, Francia, Italia, Alemania, etc.), África (Kenia, Congo, etc.), Asia (Japón, Filipinas, India, etc.) y Australia. Desde luego, su lectura cuesta más en el ámbito anglosajón, pues la diferencia idiomática todavía constituye para muchos una barrera, dado que de entre sus obras, sólo una (*Ética*) ha sido de momento traducida al inglés. Por tanto, uno de los proyectos pendientes es dicha traducción a diversos idiomas, y el más costoso, el de la edición crítica de sus obras.

Pero no vamos a tratar aquí de su filosofía, sino de su personalidad, y ésta descrita por medio de pluralidad de relatos de diversas personas que lo han conocido, textos en los que se exponen recuerdos sobre D. Leonardo Polo, que se recogen a continuación.

1. LUZ IMELDA ACEDO: *UN HOMBRE SENCILLO, AL QUE SE PODÍA PREGUN-TAR O COMENTAR ALGO, SIN DARSE DEMASIADA IMPORTANCIA*

Conocí a D. Leonardo Polo en varios cursos que nos dio en la Universidad Panamericana, primero durante la Licenciatura y –al menos dos– en el Doctorado.

Un año después de haber terminado la Licenciatura de Filosofía (1979-83) nos dio un curso llamado "La forma en Aristóteles" (1984). Todavía guardo los apuntes, o no sé si se recogieron las notas y después nos dieron una versión revisada, pero los tengo conmigo, son 70 páginas, en ese curso nos explicó los 11 sentidos que pueden encontrarse en Aristóteles sobre la "forma". Y organizó el curso en tres epígrafes: (1) la relación entre forma, sustancia y esencia; (2) el carácter y propiedades físicas de la forma, y (3) la forma y el pensamiento. Recuerdo su postura, absolutamente metido en su pensamiento, sin mirarnos prácticamente, nos habló, partiendo de la relación entre la noción de principio y la de forma, sobre la analogía de la forma en la metafísica aristotélica.

En ese curso mencionó que la actualidad real y la pensada no son lo mismo (no creo que haya hablado del abandono del límite mental como tal), como base del realismo. Habló de la analogía de la noción de acto, y de forma, y cómo de ésta surgen las nociones de movimiento y fin. Después nos llevó al "proton" como hiperformal, y que es el *noesis noeseos noesis*. Me parece significativo que yo las haya guardado casi 40 años.

La idea que recuerdo con grandísima claridad es la de que el conocimiento es "un acto, de un acto, en cuanto acto". Pero ahora dudo, al ver estas notas, si fue otro curso, porque recuerdo un curso largo solo alrededor de esta idea, que no encuentro ahora en los apuntes. Ésa fue la idea que desarrolló y me acuerdo clarísimamente hoy de esa argumentación.

Después los alumnos nos reuníamos a discutir lo que habíamos entendido: era una necesidad porque nos superaba con mucho en la claridad de inteligencia (no sé cómo explicarlo, pero fue muy distinto a cualquier otro profesor). En la universidad nos hacían notar que estaba considerado entre los 10 o 12 mejores filósofos del mundo en su momento.

También tuvimos una tertulia con él, al menos que recuerde. Sobre él mismo, podría decir que recuerdo a un hombre sencillo, al que se podía preguntar o comentar algo, sin darse demasiada importancia. Sobre el contenido de lo que nos transmitió se me quedó grabado que nos dijo que no esperáramos que fuéramos ricos o nos haríamos millonarios con la filosofía, pero que valía la pena el esfuerzo por la riqueza que nos daría estudiar esta ciencia y lo que podríamos aportar. Quedaba evidente que lo más importante no era ganar dinero. Eso me ha quedado claro durante toda la vida.

Los cursos del Doctorado fueron muchos años después. Uno de ellos fue en 1993, a saber, "La moral nietzscheana". Dispongo de 18 páginas por ambos lados. Tengo las notas personales (no mecanografiadas como las del curso sobre "La forma en Aristóteles"). Fue un curso muy profundo, donde acabó haciendo ver por qué Nietzsche fue un pobre hombre, a saber, porque no sabía nada de la verdad; hizo una buena teoría de la luz, no mal pensada, pero muy pobre en una más alta ontología. Me llamó la atención que lo comparó con San Francisco de Asís y con la Virgen, prototipo de Luz sin sombras. En México el laicismo es muy fuerte, y nos enseñaron con severidad lo que es filosofía y lo que es teología: a mí me llamó la atención que hiciera estas comparaciones, que aclaraban mucho, y sin ningún respeto humano. El curso fue excelente. También comparó la hermenéutica de la sospecha con la serpiente bíblica.

Luz Imelda Acedo Moreno
Dra. en Filosofía y Teología Sistemática
Profesora investigadora
Área de Humanidades: Academia de Teología

Universidad Panamericana
campus Guadalajara
Guadalajara –Jalisco– (México)
lacedo@up.edu.mx

2.   ARANTZA ALBERTOS SAN JOSÉ: *ADEMÁS DE MANIFESTAR SU SENTIDO DE HUMOR RESALTA SU CATEGORÍA HUMANA*

Mi recuerdo sobre Leonardo Polo se centra en los años de mi licenciatura en Filosofía, años 85-90, en su presencia algunas Jornadas Filosóficas posteriores a esta fecha, y en una conferencia a la que asistió en la ciudad de Gijón, cuando yo trabajaba allí.

Leonardo Polo era una figura eminente en la Facultad, y en aquella época esto se transmitía entre los alumnos, era parte de la cultura oral, creando una especie de leyenda sobre el profesor. Recuerdo que algunas veces se comentaban entre alumnos (no sé de quién partía la información) las intervenciones de tal o cual profesor en los seminarios de profesores, las discusiones sobre determinados temas que no recuerdo, y las intervenciones de Leonardo Polo. Todo esto era un aliciente porque nos mostraba una facultad de filosofía viva y unos profesores que no solo daban clase, sino que también ejercían como filósofos.

Seguramente en muchos testimonios se refleje algo que vivíamos a diario: que nunca llevaba apuntes a clase, que sus clases, más que una lección magistral, eran un ejercicio de reflexión personal y que no nos atrevíamos a interrumpir porque estábamos expectantes ante un pensamiento que estaba en fase de construcción.

De sus clases recuerdo de manera más viva dos momentos. El carácter reflexivo daba al profesor Polo un aura de persona intelectual poco dada a reflexiones sobre la vida corriente o material. No sé cuál era el tema de la clase, pero de repente empezó a hablar de la belleza a propósito de la Virgen del Rocío, del salto de los almonteños a la reja al amanecer y de Pentecostés. A los pocos días volvió a hablar de la belleza y la enmarcó en la vida cotidiana, en concreto nos habló de la belleza de un plato de lentejas. Son anécdotas que sigo recordando porque se salían del marco formal en el que transcurría la clase, y su contenido adquiría un sentido más profundo del que estábamos acostumbrados.

El último recuerdo que tengo de él fue en una conferencia que fue a dar al Ateneo de Gijón, acompañado de otro profesor de la Facultad. Yo invité a una colega a la conferencia y al final fui con ella para presentárselo. Hice las oportunas presentaciones y ella se lio con su nombre contestando "encantada D. Leopoldo Nardo". Ante esta confusión lo que pasó fue que al profesor le dio un ataque de risa que le impidió seguir hablando e hizo que a los demás también nos entrara la risa y que mi colega no pasara vergüenza y saliera airosa de la situación. Es el último recuerdo que tengo del profesor y el que más me gusta de él, porque además de manifestar su sentido de humor resalta su categoría humana.

Arantza Albertos San José
Profesora
Facultad de Educación y Psicología
Universidad de Navarra
Pamplona –Navarra– (España)
aralbertos@hotmail.com

3.   GUADALUPE ARRIBAS: *EL DESTINO DEL HOMBRE ES COMO EL DE UNA FLE-CHA ATRAÍDA POR LA DIANA*

Conocí a Don Leonardo a principios de los años 60, concretamente el curso 62-63. Yo era una estudiante de tercero de Enfermería que hacía sus prácticas en el laboratorio de Genética de la Universidad de Navarra que dirigía el profesor Álvaro del Amo. Por el despacho adjunto al laboratorio solían pasar ocasionalmente algunos profesores, uno de ellos era Don Leonardo. Además, en aquel tiempo, el Edificio Central de dicha universidad todavía no estaba en funcionamiento y en el edificio de la llamada Escuela Nueva había una cafetería, donde se podía comer a mediodía y era frecuente encontrar a esa hora estudiantes y profesores muy distintos, digamos gente de ciencias y de letras…

Tengo un primer recuerdo sobre su aspecto físico. Siempre me parecía algo así como su propia caricatura de profesor sabio, concentrado en sus pensamientos, en cierto modo ajeno a todo lo que ocurría a su alrededor. Formando parte de esta caracterización era su cartera. Siempre llevaba una cartera de cuero negro, atada por unas hebillas, que tenía la apariencia de pesar bastante. Otro elemento era el paraguas, que en Pamplona es tantas veces necesario. En mi recuerdo Don Leonardo era bastante alto de estatura, pero un poco desde siempre, aunque más en las últimas veces que lo vi, estaba encorvado, como adelantando los hombros... Todo esto contribuía a dar la impresión de un cierto desaliño, aunque en la distancia corta, siempre se presentaba muy limpio y con ropa de calidad.

A principios de los años 80 la Escuela de Enfermeras organizó junto con el ICE, unos cursos de preparación del profesorado de Enfermería, al que acudieron profesionales de toda España. Una de las clases de esos cursos la daba Don Leonardo. De este modo se hizo frecuente la relación con la Escuela y su participación en el llamado Seminario de Ciencias de Enfermería. También por aquella época hubo algunas conferencias en el Edificio de Ciencias, en las que él participó. No sé si estas intervenciones tenían que ver con un Seminario interdisciplinar de Ética para profesores...

Yo no perdía ocasión de acudir a esas conferencias abiertas a "todos los públicos". Siento no tener mejor memoria, pero he "atesorado" frases que no sé bien dónde se las he oído y las voy a ir escribiendo sin orden, ni tampoco la certeza de que sean textuales, ya que sin querer –dicen que las palabras tienen vida propia– las haya podido cambiar. Simplemente las voy a enunciar porque creo que se significan solas y yo no me veo capaz de hacer sobre ellas un comentario interesante.

La primera que me viene a la cabeza es: "El destino del hombre es como el de una flecha atraída por la diana". Levantaba la voz y repetía: "¡atraída por la diana!". "Aquellos jóvenes de las playas de Orán, apostaron por el placer... ¡sabiendo que iban a perder!", dijo refiriéndose a una obra de Camus. También recuerdo que se refería a una escena de una novela de Dostoyevski –no recuerdo cuál– de un modo tan dramático y descriptivo que parecía que estaba sucediendo... incluso que en algún momento pensabas que te podía suceder a ti... El personaje del que hablaba era un convicto de un crimen, que iba en una carreta tirada por bueyes camino del lugar de su ejecución. Describía su pensamiento conforme iba acercándose a ese lugar: "Antes de llegar, está la calle recta, luego hay que girar a la derecha antes de llegar a la plaza... Todavía queda algún tiempo... Todavía"... Este modo dramático de narrar la escena, la superaba de alguna manera, generalizando el sentimiento que se puede tener ante la muerte, propia o de alguien a quien se estima mucho...

Otra es: "¡¡Doctor, Doctor!! ¡¡Cúreme usted!!... o, lo que es lo mismo: ¡¡retráseme usted la muerte!! Una vez –no recuerdo con exactitud el momento– dijo, refiriéndose a las enfermeras y a las estudiantes de nuestra Escuela, que nosotras sabíamos dar a nuestros cuidados profesionales un plus: "el plus de la alegría y la esperanza". Y haciendo un poco de broma cuando iba a aceptar una charla decía que había que ser inteligente y tener de su parte a las enfermeras, porque antes o después iba a estar en nuestras manos...

Tengo otros recuerdos, más confusos todavía que estos. Siempre he pensado que me había enseñado mucho y por eso le tengo en muchísima estima.

Guadalupe Arribas Echeveste
Profesora emérita de Enfermería Comunitaria
Facultad de Enfermería
Universidad de Navarra
Pamplona –Navarra– (España)
mgarribas@unav.es

4.   LAURA ARRIBAS BERENDSON: *SU APORTE ES INCONMENSURABLE Y HAN CAMBIADO MI VIDA Y SU SENTIDO*

El escenario de los hechos se remonta al año 1982 en Pamplona, en la redacción de una gran revista universitaria, *Nuestro Tiempo*, en la que colaboraba junto con alumnos de la Facultad de Ciencias de la Información, y que por aquellos años dirigía Juan Antonio Giner, Profesor de la facultad. Cómo decía, los colaboradores de la revista en su mayoría eran alumnos de la facultad y yo, graduada por la Universidad de Piura, madre de Laura y embarazada de Mikel, mi segundo hijo.

Juan Antonio, entusiasta y vital, nos hablaba con fruición sobre un profesor de filosofía, digno de conocerle, Don Leonardo Polo. Y quedamos... Nos juntaríamos en mi casa. Esa noche le esperábamos con un sentimiento de curiosidad, anhelo y ganas de aprender. Teníamos un requisito importante para aquella reunión: tener en casa una botella de whisky de Malta, bebida favorita del maestro y dinamizadora de las neuronas como creo que el mismo decía... No puedo recordar los temas que se trataron aquella noche y confieso que no fui capaz de asimilar... nada. Mikel seguro que sí comprendió los mensajes porque ahora tiene muchísima habilidad para interpretar las enseñanzas del maestro.

Lo que nunca imaginé fue que años más tarde, de la mano del profesor de la Facultad de Filosofía, Juan Fernando Sellés, las palabras y escritos del Profesor Polo alcanzarían tanto relieve e importancia en mi vida. Su aporte es inconmensurable y han cambiado mi vida y su sentido: su descubrimiento genial respecto a la persona humana y su trascendencia, que adquieren relevancia en el marco de la filosofía actual. La Libertad, la co-existencia con el Creador y el amor, los trascendentales, el concepto de persona… nos impelen hacia un nuevo rumbo.

Y resultó que este profesor al que veíamos caminando por el *campus*, circunspecto, ensimismado y ajeno, amaba a Aristóteles y a Santo Tomas, y los superó en su conocimiento de la persona humana, con gigantes pasos por delante. Me considero privilegiada por la oportunidad que tenemos de estudiar e ir conociendo y profundizando en la antropología de Leonardo Polo, impregnada de luz que alumbra el conocimiento y sentido de la persona humana como apertura al ser divino, camino de esperanza.

El curso del Profesor Sellés, a la luz del pensamiento de Leonardo Polo, nos impele a tomar conciencia de los tiempos que corren y de la responsabilidad de contribuir, uno a uno, a mejorar la sociedad en que vivimos.

Laura Arribas Berendson
Pamplona –Navarra– (España)
arribas.berendson@gmail.com

5.   D. Juan Ignacio Arrieta Ochoa de Chinchetru: *Se 'desgañitaba' tratando de contener, con razones y argumentos 'elevados', la primera manifestación estudiantil*

Desgraciadamente, aunque he vivido bastantes años en Pamplona, con él no he tenido ningún contacto particular, salvo el recuerdo general de haberle escuchado en algunas tertulias y conferencias y de una convivencia en la que coincidimos, junto a tantas otras personas. Siento no poder aportar nada de relieve.

Si conservo la imagen divertida (para mí, ahora), del curso 1968-1969, cuando él era Director de Estudios en la Universidad de Navarra (si no recuerdo mal), cuando el "pobre hombre", frotándose la frente pañuelo en

mano, en la entonces Aula 19 (ala izquierda del Central), repleta de estudiantes (sobre todo de Letras), se "desgañitaba" tratando de contener, con
razones y argumentos "elevados", la primera manifestación estudiantil
que se montó en la Universidad ese curso: por lo menos, cuando él hablaba lentamente, se hacia el silencio. Era mi primer año de Derecho, y es una
imagen que se me ha quedado. Duró poco como Director de Estudios

Como veis, solo una pequeña foto mental que conservo, con poca chicha. Espero que la iniciativa que tenéis salga adelante como merece.

Un saludo muy cordial desde Roma,

D. Juan Ignacio Arrieta Ochoa de Chinchetru
Obispo
Secretario del Pontificio Consejo para los Textos Legislativos
Profesor de Derecho Canónico
Università della Sancta Croce
Roma (Italia)
arrieta@pusc.it

6.   D. SANTIAGO AUSÍN OLMOS: *D. LEONARDO POLO: SU AMABILIDAD Y SU
HONDURA EN LAS REFLEXIONES*

No traté mucho a D. Leonardo, probablemente porque en mi área de
Sagrada Escritura no teníamos una relación directa. Desde el punto de vista
académico sólo puedo decir que tenía un especial respeto a su persona y a
su enseñanza.

Mi trato más directo se produjo el año 1972 o 1973. En aquellos años me
correspondió el honor de dirigir la residencia de sacerdotes Albaizar, situada en el barrio de San Juan de Pamplona. Residíamos entonces unos 30
sacerdotes, estudiantes de Teología y de Derecho Canónico, todos muy
interesados en cuestiones actuales de filosofía, por su incidencia en la discusión teológica y en la vida eclesiástica.

Teníamos costumbre de invitar a algún profesor o persona relevante a
comer y a la posterior tertulia en torno a un café. Solía ser los sábados
porque los profesores no tenían clase y los sacerdotes iban a sus actividades pastorales al caer la tarde. En uno de esos café-tertulia vino D. Leonardo, del que ya me habían informado que solía ser más interesante a

medida que pasaba el tiempo. Así que vino un sábado para tenerle con nosotros sin prisas.

No recuerdo mucho, pero se me grabaron dos cosas, su amabilidad y su hondura en las reflexiones. A todos, que éramos muy jóvenes, nos trató con afecto y, a la vez, con enorme respeto, quizás por ser sacerdotes, aunque casi recién estrenados.

En aquella época, todavía muy reciente el Concilio Vaticano II, se hablaba mucho de idealismo y me llamó la atención cómo contraponía idealismo y realismo; pero se me quedó especialmente grabada la exposición que nos hizo sobre las ideologías marxista y neo-liberales. Nada que ver con un idealismo humanista. Resultó muy interesante.

Quiero señalar, por encima de lo estrictamente teórico, cómo D. Leonardo, que apenas nos conocía ni a mí ni a los demás sacerdotes, se comportó con una exquisita cordialidad, intercalando algunas palabras con mucha chispa y, como sin dar importancia, pasando a temática de mucha altura.

D. Santiago Ausín Olmos
Sacerdote
Prof. Emérito de Sagrada Escritura
Facultad de Teología
Universidad de Navarra
Pamplona –Navarra– (España)
sausin@unav.es

7. ANNA BADUELL VECIANA: *NOS ADENTRÓ EN LO QUE ES EL HOMBRE*

Soy de la promoción de Filosofía y Letras de la Universidad de Navarra del '92, aunque más tarde me licencié en periodismo en la Universidad Pompeu Fabra, en el '96. Estoy casada, tengo cinco hijos. Uno de ellos está estudiando Filosofía en la Universidad de Navarra. Trabajo en Barcelona, pero resido en Sant Cugat del Vallés.

Mis recuerdos, siento decir, son muy leves. Es más fotográfico que de contenido. Veo al profesor sentado, con la mirada baja tras unas grandes gafas de pasta, elaborando pensamiento. A veces resultaba difícil escuchar su voz, en el aula del Edificio de Bibliotecas, todos atentos, a la espera de que compartiera su saber. Era la época en que estaba elaborando la Teoría del conocimiento, pero yo lo tuve en la asignatura de Psicología y nos adentró en lo que es el hombre, con reflexiones sobre el valor de las manos en el ser humano.

Siento no poder hacer una aportación enriquecedora. Pero admito mis limitaciones en el ámbito de los recuerdos académicos, quizás no los fui actualizando y se han ido apagando. Deseo y estoy convencida de que otros compañeros de facultad que siguieron por la docencia e investigación filosófica podrán aportar mucho más.

Anna Baduel Veciana
Directora
Oficina de comunicación del Opus Dei en Cataluña
Sant Cugat del Vallés –Cataluña– (España)
abaduell@infobcn.org

8.   ENRIQUE BANÚS IRUSTA: *SIEMPRE QUE LE PEDIMOS QUE COLABORARA EN ALGUNA DE NUESTRAS ACTIVIDADES, LO HIZO. SIN COMPLICACIONES, SIN RETICENCIAS, AMABLEMENTE*

La sugerencia (petición más bien y con amable insistencia) de poner por escrito algunos recuerdos de D. Leonardo Polo me agarra fuera de mi lugar habitual de trabajo, sin acceso a una parte del material que uno ha ido acumulando con el paso del tiempo… y con un cierto desorden, distribuido entre papeles, memorias en discos duros y nubes. Sólo queda, por tanto, el recurso a la propia memoria, más nube que disco duro. Saldrá pues algo nubiloso este recuerdo… y supongo que D. Leonardo me miraría con esa media sonrisa un poco socarrona que recuerdo de algunos encuentros en la Universidad de Navarra donde, sí, fuimos colegas durante casi 20 años. "Colegas" es un decir, pues era notable la diferencia de años (más de un cuarto de siglo), de trayectoria, de maestría. Pero siempre lo encontré, cuando nos cruzábamos por el *campus*, con esa sonrisa amablemente socarrona, con una mirada amablemente interesada, levemente inclinado sobre su bastón.

Sí tuve algo más de trato por un ente dentro de la Universidad en que me correspondió colaborar e incluso dirigir durante años: el Centro de Documentación Europea, que dio origen a un Centro de Estudios Europeos en que yo aterricé gracias a uno de sus fundadores y primer director,

el profesor Miguel Alfonso Martínez-Echevarría. Recogiendo una sugerencia se nos ocurrió organizar un primer Congreso "Cultura Europea", al
que siguieron diez más, durante años de años.

Creo que nunca hablé así, sentaditos y con calma, con D. Leonardo sobre Europa o, más específicamente, sobre la integración europea, pues tras
el nombre aparentemente neutro de mi Centro, se ocultaba algo dedicado
a estudiar precisamente ese proyecto que se plasmó primero en las Co-
munidades Europeas y luego en la Unión Europea. Y aunque nunca hablamos sentaditos y en calma, por algunos comentarios de él y por lo que
otros decían mencionándole, soy consciente de que ese proyecto europeo
–que en Centro de Estudios presentábamos universitaria, es decir, críticamente, pero desde una actitud positiva– no le convencía mucho. Como a
otros intelectuales que lo veían un proyecto "sin alma", por así decir, tec-
nocrático y que descuidaba sus raíces. Es la idea que me hice de los motivos para su escasa simpatía por él.

Sin embargo, siempre que le pedimos que colaborara en alguna de
nuestras actividades, lo hizo. Sin complicaciones, sin reticencias, amablemente (aviso a correctores: la repetición de este término es consciente y
querida). Recuerdo dos ocasiones: para uno de nuestros congresos "Cultura Europea", nuestra actividad estrella, le pedimos que asumiera una de
las ponencias plenarias. Y lo hizo. He buscado en la red el texto. Sin éxito.
En algún lugar del material acumulado estará.

Y otra ocasión más: se nos ocurrió organizar, no recuerdo en qué año
(sí tengo memoria precisa del lugar y de las circunstancias, y que era los
miércoles, y que a Manolo, el del bar de Derecho, le encargábamos café
para todos), un ciclo de cine-forum, con películas europeas premiadas. La
dinámica era: nos reuníamos esos miércoles (no piensen en un super-
forum: fueron cuatro o cinco miércoles) a la hora del café, inmediatamente
post-almuerzo (con los ponentes almorzábamos en Manolo). El día anterior se proyectaba la película (los ponentes asistían a esa proyección o la
veían por su cuenta). En el café se hablaba no tanto de la película cuanto
de un tema relacionado con ella. Vimos "Carros de fuego", "Enrique V",
"Volver a empezar" de Garci. Y quizá alguna más. Y con Polo, "El festín
de Babette". El tema del diálogo era "'La buena vida' o 'La vida buena'"
(siempre tenían un esquema así, estilo *quaestio disputata* de los medievales,
como decíamos con cierta presunción). A D. Leonardo le habíamos atri-

buido lo de la "buena vida". Pues bien, nada más empezar nos dijo que no había visto la película (creo que había tenido intención de hacerlo, pero se dio cuenta de que era de esas películas que no le gustaban; sólo le gustaban –lo dijo allí quizá o lo sabía yo por lo que se contaba– las de acción, mucha acción... porque para pensar ya tenía la vida; al cine iba a otra cosa). Yo, que era el moderador, casi me desmayo... La conversación, sin embargo, fue excelente, porque su "contrincante", el sabio filósofo y profesor de Derecho Canónico Dr. Juan Ignacio Bañares, aparte de hablar de lo suyo, le iba contando a D. Leonardo partes de la película que le daban pie a comunicar sus reflexiones.

Creo que incluso dimos a D. Leonardo (y lo aceptó) uno de los Premios Europa que otorgábamos a quien en la universidad o su entorno trabajaban con dimensión europea. No he encontrado el dato; si no se lo dimos, desde luego lo merece.

No sé si en él me maravilla más esa disponibilidad a colaborar con un foro que se dedicaba a divulgar algo con lo que en el fondo no estaba muy de acuerdo o la sencillez de confesar sin ambages su travesura, de ir a un cine-forum sin ocuparse del cine.

Estos son recuerdos medianamente nítidos. Por supuesto, también me encontré, en Navarra primero, en Piura después, con la "leyenda Leonardo Polo", las historias, los relatos... Pocos profesores tienen tanta memoria. Y tan amable.

Enrique Banús
Director del Centro Cultural de la Universidad de Piura
Profesor Ordinario Principal de la Facultad de Humanidades.
Doctor en Filosofía y Letras por la Universidad Aache
Especialidad de Literatura Comparada
Piura (Perú)
enrique.banus@udep.edu.pe

9.   MARÍA DEL CARMEN BARBOSA BROU: *SENTÍ INMEDIATAMENTE SU AMOR POR LA BÚSQUEDA DE LA VERDAD*

La primera vez que tuve la ocasión de escuchar a Don Leonardo Polo fue en una visita suya a la Universidad de Piura –de las que solía realizar en los veranos europeos–. Era agosto de 1993; fue en un coloquio que or-

ganizó la Facultad de Ciencias y Humanidades de la Universidad de Piura
–dirigida en ese momento por la Profª. Dra. Luz González Umeres–. En
ese coloquio se presentó la edición piurana de su libro *Quién es el hombre.
Un espíritu en el tiempo*. Tuve la gran suerte de estar en dicho coloquio ese
sábado de finales de agosto, gracias a una invitación que recibí de una
amiga, profesora de inglés de la Universidad de Piura, Carolina Lizárraga
Hougton, que conocía bien mis gustos por la filosofía, y que me dijo: "viene un filósofo español al *campus* de la Universidad de Piura; se va realizar
un coloquio en la universidad, te invito".

Como bien recuerdo, en ese coloquio Don Leonardo trató una sucesión
de ideas para familiarizarnos con lo que es el hombre, especialmente con
la dimensión temporal humana, la cual es tratada por los filósofos modernos de una manera amplia. Sin embargo, a los ojos de los filósofos clásicos, esta dimensión era estimada poco relevante. Don Leonardo, con su
estilo coloquial, comenzó a pensar los temas más candentes de la actualidad cultural del hombre: la cientificidad de la teorías científicas, la cuestión de la cooperación en la sociedad, la vinculación de la ética y el poder,
el mundo simbólico, la magia… Y asimismo, temas que no transcurren
nunca como: qué es enamorarse, la familia, la muerte, las manos y el rostro, la libertad, las virtudes.

En aquel coloquio sentí inmediatamente su amor por la búsqueda de la
verdad que, ciertamente, nos hace amantes de la filosofía, sin ser uno muy
consciente de esto. Gracias a sus meditaciones sencillas, supuestamente
obvias, nos fue llevando a estos diversos temas temporales. Don Leonardo
pensaba desde su interioridad e intimidad; su pensamiento denotaba novedad, siempre enraizado en la realidad; aplicaba su gran descubrimiento
metódico 'del abandono del límite mental' –el abandono de la objetualidad, de la mismidad, de la presencia–, y entonces, los temas que iban naciendo los iba ligando al hilo de su pensar creativo, acompañado siempre
de variadas perspectivas, de nuevas ocurrencias, porque su pensar regre-
saba continuamente a la realidad misma. Y esta actitud, tan real como viva, era la que te enganchaba e introducía sorprendentemente en los diversos asuntos que se iban alternando. Al final, una terminaba maravillada,
sorprendida, escuchando cómo te iba llevando de manera pedagógica al
gran baile de la realidad sobre el hombre y el mundo.

Una vez que terminó el coloquio, me acerque a Don Leonardo, fuera del recinto del auditorio, con una edición del libro que acababa de comprar, mantuve una corta conversación con él y le pedí el favor de que me firmara el libro. Más tarde, regresando a Piura, tras un viaje familiar a Canadá y a Europa de varios meses, tomé contacto nuevamente con la Universidad de Piura, a través de mis hijos Leonardo y Lorena que en ese momento comenzaban sus estudios de formación y educación profesional.

Este fue el inicio de un encuentro reiterado con Don Leonardo en Piura, Perú y, luego, ya como profesora de la Universidad de Piura hasta su última visita en 1999, pues, cuando llegué a la Universidad de Navarra en el 2011 como doctoranda, Don Leonardo estaba ya jubilado como profesor emérito. Puedo expresar con el corazón que en Piura he bebido directamente de su profundo magisterio a través de coloquios, conferencias, seminarios y cursos que Don Leonardo nos daba cuando llegaba a esta ciudad norteña del Perú. Para terminar, recuerdo vivamente el último seminario que nos dio a un pequeño grupo de profesores de dicha universidad norteña en el año 1999 sobre su obra cumbre *Antropología trascendental*. Pues bien, este fue el inicio de un recorrido filosófico que al momento me ha permitido publicar un libro sobre *El estatuto científico de la psicología según Leonardo Polo* en abril de 2023. Y, asimismo, quiero manifestar mi gratitud a la Providencia por haber vivido estas experiencias valiosas en mi vida.

Mari Carmen Barbosa Brou
Dra. en Filosofía
Universidad de Navarra
Pamplona –Navarra– (España)
cbarbosape@hotmail.com

10. D. JUAN BELDA PLANS: *DEBE ESTAR EN EL CIELO, PUES FUE UNA PERSONA DEL TODO SINGULAR POR SU GRAN INTELIGENCIA, Y POR LA MANERA DE SERVIR A LOS DEMÁS*

Conocí a Leonardo Polo cuando fui a comenzar la carrera de Filosofía en el Estudio General de Navarra (entonces), en el curso 1961-62. Él había llegado a la Universidad de Navarra unos años antes (me parece recordar). Entonces debía dar clase en 2º de Filosofía, porque en primero recuerdo que nos daba clase un norteamericano llamado Wilhemsen. Seguramente él daría clase en 2°. Pero cuando llegué a 2° el que me dio clase de Filosofía era D. Patricio Peñalver, que acababa de llegar a la Universidad.

Había un chalet en el extrarradio de Pamplona donde se habían habilitado unos despachos y una pequeña biblioteca, para que trabajaran allí los profesores (de Humanidades). Recuerdo también que un grupo pequeño de alumnos, tuvimos clase de Filosofía con él en ese chalet (donde había una especie de aula). No recuerdo bien el origen de este curso. Sí recuerdo que estaba como alumno también Rafael Alvira, que estudiaba Filosofía un curso por delante de mí.

Las clases de Leonardo Polo eran magníficas en todos los sentidos; aprendí mucho. Recuerdo también que nos explicó a Kant de manera lúcida; y empezó diciendo: "Kant es buenísimo, pero falsísimo", y pasaba a explicar el porqué. Se me quedó grabada esta frase. Eran varias clases seguidas. Hacíamos un *break* para descansar. Alguno más osado (creo que era Rafa Alvira), le pinchaba para que nos hablase de la mecánica del automóvil, pues sabía que era un tema que le gustaba y sabía muchísimo; y, efecto, se explayaba un rato hablándonos de ese tema, que resultaba interesante y divertido. Otro tema que a veces salía *off the record* era el de la institución monárquica, de la cual no era partidario (era republicano), y razonaba por qué no era partidario de la monarquía como institución política. Esto era más discutible; él nos decía que era su opinión, naturalmente; no pretendía en absoluto adoctrinarnos en esta materia política. Esto duró solo un curso, creo recordar.

No fui, obviamente, colega, ni amigo en el mismo plano, pues yo era un joven estudiante y él era un gran maestro. Pero sí me acuerdo que, dentro de su circunspección, era muy amable y acogedor. No creaba distancia o frialdad a su alrededor, cuando enseñaba o también fuera de las clases. Podías acudir a él cuando quisieras, sin problema. Como profesor era inmejorable; era profundo, claro (relativamente); ordenado, más bien, en su exposición. Y enseñaba cosas muy originales, que nadie decía, y que no se encontraban en los libros. Todos sus alumnos le teníamos por un auténtico "sabio".

Al acabar los cursos llamados entonces "comunes" de Filosofía y Letras, me fui a Madrid a hacer la especialidad de Filosofía pura (como también se decía entonces), en la Universidad Complutense. Siempre me gustó la Filosofía, pero quizá elegirla como especialidad para mi futuro profesional, se debió en parte a su enseñanza, tan clarividente y profunda. Después no seguí la carrera académica, con lo cuál este itinerario se vio interrumpido. Pero sí puedo afirmar que la figura de D. Leonardo siempre fue un referente para mí, de buen hacer profesional.

Puedo añadir, a título anecdótico, que en la residencia universitaria donde estuve viviendo el primer curso (1961-62), que estaba en Villaba, había un enorme frontón de pelota. Algunos sábados aparecía allí D. Leonardo a jugar un rato al frontón, con «paleta» y pelota de goma; no recuerdo a sus compañeros de juego, Pero sí recuerdo que me llamó la atención que jugaba vestido de calle, sin ningún atuendo deportivo. Obviamente, era un ritmo de juego propio de gente no deportista y un poco «mayor» de edad (a mi visión de jovenzuelo).

También recuerdo que en algunas tertulias en Colegios Mayores (más tarde, porque estuve muchos años en Pamplona, después de volver de Roma), se le animaba mucho a que contara cosas, el ofrecerle una copa de cognac, lo que agradecía mucho, pues le gustaba dicho licor.

Creo que estos son todos mis recuerdos de D. Leonardo, el cual debe estar en el Cielo, pues fue una persona del todo singular por su gran inteligencia, y por la manera de servir a los demás a través de esos enormes talentos que Dios le había dado.

Juan Belda Plans
Historia de la Teología
(Escuela de Salamanca y Siglo de Oro)
Instituto de Historia del Derecho Europeo
Fundación Max-Plank de Frankfurt (am Maim)
Valencia –Comunidad Valenciana– (España)
jmbp73@gmail.com

11. Olga Belletich Ruíz: *Practico hasta hoy sus enseñanzas, y vuelvo sobre ellas una y otra vez*

Conocí al Dr. Leonardo Polo el año 1989, en unos seminarios de reflexión filosófica que él impartía en la Universidad de Piura (Perú). Ese año yo cursaba el cuarto curso de la carrera de Licenciatura en Ciencias de la

Educación, con especialidad en Historia y Ciencias Sociales y con mención en Filosofía.

Se trataba de unas clases para el profesorado universitario en el que nos permitían participar a un pequeño grupo de estudiantes a quienes nos gustaba la filosofía. En esos seminarios se abordaban temas como la verdad, la libertad y el amor en el quehacer profesional; las relaciones intrínsecas entre esencia humana y especie humana; la comprensión del ser humano y el abordaje de los problemas más profundos de su existencia desde el método científico basado en la sistematización; la importancia del ser *versus* el deber de conocer (su teoría del conocimiento y las operaciones intelectuales), para comprender el mundo que nos rodea y la vida que nos abraza. Y, de manera puntual, en agosto de 1990 participé en el seminario titulado: "Formación en los fundamentos ideológicos de los paradigmas educativos", del cual guardo gratos recuerdos y cuyos aprendizajes no se me han olvidado.

Para mí y para mis compañeras, el Dr. Polo era un profesor al que había que estar dispuestos a escucharle, comprenderle y seguirle en aquello que quiera enseñarnos, porque no era fácil. Mente despejada, buena actitud y, de preferencia, por las mañanas, después de un buen desayuno, eran las condiciones idóneas previas para acudir a sus sesiones. Durante las sesiones era recomendable dejarle desarrollar las ideas antes de interrumpirle, tomar notas (eso siempre) y, cuando levantara la vista para mirarnos, entonces, solo entonces, formularle nuestras preguntas. *A posteriori* lo pertinente era una revisión concienzuda de los apuntes, de las preguntas formuladas durante el seminario, de las respuestas dadas y de los nuevos interrogantes que se habían generado, para formularlas a la mañana siguiente.

Durante sus clases, seminarios y conferencias, nos hacía elevarnos en el discurrir filosófico, hasta llegar a comprender la grandeza del pensamiento humano, para encontrarse con la verdad y para dar respuestas profundas a la vida, al ser, al existir. Recuerdo que, tras una de sus clases, salí de la salita donde nos reuníamos, diciendo: "¡Ah, sí! Ahora entiendo para qué sirve la inteligencia humana. Este es mi particular ¡eureka!".

Recuerdo también, con cariño y gratitud, la hondura de su pensamiento, el hilar fino en cada idea, su responsabilidad en comunicar y compartir, así como también sus esfuerzos por enseñarte lo que iba descubriendo.

Ese parecer estar super concentrado en lo que quería decir, pero levantar de vez en cuando la mirada para sonreírte, porque había logrado comunicarte lo que quería y lo que sabía que era bueno.

Sus clases basadas en algunos fundamentos filosóficos de la educación, especialmente referidas a las bases antropológicas y deontológicas de la profesión docente, para pensarla como un quehacer profesional que exige autodeterminación y un claro posicionamiento ante los paradigmas educativos, ha dejado una huella profunda en mí. Practico hasta hoy sus enseñanzas, y vuelvo sobre ellas una y otra vez.

Ya en los años 90, el Dr. Polo nos explicaba lo que luego formaría parte de algunas de sus publicaciones, respecto a que la esencia de nuestra labor docente era ayudar a crecer a las personas que, siendo únicas e irrepetibles, necesitan de los demás para desarrollarse. Esto requería de una continua reflexión del maestro sobre su práctica educativa y sobre su rol en la sociedad y en las familias. Y es que ni nos toca reemplazar a los padres y madres en su tarea educativa, ni se nos llama a una labor meramente técnica que no transforme vidas. Aprendimos que los maestros pisamos tierra sagrada cuando nos acercamos a las vidas de nuestros estudiantes. Desarrollamos un proceso educativo que, en cualquier caso, ha de ser transformador, de acabamiento, de compleción. Aprendimos a mirar al estudiante como un proyecto en desarrollo, proyectos del cual participamos como seres llamados por la vida, pero también determinados por nuestra libérrima voluntad, para el buen hacer.

Aprendimos que los maestros acompañemos a las personas en sus procesos de descubrimiento personal y de reconocimiento de su identidad, del quiénes son y de su grandeza, como un cometido que exige querer, intencionalidad, amor, compromiso y responsabilidad.

El Dr. Polo nos insistía en que aprendamos a ver la educación en su vertiente de proceso, integral, global, transformadora y profunda. Proceso que solo es posible desarrollar en los seres humanos. "La persona es educable por naturaleza, desde el primer momento de su existencia, porque está llamado a hacerse y a completarse a lo largo de la vida…". Esta frase rotunda me acompaña hoy en día en mi ejercicio profesional, para puntualizar los cometidos del derecho educativo positivo y natural, con que los sistemas educativos abordan sus planes de enseñanza, y también para reposicionar el sentido del aprendizaje a lo largo de la vida, por el que tanto se aboga en la actualidad; para despejar el acto educativo de interpretaciones que puedan pervertirlo o desvirtuarlo. De hecho, gracias a esa enseñanza suelo empezar todas mis asignaturas, que están orientadas a la formación de maestros, con el análisis y la reflexión acerca de lo que es y de lo que significa la educación para las personas y para sus instituciones.

En síntesis, podría señalar que conocer al Dr. Polo ha significado un enriquecimiento de mi vida profesional, pero también de mi vida personal. Desde cuestiones que configuran el quehacer profesional y el perfil de la buena praxis, hasta aprender a conducirse de forma ética, con entrega humilde y a la vez profunda a la profesión. Su visión antropológica de la vida y de las personas, con la confianza en que el ser humano puede llegar a desarrollar el máximo potencial en su intelecto, me ha dejado como huella la confianza en mí misma y en mis estudiantes. Conocerlo como profesor universitario, poniendo en práctica sus fundamentos antropológicos, me hicieron ver la correcta coherencia entre su pensamiento y su acción. Doy gracias por su vida compartida y por haberlo conocido.

Olga Belletich Ruíz
Profesora
Universidad Pública de Navarra
Exalumna de la Universidad de Piura (Perú)
Pamplona –Navarra– (España)
Olga.belletich@unavarra.es

12. ANABEL BENAVENT VICEDO: *SIEMPRE LE AGRADECERÉ HABER DESPERTADO EN MÍ LA INQUIETUD DE SUPERARME*

Hoy me remonto a mis años de estudiante universitaria en Pamplona, allá por los años 83-84 del siglo… pasado. Estoy en cuarto curso… el aula es pequeña, soleada y con muy buenas vistas a la entrada del edificio de Biblioteca, grandes árboles que abrazan el cauce del río Sadar.

Las clases son por la mañana y nos han contado que este año la estrella es Don Leonardo que impartirá Teoría del Conocimiento. A él lo recuerdo perfectamente: alto, algo chepado, delgado, con zapatones, pantalón de franela y chaqueta de paño… y bufanda sí o sí, y boina pamplonica. Está calvo y sus gafas de pasta enmarcan una mirada de ojos claros, penetrantes. Su sonrisa es amable y socarrona.

Lleva un maletín con fuelle que contiene sesudos documentos y un magnetófono que es lo primero que conecta para entrar en materia… Curioso artilugio de aquel entonces, y curiosa y original forma de aprovechar la "gestación del pensamiento".

Me explico… de todos es conocida la famosa profesión que ostentaba la madre de Sócrates: comadrona. Pues eso mismo lo viví yo con Don Leonardo en sus clases todo un año. Era como un "parir la verdad": así de fuerte. ¡Qué bárbaro! Se recogía, sostenía con sus manos su enorme cabeza y en un tremendo esfuerzo intentaba desvelar qué es y cómo se produce el alumbramiento de la verdad a través del conocimiento humano: ni más ni menos.

Terminaba sus clases agotado. Y a mí me producía un sentimiento de frustración por "no entender nada", a la vez que de ternura por un profesor que con mis ojos de joven era para mí como mi abuelo paterno, un ser digno de respeto y admiración.

Con estas breves líneas he querido plasmar algún recuerdo de Don Leonardo a quien siempre le agradeceré haber despertado en mí la inquietud de superarme, aún en aquellas cosas que nos sobrepasan por su complejidad y hermosura.

Anabel Benavent Vicedo
Profesora de Filosofía
Barcelona y Murcia (España)
abenaventvicedo@gmail.com

13. Francisco Bobadilla Rodríguez: *Siempre se mostró cariñoso, amable y dispuesto a contestar preguntas*

Conocí y traté muy particularmente a Leonardo Polo durante mi primera estancia en la Universidad de Piura, campus Piura. De los seminarios a los que asistí recuerdo uno sobre Hegel y otro sobre pensamiento político. Su enfoque de la filosofía me fascinó y empecé a leer bastantes de sus libros publicados entonces y otros aparecidos después. Los que no leí fueron los dedicados a la teoría del conocimiento. Los de la esencia humana y los de la persona los he leído varias veces.

Considero al profesor Polo como uno de mis maestros en el área filosófica. Muchos de sus aportes sobre la esencia humana, la historia de la filosofía, la libertad, la ética, los uso en mis clases de ética y pensamiento político. Los ensayos que he escrito le deben bastante a sus ideas. De hecho, mi tesis doctoral de derecho sobre la disponibilidad de los derechos humanos están inspirado en el aporte del profesor Polo: los derechos humanos se disponen según la índole de lo disponible (cada derecho humano tiene su propia dinámica, etc.).

Estuve con él en un curso anual en el Perú. En aquella ocasión dio un seminario sobre el Origen del Universo: creación u eternidad no creada. No entendí gran cosa. En el curso anual que estuvimos en Lima, un día don Leonardo nos comentó sobre el cubo Rubik, cuál era su lógica, etc. Estaba de moda y él se ponía a jugar con él. En ese momento, Mons. Ignacio Orbegozo, cogió el cubo y ante el asombro de todos lo armó en unos escasos dos minutos o menos. Don Leonardo lo miro. Don Ignacio solo dijo: me sale.

Un día estábamos en la cafetería de la Udep. Le pregunté qué actividad reciente había realizado en la Universidad de Navarra. Nos comentó que había estado en el jurado de una tesis doctoral sobre la acedia espiritual. Una tesis muy bien documentada con todas fuentes adecuadas. Solo tenía un problema esa tesis: se notaba que la doctoranda nunca en su vida había tenido acedia espiritual. En otra ocasión, también en cafetería, estábamos con el profesor Vicente Rodríguez Casado. Ese año Don Vicente vino con una conferencia sobre "La sociedad abierta", tomando pie de un libro de Popper –de moda en esos años–. Don Leonardo le dijo: "Don Vicente, Don Vicente, eso que usted dice de Popper no es lo que Popper dice". A lo que Don Vicente le respondió: "Y eso que tú dices de Aristóteles, tampoco lo decía Aristóteles". Carcajada general.

Las veces que he estuve con él, siempre se mostró cariñoso, amable y dispuesto a contestar preguntas. Su enfoque de la realidad, el modo en que dialogaba con los clásicos y modernos, me abrió nuevas perspectivas en mi formación intelectual. Le debo mucho más de lo que digo.

Francisco Bobadilla Rodríguez
Doctor en Derecho
Lima (Perú)
francisco.bobadilla@udep.edu.pe

14. JOSÉ JAVIER CASTIELLA RODRÍGUEZ: *ERA UN SABIO, SIN MÁS ADJETIVOS Y ADEMÁS UNA MARAVILLOSA PERSONA*

En el mes de agosto de 1966 fui invitado con una beca al curso de verano que cada año organizaba la Universidad de La Rábida, Huelva, en un entorno de mar, marisma, edificios e instalaciones verdaderamente magníficos. Además de interesantes conferencias, hacíamos mucho y muchos deportes, visitas turísticas y gastronómicas que el Rector de la Universidad, Don Vicente Rodríguez Casado, organizaba, así como una película diaria al caer la noche. Yo me había resistido inicialmente a esta invitación y, de hecho, llegué una semana tarde, cuando se me acabó el dinero... Pero aquello me enganchó, me integré en la vida universitaria y deportiva del curso de verano y terminé consiguiendo tres copas en el reparto de premios del final de curso: remo en batel, salto de trampolín y ajedrez. Esta última me debió hacer subir el natural vanidoso y chulesco en algún comentario porque un profesor, al que yo no conocía, Don Leonardo Polo, muy discretamente, me invitó a jugar una partida de ajedrez con él. Todavía recuerdo el palizón que me dio. Pero también que fue amable en el trato y no me humilló, con lo que, además de vencerme por goleada, me ganó como discípulo, e incluso como amigo.

Volvimos a Pamplona y a lo largo del invierno siguiente tuve curiosidad por conocer lo que Don Leonardo escribía. Intenté leer su libro *El ser*, pero la verdad es que no pasé de la primera página. Todavía recuerdo la frase con la que se inicia: "La existencia extramental no está dada al modo de lo pensado". Aquello era demasiado para mí. Me hice el siguiente razonamiento: si no puedo pensar sobre ello, tampoco podrá hacerlo el autor, por lo que no tiene interés alguno seguir leyendo... y lo dejé. Es más, comencé a considerar a Don Leonardo un sabio despistado más teórico que otra cosa, pero muy buena persona. Me volvía a equivocar...

Al año siguiente, en septiembre de 1967 volví a La Rábida, esta vez como antiguo alumno, a pasar unos días. Hicimos el viaje desde Pamplona tres personas: Jesús Alfaro, médico y amigo, Don Leonardo Polo y yo. Viajábamos en el Seat 850 de Jesús Alfaro. El viaje era largo y tuvimos una avería en el coche. Yo tenía algunas nociones de mecánica porque mi padre me había hecho leer el Arias Paz, un tocho de mil páginas sobre el motor de explosión, para dejarme conducir antes de sacar el carnet. Pero mis conocimientos no me permitieron diagnosticar la avería que nos había dejado tirados. En cambio, Don Leonardo, el supuestamente sabio despistado teórico, hizo un diagnóstico que resultó ser certero y con el que facilitó la reparación y que continuáramos el viaje. Desde aquel día, aunque sigo sin hincarle el diente a su libro mencionado, tuve de Don Leonardo una idea más aproximada a la realidad: era un sabio, sin más adjetivos y además una maravillosa persona.

José Javier Castiella Rodríguez
Notario
Pamplona –Navarra– (España)
jj@castiella.com

15. Teresa Clares Gallástegui: *Y aquí, señores, la Santísima Trinidad*

Conocí a Don Leonardo en el curso académico 1972-3 o 1973-4: yo cursaba la carrera de Filosofía y Letras, especialidad de Filosofía, y fue mi profesor de Teoría del conocimiento, y no sé si de alguna asignatura más, al menos en 4º y 5º curso; no recuerdo si también en 3º. Él acababa de salir de una crisis de salud, y en clase parecía absorto en lo que explicaba; cuando entraba como oyente don José Mª Martínez Doral (cosa que ocurría a menudo), salía de sí mismo y le saludaba.

Polo no enseñaba la filosofía de otros, sino la suya propia, y la volvía a ir desarrollando según exponía la clase. Era muy metafísico, y no daba saltos en su argumentación. Un día, iba ascendiendo en ella y le íbamos siguiendo, cuando en un determinado momento nos dijo: "Y aquí, señores, la Santísima Trinidad". Comprendimos que era así… ¡Y no había dado saltos de pensamiento! Tampoco nunca utilizaba la 'moralina'.

Asistí también a un curso de doctorado que supe que iba a impartir, titulado "El acceso a la Verdad". Invité a hacerlo a una compañera de clase que se declaraba atea, y comenzó a asistir, hasta que vio que iba en serio, que parecía que iba a llegar… y dejó de asistir, porque al parecer no le interesaba saber.

Me quedó grabado para siempre, y me ha servido en la vida, una conclusión que saco de uno de sus razonamientos: "Aquí, señores, la limitación del pensamiento humano": viniendo de alguien como él, de una inteligencia privilegiada, era un acto de humildad-realidad que dejaba impronta.

Tenía su propio lenguaje para referirse a lo que era su pensamiento: se le seguía bien si uno estaba familiarizado con él (por las clases, porque no lo tenía publicado), pero si no, era poco menos que 'misión imposible'; por eso, cuando 'convencíamos' a alguna amiga para que asistiera de oyente a alguna sesión (a la que la filosofía no atraía especialmente, sino más bien al contrario…), no conseguía comprenderle y no quería ni oír hablar del tema en otra ocasión…

Nos gustaba tanto escucharle que a veces teníamos dos horas seguidas de clase y no notábamos cansancio, aunque eran las anteriores a la hora de comer; y seguíamos escuchándole –y él explicando– hasta que alguno avisaba con urgencia de que era la hora de la última 'villavesa' (el autobús urbano, que en aquél entonces tenía su parada en la misma puerta del Edificio Central de la Universidad de Navarra) para llegar a comer a las respectivas residencias o colegios mayores, y salíamos –él y nosotros– a toda prisa.

En uno de los cursos terminó la materia un poco antes de que acabaran las clases, y le pedimos que nos diera 'seminarios' de lo que quisiera… Aceptó, y estuvo tratando en ellos de la interpretación de la realidad 'pura y dura': tanto, que recuerdo un día que nos estuvo hablando del desodorante, no recuerdo el motivo: lo que perfectamente recuerdo es cómo llorábamos de risa (literalmente), al escucharle hablar en esos términos y reflexiones a él, tan metafísico siempre y tan sumamente abstracto.

Ordinariamente daba la impresión de estar en su mundo mental, y en la defensa de tesis doctorales daba en ocasiones la impresión de que se había dormido: se comprobaba que no cuando le tocaba hacer preguntas al doctorando y las tenía bien concretas sobre lo que éste había dicho.

Un día me confundí de hora de un examen con él (nunca más me ocurrió), y al darme cuenta del error le busqué por la facultad: al encontrarle le dije que era alumna suya (no sabía hasta qué punto era consciente de sus alumnos) y me dijo muy campechano "¡hombre, ya lo sé!", a lo que yo proseguí diciéndole que me había confundido de hora, y me cortó diciéndome "¡cómo, el que me he confundido he sido yo!" (los dos nos habíamos equivocado): preguntándole qué podía hacer para subsanarlo, me dijo que hiciera un determinado trabajo.

En otra ocasión, el examen era oral. Cuando me llegó el turno, parecía ensimismado y no decía nada, por lo que me adelanté y se me ocurrió decirle: "¿Qué, pregunta usted o pregunto yo?"… (yo tenía algunas preguntas sobre la materia, que no había llegado a formularle porque siempre estaba rodeado de un grupo grande de alumnos cuando terminábamos la clase, y yo desistía). Me contestó "Pregunte usted; pregunte usted…". E hice el examen al revés: yo preguntaba y él contestaba.

Me parece que no recuerdo más cosas. Hace ya muchos años de esto. Pero lo que pongo entrecomillado diría que es textual, porque era muy pausado y creo que lo recuerdo bien, además de que lo he contado en diversas ocasiones con posterioridad. No sé si servirá para algo, pero lo envío con gusto de recordar a este gran hombre, por si así fuera.

Teresa Clares Gallástegui
Lcda. en Filosofía
Bilbao –Vizcaya– (España)
teclares@gmail.com

16. Carlos Cotelo Oñate: *Seguro que fue una gran persona y un grandísimo filósofo*

Tuve a Leonardo Polo como profesor durante los años 93-94, creo. Lo cierto es que tuve poca interacción con él y mi testimonio no aportará nada, creo. Tal vez le pillé ya mayor. Venía a clase acompañado de una señora que, grabadora en mano, le daba al botón al inicio y al final de las intervenciones del gran Leonardo Polo, el cual, se sentaba y comenzaba a hablar. No había ninguna interacción con los alumnos, los cuales, no se atrevían a hacer ninguna pregunta por miedo a interrumpir sus reflexiones orales.

Habitualmente se pasaba de la hora de fin de clase. Yo era el Delegado y mis compañeros me instaban a interrumpirle, lo cual era entre cómico y entre violento, porque tenías que intentar meter la cuña: "Perdone, perdone…". Era inútil levantar la mano, pues nunca miraba ni el reloj ni a su auditorio.

Seguro que fue una gran persona y un grandísimo filósofo. Ahora, a los profesores de filosofía nos toca dar clase de otro modo. Los escritos de don Leonardo sin duda harán avanzar a la Filosofía. De su parte humana, no conocí nada. Lo siento, pocos recuerdos de interés para esa memoria de relatos humanos, en torno a la figura de Leonardo Polo.

Carlos Cotelo Oñate
Profesor coordinador de la asignatura de Pensamiento Crítico
CUNEF Universidad
Madrid (España)
cotecarlos2@gmail.com

17. Jeanine Dalma Tena: *Un gran maestro y pensador que ha representado mucho en mí*

Me alegro que se esté elaborando este trabajo en torno a la figura de un gran maestro y pensador que ha representado mucho en mí. Refiero a continuación un par de comentarios:

1. Su atención personal y atenta durante una entrevista personal que pudimos sostener, cuando me encontraba realizando el primer año de la Licenciatura en Filosofía en la Panamericana en México. Él se encontraba en México en torno al año 1990-91 impartiendo un curso de lo que sería el libro *Quién es el hombre*, que estaba dirigido a los estudiantes de la Licenciatura, en la que yo tendría pocos meses de haber iniciado.

El curso personalmente fue extraordinario y me agradó particularmente el lenguaje práctico con el que nos presentaba filosóficamente al ser humano y lo plástico que fue para ejemplificar lo que quería señalar conceptualmente. Se me grabó desde entonces que el hombre es más un "espíritu encarnado", que un "animal racional", impactando definitivamente en mi manera de considerar al hombre desde ese momento y dirigiendo buena parte de mi desarrollo como profesora de Antropología y Ética que he ejercido desde aquel entonces.

En cuanto salió el libro lo leí y lo recomendé a compañeros de otras licenciaturas para que entendieran mejor "su ser en el mundo", algunas veces sin éxito debo decir.

Cuando comencé a impartir la materia de Antropología Filosófica (y en ocasiones dando Ética) en la misma Universidad Panamericana, Ciudad de México en diferentes escuelas y facultades, era un texto básico para introducir a los alumnos al curso, que acogían con sencillez y les llevaba a plantearse preguntas importantes sobre su propia configuración como humanos. Así lo hice al menos durante unos 15 años, utilizando diferentes capítulos del libro. Con la certeza de que en esa ocasión –como les encomendaba hacer entregas de las lecturas realizadas–, podía verificar que era leído por los alumnos y en algunos casos, a través de diálogos personales he sabido que han hecho lectura del libro completo en aquellos años.

2. Más tarde, quizá en otoño de 1993, nos impartió un curso nuevamente a los estudiantes de Licenciatura, si no me equivoco sobre un aspecto dentro de la teoría del conocimiento o quizá fue del abandono del límite mental. No estoy clara al respecto. Ahí me llevó a considerar con mayor seriedad el estudio del abandono del límite mental y por supuesto su filosofía en mayor grado.

En ese momento comenzaba a realizar la tesis de la licenciatura sobre "la causa eficiente en la producción artificial, en la Metafísica de Aristóteles". Sin embargo, por el interés que despertaba su manera de explicar el mundo, pedí a la Facultad la oportunidad de mantener una entrevista con él donde poder hablar del tema de la causalidad.

Me atendió con mucha caballerosidad y me llamó la atención que lo hizo haciéndose cargo de que era una estudiante de Licenciatura, de tal manera que hacía comprensible cualquier comentario a lo largo de la charla, en la que hablamos aproximadamente unos 20 o quizá 30 minutos. Lo menciono porque no había aire de superioridad o suficiencia, sino interés genuino por ayudar a un estudiante "tratado como colega" –lo que fue verdaderamente sorprendente–, dialogando para comprender las cuestiones que me inquietaban en ese momento. Estas cualidades de apertura, acogida, humildad e igualdad en el trato las destaco, porque no la percibía en algunos de los profesores con los que me estaba formando (aunque ciertamente eran pocos), pero esto los contrastaba más.

Hablamos en fin sobre el ser causal, la causalidad eficiente en específico e incluso sobre el *per accidens*. Fue una "charla" de colegas, aunque verdaderamente yo era un párvulo con muy pocos estudios hasta ese momento. Con más preguntas que capacidad de diálogo real, y sin embargo me pedía mi opinión o validaba mi comprensión de lo que se proponía.

3. Fue tal el influjo de su pensamiento que de manera independiente comencé a realizar la lectura de algunas de sus obras hasta entonces publicadas, creando un vínculo particular cuando tuve entre mis manos *Presente y futuro del hombre*. También con estas lecturas fui detectando que era

un pensador que no tenía "miedo" de dialogar con la modernidad, que retomaba a uno o a otro pensador sin problema y sin enfrentamiento, mientras que en contraste percibía en aquél momento cierto "miedo" en la Facultad de abrirse a ese tipo de diálogo, de tal manera que me han dado unas bases excelentes de Aristóteles y Tomás de Aquino, pero lógicamente como una persona joven deseaba entrar en diálogo con autores más recientes y fue él en quien vi esta posibilidad, conjugándolo con una identidad cristiana sin perder rumbo –lo cual debo reconocer, me tranquilizaba bastante–.

Desafortunadamente en ese momento sólo teníamos la presencia del Dr. Esquer como un seguidor e interlocutor de Polo, y era a través de quien podíamos acceder un poco a Polo y éramos pocos los que manifestamos ese interés. Creo que esto se debió a que a mi parecer se señalaron reticencias frente a Polo, ya sea por que lo consideraban "complicado/incomprensible" o por no estar "plenamente identificado" con Tomás de Aquino, o quizá ese diálogo con la modernidad que no se animaban a sostener. Si no fue en realidad así, al menos puedo decir que así lo percibía yo como estudiante. A mí me dio pie para algunos momentos de diálogo muy interesantes y entrañables, con algunos alumnos, colegas y amistades durante varios años.

4. Una vez leída su teoría del conocimiento, y pensando en una tesis que debía realizar para terminar los estudios de la Maestría en Historia del Pensamiento, decidí hacerla sobre el concepto de intencionalidad en la Teoría del Conocimiento de Leonardo Polo. Con la idea ya prefijada de continuar en el doctorado profundizando en la libertad como trascendental. Pero esto último no fue posible, a pesar de que hice algún intento hace un par de años en la Universidad de Navarra de realizar una tesis sobre su pensamiento, pero no fue posible en aquél momento porque no había directores disponibles para este estudio. Al menos la de la Maestría fue posible y me ha marcado lógicamente.

El tema de la libertad trascendental me impactó tanto que aún puedo decir, que el día de ayer en un coloquio con estudiantes del doctorado en Italia, hice mención directa, como sugerencia para uno de mis compañeros considerando que podría ayudar a profundizar mejor en su tema de estudio. Está trabajando sobre Cornelio Fabro, por lo que creo que le será de utilidad.

Estos puntos los puedo destacar como parte de los recuerdos del impacto de la persona y su pensamiento en mi desarrollo personal, profesional y personal. Espero que el modo coloquial y poco estructurado con el que ha sido escrito, permita comprender la sencillez de vida que considero me ha heredado y dado que comprendo que no es un tema de investigación académica. Sin embargo, si consideran hacer algunas modificaciones o simplemente no tomarlos en cuenta, no hay problema por mi parte, pues el recuerdo es lo que es y la gratitud por haber tenido la oportunidad de tratarle, escucharle y aprender de él, así como de tener este espacio para alegrarme al recordarlo, ya es valioso en sí.

Esperando que sea de utilidad, envió un saludo agradecido. Felicito por la iniciativa, esperando que pronto pueda verse premiada con más estudios y seguidores de su pensamiento, para que subidos en sus hombros lleguemos más alto en la búsqueda de la verdad.

Lamento igualmente la pérdida del Prof. Alvira —otro grande que he podido conocer—, y tantos otros más que la Universidad de Navarra en conjunto con la Panamericana, nos ha permitido conocer y aprovechar. No quiero dejar de agradecer al Dr. Picos por su labor pacientemente formativa con nosotros —sus estudiantes— y con el seguimiento que da ahora al legado del queridísimo maestro de maestros, Don Carlos Llano.

Jeanine Dalma Tena
Maestra
Doctoranda
Universidad della Sancta Croce
Roma (Italia)
jdalma@up.edu.mx

18. ANA CORINA DÁVALOS TERÁN: *UNA HUMILDAD, QUE ME PARECIÓ —Y AÚN ME PARECE— EJEMPLAR Y ADMIRABLE*

Corría el año 1998 o quizá ya había entrado el 99 —no soy buena con las fechas—; estudiaba por entonces Periodismo en la Universidad de Navarra, pero ya tenía dentro el gusanillo de la Filosofía, tras haber cursado la asignatura de Historia de las Ideas con María Jesús Soto.

Había escuchado de Leonardo Polo en la universidad, pero no lo conocía, ni personalmente, ni a través de sus escritos, directamente. Sí que tenía claro que había influido en el pensamiento de muchos de los profesores que me habían dado clase y que habían recibido su influencia; profesores a los que respetaba y con los que estaba en deuda por lo que me habían transmitido en las clases de Antropología o Epistemología. Me vienen a la cabeza dos nombres entre otros: D. Eduardo Terrassa y Juan José García Noblejas.

Yo había leído con gran interés la *Fides et Ratio*, que se publicó el 14 de septiembre de 1998. Allí, san Juan Pablo II abordaba un tema que a mí me resultaba fascinante, entre otras cosas porque siempre me había llamado la atención que hubiese muchas personas que veían una contraposición entre fe y razón o ciencia y fe. Para mí nunca habían sido contrarias; al revés, veía una luminosa continuidad a través de mi propia experiencia.

La Universidad de Navarra era una biblioteca viviente. Así lo recuerdo. Todos los lunes esperaba impaciente las oportunidades de aprender de otras disciplinas que cada semana se ofrecían, a través de los anuncios de *Vida Universitaria*, un folleto en el que aparecía la relación de las diversas ofertas culturales en la universidad para esa semana. Cuando vi que habría un seminario sobre la *Fides et Ratio*, en el que participaría Leonardo Polo, no lo pensé dos veces.

Recuerdo que tuvo lugar en un aula del Departamento de Filosofía, en el segundo piso del Edificio de Bibliotecas, hoy Edificio Ismael Sánchez Bella. Creo que fui sola y logré encontrar sitio sentada. Debe ser que llegué con tiempo, porque el aula se llenó hasta los topes de profesores y alumnos. El otro ponente era Alejandro Llano. Quizá hubo un tercero; no lo tengo claro.

Yo no le quitaba ojo a Polo. Me impresionó su aspecto. Parecía muy anciano, pero me di cuenta de que seguramente esa apariencia podía ser engañosa. Su tono de voz era firme y su lucidez, absoluta. Eso sí, estaba completamente calvo y usaba unas gafas que me parecieron un poco pasadas de moda. Como si eso tuviese alguna importancia.

No sabría recordar exactamente sus palabras; ¡Ojalá! Ya me gustaría. Sí tengo un recuerdo claro de lo impresionada que quedé sobre su apasionada defensa de la verdad y de la capacidad del hombre de conocerla. Recuerdo también que hubo algunos intercambios de humor con Llano. La concentración de Polo, mientras Alejandro Llano hacía su exposición, era muy llamativa.

Para los que estábamos allí, Polo era el maestro de maestros. Y sin embargo, él puso una atención completa a las palabras del otro ponente. Las absorbía, las estaba pensando, se notaba. No estaba allí como quien ya lo ha pensado todo, como quien no tiene ya nada que aprender y menos de un profesor más joven que él.

Puede ser que no recuerde las palabras que ese día pronunció Polo sobre la *Fides et Ratio*, pero no olvidaré nunca su actitud. El gran filósofo, el maestro, se mostraba como un aprendiz deseoso de encontrar un poco más de verdad, viniese de donde viniese. Como le gustaba decir al propio Llano: "la verdad es la verdad, lo diga Agamenón o su porquero". Polo lo hacía vida; esa búsqueda era parte de su naturaleza.

Aunque no recuerdo sus palabras, que podré leer gracias al magnífico trabajo que se está haciendo para publicar sus completas, de ese seminario me queda algo mucho más valioso: el haber tenido la oportunidad de conocerlo, de ser testigo de su pasión por la verdad al hablar de ella, de su coherencia al no renunciar a ninguna ocasión de buscarla, con una humildad, que me pareció –y aún me parece– ejemplar y admirable.

Ana Corina Dávalos Terán
Dra. en Filosofía por la Universidad de Navarra
Quito (Ecuador)
anaco77@gmail.com

19. D. Luis Alfonso De Blas Arroyo: *Ser persona, ser cristiano y ser santo*

Estuve una vez de tertulia con D. Leonardo Polo el 24 de marzo de 1985 en el Colegio Mayor Belagua, Torre I. Tome unas notas de ese evento que las refiero a continuación:

Nos habló de vivir como persona, de ser "persona", que es dar, ser generoso. Ser persona, en clave marxista (o liberal/egoísta) equivale a ser de necesidades, a recibir; y el trabajo es aquella actividad para conseguir satisfacer esas necesidades. En cambio, ser persona, en clave cristiana, es ser de donación: dar, darse; y el trabajo es aquella actividad por la que uno perfecciona lo creado (resultado de la actividad de Dios). La persona es amor porque Dios es amor (imagen y semejanza). Todo en Dios es donación (*ad intra* y *ad extra*). La Trinidad es donación... La Creación es donación... En la creación Dios *da todo* al hombre y *se da* al hombre. La Redención es donación: la Persona encarnada se da a sí mismo, muere por cada hombre. Restituye, rescata, repara las anomalías, las taras...

El hombre es persona porque es imagen de Dios que es "Persona". O mejor, ser persona es dar / darse, porque somos imagen de una "comunión de Personas". Por ser imagen de Dios Creador, ser persona es dar perfección... El mundo es bueno, ha salido de las manos de Dios, nosotros lo hacemos "malo". ¿El árbol de la ciencia del bien y del mal? ¡Si no había nada malo!

Decir que "vivir es dar" supone reconocer una previa "riqueza interior", una intimidad... Riqueza interior que es recibida, participación de la riqueza de Dios. Somos término del amor de Dios, es ser *"capax Dei"* (capaz de Dios). Esa es nuestra dignidad. Por eso, una persona que sabe lo que es, es generosa; en caso contrario, no se comportaría como lo que es.

¿Vanidad de la generosidad?, o sea, '¡Qué bueno soy al ser generoso!': ¡Majadero! Lo menos que puedes hacer es ser generoso. Por eso, hemos de vivir en un clima habitual de entrega (entrega total, entregarse). Quien sabe lo que es, y vive como tal, es feliz: se da cuenta de la maravilla de la entrega, está alegre. La persona, cuando se mira a sí misma, se da cuenta de la potencia interior y del vacío exterior: se da cuenta de que ha de dar, ha de calmar sus ansias, ha de amar a Dios, darse a Dios, sirviendo a los demás.

Por eso, si no me entrego, vienen las angustias: no veo sentido a mi vida, tengo miedo, y no sólo a los problemas sino a la misma existencia. De modo que o vida interior, o a sufrir. Por eso, en la sociología cristiana la categoría "prójimo" (Dios y los demás) resulta esencial.

La santidad no es otra cosa que comportarse como lo que se es: persona. Basta esta razón, no necesitamos más. Por eso nuestro Padre (San Josemaría Escrivá) decía que la santidad es para todos, también para la gente corriente, porque todos somos personas. Si ser persona es ser santo, lo menos que podemos esperar de nosotros mismos es desear la santidad, perseguirla, alcanzarla; si no, hemos fracasado como personas. Así pues, el hecho de no plantearse la santidad equivale a renegar de nosotros mismos, de nuestra condición de persona, de cristiano.

El aire que necesitamos para vivir no es otro que darnos a Dios en todo momento; y esto por pura 'honradez' de cristiano, sin necesidad de otros compromisos. Referencia al estatuto jurídico ideal: lo honrado y lo natural es luchar por ser santo. ¿Cómo mantenerse como un "farol siempre encendido"? Institucionalizando mi propósito de ser santo. ¿Cómo? Revistiéndolo de un contrato que las partes se comprometan a cumplir. La Obra se compromete a ayudarme –recordándomelo constantemente y ofreciéndome los medios necesarios– y yo me comprometo a dejarme ayudar –dejándome recordar el espíritu y aprovechando los medios–.

¿Qué si la entrega es sacrificada? ¿Es acaso sacrificado vivir bendecido con Su Presencia? ¿Resulta sacrificado recibirle cada día en la Comunión? ¿Acaso puede resultar sacrificado responderle, cortejarle? ¿Es un sacrificio testimoniar que poseemos al Amor, al mejor Amor?

He de ser santo no como (y donde) yo quiero ser santo, sino como (y donde) Dios quiere que sea santo… Donde Dios nos coloque… En medio de una sociedad de consumo (sin ser consumista, claro), o donde reine la penuria (sin ser consumido por los desordenados deseos de poseer, claro está también). No es más rico el que más tiene sino el que menos desea.

D. Luis Alfonso de Blas Arroyo
Sacerdote
Clínica Universidad de Navarra
Pamplona –Navarra– (España)
ladeblas@gmail.com

20. Jesús De Garay Suárez-Llanos: *Notabas enseguida que lo que le importaba era si eso era verdad o no*

Conocí a D. Leonardo Polo en 1971 cuando comencé mis estudios de Filosofía en la Universidad de Navarra. A lo largo de mis años de estudiante le tuve como profesor de una asignatura en 4º, Teoría del Conocimiento, en el que principalmente explicó Kant. Pero mi interés por la filosofía de Polo era grande y en ocasiones acudía a otras de sus clases o conferencias, aun cuando entendía poco de sus palabras. Había muchos rumores sobre su mala salud, todo envuelto en un halo de misterio. Desde luego, desde el primer momento me pareció una persona muy anciana (aunque curiosamente rejuveneció con el paso de los años, o al menos eso creía yo). Recuerdo que comenzaba sus clases o coloquios con gran parsimonia y aparentemente muy cansado, pero al cabo de los minutos se animaba más y más.

Lo que siempre me ha impresionado de él ha sido su pasión por la filosofía. Y más allá, su pasión por la verdad: ante cualquier cuestión que comentaras con él, notabas enseguida que lo que le importaba era si eso era verdad o no. No lo que decía un autor o un texto sino si era verdad. Sin duda eso ha marcado toda mi vida.

En mis últimos años de carrera comencé a hablar más habitualmente con él sobre cuestiones filosóficas. Tengo que agradecerle mucho que me escuchara y respondiera con atención ante todas mis consultas, a pesar de la diferencia de edad y de conocimientos. Me presentaba en su despacho sin previo aviso, y él dejaba los papeles que estaba trabajando para hablar conmigo.

Fue a partir de mi defensa de la tesis doctoral sobre Aristóteles cuando inicié un trato más intenso con él. En el tribunal de mi tesis estaban otros cuatro profesores además de D. Leonardo. Como es habitual en estos casos, algunos hicieron objeciones a mi tesis. En cambio D. Leonardo hizo un elogio muy encendido de mi trabajo, que agradecí mucho.

Al cabo de aproximadamente un año (hacia 1984), en una conversación con él, me explicó que había dado un curso de doctorado en México sobre Aristóteles y lo había hecho al hilo de sus anotaciones a mi tesis. Para mi sorpresa, pude comprobar que tenía el manuscrito de mi tesis lleno de notas a mano. Me sugirió tener algunas conversaciones tranquilas para comentarme sus reflexiones. Esto me llenó de orgullo porque no sospechaba de ningún modo que D. Leonardo se hubiera interesado hasta ese punto por mi texto. En mi tesis citaba muchos textos de Polo, como mi fuente de inspiración.

Inicialmente le propuse acudir a su despacho para escuchar sus observaciones. Pero tuve la enorme suerte de coincidir con él en Ávila durante cinco o seis días. Fueron jornadas para mí absolutamente excepcionales. Me dedicaba los días enteros. Hablamos largamente de nuestras opiniones filosóficas: de la mañana a la noche, sólo con breves interrupciones. Lo extraordinario era tanta atención por su parte hacia mí, que me llenaba de orgullo. D. Leonardo hablaba conmigo de tú a tú (repito: a pesar de la diferencia de edad y sobre todo de formación). Discutimos mucho de filosofía (todavía no sé cómo me atreví a mantener el tipo ante sus argumentos).

El resultado de esas largas charlas fue paradójico. Según avanzaban nuestras conversaciones, se hacía más evidente que discrepábamos en bastantes puntos. En parte me resultó una decepción porque quedaba claro que lo que yo sostenía en la tesis no coincidía con las ideas de Polo, a quien tanto yo admiraba. Sin embargo, él manifestó también interés sincero por mis ideas, aunque me explicó que lo que yo hacía y buscaba en filosofía era distinto de lo que él hacía. No obstante, me lo dijo animándome mucho a seguir por mi camino.

Pasaron los años y sólo en algunos momentos pudimos volver a charlar: congresos, conferencias o tribunales de tesis, en Pamplona, en Madrid y alguna vez en Sevilla. Había un aprecio mutuo (en mi caso, además, siempre una gran admiración hacia su persona y su trabajo). No lo sé con seguridad, pero creo que fue a raíz de unos escritos míos con los que él discrepaba, cuando nuestra relación se enfrió algo, aunque siempre mantuvimos un trato de mucha cordialidad. Lo digo con mucha pena porque perdimos el contacto los últimos años de su vida.

En resumen, estoy enormemente agradecido a Leonardo Polo. Creo que le debo mi interés y mi pasión por la filosofía. Y por la verdad. Desde luego su ejemplo ha marcado toda mi vida.

Jesús de Garay Suárez-Llanos
Catedrático de Universidad
Departamento de Filosofía, Lógica y Filosofía de la Ciencia
Universidad de Sevilla
Sevilla –Andalucía– (España)
jgaray@us.es

21. ANTONIO DE LOS BUEIS GÜEMES: *EL PROFESOR POLO ERA UNA GRAN PERSONA, LLENA DE BONDAD Y SABIDURÍA*

Han pasado más de 40 años desde que terminé mis estudios en la Universidad de Navarra (Filosofía '82) y ahora tengo una buena oportunidad de dar las gracias, tanto a la institución académica como a todos los profesores y compañeros estudiantes. Primero y muy especialmente a D. Leonardo Polo, D. Alejandro Llano, D. Rafael Alvira, Dña. María Antonia Labrada, D. Juan Cruz, D. Carlos Ortiz de Landázuri, D. Ángel d'Ors, D. Ángel Luis González... a todos sin excepción.

Estudiar en la Universidad de Navarra fue un gran honor y haber tenido como profesor a D. Leonardo fue todo un privilegio. Es muy difícil medir y calcular toda la formación e información recibidas durante esos 5 años, pero lo que sí está claro es poder devolver a los demás todo lo recibido y además multiplicarlo.

La asignatura de Teoría del Conocimiento y su profesor titular D. Leonardo, de entrada, daban respeto y cierto temor. Luego, resultaron ser asequibles y todo un placer. Nunca peligró la calificación final... recuerdo sus clases a última hora de la mañana, cuando sonaba el timbre y seguía la explicación sin ninguna prisa hasta que alguien le recordaba que había que ir a comer.

Sus explicaciones y consejos fueron claves para las oposiciones de Filosofía, donde se manifestaba con claridad su conocimiento, su saber y su buen nivel académico junto al de todos los profesores de la universidad.

El profesor Polo era una gran persona, llena de bondad y sabiduría. Su gran humanidad se manifestaba tanto en la seriedad de las clases, como en las amenas tertulias, o comiendo chuletillas en el campo rodeado de sus alumnos. Recuerdo su sonrisa bonachona con las actuaciones de los aprendices de filósofos, tras la comida acompañada del rico vino de la tierra.

También me alegra recordar a mis compañeros de promoción en Pamplona, todos ellos alumnos del profesor Polo: D. Juan Carlos Elizalde (obispo de Vitoria), D. José Pedro Manglano (fundador de Hakuna), D. Javier Mahillo, que ya descansa en la eternidad, nuestra vitalista delegada: Dña. Gloria Pont... saludos para todos y cada uno de ellos.

Don Leonardo Polo, muchas gracias por todo. Ya goza de la paz de Dios y seguro que está muy orgulloso por todo el trabajo bien hecho. Tu alumno,

Antonio de los Bueis Güemes
Doctor en Filosofía
Profesor de Filosofía
Santander –Cantabria– (España)
antoniobueis@yahoo.es

22. D. Rafael Díaz Dorronsoro: *La antropología trascendental del prof. Leonado Polo me mantiene anclado a la filosofía del ser y, a la vez, abierto a acoger el desafío del giro antropológico*

Nací en Pamplona, el 17 de enero de 1969. Soy sacerdote incardinado en la Prelatura Personal del Opus Dei. Ejerzo como profesor de Teología litúrgica sacramental en la Pontificia Universidad de la Santa Cruz en Roma.

No he conocido personalmente al profesor Leonardo Polo, pero he tenido la suerte de estar con él en un encuentro informal en Roma en el que habló de la figura del fundador del Opus Dei, san Josemaría Escrivá de Balaguer, a partir de sus encuentros con él. Me quedaron muy grabadas las profundas reflexiones sobre el amor a la libertad que aprendió de la vida de san Josemaría en su trato con las personas.

Empecé a interesarme por su pensamiento hacía el año 2000. Un amigo que había estudiado filosofía en la Universidad de Navarra me habló de su propuesta de distinguir entre metafísica y antropología trascendental, y me picó la curiosidad. En 1998 me había licenciado en teología moral, y no encontraba una visión satisfactoria acerca, precisamente, de la libertad humana. Me recomendaron leer su Teoría del conocimiento para acceder a su pensamiento y me cautivó desde el principio. No me encontré con un manual de gnoseología, sino una propuesta personal apasionada que quería trasmitir al lector. Retomaba los aciertos de la tradición aristotélico-tomista –intelecto agente y paciente, intencionalidad, acto inmanente, etc.– y, en diálogo con los autores modernos y contemporáneos, introducía importantes novedades que la hacía progresar para estar a la altura del desafío de la modernidad.

No entendí muchas cosas, sobre todo de los tomos en los que exponía la esencia del universo, pero me di cuenta de que valía la pena esforzarse en profundizar en su filosofía, sobre todo, en su propuesta acerca de la persona. Y desde entonces he continuado leyendo y releyendo sus obras junto con otros estudios sobre su pensamiento.

En 2003 me doctoré en Teología dogmática y actualmente enseño Teología litúrgica sacramental en la Pontificia Universidad de la Santa Cruz en Roma. Desde la segunda mitad del siglo XX, algunos importantes teólogos han criticado la doctrina sacramentaria de corte escolástico a favor de un giro antropológico que se desmarca de la tradición aristotélico-tomista. Por ejemplo, Rahner con su antropología trascendental y la noción de símbolo esencial; Edward Schillebeeckx, redefiniendo los sacramentos como lugares de encuentro del hombre con Cristo; o Louis-Marie Chauvet con su comprensión simbólica de los sacramentos desde la filosofía de Martin Heidegger. La antropología trascendental del prof. Leonado Polo me mantiene anclado a la filosofía del ser y, a la vez, abierto a acoger el desafío del giro antropológico en mis estudios sobre los sacramentos gracias a su distinción entre metafísica y antropología trascendental.

Rafael Díaz Dorronsoro
Sacerdote
Profesor de Teología litúrgica sacramental
Pontificia Universidad de la Santa Cruz
Roma (Italia)
rdiaz@pusc.it

23. IGNACIO DÍEZ DE RIVERA: *"IN AMICITIA, LEONARDO": UNA INTERPRETA-CIÓN SENCILLA DE LA FILOSOFÍA DE LEONARDO POLO*

1) Semblanza de Polo y su hallazgo. La filosofía de Leonardo Polo es luminosa, aunque tiene fama de no ser fácilmente comprensible. A pesar de los numerosos discípulos *"polianos"* y de la difusión de su obra en círculos especializados, se ha dicho en numerosas ocasiones que Polo no se expresaba bien, ni redactaba bien, y se le ha llegado a definir como *"el filósofo en la luna"*[1]. Los que le oímos en persona durante sus años de docencia, reconocemos sin embargo que Polo era capaz, después de introducciones lentas y largas exposiciones, de hacer confluir su discurso de manera que finalmente el intelecto quedaba iluminado con un destello feliz que dejaba el espíritu sosegado. (recuerdo haberle oído decir a Polo que su palabra favorita del castellano era "sosiego").

Yo tuve con Don Leonardo una fugaz pero decisiva relación personal. No fui alumno de Filosofía y Letras, sino de la primera promoción de Económicas y Empresariales en la Universidad de Navarra. Asistí sin em-

---

[1] Polo relacionaba la Luna con la Virgen, luz que no tiene brillo propio sino "resplandores" que reflejan el Sol. Desde ese punto de vista, llamarle "filósofo en la Luna" es algo muy apropiado, pues era un apasionado hijo de María.

bargo al innovador seminario filosófico titulado "Empresa y Humanismo", participado por algunas de las mentes más brillantes de esos tiempos y a algunas charlas sueltas suyas que daba en seminarios, en colegios mayores o en tertulias en el bar "Faustino", así como a un par de encuentros personales, cuyos detalles prefiero omitir aquí, pero que quedan resumidos en esa frase suya, que le oí pronunciar en su despacho y que se me quedó clavada para siempre: *"Lo personal siempre es lo primero"*.

Además de oírle de viva voz en las charlas y conferencias, solíamos luego comentar lo que oíamos con mi entrañable amigo asturiano José Antonio Vázquez Villa, al que cariñosamente apodamos "monster", una de las personas más sencilla, inteligente y divertida que he conocido en mi vida, que desgraciadamente falleció en 2012 y ahora prematuramente nos contempla, junto a Polo, desde el Cielo.

La admiración llena de afecto que suscitaba Polo entre sus alumnos y discípulos, se confirmaba al conocerle en persona, con su mirada sencilla y bondadosa, su sentido del humor inteligente, y su casticismo madrileño y alegre. También había oído hablar de las crisis de Polo, de sus periodos de agotamiento mental en los que le recomendaron dedicarse a leer tebeos, y en definitiva, de su esfuerzo y espíritu de servicio al ser requerido en numerosas ocasiones como decía él *"de comodín"* en el ámbito universitario, incluidos sus lejanos viajes a tierras iberoamericanas, entre ellos a la Universidad de Piura, tan querida para él, y ser exprimido como un limón hasta el final de sus días. Su vocación filosófica derivó en un amor a la filosofía que evidenciaba que la "filosofía" puede hacerse vida, con toda su riqueza y fecundidad.

Pasado el tiempo, después de leer y releer mucho los escritos de D. Leonardo, llegué al convencimiento de su genialidad, y a la vez, de que la parte esencial de su filosofía podría ser expuesta de manera accesible para la mayoría del público no filósofo, como yo, pues una buena filosofía es como decía él, atractiva como una mujer hermosa, aunque a veces se muestre esquiva.

De sus obras, personalmente destaco sus libros *Quién es el hombre, Ayudar a crecer* o *Ética. Hacia una versión moderna de los temas clásicos*, y una gran cantidad de artículos antropológicos que afortunadamente se han recogido en sus obras completas, como "Tener y dar" o "Las modalidades del tiempo humano: Arreglo, progreso y mejora".

Respecto a la parte más profunda de su construcción filosófica, su Teoría del Conocimiento, los mismos discípulos suyos, filósofos profesionales, reconocen que resulta de una profundidad y dificultad que pocos son capaces de destilar.

Polo repetía que el verdadero filósofo no puede sin más recopilar y repetir las ideas de otro, sino que ha de pensar por sí mismo y llegar a conclusiones que se hagan propias. Es por ello que más que glosar sin más las ideas de Polo, al abrigo de su inspiración y de su gran hallazgo de juventud denominado *"detección y abandono del límite mental"*, como subido en hombros de un gigante, he tratado de dejarme guiar tal y como él recomendaba por mi personal intuición, recorriendo un camino propio y personal de búsqueda de la verdad.

2) Una interpretación de la filosofía de Polo. Mi interpretación de la filosofía de Polo es que su gran pasión no fue en realidad su teoría del conocimiento, a pesar de dedicar sobre ello gran parte de su esfuerzo intelectual, sino la Vida Trinitaria, pues él quiso ser antes que nada un buen hijo del Padre, un imitador de Cristo, y en definitiva un apasionado enamorado del Espíritu Santo.

Polo denunciaba el punto muerto de la filosofía en el proceso de hacer una teoría del conocimiento que partiendo del subjetivismo de Descartes y del racionalismo de Kant habría llegado a su máxima expresión con el Idealismo Absoluto de Hegel y sus codas posteriores. Toda la colección de "ismos" derivados en el s. XX, las filosofías nihilistas y los totalitarismos del nazismo y del marxismo no eran más que filosofías menores que habían culminado en el relativismo actual como la consecuencia más lógica de esa limitación mental no detectada.

Ese callejón sin salida del relativismo moderno en vez de avanzar, da giros sobre sí mismo, como el hámster en la noria, sin llegar a ningún lado. Solamente, encontrando una escapatoria, podemos salir de este estado de desesperanza que invade el mundo moderno. Esa puerta, como el armario de Narnia, estoy convencido que es la intuición de la "detección del límite mental" y su abandono, lo que resulta ser el mayor descubrimiento filosófico moderno que puede abrir las puertas para experimentar la realidad misteriosa y maravillosa que se denomina "Verdad personal", donde se captan las relaciones de los tres fundamentos de la realidad, el ser, el conocimiento y el amor, con su maravillosa unidad y su significado real.

¿Pero, cómo recorre Polo el camino? No es casualidad que el primer libro de Leonardo Polo se llamase *El Ser*. La búsqueda filosófica siempre empieza planteando el tema del "Ser" como el tema primero. Las reflexiones de Polo parece que no fueron bien entendidas, ni seguramente bien expresadas, lo que le obligó a escribir un segundo libro, *El acceso al ser*. Es su periodo metafísico diría yo. El punto de partida para dialogar con los filósofos clásicos. La primera etapa, que tiene una conclusión evidente: para poder acceder al Ser, tiene que surgir el conocimiento, pues conocer es iluminar el Ser, poder acceder a su intimidad, desvelar su misterio oculto. Es en ese momento de juventud, cuando Polo tiene su intuición principal: el conocimiento, tal y como se entiende por los autores clásicos, está limitado por el conocimiento objetivo y presenta un límite que es necesario detectar y ser capaz de abandonar, para llegar a desvelar otros aspectos ocultos del Ser que de otra manera no podrían ser accesibles por el conocimiento objetivo. A este hallazgo de juventud, cuya riqueza le cautiva a partir de ese momento para el resto de su vida, Polo lo denomina el "abandono del límite mental". A partir de esa genial intuición, Polo realiza una construcción teórica que le permite profundizar de manera prodigiosa en el tema del conocimiento, planteando su evolución histórica, filosófica, científica y religiosa. Durante varias décadas desarrolla su *Curso de teoría del conocimiento*, con una profundidad asombrosa. Finalmente, su teoría del conocimiento culmina con su *Antropología trascendental*, centrada en la noción de persona, y por la vía del conocimiento trascendental, llegar a la "verdad personal", como la identificación del amor, que difícilmente puede ser expresada por el lenguaje, y que en una bellísima imagen poética afirma que se expresa como "un canto".

Uno de los precedentes cercanos que he podido encontrar de la enunciación del límite mental que intuye Polo, me parece encontrarlo en un texto anterior de un autor no filosófico, Gilbert K. Chesterton, llamado "el apóstol del sentido común", en el capítulo inicial de su libro *Ortodoxia* de 1908, escrito por tanto, antes de que naciera Polo, denominado "The Maniac": "El hecho es sencillo: la poesía es cuerda porque flota con facilidad en un mar infinito; la razón pretende cruzar el mar infinito para hacerlo finito. El resultado es un agotamiento mental, similar al agotamiento físico… Aceptarlo todo es un ejercicio, comprenderlo todo, una fuente de tensión. El poeta únicamente aspira a la exaltación y la expansión, tan sólo desea un mundo en el que desahogarse. El poeta sólo pretende entrar su cabeza en el cielo. En cambio, el lógico quiere meter el cielo en su cabeza. Y es su cabeza la que revienta"[1].

Reconocer que la realidad es más grande que nosotros, más grande que nuestra mente, que nuestro conocimiento es algo que también San Josemaría expresaba con frecuencia en esa frase suya: "Si Dios cupiera en nuestra cabeza, qué poca cosa sería Dios". Tratar de abarcar la realidad con el pensamiento es algo que nos sobrepasa y solamente puede llevarnos al agotamiento. Pero existe un modo de enunciar toda la realidad, por supuesto sin agotarla. Todo depende de que sepamos detectar lo que Polo denominaba *"el límite mental"* y a partir de ahí sepamos abandonarlo y adentrarnos en la realidad ignota o misteriosa.

Como decía Chesterton, tratar de meter la realidad en la cabeza, lleva a la locura, pues la cabeza acaba estallando. Se trata, por tanto, de meter la cabeza (limitada) en la realidad (infinita), y no al revés, lo cual nos llevaría a permitirnos bucear en lo infinito, tal y como hacen los niños (Chesterton era un gran admirador del mundo infantil, de la fantasía). ¿Qué es eso sino la definición de la trascendencia, que es la capacidad de acceder a la realidad que se encuentra fuera de nuestros límites objetivos y espacio-temporales de pensamiento?

No saber abandonar el límite mental es encerrarnos en un conocimiento inmanente, en nuestros límites lógico-deductivos o sensoriales. Encerrarnos en nosotros mismos, que es una forma de infierno. En cambio, la locura sana de navegar en el misterio, siempre es posible, partiendo de aquello que sabemos, de quién somos, de cuales son nuestros límites, y que fuera de esos límites se encuentra una pequeña puerta abierta al infinito de lo que se denomina Amor. Esto enlaza con la tradición clásica de las Sagradas Escrituras en textos de tanta belleza como el Salmo 139: *"Tanto saber me sobrepasa, es sublime y no lo abarco"*, o autores como San Juan de

---

[1] "The general fact is simple. Poetry is sane because it floats easily in an infinite sea; reason seeks to cross the infinite sea, and so make it finite. The result is mental exhaustion, like the physical exhaustion of Mr. Holbein. To accept everything is an exercise, to understand everything a strain. The poet only desires exaltation and expansion, a world to stretch himself in. The poet only asks to get his head into the heavens. It is the logician who seeks to get the heavens into his head. And it is his head that splits". CHESTERTON, Gilbert K., *Orthodoxy*, Chapter II, "The Maniac", 1908.

la Cruz en su poesía mística. La Verdad se enuncia, pero no se agota, porque la Verdad es Vida.

3) *Mi propuesta a partir de la filosofía de Polo: el desarrollo de una filosofía trinitaria.* Por eso, la semilla que sembró Polo a partir de su inicial intuición del "abandono del límite mental", estaría en el germen, según mi opinión, del descubrimiento y el desarrollo de una enriquecedora Filosofía Trinitaria que pasaría por el redescubrimiento de los tres temas que deberían ser los fundamentos principales de la filosofía: el Ser, el Conocimiento y el Amor. Para mi la lectura de la obra de Polo no deja de golpearme con insistencia hacia esta inesperada intuición surgida de la simplicidad de una lectura insistente de los tres fragmentos de la escritura revelada que contienen las tres definiciones principales sobre la intimidad divina: a) *"Yo Soy el que Soy"* (*Éxodo*, 3, 14); b) *"In principio erat Logos"* (*Juan*, 1, 1) ; c) *"Dios es Amor"* (*1 Juan*, 4, 8). "En el nombre del Padre, del Hijo y del Espíritu Santo" (*Mateo* 28, 19).

Y es que es la Trinidad Divina la que se ha revelado y definido en la tradición denominándose Padre, Hijo y Espíritu Santo. Lo más parecido para conocer a Dios por analogía es una familia. La revelación de la intimidad de Dios Padre está manifestada por el Hijo en el Espíritu Santo. Desde el punto de vista de la temática filosófica, puede tener sentido una profundización en ese misterio inefable, que parte de la propia revelación. El planteamiento coincide con los temas tradicionales de la filosofía: metafísica, o filosofía del Ser, teoría del conocimiento o del logos como manifestación del Ser y manifestación de la realidad personal en el amor. Estos tres grandes temas Ser, Conocimiento y Amor están presentes en la revelación evangélica, y pueden contener alguna luz sobre algo imposible de entender, si no es precisamente revelado, un Único Dios en Tres Personas en relación mutua de Ser, Conocimiento y Amor. Un Creador, un Redentor, un Vivificador en tres Personas.

Si la filosofía ha tratado el tema del Ser (metafísica) y el tema del Conocimiento hasta detectar su límite, Polo nos sitúa ante el Amor como un tema propio de la filosofía. Algo que puede ser difícilmente entendido y generar discrepancias. El amor es vida, no teoría. ¿Qué ciencia estudiaría al amor? ¿Cómo se llamaría? ¿De qué serviría estudiar el amor, si éste no se convierte en vida, o no se ejerce? El Amor debería ser el tercer gran tema de la filosofía. Este campo temático filosófico pienso que se empieza

a desvelar en la actualidad en el marco de la filosofía denominada personalismo. ¿Pero qué es ser persona? Recuerdo haber oído a Polo decir que
la persona es individuo en relación (coexistencia). El ser de las personas es
el ser espiritual. El conocimiento de las personas nos descubre la relación
personal, el don, la gracia, el Amor. La verdad personal es el enamora-
miento. Una verdad que es un "canto". Ser hombre es algo más que ser
individuo, es ser persona, qué significa "ser en relación", "ser además",
"co-existencia", apertura a los otros. Precisamente, en una de esas tertulias
filosóficas que manteníamos en la universidad, alguien citó una frase de
un cardenal cuyo nombre no recuerdo, que se me quedó grabada: "*Al final
de la vida, sólo quedarán nombres*", lo que expresa el descubrimiento de esa
relación personal que nos comunica. El Amor es creador, es aportante, es
lo que nos abre a descubrir a Dios. El Amor supera las matemáticas, pues
hace que la suma de 1+1 sea más que dos, porque es creador.

Según Polo, el encuentro con la Verdad personal es un canto donde se
descubre el Ser. La Verdad es la que encuentra al Ser, es el Verbo. La Verdad ama al Ser, le canta. El canto es el Amor de la Verdad al Ser, del Hijo
al Padre, pero también del Padre al Hijo. Es la alegría del Espíritu. Abandono del límite mental es levantarse a las alturas, sentir vértigo, volar en
el infinito del Amor, de la Belleza, de la gratuidad, de la locura del aportar. Es la liberación por la Misericordia, la redención por el perdón, la superación de la lógica. Descubrir la Verdad del Ser y hacer de la vida un
canto. Anonadarse para llegar a la plenitud, a dónde ni ojo vio, ni oído
oyó.

Primero es el Ser, Segundo el Conocer, Tercero es el Amar. Al igual que
de Dios se dice, la Primera, la Segunda y la Tercera Persona, sin referirse a
la preeminencia o superioridad de una sobre otra, las relaciones entre las
personas, nos pueden iluminar de una manera sencilla el camino de la
filosofía a partir de ahora. Desde el punto de vista de la teología, la lectura
del bellísimo texto del s. IV, atribuido a S. Atanasio de Alejandría, denominado "*Quicumque*", nos confirma la importancia de no confundir, ni
tampoco separar las tres "substancias" o personas divinas, pues nada es
primero o posterior, nada mayor o menor, sino todas las tres coeternas y
coiguales. Este es el gran misterio.

La filosofía a partir del siglo XXI tiene el reto de plantearse el tema del Amor, redescubriendo la metafísica, y orientando la teoría del conocimiento trascendental al concepto de persona. La bondad, la verdad y la belleza se unen.

Para mí, la enseñanza de Polo como maestro es que la filosofía es vida, y si la vida auténtica es la divina, el objeto de la filosofía y la teología no puede ser distinto. Por eso, propongo y defiendo que los fundamentos de la filosofía se enuncien en torno a los tres principios de la teología que son los mismos: el Ser, el Logos, el Amor. En realidad no son tres principios o tres fines, sino un solo principio y un solo fin: Dios.

En conclusión, estoy convencido que el tema que le fascinaba a Polo no era el conocimiento, que le limitaba y le agotaba, sino la Trinidad. Se dio cuenta en una intuición de juventud con 23 años, al detectar límite mental, y descubrir su agotamiento; desde entonces siempre quiso abandonarlo para adentrarse en la inmensidad de Dios, en la plenitud personal de la Verdad Personal del Ser, el Amor.

In amicitia, Don Leonardo[1].

Ignacio Díez de Rivera
Licenciado en Económicas y Empresariales
Madrid (España)
ignadre@gmail.com

24. P. ANTONIO DUCAY VELA: *DE AHÍ PODRÍA DEDUCIRSE SU SENCILLEZ Y SU SENTIDO DEL HUMOR*

Conocí a D. Leonardo hace mucho tiempo, en 1954. Tendría unos 28 años. Vivía en un centro del Opus Dei, en Pamplona, en Carlos III. Recuerdo que lo veía recorrer el pasillo de la casa, arriba y abajo; en esos momentos no sabía exactamente qué hacía; ahora compruebo que pensa-

---

[1] Entre enero y febrero de 2013 mi mujer y un hijo mío enfermaron de cáncer. Ese fue el mes que falleció Polo. Al enterarme de su fallecimiento pedí tener algún recuerdo suyo con la confianza de tener un intercesor en el Cielo. Desde entonces conservó con enorme cariño un bastón suyo que se me hizo llegar, y que un día se devolverá a la Facultad de Filosofía de la Universidad de Navarra. Mi mujer y mi hijo se curaron gracias a Dios. También conservo con mucho cariño una foto con él y la primera edición de *Quién es el hombre*, con la dedicatoria: "In amicitia, Leonardo".

ba, producía, filosofaba. Alguien me dijo que aquello que era motivo de su reflexión era algo referente a la diferencia entre esencia y acto de ser.

Recuerdo que tenía buen humor. Uno de la casa, me parece que era José Javier López Jacoiste, abogado, buen jurista, con fino sentido del humor, quien alguna vez le dijo, cuando lo veía pasear por el pasillo "Leonardo, a ver si terminas eso que estás haciendo para que te pongas a trabajar", y Leonardo, que yo sepa, nunca se molestó por eso, le siguió la broma. De ahí podría deducirse su sencillez y su sentido del humor. Los dos eran profesores de la recién comenzada Universidad de Navarra, que entonces funcionaba en un local público de Pamplona que me parece que se llamaba Cámara de Comptos.

Luego volví a verlo varias veces en Perú, en la Universidad de Piura, por los años 1990. Venía con frecuencia como profesor visitante, tanto a Lima como a Piura, donde era muy estimado. De Lima tengo dos recuerdos muy pequeños. Alguna vez, coincidió con otro profesor muy conocido, Vicente Rodríguez Casado. Lo trataba con gran respeto, porque era algo mayor que él, y con gran confianza y afecto. En un centro universitario de Lima, "Tradiciones" (llamado así porque estaba en la calle del mismo nombre), lo recuerdo en un desayuno, diciendo con su voz sonora: "Don Vicente, don Vicente, don Vicente". Lo recuerdo porque yo sentí el afecto con que lo decía y además había un algo que nos hizo reír a todos. Aquella escena, que no tiene nada de particular, la recuerdo como muy natural, muy humana. Lo lógico sería que se me hubiese olvidado, pero la recuerdo muy vivamente.

El segundo recuerdo de Lima es también pequeño pero significativo. En ese mismo centro cultural se organizó una conferencia para estudiantes de Derecho que él daba sobre un tema genérico del Derecho y la justicia. Recuerdo que vinieron bastantes alumnos, unos treinta, y la conferencia fue en el hall del centro cultural. No tenía papeles, ni un guion previo. Comenzó la conferencia y yo no sabía por dónde andaba. Me parece que los demás tampoco. Así estuvo bastante tiempo. Los quince minutos últimos enganchó con algo que nos captó totalmente. Al acabar, estaba la gente entusiasmada y comentando la conferencia. Tuve la impresión de que durante la conferencia "producía", por lo que teníamos la suerte de asistir en esos momentos a una especie de "parto" intelectual.

P. Antonio Ducay Vela
Sacerdote
Licenciado en Derecho
Lima (Perú)
ducayantonio1@gmail.com

25. PAULINA DUEÑAS MONTERO: *ME LLAMARON LA ATENCIÓN SU GENIALI-DAD Y, A LA VEZ, SU GRAN SENCILLEZ*

En la década de los ochenta hice un máster en Filosofía en la Facultad de Filosofía de la Universidad de Navarra, donde tuve la enorme fortuna de conocer a profesores excepcionales como Rafael Alvira, Alejandro Llano y Leonardo Polo. Una de las asignaturas del programa, en el curso lectivo 1985-86, era Metafísica, con el profesor Leonardo Polo.

Yo no conocía a Leonardo Polo. Desde el primer día de clases me llamaron la atención su genialidad y, a la vez, su gran sencillez. Desde mi pupitre de estudiante sentía que la dimensión intelectual en la que se desenvolvía Don Leonardo superaba a la del común de los mortales. Se apreciaba una dedicación al trabajo intelectual consistente, sostenida a través del tiempo. Lectura, investigación y, sobre todo, reflexión personal. A pesar de su sabiduría, el profesor Polo no era una persona distante e inalcanzable; por el contrario, se mostraba extremadamente amable, sencillo, sereno y natural; muy cercano en el trato.

Recuerdo que iniciaba puntualmente las clases. Planteaba en voz alta una cuestión que merecía ser analizada y discutida. Entonces comenzaba su disertación; el codo en la mesa del escritorio y su cabeza apoyada sobre la mano derecha. Se notaba su vocación filosófica, ese permanente afán por alcanzar una mayor comprensión de las razones últimas de las cosas, observando la realidad y explorando en las profundidades de su mente en busca de respuestas. Tanto se concentraba que temía extenderse más allá del final de la clase, por lo que pedía al estudiante que se encontraba más cerca que le recordara la marcha del tiempo.

Las clases de Don Leonardo constituían un desafío intelectual para los alumnos. Demandaban la puesta en juego de habilidades intelectuales superiores. Debo confesar que no siempre le entendíamos. Sin embargo, cada vez que alguien hacía una pregunta, Don Leonardo se detenía y dejaba entrever su capacidad de diálogo y su apertura para escuchar al estudiante y brindarle una respuesta asequible. Además, dedicaba tiempo a los alumnos fuera del aula; lo vi muchas veces tomando café con ellos.

Este magnífico profesor, sabio a carta cabal, transmitía en las clases los frutos de su trabajo; detalles y perspectivas originales que su espíritu indagador continuamente descubría. Mencionaba a los grandes pensadores con admiración, pero su amor por la verdad le mantenía en un estado de permanente reflexión y cuestionamiento. Con la perspectiva del tiempo y de la trayectoria de Don Leonardo vertida en su gran obra filosófica, se puede afirmar que en esos años de estudio y enseñanza se estaba gestando su método y su sistema filosófico. Era un auténtico maestro que profesaba un saber genuino y que además se destacaba por la ejemplaridad de su conducta.

Paulina Dueñas Montero
Magister en Filosofía
Quito (Ecuador)
pduenas658@gmail.com

26. Francisco Javier Echanove Pasquín: *Rezumaba sabiduría y santidad*

Leonardo Polo fue para mí un profesor clave para orientar mi carrera filosófica hasta el punto que hice mi tesis de licenciatura y mi tesis doctoral sobre su obra, bajo la dirección de Juan José Sanguineti. Pronto empecé a leer sus 'difíciles' libros que fueron siempre un estímulo en mi estudio de la filosofía. Me dio clases, que fueron grabadas y forman parte de su obra *Curso de teoría del conocimiento*. Fue un verdadero privilegio asistir a ellas.

También le recuerdo en tertulias dadas a los universitarios de los Colegios Mayores, que siempre levantaban expectación e interés, y alguna conversación personal caminando por el *campus* de la Universidad de Navarra, donde le hice alguna pregunta cuyas respuesta nunca he olvidado. Me dio gran alegría que me felicitara por mi tesis, la cual fue simplemente una primera aproximación a un trabajo que muchos llevan a cabo y que se seguirá llevando a cabo por el indudable interés para el futuro de la filosofía.

Leonardo Polo era persona que, por expresarlo de alguna manera, rezumaba sabiduría y santidad. Pienso que con él hay un antes y un después en la historia del pensamiento humano, como ha ocurrido con otros grandes filósofos.

Francisco Javier Echanove Pasquín
Licenciado y Doctor en Filosofía
Universidad de Navarra
Profesor de Religión en los CEIP Eloy Saavedra y
Andrés Segovia de Ciempozuelos (Madrid)
Ontígola, Toledo –Castilla La Mancha– (España)
fjechanove@yahoo.es

27. Mª Carmen Elizari Sanz: *Había algo realmente nuevo y muy valioso en su propuesta*

Conocí al profesor Polo en los dos últimos cursos de la carrera de Filosofía, de 1984 a 1986. Fue nuestro profesor de Teoría del conocimiento y Filosofía Contemporánea. Sus clases eran atípicas. Sin papeles, pensando en voz alta. Profundamente concentrado en sus pensamientos. No impartía filosofía, hacía filosofía. Resultaba pasmoso su dominio de la Historia de la Filosofía. Sus clases eran una especie de diálogo con los grandes pensadores. Nos parecía que sabía el por qué de cada frase o idea de las obras de Hegel, Heidegger, etc. Obras que a nosotros nos resultaban incomprensibles no parecían tener secretos para él. Era muy crítico con los errores de esos filósofos, pero nunca amargo. Y, a la vez, no dejaba de valorar sus aciertos.

Su paciencia con los alumnos tomaba la forma de magnanimidad en las calificaciones. Nos costaba mucho seguirle, pero rara vez suspendía. A mí me daba la impresión de que había aceptado no ser comprendido.

Trayendo a la memoria anécdotas de su enseñanza con compañeros de promoción, hemos recordado aquella vez que, tras una clase en la que había hablado de la desconexión de los sentidos propia de la filosofía oriental, le recibimos en la siguiente sesión juntando los dedos y diciendo "Om". Fue la única vez que pareció un tanto nervioso. "No hagan eso", nos pidió. "Puede ser peligroso". Me vacunó contra el Yoga. Acabamos todos riéndonos, él incluido.

Éramos conscientes de su privilegiada inteligencia. Y de que la ponía constantemente en juego. Una compañera fue a hablar con él a su despacho y encontró en el suelo un papelito amarillo y arrugado con unas fórmulas. "¿Lo tiro?", le preguntó. –"No, por Dios, señorita. Es el teorema de Gödel".

Cuando asistíamos a sus clases de Teoría del conocimiento teníamos la impresión de que había hecho avanzar esa disciplina. Ese podría ser el resumen de la huella que dejó en muchos de nosotros. Habíamos tenido el privilegio de asistir a las clases de alguien que no se conformaba con transmitir lo que Aristóteles o Tomás de Aquino habían descubierto. Sino que prosiguió su pensamiento. Había algo realmente nuevo y muy valioso en su propuesta.

Muchos años después he tenido la oportunidad de conocer mejor su pensamiento. He sentido cierta pena por no haber aprovechado mejor aquellos años universitarios. Espero que este testimonio sirva para animar a mucha gente a zambullirse en su filosofía. No se trata solo de conocer nuevas teorías. Es, sobre todo, una invitación a pensar, a ejercer la libertad, a no pararse en lo conseguido, a abrirse al mundo, a los demás, a Dios.

Mª Carmen Elizari Sanz
IES Ibaialde de Burlada
Pamplona –Navarra– (España)
carmenelizari@gmail.com

28. María Teresa Enríquez Gómez: *Esa conferencia provocó en mi vida un antes y un después*

Era un día de agosto de 1991 en la Universidad Panamericana, ciudad de México. La conferencia inaugural del curso la dictó, como frecuentemente lo hacía en aquellos años, el Dr. Leonardo Polo. Los estudiantes recién llegados a la Facultad de Filosofía acudimos al Aula Magna ávidos de escuchar a ese famoso profesor que venía del otro lado del Atlántico. Íbamos prevenidos: era un sabio que hablaba como hacia dentro sin mirar a su auditorio y rascándose la cabeza; pero que dejaba fascinados a todos con la novedad de sus planteamientos. ¡A ver!

Esa conferencia provocó en mi vida un antes y un después. Ese día me enteré, por fin, de qué era eso de la filosofía. Y quedé aún más convencida de dedicar mi vida a ella. A la salida, caminaba por Mixcoac buscando mi autobús, y recuerdo que iba como "flotando", feliz, feliz, muy feliz.

¿Cómo me podía cautivar tanto ese tipo de ideas? Leonardo Polo, con esa exposición breve, y más o menos sencilla, me hizo probar lo que significa ponerse a pensar lo que se suele "dar por sabido" de las lecturas bíblicas. También me enseñó a descubrir la unidad detrás de datos científicos aparentemente inconexos. La filosofía era esa pieza del rompecabezas que me faltaba aprender: razonar lo profundo y dar orientación a lo disperso.

El tema: el trabajo humano. Ese día escuché la demostración de que el ser humano está constitutivamente diseñado para trabajar. La exposición comenzó con la consideración de la teoría evolucionista de las especies: radiación, adaptación... Y de inmediato: lo peculiar de la especie humana: los procesos de hominización y de humanización. También nos hizo considerar el diseño del cuerpo humano: la mano, la boca, el cerebro. La conclusión llegó a ser evidente: un ser humano que no trabaje es inviable biológicamente hablando. Me di cuenta que... ¡la Biblia tenía razón!

Eso es lo que aprendí de Don Leonardo Polo ese día. Unas observaciones filosóficas que me mostraban la armonía entre los diferentes canales de conocimiento: la biología, la Biblia, la filosofía. Eso me llenó de esperanza. La "santificación del trabajo" no era una cuestión puramente espiritual que venía de lo más alto y que había que asumir solamente desde el don de la fe sobrenatural. No. El trabajo era una exigencia biológica, y eso se podía saber observando la conducta de las especies; de la especie humana.

De Polo aprendí mucho ese día. Y, ahora que he vuelto a sus escritos, muchísimo más me queda por aprender. De Polo puedo aprender cómo estudiar a santo Tomás de Aquino. Aquel día Polo aprovechó el texto de la *Suma Teológica*: "si el cuerpo humano fue o no correctamente dispuesto" (*ST*, I, q. 91, a. 3). Pero no solo eso. También supo aprovechar las ideas de la teoría de la evolución. Y encontrar la armonía de unas y otras fuentes. Sin mencionar ni una sola vez la Biblia, me hizo apreciar la sabiduría contenida en ella. Su conferencia me hizo recordar aquella idea: Dios hizo al hombre para trabajar como a las aves para volar (cf. *Job*, 5, 7; San Josemaría, *Amigos de Dios*, n. 57). Así, recordando la Biblia, la conferencia me confirmó en mi vocación.

En efecto. Lo más importante de ese día es que Polo me confirmó en mi vocación al Opus Dei. En ese entonces yo ya llevaba tres años de saber que Dios me había creado para cultivar la filosofía. Pero ese día lo comprobé totalmente, como no lo había experimentado hasta entonces. Y eso, eso que vivía aquel día, se lo agradezco ahora de todo corazón a Leonardo Polo.

Mª Teresa Enríquez
Dra. en Filosofía por la Universidad de Navarra
Profesora del Instituto de Humanidades
Universidad Panamericana
campus Aguascalientes
–Aguascalientes – (México)
tenriquez@up.edu.mx

29. Francisco Errasti Goenaga: *Leonardo era muy humilde*

Conocí a Leonardo Polo en el ámbito familiar de haber convivido con él. En el año 1985. Fueron aproximadamente tres años, del 1985 al 88. No estaba jubilado, era profesor de la universidad y no era un profesor convencional. Efectivamente, él estaba imbuido de una misión para llevar a cabo alguna aportación en el ámbito de la filosofía cristiana y, por tanto, que esa aportación tuviera un influjo en la sociedad; eso lo tenía muy claro. No es que lo manifestase constantemente, pero sí en alguna ocasión, en un círculo más reducido ponía de manifiesto ese convencimiento profundo que tenía.

Leonardo era una persona muy inteligente, de gran profundidad, porque le daba muchísimas vueltas a las cosas. Adoptaba una actitud de cabeza inclinada, se ve que le estaba dando vueltas a las cosas una y otra vez, de un lado y de otro, constantemente, todo el día. Y aunque parecía una persona despistada que no era consciente de lo que pasaba a su alrededor, era todo lo contrario, se daba cuenta absolutamente de todo. Era consciente de cómo era cada persona que estaba a su alrededor. Y, por supuesto, si convivías con él, te retrataba de arriba a abajo, con una sola frase; algo así como esos dibujantes que hacen en varios trazos un dibujo de la persona que quieren retratar. Tenía, en este sentido, una capacidad de síntesis de describir la personalidad, el carácter de las personas, hasta el punto de que lo dibujaba en una sola frase. Yo creí, al principio, que no se enteraba de nada de lo que sucedía a su alrededor, que no era consciente de lo que pasaba, que él estaba en su mundo, porque Leonardo tenía fama de estar en el mundo de la filosofía, del pensamiento, de dar vueltas a las cosas, de elaborarlas mucho. Naturalmente, no era cierto.

Le escuché en unas cuantas charlas, y podía llevar un papelito pequeño, una octavilla, escrita con una letra muy pequeña, en ocasiones difícil de descifrar, pero con esa cuartilla, podía estar hablando media hora, tres cuartos de hora, una hora de elaboración. Y además, añadiendo cosas nuevas que en ese momento se le iban ocurriendo conforme iba desarrollando las ideas o los contenidos de lo que había escrito en la cuartilla. Después te dabas cuenta que esa cuartilla había sido muy elaborada. A pesar de que uno decía: bueno, con esa cuartilla en 10 minutos hemos terminado. No; podía estar hablando el tiempo que quisiera.

Casi siempre hablaba sin mirar a la gente; estaba como con la cabeza dándole vueltas a un asunto. Eso era un rasgo llamativo. Luego, otro rasgo muy destacado es que era muy bromista. Aunque parecía muy serio, en muchas reuniones informales de pronto soltaba una cosa graciosa que era manifestación de su carácter jocoso. Se reía, hacía una carcajada, y los demás también, claro, porque lo que decía era muy gracioso. En ese sentido, eso formaba parte de la capacidad que tenía de penetrar en el modo de ser de cada uno, y a eso le sacaba chispa; ese tono gracioso que tenía en su conversación era muy agradable.

Él no hablaba nunca de sí mismo. Hay mucha gente, sobre todo en una tertulia, que comenta: "estamos trabajando en esto", "estamos haciendo esto", "vamos a publicar este trabajo científico", "hemos enviado esta revista internacional tan importante". ¡Jamás le oí a Leonardo hablar de sí mismo! ¡Nunca! Polo no decía: "Estoy escribiendo esto". Tenía la vista, cuando yo le conocí, un poco estropeada y escribía pegado, muy pegado, con la cabeza a la mesa; con esa letra pequeñita que tenía. Pero de lo que él estaba elaborando, de lo que trabajaba, de las publicaciones o los libros que iba a publicar no hablaba nunca; te enterabas por otros; o por la Facultad, o porque alguien lo comentaba. Pasaba muy inadvertido.

Eso puede hacer pensar que vivía en un mundo abstracto, distinto al resto de la casa, de la gente, y no es cierto en absoluto. Vivía completamente en las cosas ordinarias de cada día, y a pesar de ese aparente despiste, él se daba cuenta de todo. Al mismo tiempo se le notaba un extraordinario espíritu de libertad. Actuaba con absoluta libertad y naturalidad en cualquier cosa sin importarle lo que pensaran los demás o dejaran de pensar. Tampoco es que hiciera cosas raras, evidentemente, para que la gente pensara nada extraño. Pero, bueno, él era ajeno a lo que pensaran los demás. Él estaba en su mundo, en lo suyo, decía las cosas que tenía que decir con gran naturalidad y con gran sencillez, y a la vez con libertad. No tenía barreras.

Personalmente pienso que a Leonardo le faltaron dos cosas, una suya personal y otra alrededor suyo. Alrededor suyo, alguien o la Facultad o quien sea, que diese a conocer más ampliamente su obra mientras él vivía. Y yo creo que no sé si eso se hizo; me parece que no. La otra es que Leonardo no dominara el inglés: ni lo hablaba ni lo escribía. Esto responde a que Leonardo vivió una época en la que en España apenas se estudiaba el inglés, sí francés. Creo que es una pena, porque su influjo hubiera sido mucho mayor de haber publicado en inglés y haber participado en congresos y reuniones de habla inglesa. Él fue mucho al Perú y otros países de Hispanoamérica donde hacía un gran papel dando clases, conferencias con alumnos y empresarios. Además, le gustaba y lo hacía muy bien.

Leonardo era muy humilde. Nunca veías en él ninguna manifestación, ningún rasgo, ningún comentario que hiciera referencia a la calidad de lo que trabajaba, de lo que hacía, de las relaciones que tenía.

Rafael Alvira fue compañero suyo en la Facultad. Ambos, Rafael y Leonardo intervenían activamente con empresarios, sobre todo en una asociación, Empresa y Humanismo, que se constituyó en la Universidad de Navarra. Publicaron muchas cosas y buenas. Ahí intervino muy directamente también Enrique Sendagorta, que fue el Presidente durante muchos años.

Francisco Errasti Goenaga
Director del CIMA
(Centro Médico de Medicina Aplicada)
Universidad de Navarra
Pamplona –Navarra– (España)
ferrasti@unav.es

30. Fr. Roderrick Esclanda: *Leonardo Polo's influence on my life and work*

Leonardo Polo has been and continues to be an important influence in my intellectual life (be it philosophy, theology, or reflection on everyday events) and on how I try to help others through teaching, preaching, and the advice that I give. The following is a brief testimony of how Polo has been an influence and inspiration in my life and in my work.

My own personal encounters with Leonard Polo are very limited in number, but they have left me with a lasting impression that I constantly refer back to. My first and only direct interaction with Polo took place in Colegio Mayor Aralar (Pamplona, Spain) in January 1994. The Prelate of Opus Dei (at that time, Blessed Alvaro del Portillo) had come to visit, and was staying at Aralar. Polo, along with several other older members of Opus Dei, had come for lunch, after which they were going to have a get-together with D. Alvaro. At that time, I was studying theology and was still unfamiliar with Polo's philosophical works, but on that day, I found myself sitting next to him at lunch. I distinctly remember him asking the Director, in a very simple and calm manner, if the dish being served was chicken, explaining that he was asking because he could not eat chicken. Then I remember passing him peanuts, which he graciously accepted, and which he ate throughout the lunch instead of the chicken. Although it might seem to be such an ordinary episode, his simplicity and calm sense of joy have remained in my memory until the present day.

This sense of his child-like simplicity and joy also caught my attention some years later (1998 or 1999) in Rome. During those days, Polo was in Rome for a conference at the Pontifical University of the Holy Cross. During the week of the conference, he visited Cavabianca (the *campus* of the Opus Dei's Roman College), where he joined us for a family get-together. Once again, I remember only one small story. He recalled how many years before, an indication had been made about how to greet the President General (as the head of Opus Dei was then called) of Opus Dei, who at that time was still the founder of Opus Dei, St. Josemaría Escrivá. The indication was that one should kiss his ring while genuflecting on one knee. Polo explained that at that time, he did not understand how this could be compatible with the natural spontaneity of a son greeting his father. Nevertheless, he resolved to put the indication into practice. It was then, after putting it into practice, that he understood how this was the proper way to greet and show respect for the figure of the Father. Again, this is a small story, but one that has remained with me over the years as another example of his simplicity.

On a more intellectual note, the most vivid impression I had of Polo was at a conference at the Pontifical University of the Holy Cross in Rome (1998 or 1999) in which he gave a presentation (I think the topic was the anthropological access to God). By this time, I had already read a good number of Polo's works. I was, nevertheless, very much impressed by both the content of his paper and how he gave his presentation. My impression was that he was thinking through the philosophical themes that he was presenting and not simply reading a prepared text. The effect was that many of us present were listening very closely to him and also thinking with him. And what we were seeing with him created a sense of wonder in the audience.

Aside from these more personal impressions, Polo's influence on my intellectual and philosophical interests has been considerable. My first encounters with his philosophy was in the years 1993-1996, when I was studying theology at the University of Navarre, and living at the Colegio Mayor Aralar. In those years, my interest in philosophy took root and grew, and I became very much interested in questions regarding how to relate Thomistic philosophy, contemporary philosophy, and Eastern Asian thought. I had an interest in understanding how contemporary philosophy, with its existential and anthropological emphasis, could be made compatible with a more classical Thomistic philosophy. I had a similar interest in how Eastern Asian philosophies might be joined with Thomistic philosophy. This led me to study Aquinas more deeply, and to go deeper into his philosophy of nature and metaphysics. But this led me to ask questions such as: what is substance? how do we know substances? what about the self? how does one know oneself? how does one know the act of being? And thus, I found myself looking for a theory of knowledge that would help me frame these questions. I was also hoping to find a theory of knowledge that would help me somehow synthesize Thomistic metaphysics and existential anthropology; and, even more ambitiously, Aquinas and Eastern philosophies. After brief encounters with authors such as Gilson and Maritain, I discovered Polo. Previous to this, I had heard of Polo, but never seriously studied him. But now, I began to delve deeply into his writings. What I found was a depth and richness of thought that even now, after more than twenty years, I continue to study and reflect upon.

The years that I have spent reading and studying Polo's philosophy have greatly influenced the way I approach philosophical questions and how I read other philosophers. Philosophical notions that I have learned from Polo, which include the abandonment of the mental limit, his philosophy of con-causalities, and his transcendental philosophy, have greatly enriched my philosophical perspective. They have also allowed me to not only limit myself to repeating ideas learned from Polo but to be able to critically engage with other philosophers and to deeply think through philosophical themes in a fresh way. In addition to this, Polo always shows great respect for other thinkers (even those he disagrees with), and his attitude of always interpreting them *in melius* has helped me to approach others' opinions with great respect. Polo's style of philosophy, by which he helps his students and readers think along with him, has also been an example and an inspiration for me in the many years I have been teaching.

Thus, I believe that one of Polo's more significant contributions to philosophy is that he not only proposes philosophical notions of great importance, but, more importantly, he teaches others to think through philosophical questions deeply, and thus truly become philosophers, truly lovers of wisdom, who are not satisfied with quick, facile answers or with purely negative criticism.

Beyond this, Leonardo Polo's thought has also had an important influence on my pastoral work as a Catholic priest. More specifically (to name just a few), elements of his anthropology, such as his understanding of the unrestricted growth of human essence, virtues, and the person as transcendental freedom and as gift-love, have been immensely influential in helping me understand human life and the everyday challenges of those I speak with, as well as in the advice I give to people as I help them grow and generously correspond to the grace of God in their lives. Polo has furthermore been a constant point of reference for an optimistic and theistic hope-filled vision of the human person and of the world.

Polo's philosophy and life have also been the inspiration behind why, a month after his death in 2013, I and a few others started the *Leonardo Polo Institute of Philosophy*, which has as its aim spreading knowledge of Polo's philosophy in the English-speaking world through translations of his works and the organizing of conferences in different parts of the world. The great interest and enthusiasm for Leonardo Polo's philosophy that I have seen at an international level (both by those who have long known his philosophy, as well as by those only recently introduced to it) is astounding and encouraging, and has been a further source of admiration for what Polo has achieved through his life and philosophy and a further inspiration to contribute to promoting and continuing what he has begun.

In this regard, I am reminded of a comment from Thomas Aquinas: what is important is not simply to know what some specific author has said, but rather to come to knowledge of the truth. And this is what I believe Polo has indeed achieved, not only in his only personal philosophy, but by spurring many others to seek, and in some way, to come to know and live this truth.

Fr. Roderrick Esclanda
President, Leonardo Polo Institute of Philosophy
South Bend –Indiana– (USA)
derrick.esclanda@gmail.com

31. María Teresa Espín: *Su pensamiento era un pensamiento hecho vida*

Conocí al Dr. Leonardo Polo mientras estaba estudiando la licenciatura de Filosofía en la Universidad Panamericana, realicé mis estudios de los años 1983 a 1988 y en ese periodo el Dr. Polo dio varios seminarios a estudiantes y profesores. Eran días muy intensos de clases en los que los alumnos procurábamos aprovechar al máximo. En aquel entonces reunían a todos los estudiantes, fueran del curso que fueran, para tomar juntos los seminarios. La realidad es que enseguida me di cuenta de la calidad de profesor de Don Leonardo, pero también es verdad que no entendía mucho; era, tal cual, una más de los aproximadamente 30 alumnos.

En el año 1985, en un viaje pude pasar por la Universidad de Navarra, quise conocer la Facultad de Filosofía y una amiga me acompañó. Al cruzar un pasillo me di cuenta de que estaban varios profesores reunidos en un cubículo. En ese momento, el Dr. Polo se levantó y salió al pasillo, me llamo por mi nombre y me reconoció como alumna de la ciudad de México. Para mi fue una sorpresa: ¡yo nunca había cruzado palabra alguna con él! En ese momento me presentó los demás profesores –algunos de ellos habían estado también en la Universidad Panamericana dando seminarios–, y me preguntó si podía ayudarme en algo. Le conté que estaba interesada en uno de los temas que había impartido en el ultimo seminario, y dijo que justo una alumna de la Universidad de Navarra acababa de presentar su tesis sobre el tema. Hizo fotocopiar ese mismo día la tesis y me la envió al lugar donde me estaba quedando porque yo le informé que solo iba a quedarme en Pamplona un día más. Quede impresionada… ¿Cómo me reconoció? ¿Cómo supo mi nombre si apenas había estado en dos de sus seminarios? La única explicación es su gran calidad humana que le hacía interesarse por todos, incluso una alumna más de una universidad a la que asistía por unas pocas semanas.

Desde que salí de la universidad seguí procurando estudiar su pensamiento. Al leer sus obras y descubrir la grandeza de su pensamiento acerca de la persona; admiro su alcance. Pero lo que más me admira es que su pensamiento era un pensamiento hecho vida, su coherencia, su finura, su preocupación real por mí en ese momento, me ha acompañado durante todas las horas de estudio y han significado y significan para mí un ideal de vida. ¡Gracias Don Leonardo!

María Teresa Espín de Ruiz
Lic. En Filosofía
Chihuahua –Chihuahua– (México)
tederuiz1@gmail.com

32. Juan Carlos Fajardo Maldonado: *Imprimía sabiduría, carácter y autoridad*

Tuve la oportunidad de estar con el Dr. Leonardo Polo en dos oportunidades. La primera vez fue cuando vino a dar un curso sobre *Antropología de la acción directiva*. Este curso lo dirigió a profesores de Inalde Business School en la casa de convivencias de Torreblanca, en Silvania, Colombia. Recuerdo cómo el Dr. Polo desarrolló las ideas de manera sencilla, amena y clara. También recuerdo que algunos profesores le preguntaban y le cuestionaban al Dr. Polo. Él, con toda sencillez, resolvía las objeciones que le planteaban. Le consulté al Dr. Polo si le podía grabar las conferencias, lo cual me autorizó sin ninguna complicación. El Dr. Polo imprimía sabiduría, carácter y autoridad. Él era muy sencillo, y recuerdo su gesto característico de agachar la cabeza y empezar a desarrollar las ideas con una sabiduría única.

La segunda ocasión que interactué con el Dr. Polo fue en un curso anual en la casa de Convivencias Bonga entre Cartagena y Barranquilla, en Colombia. Recuerdo su informalidad y su sonrisa continua, con un trato muy agradable. Quizás nos dio unas pocas charlas de formación con su gesto característico de la cabeza hacia abajo. Eso sí, muy amenas. También le gustaba ir a la playa, aunque me parece que lo hizo en pocas ocasiones. Lo vi muy feliz y le gustaba el calor tropical de la costa atlántica colombiana.

Al Dr. Polo no solo lo conocí personalmente, sino a través de sus libros. Todos ellos han dejado una huella imborrable en mi formación. Quiero mencionar algo muy personal: el Dr. Polo se parecía muchísimo físicamente y en su modo de ser a mi tío abuelo Gustavo Fajardo Pinzón, quien fue un jurista eminente en Colombia, catedrático y presidente de la Corte Suprema de Justicia, influyendo por más de 4 décadas en la justicia e igualmente fue mi padrino de nacimiento. Por esta grata coincidencia, el Dr. Polo era una figura muy especial para mi vida; lo consideraba parte de mi familia, lo reverenciaba como si fuera mi tío Gustavo. Ambos transmitían una autoridad única por su porte humano, su talla profesional y su sabiduría aunque en campos distintos: uno buscando la verdad y el otro buscando la justicia. Tenían en común su profunda vida espiritual en el amor a Dios y en su trato fino con todos con quienes entraban en una relación personal.

Finalmente, quiero mencionar el impacto que tuvo el libro *Antropología de la acción directiva* entre un grupo de los mejores estudiantes de las mejores universidades de la ciudad de Medellín, en un Programa que se llamó Programa para la Excelencia Profesional (PEP). Se me ocurrió la idea en repartir los capítulos del libro entre los diferentes grupos que se organizaron entre los estudiantes y cada grupo tenía que hacer una exposición ante un tribunal académico. Esto fue todo un éxito. Los estudiantes estaban felices con la lectura del libro y el trabajo que tenían que realizar. Algunos me comentaron que fue el mejor trabajo que realizaron en su vida universitaria.

Juan Carlos Fajardo Maldonado
Master in Organizational Governance and Culture
University of Navarra
M.B.A. Magister en Dirección de Empresas, INALDE Business School
Economista.
Bogotá (Colombia)
jucarfajardo@icloud.com

33. IGNACIO FALGUERAS SORAUREN: *MI DOBLE DESCUBRIMIENTO DE POLO*

Las mayores riquezas que alguien puede tener en su vida son las personas que conoce y con las que se relaciona a lo largo de la misma. Y de entre las muchas personas que he tenido la suerte de conocer destaca, sobre todo, la de D. Leonardo Polo, o "el magister", como se le conocía en nuestra casa. Mi fortuna es aún mayor si tenemos en cuenta que no sólo lo conocí personalmente, sino que pude tratarlo de forma habitual, de modo que para mí era uno más de la familia. No obstante, a pesar de esta relación cercana que he tenido con Polo, mi conocimiento de su persona ha sido, en cierta manera, singular, puesto que lo he descubierto de dos formas diferentes en dos fases sucesivas de mi vida: primero conocí su lado más personal y humano, para muchos años más tarde descubrir su pensamiento filosófico.

Para ser preciso, habría que decir que Polo me conocía antes de que yo incluso supiera de su existencia. La razón es que, como comenta mi padre en el anterior libro homenaje a Polo, ya antes de que yo naciera D. Leonardo se pasaba habitualmente a hablar de filosofía por la casa de mis padres en Pamplona. Mi madre, una de las primeras bibliotecarias de la Universidad de Navarra, me cuenta cómo, tras salir del trabajo, organizaba cenas a las que iban profesores del Departamento de Filosofía de esta universidad. Como no podía ser de otro modo –ya que mi padre había conocido a Polo en Granada y se había mudado a Pamplona exclusivamente porque D. Leonardo le había dicho que él también se iba a ir a la Universidad de Navarra–, Polo era un comensal habitual. Según me cuenta mi madre, le costó ganarse la confianza culinaria de D. Leonardo, quien al principio no se fiaba del todo de las recetas de una "joven cocinera". Las primeras veces, antes de decidirse a quedarse a comer, le interrogaba a mi madre sobre el menú que iba a preparar para la próxima comida. Sin embargo, tras un par de cenas en las que probó platos tan elaborados como la merluza a la vasca y el *gulash* de carne, mi madre se ganó la confianza total del "magister", que pasó a aceptar siempre que podía las invitaciones a comer en mi casa. Fue así como las visitas de D. Leonardo a casa de mis padres se fueron haciendo más frecuentes a la vez que más largas.

En este contexto de confianza-amistad mutua entre mis padres y D. Leonardo aparecí yo. Visto con los ojos de un niño, D. Leonardo era una persona curiosa. Un señor muy alto, calvo, sonriente y con boina, que siempre que entraba en casa me saludaba con una gran sonrisa y, tras hablar un poco conmigo, se sentaba en el salón y se pasaba hablando con mi padre horas y horas sin descanso. Comoquiera que estaban tantas horas hablando (algunas veces hasta se les hacía de noche), necesariamente coincidía algún rato con ellos –especialmente cuando ya tuve edad como para sentarme a comer en la mesa "con los mayores"–. La impresión que, como niño, me llevaba de esas conversaciones, a las que asistía en silencio, era un tanto chocante: entendía muchas de las palabras que pronunciaban, pero no comprendía nada de lo que decían. Y el caso es que esto debía ser muy interesante, porque los temas de conversación nunca se agotaban. Poco a poco me fui enterando de que aquello que hacían era "filosofar", y que sus tertulias versaban de temas tan altos como el mundo, el hombre y Dios –aunque, como digo, la relación entre estos tres temas y lo que se decía en estas conversaciones era para mí un misterio.

D. Leonardo no perdió su costumbre de visitarnos y pasar muchas horas en mi casa ni cuando, allá por 1978, mi padre obtuvo la plaza en Málaga y nos mudamos a su (y mi) ciudad natal. Mi padre le invitaba con relativa frecuencia para que impartiera conferencias de filosofía o incluso charlas a los alumnos de la carrera. Y en mi nueva casa de Málaga se repetían las mismas escenas que en mi antigua casa de Pamplona: D. Leonardo venía, a veces incluso por la mañana, me saludaba con una amplia sonrisa, y casi inmediatamente se iba a filosofar al salón con mi padre. Dado que en sus visitas no tenía más obligaciones académicas que las de impartir las citadas conferencias o charlas, una vez que cumplía con las mismas le sobraba bastante tiempo, por lo que las tertulias filosóficas tendían a alargarse aún más que en Pamplona. Recuerdo una visita en la que, tras la cena, a D. Leonardo se le hizo muy tarde filosofando con mi padre, así que se despidió apresuradamente porque tenía que llegar a la casa en la que estaba alojado en Málaga (Las Palmeras) antes de que la cerrasen. Mi padre tomó el coche para llevarlo y, aunque estaba bastante cerca de donde vivíamos –unos tres minutos en coche y unos 10-12 andando tranquilamente– no pudo evitar que llegara tarde y se encontrara ya la puerta cerrada. Como no tenía llave, según cuenta mi padre, intentó acceder a la casa por otros métodos menos ortodoxos: intentó saltar el muro que separaba la casa de la calle e incluso se le ocurrió intentar forzar la puerta. Dada la hora y la alta probabilidad de que los métodos ideados por D. Leonardo le llevaran a la enfermería, mi padre le ofreció dormir en nuestra casa, a lo cual finalmente accedió. Así que, para mi sorpresa, al día siguiente D. Leonardo amaneció y desayunó con nosotros antes de irse a su casa.

A medida que yo iba creciendo, D. Leonardo también charlaba más tiempo conmigo antes de ponerse a filosofar con mi padre. Así, me preguntaba por cómo iban mis estudios, qué era lo que me gustaba, e incluso se esforzaba por integrarme algún rato en la conversación, lo que dio lugar a situaciones curiosas. Una de las veces se interesó por algunos de mis juguetes y, tras mostrarle varios, saqué del armario un juego de mesa que se llamaba "Hockey Loco", que replicaba de una manera muy rudimentaria el deporte del hockey sobre hielo. En realidad, el juego era una variante primitiva de lo que hoy se conoce como "Air Hockey", de modo que guardaba muchas similitudes con éste. El tablero de juego era rectangular y, como en el "Air Hockey", imitaba vagamente la apariencia de una pista de Hockey sobre hielo. También, como en este juego, los jugadores se situaban frente a frente en cada lado corto del rectángulo, que tenía un hueco a lo largo del mismo por el que cabía una peonza de metal que se movía a gran velocidad por el tablero de juego. El objetivo era marcar un "gol" al oponente, lo que se lograba colando la peonza por el hueco del lado corto. Cada jugador defendía dicho hueco controlando una pieza que se deslizaba de izquierda a derecha sobre una guía o carril, por la cual se movía de modo semejante a como lo hace un portero de futbolín. La peonza, girando sobre sí misma, se desplazaba por el tablero de forma

impredecible, porque, al tocar cualquier elemento del mismo, transforma-
ba parte de la energía de la rotación en un movimiento rectilíneo.

Al principio el juego no despertó la atención a D. Leonardo, pero la cosa cambió cuando puse en juego la peonza. Nada más ver cómo se movía
de forma rectilínea por el tablero se le puso una sonrisa de oreja a oreja y
empezó a lanzar gritos "¡Je, je! ¡Esto es fantástico!": le había fascinado la
forma en la que un movimiento circular (el giro de la peonza) se transfor-
maba en uno rectilíneo (desplazamiento de la misma por el tablero). Así
que no le interesó nada más del juego. Comoquiera que yo, todavía un
niño (tendría alrededor de 11 años), no entendía el sentido de lanzar una y
otra vez la peonza sin otro objeto que el de verla moverse por el tablero,
aproveché una de las veces en las que ésta se detuvo para intentar expli-
carle a D. Leonardo el papel que tenían las piezas o porteros situados a
cada extremo de aquél, así como el objetivo del juego. La conversación fue
algo parecido a esto:

- Pero mire, D. Leonardo, fíjese que tiene que mover esta pieza para
evitar que la peonza…

- ¡No seas ansioso Nacho! Déjame lanzar la peonza, ya tendrás tiempo
de jugar más tarde.

Y así fue: D. Leonardo repitió una y otra vez la acción de lanzar la
peonza al tablero a la vez que empezaba a filosofar sobre el movimiento
circular mientras la observaba absorto. Con todo esto, mi padre también
se animó a filosofar por lo que el juego fue simplemente la mecha en la
que prendió una nueva –y todavía ininteligible para mí– sesión filosófica.

Como las visitas de Polo a Málaga se repetían con cierta frecuencia, lo
seguí viendo durante mi adolescencia y juventud temprana. A estas alturas, me atrevía a pasarme a veces por el despacho en el que estaban filosofando mi padre y D. Leonardo, siempre un rato antes de la correspondiente comida, y me quedaba callado escuchando lo que decían. Como seguía
sin entender nada, el resultado era que, aunque estaba de cuerpo presente
en la habitación, mi imaginación estaba en otras cosas. D. Leonardo debía
darse cuenta de eso porque hacía más esfuerzos por introducirme en las
conversaciones. Una de estas veces, salió, no recuerdo cómo, el tema del
fútbol, que era un deporte que me gustaba mucho. A D. Leonardo también le gustaba el fútbol, junto a otros deportes menos comunes como el
fútbol americano, que le llamaba la atención por la elaborada estrategia

que emplean en las jugadas. Su equipo de fútbol favorito, como el mío, era el Real Madrid, así que en esa ocasión D. Leonardo empezó a desmenuzar teóricamente el modo en que jugaba el Madrid de aquella época –no recuerdo muy bien cuándo fue esta conversación, aunque me parece que fue durante la primera etapa de Toshack como entrenador del Madrid–. Como yo tenía ya cierta experiencia acumulada sabía que, tarde o temprano, la conversación iba a derivar en algún tema filosófico, aunque en mi interior tenía la curiosidad de averiguar cuánto tardaría en producirse tal derivación. Así que, siempre mentalmente, me dediqué a contar el número de frases que tardaba en aparecer, de forma natural, la filosofía en nuestro diálogo sobre el fútbol en general y el Real Madrid en particular. El resultado fueron exactamente siete frases: en dicho momento "asomó la patita" una noción filosófica –no recuerdo exactamente cuál, pues seguía sin entender nada– que introdujo D. Leonardo hilvanándola con una explicación sobre el sistema de juego del Real Madrid. A partir de ese momento –y con la colaboración inestimable de mi padre, todo hay que decirlo– la conversación dejó inmediatamente de versar sobre el fútbol para tratar de filosofía.

Todas estas anécdotas y otras muchas que viví dejaban traslucir la pasión de D. Leonardo por la filosofía y, fundamentalmente, por saber más. Esta pasión –que también era compartida por mi padre– transmitía una enseñanza de vida para cualquier persona, pero sobre todo para los que, como yo ahora, trabajamos en la universidad: nuestra tarea es buscar constante e incesantemente la verdad para, a la luz de la misma, ser capaces de iluminar con nuestras propuestas aquéllas áreas de nuestros respectivos campos de conocimiento que aún permanecen obscuras o no del todo claras, poniendo así nuestros, pocos o muchos, descubrimientos intelectuales nuevamente al servicio de esa búsqueda de la verdad.

Mi descubrimiento de Polo como filósofo, así como de la profundidad de su pensamiento, tuvo que demorarse unos cuantos años más. Mi primer contacto con la obra de Polo tuvo lugar mientras escribía mi tesis doctoral en la Facultad de Económicas de la Universidad de Navarra. Con objeto de arrojar más luz sobre la noción de "ética laboral", sobre la que parcialmente versaba mi tesis, me leí su libro *Ética: hacia una versión moderna de los temas clásicos*. Debo reconocer que, aunque es uno de sus libros más sencillos y fáciles de leer, mi experiencia fue similar a la que tenía como oyente de sus conversaciones con mi padre: no me enteraba prácticamente de nada. En este caso, la mayor dificultad provenía de su estilo de escritura, al que no estaba acostumbrado en absoluto, y del que era casi incapaz de extraer el hilo conductor. Así pues, la lectura de dicho libro me sirvió poco más que para añadir una referencia a la bibliografía de mi tesis. Aunque más tarde leí otros escritos de Polo como los incluidos en el libro *Filosofía y Economía*, mis por entonces escasos intentos de leer alguna de sus obras principales me llevaron al borde del abandono (y no del límite mental precisamente): casi acepté que no era capaz de entenderle, y que no podría leer nunca un libro suyo.

Sin embargo, cosas de la vida, la oportunidad para entender a Polo de verdad surgió con mi regreso a Málaga tras terminar mi tesis en la Universidad de Navarra, allá a finales del 2001. Yo tenía algunas ideas acerca de las nociones económicas básicas de escasez y riqueza, sobre las que había orbitado históricamente el tema de la ciencia económica. Profundizando en su significado, me di cuenta de que, aunque los economistas las habían entendido como contrapuestas, deberían ser una dualidad, tal y como la entiende Polo. Realmente por esas fechas yo no alcanzaba a entender correctamente y en toda su profundidad el sentido humano de la noción poliana de dualidad. Pero, gracias a algunas charlas informales que ya había tenido con mi padre sobre filosofía, había sido capaz de vislumbrar, siquiera vagamente, lo que aquélla quería significar.

Todas estas cavilaciones sobre el tema de la Economía me llevaron a establecer conversaciones más serias y formales con mi padre, de modo que comenzamos a abordar más profunda y sistemáticamente el problema del encaje y sentido antropológicos de la actividad económica humana –el tema de la Economía–. En dichas conversaciones quedaba patente la distinta formación que ambos teníamos, y que más de una vez dio lugar a fuertes e intensos "choques-diálogo" intelectuales. Recuerdo especialmente uno en el que discutíamos sobre la oración: influido por mi forma de ver las cosas como economista, yo le decía que existía un coste (humano) en la oración, pues si –como Polo sugería– pensar es "pararse a pensar", esto es, suspender la actividad práctica, más aún pasaba lo mismo con la oración. Por lo tanto, al rezar, aparecía lo que los economistas denominamos un coste de oportunidad: aquello a lo que renunciamos por dedicar el tiempo a rezar, y no dedicarlo a otras actividades (trabajar, pasar un rato con los amigos o en familia, etc.). Por su parte, mi padre, mucho más profundo y atinado que yo, defendía que el tiempo dedicado a la oración nunca era tiempo perdido, puesto que los frutos, naturales y sobrenaturales, de la misma sobreabundan por encima de los beneficios o productos humanos que dejamos de obtener. Tras un largo intercambio de pareceres llegamos a un entendimiento sobre el problema, precisamente profundizando en la propuesta de Polo de que el hombre es un ser dualizante. A partir de ahí, surgió un interés común por aclarar cuestiones semejantes que derivó en el proyecto de escribir un artículo conjunto. La cosa quedó en suspenso durante unos años, del 2003-2004 al 2010 más o menos, hasta que en este último año decidimos ponernos a trabajar con mayor dedicación en el mismo. Cuanto más investigábamos, más cuenta nos dábamos de que debíamos profundizar en cuestiones antropológicas para entender correctamente la actividad económica. Estos extensos diálogos padre-hijo que manteníamos durante largas sesiones de trabajo me introdujeron de lleno en la antropología de Polo, facilitándome su comprensión. Finalmente, mi participación en la primera edición del curso de especialización sobre el pensamiento de Polo, algo a lo que mi padre me animó, me permitió obtener una visión de conjunto de todo el pensamiento de Polo.

Todo este bagaje adquirido me ha permitido (¡por fin!) afrontar la lectura directa de las obras de Polo, especialmente su Antropología, que, aunque no diré que me resulte ya sencilla, sí que entiendo su propuesta filosófica de fondo, así como buena parte de las ideas que contiene esta obra. Así he podido descubrir y admirar la profundidad y riqueza de su pensamiento, a la par que, poco a poco y siempre con la ayuda insustituible e imprescindible de mi padre, llevarlo un poquito más allá de donde él lo dejó sin limitarme a repetirlo –algo que, sé de buena tinta, no le gustaba a D. Leonardo–.

En resumen, como el título de este testimonio indica, mi relación con D. Leonardo me ha llevado a descubrir secuencialmente dos aspectos diferentes de su persona. Lo interesante es que la superposición de las dos imágenes de Polo que genera este doble conocimiento parcial resulta en un retrato único que manifiesta su hondura intelectual y la coherencia de su vida. Efectivamente, este cuadro revela una persona cuya vida fue plenamente coherente con su pensamiento: puede decirse que él vivió en la práctica lo que sus descubrimientos filosóficos le enseñaban. En primer lugar –y forzando un poco la terminología empleada por el propio D. Leonardo– él vino a ser una suerte de "empresario intelectual", pues apostó todo su filosofar y su carrera a un descubrimiento, el del límite mental. En segundo lugar, y aunque ciertamente que lo tuvo en buena medida, su atención no estaba puesta en la consecución del éxito personal –pues como él mismo decía "todo éxito es prematuro"–, sino en la búsqueda de la Verdad, empeño al que dedicó su vida, guiando su filosofar y su actuar humano. Este afán no sólo quedaba patente en ese filosofar sin descanso del que yo fui testigo a ratos, sino en su propia propuesta filosófica, que es profundamente humana y cristiana. Y esto es así porque aprovechaba todo lo que hay de cierto y bueno en lo que otros pensadores ya habían descubierto –como lo confirma el hecho de que, habiendo descubierto el límite del pensamiento objetivante, nunca lo despreció, sino que simplemente lo colocó en el sitio que le correspondía–. Tampoco pretendía haber dicho la última palabra en los temas que trató, sino que quería abrir vías nuevas de pensamiento que invitasen al oyente o lector a proseguir su propuesta. Finalmente, dado que su filosofar y su vida estaban totalmente sometidas a la Verdad de la Revelación, le permitieron dar el salto necesario para la difícil tarea de unir el pensamiento humano con la doctrina revelada. Por este motivo, su filosofía es un regalo que sirve de guía en estos tiempos de confusión, y los que la hemos recibido nos encontramos ante la difícil tarea de proseguirla manteniendo su altura intelectual.

Ignacio Falgueras Sorauren
Doctor en Economía, Universidad de Navarra
Profesor Contratado Doctor
Universidad de Málaga
Málaga –Andalucía– (España)
ifs@uma.es

34. SANTIAGO FERNÁNDEZ BURILLO: *OÍR SUS CLASES FUE UN PRIVILEGIO*

Mi relación con Don Leonardo Polo fue la de un alumno que cursaba la especialidad de Filosofía, en la Universidad de Navarra y en el viejo plan de estudios.

En 1973 cumplí 20 años y asistí por vez primera a las clases de Polo. Era el segundo cuatrimestre del año académico 1972-73. Fue un "Curso monográfico", y nos mandó leer el *Menón* platónico. Don Leonardo consultaba a veces un volumen mecanografiado. Muy al principio, incidentalmente, afirmó: «Yo no soy platónico». No me esperaba algo así. No explicaba a Platón, sino que trataba con él. No obstante, en aquellas sesiones dialogó sobre todo con Heidegger y el punto principal diría que fue la perplejidad a la que el filósofo alemán sucumbe.

El alumno de tercero que yo era carecía de las claves para entender ni el sentido del planteamiento, ni las discusiones, ni las conclusiones, si las hubo. Sin embargo, era emocionante escucharle. ¿Por qué, si no entendía? Creo que por la percepción de su autoridad. No hablaba como ningún otro profesor. No exponía lecciones aprendidas, sino que dialogaba con los grandes pensadores. Y se notaba que el diálogo era ecuánime, que reconocía los aciertos del otro y además comprendía el intento, el propósito básico de su discurso.

Aunque supiera muy poquito, un alumno entendía en seguida que estaba oyendo a un maestro, a un pensador original y de primer orden. Eso era algo más que atrayente, para mí fue subyugador. Y esto es lo primero que destaco de mis recuerdos. Uno tenía conciencia de ser un privilegiado, oyendo sus clases. Y sin embargo Don Leonardo no era distante.

El año siguiente se encargó de la asignatura "Teoría del conocimiento" y la organizó sobre la exposición de la *Crítica de la razón pura* de Kant y una crítica de la misma, en especial de la Estética trascendental. Para esta asignatura, dispusieron el horario de modo que Polo tenía dos horas seguidas. Ello le permitía no interrumpir el hilo de sus razonamientos cuando sonaba el timbre que marca el final de clase. Allí comenzó una costumbre de pequeño coloquio informal, entre la primera y la segunda hora. D. Leonardo comentaba los partidos de fútbol con algunos y atendía preguntas peregrinas del estilo:

– "Don Leonardo, ¿no cree que el ajedrez desarrolla la inteligencia?".

– "Sí, claro. El ajedrez desarrolla la inteligencia… ¡para jugar al ajedrez!".

– "Oiga Don Leonardo, ¿qué cree que pasará cuando se descodifique todo el ADN humano?".

– "Será como tener un mapa de carreteras. No es lo mismo que saber cómo se usa y a dónde ir".

Nos solía aconsejar que hiciéramos deporte, "porque el pensamiento cansa mucho".

Por aquel entonces habíamos seguido un seminario consistente en la lectura comentada del opúsculo tomista "De principiis naturæ", con Don Jesús García López. En alguna conversación con Don Leonardo alguien le pidió su punto de vista sobre el hilemorfismo y él se prestó a darnos un seminario, totalmente "gratis", no previsto en el programa de estudios de la universidad. Fueron sesiones largas, de al menos dos horas de duración, que él no tenía ninguna obligación de impartir. Sea esto lo segundo, que Polo era muy accesible y generoso.

Además, quiero apuntar que si bien su pensamiento era muy elaborado, pausado, con método, también soltaba chispas, frases incisivas, que quedan en la memoria, como filosofemas que se redescubren con el tiempo: "El yo pensado no piensa", "En el pensamiento no hay propiedad privada". En uno de aquellos coloquios informales, muy especial, y que cobró un tono de confidencia personal, le oí decir que él deseaba el día en que Dios lo juzgaría, porque "sólo entonces sabré quien soy".

En aquellos años estaba reciente el «mayo del 68» y Polo se refería a aquellos hechos como síntomas de una generación que se sintió incapaz de continuar con su herencia cultural. Por el contrario, le oí en más de una ocasión pronosticar un final pronto para la Unión Soviética. Su idea era que el comunismo dio cultura, tal vez no otra cosa, y "cuando Popof –decía más o menos–, ya sabe todo lo que se puede aprender en Rusia, quiere ir a Estados Unidos, porque allí hay expertos. Entonces le dicen 'No; a América no se puede ir, son capitalistas', y ya tenemos otro desengañado, otro disidente".

Santiago Fernández Burillo
Catedrático de Bachillerato
Lérida –Cataluña– (España)
fdez.burillo@gmail.com

35. ARTURO FERNÁNDEZ JARÍA: *LA BÚSQUEDA DE LA VERDAD Y LA DEFENSA DE LOS VALORES HUMANOS, SE REFLEJABA EN SU VIDA Y OBRA*

No estudié filosofía porque fuera una especialidad que me entusiasmara, sino por "obligación". Soy hermano marista, y a los 25 años mi provincial me planteó continuar los estudios en la universidad. Me preguntó qué quería estudiar y le dije: "lo que tú quieras". Me respondió: "Perfecto; era la respuesta que esperaba. Te vas a ir a Pamplona; residirás en la comunidad; estudiarás en la Universidad de Navarra y cursarás Filosofía". Ni en el peor de mis sueños hubiera imaginado tal respuesta.

He sido profesor de filosofía durante 38 años y aun ahora, ya jubilado, sigo dando Historia de la Filosofía en el Instituto de Ciencias Religiosas de Gerona. De la Universidad de Navarra y sus profesores solo tengo palabras de admiración, guardo especial recuerdo de D. Ángel Luis González –aun guardo sus apuntes de Teodicea–, D. Juan Cruz, Rafael Alvira y por supuesto de Don Leonardo Polo.

Don Leonardo era un erudito del saber, o al menos a mí me lo pareció desde la primera clase. Sobre todo, me quedo con sus reflexiones de Metafísica centradas en la realidad última y en la relación entre Dios, el ser humano y el mundo. Le resultaba tan evidentes sus explicaciones que sonreía tras cada una de ella, mientras se pasaba la mano por la frente, como queriendo decir: "No me digan ustedes que no entienden lo que les estoy explicando".

Me gustó desde el principio, en sus clases de ética, la importancia que otorgaba a la persona y su dignidad, fundamentada en la libertad interior. Sus reflexiones siempre fueron dignísimas, ahora bien, "el uso del tiempo de cada clase", seguramente era mejorable. Cuando finalizaba el tiempo asignado a sus clases, él continuaba explicando y tras remover cuantos bancos estaban a nuestro alcance, de pronto se paraba y decía: "¿Me he pasado de la hora?". "No, nada, D. Leonardo. Al fin y al cabo, qué son veinte o treinta minutos de más frente a la inmensidad de la eternidad", le contestábamos.

Creo que la búsqueda de la verdad y la defensa de los valores humanos, se reflejaba en su vida y obra. ¡Gran maestro Don Leonardo!

Arturo Fernández Jaría
Licenciado en Filosofía y Grado en Ciencias Religiosas
Universidad de Granada
Superior de la comunidad marista
Gerona –Cataluña– (España)
arturof@maristes.net

36. MIGUEL FERRÉ TRENZANO: *ALGUNOS RECUERDOS DEL DR. LEONARDO POLO*

Recuerdo la época que Don Leonardo venía muy seguido, durante muchos años al Perú. Era la época dura del terrorismo. En estos años yo era Director General del PAD (Programa de Alta Dirección de la Universidad de Piura), y lógicamente tenía mucha preocupación por la situación del país, especialmente en lo referente a cómo eso afectaba a nuestra actividad que era dar formación a directivos de empresas.

Pablo Ferreiro, que era el que tenía contacto permanente con él, le invitaba a dar clases a empresarios, público al que, según creo, pocas veces había tenido la oportunidad de dirigirse en España. Yo asistía a sus clases y para mí era como elevarme de la realidad concreta de malas noticias permanentes a un estadio superior de visión nueva de las cosas.

Se notaba que construía lo que iba a decir desde el fundamento. Por ello iniciaba la clase con unos pensamientos casi inaudibles hasta que poco a poco profundizaba en el tema de forma cada vez más novedosa y sugerente. Alguna vez le invitábamos un trago de whisky para que, lo decíamos bromeando, cogiera fuerzas y las ideas fluyeran más rápidamente.

Fruto de su relación con los empresarios en el Perú y de esos seminarios que les ofreció en el PAD, se realizaron transcripciones que sirvieron para editar alguno de sus libros como el de *Filosofía y economía*, en que se encuentran recogidos dichos seminarios: "Antropología", "La empresa frente al socialismo y al liberalismo", "Ricos y pobres. Igualdad y desigualdad", "La interpretación socialista del trabajo y el futuro de la empresa", "Los radicales humanos en la economía", "El mando", "La acción de gobierno", "Ética y Empresa", "El valor de la veracidad como condición de la actividad empresarial", etc.

Recuerdo que Pablo le planteaba los temas que quería que hablara a los empresarios y él mostraba siempre disponible y nunca se opuso a esas solicitudes.

Miguel Ferré Trenzano
Ex director del PAD
Universidad de Piura
Lima (Perú)
miguel.ferre@pad.edu

37. IGNACIO FERRERO MUÑOZ: *UNA MIRADA AL CONOCIMIENTO ETERNO*

Soy antiguo alumno de la Facultad de Filosofía de la Universidad de Navarra en la sección de Filosofía. Cursé la carrera desde el año 1986 hasta el 1991. Tuve la suerte de ser alumno del profesor Polo en la asignatura de Teoría del Conocimiento, en la que nos explicó su propia teoría del conocimiento. Muy pocos intelectuales pueden decir que han elaborado una propia teoría del conocimiento humano. Y uno de ellos era Leonardo Polo. Hace ya más de 30 años de aquellas clases, pero su recuerdo sigue vivo en mi memoria. Éramos muy jóvenes y algo inmaduros para valorar del todo el tesoro de su sabiduría, pero se intuía que estábamos ante un filósofo de primera magnitud, de esos, que marcan época. Lamento enormemente no haber aprovechado su insondable inteligencia y conocimiento esos años, en los que repartía mi tiempo entre las aulas de Filosofía y las de Economía.

Recuerdo que un comentario común aquellos años de la universidad era que cuando Polo atravesaba el *campus,* yendo del Edificio Central a la Biblioteca, que era su trayecto habitual, era como si el tiempo se detuviera a su paso. Todo en él transmitía esa sensación de solemnidad, de estar ante las puertas del conocimiento eterno.

No tengo muchos recuerdos de Polo fuera de las aulas de aquel curso, pero recuerdo esas sesiones como un viaje intelectual irrepetible hacia el conocimiento eterno. Mi testimonio se va a limitar a intentar describir, con palabras torpes, la sensación que experimentábamos, al menos yo, cuando asistía a sus clases.

Cuando el profesor Polo llegaba al aula, solía sentarse sin mirar si había muchos o pocos alumnos, totalmente ajeno a lo que le circundaba; se quitada su sombrero, agachaba la cabeza, y se ponía a hablar, casi susurrar, apoyándose en su bastón. Todos los alumnos nos sentábamos en las primeras filas para poder escucharle bien, y así no perder una sola palabra.

 Sus lecciones solían comenzar lentamente, como atisbando el tema de estudio desde lejos, y aproximándose poco a poco, de un modo circular. En cada vuelta, el pensamiento iba ganando en profundidad. Supongo que esa estrategia la hacía para que pudiéramos acompañarle en ese viaje intelectual, y no dejarnos atrás en la comprensión de lo que iba a acontecer. Esa lenta aproximación nos permitía tomar las notas suficientes para seguir su razonamiento.

Conforme pasaban los minutos los alumnos presentes nos dábamos cuenta que nos acercábamos a la cuestión central del tema que el profesor trataba. Junto con la profundidad aumentaba también la velocidad del razonamiento. Era como si se estuviera fraguando un torbellino en clase, comenzando con una leve brisa muy suave, pero, que con las vueltas iba transformándose en un tornado al que nos sentíamos atraídos por la solidez y consistencia de su pensamiento. Tras muchas vueltas, y muchos minutos de clase, de repente, sin ser casi conscientes, el tornado nos empujaba elevándonos del suelo, a una velocidad increíble, y conduciéndonos, casi arrebatándonos, a unos parajes del pensamiento hasta ahora desconocidos para nosotros, desde los que veíamos la realidad con una perspectiva nueva, diferente, mucho más elevada, y comprendíamos la relación que guardaba ese tema con la entera realidad. Para mí, cada una de sus clases eran como unos viajes intelectuales únicos, en los que disfrutábamos como nunca, y en los que acabábamos convencidos de que había valido la pena la larga excursión de vueltas y revueltas de aproximación al tema. Al final, tal y como habíamos sido transportados, el profesor Polo nos devolvía a la tierra, con una sensación de habernos asomado a las puertas del conocimiento eterno, en el que todo tiene sentido.

Ignacio Ferrero Muñoz
Profesor de Ética
Facultad de Económicas
Universidad de Navarra
Pamplona –Navarra– (España)
jiferrero@unav.es

38. LUZMILA FLORES CORREA: *EL DR. POLO ES PARA MÍ EL FILÓSOFO DE LA ETERNA SONRISA*

Conocí a D. Leonardo Polo en la Universidad de Piura. Yo tenía aproximadamente 18 años cuando lo vi pasar por primera vez entrando al ex-edifico de Ciencias de la Educación. Lo saludé en aquella ocasión y el Dr. Polo me sonrió. Ni siquiera oí su voz. Luego al año siguiente pude escuchar una charla que daba a los alumnos de la Facultad de Educación. Me pareció muy profundo y también que muchas cosas no las entendía, lo cual me forzó a estudiar más. En 1996 cursaba una maestría y el Dr. Polo era profesor. Ahí aprendí muchísimo, y también fui consciente de que me faltaba mucho por aprender. De esas clases el Dr. Polo sacó un libro denominado *Ayudar a crecer*. En esa época yo era profesora docente de la Universidad de Piura. Por ello, estuve presente en muchas de sus charlas dadas a alumnos, a profesores, a público fuera de la universidad y también, por supuesto, en la ceremonia (1994) donde le entregaron el Doctorado Honoris Causa de Filosofía de la Universidad de Piura.

Mantuve siempre una conexión con el pensamiento del Dr. Polo, porque he incluido parte de sus libros como lecturas en las asignaturas que imparto. Viéndolo en perspectiva (tras más de 30 años) puedo decir que fue un real don conocerle.

A continuación, vuelco en detalle mi experiencia de haber conocido al profesor Polo. Él dedicó parte de su tiempo y, por tanto, de su vida a visitar Piura. Fueron 19 viajes que realizó al *campus* de la UDEP. Imagino que, por su sonrisa siempre franca, se sentía a gusto en estas tierras que son las mías también. Fui alumna de esta Universidad en la Facultad de Educación durante el período que va de 1988 al 1992.

En ese lapso en que estuvo el Dr. Polo aquí, lo vi muchas veces pasar por el antiguo edificio donde estaba la Facultad de Ciencias de la Educación. Escuchaba a las alumnas de años superiores hablar de él: filósofo, español, que sabe mucho. Y un día le vi entrar al edificio, lo saludé (no me conocía de nada) y en mi mente juvenil me llamó la atención que sonriera. La verdad, con perdón, yo pensaba que los filósofos no sonreían, porque siempre había visto muchas imágenes de filósofos y realmente no lo hacían. Su sonrisa, sin haberme dicho nada ni entablado conversación, me llenaba de confianza. Además, era la primera vez en mi vida que me encontraba con un filósofo "famoso", pues todos los que había estudiado los conocía solo de nombre y muchos estaban muertos.

Siempre fue más que suerte escucharle, aunque no entendiera mucho. Había charlas que organizaba la Dra. Aspíllaga para los alumnos de educación; íbamos todos y llenábamos el aula. Un día, la Dra. Genara Castillo me invitó a participar de una actividad que el Dr. Polo iba a tener con alumnos universitarios. Me acuerdo que le dije: "pero yo le entiendo los primeros 5 minutos y luego ya nada". Y me dijo la Dra. Genara: "pero esta vez Polo va a estar en versión coloquial". La verdad es que no me lo creía, pero fui. La reunión fue en la cafetería, la única que había en ese tiempo. El Dr. Polo empezó a conversar y yo esperando no entender casi nada. Pero, efectivamente, era su versión coloquial. Entonces le escuché hablar frente a varios universitarios reunidos en ese lugar, sobre su vida de estudiante, sobre su interés por la filosofía, los libros leídos y, de pronto, preguntó: "¿cuántos libros han leído en lo que va de año?". Algunos le dijeron: "¿Libros enteros?". Él asintió. Y fueron diciendo los alumnos, 10, 15. Y un alumno avezado le preguntó: "¿Cuántos libros leía usted cuando era universitario?". Él dijo: "45 libros". Entonces todos pensamos que eran 45 libros al año. Con este dato, pensamos que no llegaríamos a los 45, pero nos acercaríamos bastante. Pues todavía faltaban casi 3 meses para terminar el año. Y en eso nos miró y dijo que leía 45 libros en el semestre. Vio nuestra cara de perplejidad y sonrió.

Años después yo era docente en la Facultad de Ciencias de la Educación y estudiaba la Maestría. El Dr. Polo era profesor de Antropología. Sabíamos todos los alumnos que el Dr. Polo era profundo y que teníamos que estar super atentos. Un día de clases (aula 324), a pesar del esfuerzo, un grupo de estudiantes no teníamos en los apuntes todas las ideas dadas por él. Por cierto, esa maestría también la cursaban profesores de Ingeniería. Entonces a uno de ellos se le ocurrió que podía acercarse durante el descanso a la mesa donde estaba el Dr. Polo porque él tenía una hoja y la que miraba de cuando en vez. El profesor pensó que en esa hoja debían estar los apuntes que Polo miraba para darnos la clase. Bueno vino el descanso, salió el Dr. Polo. El profesor se acercó a la mesa, se puso detrás de la silla y miró la hoja, pero luego le vimos tomar la hoja, voltear la hoja y nos dijo: "Está en blanco". Polo había mirado la hoja durante toda la sesión, pero todo había salido de su cabeza y en la hoja no había nada.

Impartió de esas clases en la maestría, un espacio para verter sus preocupaciones, pero también expuso con profundidad las causas de esos problemas que le preocupaban. Como resultado de esas clases y de que los alumnos aportaran sus apuntes, el Dr. Polo hizo un libro denominado *Ayudar a crecer*. Por cierto, en la introducción de ese libro, el Dr. Polo agradeció a ese grupo de estudiantes de la Maestría de Educación. ¡Más que un noble gesto del personaje de estas jornadas!

Algún lector atento de este testimonio podría haber advertido que he repetido más de una vez la palabra sonrisa. Y quiero compartir desde mi recuerdo como alumna el tema de la sonrisa, en el que sigo las ideas del profesor Nubiola: "Para muchas personas, la sonrisa es la cumbre de las expresiones humanas. De hecho, los alumnos coinciden en que tener un profesor que sonríe es muy gratificante y predispone a un mejor aprendizaje". La sonrisa del Dr. Polo era fruto de la alegría y del afecto; le salía del fondo de su corazón. Los mejores profesores expresan su cariño a los alumnos. Polo sonreía a sus alumnos como una forma de expresarles ese cariño. Cuando lo vi, su sonrisa significó: "me alegro de verte".

Polo habló en sus clases de la sonrisa humana. Efectivamente, nos quedó claro que un rostro es plenamente humano cuando sonríe. Pero hay más: Polo se tomaba en serio el trabajo de sonreír a sus alumnos y, por ello, lograba humanizar lo que estaba a su alrededor. Lo que ayuda a generar un mejor ambiente en el aula y fuera de ella es que los alumnos puedan ver en sus profesores una sonrisa amable y afectuosa. Para mí, en mi recuerdo como alumna, lo vi en la sonrisa del Dr. Polo hacia sus alumnos.

Finalmente, pienso que así como nuestra tierra, Piura, es la del eterno calor, el Dr. Polo es para mí el filósofo de la eterna sonrisa. Así le voy a recordar siempre. Muchas gracias.

Luzmila Flores Correa
Profesora
Universidad de Piura
Piura (Perú)
luzmila.flores@udep.edu.pe

39. D. Ignasi Fuster Camp: *Pocas palabras, pero luminosas y que te ponían de cara con la verdad*

Con motivo de un congreso me pude encontrar con D. Leonardo. D. Leonardo asistía en aquella ocasión a la conferencia de un colega suyo a quien tenía la ilusión de escuchar. El maestro o colega que se pone a la escucha del colega y en cierta manera discípulo. Al acabar me acerqué a saludarlo. Por aquel entonces estaba preparando mi tesina en filosofía sobre Kierkegaard y también estaba estudiando a Wojtyla. Recuerdo que al presentarme manifestó un interés y actitud atenta de escucha. Le comenté de mis trabajos. Y en pocas palabras, en la medida que puedo recordar, me habló de ambos autores.

Sobre Kierkegaard me recordó que tenía una visión subjetiva de la verdad frente a la verdad objetiva y trascendental, que limitaba su pensamiento al mundo de la subjetividad experiencial. Sobre Wojtyla reconoció su trabajo filosófico, mostrándome cómo se daba cuenta de los problemas de la persona humana, y cómo en su pensamiento también hay una evolución hacia las posiciones antropológicas sobre la persona. Fue un encuentro brevísimo que me dejó huella y que me ayudó en el impulso para culminar mis trabajos intelectuales. Pocas palabras, pero luminosas y que te ponían de cara con la verdad. Y nada mejor que esto para amarla y conocerla.

D. Ignasi Fuster Camp
Decano
Facultad de Filosofía de Catalunya
(Ateneu Sant Pacià)
Barcelona –Cataluña– (España)
ifustercamp@gmail.com

40. José María Garrido Bermúdez: *Saboreaba el Paraíso*

No tuve la suerte de tratar a don Leonardo en diálogos personales. Solo como alumno 'libre' de la Facultad de Filosofía de la Universidad de Navarra, cuando cursaba la asignatura de Teoría del Conocimiento, hacia 1994-1995. Años antes había leído textos publicados en la revista *Nuestro Tiempo* que me impresionaron y reafirmaron en la idea de comenzar y continuar los estudios de Filosofía, en mitad de otros.

Recuerdo haber llegado una vez tarde a su clase (no quería perdérmela) y sentir la necesidad de colarme invisible y de puntillas, no por temor a distraer a Don Leonardo, lo cual me parecía imposible, sino por no desviar la atención de ningún alumno. Sería criminal separar a nadie del exigente hilo del discurso del profesor. Agradezco que ese año en sus clases me transportase verbalmente, siquiera una vez, tras muchos rodeos, desde lo sensible a lo espiritual. Si la contemplación es intuición, saboreaba el Paraíso. Por eso, en mis tareas siguen inspirándome hoy las palabras que Don Leonardo Polo, palabras que él se resistía a escribir pero generosamente transcribieron otros, a Dios gracias.

José María Garrido Bermúdez
Profesor Adjunto de Filosofía
Universidad San Pablo CEU
Madrid (España)
jmgbdz@gmail.com

41. D. José Manuel Giménez Amaya: *Una vida universitaria prolongada en la historia*[1]

El título de este breve escrito está muy pensado. Tras tantear con algún otro, este quedó nítido en mi mente, ya que contenía, de modo sucinto, el principal objetivo de estas letras. Por cierto, que las he escrito ante la perseverante insistencia del profesor de la Universidad de Navarra Juan Fernando Sellés, que me ha pedido detallar algún recuerdo o comentario sobre el filósofo español Leonardo Polo. Sin el recordatorio constante del profesor Sellés este texto no habría visto la luz. Vaya por delante mi agradecimiento por ello.

Yo traté de manera muy ocasional al profesor Polo. Por eso, quizá, este título pueda parecer pretencioso, aunque pienso que es veraz, y me propongo demostrarlo con estas breves líneas. Mis recuerdos de él se remontan a los veranos de 1975-76 en el colegio Retamar de Madrid, donde yo asistía a unos cursos de verano con otros estudiantes universitarios. Don Leonardo fue invitado a varios encuentros con nosotros. No se me olvida su profundidad al abordar los temas que trataba, aunque este recuerdo es muy general y no sabría bien describir ahora cuáles fueron las cuestiones concretas mencionadas en aquellas tertulias. Eso sí, se me quedó grabado la memoria de un profesor universitario profundo.

A finales de los años 80 del siglo pasado, después de acabar una estancia larga en los Estados Unidos y haber logrado una plaza de profesor titular de Anatomía y Embriología en la Facultad de Medicina de la Universidad Autónoma de Madrid, coincidí con Leonardo Polo en una resi-

---

[1] El autor agradece al profesor Miguel Ángel Iriarte de la Universidad de Navarra la lectura y correcciones sobre una versión inicial de este texto.

dencia para profesores y profesionales de la calle Vitruvio en la que estaba también Ricardo Yepes. Ricardo era un gran amigo y con él comencé a familiarizarme en otra faceta del profesor Polo: era un maestro y Ricardo se consideraba su discípulo. Para mí, que también tenía un maestro universitario muy querido y admirado –el profesor Fernando Reinoso Suárez–, era algo que conocía y apreciaba en gran medida.

Con Ricardo, que como ya he señalado, apreciaba mucho y consideraba un gran universitario, conversábamos sobre su vida en la Universidad de Navarra y acerca de su tesis doctoral, que le había dirigido don Leonardo. Me hablaba de ello con entusiasmo e ilusión, esta última palabra la empleo en el sentido de esperanza cuyo cumplimiento presenta un especial atractivo, y que Ricardo refería –la ilusión– a la labor que se hace desde la Universidad. Don Leonardo se alojaba en nuestra residencia cuando pasaba por Madrid; en lo que recuerdo, sobre todo cuando hacía una escala en sus viajes a Hispanoamérica. Sí que me acuerdo con gran nitidez cuando nos hablaba de la Universidad de Piura en Perú, y el modo –muy ilusionante– en que lo hacía. Se sentía feliz allí. En conjunto, este recuerdo de Polo se traduce en que la Universidad era su casa, su hábitat, donde se encontraba a gusto. Esta evocación me parece significativa.

Esos años fueron de gran fecundidad investigadora para mí, y la presencia de figuras como la de Leonardo Polo influyó, ciertamente, para mi afianzamiento en la dedicación a la Universidad como una verdadera vocación de servicio a la sociedad.

Ricardo regresó a la Universidad de Navarra un poco antes de que yo me incorporara a ella en septiembre de 1996. Volvió a estar en el mismo claustro académico que su maestro. Nunca olvidaré un encuentro que tuvimos, Ricardo y yo, en la Biblioteca de esta universidad poco antes de su prematuro y dolido fallecimiento en un accidente de montaña en los Pirineos, el 26 de diciembre de 1996. Me parece interesante y providencial resaltar que en aquellos años Ricardo había hecho una importante entrevista a Alasdair MacIntyre, filósofo británico afincado en los Estados Unidos que, con el tiempo, ha llegado a ser mi maestro intelectual en filosofía y sus escritos objeto de mi investigación y docencia en la Universidad de Navarra.

Vuelvo al título de este breve ensayo y con ello a la figura de don Leonardo. Pienso que es adecuado por dos motivos. En primer lugar, porque es llamativo el número de discípulos que ha dejado el profesor Polo. Personas entusiasmadas por extender su legado a través de la docencia y la investigación universitaria. El hecho de que existan revistas científicas expresamente enfocadas en los estudios sobre Polo es también una buena muestra de que su pensamiento no es solo estático, sino que se prevé un dinamismo unido a la investigación sobre sus trabajos.

En segundo término, me parece un hecho de enorme relevancia haber editado las obras completas de Leonardo Polo. Entiendo que es un trabajo casi culminado, y la iniciativa me parece más que sobresaliente. En este sentido, no puedo obviar la mención de otra persona entrañable, muy inteligente y tremendamente eficaz –y gran filósofo– como fue el profesor Ángel Luis González. Él fue un gran impulsor de este proyecto de editar las obras completas de Polo. Soy testigo de la ilusión que puso en ello, puesto que nos unía también una gran amistad, y hablábamos con frecuencia en los años antes de su inesperado fallecimiento en 2016.

Unas palabras finales sobre el futuro. Quizá puedan parecer obvias, pero para mí no lo son tanto. La originalidad y la aportación filosófica de Polo precisará de su contraste continuo en el tiempo en diálogo con otras tradiciones filosóficas. Que haya un grupo entusiasta de estudiosos de sus aportaciones, y la rigurosa catalogación de las mismas, es, en sí mismo, una valiosa contribución al desarrollo de la filosofía española contemporánea.

Por todo lo que acabo de decir, me atrevo a poner estas breves consideraciones a disposición de aquellos que se adentren en el futuro en la figura y en el pensamiento del filósofo español Leonardo Polo, y de todos.

D. José Manuel Giménez Amaya
Sacerdote
Profesor ordinario de Ciencia, Razón y Fe
Universidad de Navarra
Pamplona –Navarra– (España)
jmgimenezamaya@unav.es

42. Juan Antonio Giner Junquera: *Era un espectáculo universitario que prestigiaba a nuestra Facultad*

Leonardo Polo era profesor de filosofía en el primer curso de la Facultad de Ciencias de la Información. Todo un mensaje a nuestros futuros periodistas: pensar, pensar, pensar. Verle producir y articular ideas era un espectáculo. Estoy seguro que muchos de nuestros mejores estudiantes debían quedar sorprendidos por sus observaciones, comentarios y análisis. Era un lujo, algo muy similar a lo que hacían otros profesores que eran reflejo de un plan de estudio centrado en las artes liberales: aprender a pensar críticamente.

Al profesor Polo muy pocos podían entenderle sus profundas reflexiones, pero todos descubrían en su modo de dar clases la importancia del pensamiento y el parto de ideas originales y distintas.

Eso explica que sus clases atrajeran estudiantes de otras facultades. Era un espectáculo universitario que prestigiaba a nuestra Facultad y por eso siempre tendremos que agradecerle ese esfuerzo y dedicación generosa a la formación de futuros periodistas.

Juan Antonio Giner Junquera
Glashaus. Studio 402
Miami –Florida– (USA)
giner.innovation@gmail.com

43. Juan A. Gómez Trinidad: *Una mirada de niño y una sonrisa que rompía toda distancia*

Conocí a D. Leonardo Polo en octubre de 1976 al comenzar mis estudios de Filosofía en la Universidad de Navarra. En ese curso, 1976-77, el *currículum* de la carrera de Filosofía y Ciencias de la Educación –como se denominaba entonces– era común a los estudiantes de Filosofía, Psicología y Pedagogía durante los tres primeros cursos. El segundo ciclo que comprendía los dos últimos cursos sólo se impartía la especialidad de Filosofía. Hay que tener en cuenta que por aquel entonces comenzábamos la carrera con 17 años.

D. Leonardo nos impartió en primero Psicología General. Recuerdo la impresión que nos causaba hablando de lo psíquico, lo psicológico, etc., y, sobre todo, las explicaciones y comentarios sobre Kierkegaard, Nietzsche o Freud entre otros, algo inolvidable y fundamental para entender posteriormente el pensamiento y la cultura actual.

Aunque yo era un estudiante de Filosofía "pura", como se denominaba a la especialidad para distinguirla de la genérica "Filosofía y Letras", el centenar de alumnos que comenzábamos la carrera estábamos asustados tanto con el temario como con la profundidad y altura filosófica de D. Leonardo. No era un profesor al uso que dictara la materia; por el contrario, daba la impresión de que filosofaba "in situ", con lo cual a veces era difícil entenderle y seguirle. Sin embargo, conseguía arrastrarnos tras ese discurso por lo que de original y auténtico tenía.

En las asignaturas específicas de la rama de Filosofía y, posteriormente en el segundo ciclo, solo estábamos una veintena escasa de alumnos con lo que era muy fácil un diálogo con él ya fuera en las clases o en los pasillos. Resultaba admirable la facilidad con la que "bajaba" de las alturas filosóficas en las que se situaba al análisis concreto de las cuestiones, incluidas aquellas que estuvieran de actualidad.

La primera impresión que tuve al comenzar sus clases fue la de que me había equivocado de carrera. Posteriormente, fueron sus clases y los exámenes los que me reafirmaron en ella. Tuve la enorme suerte de que me impartiera posteriormente Teoría del conocimiento y Filosofía contemporánea.

A D. Leonardo le debo el haberme ayudado a establecer el forjado de los pilares básicos de mi formación filosófica –también a otros profesores de la Universidad de Navarra–. Lo fui entendiendo más y más a lo largo de mi vida intelectual y profesional dedicado siempre a la educación en sus distintas vertientes.

Tal vez podía dar la imagen de un sabio aislado o lejano, pero en el trato personal era una persona muy entrañable y apasionada en las conversaciones y debates filosóficos. En algunas ocasiones, con motivo de fiestas o celebraciones en las que participaba con nosotros en conversaciones informales, mostraba su cara más humana y entrañable contando en esos momentos recuerdos juveniles. Tras sus gruesas gafas tenía una mirada de niño y una sonrisa que rompía toda distancia.

En definitiva, considero a D. Leonardo como "uno de mis maestros", no solo en lo académico y profesional, sino también en algunos de los momentos claves de mi vida.

Juan A. Gómez Trinidad
Catedrático de Instituto, Profesor emérito
Logroño –La Rioja– (España)
jagomeztrinidad@gmail.com

44. GERMÁN GÓMEZ VEAS: *GRAN EXPERIENCIA*

Cuando inicié mis estudios en el Master en Artes Liberales el curso 1988-1999 tuve la buena fortuna de tener que realizar el curso que don Leonardo Polo impartía de Teoría del conocimiento en la Facultad de Filosofía de la Universidad de Navarra. Gran experiencia. Felizmente era una clase con una cantidad moderada de alumnos, con lo cual era relativamente sencillo poder interactuar en aquellas ocasiones que era posible. Al mismo tiempo fue un escenario óptimo para escuchar con claridad al profesor Polo, pues hablaba con tono algo bajo y con un ritmo algo rápido para algunos alumnos que por primera vez teníamos un curso con tanta profundidad, en un tipo de clase bastante tradicional que exigía mucho del académico.

Vale la pena tener presente que don Leonardo fue un pensador tan original que sus clases siempre estuvieron plagadas de ideas, observaciones, razonamientos y evocaciones que exigían estar siempre muy atentos. Sus actividades académicas fueron siempre un devenir de conocimientos bien fundados y justificados por lo cual era imprescindible no distraerse. Por cierto, la orientación del ayudante fuera del desarrollo de las clases fue importante para poder seguir el ritmo necesario en el aula y así aprender y aprovechar en todo lo ancho la sabiduría de este filósofo que combinaba singularidad con erudición y pedagogía de una forma magistral.

Junto con dicha experiencia de haber sido alumno regular, tuve la oportunidad de participar en varias tertulias que igualmente eran un tipo de clase, pero fuera de la universidad, en ambientes con muy pocas personas, en un entorno muy afable. Claro, el hecho de que en estas actividades no éramos más de diez personas compartiendo un café en un contexto distendido, fueron también una fantástica ocasión de aprendizaje en materias que excedían con mucho la Teoría del conocimiento y más tenían que ver con asuntos de antropología cultural y análisis éticos de diversos hechos sociales que estaban aconteciendo en ese período. Desde esta perspectiva, me parece que vale la pena precisar que don Leonardo Polo fue uno de esos filósofos hispanos profundos, muy documentado en la filosofía clásica y moderna, dueño de pensamientos originales, los que generosamente compartió de todas las formas posibles, en sus clases, conferencias, tertulias, en los apacibles diálogos en las oficinas de su querida Universidad de Navarra y, desde luego, a través de sus libros y publicaciones académicas.

¿Cuánto de lo que don Leonardo Polo abordó en sus clases y tertulias ha incidido en mi formación? Me parece conveniente mencionar que junto con el profesor Polo, tuve clases con los maestros Modesto Santos (Ética II), Ángel Luis González (Metafísica) y con Rafael Alvira (Historia de la Filosofía Antigua). Además, pude asistir a múltiples seminarios y tertulias, por ejemplo, de los académicos Alejandro Llano, Antonio Millán-Puelles, Álvaro d'Ors, y otros tantos pensadores extraordinarios. No obstante, la mayor familiaridad que logré con otros académicos, como el propio profesor Alvira, y también con Alfredo Cruz, Fernando Mújica y con Alejandro Llano, la incidencia del profesor Polo en mi formación ha tenido un especial fruto.

Una vez de regreso a mi país, Chile, me tocó desempeñar labores como académico, precisamente en áreas en que las materias vistas con el profesor Polo fueron claves especialmente en docencia. Ética y Antropología Filosófica primero, y luego Filosofía del Derecho, Filosofía de la Educación e Introducción al Pensamiento Filosófico han sido las disciplinas en que los conocimientos y aprendizajes estudiados bajo el prisma de don Leonardo han sido clave en mi labor académica. Pero además, he de confesar que son muy escasos los artículos académicos o científicos que he escrito que no hagan referencia a aspectos antropológicos o éticos reflexionados por mi profesor de Teoría del conocimiento.

Particularmente en el área de la educación, la referencia a algunos de sus escritos ha sido siempre necesaria. *¿Quién es el hombre?*, *La persona humana y su crecimiento*, *Lecciones de ética*, y *Ayudar a crecer*, *Antropología trascendental*, entre otros, han sido los textos del profesor Polo a los que más recurro. De hecho creo que seguirán siendo imprescindibles para encontrar luces acerca de la misión pedagógica, en tiempos en que en la acción educativa predominan las técnicas, las exigencias burocráticas y las recetas educativas formuladas sin considerar la realidad trascendental de la persona.

Los fundamentos ontológicos, y en gran medida antropológicos, que el profesor Polo pone en cuestión en muchas de sus obras, son tan necesarios como precisos para configurar una antropología pedagógica sólida, ilustrativa y congruente con lo que el humanismo cristiano ha venido sosteniendo desde muy antiguo respecto al quehacer educativo, esto es, respecto a los principios, los medios y los fines que han de ser bien comprendidos en educación.

Desde una perspectiva antropológica y ética, Polo defendía la idea de que el trabajo escolar es la actividad que se ocupa de manera más directa de la persona. El aula, en esta visión, es concebida como un espacio excepcional para aprender a ser mejor persona, y por ello, el quehacer educativo requiere profesores enamorados de su misión, que estén profundamente convencidos de la trascendencia que ella tiene. Los fundamentos ontológicos y antropológicos respecto al quehacer educativo que expone en sus libros permite levantar y proponer una Filosofía de la Educación coherente con el pensamiento realista clásico, pero proyectando sus alcances a amplias definiciones pedagógicas. Es, por ejemplo, el caso de Concepción Naval que se apoya en Polo en algunos de sus argumentos para destacar el intrínseco valor de ciudadanía que tiene la persona humana; o cuando en conjunto con Francisco Altarejos la académica escribe un valioso texto tanto para educadores como para padres, *Filosofía de la Educación*, un libro que, en palabras de sus autores, es un manual de iniciación en los saberes pedagógicos, y que contiene y expone, como es propio de un manual, los fundamentos de la materia pedagógica (cfr. Altarejos y Naval, p. 13). Este libro especialmente valioso para los interesados en los fines de las ciencias de la educación publicado el año 2000, remite con frecuencia a un nutrido grupo de textos polianos: *¿Quién es el hombre?*, *Presente y futuro del hombre*, *Ética: hacia una versión moderna de los temas clásicos*, *Introducción a la filosofía*, *La persona humana y su crecimiento*, y *Sobre la existencia cristiana*. Como ocurre con el texto de Francisco Altarejos y Concepción Naval, son muchos los estudios e investigaciones en el área de la Filosofía de la Educación y de la Antropología Pedagógica que recurren al pensamiento de Leonardo

Polo, tanto para asentar sus definiciones educativas centrales, como para proyectar sus métodos pedagógicos.

El pensamiento filosófico de Leonardo Polo es muy valioso para dar forma, con sentido de realidad, a una Teoría y Filosofía de la Educación que pongan sobre relieve la persona humana. A este respecto, me parece oportuno señalar que gran parte de los problemas e ineficacia educativa que enfrentan muchas sociedades hoy en día, se debe a la ausencia de una nítida antropología pedagógica que se desprenda a su vez, de una Filosofía de la Educación coherente con naturaleza de la persona. Es oportuno precisar a este respecto, que una Teoría de la Educación sensata y eficaz no puede derivar de ideas que eluden los fundamentos antropológicos, pues como bien expresa Edith Stein, "la pedagogía que carezca de respuesta a la pregunta «qué es el hombre» no hará sino construir castillos en el aire"[1]. Esto hace que la antropología poliana sea tan valiosa como necesaria.

La definición que asume del profesor Polo en cuanto a que educar es ayudar a crecer, compromete radicalmente a la persona y lo que sería lo adecuado o conveniente para ella en su proceso de humanización, o mejor, en su proceso de personalización. Desde esta perspectiva, resulta primordial esclarecer qué concepto de persona tiene el educador, pues, por ejemplo, cada centro educativo y también cada educador podrán, a partir de esa visión, establecer la hoja de ruta formativa para los alumnos. Dicho de otro modo, "tanto para formular los fines de la educación como para determinar cuál es la mejor manera de alcanzarlos, se debe tener en cuenta el tipo de realidad que es el ser humano"[2]. Sólo así se puede plantear con claridad y precisión los fines de la educación. Esto a su vez, es fundamental para lograr una educación eficaz, es decir, para ayudar convenientemente a cada alumno en su crecimiento. Polo pone énfasis en que "el hombre es un ser capaz de crecimiento irrestricto, un ser que nunca acaba de crecer. Hay ciertos tipos de crecimiento que ya no dan más de sí —el crecimiento orgánico se acaba, el de circuitos neuronales también, esos crecimientos no son irrestrictos— pero el hombre en cuanto tal es capaz de

---

[1] STEIN, E., *La estructura de la persona humana*, Madrid, Biblioteca de Autores Cristianos, 2017, 21.

[2] GARCÍA AMILBURU, M., *Aprendiendo a ser humanos. Una Antropología de la educación*, Pamplona, Eunsa, 2013, 11.

crecer sin medida, sin coto. Por eso para el hombre vivir es crecer"[1]. Vaya definición. Crucial no sólo para perfilar cabalmente la acción educativa, sino que es también fundamental para comprender en su esencia, a la persona.

En educación, que es el área del conocimiento y de la praxis humana que busco resaltar en la incidencia antropológica del profesor Polo, la noción de crecimiento es central. Ahora bien, ¿cómo se ha entendido el crecimiento desde la Filosofía de la Educación? José Luis González-Simancas a mi entender lo explica bastante bien. Señala el también académico e investigador de la Universidad de Navarra, que "crecer por dentro quiere decir crecer en interioridad, en riqueza interior, en intimidad personal; pero no se puede crecer interiormente sino en diálogo y convivencia con los que nos rodean desde que nacemos, de quienes recibimos una multitud de estímulos y de informaciones, junto con un cúmulo de pensamientos, sentimientos, y experiencias compartidas que nos permiten conocer no sólo a ellos –esas personas próximas y significativas para nosotros, que nos quieren o que a veces nos rechazan–, sino, lo que es más importante, a nosotros mismos. Porque nos hacen ver muchos aspectos de nuestra personalidad que no eran patentes para nosotros o que desconocíamos en absoluto; porque nos llaman la atención sobre aciertos o errores que llevamos a cabo; en resumen, por los efectos positivos, y también negativos, que la convivencia social (en familia, en la escuela, en la universidad, o en el círculo de nuestras amistades) lleva siempre consigo"[2]. Así, desde la Filosofía de la Educación se advierte que el crecimiento en la misión pedagógica tiene implicancias profundas y un alcance extenso. El crecimiento pone a los educadores en relación vinculante y no opcional con los fines de la acción educativa.

Ahora bien, educar no consiste únicamente en ayudar a crecer permitiendo que los alumnos y alumnas saquen, desde su interior, sus potencialidades para resolver con ellas los diversos desafíos que presenta la realidad. Vale la pena subrayar que ese crecimiento compromete, también, que los niños y niñas puedan proyectar esas potencialidades, y, de esa forma, den sentido trascendente a su conducta, a sus propias existencias. El pro-

---

[1] POLO, L., *Quién es el hombre*, en *Obras Completas*, Serie A, vol. X, Pamplona, Eunsa, 2015, 97.

[2] GONZÁLEZ-SIMANCAS, J.L., *Educación: libertad y compromiso*, Pamplona, Eunsa, 1992, 88.

fesor Polo ha visto que esta acción es precisamente lo que posibilita que los escolares, junto con soñar un futuro para sí mismos, vayan asumiendo libre y responsablemente el, a veces complejo, desafío de ir haciendo realidad ese sueño. Asimismo, vio que el quehacer educativo, si es genuino, entraña que el profesor también experimente su propio crecimiento. Esto quiere decir, que los docentes que realizan una buena educación, advierten que su labor los hace ser mejores seres humanos.

Don Leonardo Polo ha puesto énfasis en que la educación es un acto de crecimiento, subrayando que se trata de un crecimiento interior, y ello acontece en los alumnos, y también en los profesores. Ahora bien, tal como lo ha explicado en sus libros, dado que el crecimiento interior no tiene tope, el buen uso del tiempo se convierte en algo fundamental para la vida humana; y para sacar el mejor provecho posible a esa temporalidad que nos es connatural, el profesor Polo hace notar que para ello contamos con la ética. La ética, señaló, viene en ayuda de nosotros, las personas, para que aprovechemos el tiempo, para que dediquemos nuestro tiempo a crecer.

Desde la antropología filosófica poliana, es posible afirmar que la acción educativa es en definitiva el proceso de personalización, de crecimiento personal, lo que supone un movimiento interior, íntimo, que busca la natural expresión externa. Por ello cobra gran importancia entender que la educación exige un camino por el que la persona va conformando y consolidando un conjunto de convicciones y creencias sólidas por ejemplo acerca de lo que es y lo que no es verdad, lo que es y lo que no es bueno. Planteado desde la perspectiva ética del educador, es necesario señalar que ayudar a los educandos a descubrir o encontrar la verdad es algo ineludible. Don Leonardo Polo explica este principio práctico de la educación de la siguiente forma: "en cuanto uno se encuentre con la verdad se la transmita inmediatamente al niño, ayudándole a ver que existen realidades que necesariamente son de determinada manera y no de otra, y que en esto consiste la verdad. Al manifestarle el significado de la verdad, ésta adquiere sentido para él, y puede llevarla a la práctica desde el punto de vista de la veracidad"[1]. El trabajo formativo de un acto educativo implica

---

[1] POLO, L., *Ayudar a crecer. Cuestiones filosóficas de la educación*, en *Obras Completas*, Serie A, vol. XVIII, Pamplona, Eunsa, 2019, 250.

ayudar a los escolares a que descubran la verdad y se relacionen con ella de una forma sustancial. En palabras de Polo, es algo propiamente humano buscar la verdad, encontrarse con ella, enamorarse de ella[1], y a realizarse a partir de ella[2].

Así, la acción educativa y los aprendizajes que acontecen en su proceso son de suyo una acción formativa. Para expresarlo en términos de la Filosofía de la Educación, "el aprendizaje es educativo si, mediante la enseñanza, resulta formativo; si a través de las lecciones se aprende lo enseñado y esto implica un crecimiento constante de la potencia cognoscitiva, y no sólo un acopio de conceptos"[3]. Como se desprende de las enseñanzas de don Leonardo Polo, esta definición y otras tantas tienen una raíz ontológica y también antropológica que sostienen una Teoría y Filosofía de la Educación realista y esperanzadora en cuanto que las personas a través de un adecuado proceso educativo, podemos ser mejor, podemos crecer.

Quienes compartimos esta perspectiva del quehacer educativo, sostenemos que para la sociedad es necesario, pero no suficiente, formar profesores expertos en sus respectivas materias. Creemos, por sobre esa necesidad evidente, que, al mismo tiempo, es crucial formar profesores competentes para descubrir y valorar en cada uno de sus alumnos sus potencialidades y capacidades, para luego hacerlas crecer. Y en este desafío, la antropología que plantea Leonardo Polo, es decisiva.

Germán Gómez Veas
Santiago de Chile (Chile)
ggomezveas@gmail.com

45. María Luz González Blasco: *Alentaban mi fe*

Conocí a Leonardo Polo en mis años de estudio de la carrera de Filosofía. Entonces éramos una sección de la Facultad de Filosofía y Letras. Hablo de los cursos comprendidos entre 1984 y 1989. No recuerdo exactamente en qué cursos lo tuve como profesor, pero sí la asignatura que nos impartía: Teoría del conocimiento. En aquellos años, saber que teníamos

---

[1] Cfr. *Ibid.*

[2] Cfr. Polo, L., *La persona humana y su crecimiento*, en *Obras Completas*, Serie A, vol. XIII, Pamplona, Eunsa, 2015.

[3] Altarejos, F., y Naval, C., *Filosofía de la educación*, Pamplona, Eunsa, 2004, 37.

un profesor del que los alumnos recogían sus clases para plasmarlas en apuntes y editar posteriormente un libro era para mí garantía de valía. Privilegio de estudiante. Debía ser alguien grande. Un Sócrates moderno que andaba pensando maravillas por las aulas y que algunos conscientes de ello no querían dejar escapar. Después pude comprobar alguna de esas maravillas. Si en algún momento su pensamiento llegaba al mío y despertaba mi interés, me admiraba de cómo sus razonamientos me conducían por caminos nuevos de pensamiento. Alentaban mi fe al más puro estilo agustiniano de "comprende para creer y cree para comprender".

Diría también que su gesto en clase, pensando y repensando (porque ahora sé que no estaba simplemente transmitiendo) me producía risa, era algo cómico. Y ahora si mis alumnos se ríen de mí por el mismo motivo (pues soy profesora de filosofía en un instituto) pienso que me he llevado de él (salvando las distancias, claro está) ese gusto por reflexionar, ese humor que acompaña al ser humano pensando cosas que no le pertenecen y que sin ser un éxtasis nos coloca en un plano diferente que hace que los otros se sonrían y nos tomen por un poco locos…

En medio de esto mientras escribía mi examen sobre el conocimiento (Axioma A: "El conocimiento es acto") un día le vi detenerse a rezar el Ángelus: eran las doce, yo estaba escribiendo en primera fila, él estaba también escribiendo algo. Inclinado sobre la mesa del profesor, intenso olor a tabaco, pluma en mano. Se detuvo, miró el reloj, se inclinó hacia atrás y se concentró en lo que yo interpreté que era su Ángelus. Y creo que no me equivocaba.

He de decir que aún hoy después de tantos años, conservo con nitidez en mi memoria algunas de sus frases sobre diferentes filósofos. Cuando, por mi trabajo, debo explicarlos en clase, resuenan esas frases en mi cabeza y de algún modo orientan mi explicación (Nietzsche, Tomás de Aquino, Aristóteles…). Sin ir más lejos el año pasado propuse a mis alumnos varios filósofos con los que "entrevistarse" para crear un artículo en la revista digital de nuestro Departamento que se llama "Café con filósofos". Los dos alumnos que eligieron al profesor Leonardo Polo, hicieron su trabajo, pero no entendieron. Yo misma leí un artículo del profesor Sellés. Entendí algo mejor el problema del límite del pensamiento. De nuevo me situé en ese peregrinar por caminos de pensamiento desconocidos, frescos, novedosos. Por eso, al leer este correo me he animado a poner estas líneas al menos como agradecimiento al maestro Polo y a quienes me colocaron en situación de aprender de él.

María Luz González Blasco
Profesora de Filosofía
IES Joan Miró
San Sebastián de los Reyes, Madrid (España)
mlgonzalezblasco@gmail.com

46. David González Ginocchio: *Un filósofo quizá desconcertante en el s. XX, pero de alta mirada filosófica*

Conocí imperfectamente a Polo o, mejor dicho, escuché *sobre* don Leonardo estudiando filosofía en México, en la Panamericana, hacia finales del año 2000. José Manuel Núñez, mi profesor de Introducción a la filosofía, nos dio a leer el libro de Polo con el mismo nombre. Recuerdo que en algún momento mencionó algo sobre el ser del universo, además de que las últimas sesiones trataron sobre el ser personal; por supuesto, no entendí nada ni tenía mayor idea del autor, aunque recuerdo que las lecciones sobre la admiración me parecieron geniales.

Fue mi amigo Rodrigo Díaz quien leía y hablaba continuamente de Polo y me decidió a leerlo. Tras revisar sus obras en la biblioteca, *Nominalismo, idealismo y realismo* fue el título que, en mi opinión, prometía la mejor introducción a la filosofía de Polo (no hace falta repetir que no entendí tampoco prácticamente nada). Pero en el año 2001 conocí a Héctor Esquer, recientemente doctorado en Navarra con una tesis sobre *El límite del pensamiento. La propuesta metódica de Leonardo Polo*. Esquer me propuso dejar *Nominalismo...* y comenzar a leer el *Curso de teoría del conocimiento*. Leí el libro muy despacio porque me resultaba muy complicado. Las tardes discutiendo estas lecturas con Esquer y, en clase de gnoseología con la Profª. Rocío Mier y Terán, son recuerdos muy gratos. Esquer nos dio después una asignatura de antropología, que fue realmente una introducción a Polo a partir de Nietzsche y Kierkegaard. Pude asistir también a un seminario suyo sobre Hegel, cercano a su tesis, y de nuevo rico en ideas de Polo.

Supe de la creación del Instituto de Estudios Filosóficos Leonardo Polo (IEFLP) en 2004, aunque no me atreví a participar en el primer congreso *on-line* sobre *El acceso al ser* en 2005: había comenzado a leer el libro, pero no podía seguir sus ideas (mi amigo Rodrigo sí participó en la conversación el 13 de diciembre, como consta en *Miscelánea Poliana* 6).

Pero a don Leonardo sólo llegué a conocerlo brevemente unos años después en Pamplona, gracias a don Juan García. En septiembre de 2005 había llevado a cabo –hasta donde conozco– una primera catalogación del material del archivo Polo. Una segunda catalogación tuvo lugar en 2008, entre el 11 y 26 de septiembre, como puede leerse en las noticia correspondiente de la página del IEFLP; don Juan hizo, realmente, todo el trabajo, con ayuda de su hija, y alguna cosa puntual mía. Debo agradecerle que, hacia el final del trabajo, me llevó a conocer a don Leonardo a su casa de Pamplona en la calle Monasterio de Urdax. Polo estaba jugando al ajedrez con un tablero electrónico, si no me equivoco. Don Juan le contó de mis estudios de Escoto y Polo me llamó "buen chico". No hablaba mucho ya, pero me pareció muy lúcido, y recuerdo que le pidió a don Juan noticias de muchos conocidos.

Fue un encuentro breve, pero agradezco haberlo visto en persona. Agradezco también haber conocido su obra y escuchar tantas historias e ideas de Polo de sus discípulos: además de don Juan García, también los Profs. Falgueras, Haya, Sellés, Murillo, Padial… No podría dejar de mencionar sus esfuerzos y los de don Ángel Luis González en hacer accesibles ya casi 40 volúmenes de las *Obras completas* de Polo. En la historia de la filosofía, afortunadamente, tenemos documentada una infinidad de grandes autores: algunos de los grandes esfuerzos racionales de la humanidad. Agradezco que en ella se encuentre el pensamiento de Polo, un filósofo quizá desconcertante en el s. XX, pero de alta mirada filosófica: un reto y un gusto para pensar sobre las posibilidades que tiene la filosofía de proveer una vida orientada por la idea de sabiduría. Que Polo haya suscitado esta clase de esfuerzos en tantos oyentes, desde la metafísica y la gnoseología a la ética y la educación, habla mucho de los ideales del pensar en nuestros tiempos.

David González Ginocchio
Dr. Filosofía
Profesor de Historia de la Filosofía Medieval
Universidad Internacional de la Rioja (Unir)
Elorz –Navarra– (España)
dgginocchio@gmail.com

47. Juan Francisco González Subirá: *Un filósofo santo, un héroe de la verdad*

No me extenderé en absoluto. Desde mi más profunda admiración hacia D. Leonardo Polo puedo señalar que, evidentemente, es un filósofo santo, un héroe de la verdad, una de aquellas personas de las que destaca la Biblia que va a resultar que hemos convivido con ángeles o amigos íntimos de Dios y no nos hemos querido enterar del todo: por todo lo que entraña de honorabilidad y de respuesta agradecida a tan profundo don.

Humilde, sencillo, muy cercano y disponible, siempre dispuesto a compartir su sabiduría, su amor apasionado a la Verdad, a la Bondad, a la Belleza, a su Señor.

Disfruté de sus clases magistrales de Antropología en el curso 1989/1990, recién aterrizado de un pueblecito del Valle de Arán (Lérida). Y de sus clases de Teoría del conocimiento en el curso 1993/1994... He saboreado varios libros del maestro y de algunos de sus discípulos.

Una anécdota que viví en el Colegio Mayor Echalar fue la siguiente: estábamos comiendo con el Director del Colegio; el Director y yo hacíamos comentarios medio metafísicos para ver si D. Leonardo nos iluminaba, y nos iluminó: "¡Qué buena está esta paella!", nos dijo. Siguió comiendo en silencio... hasta la tertulia-café. Supongo que así era el maestro, tan amante de saborear los pequeños detalles que entretejen lo cotidiano y las experiencias de encuentro.

Y es que soy un privilegiado, porque disfruté del magisterio de Rafael Alvira, Alejandro Llano, Mariano Artigas, Enrique Alarcón, Jaime Nubiola (con quien me une una insustituible amistad), Modesto Santos, D. César Izquierdo, Ángel Luis González, y otros. Muchísimas gracias a todos, gracias por pensar en mí para este testimonio en homenaje a uno de los más grandes.

Juan Francisco González Subirá
Filosofía, Universidad de Navarra
Promoción 1995
Profesor de Filosofía en Educación Secundaria
y del Área Socioprofesional en Seguridad privada
Bossòst, Lérida –Cataluña– (España)
gonzalezsubiraj@gmail.com

48. RUTH GUTIÉRREZ: *POLO, POR ELEVACIÓN. DIÁLOGOS UNIVERSITARIOS Y LA COMUNICACIÓN COMO TRASCENDENTAL RELATIVO*

Primera parte. Estudié Periodismo y soy profesora en la Facultad de Comunicación. Por lo tanto, este testimonio sobre Polo es indirecto: no he sido su alumna ni su colega de Claustro. Sin embargo, me gustaría recordar un par de anécdotas personales y un pensamiento de Polo que lo definen secamente y ayudan a entrever la dimensión de su alcance como profesor universitario y como filósofo.

Anécdota 1. Todo empezó con una conferencia sobre *La Teoría del Espejo en Nicolás de Cusa*, a la que asistí durante el curso 1994-95. La sesión se había desarrollado con normalidad: el discurso del ponente parecía exacto y profundo, muy elocuente. Sin embargo, cuando se abrió el turno de preguntas, como una continuación en forma de diálogo, un señor que había estado escuchando la lección magistral, sumido en una meditación, levantó su mano para intervenir dejándonos a todos extasiados. He de decir que, antes de que hablara, me llamaron la atención dos características de la persona: que iba asistido en su ancianidad y que parecía venerable por su aspecto físico: una inteligencia fuera de lo común en una cabeza también extraordinaria.

La intervención del profesor resultó ser una glosa formidable sobre el Cusano. Generó un debate animado y todo ello sin afectación alguna… Con educación, desde aquella humilde silla del aula, bajo la tarima. El ponente oficial respondió con agradecimiento e interés, discretamente. Habíamos vivido un momento único de espontáneo y auténtico diálogo universitario, lo cual es hoy poco común. La imagen se parecía a ese modelo romántico de vida universitaria, que se suele pintar idealizado, platónico y quizá irreal. Ahora no sabría decir cuánto duró el diálogo. Pero fue lo suficiente como para que perdiéramos la noción del tiempo. Quién era aquella persona cuya autoridad se presentaba bajo el rango de "público". Supe que se llamaba Leonardo Polo. Guardé su nombre en la memoria porque tengo comprobado que siempre es bueno quedarse con los nombres de la gente que sabe de verdad. Por si acaso.

Anécdota 2. Años más tarde llegó el *acaso*. El joven profesor Gonzalo Robles impartía la asignatura de Deontología de la Información, en cuarto de carrera, mientras avanzaba con su tesis doctoral. Sus clases promovían intensas y profundas reflexiones sobre el fenómeno comunicativo. Tanto es así que, a causa de uno de los temas, una de mis mejores amigas y yo nos encontramos en un atolladero. Por entonces, estudiábamos en 'las peceras' de Bibliotecas, unos lugares idóneos para combinar toda clase de metodología pedagógica. Descartamos molestar al profesor Robles y acudir a alguien que iba a resolvernos la duda "definitivamente". O así lo supuse, al recordar aquella vieja imagen de Polo y el Cusano. Como habrán imaginado, buscábamos a ese hombre de cabeza excepcional.

Le encontramos en su despacho: estudiando. Llamamos a la puerta tímidamente. Después de todo, la audacia tiene los pies muy pequeños. Con el ambiguo deseo de estar allí y de no estar, entramos avergonzadas al despacho de Polo, que nos atendió perplejo. ¿Dos alumnas de Periodismo en el despacho de un profesor de Filosofía? Probablemente habíamos roto todos los esquemas posibles de su plácido *kata to eikos* particular. Pero, haciendo uso de su cortesía universitaria, nos invitó a sentarnos.

Después de unos minutos de titubeo, le expusimos nuestras cuitas académicas. El tema es lo de menos. No lo recuerdo. Pero Polo dijo lo siguiente: "Les recomiendo que lean todas mis obras. Están en la biblioteca". Como la respuesta no resolvió nuestra puntual inquietud periodística, insistimos contraatacando así: "No dudamos de que en su obra esté la respuesta. Sin embargo, teniéndole a usted en persona, preferimos que nos responda a la cuestión aquí y ahora. Ya habrá tiempo de leer sus libros en otra ocasión". Polo nos miró con inteligencia, mostrando un universo mental que se ampliaba como una pupila infinita en la oscuridad. *Y resolvió la duda definitivamente*. Además de paciencia, demostró una gran generosidad que supuso un acicate para promover tanto en mi amiga como en mí las ganas de seguir cultivando preguntas y de aprender a pensar. Le dimos las gracias, sonrió con cierta sorna y abandonamos su despacho, felices.

Segunda parte: Pensamiento. Haciendo caso de la recomendación prudente que nos dio Polo, pocos años después llegó la hora de leer sus libros y los del Cusano, junto a algunos más. Pronto caí en la cuenta de que, para leer a Polo correctamente, antes hay que formarse mínimamente en pensamiento filosófico, y entenderle desde el prisma de una inteligencia orientada a la Verdad revelada del Cristianismo. De lo contrario, puedes zozobrar o pasar por alto grandes hallazgos. Cuando escribe, Polo es amigo de los supuestos y de los implícitos. A causa de su capacidad de síntesis y de la impaciencia voraz que caracteriza su escritura, es fácil pensar que uno se pierde cosas por el camino de la lectura. El pensamiento poliano hay que meditarlo y cotejarlo a la luz de los autores que él leía. Así, cobraron gran interés algunas perlas preciosas de su pensamiento que mi maestro, García-Noblejas, sembró en el terreno de la Comunicación Pública, a saber: que hay que concebir la profesión como don para entender su dimensión de servicio o que las valiosas aportaciones de S. Kierkegaard sobre la superficialidad y el esteticismo sociológicos abren a la comprensión de la postmodernidad, por poner dos ejemplos fecundos.

Sin embargo, el hallazgo que más me interesa y que me ha entretenido en los últimos años tiene que ver con la concepción de la Comunicación como trascendental relativo. Polo ha dicho poco sobre esto, pero sí lo suficiente como para seguir trabajando en esa línea. Reconocer la importancia del valor conectivo metafísico de una actividad tan práctica como la comunicativa sitúa los estudios de comunicación en el más alto nivel y nos da una idea de la profundidad de su influencia. Si la Comunicación pone en relación a la Verdad, la Belleza y al Bien, su papel es esencial y necesario. No puede haber conocimiento sin comunicación; ni expresión sin esa relación transformadora del lenguaje en su calidad de manifestación. Ni comunicación sin la activa función que experimenta la Belleza como difusora de la Verdad o del Bien como hecho fáctico de la Verdad.

Por lo tanto, personalmente estoy en deuda con Leonardo Polo y espero poder saldar esa deuda honrando con mi docencia y reflexión a algunas de sus magnánimas aportaciones.

Por si *acaso*, también recuerdo el nombre del ponente de la conferencia sobre el Espejo y Cusa: se llamaba Ángel Luis González, un hombre humilde y un gran profesor: siempre pendiente de guiar, promover y servir. Que ambos descansen en paz y en diálogo para siempre con el Creador.

Ruth Gutiérrez Delgado
Profesora Titular de Guión y Epistemología
Facultad de Comunicación
Universidad de Navarra
Pamplona –Navarra– (España)
rgutierrez@unav.es

49. Juan Pedro Gutiérrez Tainta: *Me impresionaron sus clases*

No tengo anécdotas personales de L. Polo porque apenas crucé palabras con él fuera de clase. Sí me impresionaron sus clases de cuarto de carrera en "Teoría del conocimiento", pues entendí lo que él llamaba el axioma A. Entendí que hay más realidades que las materiales y que la filosofía tenía que ver con la realidad.

En segundo lugar, me dio clase en "Filosofía Contemporánea" en quinto de carrera. Me sirvió para encuadrar lo que había estudiado en la carrera en un esquema unitario donde cada asignatura podía tener su lugar. Me hizo entender que realmente la filosofía era un saber y no meros sistemas.

A partir de ahí leí sus obras: *El Ser* (tomo I), que se me hizo realmente ininteligible. Pero pude acceder a su pensamiento a través de otros textos: *Quién es el hombre, Psicología clásica, El conocimiento racional de la realidad, Introducción a la filosofía, Teoría del conocimiento* I, II, III y IV (primera parte). Creo que aportan mucha claridad y realismo a la hora de entender que la filosofía se ocupa de la realidad.

Juan Pedro Gutiérrez
Profesor de Instituto
Ximenez de Rada
Pamplona –Navarra– (España)
juanpedro.gutierrez@gmail.com

50. José Ángel Huaco Schimon: *Es una mina que no tiene cuando acabar*

Recuerdo con mucho agradecimiento el encuentro que tuve con Don Leonardo allá por los años 1998 aproximadamente cuando Antonio Mabres tuvo la gentileza de organizarme un encuentro personal con Don Leonardo. Recuerdo que fue en el edifico de gobierno de la UDEP. Fue por la noche; hablamos, por más de una hora, de filosofía, de agricultura (a eso me dedicaba entonces) del sentido común, y de muchas otras cosas.

Pero el encuentro profundo con Don Leonardo fue a través de sus libros, especialmente el tomo I del *Curso de teoría del conocimiento*, que Genara Castillo me prestó cuando estudiaba Ingeniería en la UDEP. Lo tuve en mis manos como unos 10 años y lo habré leído y releído 10 o tal vez más veces.

Cuando conocí el pensamiento de Don Leonardo mi ser estaba perplejo, ese sentimiento de la inteligencia que surge cuando uno busca un tema con el método inadecuado. Y vaya que estaba buscando los principios con el método de los modernos. Y obviamente era como pretender escuchar colores. El resultado era la perplejidad. Después, al leer la primera parte de *El acceso al ser*, me di cuenta que era precisamente lo que me pasaba. Tenía en mi interior una 'metafísica prematura', una teoría del conocimiento kantiana; había colocado como primer trascendental la verdad, y había alimentado una pretensión de mí igual que los modernos. Lo que reinaba era la confusión…

Y fue Don Leonardo, cuando me explicó (en sus libros) la operación inmanente, la *praxis teleia*, el conocer como acto, los secretos del conocer intencional, totalmente abandonado por los modernos, y más aun cuando a través de Juan Fernando Sellés conocí que el conocimiento operativo es el límite, y que por encima de él están los hábitos intelectuales y el conocer personal y cómo conecta con el don de la fe. Fue como un destello de luz que me arrancó de la perplejidad.

Y eso le agradezco a Don Leonardo; y ahora, cuando puedo, eso se lo cuento a los demás. Al leer su *Antropología trascendental* el descubrimiento del ser personal, de los trascendentales personales… es una mina que no tiene cuándo acabar… la persona es adverbio, *además*… es creciente irrestrictamente respecto de Dios, es coexistencia libre, sobreabundancia de amor y de sentido personal, que se manifiesta en su esencia… Es, como dice Juanfer ¡*to much*!

¡Gracias Don Leonardo! Me gustaría volver a conversar con Ud. en el Cielo, escucharle, y saborear, ya no con sus libros sino en persona lo que su inteligencia privilegiada ve.

José Angel Huaco Schimon
Licenciado en Educación
Lima (Perú)
josehuacoschimon@yahoo.es

51. IÑAKI IRAOLA ARNEDILLO: *UN HOMBRETÓN CASI CALVO DE ROSTRO AMABLE Y QUE PENSABA EN VOZ ALTA DELANTE DE NOSOTROS*

Corría septiembre de 1975, cuando unos jovencitos y jovencitas esperábamos al profesor de Psicología general. Aquel hombretón casi calvo, de rostro amable nos dijo al llegar: "Venía pensando según subía la frase aristotélica (la enunció en latín): "*Anima quodammodo omnia*". No tomamos apuntes –al menos yo– ya que "no había dicho vamos a comenzar el tema 1", simplemente estaba glosando lo que traía en la cabeza. ¡Qué extraño profesor, estaba pensando delante nuestro! Pasó el primer día, pasó el segundo día... y empezamos a tomar apuntes: aquello era muy, muy interesante; tan interesante que se acabó publicando en forma de libro. Y con pena se acabó la asignatura.

Llegó tercero de carrera y, con él, el "paso del ecuador" rematado con una comida en los comedores universitarios. Un par de alumnos, uno de ellos el que suscribe, hicieron, a los postres, la presentación de algunos numeritos simpáticos. No se les ocurrió otra cosa que conseguir meter un huevo duro en la cartera de mano de D. Leonardo para luego hacerlo. Se argumentaba que se había filtrado que D. Leonardo, hombre de talla y peso, lo llevaba siempre a los convites por si acaso, por si el menú fuera escaso. Abrió su cartera y ¡oh, sorpresa! allí estaba. Además, le pedimos que lo cortara y "milagro" había un billete de curso legal dentro del huevo duro. De nuevo, el hombretón calvo y de rostro amable siguió la broma que quizás estuvo cerca de la línea roja de la cortesía.

Y en 4° curso –creo– D. Leonardo nos volvió a dar otra asignatura, quizás Teoría del conocimiento u otra similar. De nuevo, día tras día, llegaba, se sentaba, sonreía y se ponía a pensar con la cabeza hacia abajo y la mano sobre la cabeza. Y todos nosotros como esponjas, aprendiendo por placer y no por miedo al suspenso, que con D. Leonardo era raro que se diese.

Como se ve, mi memoria no es muy buena. Otros escribirán sobre lo que aprendieron de los binomios *kinesis-praxis, praxis-poiesis y telos-peras*. Pero siempre que pienso en D. Leonardo veo a un hombretón casi calvo de rostro amable y que pensaba en voz alta delante de nosotros.

Iñaki Iraola Arnedillo
Profesor y Orientador en Educación Secundaria
Pamplona –Navarra– (España)
iraola2005@gmail.com

52. ANA ISABEL IRICIBAR GONZÁLEZ: *UNA PERSONA QUE, CON MUCHA HUMILDAD, EXPONÍA CON CONVICCIÓN SUS DESCUBRIMIENTOS MÁS PROFUNDOS*

Conocí a D. Leonardo Polo en la Universidad de Navarra en el año 1982. Comenzaba ese año a estudiar la licenciatura de Filosofía y Letras. Ciencias de la Educación. Solíamos ver a D. Leonardo por la Facultad y nos llamaba mucho la atención. Muchas veces estaba rodeado de alumnos en el Faustino (bar de la Facultad) y en otros momentos se le veía muy concentrado en sus pensamientos. El comentario más habitual era el siguiente: "este profesor es un genio; con el tiempo, sus teorías las estudiaremos como parte de la Historia de la Filosofía".

Aunque D. Leonardo no era nuestro profesor de Filosofía –nuestros estudios eran de Pedagogía– los compañeros de Filosofía nos animaron a entrar en alguna de sus clases, y allí nos encontramos con alumnos también de Periodismo y otros estudios de la Facultad. Sus clases se hacían muy cortas (aún durando más de dos horas)… no querías que se acabaran… porque te descubría un panorama muy profundo del ser… de la persona… Veías a una persona que, con mucha humildad, exponía con convicción sus descubrimientos más profundos del mundo, del conocimiento, de la unidad de la persona y su relación con los demás y con su Creador…

No éramos capaces de comprender todo lo que nos mostraba pero atendía con mucha amabilidad y paciencia todas nuestras preguntas. De ahí nació una gran admiración y un deseo muy grande de profundizar en la filosofía, a la vez que un gran agradecimiento por tener en la Facultad a esta eminencia.

Ana Isabel Iricibar González
Psicopedagoga
Pamplona –Navarra– (España)
airicibar@gmail.com

53. María Jesús Jornet Forner: *Testimonio sobre Leonardo Polo y*
     consecuencias de sus enseñanzas en mi vida

Leonardo Polo Barrena (1926-2013) es un filósofo español considerado
como uno de los más relevantes de las últimas décadas, a quien tuve el
privilegio de conocer durante mis años de alumna en la Universidad de
Navarra. Su planteamiento nuevo de la filosofía, original y profundo –
sobre todo, en el método de la metafísica y en antropología– y su capacidad para transmitir conocimientos de manera clara y aguda, dejaron una
huella imborrable en mí. Su guía en la tesina de investigación fue fundamental para mi formación académica. Sin duda, el legado del profesor
Polo perdura en mis reflexiones, en mi forma de pensar y en mi manera de
abordar y transmitir el estudio de la filosofía. Le estoy muy agradecida.

En el punto 39 de *Forja*, Josemaría Escrivá de Balaguer narra –a modo
de cuento– la historia de un "pobre pajarillo, que, acostumbrado a volar
solamente de árbol a árbol o, a lo más, hasta el balcón de un tercer piso…,
un día, en su vida, tuvo bríos para llegar hasta el tejado de cierta casa modesta, que no era precisamente un rascacielos… Mas he aquí que a nuestro
pájaro –sigue diciendo– lo arrebata un águila –lo tomó equivocadamente
por una cría de su raza– y, entre sus garras poderosas, el pajarillo sube,
sube muy alto, por encima de las montañas de la tierra y de los picos de
nieve, por encima de las nubes blancas y azules y rosas, más arriba aun,
hasta mirar de frente al sol… Y entonces el águila, soltando al pajarillo, le
dice: anda, ¡vuela!"[1].

Esta sencilla historia, bien la podría aplicar a mi relación con Leonardo
Polo –mi *Maestro*, así suelo llamarle al referirme a él– porque cambió definitivamente mi manera de ver, de plantearme y de entender… ¡tantas cosas! Mostraré algunas al hilo de mis recuerdos.

Cuando inicié los estudios en la Universidad de Navarra, en septiembre de 1964, Leonardo Polo era, desde hacía algunos años, profesor de la
Facultad de Filosofía. Pienso que asistí a alguna de sus clases o alguna
conferencia, pero no guardo ningún recuerdo concreto de los cursos 64 y
65. Antes de comenzar el del 66-67, tuvo que dejar la Universidad (desco-
nozco los motivos) y aprovechó para presentarse y ganar las oposiciones
de Catedrático de Historia de la Filosofía, en la Universidad de Granada.

---

[1] Escrivá de Balaguer, San Josemaría, *Forja*, Madrid, Rialp, 2007, nº 39.

Fue profesor de Granada hasta que, en el curso 68-69, volvió a Pamplona, como Director de Estudios de la Facultad de Filosofía (1968-72) y Director del Departamento de Historia de la Filosofía y de las Ciencias. En IX-68, yo estaba en 5º curso de la especialidad de Filosofía; en esta ocasión D. Leonardo nos impartió la asignatura de Historia de la Filosofía Moderna.

Mientras estuve en la Universidad –1964 a 1970– las obras que Polo había publicado eran muy escasas[1]. Quizá por este motivo, los primeros escritos suyos que leí no fueron sus libros sino unos artículos con ideas muy novedosas, que alguien me facilitó, y que recogen algunas de sus enseñanzas orales en conferencias y encuentros con universitarios. Muy pronto tuve la posibilidad de leer sus artículos "La libertad posible"[2] y "Los límites del subjetivismo"[3]; pasado un tiempo, también me llegó: "El hombre en nuestra situación"[4]. Estos escritos, entre otros, se publicaron en la década de los 70, en la revista *Nuestro Tiempo* de Pamplona. Me resultaron perfectamente asequibles, fáciles de comprender –sin perder la hondura del pensamiento de Polo– lo que me proporcionó una gran riqueza intelectual. Mucho de lo que Polo dice en estos textos lo tengo tan incorporado a mi bagaje personal –y desde hace tanto tiempo– que son ya ideas mías que difundo y argumento con toda la fuerza, pero no puedo olvidar que la semilla llegó a mi cabeza a través de sus clases, nuestras conversaciones y sus escritos.

Una de las vivencias que más me impactó en esos años –y la tengo perfectamente grabada en la memoria– es la conferencia, a la que asistí en el Colegio de las Esclavas de Pamplona –no recuerdo el día exacto, en 1966–, dirigida a un público amplio y que tituló: "El sentido cristiano del dolor". Se publicó 30 años más tarde, en el libro *La persona humana y su crecimiento*[5]

[1] Cfr. POLO, L., *Evidencia y realidad en Descartes*, Madrid, Rialp, 1963; *El acceso al ser*, Pamplona, Eunsa, 1964; y *El ser I. La existencia extramental*, Pamplona, Eunsa, 1965.

[2] Cfr. POLO, L., "La libertad posible", *Nuestro Tiempo*, 234 (1973) 54-70, y reeditado en *La persona humana y su crecimiento*, Pamplona, Eunsa, 1996.

[3] Cfr. POLO, L., "Los límites del subjetivismo", *Nuestro Tiempo*, 273 (1977) 5-22, y reeditado en *La persona humana y su crecimiento*, Eunsa, Pamplona, 1996.

[4] Cfr. POLO, L., "El hombre en nuestra situación", *Nuestro Tiempo*, 295 (1979) 21-50, y reeditado con el título: "La versión moderna de lo operativo en el hombre", en *Presente y futuro del hombre*, Madrid, Rialp, 1993.

[5] Cfr. POLO, L., "El sentido cristiano del dolor", en *La persona humana y su crecimiento*, Pamplona, Eunsa, 1966.

editado con ocasión del homenaje que organizó la Universidad de Navarra con motivo de su jubilación. Es imposible que pueda olvidar –aunque
no pueda ahora detenerme en explicarlo– lo que para mí es la síntesis de
esta conferencia: Cristo con su entrega total, libre y por amor, hace posible
que la cruz (todo dolor) se convierta en signo + (en algo positivo para el
cristiano). Su habilidad para transmitir conocimientos de manera clara y
concisa me impactó profundamente y su influencia se ha reflejado –según
he dicho– tanto en mi manera de afrontar asuntos de la vida ordinaria,
como en el enfoque que puedo hacer al ejercer de *coach* –tarea a la que me
he dedicado siempre– como también cuando se trata de abordar cuestiones de filosofía.

En 5º curso de la carrera, el profesor Leonardo Polo nos impartió la
asignatura de Historia de la Filosofía Moderna y nos introdujo en el apasionante mundo de ideas que siguen presentes aún en nuestros días.
Aprendimos a analizar y valorar lo positivo de los planteamientos de cada
pensador, aunque en muchos casos contengan graves errores. Su enfoque
transcendental, en todo lo referente a la persona humana, me facilitó también descubrir la importancia que puede tener en nuestra vida, saber utilizar los contenidos filosóficos aplicándolos a la vida cotidiana.

El grupo de alumnos era muy reducido –éramos unos 18 o 20– entre
ellos, también cursaba 5º, Ignacio Falgueras que sería más tarde, el primer
discípulo de Polo y que se había unido a nuestro grupo en 4º de la especialidad.

El prof. Polo resultaba siempre muy cercano, sencillo, aunque sus clases eran de nivel muy alto, extraordinarias. Sus enseñanzas y lo que, desde entonces, he podido leer en sus libros, han dejado en mí una huella
clarísima. Pienso que, sobre todo, en la configuración de mi modo de utilizar la inteligencia –en mi estructura mental– y en cuatro aspectos, que
detecto con frecuencia, en los momentos más ordinarios:

1. He impartido, durante casi 50 años, clases de metafísica y de antropología; desde siempre he propuesto al alumnado una forma concreta de
enfrentar esta materia: al meterse en los textos para estudiar, les aconsejo
hacerlo "tipo topo" –así les digo y explico– es decir, que se trata de *"bucear"* en el significado de *"cada"* palabra; no pasar por encima, como hacen
las arañas. Les queda claro y les da luces. Por experiencia, además, sé que

ésta es la única manera de acercarse al verdadero sentido de lo que Polo transmite en sus escritos.

2. Tanto en la dinámica de lo que vivimos en el día a día, como al topar con información de lo que nos dicen que pasa en nuestro entorno –y las noticias de lo que ocurre en el mundo– la pregunta interesante, que aprendí del modo en que Polo se plantea todas las cuestiones, es: ¿qué hay detrás? Es decir, es inevitable que piense: ¿cuál es la causa? ¿por qué está ocurriendo tal cosa? O incluso: con esta información ¿qué quieren conseguir que yo piense?

3. Es muy cierto que una de sus principales aportaciones a la filosofía actual es el método del *abandono del límite mental.* Dicho método hace posible ver y entender cómo Polo distingue en sus propuestas lo *real* (lo independiente de nuestra inteligencia) de lo *pensado* (lo que está en la mente humana). El método del *abandono del límite mental* permite advertir con hondura, el acto de ser, que hace que todo lo real *sea* ("exista"). A este descubrimiento añade otro, más importante todavía, al distinguir dos modos de acto de ser: a) El que hace que las cosas materiales, como explica Tomás de Aquino, sean (existan). Todo lo material –añade Polo– participa de un único acto de ser que, según dice, es uno y el mismo. b) El acto de ser del hombre, que hace que se distinga de todo lo demás, que el ser humano, sea mucho más: sea *persona humana.* Dios participa su acto de ser al crear cada alma –a imagen y semejanza suya– y, por lo tanto, cada una es original, irrepetible, exclusiva. El acto de ser de cada uno es por lo que cada uno es persona humana. Según Polo, la persona humana es su acto de ser.

Su filosofía afianzó en mí de una manera firme y definitiva la *realidad,* lo *real* para nada depende de lo que el sujeto humano pueda pensar. Me atrevería a decir que Polo nos introduce en un *nuevo realismo (¿realismo trascendental?)*

4. Como consecuencia de lo anterior, y puesto que la realidad es lo independiente del pensamiento humano, se hace evidente también la importancia de la *verdad,* como adecuación de la inteligencia a la *realidad:* otro asunto importante, hoy prácticamente en desuso por la fuerza del relativismo imperante (la "dictadura del relativismo", como la calificó J. Ratzinger). Con el profesor Polo quedó grabado en mi interior para siempre – y tengo un interés creciente– la necesidad de averiguar siempre y en todo –en la medida en que esto es posible– la *verdad* de lo que escucho, leo, etc.

Con frecuencia y, sobre todo en determinados temas, que se comentan o se escribe sobre ellos, me asalta la pregunta: ¿será verdad?

Me atrevo a relatar una experiencia aislada, excepcional, pero significativa de quién y cómo era Polo. Un día –no puedo precisar la fecha–, serían alrededor de las 12h., estaba yo en el aula 18 –situada junto al bar del Edificio Central de la Universidad de Navarra– y al poco llegó Polo para darnos la clase. Los alumnos iban entrando lentamente. Estaba sentada en la primera fila, en el centro, muy cerca de la mesa del profesor; a muy poca distancia tenía a D. Leonardo, con la cabeza entre las manos y los ojos cerrados –un gesto muy habitual– y como susurrando lo que estaba pensando, dijo en un tono de voz muy bajo: *"Y... ¡alguien pensará que me puedo ordenar...!* –y siguió– *sería una irreverencia que yo celebrara la Misa, antes de la una"*. Quizá en ese momento fue consciente de que le podía haber oído, abrió los ojos me miró y esbozó una suave sonrisa. Enseguida comenzó la clase, con toda normalidad. Más tarde supe que, en efecto, le costaba funcionar en las primeras horas del día y, por esto, de ordinario, tenía sus clases a última hora.

Entendí muy bien el comentario que le acababa de oír y, aunque pueda parecer extraño, no me sorprendió en absoluto, porque ya conocía muchas de sus cualidades humanas y había tenido ocasión también de presenciar algunas manifestaciones de su fe: era una persona profunda y piadosa. Me viene ahora a la memoria un comportamiento suyo que me llamaba mucho la atención: En la primera planta del Edificio Central, hay un pequeño Oratorio muy bonito y coincidí con Polo en este lugar, en bastantes ocasiones. Su genuflexión pausada y reverente al entrar, su modo de mirar el Sagrario que preside el Oratorio, el gesto de su cuerpo... dejaban entrever una sólida fe en la presencia real de Jesucristo, escondido en el Tabernáculo. Puedo asegurar que verlo ayudaba a rezar.

En mayo del 68 ocurrieron los hechos, de todos conocidos, en la Universidad de París. Desde allí, como un reguero de pólvora se extendieron por muchas universidades del mundo. La revolución iniciada en Francia llegó a Pamplona y se manifestó con fuerza en el curso siguiente. El 68-69 fue un tiempo bastante convulso en el ámbito de los estudiantes. En las elecciones de los delegados, en el inicio de curso, los que –después se vio claramente– eran 'amantes de la revolución' lograron situarse en los puestos clave. Una vez y otra promovían asambleas –sobre todo– en el Edificio

Central, para sembrar inquietudes y desestabilizar –en la medida de lo posible– la vida tranquila y apacible que, hasta entonces, vivíamos en Universidad de Navarra.

En una de estas asambleas, perfectamente controladas por los que re-
gían la Asociación de Estudiantes (algunos eran militantes de ETA, en la
sombra, como se supo un tiempo después) invitaron al entonces Decano
(Manuel Ferrer) y al Director de Estudios de la Facultad (D. Leonardo Polo). El aula 13 se llenó hasta la bandera. En la mesa que presidía el acto
acompañaban a los profesores tres miembros de los representantes de
alumnos; uno de ellos se paseaba por la cara una navaja, como acariciando
la barba, el efecto que producía era el esperado: más tensión entre los que
asistíamos.

En un momento determinado preguntaron al prof. Polo qué pretendía
esta universidad. Recuerdo el gesto afable de Polo, que –prescindiendo
del ambiente que le rodeaba y quizá de la intención de la pregunta–
explicó con mucho detalle, que el fundador de esta Universidad les pedía:
Que prepararan a los alumnos, dándoles todas las herramientas y transmi-
tiéndoles los saberes necesarios, para que, al acabar sus estudios, pudieran
comenzar donde los profesores habían llegado, después de años de
esfuerzo. Creo recordar que puso la imagen de subir a los alumnos sobre
los hombros del profesor para facilitarles que continuaran desde esa
altura. La respuesta de Polo fue excelente y muy clara, pero antes de que
pudiera haber una reacción positiva, que era lo que se podía esperar, levantó la voz uno de los desestabilizadores, muy conocido, y gritó: "*¡No se
te entiende nada de lo que dices!*". Aquí se acabó la asamblea, porque se
generó tal jaleo que se hizo imposible continuar. Sin embargo, estoy
segura de que quedó clarísimo, para la mayoría de los presentes, el maravilloso empeño en el que estaban comprometidos los profesores de esta
Universidad y, puedo asegurar que, día a día, lo podíamos experimentar
los alumnos de Polo.

Acabada la carrera de Filosofía, aprobé el examen de acceso a un Curso
especial, que organizó la Universidad, en julio-69, para obtener en un año
el título de periodista (era un objetivo que me venía de años atrás). Después, pensé que también podía aprovechar los meses de verano para
empezar a trabajar los materiales para, en su momento, hacer la tesina.

Fui a ver al profesor Polo, y le planteé que fuera el Director de mi investigación. Aceptó enseguida mi petición y –como no tenía un tema definido– me sugirió que quizá podría intentar hacer una crítica a la interpretación que Zubiri hace de algún punto del pensamiento de Aristóteles. Le dije sencillamente que me sentía incapaz de abordar dicho asunto; enseguida dio un giro a su propuesta y quedamos en trabajar: La idea del hombre en Max Scheler.

Estaba feliz con el plan que se me ofrecía y, antes de marcharme quise decirle mi proyecto de hacer el curso especial de periodismo, en el año siguiente. Me miró con perplejidad y simplemente me pregunto: *"¿Para qué quiere hacer estos estudios?"*. Y, ante su asombro (y también el mío), contesté: *"Para tener el título, ya que lo que quiero es dedicarme a la filosofía"*. Sonrió y con mucha calma y sin pretender cambiar mis planes, simplemente comentó: *"Puede hacer lo que vea oportuno, pero... si deja ahora la filosofía se le hará muy difícil retomarla"*. Entendí que tenía razón y que no había ningún motivo serio para aplazar la tesina y relegar la filosofía. Con gran respeto y suavidad me ayudó a tomar la decisión de dejar el periodismo para siempre, puesto que en verdad no me interesaba.

Y así, en el último curso en Pamplona (69-70) tuve el privilegio de contar con la guía de D. Leonardo Polo, como ya he dicho, en la realización de la tesina, una experiencia que resultó fundamental para mi formación académica y también humana. Sin duda, su legado permanece vivo en mis reflexiones, en la forma de abordar el estudio de la filosofía, en el modo de entender el mundo y, en algunos aspectos, incluso en la manera de actuar en relación con los demás. Quiero destacar su disponibilidad durante este tiempo: siempre que se lo pedí, me ayudó en lo que necesitaba. Las repetidas conversaciones con él fueron siempre muy enriquecedoras: una vez y otra, me abría nuevos horizontes que sola no hubiera descubierto.

En los meses que me dediqué a la tesina tuve que asumir al mismo tiempo otras tareas, que me absorbían muchas horas y requerían mi atención. No lograba avanzar al ritmo deseable y siempre encontré en el profesor Polo la comprensión y la ayuda que necesitaba para seguir adelante, a pesar de las muchas dificultades objetivas que me salían al paso. Se acercaba el verano y el paso de los días no se traducía en un gran avance en la tesina. Antes de acabar el curso, le pude presentar un esbozo de lo que estaba haciendo. Me pidió que me quedara con él, para compartir la lectura de lo que quería entregarle. Confieso que, cuando llevaba unos minutos leyendo en voz alta, empecé a pasar un mal rato: lo que había escrito estaba mal redactado, sin demasiada ilación, quizá eran frases con sentido, pero faltaba coherencia.

Al ser más consciente de mi precipitación al querer presentarle lo que ya tenía preparado, y antes de seguir leyendo, le propuse rehacerlo. Asintió y, sin hacer crítica alguna, me animó a reconstruir el texto, con los contenidos y las ideas que había trabajado. Después, se limitó a comentar que no podíamos correr el riesgo de que nos la tumbaran. Polo conocía la urgencia que yo tenía de acabar el trabajo y defenderlo: mi plan era irme a Roma, en septiembre, para ampliar los estudios y la marcha no la podía aplazar. ¡Cuánta paciencia y qué buen hacer el suyo, en todo momento!

En los primeros días de septiembre, pude presentarle lo que había corregido: ¡aquello era otra cosa! Me felicitó, me hizo un par de observaciones y a toda velocidad me puse a hacer los trámites para concretar el Tribunal y el día y hora de la defensa. Salió todo bien –como era de esperar, sólo logré el sobresaliente– pero no he olvidado otro detalle, que me parece muy propio de Polo: antes de marcharnos, con mucha delicadeza y con su habitual sonrisa, me comentó: "*A su regreso de Roma, me gustaría que hiciera usted un trabajo, justificando las muchas intuiciones válidas, que han quedado simplemente esbozadas en éste*". Le agradecí la propuesta, su ayuda y dedicación y nos despedimos.

Al regresar de Roma, tuve que dedicarme a otro tipo de tareas –no universitarias– y no pude hacer realidad su sugerencia. Mi último año en la Universidad de Navarra fue especialmente provechoso, porque asistí a los Seminarios de profesores de la Facultad y ahí aprendí también mucho –entre otras cosas– del buen hacer de D. Leonardo. En estas reuniones –no recuerdo la frecuencia con que se tenían– uno de los profesores exponía su tema de investigación y recogía las aportaciones de los demás para enriquecer y mejorar sus investigaciones. De ordinario, mientras los demás hacían sus comentarios, Polo escuchaba, atento y en silencio y, ocurrió más de una vez que, cuando parecía que no quedaba nada que añadir, tomó la palabra y con sencillez mostró que había alguna pequeña sombra, que algo no había quedado del todo claro en el planteamiento de la cuestión y que requería atención para dar solidez al argumento. No se adelantaba, hacía como que dejaba que otros lo pudieran decir, intervenía sólo al final y hacía sus comentarios, como si no tuvieran el gran valor que realmente tenían. Alguna vez he comentado que, en situaciones así, me pareció presenciar la construcción de una torre: el fundamento, las paredes, las ventanas... y, cuando está a punto de acabarse, alguien descubre que a uno de los pilares donde se asienta, le falta solidez, necesita refuerzo, porque de lo contrario se puede venir todo abajo. Estoy segura del agradecimiento de quienes recibían sus sugerencias, hechas con tanto acierto y tacto.

Al acabar los estudios en Roma –aunque mi prioridad era dedicarme a la filosofía– cambié la orientación profesional, como ya he dicho, y dejé la universidad: desde entonces, he estado trabajando en la dirección de centros educativos, hasta que me jubilé. En la actualidad colaboro con tareas de *mentoring* con alumnos de la Facultad de Educación en la Universidad Internacional de Catalunya (Barcelona).

Lo que he vivido durante todos estos años, en el ámbito educativo, ha sido muy enriquecedor. Me he servido, muchas veces, de lo aprendido con Polo en la formación de padres, profesoras y alumnas, porque su visión de la persona humana –además de las aportaciones que con su novedad, están dando un giro a la Antropología filosófica: su Antropología transcendental– es también muy sugerente, en la práctica, para orientar correctamente y abrir el cauce para potenciar al máximo la tarea educativa: su planteamiento de la libertad –como capacidad de autotrascenderse, más aún, ser desde Dios–; la importancia de formar la afectividad –dada su hipertrofia en el mundo actual–; el subjetivismo –del que es difícil liberarse y hay que saber encauzar, para vivir una vida feliz hacia los demás–; saber que cada persona humana es capaz y está llamada a un crecimiento irrestricto –cada alumna, en este caso–; entre otras cosas, me han servido para llevar por estos derroteros la formación que, durante tantos años he tenido entre manos –y sigo ejerciendo, ahora en la Universidad Internacional de Catalunya– y en la tarea de *coach*, en la que estoy comprometida.

Después de unos años inolvidables en el Colegio Guadalaviar (Valencia), en septiembre de 1994 empecé a trabajar en el Colegio Pineda, en Hospitalet de Llobregat (Barcelona). Llevaba algún tiempo en el colegio y, aunque todavía no había logrado adaptarme del todo, recibí el encargo de preparar las Jornadas sobre Educación para Profesores de Enseñanza

Primaria y Secundaria, que anualmente se organizaban en el centro. La fecha prevista era febrero de 1997. En el mes de noviembre-96 me llegó la invitación de la Facultad de Filosofía de Navarra, para asistir al Homenaje a D. Leonardo Polo, que la Universidad había organizado, con motivo de su jubilación, y que tendría lugar en Pamplona el 27 de noviembre próximo. Mi estado de ánimo en esos momentos no me movía a querer asistir – me faltaba, quizá por cansancio, el entusiasmo habitual–, pero pudo más el agradecimiento y… ¡fui a Pamplona! Lo que ocurrió allí, lo guardo como tesoro.

Se celebró el Acto académico con toda solemnidad. El profesor Ricardo Yepes, un joven discípulo de Polo, fue el encargado del discurso de reconocimiento de sus méritos. Hizo un breve recorrido, destacando momentos decisivos de su vida, dijo textualmente: *"En la primavera de 1950, a la temprana edad de 24 años, D. Leonardo tuvo una inspiración, una idea que surgió neta y clara, en un golpe heurístico que después había que desentrañar. Se trata de detectar los límites del objeto pensado para el conocimiento del ser. […] Quizá fue entonces cuando ocurrió aquella anécdota que cuenta Joaquín Ferrer: D. Leonardo caminaba ensimismado por el pasillo de una vieja casa de la calle Serrano mientras decía con gran seguridad: 'el ser está al final'"*[1]. Acabada su estancia en Roma –influido por la lectura de Kant, Hegel y Heidegger y, sobre todo, el desarrollo de su descubrimiento del método del *"abandono del límite mental para la metafísica"* y la profundidad del pensamiento tomista– se fue inclinando hacia la filosofía. En 1954 se incorporó a la Universidad de Navarra, para impartir Derecho Natural y, a partir de 1956, enseñó Fundamentos de Filosofía.

Yepes siguió mostrando el itinerario de Polo como profesor y filósofo y comentó una anécdota, cargada de significado, que le ocurrió antes de terminar su carrera: fue a hablar con Polo para decirle que había decidido escoger como tema para su tesis doctoral algún aspecto de su pensamiento y, contó Ricardo Yepes: *"me miró por encima de las gafas y me advirtió que no pensara en hacer semejante cosa"* y, ante su reacción de disconformidad, D. Leonardo añadió: *"que mientras no conociese bien el pensamiento clásico, haría bien de abstenerme de tamaña osadía"*. Aunque intuyo que el motivo de fondo de la actuación de Polo es más profundo, ya que nunca quiso crear

---

[1] Cfr. YEPES, R., "Leonardo Polo. Su vida y escritos", *Miscelánea Poliana*, 1 (2005).

escuela –¿quizá por estar en una Universidad, obra corporativa del Opus Dei?–, al escuchar la anécdota me pregunté: ¿A qué pensador no le halaga y complace que quieran conocerlo más y darlo a conocer? Mientras Yepes relataba esta pequeña historia, Polo sentado en el primer asiento de la sillería de la izquierda, con la cabeza entre las manos, afirmaba suavemente con el gesto, como muy convencido de lo que había hecho. Al terminar el Acto, tenía muy claro que Yepes era el profesor que necesitábamos para las Jornadas de Pineda. Se lo planteé, aceptó sin más y me pidió que le enviara algunas ideas sobre lo que podía tratar. Volví a Barcelona renovada del todo –tras una experiencia, que me resultó tan extraordinaria–. Le envié al profesor Yepes las ideas que me había pedido y... ¡ya teníamos las Jornadas organizadas, con un excelente profesor, como ponente! Apenas pasadas cuatro semanas, nos llegó la noticia del inesperado fallecimiento de Ricardo Yepes, el día 26 de diciembre. Además del dolor por tan valiosa pérdida, quedaba el asunto de las Jornadas sin resolver. Acudí a Alejandro Llano para encontrar una solución y, después de pensarlo un poco, me sugirió –aunque podía ser arriesgado por el previsible nivel filosófico del público al que iban dirigidas las Jornadas– que lo intentara con D. Leonardo Polo.

Le localicé enseguida, le expuse la situación y sin mediar otras preguntas que las necesarias para hacerse cargo de qué se trataba, aceptó la invitación. Dio la conferencia sobre aspectos básicos de la educación y los asistentes quedaron muy contentos con su discurso: profundo, asequible, interesante, práctico. Supo sintonizar con las personas que llenaban la sala y colmó todas nuestras expectativas. Mientras esperábamos la hora del comienzo estuve un rato tranquilo con *"mi Maestro"* y aproveché para plantearle una duda que me rondaba, sobre su idea de la persona humana. Le formulé la cuestión como pude, porque no tenía mucho dominio de la terminología, y le pregunté: *"En su propuesta sobre la persona, usted dice exactamente que... ¿la persona humana es su acto de ser?"*. Hizo un gesto que me resultó conocido, como de complicidad, como asintiendo a lo que le dije y comentó: *"¡Siga, siga por ahí, que va bien!"*. En este momento, nos avisaron para empezar la conferencia y no pude seguir aprovechando la oportunidad.

El último recuerdo que puedo aportar, aunque tiene como protagonista a Polo, me llegó por Alejandro Llano. Una de las muchas veces que he vuelto a la Universidad de Navarra, en octubre del año… (¿?) –después de 1980, pero no tengo la fecha– coincidí con Alejandro Llano en los comedores universitarios. Su saludo me cogió por sorpresa: "*¿Qué hay tal por Valencia, 'poliana'?*". Su pregunta por Valencia, no me extrañó, ya que fue allí donde obtuvo el doctorado y trabajó como profesor unos años; me sorprendió el adjetivo-piropo que usó, referido a mí. Me eché a reír y me aclaró: "*Sí, sí, tienes la mente de poliana*". Aproveché para preguntarle por el Profesor Polo, que supe que no estaba en la Universidad y me contestó que, desde hacía unos años, al terminar las clases del curso en Pamplona, solía marcharse a colaborar, impartiendo cursos y sesiones en las universidades nacientes en América que son obras corporativas del Opus Dei.

Según entendí, San Josemaría Escrivá –Fundador de esta Universidad y de las otras– le había dado el encargo –y lo estaba cumpliendo– de acompañar, en todo lo que le fuera posible, la buena marcha y el rigor intelectual de estas nuevas universidades. Comentó Alejandro algo así como que se estaba dejando la vida al hacer esta tarea, porque su estancia en estos países –por las comidas, por el clima…– le perjudicaba la salud, pero que volvía muy contento de cumplir esta misión.

He querido aportar mi testimonio, siguiendo un hilo cronológico. He procurado actualizar mis recuerdos, en la medida de lo posible, cotejando documentos en los que apoyar y ratificar lo que quizá el paso del tiempo haya podido desdibujar o alterar. En la mayoría de los casos he podido confirmarlo y, realizar este trabajo me ha servido para aumentar mi agradecimiento a tanto como le debo a mi Maestro, el profesor Polo.

¡Muchísimas gracias, D. Leonardo!

Mª Jesús Jornet Forner
Lda. en Filosofía: Metafísica y Antropología
Dra. en Pedagogía. Roma
Barcelona –Cataluña– (España)
chusjornet@gmail.com

54. ELENA KUTZ BANDRÉS: *HOMBRE LLENO DE VALORES PERMANENTES*

El legado de D. Leonardo no tiene límite. Yo estuve en la Universidad de Navarra en los años 68-69 cuando éramos 7 en clase y D. Leonardo, aparte de ser un señor, era amable, afectuoso, entrañable… Daba gusto estar con el, siempre sonreía y era jocoso. Recuerdo que nos hacía los exámenes escritos sin vigilancia, siempre estaba contento con un rictus risueño. Era de robar… ¿Qué aprendí con él? Aparte de filosofía, una calidad humana increíble, siempre con sentido del humor y haciendo bromas con casi todo. Un ser excepcional, que tuve la suerte que me impusiera la beca por los 25 años.

Me enseñó lo importante que era la dignidad personal y ser un hombre completo. No tengo más palabras para describirle. Han pasado muchos años y me acuerdo de él como persona, como profesor, como un hombre lleno de valores permanentes. Quiero agregar que yo era un poco "enchufada", quizá porque nos llevábamos muy bien y teníamos ideas muy parecidas. Parte de mi formación se la debo a él y estoy orgullosísima. No abunda gente así.

Elena Kutz Bandrés
Licenciada en Filosofía
Universidad de Navarra
San Sebastián –Guipúzcoa– (España)
elenakutz@yahoo.es

55. JOSÉ RAMÓN LACOSTA: *UN NUEVO ARISTÓTELES*

Tuve la fortuna de que Don Leonardo Polo me impartiera diversas asignaturas. Por el desarrollo de mi experiencia universitaria, comencé en "el plan antiguo" de Filosofía y Letras, donde Don Leonardo nos impartió Historia de la Psicología, en primero. Posteriormente y por consejo de Don Ángel Luis González, me pasé al plan nuevo, donde de nuevo fui alumno de Don Leonardo, en los ámbitos de Teoría del conocimiento principalmente.

Mi reconocimiento para él, a quien considero un pensador integral, un filósofo clásico en nuestro tiempo, en tanto que ningún ámbito o especialidad de la filosofía le era ajeno. Un nuevo Aristóteles, con quien discutía habitualmente en clase y a quien corregía desde la propia filosofía y desde el conocimiento alumbrado por Revelación cristiana. Y del mismo modo, con el resto de los grandes filósofos que nos ha dado la historia.

Y mi agradecimiento también porque la asignatura que me impartió en primero y a la que he hecho referencia, Historia de la Psicología, me marcó personalmente y ha sido la base sobre la cual he construido mi pensamiento sobre la empresa y las sesiones que he impartido en escuelas de negocios y universidades de diversas partes del mundo. Desde la primacía clásica de la inteligencia sobre la voluntad, su quiebra con Escoto y Descartes, hasta la imposición de la voluntad, y posteriormente de la emoción… todo esto explica muchos de los planteamientos ideológicos actuales. Descubrir este devenir del pensamiento fue una delicia, y me enamoró de mis estudios como nadie lo había hecho hasta entonces. Gracias, Don Leonardo.

José Ramón Lacosta Aznar
Empresario
Pamplona –Navarra– (España)
jlacosta@unav.es>

56. Francisco Javier Larrain Barros: *En la vida de familia era muy amable y paciente con algunos*

Estando en el Colegio Mayor Ayete, en San Sebastián el curso 74-75 pude estar con don Leonardo Polo al menos en tres ocasiones. La primera vez, tal vez entre Navidad y Año Nuevo del 75, que fue a hacer su curso de retiro anual. Al comenzar me comentó muy divertido: "soy un vago. No he dado ni golpe. No he leído ni escrito nada". Se le notaba muy cansado en esa temporada.

En otras dos oportunidades le pedimos que nos acompañara a la tertulia con los residentes, más de 100, en su mayoría vascos que estudiaban Ingeniería en la Universidad de Navarra, sede San Sebastián. Había además unos pocos que estudiaban Derecho. Lo fui a recoger a Pamplona en el antiguo Seat 600 de que disponíamos para hacer la labor. Las puertas curiosamente se abrían hacia delante. El profesor quiso conducir el coche, pero no me dio suficiente confianza por las gruesas gafas que utilizaba. Insistió que le descansaba mucho.

En la tertulia, después de comer y mover su gran copa de cognac durante unos minutos, cautivó al público sentado en el suelo y algunos en sillas. Hasta las 17 horas nos explicaba cómo los grandes personajes antiguos y contemporáneos dedicados a la Física y las Matemáticas eran en su intimidad, y cómo habían llegado a hacer sus descubrimientos. Los estudiantes quedaban perplejos por su sabiduría, y la facilidad con que hacía sencillos los teoremas que conocían solo a nivel de fórmulas abstractas. Le gustaba mostrarnos la humanidad del científico o del grupo de investigación que había estudiado y trabajado en esas materias. Quería humanizar a los vascos que estudiaban ingeniería, y en muchos casos lo consiguió. Un ejemplo es el profesor de Teología, Juan Luis Lorda que comenzaba sus estudios de ingeniería en esos años.

El profesor Leonardo Polo nos visitó en varias ocasiones en Santiago de Chile, durante los veranos europeos desde 1982 en qué pasó un frío morrocotudo en la Residencia Universitaria Alborada, recién inaugurada con muy poca calefacción y presupuesto, por la gran crisis económica que se desencadenó.

"Lo único que merece la pena de Chile es la vicuña y el lapislázuli. La geografía y las mujeres no", le oímos decir en la zona de invitados ese duro invierno. Lo encontrábamos acurrucado en un sillón junto a una estufa a parafina, cubierto con una frazada, con sus protuberantes ojos pegados a la pantalla del televisor, disfrutando del Box internacional. "Los socialistas en España nos han dejado sin toros ni boxeo". De joven practicó su deporte favorito, el boxeo, hasta que vino de regreso de Italia. Era curioso imaginar un filósofo como Polo en un deporte de golpes tan violentos.

En la vida de familia era muy amable y paciente con algunos, como Henton Figueroa, que le decían que se parecía al Yedi, le llamaban don Leopardo y le hacían otras bromas que lo hacían sonreír. Cuando el Prelado del Opus Dei, Don Álvaro, nos anunció la erección de la Obra como Prelatura Personal, el director Francisco Silva, le pidió que nos dirigiera el círculo breve, explicando en qué consistía la intención por la que llevábamos rezando muchos años. Nos contó muchas de las historias y del contenido de la Prelatura. La charla fue sobre la amistad como clave de la existencia.

El secretario, Pablo Undurraga, lo acompañó a comprar una "manta de vicuña", pero tuvo que conformarse con una bufanda de ese tejido, tan apreciado por ser muy liviano, suave, de gran capacidad de abrigo y hermoso color beige. Demasiado caro. En el barrio bohemio de Bellavista compraron algunos objetos de esa piedra semipreciosa llamada lapislázuli. La lana es de un camélido del altiplano de Chile, Bolivia y Perú, en vías de extinción.

En una exposición académica que dio en esos días de agosto con la sala de conferencias de Alborada muy concurrida, lo presentó quien fue su alumno en Pamplona, el profesor Jorge Peña, algo nervioso. "Tenemos con nosotros al profesor Leopardo Nolo". Don Leonardo se limitó a sonreír, y no pasó nada más. Pero, en la hora de las preguntas fue interpelado por una señora mayor, de sombrero algo vistoso. No quedó conforme don Leonardo y le espetó: "ustedes las mujeres no piensan, solo imaginan". Se produjo un molesto silencio, que rompió Polo con su riada pícara y una sonrisa que llenó la sala.

Unos años después en 1990 pudimos asistir a una clase a los primeros alumnos de Derecho de la Universidad de Los Andes. Nos persuadió hasta el día de hoy que la ética debía ser completa, y no reducirla a normas, bienes y virtudes. De lo contrario caeríamos en el positivismo, el hedonismo o estoicismo. Muy profundo y pedagógico.

Fco. Javier Larrain Barros
Alcones (Chile)
fjlarrain@tabancura.cl

57. ISABEL LEÓN SANZ: *ME LLAMÓ LA ATENCIÓN SU PROFUNDA SABIDURÍA, SENCILLEZ Y AMABILIDAD*

Conocí a Leonardo Polo cuando estudiaba la carrera de Filosofía, me dio varias asignaturas. Me llamó la atención su profunda sabiduría, sencillez y amabilidad.

Varios de la promoción hacíamos dos carreras a la vez, compaginando la Filosofía con otros estudios (diferentes carreras unos y otros); eso era menos frecuente entonces y no se preveía en el calendario de exámenes, por eso a veces nos coincidían los de varias asignaturas el mismo día. Polo siempre nos facilitó poder hacer el examen en otro momento sin poner la menor pega, aunque eso significara para él tener que estar pendiente de varias convocatorias.

En clase, aunque podía parecer que estaba abstraído en la argumentación, se daba perfecta cuenta de lo que sucedía y nos conocía bien a cada uno. Si veía que alguno no había entendido, volvía a explicarlo sucesivas veces, hasta que percibía que todos lo habíamos captado, y entonces seguía adelante. Era un método que podría describirse como "helicoidal": daba sucesivas vueltas a la cuestión, y cuando lo comprendíamos, avanzaba llevándonos a todos en el razonamiento.

Aunque era evidente que "dominaba" la historia de la filosofía, sus exposiciones en clase no eran eruditas. Polo nos introducía en el diálogo intemporal entre los autores (como describía Zubiri) y nos llevaba a participar en él. La cuestión no era entrar en discusiones de escuelas, sino explicar la realidad, asumiendo cuanto de verdadero hubieran dicho unos y otros. Ahí estaba el foco: mirar la realidad (en la materia o tema del que se tratase) y profundizar en ella. El criterio para valorar la validez o insuficiencia de una determinada teoría no era el prestigio de un autor o la afinidad con una determinada línea de pensamiento, sino que procedía de la realidad misma: la explica bien o no y en qué medida.

Esta forma de filosofar, anclada en la contemplación de la verdad, proporcionaba una gran audacia y libertad a su pensamiento, y una permanente apertura.

De la huella de sus clases referiría ante todo una *forma mentis* que implica la disposición a pensar las cosas desde el fundamento y hasta el final, sin conformarse con respuestas superficiales, ilógicas, o insuficientes.

Isabel León Sanz
Profesora de Teología Dogmática
Facultad de Teología
Universidad de Navarra
Pamplona –Navarra– (España)
ileon@unav.es

58. Emilio Liaño López-Puigcerver: *Ha tenido una importante huella en mi vida personal*

Conocí a Leonardo Polo por los años 2003 o 2006. Solo tuve la oportunidad de hablar una vez con él. Se trataba de una entrevista privada. Yo tenía intención de preguntarle algunas cuestiones, pero en esa época Polo ya no dedicaba mucho tiempo a las cuestiones filosóficas y la conversación no tuvo mayor trascendencia. No me llamó la atención de él nada en especial, era tal como me lo imaginaba.

El pensamiento de Leonardo Polo ha tenido una importante huella en mi vida personal. Desde hace más de 20 años he estado estudiando la filosofía desde el punto de vista poliano y me ha abierto interesantes campos que ahora estoy tratando de reflejar por escrito. En concreto estoy tratando de hacer una tesis sobre la operación de la generalización, tal como ha sido planteada por Polo. Este es solo el primer paso, ya que tengo en la cabeza otros dos proyectos, dependiendo de los resultados de la tesis.

Emilio Liaño López-Puigcerver
Doctor en Filosofía
Profesor de grado medio de formación profesional
Santander –Cantabria– (España).
emiliolianolopez@gmail.com

59. Juan Llor Baños: *Recuerdos vividos con D. Leonardo Polo*

Viví con D. Leonardo unos tres años desde 1981. Era muy característico en él, en contra de lo que se pudiera pensar como personalidad de gran nivel intelectual filosófico, tener un carácter habitualmente bromista, que sabía sacar "chispa" divertida a la convivencia diaria. Entre los muchos ejemplos que pude comprobar es que se fijaba en muchos detalles de la forma de actuar los demás, y sabía sacar bromas muy simpáticas, que hacían pasarlo bien tanto al protagonista de esa forma de actuar como a los demás.

Por ejemplo, se fijaba en que D. José María Casciaro todavía arrastraba el deje castizo madrileño a la hora de hablar, y se lo reproducía con mucha gracia. O, también con D. José María Casciaro, cuando D. Leonardo le hacía ver, cantando a buena voz por los pasillos de la casa: "¡¡No me dan miedo los 'Casciaros'!!" después de desayunar, urgido por D. José María que le esperaba para llevarlo en coche a primera hora hasta el Edificio Central de la Universidad de Navarra.

Otra vez, recuerdo que, cuando vino de un viaje de Nápoles, nos hizo destornillarnos de risa representando la escena teatral que presenció en el aeropuerto de esa ciudad a consecuencia de que una señora había perdido su maleta. Tenía muy buenas dotes de actor divertido.

Cuando solía ver los partidos de futbol, que ciertamente le gustaba mucho, se ponía muy cerca del televisor a causa de su miopía. Eran muy divertidos sus comentarios vehementes cuando un jugador hacía una pifia, y encarándose con él le decía: "¡¡inútil!!, y con un gesto que tocaba a la pantalla de la televisión con dos dedos de la mano hacía como que lo sacaba del campo de futbol. En ese estado de vehemencia, solo D. José María Casciaro tenía las dotes de calmarlo inmediatamente, simplemente diciéndole con voz queda: "Leonardo, Leonardo".

El día a día con D. Juan Jiménez Vargas es muy difícil de reflejar, porque su trato con él era una mezcla de delicado afecto, respeto y admiración. Esa conducta la evidenciaba, también de forma muy divertida. Por ejemplo, una vez en el desayuno, D. Juan, que desayunaba siempre de pie y apunto para salir rápido para la Facultad de Medicina, empezó comentando, a propósito de algo, que: "a los marineros…", y D Leonardo, interrumpiéndole, saltó, como un resorte cantando "¡¡los marineros se vuelven locos!!" de Sara Montiel. Ya nunca más se supo lo que D. Juan quería haber dicho. A esa hora, todos reímos con ganas.

Estos son unos pocos sucedidos que hablan del buenísimo humor delicado que tenía D. Leonardo en la convivencia del día a día.

Juan Llor Baños
Médico. Medicina Interna
Hospital de Valladolid
juan.llor.b@gmail.com

60. MARTA LÓPEZ-JURADO PUIG: *LA CORRESPONDENCIA SUYA A ESTE REGA-
    LO DE DIOS*

En febrero de 1997 Leonardo Polo participó en un las IX Jornadas de
Formación del Profesorado del Colegio Pineda (Polígono Gornal, Hospitalet del Llobregat, Barcelona) donde yo trabajaba como profesora en aquel
momento. Centró el tema de su disertación en el carácter alternativo del
enseñar y aprender, dejando claro desde el primer momento que "para
progresar en la eficacia de la enseñanza es imprescindible aprender del
alumno y para conocerlos hay que observarlos".

La obligación de enseñar de otra manera hasta que el alumno llegue a
entender lo que el profesor explica, tarea que exige *madurez* por parte del
profesor, centra el tema en la relación profesor-alumno, y es la clave del
ayudar a crecer con el que Polo define la educación. Algo en sí sumamente
completo como es el carácter sistémico del hombre (y de la mujer), en el
que todas sus dimensiones están interconectadas, abierto a un crecimiento
irrestricto, libre y dotado de capacidad de darse y tener un destino, Polo lo
fue desmenuzando ante un público no habituado al "pensamiento filosófico" con su habitual modo tranquilo y pausado de comunicar.

Se le exige al profesor la madurez necesaria para que "se dé cuenta" si
el alumno entiende su explicación –algo diferente del solo enterarse–, y, si
no lo ha conseguido, ha de cambiar de estrategia, insistir, reflexionar de
qué otro modo puede enseñar hasta que el alumno entienda; el profesor
está obligado a enseñar de otra manera. El carácter alternativo del enseñar
y aprender en la relación del profesor y el alumno –si el profesor quiere
realizar con verdad su tarea y no solo ser un "técnico profesionalmente
competente"–, pone de manifiesto la realidad de lo que es la persona: la
capacidad de donar, de otorgar, algo sumamente superior al mero deseo o
al tener. *Ser donal* es "dar sin perder, adquirir dando". Hay que mantener
siempre, por encima del propio hacer, el propio ser: enderezar el propio
hacer a lo que uno quiere ser, porque uno nunca está terminado de realizarse. ¿Qué diferencia el ser del hacer? Pues que aparte de la satisfacción
intrínseca que lleva consigo el hacer las cosas bien, el ser añade un *plus*
gratuito de modo tal que no se limita a la norma, a lo establecido, como,
por ejemplo: si la clase termina a las cinco, no me planteo irme a las cinco
si el alumno lo necesita. Hay un modo de actuar diferente a lo establecido,

a lo "justo", a la norma y éste lo aporta *la gratuidad* que me lleva a invertir el tiempo necesario para que el alumno pueda dar el siguiente paso adelante; el carácter *donal* de la persona es el que llega al corazón del *otro*.

La educación no es una mera transmisión de información de significados de los diferentes conocimientos; en esa misma relación nos jugamos la verdad del ser humano. La interrelación personal se basa en algo mucho más profundo que las simpatías y antipatías inconscientes, se basa en la imposibilidad absoluta de que exista una persona sola, y esto forma parte de la misma captación del propio yo. ¿Cómo vive la relación entre el ser, el hacer y el tener? Aquí está la clave.

Poco tiempo después, al profundizar en su antropología trascendental para la realización de mi tesis doctoral, me di cuenta de la grandísima aportación de Polo cuando identifica a persona con su acto de ser libre, amoroso y cognoscente "donado por Dios y capaz de Dios". Es desde ahí que se superan los *reduccionismos* culturales en los que vivimos, pues desde *solo* la esencia (inteligencia/voluntad) no se pueden superar:

1) *El racionalismo*: la verdad se construye desde el pensamiento. Una acción puede tener significado y, sin embargo, *carecer de sentido*; dotar de sentido a la vida es algo muy diferente de "consensuar" significados como el constructivismo nos dice. El *sentido* de la acción no puede venir dado por la razón cognoscitiva.

2) *El voluntarismo*: lo radical en el hombre no es la inteligencia ni la tendencia que despierta sino la misma voluntad, que no tiene que esperar a la inteligencia para ponerse en marcha. De entender al hombre (y a la mujer) como ser tendencial, se pasa a concebirlo como tendencia. Se convierte la voluntad en *puro poder* sin necesitar de la razón ni del otro.

3) *El sentimentalismo*: considera la acción como simple producto de impulsos sentimentales, siendo los juicios morales meras preferencias individuales que justifican todo tipo de conducta.

Si el hacer profesional del educador (o de cualquier otra profesión) está enfocado al tener o al saber más, no superaremos estos reduccionismos de forma existencial, ya que el crecimiento que vamos buscando (tener y saber) *no* incide en el ser de la persona. Dejar que la razón sea *iluminada* por el hábito innato de la sabiduría que se manifiesta a través de la sindéresis y me alcanza el valor de la persona como otro ser humano, y, la voluntad llegue *con la fuerza del amor* a tratarla como ella necesita y no como a mí me parece, posibilitará el crecimiento en el amor personal que cada uno de nosotros estamos llamados a ser, capaz de dotar de sentido a la vida y de superar cualquier dificultad. El hábito innato de la sindéresis garantiza la unidad del actuar (la unidad de vida) porque es la salida del acto de ser personal. Y también es la puerta de entrada ya que las acciones repercuten sobre el propio acto de ser personal incrementándolo más y más. La libertad no es una cualidad del actuar, sino una forma de ser: la persona es libertad y por eso su esencia se puede perfeccionar. Polo define al hombre como el "perfeccionador perfectible".

Años más tarde supe que Leonardo Polo rechazó la invitación de una Universidad muy prestigiosa en Estados Unidos sencillamente porque su misión no era exponer allí su pensamiento; sin embargo, no tuvo inconveniente en aceptar la invitación de un Colegio perdido entre los bloques del Polígono Gornal en Hospital del Llobregat habitados, gran parte de ellos, en aquellos años, por gitanos. Desde aquí quiero manifestar mi más profundo agradecimiento a este gran hombre, que no es sólo grande por el talento ingente con el que Dios le dotó, si no, y, sobre todo, por la correspondencia suya a este regalo de Dios, mostramos, *con la coherencia de su vida* que, "nada es tan elocuente como ver surgir la verdad en alguien que la recrea".

Marta López-Jurado Puig
Doctora Contratada
Universidad Nacional de Educación a Distancia (UNED)
Madrid (España)
martaljpuig@gmail.com

61. PATRICIA LOREDO DE ROSPIGLIOSI: *EL PENSAR ES TAN IMPORTANTE COMO EL ESTUDIAR: ¡MENUDA LECCIÓN!*

Les comparto algunas apreciaciones, que quizá puedan servir como un granito de arena, para la recopilación de testimonios de D. Leonardo Polo.

1. *Pensativo*: Recuerdo los años 1992 en adelante cuando estaba en Pamplona; me llamaba la atención ver a Leonardo siempre sentado en la misma banca "pensando"…podía haber bulla, la gente pasaba, pero él ni se inmutaba… Recuerdo también las conferencias a las que asistía, las cuales eran a su vez tan elevadas, como fascinantes, y pensaba al mismo

tiempo interiormente: ¡Qué nivel intelectual!… ¡Alcanzará las estrellas!, y es que por otro lado nunca lo vi, como a los otros profesores corrigiendo; yendo de un lado a otro: nada de lo habitual; sólo pensaba, daba clases y conferencias… y pensé: qué importante es pensar. Fue algo que me llamó la atención y concluí: si este profesor pasa tanto tiempo pensando y sabe tanto, pues será que el pensar es tan importante como el estudiar: ¡menuda lección!

2. *Mujer*: Siempre relacioné a Leonardo Polo con la filosofía, ciencia, tecnología o antropología; pero cuando leí su libro *Ayudar a crecer* que, por cierto, debería ser el libro de cabecera de cualquier educador –ya que nos da mucha información interdisciplinar y contundente para la educación tanto de los niños, como de los jóvenes–, me quedé gratamente sorprendida de que también hablara de la mujer; y sobre todo de su femineidad. Hablaba concretamente de la "gracia" que debe de tener toda mujer al bailar; y de que esto es algo que se debía de fomentar. Coincidentemente al día siguiente yo tenía la grabación de un baile típico peruano, que ya no lo iba a hacer, por cuestiones de tiempo o falsamente interpretado como vanidad, pero la lectura de esas líneas de Don Leonardo me animaron a realizar el video de una danza típica peruana, 'La Marinera Limeña', en el que se necesita mucha gracia y garbo; debo de confesarles, que dicho baile, fue inspirado en él.

3. *Aplicaciones en Stella Matutina*: Conjuntamente con mi esposo, llevamos un centro de investigación y desarrollo personal, llamado Stella Matutina. En él yo me encargo de las evaluaciones y tratamientos a nivel psicopedagógico clínico tanto de niños como de adolescentes y adultos; y mi esposo de la parte científica y docente. Con el correr de los años hemos tenido muchos casos muy difíciles –incluso que no veía una mejora sustancial con el tratamiento habitual– hasta que mi esposo empezó a aplicar las teorías de Leonardo Polo a casos de adicciones, o severos problemas psiquiátricos. Al principio reconozco que estaba escéptica, pero con el tiempo nos dimos cuenta de que no sólo ayudaba, sino que era necesario aumentar esta línea como parte de los tratamientos más severos. Y no sólo en esto, sino también en nuestras conferencias a padres y a matrimonios, en los que no falta la visión antropológica de Don Leonardo. ¡Y se arreglan! Claro que esta parte la da mi esposo –del cual estoy sumamente ena-

morada y orgullosa– y así les puedo decir que en Stella Matutina, tenemos a un gran aliado: Don Leonardo Polo.

Patricia Loredo de Rospigliosi
Psicopedagoga clínica,
Stella Matutina
Lima (Perú)
jrfpsm@gmail.com

62. D. JAVIER LUZÓN PEÑA: *SU PASIÓN POR LA VERDAD Y SU MANERA DE REFERIRSE A LO CRISTIANO SIN COMPLEJOS*

Conocí a Leonardo Polo entre los años 1970 y 1980. Al principio poco, ya que afectado por el *surmenage* que padeció, se prodigaba poco en aceptar invitaciones a Colegios Mayores. Pero sí que estuve en algunas tertulias con él hasta el año 1974. Después, al acabar la carrera de Filosofía y Letras, estuve como profesor Ayudante en la Sección de Filosofía dos años y pico y me encargaron asistir a sus clases en Fundamentos de Filosofía de primer curso, para luego traducir al alumnado sus explicaciones y aclarar sus dudas al respecto.

Lo que más me llamó la atención fue su pasión por la verdad y su manera de referirse a lo cristiano sin complejos. A este respecto, no se me olvidará una ocasión en que al salir de un seminario de profesores en que se había debatido sobre qué es el hombre, y un profesor se había expresado de forma confusa, D. Leonardo, con todo afecto, le dijo sin ambages: "Fulano, el hombre es hijo de Dios".

Yo me he dedicado primero a la Antropología filosófica y, desde mi ordenación sacerdotal, a la Antropología teológica. Y en ese trabajo siempre me han servido las observaciones de Polo sobre las explicaciones de Aristóteles acerca de los diversos tipos de acto (cuestión que expuso en su Tesis Doctoral un amigo ya fallecido, Ricardo Yepes), así como sus sugerencias sobre las diferencias entre la afectividad corpórea y la espiritual (lo que él llamaba el abandono del límite mental).

Dios bendiga esa iniciativa en torno a este gran hombre.

D. Javier Luzón Peña
Sacerdote
Capellán coordinador del Hospital Carlos III
Vicario de la Parroquia de san Gabriel Arcángel
Madrid (España)
jluzonpe@gm

63. ANTONIO MABRES TORELLÓ: *TENÍA UN FINO SENTIDO DEL HUMOR Y ERA UNA PERSONA ALEGRE*[1]

1. Agradezco mucho la invitación a participar en este homenaje tan justo, a quien fue nuestro querido maestro y colega –podemos decirlo con orgullo– aquí en la Universidad de Piura, el insigne Dr. Leonardo Polo. Tuvimos el privilegio de que nos visitara muchos años, siempre cercano y disponible (en la UDEP y en los Centros Culturales).

Muchos de nosotros hemos escuchado sus conferencias y seminarios. La colección Algarrobo recoge dos conferencias con el título "El Profesor Universitario", que seguramente hemos releído todos, pues nos ilustran y motivan. Yo puedo añadir que he tenido el privilegio de convivir con él en varias de sus estadías piuranas y, además de las conversaciones en tertulias informales, he escuchado algunas charlas de formación que le pedíamos que diera, en días de retiro, por ejemplo. Era difícil no recibir un impacto de esas charlas: por más que fuera un tema conocido, siempre hacía pensar y ver las cosas con nuevas luces.

2. Yo no puedo hablar específicamente del tema del día de hoy en este Coloquio, sobre la Economía y la Filosofía, aunque sí le escuché hablar de la pobreza y de sus causas; también de la necesidad de que las empresas ayuden a combatirla, y de la responsabilidad de los empresarios; y del valor de la "confianza" que, cuando está arraigada en una sociedad, ahorra tantos costos. Sin embargo, ahora más bien quiero hacer unos breves comentarios sobre su vida cotidiana.

---

[1] Este testimonio está tomado de los Coloquios que se realizaron en 2023 en la Universidad de Piura con ocasión de un homenaje a D. Leonardo Polo. Cfr. Cuadernos de Humanidades de la Universidad de Piura, n. 21, UDEP, 2024.

3. En la vida familiar diaria don Leonardo era muy sencillo: no había excepciones para él, se acomodaba enseguida al ambiente, a las personas. Además, se notaba que lo pasaba bien, y bromeaba con gusto con cosas ordinarias. Le hacía mucha gracias los comentarios, a veces geniales y otras algo tremendistas, de Rafael Estartús: se reía con gusto, a veces añadiendo "¡Estartús, Estartús!". No tenía caprichos en la comida ni en nada. Solo le recuerdo una prevención: no le gustaban las hamburguesas o similar, cuando no eran "materia cierta" (así decía).

Tenía un fino sentido del humor y era una persona alegre (nada que ver con la imagen del filósofo circunspecto). He tratado de recordar unas frases graciosas que repitió en algunas de sus estadías. La memoria no me ha ayudado mucho. Quizá alguien de aquí recuerde completo aquello que le hacía tanta gracia y era lo que decía una gitana a su hijito: "Te he dicho sienes y sienes de veses que…". Era observador y sacaba punta a detalles de la vida en Piura. En alguno de aquellos años empezaron a circular los mototaxis, y un día quiso subirse a uno de ellos, comentando luego divertido su experiencia.

Solía tener la preocupación de llevar algún detalle piurano o peruano a la casa en la que vivía en Pamplona: a veces una "pintura colonial" de imitación, otras, una piedra de turmalina, etc. En la UDEP y sobre todo en el PAD le ayudábamos a cumplir ese propósito. Apreciaba esos detalles, como también apreciaba –y lo decía– usar las vestes de Piura, hechas de fina tela que escogió la Dra. González.

4. Se sumaba siempre con gusto a los paseos que hacíamos a alguna población cercana (Chulucanas, Sechura…) o a una playa perdida, como El Horadar (en Paita) o Casitas (en Sechura, cerca de San Pedro) donde casi siempre el atractivo era coger percebes de algunas rocas golpeadas por el mar, cocinarlos y comerlos allá mismo. Él solía estar con atuendo no playero, incluso con saco y gorra, por el fresco de la brisa marina, y le gustaba ver como los demás hacían algo de deporte, además de cosechar o cocinar los percebes. Recuerdo muy bien en una de esas excursiones, al regresar, haber admirado el majestuoso vuelo, muy cercano, de unos cóndores (¡oh, oh…! exclamaba). Por lo visto son cóndores que anidan en los cerros de Illescas, más al sur de Sechura.

Esto último nos trae a la memoria un recuerdo de su admiración por la naturaleza y que algún joven ex alumno lo señala: "era impresionante ver cómo Don Leonardo se quedaba extasiado mirando al horizonte. Algunas tardes en las que el sol piurano caía con color anaranjado allá en el firmamento, se quedaba quieto, quizá filosofando, pero sobre todo maravillado con la creación de Dios. Los últimos años, se detenía en el estacionamiento donde está el proscenio, apoyado sobre el bastón, contemplando esos atardeceres que tanto asombraban también a otros visitantes. Vivimos esa época como un don, considerábamos que la silueta de este sabio mirando el ocaso piurano era de las bellas imágenes típicamente udepinas que guardamos en nuestras memorias".

5. He mencionado su espíritu de trabajo, su disponibilidad para conferencias y clases: no eran pocas las que daba, a los alumnos y profesores de UDEP, a directivos o candidatos a serlo en el PAD y a un público variado en muchos Centros Culturales en Piura, Lima y Arequipa. También dedicaba buen tiempo a escuchar y aconsejar a profesores que le preguntaban asuntos de su formación académica. Además, varias veces lo vimos escribir, y sobre todo corregir los primeros manuscritos de alguno de sus libros (me parece que uno de ellos era *Quién es el hombre*) o transcripciones de sus conferencias. Tengo grabada en mi memoria esa imagen suya sentado delante de un fajo de papeles escritos a doble espacio, sobre los que añadía y sobre todo tarjaba.

6. También recuerdo que en una de sus venidas me habló de las sesiones de estudio que había tenido en Madrid con un experto en física moderna (creo que era el matemático Ignacio Sols), para entender bien y poder reflexionar sobre los nuevos paradigmas del conocimiento de la realidad que ha traído esa "nueva física" (la relatividad y la mecánica cuántica, etc.), con especiales repercusiones sobre conceptos filosóficos como el de la causalidad y el Principio de incertidumbre de Heisenberg, la dualidad onda corpúsculo, el carácter probabilístico de nuestro conocimiento del estado de la materia a nivel subatómico, definido por una función de onda, solución de la ecuación de Schrödinger, etc. Ningún ámbito del progreso de la ciencia era ajeno a su interés. Me mostró los apuntes tomados en aquellas sesiones y recuerdo una figura entre tantas: la de la curva de la energía radiante por longitud de onda, para una determinada temperatura, en la radiación del cuerpo negro (con energía total radiante proporcional a la 4ª potencia de dicha temperatura), y que es una figura típica de la física moderna.

7. Tiene mucho mérito esa laboriosidad suya, ya que él venia al Perú en su periodo de vacaciones y con la consigna y necesidad de descansar, después del esfuerzo del periodo lectivo, durante el que había leído nuevas obras (de filósofos alemanes, sobre todo, según me comentó una vez), reflexionado a fondo sobre ellas, alimentando así su producción filosófica. Tenía la obligación de descansar y, por su tendencia a seguir pensando sobre esos temas, debía hacerlo con algo físico, como el juego de 3 en 1 u otros medios para concentrar su atención y así dejar reposar su cerebro.

8. Termino con una pregunta, que muchas veces me he hecho: ¿qué tiene Piura y la UDEP que los visitantes, como el Dr. Leonardo Polo, y también otros muchos se encontraban tan a gusto? Así fue siempre con los doctores Vicente Rodríguez Casado, Umberto Farri, Juan Antonio Pérez López, José María Desantes, Luigi Marrelli, Giusseppe del Re, José Antonio Peró-Sanz Elorz, Rafael Escolá, Ramón Mestres, y tantos otros que sería largo detallar (como los que ayudaron en los comienzos de la Facultad de Derecho y en la de Educación): venían contentos y se volcaban con entusiasmo. Prefiero no dar una respuesta, sino solo esta mención de agradecimiento. La UDEP ha expresado la gratitud nombrando doctores *Honoris Causa* a varios de ellos, el primero fue el Dr. Polo; y al hacer a otros Profesores Honorarios, aparte de las expresiones personales fuera de protocolo.

Y añado ahora otro agradecimiento especial a la Dra. Genara Castillo, organizadora de este Coloquio. Pienso que fue la mejor discípula de don Leonardo (él me lo dio a entender...) y una paciente y eficaz recopiladora y comentadora de algunas de sus obras, sobre todo conferencias, seminarios, etc. Gracias, Genara, por este gran servicio a la UDEP, a la UNAV y al legado para la humanidad de nuestro querido maestro.

Antonio Mabres Torelló
Doctor en Ciencias Físicas
Ex Rector y Pro Rector de la Universidad de Piura
Presidente de la CONAC-Consejo Académico de UDEP
Piura (Perú)
antonio.mabres@udep.pe

64. ALEJANDRO MACHACUAY ARÉVALO: *SU EMOCIÓN CUANDO MENCIONÓ ESA GRAN PELÍCULA Y QUE ME LO PRESENTA TAN HUMANO Y CERCANO*[1]

Mi testimonio se basa en una anécdota que nos acerca a Don Leonardo también desde el ámbito del cine, ya que soy profesor de lo que se considera el séptimo arte, y porque a veces se ve a los grandes pensadores como si estuvieran en otro mundo, lejos de nosotros los seres normales, que entre otras cosas vemos películas. También debo decir que, pese a mi resistencia, es por insistencia de Genara que estoy aquí.

Mi contacto con el Dr. Polo se circunscribe al encargo que me dieron de grabar en video varias de sus conferencias, y ya se imaginarán al Dr. Polo en ellas. Coincido con los testimonios, sobre todo con el de Luzmila, respecto a esa sonrisa que siempre transmitía cercanía. Y es que, antes de ser profesor de cine, empecé a trabajar como asistente de producción televisiva de la Facultad, llamada en ese entonces Ciencias de la Información. Realizamos programas como "Amigos Televisión" entre amigos. Uno de mis encargos fue precisamente hacer el registro audiovisual de visitantes ilustres como Juan Antonio Pérez López, Vicente Rodríguez Casado y el Dr. Leonardo Polo, un visitante ilustre del que terminé siendo amigo.

Con Don Leonardo, obviamente, la amistad surgió por el cine y por un amigo en común que es José María Caparrós Lera, pionero en España en la relación del cine con la historia, y uno de los grandes maestros de cine que nos ayudaron a profundizar en este arte tan singular, y que aportaron en mi decisión de dedicarme a la enseñanza del cine, aunque éste ya me gustaba mucho desde siempre. Un día me impresionó mucho que en una de las conferencias que yo estaba grabando el Doctor Polo mencionara la película *La Guerra de las Galaxias*, concretamente la parte de la relación entre Luke Skywalker y Obi-Wan Kenobi, y si bien no recuerdo el nexo entre la película y el tema que estaba tratando (seguro está en la transcripción de dicha conferencia) sí recuerdo la emoción en su rostro al mencionar a una de las películas más importantes y vistas en la historia del cine.

Siempre recuerdo al Doctor Polo porque si bien yo me encargaba del sonido y había mucha dificultad en el registro del sonido, siendo necesa-

---

[1] Este testimonio está tomado de los Coloquios que se realizaron en 2023 en la Universidad de Piura con ocasión de un homenaje a D. Leonardo Polo. Cfr. Cuadernos de Humanidades de la Universidad de Piura, n. 21, UDEP, 2024.

rio hacer una grabación lo más nítida posible, yo estaba muy centrado en esa tarea; pero me viene a la memoria la imagen del Dr. Polo concentrado, a menudo –como ha contado Luzmi– no tenía delante ningún texto, sólo había hojas en blanco. A menudo estaba así, por eso me llamó la atención que cuando mencionó la película, se emocionó, y eso me presentó su dimensión tan humana.

Ahora, como profesor de cine, veo ese momento que puede resultar anecdótico de cómo el cine puede también impresionar y emocionar a mentes brillantes como la del Doctor Polo. De hecho, en el mundo de la academia se estudia la relación entre cine y filosofía. También, alguna vez, como profesor de cine, me ha tocado participar en actividades con colegas de filosofía que luego se acuerdan de esas actividades que hicimos y hace poco, también con profesores de otras áreas de humanidades. Con profesores de filosofía, organizamos unos eventos bien interesantes. Y entre mis recuerdos el mejor recuerdo que tengo para mí del Doctor Polo, es el de su emoción cuando mencionó esa gran película y que me lo presenta tan humano y cercano.

Alejandro Machacuay Arévalo
Facultad de Comunicación
Universidad de Piura
Piura (Perú)
Alejandro.machacuay@udep.edu.pe

65. D. Antonio Malo Pe: *Me iluminó con una simple frase*

Agradezco la petición, pues es un placer poder ofrecer mi testimonio de un hombre excepcional, al que considero, además de un filósofo preclaro, una persona de gran humanidad. Lo conocí en 1991 cuando yo estaba haciendo los cursos de doctorado en la Universidad de la Santa Cruz, en Roma. Recuerdo que él impartió un curso sobre la libertad transcendental. He de decir que, en aquella ocasión no entendí el tema del abandono del límite mental como vía de acceso al ser personal. Ahora me parece comprenderlo algo mejor. Me llamó la atención que hablaba de la libertad no como un accidente de la voluntad, sino como un trascendental del ser, precisamente relacionado con el querer personal. Eso me dio pistas para mis futuros trabajos de antropología filosófica en los que he intentado profundizar en la diferencia ontológica entre el ser personal y los demás seres corporales (lo que él llamaba el ser del universo).

Durante aquel curso tuve la fortuna de vivir en el mismo Centro. Así que en muchas ocasiones conversé con él no sólo sobre el tema del curso, sino sobre muchas otras cuestiones. Hablamos de mi tesis *Certeza y Voluntad en la Ética cartesiana*. Y me iluminó con una simple frase, que sintetizaba su conocimiento profundo de este autor: la clave para entender a Descartes es su deseo de control, no quiere que se le escape nada. En otra ocasión, hablando de Hegel me comentó en tono de broma: su filosofía es la de la salchicha; quiere meter en ella todo. Podrían parecer juicios poco serios, pero en realidad eran muy certeros, en ellos se apreciaba una agudeza fuera de lo común. En otras ocasiones, me hacía preguntas, que parecían adivinanzas. Recuerdo una de ellas, una vez que hablábamos sobre el aborto. Me preguntó: ¿qué es lo que el embrión tiene en el seno de su madre? Le dije vida propia. Sí, ¿pero en qué consiste esa vida? Ante mi perplejidad, me explicó: tiempo. Matarlo significa destruir su tiempo. Siempre me ha parecido una respuesta genial, que debería ser usada en los debates sobre esta terrible lacra de nuestra sociedad.

Un día en qué le pregunté acerca de cómo formarme para ser profesor de Antropología filosófica. Me dijo lee el manual de Gredt; es denso y difícil pero allí encontrarás los sólidos fundamentos que buscas. Luego, me descubrió otro secreto: todo lo que yo sé de Antropología lo he aprendido de un antiguo autor español, desconocido del gran público, que cito en mis apuntes de psicología. Lo que importa –añadió– no es leer las novedades, sino las obras de aquellos que han pensado en los problemas de siempre y te ofrecen respuestas.

Por último, en el 1992, en ocasión de unas Jornadas Filosóficas, le di a leer mi comunicación *Metáfora y analogía en la Poética de Aristóteles*. Pienso que le gustó, pues se quedó pensando. Sólo me dijo: sí, Aristóteles veía más allá. Bueno esto es lo que recuerdo. Un saludo cordial,

D. Antonio Malo Pe
Catedrático de Antropología Filosófica
Università della Sancta Croce
Roma (Italia)
antoniomalope@gmail.com

66. D. ANDREA MARDEGAN: *SONABA COMO UNA VOZ FUERA DEL CORO, AN-TICONFORMISTA, PROFÉTICO*

En los cursos 1983-1984 y 1984-1985 estaba matriculado en la Facultad de Teología de la Universidad de Navarra, para cursar la licenciatura y el doctorado en teología bíblica. Vivía en el Colegio Mayor Aralar, calle Aoiz, nº 2, en Pamplona, que entonces era la sede del Centro de Estudios de Miembros Numerarios del Opus Dei de la ciudad, constituido en su mayor parte por estudiantes de los primeros años de carrera, y también la sede de un grupo de un Colegio Mayor Internacional constituido por alumnos postgraduados, que eran incorporados al Seminario Internacional de la Prelatura del Opus Dei.

La mayoría de estos alumnos habían pasado algunos años en la sede del Seminario de la Prelatura en Roma, y proseguían sus estudios en las facultades eclesiásticas de la Universidad de Navarra, para dejar espacio a nuevos alumnos en la sede de Roma, y también porque no existía todavía la Pontificia Università della Santa Croce en Roma, y el Seminario de la Prelatura del Opus Dei no estaba capacitado para dar títulos académicos de licenciatura y doctorado.

Este grupo de estudiantes de facultades eclesiásticas eran en parte sacerdotes recién ordenados, y en parte laicos en camino de ser ordenados sacerdotes al cabo de unos años. En el Colegio Mayor Aralar vivían esos dos grupos que tenían vida bastante separada con habitaciones, oratorio, sala de estar, medios de formación, distintas, aunque el Rector, un sacerdote, era uno mismo para los dos grupos. Por este motivo teníamos también retiros mensuales distintos. En uno de esos retiros, que como de costumbre preveían tres meditaciones dictadas por un sacerdote y una charla habitualmente dirigida por un laico del Opus Dei, tuve la oportunidad de conocer al prof. Leonardo Polo que conocía solo de oídas. El clima del retiro era de silencio: llegó, nos dio una charla de 30 minutos, y se fue: no intercambiamos impresiones ni saludos, porque no era esa la costumbre.

Pienso recordar que el tema de la charla fuera sobre mentalidad laical. Me impresionó la fuerza y la claridad con la que habló de ese tema enfocándolo de una forma algo novedosa para mí. Me acuerdo especialmente que abordó al tema de la discreción, mejor dicho, del deber de guardar el secreto natural o bien el secreto profesional que nacía de haber escuchado confidencias personales, espirituales o de vida, de un amigo o de un fiel del Opus Dei, que hacia su charla fraterna o de dirección espiritual con uno de los presentes. Habló del hecho que faltar a ese deber era una cosa muy grave; y eso en una temporada en la que de ese aspecto de la virtud de la prudencia y de la justicia no era nada frecuente que se hablara ni que se corrigiera, quizá también porque en la práctica de la labor de los consejos locales del los centros del Opus Dei, y del clima de la vida en familia de los numerarios, eso no se vivía. En efecto, era muy frecuente, con buena voluntad y con finalidad buena que se hablara de las confidencias de los chicos o de los amigos, para agradecer a Dios sus adelantos o las acciones de la gracia en sus almas, para que se rezara por ellos, sobre todo si daban esperanzas de madurar una vocación de entrega en el Opus Dei. Quizá no se caía en la cuenta que muchas veces esa falta de silencio podía ser debida a un oculto protagonismo y vanidad de exponer logros en la labor apostólica personal. A su vez, entre los formadores, esas noticias tenían el fin de conocer mejor y formar mejor a las personas que acudían a los ambientes formativos de la Obra.

En el año 2009 el Prelado del Opus Dei Mons. Javier Echevarría recordó a todos los Vicarios Regionales de la Obra de todo el mundo el deber de tener muy separado el nivel de la dirección espiritual y el del gobierno con todos los deberes de guardar los distintos tipos de secreto, natural, comisorio y profesional, que entran en las confidencias de amistad o de dirección espiritual.

En este terreno el testimonio de Leonardo Polo fue muy valioso porque sonaba como una voz fuera del coro, anticonformista, profético, del todo despegado de la lógica de la utilidad del resultado concreto que se proponían los "que iban al grano" contando en contextos distintos lo que sabían en el foro interno (aunque no se le llamaba así) para sacar el mayor provecho, incluso espiritual, de esas noticias, actuando, eso sí, con conciencia tranquila pero equivocada.

D. Andrea Mardegan
Sacerdote
Milán (Italia)
and.mardegan@gmail.com

67. María de Iciar Marsal Valmala: *Se le escuchaba con un silencio reverencial*

Los recuerdos que tengo de Leonardo Polo son los de un profesor que enseñaba a pensar a sus alumnos y daba unas clases muy originales, que no se hacían largas, al contrario: te quedabas con ganas de más cuando terminaban. Se le escuchaba con un silencio reverencial y no tenía que imponerse en el aula a pesar de que éramos jóvenes, ya que, quizá por la bondad y paz que transmitía, hacía difícil no portarse bien en sus clases.

Como persona daba la imagen del sabio despistado y que vivía en el mundo de las ideas, no en el real. Cuando entraba preguntaba qué curso éramos y qué asignatura tenía que darnos. Había que avisarle también de la hora en la que tenía que acabar. Él llegaba, se sentaba y empezaba a reflexionar en voz alta, y todos le escuchábamos y tomábamos nota de las ideas que transmitía.

Lamentablemente sólo me dio clase un año, pero pienso que sus enseñanzas fueron muy interesantes y novedosas. Aún hoy recuerdo el axioma A del conocimiento y estoy deseando jubilarme para tener tiempo de repasar su manual.

María de Iciar Marsal Valmala
Licenciada en Filosofía
Profesora
Barcelona –Cataluña– (España)
iciarmarsal@yahoo.es

68. José Martín Galindo: *Era un personaje muy querido que se había ganado el afecto de todos*

En el Colegio Mayor Miraflores de Zaragoza contábamos mucho con los profesores de la Universidad de Navarra para las actividades culturales, pero con el que más con D. Leonardo Polo. No solo vino al colegio muchas veces sino que también colaboró con actividades de verano que organizábamos en otros lugares; recuerdo su presencia en distintas ediciones que se celebraron en una EFA (Escuela Familiar Agraria) de Almacellas o en El Poblado de El Grado. Con buen humor quitaba mérito a su disponibilidad asegurando que "un día fuera de Pamplona era día ganado".

Se repitió como tema de algunas de aquellas tertulias "el marxismo". Eran tertulias largas, de varias horas, en las que sabía captar la atención avanzando poco a poco en su discurso, solo necesitaba para aguantar una copa de coñac. Recuerdo un residente del colegio que tras una de aquellas tertulias aseguraba entusiasmado que le habían encantado las dos primeras horas, luego había "desconectado".

Con el unánime apoyo de los residentes, un año se le impuso la Beca de Honor del colegio. Se encontraba muy a gusto entre los residentes y lo pasaba muy bien. Las Becas se imponían en el transcurso de un acto académico el día de San José, cuando celebrábamos la fiesta del colegio. Ese año pasó el día con nosotros, llegó la tarde anterior y a la hora de la cena habíamos previsto que lo hiciese en el comedor de invitados junto a otro catedrático, residente habitual del colegio. Apenas habíamos comenzado a cenar cuando apareció con su plato en el comedor de la residencia porque había visto nuestra cena y la prefería a la cena más suave que les habían preparado a los señores catedráticos. La cena colegial tenía patatas fritas y morcilla entre otras cosas.

En ese mismo viaje asistió a una representación teatral humorística. Aplaudió y felicitó entusiásticamente a uno de los actores que encarnaba a un filósofo de un modo especialmente grotesco.

Era un personaje muy querido que se había ganado el afecto de todos.

José Martín Galindo
Licenciado en Físicas
Sant Cugat –Cataluña– (España)
jmgalindoc@gmail.com

69. JOSÉ MARTÍNEZ ECHALAR: *REPOSADO EN SU MENTE Y CORAZÓN*

En el centro de Amaya, que estaba en la calle de Pamplona del mismo nombre. Allí estaba Leonardo Polo con Pablo Cabellos y otros. También asistían Daniel Fos, Javier Hervada, y José Luis Díaz (todavía no era sacerdote –se ordenó en noviembre de 1982–) entre otros. Se sienta, cabeza mirando al suelo. Una copa de licor amorosamente tomada en su mano. Un lento primer trago, que se repetiría durante la tertulia, le decide a iniciar sus reflexiones. Reflexiones acerca del Padre (San Josemaría Escrivá), de la Obra (Opus Dei). Sobran las preguntas. Tal vez alguno preguntó, casi por darle pie a empezar pues todos sabíamos el motivo de esa cita. Una impresión de aquellos instantes, con la vana intención de recoger el ambiente: silencio que no nacía de los labios de los oyentes; ni de las palabras de Polo. Los hondos rasgos de la personalidad humana y espiritual del Fundador. La novedad de su mensaje. La influencia en el mundo. Pronta, pero cuanto más pasen los tiempos. Sus palabras salen como entrecortadas. No levanta la cabeza. Habla. Habla. Reflexiona. Se nota. No me parecieron improvisadas. Como si lo estuviera pensando. Reposado en su mente y corazón.

José Martínez Echalar
Ex-Director de Eunsa
(Ediciones Universidad de Navarra)
Pamplona –Navarra– (España)
josechalar@gmail.com

70. D. Ángel Martínez Sagasti: *Con gran humildad, nos dijo que años después reconoció que esa afirmación de Santo Tomás era el culmen a donde había llegado la filosofía*

Durante el curso 1971-72 viví en la Fase II del Colegio Mayor Belagua. Yo era profesor en la Escuela de Ingeniería Técnica El Sario, que en aquellos años dependía académicamente de la Universidad de Navarra, por un convenio con la Diputación Foral de Navarra.

No tuve oportunidad de hablar personalmente con Leonardo Polo, pero sí de asistir a alguna tertulia suya en Belagua, después del almuerzo, con los estudiantes que vivían en el Colegio Mayor. Tenía mucha aceptación y se le escuchaba con interés. Abordaba temas filosóficos y también de actualidad. Recuerdo vagamente que se refirió en algún momento a la falta de esperanza en el mundo que nos tocaba vivir.

Hablaba con mucha autoridad de algún filósofo y de que había que descubrir los errores que podría haber en su razonamiento metiéndose dentro de su propio sistema filosófico. Pero lo que más me llenó de admiración fue el hecho de que, siendo todavía estudiante secundario, se puso a leer directamente la *Suma Teológica* de Santo Tomás. Se me quedó muy

grabado el hecho de que dejara de seguir esa lectura cuando leyó la afirmación de Santo Tomás de que hay una distinción real entre esencia y acto
de ser. Fue muy gráfica la frase que utilizó. Dirigiéndose al santo le dijo:
"aquí te equivocaste". Cerró el libro y dejó de leerlo. A continuación, con
gran humildad, nos dijo que años después reconoció que esa afirmación
de Santo Tomás era el culmen a donde había llegado la filosofía, y que
ningún autor posterior lo había superado.

En aquellos años leí un libro reciente suyo. Entiendo que se titulaba *El
hombre, un espíritu encarnado*, pero puedo estar equivocado, porque en sus
obras aparece con el título: *Quién es el hombre; un espíritu en el tiempo*.

Para terminar, quiero señalar la luz que me dio en el año 2012 o 2013,
en Argentina, la respuesta de un antiguo alumno suyo cuando le pregunté
sobre el concepto de persona en la filosofía de Polo. Me dijo que la persona es el acto de ser. Yo estaba dando vueltas a la manera de explicar cómo
en Jesucristo puede haber dos naturalezas y una sola persona, ya que la
explicación en teología de los distintos autores a lo largo de la historia no
me parecía convincente. Fue para mí un descubrimiento que me permitió
explicar de un modo más adecuado ese misterio en las clases de Cristología que impartí en 2015 a los seminaristas de la diócesis de Ciudad del
Este (Paraguay).

Ángel M. Martínez Sagasti
Sacerdote
Asunción (Paraguay)
angelmartinezsagasti46@gmail.com

71. MARI CARMEN MARTÍNEZ SENDRA: *SI ESTE 'TÍO' TAN LISTO ES CAPAZ DE
      COMPROMETERSE CON EL OPUS DEI, Y JUGARSE LA VIDA POR DIOS, ES QUE
      LA ENTREGA EN EL OPUS DEI VALE LA PENA*

Estudié Filosofía en la Universidad de Navarra y Leonardo Polo me dio
varias asignaturas. Tenía fama de listo. De hecho, recuerdo un comentario
simplista que hacíamos en clase: "Pensando sobre el 'acceso al ser' se quedó calvo". Recuerdo su cara de concentración mientras pensaba y la sonrisa que tenía. Era un profesor del que podías aprender muchas cosas. En
sus clases no te podías despistar ni un segundo, porque todo lo que decía
era importante. Era capaz de hacerte ver los diferentes matices de una sola

idea. Te enseñaba a pensar. Me encantaba oír sus preguntas en las Jornadas de Filosofía o Congresos que se organizaban.

Nunca se me olvidará el examen que hicimos –me parece que era sobre Teoría del conocimiento o Historia de la filosofía– que duró ¡8 horas! Empezamos por la mañana, paramos a mediodía y seguimos por la tarde. Nos fuimos a comer al Faustino (bar del Edificio Central) y ni siquiera servía hablar entre nosotros porque cada uno tenía un hilo conductor distinto. Nos dio dos textos y nos preguntó cosas como: "¿Qué le diría Aristóteles a Berkeley?". Nos dejaba tener los libros, pero era inútil porque no servían para nada. Todo lo tenías que elaborar tú.

Pienso que era un profesor cercano. Le podías hacer preguntas y te explicaba las cosas de diferentes maneras con mucha paciencia porque no creo que entendiéramos mucho sobre el problema del método y la necesidad de superar el límite mental y la circunferencia. Sin embargo, sí recuerdo que relacionaba todos los autores y te asombraba como era capaz de asumir lo que decía el autor, pensando como él, y a la vez descubrir sus fisuras. Decía que había que "meterse 8 horas en la camisa de Kant, sin ser kantiano". Lo de Hegel ya era para nota: "A es A y supone A". Frases como "¿qué es la 'nada'? Un chorizo sin nada por fuera y sin nada por dentro… Recuerdo una de las primeras clases en las que preguntó: "¿Qué es el hombre?", y cogió una tiza en la mano, se dirigió a la pizarra y dibujó el signo de interrogación. Somos preguntas. Había que releer muchas veces sus apuntes: "Está claro que no por pensar al perro como perro, pienso al perro como perro, o el perro es pensado como perro".

Nos explicaba que a veces para solucionar los problemas hay que salirse del plano y nos puso dos ejercicios en la pizarra para resolverlos: unir los nueve puntos con una sola línea sin pasar dos veces por el mismo punto; el otro ejercicio era conseguir, en el primer intento, que en una serie consecutiva de números del 1 al 8 ninguno estuviera situado en contacto con su número precedente o posterior.

Tengo que agradecerle un favor especial que me hizo. A partir de tercero de carrera, por distintos motivos, tuve que vivir fuera de Pamplona, y solo podía ir una vez a la semana a clase. Yo estaba horrorizada de perderme sus clases porque en las demás me podían pasar apuntes, pero no estar en sus explicaciones y copiar con detalle sus palabras suponía no entender nada. Le expliqué mi problema y le propuse grabarle las clases.

No me puso ninguna dificultad, ni me pidió ningún tipo de explicaciones. Así que compré un magnetofón de los antiguos, con un cable para el micrófono alargado y le encargué a una amiga que lo pusiera en cada clase. Cada día él mismo se quitaba la boina negra que llevaba, la enrollaba y ponía el micrófono sobre ella para que se mantuviera fijo. La pena es que las cintas que recogía cada semana las tenía que volver a grabar porque mi presupuesto no daba para más.

Recuerdo el último día de curso en el que nos dirigió unas palabras que se me quedaron grabadas: "¡Filósofos, defended la filosofía!". Otra vez en la que nos dio una sesión sobre la santificación del trabajo que me dejó impresionada.

Pienso que he tenido la suerte de que me diera clase. Ahora, después de muchos años, estoy volviendo a leer libros suyos y descubro cosas que me sirven para "seguir contestando interrogantes".

Acabo con una reflexión personal que me hacía en mis primeros años de carrera. Como persona del Opus Dei que soy, a mí personalmente me ayudaba pensar: si este "tío" tan listo es capaz de comprometerse con el Opus Dei, y jugarse la vida por Dios, es que la entrega en el Opus Dei vale la pena.

M. Carmen Martínez Sendra
Filósofa y Psicóloga
Valencia –Comunidad Valenciana– (España)
martinezsendra@gmail.com

72. ERNESTO MAVILA UGARTE: *ME IMPRESIONÓ SIEMPRE SU SENCILLEZ Y SENTIDO DEL HUMOR*

Recuerdo que conocí a don Leonardo Polo cuando empezó a venir a Perú como profesor invitado en la Universidad de Piura, allá por los años ochenta. Al principio vino para la Escuela de Dirección y sus programas para empresarios en Lima, el PAD. Sus estancias en Lima las pasaba en el Centro Tradiciones, donde yo era director y tuve la fortuna de convivir con él y conocerlo más que otros. Me impresionó siempre su sencillez y sentido del humor, junto a su aspecto tan mayor y venerable. Algunas veces coincidió en Tradiciones con don Vicente Rodríguez Casado, también profesor visitante de la Universidad de Piura, otro personaje, con quién era muy gracioso verlo gastarse bromas y jugar como un chiquillo, en la intimidad del hogar.

Aprovechando esas estancias en Lima de don Leonardo, organizamos algunas conferencias para universitarios sobre temas de actualidad y pensamiento. Se tocaron temas muy variados y siempre resultaron interesantes y profundos, pero había una dificultad inicial para seguir el discurso del Dr. Polo, pues empezaba con voz baja como ensimismado y poco a poco se iba animando y subiendo el tono de la voz, hasta terminar casi gritando apasionado. Entonces pensé que sabía de cualquier cosa, que era un sabio, pero que en sus exposiciones no se repetía y que estaba continuamente construyendo mentalmente, razonando para llegar a donde se había propuesto o era requerido.

En una oportunidad, pensando que sabía de todo o que, al menos, podía llegar a saber de todo por ese modo de construir mentalmente que había mostrado en su sabiduría, lo invité a tener un conversatorio con estudiantes de arquitectura sobre el proceso creativo del quehacer arquitectónico, cosa que aceptó gustoso y que, felizmente, tuvimos una tertulia inolvidable, apasionante y profunda sobre la esencia de la arquitectura, su origen y sus manifestaciones a lo largo del tiempo. Después de esto me convencí de su sabiduría, pues podía hablar de cualquier cosa, pues bastaba un punto de partida, empezar a construir e irse apasionando con la conexión de las ideas.

Estando en Piura también coincidí con él en el centro de profesores Puihrá. Él prefería estar en Piura a en Lima, pues el frío y la humedad de la capital no le sentaba bien y, cuanto antes, solía escaparse al calorcito de Piura, como decía. Otra cosa que me llamó la atención de don Leonardo fue que tenía un sentido de la realidad muy notable, pues, aunque parecía distraído y desprendido de las cosas concretas, sabía perfectamente cuanto costaban las cosas y se situaba con acierto en cuanto al cambio de moneda y lo barato o costoso que podría resultar cualquier cosa.

Siempre que podía canturreaba cosas que describían alguna situación o el modo de ser de alguna persona. Recuerdo que a otro profesor que solía intervenir con juicios algo negativos, lo llamaba el "catastrófico" y se lo decía canturreando divertido, cosa que divertía a todos y quitaba dureza a sus intervenciones.

También recuerdo, que solía jugar solitarios con la computadora y que en una oportunidad parece que quiso manipular el juego a su favor y en la computadora salió una ventana que decía: usted no está autorizado para hacer ese movimiento.

Habría muchos detalles más y anécdotas sencillas que muestran la sencillez y naturalidad de don Leonardo Polo, un sabio que pasó por Perú y dejó una huella de pensador profundo y muy humano.

Ernesto Mavila Ugarte
Universidad de Piura
Lima (Perú)
ernesto.mavila@gmail.com

73. D. Domènec Melé Carné: *Mis recuerdos del Profesor Leonardo Polo*

Mi primer encuentro personal con el profesor Leonardo Polo se remonta al curso 1982-83 en el que impartió un curso de doctorado en la Facultad de Teología de la Universidad de Navarra, al que asistí. Estudiaba el modo de entender el tiempo en autores como Nietzsche, Heidegger y Hegel. Recuerdo que llegaba protegido del frío invierno de Pamplona envuelto en una amplia bufanda. Al empezar la clase dejaba sobre la mesa un pilón de folios. Tomaba el primero, leía una frase, lo dejaba sobre la mesa y empezaba a desarrollar el tema, y lo hacía largamente. Era una disertación de gran nivel, que escuchábamos con admiración. Lo hacía en diálogo con los influyentes autores anunciados en el título del curso y algunos otros.

Al cabo de un buen rato, retomaba el folio y leía otra frase. De nuevo, otra dilatada y brillante disertación. La operación se repetía varias veces. Recuerdo que alguien que atendía el curso decía: "apuesto que no pasará al segundo folio". La verdad es que este compañero habría ganado la apuesta. No entendíamos todo lo que decía, pero disfrutábamos con su exposición y descubriendo la familiaridad que tenía con destacados pensadores modernos y clásicos. También valorábamos su profundidad y agudeza crítica. Nos atraía sobre todo su talante y sus genuinas ideas. Tenía fama de ser "un genio" de la filosofía, uno de esos pocos que hacen escuela. Cuarenta años después es patente que así ha sido.

Posteriormente coincidí con Leonardo Polo en dos reuniones de trabajo promovidas por el directivo empresarial Fernando Fernández, que aglutinó un grupo de académicos católicos de diversos ámbitos del saber para exponer, discutir y posteriormente publicar un conjunto de comentarios sobre la encíclica *Laborem exercens*[1], dedicada al trabajo y publicada en 1981 por San Juan Pablo II.

Polo, desarrolló su exposición tomado pie la sección más antropológica de este documento, titulado precisamente "El trabajo y el hombre". Se trata de una reflexión sobre la capacidad humana de "tener", a varios niveles, y la capacidad de "dar" que es más radical porqué presupone tener. Me pareció un enfoque innovador. Más que comentar la encíclica, profundizaba en la persona que trabaja, más allá del texto pontificio. La contribución de Polo, de la que diría que aprendimos todos, se tituló "Tener y dar", aclarando a continuación que eran reflexiones en torno a la segunda parte de la encíclica objeto de estudio. El resultado fue un innovador capítulo de la obra colectiva publicada por la BAC en 1987, fruto de aquellas reuniones[2].

Justo a finales de 1987, Juan Pablo II publicaba su segunda encíclica social, la *Sollicitudo rei socialis*[3], sobre el desarrollo humano de los pueblos, una línea iniciada por san Pablo VI, veinte años antes[4]. De nuevo se organizaron reuniones de trabajo que finalmente cristalizaron en otro volumen publicado en 1990. En este caso, Polo se encargó de uno de los primeros capítulos[5] en el que presentaba la encíclica en el contexto de la situación

---

[1] Juan Pablo II, *Encíclica 'Laborem execerns'* sobre el trabajo humano, 1981 (disponible en: https://www.vatican.va/content/john-paul-ii/es/encyclicals/documents/hf_jp-ii_enc_14091981_laborem-exercens.html. Acceso el 10 de febrero de 2024).

[2] POLO, L., "Tener y dar. Reflexiones en torno a la segunda parte de la encíclica «Laborem exercens»", en FERNÁNDEZ, F. (coord.): *Estudios sobre la encíclica «Laborem exercens»*, Madrid, BAC, 1987, 201-230. Incluido en el libro: *Sobre la existencia cristiana*, Pamplona, Eunsa, 1996.

[3] JUAN PABLO II, *Encíclica 'Sollicitudo Rei Socialis'* sobre el desarrollo de los pueblos, 1987 (Disponible en http://www.vatican.va/content/john-paul-ii/es/encyclicals/documents/-hf_jp-ii_enc_30121987_sollicitudo-rei-socialis.html. Acceso el 10 de febrero de 2024).

[4] PABLO VI, *Encíclica 'Populorum progressio', sobre el desarrollo de los pueblos*, 1967 (Disponible en https://www.vatican.va/content/paul-vi/es/encyclicals/documents/hf_p-vi_-enc_26031967_populorum.html. Acceso el 10 de febrero de 2024).

[5] POLO, L., "La «Sollicitudo rei socialis»: una encíclica sobre la situación actual de la humanidad", en F. FERNÁNDEZ (coord.): *Estudios sobre la encíclica 'Sollicitudo rei socialis',*

actual de la humanidad: una perspectiva global que incluía una visión histórica y prestaba especial atención a la dimensión ética. Un texto interesante del que diría que sigue siendo actual.

Estos encuentros, en los que se contaba con Polo como uno de los grandes activos, propiciaron que un buen grupo de profesores universitarios y profesionales se interesarán de modo creciente por la doctrina social de la Iglesia. Eso dio lugar, a que se creara una asociación en 1989, que se llamó AEDOS (Asociación para el Estudio de la Doctrina Social de la Iglesia)[1], de la que Leonardo Polo fue uno de los fundadores[2].

Tanto los primitivos encuentros como la fundación de AEDOS hay que situarlos en un momento de revitalización de la doctrina social de la Iglesia impulsada por san Juan Pablo II. Fue después de varios años sin que se publicaran encíclicas sociales e incluso con la emergencia de algunos críticos que veían tal doctrina como una ideología[3] o como un reformismo socialista[4]. Este impulso vino desde las primeras intervenciones pontificias y, sobre todo, con la publicación de la *Laborem exercens*. El empuje continuó con la *Sollicitudo rei socialis*. En ella, el Romano Pontífice despejaba toda duda, ante la acusación de ideología, señalando que la doctrina social de la Iglesia pertenecía al ámbito de la teología y concretamente, de la teología moral[5].

Madrid, Unión editorial, 1990, 63-119. Sus apartados 6, 7 y 8 fueron incluidos en *El hombre en la historia*, c. 3 - c. 4: Doctrina social de la Iglesia: una presentación sinóptica (*Obras completas*, Serie A, vol. XVIII).

[1] Como se explica en la web de AEDOS, ésta es "una asociación civil, sin ánimo de lucro, fundada en 1989 por un grupo de profesores universitarios y profesionales de la empresa. Sus fines son: favorecer el estudio y la investigación sobre la doctrina social de la Iglesia, difundir el pensamiento contenido en el magisterio social de la Iglesia católica y promover la aplicación de las enseñanzas sociales de la Iglesia católica en la sociedad." (http://www.aedos-dsi.org/queesaedos.htm. Acceso el 10 de febrero de 2024).

[2] http://www.aedos-dsi.org/ Acceso el 10 de febrero de 2024.

[3] Así, CAPP, Richard, *The Papal Ideology of Social Reform*, California, Northridge, 1968 y CHENU, Marie-Doninique, *La "doctrine sociale" de l'Eglise comme idéologie*, París, Les Editions du Cerf, 1979.

[4] EZCURRA, Ana María, *Doctrina Social de la Iglesia, un reformismo socialista*, México, Ed. Nuevomar, 1986.

[5] Literalmente afirma: "[La doctrina social de la Iglesia no es] una *ideología*, sino la *cuidadosa formulación* del resultado de una atenta reflexión sobre las complejas realidades de la vida del hombre en la sociedad y en el contexto internacional, a la luz de la fe y de la tradi-

Todavía hubo otra ocasión de coincidir en estas reuniones de AEDOS, ahora ya formalmente constituido. Fue tras la promulgación de la tercera y última encíclica social de san Juan Pablo II, la *Centesimus Annus* en 1991[1]. Esta vez, Polo, partiendo de esta encíclica y de las perspectivas abiertas por ella, escribe un capítulo presentando un estudio sinóptico del despliegue de la doctrina social de la Iglesia, con sus documentos más relevantes y en su contexto histórico, al tiempo a que analiza las posibilidades actuales[2]. Con este estudio muestra un profundo conocimiento que incluye estas enseñanzas y, al mismo tiempo, las coordenadas intelectuales, sociales y culturales en las que se desarrolla.

En resumen, un continuo aprendizaje intelectual del maestro Polo y, a la vez, de su persona, sencilla y cordial y con convicciones muy maduras fruto de una larga reflexión.

D. Domènec Melé Carné
Profesor Emérito de Ética Empresarial
IESE Business School, Universidad de Navarra
Barcelona –Cataluña– (España)
DMele@iese.edu

74. MARÍA DEL ROCIO MIER Y TERÁN SIERRA: *LA FACULTAD DE FILOSOFÍA LE LA UP LE DEBE MUCHO A D. LEONARDO*

Conocí a D. Leonardo, como le decíamos en la Universidad Panamericana, en enero de 1979. Estaba recién titulada de la Licenciatura de Filosofía, mi idea era hacer el doctorado y para ello fui a tomar los créditos en la UNAV. En esa ocasión la interacción con él se redujo a una conversación para determinar el tema de mi tesis, su actitud de ayuda y dedicación hacia mí, lo pienso ahora, fue admirable. Me di cuenta, desde el primer mo-

---

ción eclesial [...] no pertenece al ámbito de la *ideología,* sino al de la teología y especialmente de la teología moral" (*Sollicitudo rei socialis,* n. 41).

[1] JUAN PABLO II, *Encíclica 'Centesimus annus', sobre el orden socioeconómico,* 1991 (Disponible en: https://www.vatican.va/content/john-paul-ii/es/encyclicals/documents/hf_jp-ii_enc_01051991_centesimus-annus.html. Acceso el 10 de febrero de 2024).

[2] POLO, L., "Doctrina social de la Iglesia. Una presentación sinóptica". En FERNÁNDEZ, F. (coord.), *Estudios sobre la encíclica 'Centessimus annus',* Madrid, Unión editorial (AEDOS), 1992, 97-121. Ha sido incluido en el libro *Sobre la existencia cristiana,* cap. III. Un apartado (ética e historia) ha sido incluido en *El hombre en la historia,* cap. III.

mento, del respeto con el que era tratado por los colegas. Recuerdo de manera muy puntual a Fernando Mújica como alguien muy cercano a D. Leonardo.

No recuerdo con exactitud en qué año visitó por primera vez la UP, pero creo que fue en 1979. Estoy cierta que a partir de 1985 sus visitas fueron constantes, venía todos los años. En ese entonces, hace más de tres décadas, la Facultad de Filosofía de la UP, en ese entonces escuela, estaba empezando. Lo trate hasta que dejó de venir a la Panamericana.

Era coordinadora de la Licenciatura de Filosofía cuando Leonardo Polo empezó a visitar la Panamericana. Desde el inicio mi relación con él fue de gran respeto, admiración por su trabajo, a la vez de gran confianza. Cuando venía a México comía en mi casa y platicábamos de filosofía, en ocasiones con algunos colegas más. Habláramos de lo que habláramos siempre lo enfocaba desde la radicalidad. Como muestra de lo anterior, todavía tengo presente, que en el terremoto que sufrió la Ciudad de México en 1985, insistió en ir a la zona más afectada para ver de cerca el alcance de este. Fui con él y mi marido, no recuerdo exactamente cuál fue, pero lo tipifica: sacó una gran teoría sobre el terremoto.

Como profesor siempre me pareció alguien que te hacía pensar. Desde el punto de vista de la didáctica sus clases serían calificadas por la pedagogía como un fracaso; a mí siempre me parecieron apasionantes. No usaba el pizarrón, no llevaba texto escrito, ni siquiera guión. Se sentaba, pedía un refresco de manzana –supongo que necesitaría azúcar–, se inclinaba y hablaba en voz alta lo que venía pensando. Lo que sí hacía, lo presencié varias veces, era reflexionar; antes de cada clase pedía estar solo, pues no le gustaba tratar asuntos sin prepararlos; él preparaba así las sesiones. Ejercía el hábito de pensar. Era alguien que enseñaba desde la convicción, determinación y diálogo con la filosofía. Argumentaba, dialogaba, apasionantes clases donde la filosofía se convertía en búsqueda. Sus interlocutores, Hegel, Nietzsche, Descartes, Kant, Tomás de Aquino, Aristóteles, eran pensados desde la óptica de un realismo metafísico.

Él tenía la idea de que parte de su misión como filósofo era venir a América a enseñar. Para él era una especie de deber moral. Un deber que se "impuso" a sí mismo. Pienso, él lo dijo algunas veces, que Europa estaba podrida. Veía en América –Perú, México...– esperanza. Creo que el escepticismo reinante ya en esos años le era doloroso. Por otra parte, llamaba la atención como pensaba en consonancia con la fe. Sus obras así lo atestiguan. Es cierto que era consciente de hacer una filosofía poco académica, citaba de memoria, pocas referencias bibliográficas etc., Era una opción, opción porque había que avanzar, creo que en algún momento así me lo comentó. Le interesaba tanto la metafísica, como la teoría del conocimiento, la ética, la historia de la filosofía, la ciencia, la filosofía social, la articulación fe y razón.

Impulsó de manera decidida, con el apoyo de Fernando Mújica, un convenio de programa de doctorado para profesores de la Panamericana. Fue el inicio de un avance en la Facultad de Filosofía que hay que reconocerle. La Facultad de Filosofía le la UP le debe mucho a D. Leonardo. Tuvo un fuerte impacto en el crecimiento de la Facultad de Filosofía de la UP. Al menos mi percepción es que cuando el inició sus viajes a México, la Facultad de Filosofía de la UP estaba en los inicios y era manifiesto su bajo nivel intelectual; muchas materias eran impartidas con base en manuales. Recuerdo con toda nitidez como decía primero un peldaño y luego el siguiente, lo importante es tener la mira alta. Este consejo tan sencillo marcó en mí una forma de conducción en mi vida profesional. Destaco de su pensamiento una idea aristotélica que él profundizó y, en mi opinión, es el quicio de su proyecto intelectual que es la idea de *práxis* u operación inmanente, la forma de plantearla, sus implicaciones intelectuales y éticas.

Entre algunas anécdotas, recuerdo las siguientes. En una ocasión en que estábamos pasando por una zona de la ciudad de México donde viven las personas de alto poder adquisitivo de este país, donde los contrastes económicos son muy fuertes, sin más dijo: "yo quemaría las Lomas". Tenía una gran inquietud social; presenciar las diferencias sociales en México le causaron impacto; en distintos foros habló sobre su importancia. Recuerdo también que tenía la idea de que en México vendían muy buenas telas para trajes, así que compraba las telas aquí porque decía que podía ahorrar. De igual forma pedía que se le llevara a comprar piedras, si no recuerdo mal eran amatistas, para los vasos sagrados. Tengo presente que alrededor de 1985, quizá un año menos, comimos en mi casa, mi esposo abrió una botella de coñac, platicamos toda la tarde. En los siguientes años, a partir de una recomendación del Prelado del Opus Dei, solo tomaba vino. A partir de que nació una de mis hijas con una enfermedad –

1988–, apenas llegar a México me decía que la tenía que visitar y llevaba unos dulces. Siempre mantuvo está actitud.

María del Rocio Mier y Terán Sierra
Dra. en Filosofía
México DF (México)
rmieryt@up.edu.mx

75. MARGARITA MONFORTE: *LAS PALABRAS DEL DR. LEONARDO POLO NO FUERON SOLO PROFÉTICAS*

Tuve la oportunidad de conversar con el Dr. Leonardo Polo en el año 1991 cuando le invitamos a dar una conferencia en el colegio Salcantay a padres de familia y profesoras.

Eran tiempos difíciles en el Perú. La organización Sendero Luminoso, considerada la organización terrorista más cruenta del siglo XX, era una amenaza constante que había aterrado a la población en los últimos años, con distintos atentados en Lima. A varias familias conocidas, algunos padres de familia de alumnas del colegio Salcantay, les pedían y exigían "cupos de miles de dólares" para proteger a sus familias o a sus empresas. En este contexto de debilidad generalizada del ánimo, le sugerí al Dr. Polo un posible tema para su conferencia: optimismo ante la vida.

Recuerdo con la sencillez y claridad con la que me explicaba, en ese momento, que el mundo como mentira era la pobreza extrema que veíamos en el país. El Perú, decía, es un país rico dañado por la corrupción, un daño manipulado por el terrorismo porque la penetración de la mentira es la exaltación del mal mediante el robo, y cuando se roba se pierde la dignidad, se pierde el honor. Dijo que el relativismo moral era inaceptable porque en ese contexto era malo ser bueno al ser excluido y los que llegan al poder; además de robar, corrompen, y la corrupción es un germen muy peligroso porque oscurece y nubla el alma, daña la inteligencia, endurece el corazón, y hace atractivas las cosas que no convienen.

Han pasado 32 años de aquella conversación y de la conferencia que pronunció el 27 de agosto de 1991 en el colegio Salcantay. En todos estos años hemos visto desbordarse la corrupción en el país reflejada en el sistema de justicia de una manera escandalosa, y también la delincuencia se ha desbordado de un modo peligroso en toda la ciudad de Lima y en muchas provincias. Hemos visto a muchos políticos de chaqueta y corbata ejercer sus influencias y su autoridad perdiendo la noción del bien.

Las palabras del Dr. Leonardo Polo no fueron solo proféticas; impresionaba ver la rapidez que tenía para llegar de frente al problema y encontrar soluciones correctas. Quizá fue esta idea la que desarrolló después en la conferencia recordando que el hombre ha sido creado por Dios para mejorar la tierra y debe ser, por tanto, el protagonista de una historia bien hecha.

Todos los asistentes a la conferencia le escuchábamos con mucha atención, pues no veíamos en él a un brillante orador, sino a un sabio pensador que causaba asombro ante las reflexiones que hacía sobre el buen vivir. Era audaz y seductor porque presentaba las ideas muy atractivas; tan atractivas que sonaban a novedad aunque ciertamente eran verdades universales. Además, era innovador y creativo, de soluciones fáciles y asequibles. En el ámbito de la educación proponía dos proyectos: educar en la verdad y enseñar a pensar.

Margarita Monforte Revuelta
Directora del Colegio Salcantay (1987-2000)
Lima (Perú)
monfortemarga@gmail.com

76. FABIOLA MORALES CASTILLO: *UN HOMBRE CÁLIDO, SIEMPRE DISPUESTO A RESPONDER UN SALUDO CON SU MEJOR SONRISA*

El Dr. Leonardo Polo fue uno de los profesores de lujo, asiduos visitantes, que llegaban a la Universidad de Piura desde distintas universidades de Europa, durante sus meses de vacaciones. Así, los alumnos y profesores, teníamos la oportunidad de asistir a sus clases, seminarios, conferencias y también interactuar con ellos de manera más informal, en reuniones que se organizaban en la cafetería de la Universidad.

Conocí a Don Leonardo cuando tuve la oportunidad de participar en el Programa para Graduados Latinoamericanos (PGLA) de la Universidad de Navarra, en Pamplona, España, donde impartió unas clases memorables de Antropología para los asistentes, todos comunicadores o profesores de Comunicación provenientes de América Latina, que fuimos seleccionados para estudiar este post-grado.

Recuerdo que competíamos por los primeros lugares en las sillas del salón, porque Don Leonardo tenía la voz baja, pero también se concentraba tanto en sus enseñanzas profundas que había que seguirlo con muchísima atención. Después de clase siempre se quedaba conversando con nosotros, muy interesado en conocer la realidad de los distintos países de donde proveníamos, disfrutaba de las anécdotas y se reía mucho.

Era profesora de la Universidad de Piura, cuando Don Leonardo visitaba con frecuencia el *campus*. No me perdía ninguno de los seminarios que impartía para los profesores y también para los empresarios que asistían a las clases del PAD, la Escuela de Dirección. Puedo demostrar, con certificados de la Facultad de Ciencias y Humanidades, que asistí al menos a tres de ellos, "Antropología trascendental", "Teoría del conocimiento y ciencias de la Información" y "Ética de Empresa", pero estoy segura que asistí a muchos más.

A manera de pincelada, quisiera referirme a tres temas que me marcaron de este brillante filósofo y maestro: la necesidad que tenemos las personas de convivir con otras, de crear comunidad; las características únicas –aún a nivel biológico– que posee el ser humano y que lo convierte en persona; y la complementariedad que existe entre varones y mujeres que valemos igual, pero que no somos iguales. Decía que las personas teníamos que relacionarnos siempre con otras personas, que no podemos estar solas, sino siempre en "comunicación" con otras de nuestra misma especie para hablar, escucharnos y enriquecernos mutuamente; sin duda hablaba del inmenso valor de la amistad y de la necesidad de servirnos unos a otros: "El hombre sin los demás ¿qué es? Nada", apunté en una de mis libretas.

Me impactó asimismo su pasión por mostrarnos que toda la constitución del ser humano lo ayudaba a ser persona. Mostraba su mano derecha en alto y decía en voz fuerte y potente: "los seres humanos no tenemos garras", como los animales; por eso podemos acariciar y desarrollar con ellas el arte y la técnica. Esa imagen del maestro, mostrándonos el potencial de nuestras manos y sus diferencias con los animales, la recuerdo siempre, como si la estuviera mirando.

En momentos en que se asomaba la llamada "ideología de género", asistí también a una conferencia sobre el valor de la mujer y la necesidad de que recibiera una "educación exquisita", porque algunas mujeres, decía, también se pueden convertir en "vampiresas". Fue la primera vez en que, con toda claridad, escuché que varones y mujeres no somos iguales. Tenemos la misma dignidad y por eso el mismo valor. Pero don Leonardo insistía en que varón y mujer no somos iguales, sino "distintos y complementarios". Y en ese concepto de complementariedad ahondaba con asombro, contemplando la grandeza de un ser Creador que había hecho todas las cosas bien.

El maestro Polo era un hombre cálido, siempre dispuesto a responder un saludo con su mejor sonrisa; aunque al caminar, parecía siempre estar absorto en sus pensamientos. Un saludo para él era más importante que aquello en lo que podía haber estado reflexionando.

Recuerdo también con admiración sus visitas al Oratorio de la Universidad, su misa diaria y el recorrido del camino que hacía, a paso lento, en pleno sol del desierto piurano, para visitar la ermita de la Virgen del *campus*, donde se quedaba contemplando esas imágenes –tan queridas para quienes hemos trabajado y estudiado ahí– de María con el Niño Jesús en su regazo, sentada en un burro, jalado por San José.

Agradezco a Genara Castillo, una de sus mejores discípulas que, sin duda, nos explicará, cada vez más, el "pensamiento de Polo"; un maestro vive siempre en sus discípulos y en el corazón de quienes pudimos conocerlo y aprovechar un poquito de su intensa luz intelectual y personal.

Dra. Fabiola Morales Castillo
Primera Regidora de Municipalidad de Lima
Lima (Perú)
paitadelperu@gmail.com

77. JUAN ANTONIO MORENO URBANEJA: *GRACIAS A ÉL Y SUS DISCÍPULOS VOLVÍ A LA PRÁCTICA RELIGIOSA*

En 1992 comencé la licenciatura de filosofía pura en la Universidad de Málaga con 18 años. Desde mi primera comunión había abandonado por completo la práctica de la religión católica. Concretamente me consideraba ateo y así se lo manifestaba en mis conversaciones más profundas con mis amigos y compañeros de clase.

El primer año me dieron clase en la Facultad nada menos que tres discípulos de Polo: Ignacio Falgueras Salinas (Introducción a la filosofía), Juan García González (Teoría del conocimiento) y José Luis del Barco (Ética). Sus temarios y sus planteamientos seguían la estela de la filosofía poliana, aunque eso no lo supe al principio. Gracias a sus clases comprendí que podíamos tener un acceso a la realidad desde nuestro intelecto (me hice realista), y fui viendo la congruencia entre los logros del conocimiento y la fe católica.

A esto se suma que los cuatro años en los que cursé filosofía, el propio Leonardo Polo vino a dar una conferencia por año a Málaga y pude expresarle mis inquietudes. A pesar de la torpeza de mis planteamientos, Leonardo tuvo la deferencia de responderme con altura y dedicación.

Comencé a leer sus libros: *Ética, Nominalismo, idealismo y realismo*, y *Hegel y el posthegelianismo*. Comencé a ir a Misa y a confesarme hasta el punto de que desde entonces, intento ir a Misa casi todos los días y procuro estar en gracia de Dios. También rezo. He tenido momentos de duda de fe porque me parecía que algunos textos del *Nuevo Testamento* eran irracionales y la filosofía de Polo me ha ayudado −aunque no haga teología− a darme razones de credentidad. Conforme se han ido publicando más obras de Polo, he seguido leyéndole.

Sirvan estas palabras de testimonio donde sea de ayuda.

Juan Antonio Moreno Urbaneja
Doctor en Filosofía
Universidad de Málaga
Empresario
Málaga −Andalucía− (España)
jam@adivin.com

78. OLIMPIA MOZO SEOANE: *ME IMPRESIONÓ LA CATEGORÍA HUMANA Y PROFESIONAL CON QUE EL DIRECTIVO LEONARDO POLO LES ATENDIÓ*

Conocí a D. Leonardo Polo en la Universidad de Navarra. Fue profesor mío en los años 1968 y 1969. Aprendí de él como profesor, como persona, como profesional. Mis recuerdos más nítidos son como profesor. Recuerdo sus clases, no fáciles de "seguir" hasta que "intuías por dónde" podía o quería llevar tu cabeza y tu corazón. En mi memoria han quedado grabadas especialmente algunas vivencias…

Sus clases eran densas, profundas, que, a veces, costaba seguir, pero eso era un aliciente más que se veía "compensado" cuando en la universidad había alguna reunión con profesores de otras universidades y éramos sus alumnos los que, inicialmente, más entendíamos sus planteamientos por lo acostumbrados que estábamos a pensar y repensar sus ideas en sus clases… las cuales se alargaban inexorablemente.

A la hora en la que tenía que terminar, con gran respeto, abría la puerta Joaquín, el bedel, y decía, un día tras otro, con fuerte voz ¡Profesor, la hora! No pasaba nada. El profesor Polo seguía y seguía hasta que algún alumno le avisaba. Sus clases siempre eran al finalizar el horario matutino. Las que, como yo, vivíamos en el Colegio Mayor Goimendi ya era sabido que, cuando llegábamos tarde a comer… habíamos tenido clase con el profesor Polo.

Un día ya se sintió en la "obligación" de decirnos que él nunca sería ordenado sacerdote… Era noctámbulo y no parecía muy oportuno que solamente pudiese celebrar la santa misa a última hora de la mañana o por la tarde. De entrada, no parecía una persona cercana; después te dabas cuenta de que era entrañable.

Muchos sábados por las tardes, con varios compañeros de mi promoción, le invitábamos a compartir un café en alguna tasca de Pamplona; el café, para él, y por iniciativa de algún compañero, se convertía en una copa de coñac que hacía "arrancar" del profesor Polo las ideas más creativas.

En mi vida profesional, y gracias a la formación intelectual y humana con que me formaron en la Universidad de Navarra, desde los 23 años he sido directivo en el ámbito educativo. A este respecto, tengo grabada en mi cabeza y en mi corazón, una vivencia que marcó dicha vida profesional. Se celebraba una "asamblea" en el aula 19 del Edificio Central de la Universidad de Navarra, convertida ahora, si no recuerdo mal, en la Secretaría. 1969 fue un año complejo en la universidad. Había alumnos, en mi curso uno, cuyo nombre, por respeto omito, que estaban matriculados en la universidad "con el único objetivo de que la Universidad de Navarra se cerrase, al menos un día". Entrecomillo estas palabras porque el propio alumno al que cito más arriba me las dijo a mí.

Dicha asamblea la presidía Polo debido al cargo directivo que ostentaba en la universidad. Durante la misma, esos alumnos infiltrados, que habían conseguido hacerse con representación en la Junta de Facultad, comenzaron a verter una serie de mentiras (una compañera de mi curso formaba parte de dicha junta y me lo corroboró) acerca de los temas, su tratamiento y los acuerdos que se habían tomado. Me impresionó la categoría humana y profesional con que el directivo Leonardo Polo les atendió, les trato y en ningún momento, les humilló. El objetivo de cerrar al menos un día la universidad no lo consiguieron.

Por lo que respecta al pensamiento de Leonardo Polo hay dos libros que en el ámbito de mi oficio, que es la educación, me han marcado a mí y a los profesionales, muchos, que he intentado formar yo en mi ya larga trayectoria profesional: *Antropología de la acción directiva*, de Leonardo Polo y Carlos Llano es un libro que, en mi opinión, deberían de trabajar todos los directivos sean del ámbito que sean. Con este libro yo he ayudado a formar a numerosos directivos españoles e hispanoamericanos del ámbito educativo y son muchos los que, pasado el tiempo, me agradecen haber podido trabajar esta obra. Por cierto, me atrevo a sugerir que merecería la pena volver a editarla. *Ayudar a crecer*, con un prólogo fantástico de Francisco Altarejos, me ha proporcionado numerosas ideas para que la educación se convierta en el eje fundamental en la mejora de la sociedad desde el ámbito educativo.

Por último, quisiera constatar que no conozco a fondo la obra filosófica de Polo. He profundizado en la que tiene relación con mi oficio. Su pensamiento me parece de lo más sugerente. Una simbiosis de fe y razón, por este orden, que se complementa maravillosamente bien con la obra de Antonio Millán-Puelles, autor sobre el que he elaborado mi tesis doctoral, que es una simbiosis de razón, transparencia y fe, también por este orden.

Olimpia Mozo Seoane
Doctora en Filosofía
Profesora
Madrid (España)
olympia.dirigirpersonas@gmail.com

79. D. Juan José Muñoz García: *Ejemplo de entrega infatigable al saber filosófico*

Llegué a la Universidad de Navarra para estudiar Filosofía en 1987, y fui alumno de Don Leonardo el curso 1989-1990, pero antes de asistir a sus clases pude oírle en los seminarios de profesores y en las conferencias de las Jornadas Filosóficas. Los alumnos escuchábamos admirados sus intervenciones y preguntas a otros profesores de la Facultad en dichos seminarios, a los que se nos permitía asistir como oyentes privilegiados.

Pero antes de centrarme en su labor docente y en cómo su original pensamiento filosófico ha influido en mi carrera, quisiera relatar una sencilla anécdota de Don Leonardo que muestra su talante humano y cercanía a los alumnos: para una fiesta de mi promoción, el tradicional paso del ecuador, hicimos un video cómico de contenido filosófico titulado: "En busca del ser perdido", y le pedimos a Don Leonardo participar en una escena, lo cual hizo encantado y con sentido del humor. Es una pena que se haya perdido ese testimonio fílmico de las dotes actorales de Don Leonardo, era la época del video *vhs* y la copia tuvo tanto éxito que pasó de mano en mano hasta desaparecer.

En el curso 1989-1990 tuve la inmensa suerte de ser alumno de Don Leonardo en sus clases de Teoría del Conocimiento. Me llamó la atención desde el principio la originalidad de su pensamiento: solía dar las clases sin ningún apoyo de papeles o apuntes, alguna vez algún libro que citaba y poco más, se veía que estaba madurando su filosofía, era toda una experiencia asistir a la expresión del pensamiento vivo de un autor. Un filósofo que en el modo de presentar su pensamiento, con un dominio total de la terminología filosófica, daba a la lengua castellana, incluso a términos del lenguaje coloquial, un valor metafísico. A ello se unía un dominio poco común de los saberes propios de la ciencia experimental. En aquella época sólo se habían publicado los tres primeros tomos de su teoría del conocimiento, y por supuesto, quedaban años para que viera la luz la Antropología trascendental y, sin embargo, de vez en cuando la citaba en clase, ante nuestro estupor y curiosidad por saber más del tema.

Otra pequeña anécdota que refleja el amor de Polo a la filosofía, y su sobriedad de vida y su humildad, la oímos un día en que celebraba su cumpleaños y los alumnos le pedimos en clase que nos hablara de su vida, cosa que hizo discretamente, extendiéndose más en contar la historia de la universidad. Pero sí nos dijo que empezó a estudiar Derecho por tradición familiar, con unas excelentes perspectivas profesionales y grandes ingresos económicos, pero dejó esa tarea para dedicarse a la filosofía, aunque eso le supusiera menos ingresos a cambio de la satisfacción del amor a la sabiduría. Al final, si no me falla la memoria, apostilló de modo castizo: "en el despacho de abogados ganaba mucho dinero, pero me aburría como una ostra, ahora con la filosofía no gano un duro pero me lo paso como un enano".

Aunque mi posterior carrera académica siguió por los derroteros de la antropología personalista y su aplicación al ámbito de la comunicación y el cine, no dejaron de estar presentes en mis publicaciones y en mi docencia las ideas de Don Leonardo.

En mi primera tesis, realizada en la Universidad Complutense de Madrid con el profesor López Quintás[1], me facilitó mucho el trabajo el haber conocido el proyecto de Polo de ampliar la metafísica clásica para hacerla compatible con la antropología contemporánea, el abandono del límite mental y la superación del objetivismo que condiciona a determinadas corrientes de pensamiento modernas y contemporáneas.

En mis trabajos con la Asociación Española de Personalismo tuvieron un influjo notable el rechazo poliano del concepto de sustancia para conceptuar a la persona. Lo mismo que su rechazo a la noción de supuesto, que no es válida, dirá Polo, para conocer a la persona, o que de la persona es mejor decir que *co-existe-con* en vez de indicar incluso que subsiste. Encontré que algunos de estos temas son afines a los analizados por el personalismo, por lo que me fueron de gran utilidad para fundamentar un personalismo de carácter más metafísico. Así lo manifesté en un artículo publicado en *Studia Poliana* en 2015[2], durante una segunda estancia en la Universidad de Navarra para hacer el doctorado en la Facultad Eclesiástica de Filosofía. Es cierto que Polo nunca se denominó a sí mismo como personalista, incluso en algún momento parece tomar distancia respecto de este movimiento filosófico. Y es que puede resultar chocante poner en

---

[1] MUÑOZ GARCÍA, J.J., *Afinidad estructural de las experiencias estética, ética, metafísica y religiosa*, Madrid, Universidad Complutense de Madrid, 2003.

[2] MUÑOZ GARCÍA, J.J., "Antropogénesis y trascendencia: el enfoque personalista de Polo y Zubiri", *Studia Poliana*, 17 (2015) 129-151.

la misma nómina a Polo y a Zubiri junto con Mounier, Julián Marías o Gabriel Marcel. De todos modos, y aceptando las diferencias de calado intelectual entre estos autores, creo que no resulta anormal adscribir a Polo a un personalismo de corte más metafísico –irreductible al personalismo dialógico o existencial–, sobre todo por el protagonismo que otorga en sus obras a la persona, y por considerar que es necesaria una antropología metafísica o trascendental con categorías propias y diferentes, o por lo menos complementarias de las que se aplican a los objetos.

Quisiera concluir este testimonio, agradeciendo a Dios el regalo de personas como Leonardo Polo, que han dado un ejemplo de entrega infatigable al saber filosófico (e incluso teológico), en una época de pensamiento débil, y de coherencia cristiana hasta el final de su vida.

D. Juan José Muñoz García
Sacerdote
Doctor en Filosofía
Madrid (España)
jmunoz.10@alumni.unav.es

80. JUAN NARBONA GARCÍA: *EN TODO METÍA EL CORAZÓN, Y A DIOS COMO META Y SENTIDO DE NUESTRA VIDA*

La primera vez que vi a Leonardo Polo fue en una tertulia en el Colegio Mayor Albaicín, poco después de haber ganado él su cátedra en la Universidad de Granada. Estábamos en una convivencia de supernumerarios del Opus Dei. Nos animó a hacer bien cada uno nuestro trabajo y a hacer mucho apostolado personal. Le saludé personalmente y, al decirle que era médico recién doctorado, me animó a darme en la universidad (yo estaba entonces en la de Sevilla).

También estuve más estrechamente con él y con D. Vicente Rodríguez Casado en una Jornadas de la Asociación la Rábida, sobre temática antropológica. Recuerdo la transigencia y la buena disposición que D. Leonardo mostró durante mi exposición, como profesor novato, sobre la base cerebral de las funciones cognitivas (luego me he dado cuenta de que él sabía mucho de eso). Más tarde le he oído en otras tertulias y clases en Pamplona, siempre tan atento a que los oyentes le comprendiéramos (aunque era más bien difícil), y siempre respetuoso con las preguntas o sugerencias que se le hacían; ninguna le resultaba impertinente o fruto de la ignorancia.

En Pamplona, como profesor, e incluso como tertuliante, era muy reflexivo. Hablaba siempre meditando las cosas que iba diciendo: ¡Un filósofo como la copa de un pino, vamos! Y en todo metía el corazón, y a Dios como meta y sentido de nuestra vida.

He estudiado su obra en los últimos cinco años. Me ha llamado especialmente la atención su aportación sobre los trascendentales personales, visión antropológica nueva. Y su teoría del conocimiento, con cuyo estudio peleo en el presente.

Juan Narbona García
Profesor Titular Emérito
Ciencias de la Salud
Licenciado en Filosofía
Universidad de Navarra
Pamplona –Navarra– (España)
jnarbona@unav.es

81. Marcela Navarro Hernández: *Me dejó una huella su persona*

Conocí a D. Leonardo Polo directamente en la Universidad Panamericana donde yo estaba estudiando la licenciatura en Filosofía. Recuerdo vivamente que fue a la Ciudad de México en el año 1979. Dictó un curso y nos invitaron a los alumnos de último grado a una sesión suya. Me dejó una huella su persona: un hombre de quien todos decían que era un genio, se hablaba del personaje que vendría desde Pamplona; sin embargo, cuando ya estaba entre nosotros desaparecía, no se daba importancia. Del contenido de la clase sólo puedo decir que era interesante, profundo y muy distinto de lo que estaba acostumbrada a escuchar en mi Facultad.

Décadas más adelante, en el año 2020, me inscribí al primer curso *on line* de la Universidad de Navarra sobre su pensamiento. Lo que más me impresionó fue que la suya es una filosofía que se puede hacer vida, que tiene conexión directa con la propia espiritualidad y que conecta de un modo especial con la teología. Mencionaré algunos temas que me han ayudado a profundizar mucho más en mi existencia cristiana, en mi trato con Dios.

La descripción del hombre como relación en orden al Origen. El amar donal como la más alta dimensión radical de la propia intimidad. El amor es siempre creciente. En el futuro se alcanzará más amor, único y novedoso. El amor es superior al bien porque es libre. Estas ideas tan conectadas entre sí me llenan de esperanza, agradecimiento y ensanchan mi espíritu. El amar se corresponde con Dios. Como el hombre no puede dar su acto de ser, los dones los manifiesta en su esencia y en su naturaleza, de modo particular con actos de amor voluntario a otras personas humanas que ve como imagen divina y también colaborando en el perfeccionamiento del mundo. Aquí encuentro toda la fundamentación de mi vida diaria y ahora quiero dedicarme a aceptar a las personas como son y a trabajar aún con más amor.

Somos hijos naturalmente. Dios otorga un aumento al amor de quien se acepta como hijo y ama a los otros hijos. Es todo un programa que me apasiona. El amor más intenso −caridad− arrastra hacia arriba todas las demás instancias humanas. Subrayo que saber que lo primordial en el hombre es ser hijo y toda paternidad procede de Dios hace que tenga un pilar sólido lo que siempre he pensado. El tema de la filiación divina agranda mi corazón y hace que me llene de seguridad y de optimismo a pesar de las dificultades.

Nadie ama igual a otro. Cada persona es un amar personal distinto. La constancia en el crecimiento es el amor, es la fidelidad. Es responder a alguien; es no fallar. El deseo más grande de mi vida siempre ha sido ser fiel. La corona de la felicidad es la alegría. Es el resultado de dar con el sentido de la existencia, de saberse abiertos cognoscitiva y amorosamente a Dios. El tema de la felicidad desde el punto de vista filosófico y existencial siempre ha sido una inquietud mía, entender que se alcanza libremente cuando con la libertad trascendental me destino a Dios es la pieza del rompecabezas que me faltaba en mis esquemas anteriores.

Desde el punto de vista especulativo me ha dado respuesta a cuestiones que siempre me planteaba. La principal es que el acto de ser personal se puede conocer, es muy distinto del acto de ser como fundamento y remite a la existencia de Dios. La grandeza y riqueza del ser personal que es coexistente, libre, cognoscente y amante. El acceso antropológico a Dios.

Marcela Navarro Hernández
Licenciada en Filosofía
Doctora en Ciencias de la Educación
Guadalajara –Jalisco– (México)
marcelanavh@gmail.com

82. María Eucaristía Navarro Martín: *Para nosotras D. Leonardo fue una ayuda importantísima*

Recuerdo que para nosotras D. Leonardo fue una ayuda importantísima. Nos ayudó a comenzar a conceptualizar aspectos del cuidado desde el punto de vista filosófico y antropológico. Aspectos de la salud y de la protección del paciente que ahora pueden estar protegidos por las leyes. Entonces, como mucho, los contemplábamos desde el punto de vista ético.

A mí me impactó cuando hablaba de que el paciente debía decidir sobre su salud, sobre su diagnóstico, sobre las pruebas diagnósticas… En aquella época lo normal era que el paciente pasara a ser "propiedad" de las decisiones médicas. Don Leonardo decía que el paciente es una persona autónoma, capaz de tomar decisiones personales sobre esos aspectos. Podía negarse a recibir un tratamiento, a que le realizaran algunas pruebas; que no podía ser un sujeto pasivo. En aquella época eso era así. Lo que estoy diciendo no es textual, pero de todo lo que pude aprender, eso me impactó. Estaba totalmente de acuerdo.

Con el tiempo vinieron los consentimientos informados. Desde mi punto de vista, no se realizan según el fin que buscan. Pero, al menos, existe la posibilidad de que el paciente sea informado y, en consecuencia, decida.

María Eucaristía Navarro Martín
Profesora emérita
Facultad de Enfermería
Especialidad Materno Infantil
Universidad de Navarra
Pamplona –Navarra– (España)
mnavarro@unav.es

83. ANTONIO NIETO POL: *ACUDAN SIEMPRE A LAS FUENTES, NO SE CONFOR-MEN CON LOS MANUALES*

Conocí a Polo en 1981, cuando me trasladé desde Santiago de Compostela a Pamplona, para continuar mis estudios de Filosofía en la Facultad. Si no recuerdo mal, nos dio dos años de clase de Teoría del Conocimiento. El título de la asignatura era lo de menos, porque él transmitía su pensamiento: Metafísica, Ontología, Teoría del Conocimiento, Historia de la Filosofía, Sociología…

También tuve oportunidad de acompañarle en tertulias estudiantiles que organizábamos en el Colegio Mayor. En estas pude comprobar su relación con las cosas ordinarias y concretas de la vida diaria, por ejemplo, acompañándole a hacer compras, gestiones concretas, en las que solía mostrarse como un madrileño con guasa.

Cuando Polo hablaba, yo recibía una sensación de embelesamiento intelectual. Se paraba el tiempo. De hecho, sus clases siempre solían durar más de lo establecido, tenía que acabar el argumento. Más que Teoría del Conocimiento, para mí era la transmisión de una Práctica del Pensar, el tema no era tan importante. Te situaba en un mundo de libertad intelectual.

El pensamiento filosófico de don Leonardo me ha dejado huella. Recuerdo un consejo suyo, que nos expresó con palabras fuertes, intensas, en una clase, es casi literal: "Acudan siempre a las fuentes, no se conformen con los manuales". Si quieres de verdad comprender a un pensador, lee, estudia e interpreta lo que escribió, no tanto lo que los diccionarios o comentaristas dicen de él.

Antonio Nieto Polo
Traductor
Pamplona –Navarra – (España)
anttonieto@gmail.com

84. HUGO RENATO OCHOA DISSELKOEN: *HABÍA APRENDIDO, SIN DARME MUCHA CUENTA, LA MÁS IMPORTANTE LECCIÓN DE MI VIDA ACADÉMICA*

Estoy en una oficina impersonal; es usada por varios profesores de la Universidad de Los Andes (Chile); don Leonardo está detrás de un escritorio y me mira atentamente. Le he preguntado sobre las causas en Aristóteles. Cierra los ojos unos momentos, luego los abre, se saca sus lentes, los acerca a su boca y exhala su aliento sobre ellos, saca un paño y los limpia meticulosamente. Estamos en silencio y luego dice: "Sí, habría que preguntarse, valga la paradoja, sobre el sentido de la exclusión de la causa final en los procesos naturales; no parece fácil hacer esto y, sin embargo, hoy pocos naturalistas de atreven a defenderla".

Nuevo silencio, cierra los ojos y abriéndolos se refiere a las causas formal y material: "respecto de los actos de una potencia que no entrañan movimiento, las *práxis* perfectas, es difícil explicarlas solo por una eficiencia sin aludir a una forma, habría que preguntarse si acaso el mero agregado de lo múltiple puede dar lugar a un organismo que se esfuerza en seguir siendo lo que es y, claro, entonces cabe preguntar si su correlato, la materia, es simplemente posible como tal. Además, si bien Aristóteles no se refiere explícitamente a la causa ejemplar, hay claros indicios de ella, por ejemplo en el *De caelo*, y su exclusión invita a preguntarse por el sentido de la eliminación de toda jerarquía en la naturaleza. La eficiencia es expresión de poder, y eso sí importa".

Queda nuevamente en silencio, con los ojos cerrados y, en ese momento se abre la puerta del despacho y aparece una alumna para recordarle que está a punto de comenzar su clase. Don Leonardo se levanta, me sonríe como excusándose, y se marcha. Yo quedo de pie y me embarga una fuerte insatisfacción, he venido con preguntas esperando respuestas, y ahora tengo más preguntas, sin haber logrado responder las que traía.

Sin embargo, cuando volví a mi universidad y mis alumnos venían a hacerme preguntas, pronto descubrí que estaba haciendo lo mismo que don Leonardo: en lugar de meramente responderles y así hacer gala de erudición, les provocaba más preguntas, les planteaba nuevos problemas. Sí, había aprendido, sin darme mucha cuenta, la más importante lección de mi vida académica.

Hugo Renato Ochoa Disselkoen
Universidad de Los Andes
Santiago de Chile (Chile)
rochoa2@hotmail.com

85. JUAN MIGUEL OTXOTORENA ELÍCEGUI: *OTRA UNIVERSIDAD, …Y EL PRIVILEGIO DE CONOCER A LEONARDO POLO*

1. Me piden una contribución personal a un nuevo volumen de homenaje al insigne 'don Leonardo', alusiva a mi relación con él. Y he de decir que, de entrada, me choca el interés de sus promotores. Su generosidad me halaga y abruma. Me siento a años luz de la radiante enjundia del pensamiento del maestro. Esto aviva mi admiración por ese discipulado que muy pocas figuras alcanzan a suscitar tras de sí. Y el fenómeno miraría al núcleo del asunto: creo que apunta a aspectos nucleares de la vida universitaria que los tiempos que vivimos parecen empeñados en enterrar.

No creo posible atender a esa invitación sin aludir a la época en que conocí y escuché a Polo. E intuyo relevante su evocación. Ha llovido bastante desde entonces, y el encargo me ha sonado a familiar. Vamos cumpliendo años y la mirada sobre el pasado es algo más que un mero ejercicio de memoria. Ni siquiera mira al condensado de experiencia, casi siempre exiguo, que nos cabe a cada uno legar al futuro. Apunta al tácito ejercicio de autoconciencia de quien hace balance al constatar que, según ve de mil modos, ha de ir pensando en 'recoger la habitación'.

Lo uno va con lo otro y la pregunta por mi relación con Polo, humilde a más no poder, mira al contexto. Es la de un simple arquitecto ante una eminencia en el excelso nimbo de la 'especulación pura'. Y ahí estaría la clave. Esto era entonces más viable. En otras palabras: ¡aquellos eran tiempos…! Tengo la sensación de haber vivido, en mi época de estudiante y doctorando, 'otra Universidad': una Universidad diferente. Y me siento un privilegiado, urgido a destacarlo.

No sé si mis amigos polianos verán un bajón en este excurso coyuntural. Pero lo veo significativo. La Universidad de Navarra era muy joven: apenas cumplía 25 años. Había bastantes figuras ilustres en su claustro: un mínimo de 2 o 3 por Facultad. Conocíamos sus nombres. No quisiera dejarme a nadie y apelo a mi frágil memoria, con el tosco criterio de un discreto y soso alumno del montón; pero vale la pena correr el riesgo de la imprecisión por atender al factor enmarcante. Creo que en el área de Letras se citaban, entre otros, los siguientes: D'Ors, Pereira, Zafra, Sánchez-Bella y De la Cuesta en *Derecho*; Fuenmayor, Lombardía y Hervada en *Canónico*; Nieto, Fontán, Soria, López-Escobar y Gómez-Antón en *Comuni-*

cación; Illanes, Rodríguez, Morales, Saranyana o Aranda en *Teología;* Suárez y Vázquez de Prada en *Historia;* Casas Torres, Floristán y Plans en *Geografía;* Casado o García Larragueta en *Filología;* Castillo, González-Simancas y Fernández Otero en *Pedagogía...* Y Polo era uno de los destacados en *Filosofía.* Casi todos eran lustrosos catedráticos de otras Universidades –Madrid, Barcelona...–, traídos para ayudar en el lanzamiento del proyecto. Nos llegaba la onda de sus apuestas intelectuales: la aportación del *Romano* y del *Derecho* mismo a la forja de nuestro díscolo orden social (D'Ors); las debilidades silentes del régimen democrático (Zafra); la defensa digna y rebelde de la libertad de información (Fontán); la densa impregnación humanista de las célebres *Leyes de Indias* (Sánchez Bella); una rompedora idea del *Canónico* que, atenta a las prerrogativas del laicado, osaba acercarlo al *Civil* (Lombardía y Hervada); la contraposición dinámica entre una visión más panorámica y social de la *Historia moderna* y otra más fascinada por la personalidad de sus actores destacados (Vázquez de Prada y Suárez); una idea de la educación que bebía del vector participativo de las *business schools* y su énfasis en la excelencia en la gestión (González-Simancas y Fernández-Otero); la filiación más bien platónica en la tarea filosófica (Alvira) frente a la 'aristotélico-tomista' tradicional; la herencia de los influyentes exponentes de la teología alemana y francesa del entorno temporal del Concilio, aún reciente...

Había también una significativa cuota de extranjeros: de David Isaacs o Adam Kaas a Luka Brajnović, Aires Vaz, Peter Rutz, François Vicère, Diana Milner o Wolfgang Ströbl. Luego vinieron Alban D'Entremont, Arturo Cattaneo o Jutta Burggraf. Oías hablar de ellos y sus historias a sus colegas y alumnos. Te picaba la curiosidad. Y no es para menos: uno había huido *con lo puesto* de la Polonia nazi de la segunda Guerra Mundial para acabar estudiando en Madrid; otro traía restos de metralla en el cuerpo tras su agónico paso por las trincheras; otro había atravesado en metro el muro de Berlín en una rocambolesca aventura al encuentro de Occidente; otro había soportado largos años de prisión en Croacia, condenado a muerte e indultado *in extremis,* tras una heroica defensa de la libertad de prensa como director de un diario de referencia en el país...

El claustro docente de *Arquitectura,* por su parte, lucía un elenco de relumbrón: Francisco Íñiguez, Luis Moya, Javier Carvajal, *Curro* Inza, Javier Lahuerta, Rafael Echaide, Carlos Sobrini, Leopoldo Gil Nebot, Joan Bassegoda, Fernando Redón… Alguien se había preocupado de atraer talentos y hacer fichajes de vitola, con un notable entusiasmo; y ya esto fija el rumbo deseado para la singladura del paquebote. Siempre vi reflejada en este hecho la genuina convicción de sus promotores para con la naturaleza y las expectativas del proyecto. El dato mostraba su deseo de componer una oferta de altura en la materia, más allá de ese binomio 'de docencia e investigación' que se maneja hoy con poca gracia aludiendo a las supuestas dos caras de la tarea académica. Miraba a la encarnación de los altos fines de la institución universitaria, entendida en sentido clásico y a la luz de su historia. Y es significativo que los afanes intelectuales de los integrantes del claustro trascendieran al conjunto de la comunidad académica, llamada a verlos como parte de una gran discusión en ebullición.

La entidad se vio obligada a acreditarse por su nivel ante el poder político, en pos de su autorización y licencia. Y, al parecer, el *placet* gubernamental fue todo menos inmediato. El proyecto fue revisado con lupa. Debía dar una sólida imagen de solvencia en un momento en que la enseñanza superior tenía su predicamento –no estaba aún tan masificada– y no había Universidades privadas en el país.

Pero esta exigencia no hacía sino potenciar sus pretensiones internas. Así, el impulso fundacional imaginaba el nuevo centro académico como un foco de estudio y debate capaz de entrar en diálogo con los más avanzados del mundo. Con un compromiso añadido: contribuir a la construcción de una cultura cristiana, coherente y sensible a la luz e inspiración de la fe, en una época en que la tarea se afirma a contracorriente.

Habrá quien dude de la relevancia real de esos nombres. Quien lo hace podría lamentar cierta mitificación interna del aludido elenco de personajes: achacable a la autoconciencia vibrante de un ámbito demasiado cerrado, enrarecido y necesitado de épica. Cabe que tales individualidades no fueran tan brillantes ni únicas como su ansioso entorno habría podido verse inclinado a creer. Ahora bien: no hay que perder de vista el concretísimo momento que vivía el mundo de la enseñanza superior en España; había muy pocos talentos intelectuales de talla. La estructura del mundo académico ni olía todavía su ulterior descentralización y expansión, y hay que reconocer meritoria la labor desarrollada por los responsables de la puesta en marcha de la Universidad en la recluta de cerebros. Además, se impone prevenir la *autolaceración preventiva* del acomplejado que teme seguir recibiendo golpes. Y, en fin, lo más importante: por exagerada que fuese, la visión que la institución tenía en sus inicios de su propio relieve resulta significativa en sí; revela su ambición.

2. Llegar a las aulas de la Universidad procedente de un Instituto de pueblo representaba un *shock:* el cambio de coordenadas era radical, acarreaba un poderoso impacto. Tenías la sensación de que eras un afortunado y te estaba ocurriendo algo gordo, en una etapa existencial llena de elementos formativos e ingredientes fascinantes que poca gente tiene la suerte de disfrutar.

Pasé todos los cursos de mi carrera residiendo en Colegios Mayores, y pude ver de cerca a muchas de esas personalidades del claustro inicial de Navarra. A menudo había invitado a comer: solían acudir a un plan de mediodía de entresemana que acababa en una tertulia o charla informal con los estudiantes en torno a un café. Esto te daba la ocasión de verlos y oírles. Te obligaba a pensar en tantos temas que se salían de los límites de tu disciplina. Se fraguaban filias. Y acumulaban en tu conciencia impaciencias y hechizos. Aún recuerdo toda una serie de encuentros memorables.

El caso es que, quizá por arquitecto –tengo un compañero de promoción de la carrera que cursaba al mismo tiempo la de *Filosofía*…–, todo esto fraguó en mí un interés multidisciplinar que aún mantengo. Más allá del Mayor, asistí a algunas clases de antropología vasca del Padre Barandiarán, así como a las de buena parte de los filósofos aludidos y algunos reputados teólogos como los aludidos. Y no era difícil acercarse a estos u otros docentes para charlar sobre asuntos como un supuesto proyecto de tesis. Mantuve largas conversaciones con María Antonia Labrada, Alejandro Llano, Antonio Ruiz Retegui o Juan José García Noblejas, que me sorprendía que tuvieran tanto tiempo para mí. Lo mismo diría luego de tantos otros ya más de mi quinta como Víctor García Ruiz, Jorge Miras o Jon Borobia; y lo destaco por la medida en que contrasta con nuestras rutinas al uso y evoca cierta imagen evocadora de la vida universitaria que no dudaría en comprar.

Asistí también a varias ediciones de las llamadas *Reuniones Filosóficas,* simposio anual que reunía a todo un elenco de autores traídos de aquí y de allá, muchos de ellos amigos y afines, en torno a un tema: de la *Lógica* a la *Antropología,* la *Metafísica* o la *Estética.* Y lo mismo con el *Simposio de Teo-*

logía, los *Congresos de Historia Moderna* y otras convocatorias abiertas de la vida académica. Supongo que era visto como un *bicho raro*. Llegué a acudir también a una edición del *Congreso Nacional de Estética y Teoría de las Artes* en la Universidad Autónoma de Madrid…

Escribí la tesis en la Biblioteca General de la Universidad; me asignaron una mesa en la zona de Filosofía, y tenía allí varios amigos y antiguos colegas de Colegio Mayor: de Rafael Llano a Alfredo Cruz, José María Ortiz, Daniel Innerarity y Gorka Vicente; pasando por Ignasi Miralbell, poliano confeso y filósofo por los cuatro costados a cuya inteligencia profesé un gran respeto. Y tal es el marco de mi acercamiento reverente al universo de Polo, paupérrimo por mi escasa cualificación, pero lleno de expectación.

Lo veía como figura intelectual de referencia, quizá incomprendida pero incontestable. Años antes, ya un grupo de colegas habíamos pasado con él algunas largas tardes en una salita del Colegio Mayor, haciéndole pensar en voz alta y en tiempo real sobre el espacio habitado. Teníamos la sensación de asistir a un *show* único. Se atrevía con todo, y sus palabras nos cautivaban.

Acudí a diversas clases y conferencias, incluidos algunos seminarios impartidos por él. Veía a sus acólitos tomando notas y grabando con frenesí sus disertaciones: según me dijeron, luego se transcribían y se le pasaban a revisión de cara a su publicación tras el consabido trámite de 'tachado'. Parece que era su modo de 'escribir'. Impresionaba verles: les oía aludir a él con una devoción entusiasmada y sumisa. Polo hablaba de lo divino y de lo humano, y citaba de memoria a los más egregios pensadores; en especial a Hegel, que pasaba por ser su interlocutor favorito. Se decía que había alcanzado una cosmovisión original que ponía por fin al día la filosofía cristiana, supuestamente atrincherada bajo el sólido cimiento del pensamiento de Aristóteles y Tomás de Aquino (a veces maltratado por la férrea custodia de quien pudiera optar por comprar seguridades al precio de algún rígido esquematismo). Al parecer, respondía con brillante solvencia a sus retos contemporáneos. Y esto me interpeló con fuerza: quise 'entenderlo'…

Me intrigó siempre, y no poco, que buena parte del mundo intelectual de la propia Facultad se mantuviese más bien al margen de su figura y de estos esfuerzos, cosa chocante. Este hecho se sugería poco explicable de ser cierto que *tenía la clave* para responder a los desafíos de nuestro mundo en claves argumentales compatibles con la fe.

Precisamente, a su vez, había que suponer sospechoso su clamoroso aislamiento en el panorama nacional e internacional. Apenas lo conocía nadie, más allá de su exigua corte de exalumnos devotos. ¿Cómo explicar este dato? Me sigue intrigando aún: una cosa es que alguien sea algo hermético o se vea despreciado por su condición de contrincante o supuestamente 'conservador'; y otra que nadie se interese por lo que dice, ni siquiera hipotéticos correligionarios o camaradas de bando. Sus adláteres aseguraban, como con una obligada resignación clarividente, que su pensamiento no se entendería hasta dentro de cien años...

Yo no tenía mucha formación previa en materia filosófica y me moví siempre en los márgenes. Pero creí asomar con fruto a algunas ideas muy básicas a que aludiré –aunque quien me oiga y sepa pueda pensar que las someto a un golletazo intolerable–, con la rudeza de un andamiaje intelectual de osado amateurismo ligado a intereses pragmáticos muy burdos y en buena medida banales. Destacaría dos: la famosa idea poliana del 'abandono del límite mental' y lo que entiendo que cabría denominar 'la entraña *donal* de la naturaleza humana'.

El primero de estos temas ilustraba la 'reactividad' latente en el *cogito* cartesiano, con sus ecos metódicos en ese 'rechazo de la Metafísica' asociado a la tópica condena de todo tradicionalismo creyente, tan propia de nuestro mundo. Su enunciado constata, al encarnarla, la dialéctica de la idea de verdad frente al desdén escéptico que se constituye en torno a su impugnación rencorosa: ya su asunción la representaría en sí. Y la propia observación del movimiento lo desactiva, confirmando la pertinencia de una línea de trabajo capaz de dar cuenta del apremiante reto implícito en sus mil expresiones encadenadas. La idea matiza con una exigencia hasta hiriente los planteamientos a que el mundo intelectual parecía llamado a aferrarse en un entorno cristiano no preparado para tanto seísmo y zarandeado por los embates de ubicuos, nerviosos y sucesivos *aggiornamentos*; por ejemplo, el edificio de una filosofía 'realista' restituido por Étienne Gilson –al hilo de la evocación del espíritu de la filosofía medieval–, con su desarrollo en propuestas de clarificación metódica tan gráficas como la implícita en esa 'metafísica de la opción intelectual' de Carlos Cardona, frente a la cual tocaba aducir que no aflora una disyuntiva real sino la dialéctica de opuestos ya claudicante que cierta manipuladora *reactividad histórica* dibuja a su servicio. La efervescente discusión al respecto me ayudó a enfocar en una perspectiva global la propia cuestión de la *modernidad*, de una actualidad y presencia especialmente incisiva en el mundo de la edilicia, al hilo de la vinculación de nuestra arquitectura al impacto del llamado 'Movimiento moderno'. Tanto que me animé a escribir una comunicación para un congreso sobre el legado de Polo que ha constituido el hilo del que a la postre cuelga mi vaporosa vinculación a la casta iniciática de sus promotores.

La segunda gran inspiración, que asocio a la tesis de la 'entraña *donal* de la naturaleza humana', me hizo abrir mi mente a una luz, que aún retengo, relacionada con la *autodonación* como horizonte de realización personal, orientación vocacional y plenitud cabal: familia, amistad, solidaridad… Y me ha ayudado a entender algo muy básico y de implicaciones sin límite en el orden práctico: su consideración redundaría en la necesidad de superar la 'ética de deberes u obligaciones' al uso —esa que a veces nos abruma en un mundo tan demandante, y a su vez hastiado— por otra más evolucionada, creativa y liberadora, perfilada en clave magnánima.

3. No he avanzado mucho más en el estudio de su pensamiento: nunca intenté ir más allá de estos dos grandes nudos. Contribuyeron a inspirar algunas iluminaciones mentales que celebré con pasión y me marcaron a fondo. Ellas me ayudaron a vislumbrar todo un horizonte de referencia inspirador y fundante, también al efecto de construir posiciones críticas desde las que llegar con solvencia a mis intereses más inmediatos en mi ámbito. Siempre he vivido de ellas.

Mi época de doctorando asistió a los inicios de toda una serie de nuevas publicaciones doctrinales llamada a hacer cumbre con los 4 tomos de su célebre *Curso de Teoría del Conocimiento*. Pero no pensé que fueran conmigo: los supuse inaccesibles, lo mismo que su mítico *Acceso al ser*. Su lenguaje y diseño argumental me parecieron muy técnicos.

El personaje acumulaba años y achaques. Le veía a la vez elevado y cercano, lúcido y poderoso de mente pero cada vez más dependiente en el orden físico. Pronto empezó a perder agilidad y había que acompañarle. Pero eso nunca hizo mella en su humor. Afable y festivo, trataba muy bien a la gente. Yo no era nadie para él, y siempre me respondía si le hacía caso. Tuve ocasión de encontrármelo por el *campus* con cierta frecuencia.

Decían que lo sabía todo sobre motores y coches… Podías tirarle de la lengua para comprobarlo. Se mostraba siempre agradecido y chispeante ante una serie de bromas 'absurdas' que él mismo cultivaba con insistencia. Enlazar con ellas era establecer cierta inesperada sintonía que yo veía como un regalo. Podías decirle, por ejemplo: "Don Leonardo, le veo muy científico…"; y entonces se reía y se quedaba unos segundos mascullando la palabra: "¡Científico, científico…!", y añadía una especie de *aullidito* cómplice.

Según lo dicho, no me tentó la posibilidad de sumergirme más a fondo en la atmósfera de la filosofía. Pero no sólo por su obvia dificultad. También por encontrarla algo asfixiante. Me recordaba a la que veía en el ajedrez porque tramita un reto mental estresante, a diferencia de esos juegos en que el papel de la suerte ofrece una escapatoria. Además, veía en ese mundo una especie de burbuja artificiosa y autista, que la orgullosa 'inutilidad del saber puro' entregaba aún más al tenso bullir de unas rivalidades y celotipias al borde del estallido. Más allá de filias y fobias innatas, veía escandalosas esas batallas atribuidas de oficio al choque ordinario de sagas y sensibilidades. Tan empachado clima acusaba el efecto del óxido en su estanca trama de jerarquías y escalafones.

He lamentado a menudo mi falta de pundonor y sosiego para ahondar en tantos temas de relieve encomendados a tan acotado entorno. Pero veía también ventajas en la opción de *ir por libre,* así como en el firme anclaje en la realidad debido a mi comprometedora identidad profesional. Por lo demás, siempre recuerdo algo que me dijo en su día al respecto Ángel Luis González, recordado confidente y amigo: "Ya eres arquitecto, y tienes tu madurez de universitario. No necesitas ser filósofo ni cursar ninguna carrera adicional: si te interesa algún tema, lo estudias y punto…".

Este es el marco de mi rendido acercamiento a la inconmensurable figura de Polo. Su memoria es una de las huellas que me han forjado como individuo. Y me fascinan las condiciones de posibilidad del contacto que tuve con él: me maravilla la escena y su impacto. Creo que habla de otra Universidad diversa de la que conocemos hoy, centrada en la dispensación ordenada y económicamente *rentable* de un producto educativo estandarizado que acaso acaba por descubrirse romo e insulso, gregario y 'sin alma'. No en vano se aferra a una idea del progreso en el conocimiento que acaba por vincularse a cierta actividad paralela, habilidosa y oportunista, de obtención de un número de inputs en materia de patentes y publicaciones marcados por el cálculo (a menudo al milímetro) de sus expectativas de evaluación ponderada… Esta idea de Universidad responde a un modelo diferente, objeto de una apuesta reactiva –diseñada *a la contra*, al servicio de inmediatos criterios de rigor y eficacia– y mucho menos situada y consciente que radical y agresiva. Llevaría a la institución académica a alejarse de las motivaciones latentes en sus orígenes; así como a mostrarse muy poco compatible con toda una serie de ingredientes de base omnipresentes en sus mejores versiones históricas: la interdisciplinariedad, las inspiraciones cruzadas, el fomento de la vida intelectual, el esfuerzo mental, el diálogo cultural, el atrevimiento ideológico, el empeño moral y los modelos encarnados de liderazgo y compromiso idealista con la libertad de pensamiento y la respuesta a los desafíos de la vida real.

Nuestra *alma mater* ha pasado por toda una colección de momentos delicados, asociados a retos inesperados: cierto enojoso vacío social, con molestos signos de hostilidad referidos a su empeño de independencia, y cierta imagen de cuerpo extraño en territorio ajeno popularizada en medios desaforadamente hostiles a la 'mitad no izquierdista' de la sociedad; la profunda transformación del marco normativo global y local, con una sucesión de hitos de alguna visión recelosa y displicente del legislador para con la enseñanza privada; o el problema de captación de nuevos alumnos en un volumen proporcionado a la escala adquirida por la empresa, con el incremento de los costes y el precio de su autosuficiencia –agravado por su localización periférica– en una época de proliferación competitiva de toda clase de alternativas.

La Universidad ha cambiado. Le ha tocado afrontar graves desafíos, externos e internos; incluida una 'crisis de los filósofos' difícil de digerir. El gremio habría vivido una convulsión no menor, en torno a una renovación de métodos y enfoques reacia a todo encasillamiento rancio. Debía soltar lastre y desprenderse del sesgo un tanto *carca* que imprimió a la intelectualidad española de la postguerra la herencia de sus ecos frentistas, agudizada por las actitudes defensivas suscitadas en el entorno intelectual llamado a lidiar con ellos por el acoso del laicismo en ascenso en nuestro mundo globalizado. Acusó la intimidante visceralidad de sus impíos resortes revanchistas. Y lucha por trascender el envite. La ebullición del desconcierto habría dado paso a la *calma chicha* de su digestión, cuya inercia parece mantenerse en espera de nuevas emociones.

Tal vez el paso de las décadas haya servido también para pulir algunas de las inercias iniciales de su itinerario institucional, en favor de un horizonte de referencia más depurado. Sólo nos faltaría fijarnos en algunos de los elementos sustanciales de su esencia: aquellos que evoca hoy la memoria de ese mágico paisaje en que coincidí con Polo. Entiendo que mi relación con él y sus ideas, cuya superficie pude hasta creerme en condiciones de arañar, es todo un canto a esa idea de Universidad. Y también que no se trata tanto de 'otra' Universidad sino de una Universidad que, alcanzada cierta madurez, puede ya proponerse serlo en mayor medida: de un modo más intenso y consecuente.

Juan Miguel Otxotorena Elícegui
Catedrático de Proyectos
Escuela de Arquitectura
Universidad de Navarra
Pamplona –Navarra– (España)
jmo@unav.es

86. CARLOS FRANCISCO PANTA ESPINOSA: *EL DR. POLO, UN DOCENTE QUE ENCAMINÓ NUESTRA LABOR Y VOCACIÓN*

Conocí al Dr. Polo cuando estudiaba en la Facultad de Educación de la Universidad de Piura y formaba parte de la primera promoción de educadores. Tuvimos el privilegio de recibir algunas charlas con él en las que nos explicaba la invaluable labor de ser formadores de futuras personas de bien. Hizo hincapié en la misión y fin de la educación, el verdadero rol que cumpliríamos en el futuro, la función educativa de la familia, entre otros temas de sumo interés.

Ya como egresado de la Facultad de Educación pude asistir a varios coloquios donde impartía sus saberes con maestros, estudiantes y público en general. También tuve la oportunidad de escuchar su cátedra en la Maestría en Educación con mención en Historia donde nos dejó claro el sentido de la vida humana; el significado humano de la educación; la educación de la afectividad, en la libertad, en la serenidad, etc., dejando como enseñanza que el hombre siempre debe pensar para tomar las correctas decisiones. Un legado que perdura en el tiempo.

Sus enseñanzas, como las del resto de profesores del claustro universitario, contribuyeron a formarnos como personas íntegras y marcar su sello personal en nuestras mentes y almas donde quedó arraigado el mensaje y compromiso que asumimos al escoger nuestra increíble y apasionante profesión de ser maestros. Hoy en día, como docente universitario y de escuela, pretendo que mis estudiantes se acostumbren a pensar, replantearse temas, tomen decisiones, valoren y den sentido a su existencia. Ese fue el aprendizaje significativo que recibí de uno de mis ilustres docentes.

Carlos Francisco Panta Espinoza
Profesor del Departamento de Historia
Universidad de Piura
Piura (Perú)
carlos.panta@udep.edu.pe

87. Ciro Hernando Parra Moreno: *Lo vi pensar*

Apenas había terminado mi Licenciatura en Educación cuando vi anunciada una conferencia de Leonardo Polo, en la Universidad de La Sabana. Aunque no recuerdo el título me sonó tan sugerente que no dude un instante en asistir.

Don Leonardo llegó al aula, sonriente, un poco ensimismado, con un misterioso maletín negro. Después de la presentación del anfitrión, saludó de manera breve al auditorio, que no superaría cien asistentes, sacó unas cuantas hojas de apuntes de su portafolios y comenzó. No parecía leer los apuntes, o quizá sí, sólo fijaba la vista en ellos y ocasionalmente los levantaba hacia el auditorio. Se le veía pensar, se le escuchaba pensar, y lo hacía con rigor y fluidez. Las palabras dentro de su discurso cobraban nuevos sentidos, matices semánticos no convencionales que sólo él podía ver y transmitir. Su discurso era un acto creador, en el que nacían nuevos sentidos y nuevas realidades… Sencillamente, pensaba en voz alta, pero sin improvisar. Parecía más bien que esa sabiduría estaba almacenada y lista par emerger revestida de palabras.

Terminó. No hice preguntas. Primero tenía que asimilar lo escuchado. Yo no había tomado apuntes, no lo acostumbraba, pero en este caso, ade más, no se trataba de almacenar datos o razonamientos, sino de ser capaz de seguir sus reflexiones y para ello la clave estaba en escuchar. Lo saludé y me correspondió con una sonrisa. Esa fue la primera vez que lo oí y lo vi pensar.

No volví a ver a Don Leonardo hasta cinco o seis años después, en mi segundo año de doctorado en la Universidad de Navarra. Otro colombiano, Ricardo Quintero (q.e.p.d.), tenía de la fortuna de vivir bajo el mismo techo de Don Leonardo. Ricardo era doctorando de la Facultad de Comunicación y gracias al él estuve en algunas tertulias académicas con Don Leonardo en la Universidad: siempre sugerente, siempre sencillo; casi impredecible en sus reflexiones sobre la empresa, la persona humana, el conocimiento, la libertad. Pero, ahora que hago memoria, no tengo presente ninguna conversación sobre la educación como objeto propio de su reflexión. Quizá por eso, no me cabe duda, fui uno de los primeros lectores de su libro (realmente una compilación) *Ayudar a crecer*, libro que en varios de los auditorios en los que lo he trabajado, al desarrollar el tema de la familia, literalmente arranca lagrimas a más de un asistente.

Ya próximo a terminar mi doctorado en Pedagogía y, si no recuerdo mal, por insistencia innecesaria de Salvador Piá Tarazona, discípulo suyo, asistí a una disertación de Don Leonardo. Lo vi más reflexivo; sus pensamientos fluían con la misma armonía y cadencia de siempre. El tema ya me resonaba antes de entrar: la libertad trascendental. Evidentemente no voy a repetir aquí las ideas que desarrolló, pues no soy quien para parafrasear o interpretar este núcleo del pensamiento poliano. Lo que sí puedo afirmar es que una vez más tuve la experiencia de ver pensar a un filosofo real, de esos que penetran hasta lo mas íntimo del ser, y en este caso, del ser más cercano al Creador, al ser humano.

Tengo muchas preguntas guardadas para nuestras tertulias celestiales, si es que la contemplación de Dios, de la que seguramente él goza, le deja tiempo para escucharme.

Ciro Hernando Parra Moreno
Doctor en Pedagogía
Facultad de Educación
Universidad de La Sabana
Bogotá (Colombia)
ciro.parra@unisabana.edu.co

88. D. Diego Porras Lara: *Un filósofo debe ser capaz de jugar al aje-drez, sin tablero y sin fichas*

Soy de la promoción 77-82 de la Facultad de Filosofía de la Universidad de Navarra. El profesor Polo nos impartió las clases de Teoría del Conocimiento y de Ética.

En primer lugar, veamos algunos rasgos sobre su personalidad. Se le veía caminar por el *campus* de la Universidad de Navarra con un modo característico de vestir y de andar. Solía ir con una boina que cubría su calva, de estatura claramente por encima de la media, y caminaba siempre encorvado con una cadencia regular en el paso, que era pausado, y con la cabeza más bien inclinada, mirando hacia el suelo que daba la impresión de ir pensando. En Pamplona suele lloviznar y era habitual verlo con una gabardina beig larga.

En sus clases habitualmente estaba sentado, echando el cuerpo hacia delante, apoyando su cabeza a veces sobre la mano del brazo derecho que se sostenía en la mesa; y otras veces su mano derecha acariciaba su gran frente mientras iba impartiendo la materia.

En varias ocasiones intentamos venderle la idea de trasladar la clase del aula al *campus* de la Universidad rememorando el modo peripatético. Se reía, pero no aceptó la idea en ninguna ocasión. En cambio, un día después de nuestra insistencia, dijo que podíamos tener una clase más informal en el altillo del bar del Edificio Central de la Universidad. Fue una tertulia en la que desglosó algunas ideas sobre su vida. Nos comentó que antes de estudiar filosofía terminó la carrera de Derecho y que siempre tuvo afición por las matemáticas…

¿Qué le llevó al estudio de la filosofía como tarea universitaria? Nos dijo que solía preguntar a sus profesores sobre los axiomas o principios de las diversas áreas o materias que cursaba; pero al considerar que no recibía una respuesta convincente a sus preguntas –y por lo tanto juzgaba que quedaban sin responder– fue cambiando su interés hasta terminar haciendo filosofía.

Le preguntamos también por sus obras escritas. Nos dijo que no tenía afán por publicar libros, aunque tenía mucho escrito. Decía que lo más importante para él era buscar la verdad y lo concretaba en ir revisando una y otra vez lo que había escrito, y ya se publicaría después de su muerte. Recuerdo una curiosidad: algunos días aparecía en clase con los dedos índice y medio de la mano derecha manchados con algo de tinta porque había estado redactando algunas páginas de algún libro...

Hay que destacar de su personalidad que era un hombre de su tiempo. Por ejemplo, en un buen número de tertulias filosóficas a las que asistí le preguntábamos sobre muchas y variadas cuestiones. Las respondía con un conocimiento profundo de la realidad que se tratara, ya fueran cuestiones políticas, morales, sociales, económicas, o del día a día.

Una de sus aficiones eran los automóviles, tanto que descendía a los detalles técnicos comparativos de los diversos modelos y marcas.

Otro aspecto que me gustaría destacar de Polo es su tarea como profesor. Tenía en su mente todo el programa de la asignatura: leía el primer día de clase los diversos temas que trataríamos y no volvía a llevar ningún otro papel el resto del curso. Comenzaba exactamente la clase en el momento del argumento reflexivo que lo había dejado el día anterior de clase.

Me maravillaba comprobar que sus clases no eran un recuento memorístico de las opiniones de los diversos filósofos. Sus clases eran verdaderamente filosofía, iba produciendo filosofía. Había momentos en los que dependiendo del tema que tratara, mantenía un diálogo de tú a tú con los filósofos más destacados. A veces era de manera vehemente, elevando la voz e inquiriéndoles o refutando alguno de sus planteamientos. Era sorprendente cómo iba a los fundamentos filosóficos de los principales filósofos.

Recuerdo una anécdota significativa que muestra que era una persona interesada por toda la realidad y por los fundamentos de diversas ciencias. En una clase que le preguntamos acerca de un determinado axioma filosófico, porque no lo entendíamos, nos respondió que ese axioma era propio de la física. Y la clase de filosofía se convirtió en una clase de física hasta el final. A continuación nos preguntó si habíamos entendido. Nuestra respuesta se adivinaba que era negativa: guardamos silencio pero nuestras caras manifestaban más bien que estábamos perdidos. Y le salió un pronto, que nos dejó todavía más admirados. Nos dijo: un filósofo debe ser capaz de jugar al ajedrez, sin tablero y sin fichas. Y nos volvió a preguntar: "¿ustedes son capaces de hacerlo?… porque si no lo son, no sé qué hacen aquí haciendo filosofía".

D. Diego Porras Lara
Doctor en Filosofía
Sacerdote
Tarragona –Cataluña– (España)
dipolara@gmail.com

89. ALFREDO PRADOS TORREIRA: *LE PEDÍA CONCRETAMENTE QUE LE AU-MENTARA LA DEVOCIÓN A LA VIRGEN*

La verdad es que no pensaba participar en esta recogida de testimonios sobre don Leonardo Polo, como podía fácilmente deducirse de mi no respuesta a vuestro anterior correo. Han pasado casi cincuenta años desde que le tuve de profesor y lo cierto es que apenas conservo recuerdos de él. Por otra parte, tenéis que comprender que, aún respetándole, incluso admirándole, no todos le profesamos la veneración que otros le tenéis, tal vez porque no le conocimos tan bien como vosotros.

De Don Leonardo guardo algunos "flahses" sueltos, bastante inconexos. Recuerdo, por ejemplo, que impartía siempre las clases con los ojos cerrados, sin mirar a los alumnos, como si estuviera concentrado pensando en lo que iba diciendo. Era evidente que admiraba a Aristóteles, Tomás de Aquino, Eckhart y Hegel. Era respetuoso con los pensadores que se encontraban intelectualmente muy alejados de él, y no cargaba especialmente la mano a la hora de criticar sus sistemas. Solo recuerdo una excepción: la demoledora crítica que realizó una vez de las teorías de Theilhard de Chardin. En sentido contrario, y a título anecdótico, puedo reseñar que sí recuerdo, porque me sorprendió, los elogios que dedicó en dos ocasiones a dos filósofos españoles contemporáneos: Saumells y, sobre todo, Jesús Arellano, cuya obra –la de este último– equiparó en extensión y profundidad a la de Heidegger, aunque nos aclaró que tenía prácticamente la totalidad de sus escritos sin publicar.

También puedo contar una decepción que tuve con él. En cierta ocasión, no recuerdo si en el aula, o a la salida de la misma, le planteé alguna cuestión vinculada con la música (tal vez a propósito de algo de Nietzsche), y él me confesó que él –don Leonardo– carecía por completo de sensibilidad y capacidad para apreciar la música. Tengo que reconocer que no pude evitar que ese día mi admiración por mi profesor quedara bastante dañada: no daba crédito…

En otro orden de cosas, conservo otro "flahs" de don Leonardo de otro ámbito no académico. Sucedió en una tertulia, creo que en el Colegio Mayor Belagua. Estaba muy reciente la muerte de san Josemaría. Alguien le preguntó si al acudir a su intercesión le pedía algo en particular, y él contestó que sí, que le pedía concretamente que le aumentara la devoción a la Virgen. Preguntado de nuevo por el porqué de esta petición, don Leonardo respondió simplemente que lo hacía porque lo necesitaba.

Y esto es todo lo que puedo aportar. Considero que son tres simplezas mal contadas, por lo que preferiría de verdad que no se hicieras uso de ellas. No obstante haz lo que te parezca. Todo sea en homenaje a don Leonardo.

Un cordial saludo,

Alfredo Prados Torreira
Profesor emérito de Secundaria
Madrid (España)
alfredopradost@gmail.com

90. JESÚS PRIETO VALTUEÑA: *FUE POSIBLEMENTE LA CHARLA MÁS LÚCIDA Y PROFUNDA A LA QUE ASISTÍ*

Conocí a Leonardo Polo hace muchos años. En Monterols. En 1964. Vino a Monterols (entonces Centro de Estudios) a darnos una charla a los residentes. No recuerdo el tema, pero sí recuerdo su profundidad y la admiración que nos produjo su conferencia.

Pasados los años, volví a coincidir con él en Pamplona. Nunca viví con él y le traté poco porque trabajábamos en sitios diferentes, él en el Edificio Central y yo en Clínica Universitaria y en la Facultad de Medicina de la Universidad de Navarra. Lo que recuerdo indeleblemente es una charla que dio en un retiro mensual al que asistí en el centro llamado Urdax donde él vivía. En ese centro residía también D. Juan Jiménez Vargas. La charla trató sobre pobreza y fue posiblemente la charla más lúcida y profunda a la que asistí. Por lo demás, no conozco el pensamiento filosófico de D. Leonardo.

Jesús María Prieto Valtueña.
Profesor Emérito
Facultad de Medicina y
Clínica Universitaria
Universidad de Navarra
Pamplona –Navarra– (España)
jprieto@unav.es

91. PAZ QUESADA MOLINA: *UN DESPLIEGUE DE SABER EN TODOS LOS ÁMBITOS*

Mis recuerdos del profesor D. Leonardo Polo están asociados a unos años fantásticos en la Facultad de Filosofía de la Universidad de Navarra. Mi promoción '92, una de las últimas más numerosas, tuvo la suerte de tenerlo como profesor en dos cursos y disfrutar de sus clases de Psicología y Teoría del Conocimiento. Más allá de las cuestiones académicas, las clases del profesor Polo eran un despliegue de saber en todos los ámbitos y nos dejaba boquiabiertos con sus comentarios sobre los asuntos de la actualidad sociopolítica, económica, cultural a nivel mundial. Recuerdo que no tomaba apuntes en parte porque no quería perderme ni una palabra y en parte porque después, el examen no versaba en absoluto sobre lo que solía contarnos en clase, donde sin embargo conseguía captar toda nuestra atención. Era capaz de tratar de las grandes cuestiones y al mismo tiempo pisaba el terreno más inmediato.

Después, tuve la oportunidad de escucharle en algunas conferencias sobre temas más relacionados con la Antropología, y de nuevo tuve la impresión de que me abría los horizontes del pensamiento como nadie más lo ha hecho. Hemos sido unos privilegiados por haber tenido estos maestros.

¡Gracias profesor Polo, gracias Universidad de Navarra y, por supuesto, gracias San Josemaría!

Paz Quesada Molina
Filosofía '92
Málaga –Andalucía– (España)
pazquesadamolina@gmail.com

92. EDUARDO REVUELTA MARTÍNEZ: *ALGUIEN MUY IMPORTANTE EN MI VIDA*

Oí hablar de Leonardo Polo poco antes de comenzar mi carrera de Filosofía en la Universidad de Navarra, en 1982. La imagen que por entonces ya circulaba sobre él era la de un genio, quizás uno de esos que se dan rara vez en muchos años, y que estaba medio oculto en la Sección de Filosofía, físicamente en el (así lo llamábamos) "Pasillo Filosófico", en la segunda planta del antiguo Edificio de la Biblioteca.

Poco después ya supe que era eso y también mucho más. Una persona especial. De pocas palabras al principio y en apariencia serio, pero respondiendo al tópico: brillante, en las nubes... Alguien en cuya presencia te tienes que poner en guardia porque sospechas que van a suponer una experiencia extraordinaria. Aunque el niño que llevaba dentro también salía a relucir con alguna frecuencia.

Al año siguiente, en el curso 1982-83, Polo fue el profesor de Psicología de mi promoción, por aquel entonces en 2º de carrera. Yo había conseguido ser "Becario de Colaboración" del Departamento de Historia de Filosofía, que entonces dirigía Polo. Con independencia del nombre del Departamento, mi trabajo consistía en aprovechar las clases a las que asistía como alumno para grabarlas (con una grabadora que hoy estaría en un museo...) y trascribirlas con una máquina de escribir "electrónica". Le pasábamos después los folios junto con un rotulador de punta gruesa y otro de punta muy fina (los famosos "rotring"). Con toda esa tecnología punta, Polo tachaba o corregía la transcripción, y nos devolvía los papeles para que reescribiésemos lo corregido. Eso fueron muchas, muchas horas de escuchar, de escribir y de pensar en lo que nos decía.

Todo esto continuó los dos siguientes cursos, para las asignaturas de Teoría del Conocimiento I y II: me encanta pensar que fui uno de los amanuenses de los libros escritos sobre esos Cursos.

D. Leonardo era exigente, con un punto cariñoso (que no aparecía a la primera), y otro en cierto modo divertido. Su sonrisa era infantil y llena de dientes, siempre detrás de esas gafas por las que asomaban su mirada de ojos pequeños y alma inmensa. Recuerdo cuando salía de su despacho (todo estaba acristalado y le veíamos venir) con el cigarrillo en los dientes y haciendo con la mano el gesto del mechero… o directamente pidiendo un pitillo (claramente, otros tiempos).

Coincidí también con él en alguno de los cursos de la Universidad de La Rábida, en Las Navas del Marqués. Allí, además de las ponencias y discusiones filosóficas apasionantes que protagonizó, le veía jugar al 'mus' con su amigo Vicente Rodríguez Casado e intercambiar bromas verdaderamente simpáticas. Verdaderamente se hacía querer, y le quisimos.

También se enfadaba a veces, por supuesto: tenía su carácter. Pero con el paso del tiempo notabas que habías establecido una relación de amistad curiosa, con los casi 40 años que nos llevábamos y lo tremendamente distinto de nuestra posición biográfica. Por mi lado, una admiración que sólo crecía y un cariño entrañable. Por el suyo, supongo que un cierto apadrinamiento. "Adopta un becario", o algo así.

Comenzamos a charlar en su despacho después de las clases. Me fascinaba su forma de entender qué es la vida (citaba a Aristóteles: el ser para los vivientes) y su forma de aproximarse desde la distinción entre *praxis* y *kínesis*; cómo se adentraba desde los tipos de movimiento en relación al fin que persiguen o poseen, y la descripción de los actos propios del ser vivo (locomoción, crecimiento y reproducción) insertados en ese avanzar. Esto lo explicaba en sus clases de Psicología. Yo recuerdo que "daba botes" de entusiasmo intelectual, y al recordarlo no me siento ridículo.

En Teoría del Conocimiento nos remachaba su "famoso" Axioma A: "conocer es acto". Recuerdo también una vez, en esas charlas de atardecer en el Pasillo Filosófico, en la que le dije que conocer el Axioma A es más acto que ejercerlo. Se quedó parado un momento y enseguida se echó a reír: "Claro, claro". Pero siguió hablando de ello: "darse cuenta" de que conocer es acto nos sitúa en disposición de abandonar el límite de lo mental, de transcender el objeto… Pero no debo ser yo quien se extienda sobre esto.

Otro día, en el que creo que charlábamos sobre si él pensaba que había abierto un nuevo camino a la filosofía (yo hacía preguntas de estudiante de 19 años, entiéndase…). Se puso serio, se levantó de su mesa, cogió unas llaves del cajón de su escritorio y abrió las puertas de una enorme armario que había junto la una de las paredes de su despacho. Allí me mostró montones, literalmente, muchos montones de folios escritos a máquina y apilados en las baldas de ese armario. Allí estaban *El Ser* II, *El Ser* III… Le miré como preguntando: "muy bien, pero… ¿y?". Y me contestó con cierta melancolía que todo eso lo tenía escrito y, de algún modo, no había encontrado el momento oportuno, el apoyo, o ninguna de las dos cosas para publicarlo (al menos hasta ese momento; sería el año 1984 o 1985). Entendí con ese gesto que tenía mucho todavía que decir.

La casa de mis padres está justo enfrente de donde él vivía en la calle Monasterio de la Oliva de Pamplona. Nuestro piso, más alto, permitía verle en ocasiones en la sala de estar de su casa. Tuve la oportunidad también de visitarle allí en varias ocasiones en las que él me invitaba para seguir hablando sobre los temas que nos gustan: Dios, el hombre; también sobre economía y política, y siempre desde una visión filosófica. Recuerdo que yo quería entender qué significa el abandono del límite mental. Reconozco que he seguido dando vueltas a esa idea, (y sigo, porque aunque no me dediqué después profesionalmente a la filosofía, uno no deja de rondar lo que de verdad le interesa) y la consigo relacionar con otras ideas también fundamentales para mi búsqueda personal de la verdad. Pero eso, de nuevo, es otra historia.

Años más tarde, yo había terminado la carrera y terminaba un curso en el que trabajé en Oxford y había tenido la suerte de atender unos cursos en esa universidad. En una visita a Pamplona me acerqué a saludarle al Pasillo y charlamos sobre mi futuro profesional. Yo por aquél entonces comenzaba a volar en otras direcciones distintas de la dedicación a la Filosofía, pero me propuso que hiciera la tesis doctoral sobre su obra. Revivo al escribirlo el impacto que su proposición me causó y el orgullo que me hizo sentir. Pero me quedé paralizado y pedí pensarlo. Al final volví (creo que al día siguiente) para decirle que no. Ahora, todo este tiempo después, tiro de cabeza para respetar las decisiones de aquel jovenzuelo que era yo y no me arrepiento. Además, es casi seguro que no lo habría hecho como merecería. Pero tengo para mí que fue el punto más alto al que llegó mi carrera filosófica, y sonrío al pensarlo.

Después de aquello le vi en otras ocasiones esporádicamente. Iba ya poco a Pamplona, casi solamente para ver a mis padres y hermanos, y hasta ahí llegan los recuerdos que tengo de Don Leonardo Polo. Alguien muy importante en mi vida, especialmente en aquellos años. Una persona extraordinaria porque vivió su vida transitando por encima de límites y fronteras.

Eduardo Revuelta Martínez
Director de Negocio.
División de Banca de Empresas
Bankinter SA
Madrid (España)
erevuelta@bankinter.co

93. FERNANDO RIOFRÍO ZÚÑIGA: *¿NOS MERECEMOS TODO ESTO?*

El maestro Leonardo Polo durante muchos años hizo docencia en la Universidad de Piura. Tuve la buena fortuna de asistir a algunas ponencias que él pronunció acerca de antropología en esta universidad, tan sugerentes y desde luego brillantes. Le debo el ejemplo acerca del modo de filosofar, que me llevó a progresar en mi reflexión filosófica.

En dos ocasiones lo invité a la casa de veraneo de mis padres en la playa de Colán, donde disfrutó tanto del contacto con la naturaleza. Al contemplar el escenario tan iluminado de la playa y miles de cangrejos, me decía que "en América la naturaleza es pletórica". Sentados ambos en la terraza de la casa de playa en sillas de tela frente al mar contemplando el horizonte, se preguntó: "¿nos merecemos todo esto?". Le respondí inmediatamente arrellanándome en la silla: "por supuesto". Me contestó: "¡pues yo creo que no!". En otra ocasión, estando muy a gusto en la misma terraza de la casa de playa, en nuestras sillas de tela, quise aprovechar para hacerle una pregunta sobre metafísica; en ese momento se arrellanó en su silla y me dijo en broma: "Cuando estoy en un lugar como éste me convierto en panteísta".

Otro año fuimos con el Dr. Luis Eguiguren y el Dr. Leonardo Polo a la misma casa de veraneo y almorzamos en un conocido restaurante llamado "Macaria", que es el nombre de la dueña. El Dr. Polo señaló que su nombre venía del griego y significa "feliz", "bienaventurada", y efectivamente, era una señora sencilla, cordial, de una familia de pescadores del pueblo de Colán.

Fernando Riofrío Zúñiga
Departamento de Filosofía
Universidad de Piura
Piura (Perú)
fernando.riofrio@udep.edu.pe

94. D. ÁNGEL RODRÍGUEZ LUÑO: *MI ENCUENTRO CON UN GRAN PROYECTO FILOSÓFICO*

Mi conocimiento de Leonardo Polo se remonta al año académico 1968-69, en el que comencé mis estudios en la Universidad de Navarra, en lo que entonces se llamaba Facultad de Filosofía y Letras. El plan de estudios de aquella época comprendía dos años comunes para todas las especializaciones, seguidos de tres años propios de cada especialización. Durante el primer año (1968-69) no tenía ninguna asignatura impartida por Leonardo Polo, pero aproveché algunas horas que me quedaban libres para asistir como simple oyente a algunas clases que él daba a los alumnos de la especialidad de Filosofía. Tuve una impresión muy favorable y pienso que profunda, por lo que desde entonces nació en mí un gran interés por su proyecto filosófico, que procuré alimentar en los años siguientes.

Como anécdota de aquella época, recuerdo que varios alumnos interesados por cuestiones filosóficas nos reuníamos los sábados por la tarde en una cafetería de Pamplona para hablar de temas filosóficos. Don Leonardo aceptó alguna vez nuestra invitación. Estábamos en 1968-69, o quizá 1969-70, y le pedimos que nos hablase del sustrato filosófico de la revolución estudiantil que llenaba en aquel momento las universidades europeas. La elevación de su pensamiento no le impedía abajarse para hablar con unos principiantes, aunque desde luego nunca nos propuso discursos banales. Con nosotros siempre fue él mismo.

Al acabar el curso 1969-70 interrumpí mis estudios en la Universidad de Navarra, y me trasladé a Roma para hacer los estudios de Teología necesarios para la ordenación sacerdotal, que tuvo lugar en 1975. Algún año después volví a mis estudios filosóficos en la Universidad de Navarra. Hice la asignatura de Teoría del Conocimiento con don Leonardo. Recuerdo que me pidió que leyera dos libros, uno de R. Verneaux y otro de J. Peghaire. Los leí y le presenté un trabajo escrito sobre el segundo de ellos. Son dos libros que todavía hoy recuerdo, y que me introdujeron en algunos problemas filosóficos sobre los que he continuado reflexionando. Más tarde, comentando con él los trabajos que yo había hecho sobre la noción tomista de *actus essendi*, que Polo conocía muy bien, recuerdo que me planteó varias veces una pregunta: y eso de que hablas, ¿cómo se conoce? En un primer momento no me di cuenta del alcance de su pregunta, pero no tardé en comprender el problema al que él aludía.

En Navarra obtuve el Doctorado en Filosofía, con una Tesis sobre un tema de ética, dirigida por el querido profesor Rafael Alvira, y volví a Roma para dedicarme a la enseñanza de la Filosofía. Aunque trabajaba sobre todo en temas de filosofía moral, tenía dentro el interés por el proyecto filosófico de Leonardo Polo. Me entusiasmó la lectura de los volúmenes de su curso de Teoría del Conocimiento. Después leí otros libros suyos, y también los de algunos de sus discípulos, así como tesis de doctorado acerca de su pensamiento. Me causó gran satisfacción una Tesis realizada en mi universidad en lengua italiana, dirigida por el profesor Juan José Sanguineti, porque, además de dar a conocer a Polo en Italia, hacía un meritorio esfuerzo para traducir a la lengua italiana su vocabulario filosófico, no siempre fácil ni siquiera para los que éramos de lengua castellana.

Durante unos cuantos años desarrollé mi actividad docente en el Instituto Juan Pablo II de la Universidad Pontificia Lateranense de Roma, y más tarde comencé a trabajar en la recién creada Facultad Eclesiástica de Filosofía de la Universidad Pontificia de la Santa Cruz, de la que fui el primer Decano (desde 1990 hasta 1998, si no recuerdo mal). Don Leonardo tuvo la bondad de aceptar mi invitación para dar unos cursos de doctorado en Roma, así como algunos seminarios para el joven claustro de esa Facultad. Conservo en la memoria un seminario sobre el problema de Dios en la Filosofía, que me abrió muchos horizontes. También tuve la oportunidad de hablar varias veces con él, y de pedirle orientaciones para mi trabajo.

Una vez le comenté que en sus clases demostraba tener un conocimiento profundo de la historia de la filosofía, tanto clásica como moderna, pero que no le veía abundar en citas, ni en cuestiones eruditas acerca de ediciones o de la evolución de algunos pensadores. Más o menos me vino a de-

cir que para él no valía la pena dedicar tiempo a esas cuestiones puntillo-
sas y eruditas. Él afrontaba algunos problemas, y veía cómo esos problemas fueron abordados por los más importantes pensadores, pero siempre
con el propósito de aclarar especulativamente las cuestiones y de proponer vías de solución. Nunca olvidé esa conversación, que tuvo lugar un
día después del almuerzo. Después he visto que con los actuales criterios
de evaluación y de promoción de los profesores, quienes empiezan se ven
obligados a realizar tediosos estudios críticos sobre cuestiones muy concretas, a veces más filológicas que filosóficas, pero que tienen poco interés
para quienes concebimos el quehacer filosófico como una búsqueda apasionada del significado del hombre, del mundo y de Dios. Probablemente
hoy no queda más remedio que publicar esos estudios en revistas bien
cotizadas, al menos si se desea realizar una carrera académica, pero la
experiencia enseña que si nos limitamos a esto los mejores alumnos y las
mejores inteligencias no irán a las facultades de Filosofía, porque una
buena inteligencia no quiere emplearse en controlar las diferencias lin-
güísticas puntuales entre la primera y la segunda edición de una gran
obra filosófica, a no ser que ése sea el único medio para entender una
cuestión sustancial.

En el año 2000 pasé a trabajar en la Facultad de Teología y el contacto
con Polo se redujo casi sólo a la lectura de lo que de él se iba publicando.
Al menos no conservo en la memoria recuerdos personales posteriores a
ese año. Pero nunca perdí el interés por su reflexión, que sigue vivo en la
actualidad.

Como he mencionado de pasada varias veces, lo que más me impresionó de Polo fue que no se limitaba a transmitir conocimientos filosóficos,
sino que tenía e iba desarrollando un proyecto filosófico. Un proyecto que
me atrajo desde el principio. Polo conocía muy bien la filosofía griega y
medieval, era en cierto modo un gran aristotélico y muy buen conocedor
de Tomás de Aquino, pero a la vez advertía en la filosofía clásica y medieval un déficit de antropología, y por consiguiente de "meta-antropología"
(lo que llamó después "antropología trascendental", y que era con respecto a la antropología lo que para los griegos era la meta-física con respecto
a la física). Ese déficit abría un amplio espacio que había que ocupar, y
que la filosofía moderna trató de ocupar con su atención hacia el sujeto, el
conocimiento y la libertad. Pero, si no me equivoco, él consideraba que el

intento moderno, más que ampliar y completar la visión clásica, la había "vuelto del revés". En Italia diríamos que el intento moderno había "*capovolto*" y "*stravolto*" la visión clásica, y en ese sentido había trastornado el panorama filosófico, con lo que no se resolvía el mencionado déficit, al que se añadía ahora un nuevo problema. Había que proceder a un amistoso, y a la vez serio, "ajuste de cuentas" con la reflexión moderna, que requería comprender muy bien sus legítimas instancias, a las que necesariamente se debía dar una respuesta adecuada, que no podía limitarse de ningún modo a proponer de nuevo, sin una profundización que la actualizase, la reflexión clásica tal y como había quedada fijada por la tradición filosófica.

Polo proponía un camino para realizar esa tarea, que era explorar y explotar lo que él llamaba las dimensiones del abandono del límite mental. No es una cuestión simplemente metodológica, sino también sustancial. Presuponía una concepción del conocimiento que pretendía medir fuerzas con la reflexión moderna y abrir el camino para una verdadera ampliación de la visión clásica. La cuestión es suficientemente complicada como para tratarla aquí, y existen buenos estudios sobre el tema. Pienso que en algunos de mis trabajos la he tenido en cuenta, dentro de lo que mis límites consentían. El deseo de ampliar la visión clásica, sin volverla del revés, teniendo en cuenta las mejores instancias de la reflexión moderna nunca me ha abandonado, y ahora que por ser profesor emérito tengo algo más de tiempo, continúo leyendo y reflexionando sobre sus mejores exponentes. No me ocuparía de ellos si no fuese por la buena inquietud que Polo sembró en mi inteligencia filosófica.

Si mi interés por el proyecto filosófico de Polo fue y sigue siendo grande, no siempre he logrado comprender la realización que ese proyecto fue teniendo. Me parecía muy importante llevar hasta sus últimas consecuencias la visión del ser como libertad, pero experimenté no poca dificultad para asimilar los volúmenes sobre la antropología trascendental, a los que quizá debería haber dedicado más tiempo y mayor esfuerzo. Varias veces dijo don Leonardo que él no deseaba discípulos que lo repitiesen, sino hombres que caminasen con autonomía de criterio por las vías que él había tratado de abrir. Por eso no tuve dificultad en andar a mi modo por el camino que él había abierto.

D. Ángel Rodríguez Luño
Sacerdote
Profesor Emérito de Ética
Università della Sancta Croce
Roma (Italia)
aro195185@gmail.com

95. DIEGO ROMERO DE SOLÍS: *ERA TODO UN ESPECTÁCULO. NO EXAGERO*

Conocí al profesor Polo en la Universidad de Navarra. Yo era alumno libre oyente en la Facultad de Filosofía. Me impactó su talante filosófico, su apertura vital y su compromiso.

Mi forma de entender la filosofía siempre fue muy distinta. Polo era un metafísico, un genuino filósofo y yo un simple esteta. De otro lado, él era una persona muy creyente y yo agnóstico. Sin embargo, siempre se mostró amable, tolerante, irónico y comprensivo.

En sus mejores tiempos, verlo pensar en la clase, o dando una conferencia era todo un espectáculo. No exagero. Su libro *Evidencia y realidad en Descartes* me gustó. Es posible que también me influyera. Sus textos más suyos, y posiblemente los mejores, se me escapaban. No me interesaban, ni tampoco los entendía. Pero seguramente eran y son limitaciones mías.

Lo recuerdo con admiración, respeto y simpatía. Saludos,

Diego Romero de Solís
Catedrático
Profesor Emérito de la Universidad de Sevilla
Área de Estética y Teoría de las Artes
Sevilla –Andalucía– (España)
drdieg@gmail.com

96. JAVIER SÁNCHEZ COLLADO: *ERA UN HOMBRE ESPECIALMENTE AFABLE CON LOS ALUMNOS*

Adjunto unas pocas líneas. Están llenas de cariño. Muchas gracias por la invitación. Tuve la suerte de recibir clases del profesor Leonardo Polo

en el curso 1988-89, en la asignatura Teoría del conocimiento. Los primeros recuerdos que tengo como alumno son de su peculiar aspecto y forma
de dar clase, tan característicos. Pronto nos acostumbramos a 'verlo pensar' en clase: no eran sus lecciones 'lecturas', sino que iba tratando los
problemas de manera viva –apoyado en su bastón, su boina ante él, como
la calavera de Hamlet– ante verdaderos interlocutores. Recuerdo su risa
contenida ante algún vericueto de la argumentación, cuando exponía alguna objeción o hallaba alguna salida al problema expuesto.

Era un hombre especialmente afable con los alumnos. La fama de sabio
y despistado profesor que lo precedía no hacía esperar eso, pero enseguida me di cuenta de que no era así. Tuve la ocasión de acompañarlo en un
taxi, tras una tertulia que tuvo en mi colegio mayor, y me sorprendió la
paciencia –mejor dicho, me sorprende ahora, al cabo de los años– que tenía en responder mis preguntas filosóficas, que a mí me parecieron entonces formidables, pero que fueron ocasión de que me hablara con paciencia
y tanta consideración como si yo fuera el mismísimo Hegel.

Una anécdota divertida –a propósito de su cordialidad– fue que mi
promoción decidió rodar un vídeo humorístico para celebrar el paso del
ecuador. El título era muy adecuado: "En busca del ente perdido". Le pedimos su colaboración, que nos brindó inmediatamente: debía descolgar
el teléfono e informar de que "habían secuestrado el ente". Lo sorprendente –lástima que no hayamos recuperado esa cinta– fue que realizó toda
una interpretación, llena de entusiasmo y preocupación por el ente (no era
para menos).

Pero lo mejor del contacto con Don Leonardo ha sido, como es de esperar, lo que he aprendido de él: no algo de filosofía, sino a filosofar. He sido
profesor muchos años en bachillerato, y durante todos estos años me ha
acompañado siempre el *Curso de teoría del conocimiento*. Me he peleado con
él bastante, para qué nos vamos a engañar, pero creo que de este pequeño
combate ha salido algo interesante, pues he conseguido transmitir algunas
ideas suyas a mis alumnos de bachillerato. El curso pasado, último en que
impartí clases en ese ciclo, tuve doce alumnos estudiando el grado de Filosofía o dobles grados en varias universidades españolas y extranjeras. Y
creo que el magisterio de don Leonardo Polo y de los magníficos profeso-

res que tuve en Navarra no es ajeno a eso: espero que sea porque me enseñaron a filosofar, más que por la filosofía que aprendí.

Javier Sánchez Collado
Profesor de Pensamiento Crítico
CUNEF
Madrid (España)
javiersco@gmail.com

97. FRANCISCO SANTAMARÍA EGURROLA: *POLO SIEMPRE 'VEÍA MÁS' Y SIEMPRE TE ABRÍA LA MIRADA A INTUICIONES O PERSPECTIVAS SUGERENTES Y PROFUNDAS*

Conocí a Leonardo Polo, creo recordar, en el curso 1976-1977. Me parece recordar que fue en mi 3º año de Filosofía, que era una de las especialidades de la licenciatura de Filosofía y Ciencias de la Educación. En 3º de carrera, curso 76/77, el Prof. Polo impartía Historia de la Filosofía Moderna y Contemporánea y en 4º (1977-1978) impartía Teoría del Conocimiento.

Las clases de Polo resultaban realmente sugestivas. Su estilo docente me gustaba mucho: por así decir, pensaba en voz alta (nada que ver, por supuesto, con leer unos apuntes). Agradecía yo mucho su labor pedagógica de mostrar una misma idea desde varios ángulos para acabar de hacerla comprensible a los alumnos. No era el caso de las sesiones llamadas de "seminario": en ellas, D. Leonardo daba por supuesto un buen conocimiento de la Filosofía en los alumnos y, por así, decir. "se tiraba a tumba abierta", sin detenerse a hacer más comprensible el contenido. He de reconocer que no le seguía bien su discurso en estas sesiones.

En mis años universitarios en Pamplona, y posteriormente, he tenido la oportunidad de asistir a conferencias o encuentros en los que su discurso siempre me resultó fascinante. Era consciente de encontrarme ante alguien con una lucidez excepcional, que era capaz de reflexionar con gran profundidad sobre cualquier aspecto de la realidad, demostrando no sólo un dominio completo y profundo de cualquier escuela o área filosófica, sino también un conocimiento exhaustivo de la actualidad, de los progresos científicos o de los cambios sociales, etc.

Polo siempre "veía más" y siempre te abría la mirada a intuiciones o perspectivas sugerentes y profundas.

Con todo, su sistema filosófico, hasta lo que yo seguí, tiene, en mi opinión, el problema de generar un nuevo "sistema" de pensamiento propio, que, por su completitud, te obliga a acometer todo el trabajo filosófico desde él. Esto, en mi opinión, dificulta el diálogo con el resto de trabajo de la Academia y, por ese motivo, me ha servido poco para mi investigación.

Francisco Santamaría Egurrola
Doctor en Filosofía Egurrola
Miembro del Grupo de Investigación Culturas,
religiones y Derechos humanos de la UNIR
Profesor del Cuerpo de Profesores de Secundaria
Gijón –Asturias– (España)
fsantamaria26@gmail.com

98. JAVIER SANTOS BERMEJO: *USTEDES SON... ¡¡¡FELICES!!!*

Mi encuentro con D. Leonardo Polo tuvo lugar en octubre de 1976 hasta junio de 1981. Tuve la suerte de tener a D. Leonardo 3 años de los 5 años que duró mi carrera de Filosofía. D. Leonardo nos impartió la Asignatura de Psicología General.

También lo tuve en diversas tertulias informales en Centros Universitarios y Colegios Mayores en los que se le invitaba para hablar de lo que él quisiera. Siempre sus tertulias y sus clases eran muy inspiradoras y nos llenaban de inquietud por la búsqueda de la verdad y la integridad personal.

Recuerdo muy bien la primera vez que lo en octubre de 1981 en la asignatura que impartió el Dr. Polo, Psicología General. Recuerdo que la primera frase que nos dijo y que se fue repitiendo durante años: "Lo psíquico es un punto dinámico acerca de temas". Siempre he tenido esta frase como algo inolvidable en las enseñanzas del Profesor Polo.

Recuerdo una anécdota que tuvo lugar entre noviembre y diciembre de 1976. Hicimos un examen parcial de su asignatura de Psicología General. Teníamos mucho miedo de este parcial porque D. Leonardo era un sabio y no estábamos ni siquiera aproximados a su sabiduría. Esto nos generó bastante inquietud por el examen. Vino a clase y le preguntamos por las notas, pero nos dijo: "Tengo que dar una vuelta más a los exámenes para ver si aprueban más alumnos". Esto confirmó nuestras preocupaciones y seguimos esperando. Unos días más tarde vino con los exámenes en la mano dispuesto a decirnos las notas en público. Recuerdo que cuando las dijo, se refirió en concreto a las notas de una compañera nuestra de Pedagogía. En ese momento teníamos clases compartidas con Pedagogía y Psicología durante los tres primeros años. Al referirse a nuestra compañera, dijo en alto: "Esta compañera suya debería estudiar Filosofía y dejar Pedagogía porque tiene una cabeza filosófica". Ella no estaba en clase, pero nos faltó tiempo para decírselo. Ella acogió la petición del Dr. Polo y se pasó a Filosofía y fue compañera mía durante los 5 años de Filosofía. Actualmente es Catedrática de Metafísica en Madrid. El Dr. Polo tuvo la certeza de su vocación filosófica.

D. Leonardo era aparentemente muy serio en sus clases, pero tenía un sentido del humor muy fino que se desprendía en sus clases. Hacía a veces aspavientos en sus reflexiones que daban lugar a que nos riéramos con él de sus ocurrencias. A veces también se reía de las frases desafortunadas que tenían algunos filósofos.

Un día nos dijo que Aristóteles era la persona más inteligente que había habido en el mundo "a excepción de nuestro Señor Jesucristo".

En Psicología General era obligado hablar de Freud. Nos dio varias clases hablando de él hasta que un día dijo: "Hay cosas de Freud que sólo puedo comentar a los chicos de la clase porque sería indecoroso decirlo a las chicas. Si ustedes quieren, puedo dar esa clase a los chicos". Hubo algunas pequeñas protestas por parte de las chicas, pero al final les dijimos que les contaríamos todo lo que nos dijera. Esto, a día de hoy, puede parecer terriblemente machista, pero hay que situarse en la delicadeza que siempre tuvo D. Leonardo al tratar los temas más personales de cada individuo. Al final, nos dio una clase sólo a los chicos, y creo que fue la clase más divertida y apoteósica que tuvimos en toda la carrera. El profesor Polo habló con todo detalle de Freud y de sus consecuencias. Fue una clase realmente divertida, llena de adjetivos, respetuoso también con nosotros, pero con una gran claridad. Creo que nadie olvidaremos nunca esa clase por su profundidad y por la diversión que tuvimos. Por supuesto, les contamos a nuestras compañeras todo el contenido de la clase sobre Freud.

Con D. Leonardo se sabía cuándo empezaban las clases, pero nunca cuándo terminaban. Si era la primera clase que impartía, le costaba arrancar, sin embargo, luego tomaba carrerilla y nadie osaba parar sus clases. Recuerdo a la profesora de Lengua, María Victoria Romero, con la que teníamos clases de 7:15 a 8.00 p.m. Las clases de D. Leonardo terminaban siempre más tarde y la profesora de Lengua dijo en una ocasión: "Yo al profesor Polo nunca lo interrumpiré".

Otra anécdota ocurrió en plena clase cuando estábamos en 4º de Filosofía: Uno de mis compañeros se distrajo mientras el Dr. Polo estaba hablando y empezó a soplar un bolígrafo que tenía en su mesa que, a la sazón, estaba en la primera fila, justo enfrente del Profesor Polo. Los demás empezamos a mirar a ver el desenlace hasta que de tanto soplar, el bolígrafo se cayó al suelo. Nos reímos todos y el profesor Polo pareció despertar de su clase y nos dijo: "¿Qué sucede?". Cuando se lo explicamos, temiendo una reacción airada, simplemente dijo: "Si ustedes se han reído porque un bolígrafo se ha caído al suelo, ustedes son… ustedes son… ¡¡¡FELICES!!! Todos callamos antes esta reacción tan excelente y comprensiva por parte del profesor Polo.

Su figura y sus enseñanzas creo que no olvidaremos nunca, en primer lugar porque nosotros éramos muy jóvenes y teníamos a un sabio por profesor. Y en segundo lugar porque fueron tan profundas y tan humanas que todos las hemos conservado siempre como oro en paño. He de decir que yo conservo todos los apuntes de 1º de filosofía y de los años que nos dio clase. Ya en ese momento sabíamos que estábamos en una ocasión irrepetible y que tendría impacto en toda nuestra vida. Podría decir muchas más cosas, pero sería alargarme demasiado y todo lo esencial ya queda dicho.

Recuerdo también una anécdota muy significativa: Cuando estábamos en 2º de Filosofía tuvo lugar un seminario interdisciplinar en la Facultad de Medicina de la Universidad de Navarra. Para ello, fue invitado D. Leonardo para hablar a los médicos de la Facultad. D. Leonardo, hablando concisamente, les dijo textualmente: "Su profesión hace que al final se les mueran todos los pacientes porque es ley de vida. Ustedes tienen que buscar 'el alma' de sus pacientes".

Me he dedicado a la enseñanza de la Filosofía en Colegios durante 16 años. El resto de mi actividad profesional la he dedicado a trabajar en la

Universidad de Navarra fundando el Gabinete de Orientación Universitaria para asesorar a alumnos que no saben qué estudiar. Para ello les he aplicado diversos *test* y entrevistas para que elijan con certeza el Grado que más les convenga. Actualmente estoy jubilado, aunque sigo en trabajos de orientación profesional para alumnos que vayan a estudiar en la universidad. Sigo el mismo método que seguía en la universidad aplicando *test* y teniendo entrevistas de orientación. He de decir que las enseñanzas de D. Leonardo me han servido de mucho en este trabajo. La asignatura de Psicología General que me impartió el profesor Polo ha sido clave tanto en mi trabajo en la docencia como en mi trabajo de orientación.

Javier Santos Bermejo
Licenciado en Filosofía
Ex-Director del Gabinete de Orientación Universitaria
Universidad de Navarra
Pamplona –Navarra– (España)
jjsantos@unav.es

99. D. SANTIAGO SANZ SÁNCHEZ: *TESTIMONIO SOBRE LEONARDO POLO*

Estudié Filosofía en la Universidad de Navarra desde 1990 hasta 1995, cuando todavía estaba vigente un plan que preveía cinco años de estudios. En mi curso entramos alrededor de cincuenta personas, pero concluimos en quinto de carrera más o menos la mitad de los que empezamos. Desde entonces el número de alumnos de la especialización fue decreciendo.

Digo esto porque los de mi promoción tuvimos el privilegio de recibir las clases de don Leonardo en tres ocasiones, cosa que pienso que no fue habitual.

En primero de carrera nos dio unas inolvidables clases de "Introducción a la filosofía", que posteriormente quedaron plasmadas en un libro del mismo título editado por Eunsa (de modo análogo a lo que había sucedido el año anterior con el curso de "Antropología filosófica", si no recuerdo mal). Veíamos en él a un filósofo en ejercicio, alguien que en clase pensaba ante nosotros, con una mirada que parecía ausente de lo inmediato y concentrada en sus pensamientos. Se trataba de encontrar el *busilis*, el *intríngulis*, como nos decía con frecuencia.

Nuestra sorpresa fue notable cuando supimos que, en el segundo año, Polo iba a ser el profesor de "Historia de la Filosofía Antigua", asignatura que normalmente daba el profesor Rafael Alvira, quien no recuerdo por qué justo en ese curso no pudo impartirla. La cosa no estaba exenta de interés, pues era bien conocida la simpatía de Alvira por el pensamiento de Platón, como también lo era que Polo se consideraba un seguidor de Aristóteles. Recuerdo bien llegar a clase y encontrar allí ya sentado al maestro, pasando las páginas de alguno de los volúmenes del conocido manual de Reale. Ni que decir tiene que ese año en las explicaciones el aristotelismo pudo con el platonismo…

Por último, en cuarto de carrera, tuvimos de nuevo al profesor Polo en la que era realmente "su" asignatura, es decir, la "Teoría del conocimiento". Para entonces ya se había empezado a publicar la serie de volúmenes de Eunsa que contenía esa materia, aunque creo recordar que no todos. De hecho, allá estaba siempre en clase don Jorge Mario Posada con la grabadora en mano. No fue fácil escuchar hablar del axioma A, del conocimiento objetivo como "lo que hay ya inmediatamente abierto", del famoso "abandono del límite mental", de la esfera como lo perfecto según Aristóteles, de las maclas entre los primeros principios, y otras muchas cosas que estimulaban nuestras mentes, aunque en buena parte nos superaban. Éramos conscientes de que estábamos ante un pensamiento original y difícil de seguir, pero inspirador y muy auténtico.

Pudiera parecer que don Leonardo tenía un aire como de genio ausente, y de hecho tenía unas gafas que denotaban una alta graduación, no sé exactamente de qué nivel de visión gozaba entonces. Pero, en mi opinión, en clase daba a veces la impresión de ser un "actor", que tenía sus modos de tenernos en vilo tanto con sus palabras como con sus actos: con sus palabras, porque su tono de voz era bastante bajo, y había que estar muy atento para entender lo que decía, ya que hablaba hacia abajo, con la mano que se movía o se apoyaba en la cabeza o se recolocaba las gafas; y con sus actos, por lo que se ve en la siguiente anécdota. Eran tiempos en los que no estaba prohibido fumar en clase, es más, había ceniceros, junto con unos tímidos letreros en las paredes que decían: "se ruega no fumar". Pues bien, Polo fumaba en clase, como también nosotros. La maniobra de extraer el cigarrillo del paquete de *Ducados* de su bolsillo, por un lado, de sacar el mechero, por otro lado, y finalmente el momento de la unión de ambos en el acto del encendido del pitillo, no tenía desperdicio por su lentitud y su solemnidad. La cosa no quedaba ahí, pues la misma emoción o tensión se palpaba cuando la ceniza adquiría cierta consistencia y se hacía necesario dirigir el cigarrillo hacia el cenicero, aquello era otra auténtica *odisea*. Todo ello, en fin, mientras nos hablaba de alguno de los axiomas de su teoría del conocimiento, o criticaba el pensamiento de Kant o de Hegel.

Pienso que Polo era muy consciente de la distancia entre lo que sabía, lo que enseñaba, y lo que nosotros podíamos llegar a captar. De hecho, creo recordar que las calificaciones que nos daba se caracterizaban por una gran liberalidad. Don Leonardo merecía nuestro respeto y admiración, pero también es verdad que no nos sentíamos particularmente inclinados a hablar en persona con él. De hecho, en los cinco años de carrera, yo no me acuerdo de haber tenido una conversación a solas con él en ningún momento, ni durante los intervalos de clase, ni menos aún en su despacho del "pasillo filosófico", en el que siempre se le veía trabajando. Recuerdo que decía que dedicaba al menos dos tercios de su tiempo de trabajo al ejercicio puro de pensar. Pienso que nos sentíamos muy pequeños ante él, mientras que había otros profesores con los que era mucho más fácil establecer relaciones humanas, también por una simple cuestión de edad. Cuando le conocimos tenía ya unos sesenta y cinco años, y le quedaba muy poco para jubilarse. Le veíamos como la encarnación del "viejo y sabio profesor", y por lo que nos decían otros, parece ser que ya desde hacía bastantes años Polo conseguía transmitir esa imagen, aunque la edad fuera menor.

Después de acabar la carrera fui a Roma a estudiar teología. Al acabar el doctorado comenzó mi trayectoria académica como profesor de Dogmática en la Pontificia Università della Santa Croce. Ello supuso no solo no olvidar mi formación filosófica, sino, al contrario, mantenerla bien viva en el ejercicio de la investigación teológica. Prueba de ello, entre otras cosas, no es solo el tipo de temas a los que me dedico, sino el mismo hecho de haber concluido en 2006 un doctorado por la facultad eclesiástica de Filosofía de Pamplona con el profesor Ángel Luis González (con quien había ya trabajado antes de irme a Roma, como también lo hice durante unos años con Jorge Vicente, primero, y don Mariano Artigas, después), sobre la cuestión de la creación, que, siendo originalmente teológica, tiene importantes dimensiones que son a la vez filosóficas.

Durante mis años de estudio de la teología se publicó la ansiada "Antropología trascendental" de Polo, que leí con enorme atención e ilusión, no sin dificultades ya que habían pasado unos años desde que había participado en las clases de don Leonardo. De hecho, recuerdo haber realizado un trabajo de una asignatura de teología en el que vertí algunas de las ideas que me sugirió esta lectura. En esos años de licenciatura en dogmática, en los que entré en contacto con las principales figuras teológicas del siglo XX, me parecía notar que el pensamiento de Polo podía constituir una respuesta a los anhelos que manifestaban esas nuevas corrientes teológicas, desencantadas con el tomismo oficial y deseosas de nuevas perspectivas de carácter existencial y antropológico. Aprecié esto de modo notable al descubrir la propuesta de Balthasar de elaboración de una "meta-antropología", pensando que precisamente Polo había elaborado lo que este y otros teólogos estaban intuyendo.

A la vez, no puedo olvidar una sesión de examen oral con el profesor Lluís Clavell (ya digo que no dejé de lado la filosofía, puesto que realicé algunos cursos de filosofía en Roma, como este y también otro del profesor Luis Romera), que se convirtió en un monográfico sobre Polo, y en especial sobre las reservas que el profesor Clavell planteaba desde las perspectivas abiertas por otra figura notable, la del filósofo italiano Cornelio Fabro, que pretendía renovar el tomismo desde el redescubrimiento del ser como acto y la importancia de la noción de participación. De este modo, trataba de superar la famosa denuncia heideggeriana del olvido del ser, así como el esencialismo formalista en el que, supuestamente, habría caído buena parte del tomismo, y que habría provocado la reacción negativa, antes aludida, de quienes veían necesario renovar el discurso teológico desde premisas diferentes.

En ese contexto, para mí fue decisiva la lectura de las pocas, pero sustanciales, obras teológicas del profesor Fernando Ocáriz, a quien, por desgracia y por poco, no tuve la suerte de escuchar en las clases que daba en la Santa Croce, pues el año anterior a mi llegada había dejado la enseñanza para dedicarse de lleno a tareas de gobierno en la Prelatura. Me pareció que el profesor Ocáriz, que trataba de llevar a la teología el redescubrimiento fabriano de la importancia de la noción de participación, advertía con nitidez los límites de un cierto modo de entender el tomismo, exponiéndolo de modo que, sin citarlas necesariamente, tenía en cuenta las objeciones que se lanzaban desde la teología contemporánea.

Desde entonces me encargué a mí mismo la tarea de estudiar en profundidad en el futuro las divergencias y la posible compatibilidad entre los planteamientos de Polo y de Fabro, teniendo como hilo de fondo qué entiende cada uno de ellos por creación, pues esta noción es una clave que de alguna manera sirve de puente entre el pensar filosófico (metafísico y antropológico) y la teología. Quería entender mejor por qué Polo expresa de un modo tan tajante su oposición a la noción de participación, pues la idea de asimilación que parece plantear en su lugar (como se desprende del estudio de Pérez Guerrero) poco tiene que ver ya con Tomás de Aquino, y más con otras tradiciones cristianas de pensamiento, evidentemente respetables, pero que pueden resultar más problemáticas que la participación a la hora de defender el realismo filosófico.

Esta tarea, después de veinte años, todavía no la he acometido, y ello por diversas razones, que ahora no puedo desglosar en su totalidad. Aludiré, sin embargo, a una de ellas, con la que quisiera acabar este testimonio, y que, sin ánimo de polemizar en el mal sentido de la palabra, tiene ciertamente una parte de provocación hacia aquellos que me han pedido estas líneas. Ya desde los años de Pamplona, advertí que había algunos estudiantes que se sentían tan atraídos por el pensamiento de Polo, que empezaron a considerarle una figura importantísima en la historia de la filosofía, alentados en parte por las opiniones expresadas por algunos de aquellos discípulos de don Leonardo que eran profesores en otras facultades de filosofía españolas. En este asunto llegó realmente a chocarme comprobar que, para algunos de ellos, solo merecía la pena conocer las figuras filosóficas del pasado en virtud de lo que Polo había dicho de ellas. De este modo, esas personas daban la impresión de que "todo se arregla con Polo", o incluso que "Polo ha sido el primero" en la historia en tematizar tal o cual cuestión.

He de decir que siempre he apreciado algunas de las ideas expresadas por don Leonardo, pero que, precisamente estudiando más la historia de la filosofía y de la teología, uno cae también en la cuenta de los límites de algunas de las interpretaciones que, a veces sin muchos matices, él hace de algunos autores (Escoto y Ockham, por citar solo dos ejemplos), las cuales no se corresponden con los mejores recientes estudios. Es decir, siempre me ha "echado para atrás" el exceso de crítica hacia autores que no han sido quizás estudiados en profundidad, y al mismo tiempo la falta de espíritu crítico con el autor cuyos juicios sobre la historia de la filosofía se aceptan sin mayores cuestionamientos. Por lo que se refiere a la teología, he tenido ocasión de comprobarlo en alguna ocasión, cuando he tenido que leer algún artículo en el que, metiéndose en cuestiones teológicas, algún discípulo bienintencionado de Polo se atrevía a hacer afirmaciones de tipo histórico-teológico poco fundadas, sosteniendo que Polo había sido el primero en la historia en plantearse tal o cual cuestión.

En otras palabras, pienso que el peor favor que se puede hacer a la memoria de don Leonardo es una difusión acrítica de su pensamiento. Una cosa es que valga la pena divulgarlo (como pensaba don Ángel Luis, que discrepaba en puntos importantes de él y sin embargo hizo mucho por difundirlo) y otra bien distinta es limitarse a repetir sus ideas como solución a nuestros males, cosa contra la cual quizás él mismo se alzaría de la tumba para recriminarla. He de decir que, en los últimos años, en los que conocemos por desgracia un creciente proceso de polarización a todos los niveles en la sociedad y en la Iglesia, he observado un fenómeno parecido entre los seguidores de Joseph Ratzinger. En ocasiones da la impresión de que algunos de ellos simplemente se adhieren a "un partido" sin conocer en profundidad la historia de una persona, cuyas opiniones en algún caso les sorprenderían e incluso les harían "saltar del asiento". Deseo mucho que esto no ocurra con el pensamiento de Polo, que sin duda vale la pena estudiar, confrontándolo con tantos otros autores de la historia, tanto de la filosofía como de la teología, pues entonces, sin banderas, puede que brille con luz propia la originalidad (¿y los límites?) de su propuesta. Por eso no tengo prisa por llevar a cabo la tarea que me asigné en su momento, pues las ideas, como el buen vino, mejoran con el tiempo.

D. Santiago Sanz Sánchez
Sacerdote
Profesor de Ética
Università della Sancta Croce
Roma (Italia)
ssanz@pusc.it

100. GERMÁN SCALZO MOLINA: *FUE GRACIAS A ESA PRUEBA DE HUMILDAD QUE, CON EL PASO DE LOS AÑOS, PUDE ADVERTIR LA LECCIÓN QUE PRESENCIÉ AQUEL DÍA*

Conocí personalmente a Leonardo Polo mientras hacía mi tesis doctoral, allá por el año 2010, gracias a Juan Fernando Sellés, quien me invitó a acompañarlo en una de sus habituales visitas. Tenía cierta impaciencia por conocerlo; había leído ya varias cosas suyas, y crecía mi interés en su pensamiento, que intentaba controlar para no dispersarme de mi labor de leer a los teóricos del pensamiento económico, que cada vez me causaban mayor decepción.

Quería tener algún detalle con él, por lo que –seguramente por recomendación de Juanfer– me presenté con unos chocolates. Este detalle, insignificante, además de anecdótico para futuras y obligadas crónicas de aquel encuentro, sería crucial en la impresión que don Leonardo causaría en mí. Estaba reposando en una pequeña sala cuando llegamos a su casa, en el barrio de San Juan. Me saludó correctamente –con la cabeza ligeramente de costado, haciendo un esfuerzo evidente para escuchar mi nombre, que tuve que repetir un par de veces– aunque notablemente sorprendido por mi presencia, que inmediatamente pasaría a ser inadvertida. A diferencia de los chocolates, de los que no apartaba la vista mientras Juanfer lo atacaba con preguntas sobre una publicación próxima, a las que –aún concentrado en los chocolates– respondía negando enfáticamente, y agregando provocativo, en complicidad con su interlocutor: "muy tomista". Fueron cuatro o cinco preguntas hasta que llegó algún cuidador y retiró los chocolates –aún intactos en su empaque– con la promesa de que se los guardaría en su habitación. Su reacción entonces fue aún más enfática, aunque esta vez, obstinada, caprichosa, cual berrinche de niño pequeño, que no escondió su resignación cuando, poco después, nos despacharon con la excusa de alguna siesta o merienda.

Aunque probablemente mi primer y único encuentro con don Leonardo haya sido menos breve de lo que recuerdo, lo cierto es que no fue particularmente especial. Había acudido a aquella cita con mucho entusiasmo, consciente de que iba a conocer a un académico de gran talla intelectual, un gigante; sin embargo, me encontré con una persona vulnerable, dependiente, que parecía controlar cada vez menos su vida, perdiendo incluso la trivial batalla por unos chocolates, algo más propio de un niño que de un afamado profesor universitario. Y fue gracias a esa prueba de humildad que, con el paso de los años pude advertir la lección que presencié aquel día –no de filosofía sino de humanidad– y que atesoro con ternura y orgullo porque, más allá de su enorme legado intelectual, pude conocerle *personalmente* cuando estaba preparándose para *volver a la casa del Padre.*

Con lo cabezón que era, seguramente lo ha logrado; y yo, mientras termino de escribir –animado (una vez más) por el perseverante Juanfer– este testimonio, un 28 de enero (casualmente el día en que se celebra al doctor angélico) me divierto imaginándole conversando con este otro gigante, diciéndole: "muy tomista", en su propia cara.

Germán Scalzo Molina
Dr. en Gobierno y Cultura de las Organizaciones
Universidad de Navarra
Pamplona –Navarra– (España)
german.scalzo@gmail.com

101. ROXANA ISABEL SEMINARIO CAMPOS: *DEJÓ UNA HUELLA INDELEBLE EN LA MENTE DE SUS ESTUDIANTES*

Corría el año 1986, y un gran grupo de estudiantes, para ser exactos 107, iniciábamos con gran ilusión nuestras clases en el Programa Académico de Ciencias de la Educación, que con el correr de los años se convertiría en la primera Facultad de Educación en la Universidad de Piura y en la Región Piura. Tuvimos siempre el privilegio de beber de la sabiduría de grandes maestros peruanos y extranjeros y entre los extranjeros, tuvimos la oportunidad de conocer y recibir unas lecciones de filosofía de nuestro inolvidable Dr. Leonardo Polo, que para nosotros se había convertido en el maestro visitante durante los inviernos del hemisferio sur.

Don Leonardo Polo era un caballero elegante, con un porte impresionante y de caminar lento, de cabello cano y unos gruesos lentes que cubrían sus grandes ojos de hombre sabio. Los estudiantes le teníamos mucho respeto a cada una de sus clases que él preparaba con gran entusiasmo y que nos ayudaron a adentrarnos a la reflexión de los primeros temas de la filosofía, aunque ya otros maestros lo habían hecho, pero una manera distinta. El Dr. Polo lo hacía de una forma que jamás hemos olvidado.

Recuerdo como si fuera ayer que nos enseñó a pensar en *"quién es hombre"*, tema que parece muy sencillo de estudiar y comprender, pero que él lo desmenuzó en tantos aspectos que quedamos maravillados e impresionados de la magnitud y complejidad del tema. Pasó por nuestras cabezas desde la entrañable naturaleza del hombre, el ser espiritual, la libertad, la voluntad, los valores, las virtudes, su trascendencia como ser creado por Dios, etc.; nos motivó a lo largo de la carrera universitaria a seguir su pensamiento a través de la lectura de sus diferentes libros.

De la época de estudiantes universitarios de pregrado quedaron muchos recuerdos. Cada vez que lo veíamos pasar por los largos pasillos de la Universidad de Piura nos acercábamos a saludarlo para darle la bienvenida a nuestra querida y calidad ciudad de Piura. A través de los años he aprendido cuán difícil debe haber sido para los filósofos reflexionar sobre temas complejos y explicarlos al común de la gente que muchas veces los evita para no crearse problemas, pero que, para un profesional formado humanísticamente como nosotros, los estudiantes de la Universidad de Piura, es vital en nuestra vida diaria.

Luego, por el año 1996-97, ya convertida en una profesional de la educación, tuve la oportunidad de ser su alumna en algunas clases de la Maestría de Historia, también en la UDEP. Ahora, ya con un pensamiento más maduro y una mayor reflexión crítica, pude recibir sus explicaciones con más facilidad y consciente de que era necesario que las personas pudieran tener y contar con estos espacios y tertulias para resolver una serie de interrogantes y dudas que rondan por nuestras cabezas.

El Dr. Polo nunca perdió el ánimo y las ganas de seguir formando profesionales críticos y reflexivos y yo gozaba con cada una de sus clases que nos conducían a conocer y comprender una antropología trascendente y cristiana. Cada tema, cada cita, cada frase que mencionaba se convertía, para cada uno de nosotros, en un reto que nos exigía seguir estudiando e investigando. Para él no había confusión; me daba la impresión que para cualquier pregunta o duda que le hacíamos saber, tenía una respuesta precisa y contundente. De hecho, pensaba yo, que el Dr. Polo tenía una inteligencia privilegiada y prodigiosa. Siempre soñé con seguir sus pasos, pero el tiempo y el trabajo arduo me impidieron seguirlo hasta el final.

El Dr. Leonardo Polo dejó una huella indeleble en la mente de sus estudiantes, especialmente en los profesionales de la Historia. Por ello, queda con nosotros su terquedad de que entendiéramos de una vez por todas *¿Quién es el hombre?* Y toda la grandeza que encierra el simple hecho de haber sido creado a imagen y semejanza de Dios.

Mgtr. Roxana Seminario Campos
Coordinadora Académica-Secundaria
Colegio Santa María de Piura
Piura (Perú)
rox3012@gnail.com

102. MIRKO ŠKARICA ZÚÑIGA: *'ÉL ERA SOLO ÉL', Y PUNTO*

En mi breve estancia en Pamplona, dos años como académico extranjero en pos de la obtención del grado de doctor, tuve la muy grata oportunidad de conocer al distinguido Profesor Polo. La primera vez, en un pasillo de la Universidad de Navarra, a la espera del inicio de una conferencia. Ángel d'Ors, amigo de feliz memoria, me dijo que de entre los docentes de Filosofía no podía dejar de conocer a aquel profesor que sobresalía por su estatura coronada por una boina y más abajo unos lentes gruesos. Recuerdo que en medio de la conversación, una vez que me fue presentado, por algún motivo me explicó que ese tipo de cobertura de la cabeza, usado no sólo en tiempos de frío, tenía sus propias reglas de uso. Me pareció que lo hacía porque al acercársele una dama le bastó con una venia y un saludo de mano; y es probable que yo haya mostrado cierta extrañeza. En todo caso me hizo saber que su uso tenía sus reglas formales diferentes de las del sombrero. La explicación valía, pues en mi país, Chile, es muy raro encontrar a alguien usando ese atuendo. La explicación del Profesor Polo me fue muy útil para comprender la manera de recibirnos, a mí y a mi mujer, Sylvia, el dueño de casa de un pueblo cercano, Guerendiaín. Era el mayor de los hermanos de madre viuda que nos recibía en calidad de invitados con ocasión de la festividad de San Lorenzo, patrono del pueblo. Se encontraba en la ocasión rodeado de su numerosa familia, incluida su madre, quien estaba a cargo del cuidado de la Iglesia del pueblo. Llegamos allí por indicación de un religioso carmelita avecindado en nuestra ciudad, en Chile. Me llamó la atención que quien oficiaba como dueño de casa nos recibió de boina, se sentó a la cabecera de la mesa siempre con su boina muy bien puesta, y que sólo se la sacó al rezar un Padrenuestro en el momento de la bendición del alimento. Lamento no haber conversado con don Leonardo Polo sobre esta experiencia. Me pregunto a menudo qué me habría respondido al respecto. De seguro me habría dado una dilatada y sabrosa lección al respecto, según su costumbre.

Poco tiempo después, dado que habíamos entrado en confianza, mi mujer y yo le invitamos a cenar a nuestro pequeño departamento en que albergábamos durante nuestra estancia en Navarra, en un octavo piso en calle La Rioja. Llegó a buena hora, como para conversar antes de la cena. En esta ocasión el tema de conversación no fue el uso de la boina, por supuesto, sino su conocimiento de Chile y su vino. En una amena conversación, nos dio detalles de sus amistades por esos lados, y de sus experiencias universitarias. El asunto es que mi mujer se esmeró en tener un plato principal que esta vez le apeteciera, para sorprenderlo con algo más o menos casero en nuestra tierra. Al ser servido por mi mujer, don Leonardo sonrió agradeciendo amablemente la atención. Pero su sonrisa socarrona algo escondía, en especial porque él debía partir como invitado que era. Mi mujer intuyó que algo no funcionaba, por lo cual le insistió que él diera la partida, pues ya se había dado la bendición. Don Leonardo nos miró a ambos, y con franqueza confesó que él no comía aves. Lamentablemente el plato elegido por mi mujer era un tipo de ave sazonado con una salsa al curry o algo semejante. Mi mujer se lamentó por no haberle preguntado antes, pero con su mirada penetrante y franca don Leonardo le hizo saber que en cierto modo el problema era él, y que ella no tenía por qué haberlo sabido. La solución fue preparar para él un plato alternativo, y santas paces. Llegado el momento de la tertulia, se me ocurrió, ahora a mí, ofrecerle un "cognac" o, mejor, un "brandy", que compré para la ocasión. Me aceptó, pero me pidió que le sirviera muy poco. Don Leonardo lo parecía saborear pero con demasiada pausa. En un momento que mi mujer Sylvia se ausentó, cogió la botella y me dijo con discreción que no ofreciera ese tipo de "cognac" a las visitas, y me sugirió, por supuesto, algunas mejores marcas. Se lo agradecí, pero con la sensación interna de haber fracasado en nuestra invitación a Don Leonardo. Sylvia reconoció en parte su falta por no haberse cerciorado con anterioridad sobre los platos preferidos por el profesor Polo. Le seguimos invitando, y siempre nos deleitábamos con sus sabrosas conversaciones. Una de ellas fue con ocasión de nuestra vuelta desde Andalucía. Fue impresionante su explicación detallada del sentido de los jardines cultivados por los árabes en los cármenes. Nos relataba el tipo de flores con sus colores, y nos explicaba con descripciones impresionantes las caídas y recorridos de las aguas interiores. Las imágenes de lo conversado han quedado en mi mente hasta el día de hoy.

Con respecto a las conversaciones en sus visitas a nuestro departamento, fueron más bien pocas, pero muy sabrosas. Una de ellas ocurrió poco después de unos sanfermines. Hablando de cómo estuvimos presentes en las fiestas pamplonicas, incluyendo la misa y la procesión del patrono San Fermín, y por supuesto los encierros cotidianos, el profesor Polo no dejó de enseñarnos algo al respecto. Nos explicó el origen y sentido de tales fiestas y sus encierros como si él hubiese participado personalmente en éstos últimos. De buenas a primeras me era difícil imaginarme a Don Leonardo como un mozo corriendo entre los toros; pero a medida que avanzaba la conversación, tenía la impresión de que él hubiese sido alguna vez uno de los mozos que corría junto a los toros. Explicaba detalladamente el por qué de esa especie de diarios en rollos con que corría junto al animal, y junto con ello nos explicaba cómo debía hacerse en las corridas. Verlo tan compenetrado en la explicación, no podía no imaginarme a un joven Leonardo, de boina roja y corriendo ágilmente sorteando los cuernos taurinos.

Tuvimos, con mi esposa, la grata oportunidad de recibir en Chile a Don Leonardo. En una de sus visitas a la ciudad de Viña del Mar, donde vivíamos, le invitamos a comer al mediodía. Mi mujer, Sylvia, no había olvidado el percance en Pamplona, por lo que se las arregló para averiguar cuál era el plato preferido de don Leonardo, que no fuera aves. Sylvia preparó un plato a modo de un 'pie', o si se quiera a modo de una empanada gallega. Es decir, que va cubierto, envuelto por arriba y por abajo con una masa delgada y suave. El plato estaba preparado con cierta picardía, pues no se podía saber sobre su contenido. Don Leonardo miró el plato servido con cara de curiosidad, y miró a mi mujer con su sonrisa característica, muy en silencio. Tal vez no había olvidado lo ocurrido en nuestro departamento en Pamplona. Pero esta vez se trataba simplemente de riñones al jerez. Un joven docente, a la sazón amigo nuestro, le había dado a conocer a mi mujer que ese era un plato favorito de don Leonardo, cuando le contamos de nuestra desventura. Esta vez, ya conocido el contenido del plato, con su mirada socarrona trató de averiguar con discreción de mi mujer cómo ella había sabido, que ese era su plato favorito, pero no obtuvo respuesta de mi mujer. En todo caso terminamos con una tertulia acompañada con un buen vino chileno, que lo saboreó con mucho agrado.

En tierra chilena Don Leonardo tuvo la oportunidad de dar una conferencia sobre Sudamérica. Sus primeras palabras las refirió a Hegel. Con ironía, y con un dejo de desprecio, sostuvo que él, como conferenciante, sí tenía autoridad para hablar sobre estas tierras, y no como otros, al igual que Hegel, que lo habían hecho sin haberlas visitado alguna vez. Por cierto que como siempre sus agudas observaciones sobre nuestra cultura y hábitos significaban su espíritu de profundo análisis de las realidades vividas. A los chilenos presentes nos hizo ver que no nos sentíamos identificados con la cultura hispana heredada desde la Colonia. Una de las señales, de las que recuerdo, era que gran parte de nosotros, la gente de la ciudad, rehuía vestir los trajes típicos que habíamos heredado de nuestra Colonia hispana. Se refería los trajes que los campesinos vestían para sus fiestas, esto es, vestimentas de claro origen andaluz, y que acompañaban con cantos, bailes, y guitarras a la usanza de aquellas tierras hispanas. Y es muy cierto lo que señaló, pues nuestra gente, la de la ciudad, proviene de una mezcla de inmigrantes, como alemanes, italianos, británicos, españoles "republicanos", croatas, palestinos, chinos, etc., muchos de los cuales han fundado sus propios colegios en que mantienen la enseñanza de sus lenguas. De oírlo hablar, me imagino que Ortega habría dicho de Don Leonardo que él era 'él y sus circunstancias', pero 'él era solo él', y punto.

A propósito de sus peculiaridades, en una ocasión, en la Universidad de Navarra, en Pamplona, nos anunció que daría un curso sobre Husserl. Sería sobre un texto específico, cuyo título no recuerdo. Probablemente sobre las investigaciones lógicas, pues despertó en mí gran interés. Llegó el día. Estábamos allí en la sala, para el inicio del curso anunciado, un grupo de alumnos. El pequeño detalle fue, que el curso que inició no fue en absoluto sobre el anunciado famoso texto. Don Leonardo simplemente disertó sus ideas muy personales, que fueron de gran interés, como siempre eran sus ideas metafísicas sobre el conocimiento. La razón que nos dio para que le excusáramos por tal falla fue que el texto en cuestión no estaba en uso en la biblioteca, pues lo habían retirado para enviarlo a un taller de imprenta para su reparación. Muy de Don Leonardo Polo. Obviamente que su curso valió lo de Husserl, incluida su originalidad.

Mirko Škarica Zúñiga
Profesor Emérito
Pontificia Universidad Católica de Valparaíso
Viña del Mar (Chile)
mirko.skarica@pucv.cl

103. JAIME SOTERAS ESCARTÍN: *ÉL ERA EL PROFESOR QUE MÁS, O DE LOS QUE MÁS, HORAS DE DESPACHO PASABA*

Poco puedo aportar sobre él. Supongo que conocí a L. Polo en el verano del '83 en una tertulia en el Colegio Mayor Aralar, pero no lo recuerdo (igual estuvo ese verano entero en Piura). Mi primer recuerdo fue en un Aula de Arquitectura al otro lado del hall del Oratorio, creo que en enero '84 (igual algo antes), cuando hizo una pregunta al final de la disertación de un conferenciante (tal vez Juan Cruz Cruz) sobre la filosofía del recientemente fallecido X. Zubiri. Había intervenido largamente antes el profesor Fernando Múgica –como solía hacer– y al hacerlo él yo casi ni le escuché por estar detrás (él delante y habló bajo, como siempre hacía). Sé que vino a decir que la filosofía de Zubiri era malograda porque reducía su metafísica al trascendental del uno, lo que la hacía inviable.

Sí recuerdo que el verano de ese año (¿o fue el siguiente: el del '85?) vino de tertulia al Colegio Mayor Aralar (donde yo residía) y al preguntarle uno cómo definiría a San Josemaría contestó con que era una persona no susceptible de interpretación hermenéutica (*sic*!), con el consiguiente murmullo general. Don Leonardo no dejaba indiferente; tenía fama de estar por encima en calidad de pensamiento del resto de los profesores, y eso que los había muy buenos, afamados y queridos por los alumnos: don Alejandro Llano, don Rafael Alvira, don Juan Cruz, don Ángel Luis González, etc. Ahora bien, también tenía fama de ser incomprensible (luego he sabido que estaba empezando a conseguir publicar los primeros escritos sobre Teoría del Conocimiento, después de llevar décadas sin publicar nada).

En febrero de 1985, en mi 2º de carrera me dio el cuatrimestre de Psicología Filosófica. Era mi primer contacto con él como profesor. A bote pronto, recuerdo dos anécdotas por encima de todo. La primera fue tras una clase de Historia de la Filosofía Medieval, en la que el profesor –don José Luis Fernández nos había estado explicando al beato Duns Escoto y había dejado unas notas escritas en la pizarra. Cuando entró don Leonardo se acercó a la pizarra y pegado a ella (veía muy mal) estuvo un rato leyendo y observando esas notas (que tampoco eran muchas). Parece que se quedó un poco absorto. El caso es que cuando se volvió nos dijo que era un filósofo mediocre, muy mediocre. Luego se sentó y comenzó su explicación.

La segunda anécdota trata sobre una clase en la que parece que se desvió del tema por el que tomábamos apuntes; lo recuerdo porque todos nosotros dejamos de tomarlos, ya que vimos que su reflexión tomaba otro derrotero, diferente al tema que nos centraba. La clase nos pareció más interesante de lo acostumbrado, aún si cabe. No hablaba de psicología sino de economía. Al final estábamos impactados de su disertación, y más cuando nos dijo que lo que nos había contado era lo que había transmitido al Ministerio de Economía de nuestro país cuando le sugirieron que les presentara un plan de mejora, pero que lo rechazaron cuando les presentó uno que se basaba en la categoría del tiempo, y que echaba por tierra todo lo establecido, por estar apoyado en la categoría del espacio, que consideraba un error (de base, por supuesto).

De 3º carrera solo recuerdo la famosa anécdota –que algún compañero (perteneciente a la promoción del '87) habrá dejado escrita– que narra la natural interrupción que una alumna le hizo en su explicación para hacerle una pregunta en la asignatura de Teoría del Conocimiento. Supongo que sería en la parte más allá de la explicación del conocimiento sensible. Pues bien, esa chica levantó la mano, carraspeó para captar su atención (él daba la clase con la cabeza mirando hacia la superficie de su mesa, de manera que solo le veíamos su enorme calva –y cabeza–) y solo pudo iniciar su pregunta: "don Leonardo, una pregunta quiero hacerle. En relación a eso XX que ha dicho, yo pienso…". En ese momento le interrumpió y le dijo algo así como: 'Señorita, usted no piensa, imagina'. El comentario no era despectivo, sino técnico, ajustado al contenido del Curso que estaba impartiendo; pero provocó mucha risa entre todos, incluida aquella compañera.

Don Leonardo era como un mito. Las Jornadas Filosóficas (no recuerdo si anuales o bianuales) eran esperadas, entre otras cosas, para escuchar sus reflexiones al hilo de conferencias y conferenciantes. Todos buscábamos presenciar una anécdota. En aquellos años, su *Curso de teoría del conocimiento* (fue publicando sus tres primeros volúmenes) era muy seguido. Creo que a partir de ese curso de 3º ya daba clase con una grabadora que al inicio de la clase le ponía algún becario de su Departamento. Luego se transcribían sus palabras y él corregía (y corregía) lo grabado. Así era como mejor se conseguía entenderle. De paso, recuerdo que él era el profesor que más, o de los que más, horas de despacho pasaba en el 'pasillo filosófico'. Nunca te miraba cuando pasabas por delante. Estaba siempre muy concentrado (igual es que veía muy mal).

Ya en 4º me dio Teoría del Conocimiento, siempre con su grabadora, su chaqueta de lana de llama, o alpaca, gorda, gorda. Disfrutamos lo indecible y se estudiaban mejor sus manuales por sus apuntes de clase que por lo escrito por él en ellos. La densidad de su pensamiento era un obstáculo para distinguir con claridad el orden de importancia de sus ideas.

De 5º recuerdo que me perdí el primer cuatrimestre de la asignatura de Historia de la Filosofía Contemporánea II (de Husserl a Heidegger) por hallarme haciendo parte del servicio militar. Recuerdo que cuando me incorporé estudié los apuntes que me pasó una compañera. El examen fue una hoja de *Ser y tiempo* de Heidegger que nos pedía comentar (cuatro horas de examen). La hoja era de letra pequeña, a dos columnas y casi sin márgenes. Además, Heidegger –como buen alemán– no se caracteriza por su claridad, precisamente. Saqué un 8,3. En el segundo cuatrimestre saqué un 8,5 y no me dieron el sobresaliente. Fue algo que me decepcionó (era mi último año), sobre todo porque el otro profesor sí que me lo hubiese puesto (don Miquel Bastons, gran profesor), y así me lo dijo; pero la papeleta, por deferencia, la rellenaba don Leonardo.

Por último, en el terreno histórico, quiero dejar constancia de esos pocos recuerdos que tuve la oportunidad de convivir con él en dos actividades de formación impartidas en casa Láriz (Elorrio). En esa casa hay en el pasillo del primer piso unos cuadros grandes y alargados que representan batallas de ciudades europeas en la época moderna (no contemporánea). Me sorprendía ver a don Leonardo el tiempo que pasaba mirándolos, siempre muy pegado a ellos. Una vez le pregunté qué miraba en ellos y aún me sorprendió más su respuesta: buscaba la lógica de la batalla, pues eran cuadros que recogían las estrategias que habían llevado los generales de cada ejército. En una ocasión nos habló sobre un tema que me dejó, de nuevo, impactado. Una lástima que ya no recuerde ni el tema, ni el contenido.

Sobre su legado de pensamiento, ni qué decir tiene que su pensamiento ha sido guía en mi exposición de la Filosofía cuando he dado clase. También en mis indagaciones personales. Pero este es otro tema que en algún otro momento escribiré. Ahora prefiero dejarlo aquí porque temo si no, no enviar nada.

Jaime Soteras Escartín
Licenciado en Filosofía
Universidad de Navarra
Profesor de Enseñanza Media
Colegio Retamar
Madrid (España)
bsoterasramirez@gmail.com

104. SANTIAGO TEJERO MATÍA: *TERTULIAS CON POLO... Y CON VUELO*

Sitúo estos recuerdos entre los años 1974-1978 en Zaragoza. Era yo entonces estudiante de Matemáticas y vivía en el Colegio Mayor Miraflores, la residencia para estudiantes que el Opus Dei tiene en esa ciudad. Era habitual que a las tertulias se invitara a alguna persona que nos contaba cosas de su vida, su trabajo o de cualquier otro tema que fuera interesante para nuestra formación como universitarios.

Y así fue como tuve ocasión de escuchar a Leonardo Polo en varias ocasiones durante esos años. El subdirector del colegio mayor solía desplazarse en coche a Pamplona para traer a Polo a la tertulia de la tarde. Eran tertulias que se sabía que empezaban a las tres de la tarde, pero nunca se sabía cuándo acababan. Al principio estábamos todos los residentes, pero enseguida muchos se iban marchando porque tenían clases en la universidad. Y ocurría que al final nos quedábamos un pequeño grupo reducido de ocho o diez personas que escuchábamos a Polo embelesados con su conversación.

Con el paso de estos cincuenta años, hoy no soy capaz de recordar los temas de los que nos hablaba, pero sí recuerdo la atención que poníamos escuchando sus razonamientos. Aunque yo no seguía todo lo que decía, lo que recuerdo es que sí que me llamaba la atención su proceso de razonamiento, encadenando ideas y sacando conclusiones. Una imagen que todavía tengo en mi mente de esas conversaciones es su forma de estar sentado, pensando y hablando, los ojos cerrados, concentrado por dentro y con una copa de coñac en la mano que revolvía mientras miraba el fondo y hacía pausas para retomar su discurso anterior. En varias ocasiones estas tertulias solían prolongarse hasta últimas horas de la tarde, hora en que el subdirector nos interrumpía porque tenía que llevarle de vuelta a Pamplona.

Un recuerdo singular que todavía perdura es que en una ocasión no hubo la acostumbrada prolongación de la tertulia durante horas. De aquella tarde tengo grabado el motivo por el cual la tertulia se terminó temprano. El motivo era que Polo había quedado esa tarde con un investigador que en ese momento estaba realizando unos estudios teóricos y empíricos sobre el vuelo de algunos insectos. Creo recordar que se debía tratar del vuelo de la avispa o de la abeja. El hecho en sí de que tuviera que marcharse pronto aquella tarde no me importó demasiado. Lo que sí me impactó y dejó este recuerdo tan nítido era el interés de Polo de conocer los resultados de esas investigaciones que yo intuía le servirían para utilizarlos en sus razonamientos filosóficos.

Pasados los años, he tenido ocasión de verificar este hecho leyendo la página 284 del tomo 31 de las *Obras Completas, Cursos y Seminarios,* I. Allí precisamente propone –y cito textualmente– "una sugerencia sobre lo que podría ser un sistema no inercial se obtendría viendo el vuelo de un insecto. Para un newtoniano el vuelo de un insecto es imposible, digamos, sin remar; es decir, sin que el insecto apoye las alas en algo exterior. Una abeja lo hace: se mueve y se para, y va para atrás, describe todo tipo de direcciones. Si no se apoya en el aire, si la abeja no rema, si eso lo pudiera hacer la abeja en el vacío, entonces la abeja no sería un sistema inercial".

Santiago Tejero
Doctor en Matemáticas
Pamplona –Navarra– (España)
stejero@unav.es

105. GLORIA TOMÁS Y GARRIDO: *LEONARDO POLO: ENCUENTROS FORTUITOS, DISCRETOS, PROVIDENCIALES*

No sin emoción recuerdo a Monseñor Caffara, el año 2014, explicando en el salón de actos de la Universidad Pontificia della Santa Croce de Roma, lo *que es un encuentro*. Citaba el encuentro de Gregorio el Taumaturgo, ya obispo, con Orígenes; el encuentro de Agustín con Ambrosio, y algunos más. Los enamorados de verdad, proseguía, recuerdan el tiempo y el lugar e incluso el color del vestido de la persona amada. Y se preguntaba: ¿cuándo un encuentro es verdaderamente importante? Cuando la persona encontrada es testimonio de la Verdad y del Bien, y suscitan en nosotros un atracción más profunda y más atractiva hacia la Verdad y el Bien. Glosaba esta bella experiencia apoyándose en el Papa Benedicto XVI, el cual afirmaba que "nosotros no estamos en posesión de la Verdad ni del Bien, sino que Verdad y Bien nos poseen. Estamos en la Verdad y caminamos hacia Ella como los hebreos hacia la Tierra prometida". Continuaba Don Carlo explicando que los testimonios nos señalan el camino y nos hacen pregustar la Presencia. Como buen italiano unió sus afirmaciones a la simbología de lo que es una fuente y un torrente; la fuente no es el torrente, este nace continuamente de ella. Así es el testimonio de la Verdad y del Bien, que fluye dentro de uno mismo, a través de uno mismo; agua que viene de la fuente. En los testimonios escuchamos la voz de la fuente que está más allá, siempre más lejos. Pero el encuentro no deja de recordarnos que debemos buscar la fuente. Seguía hablando Don Carlo para concluir que le había sido regalado tener "un encuentro" con Don Álvaro del Portillo: un testimonio del misterio de la Iglesia: el torrente le mostró el lugar donde la fuente brota.

Yo he tenido, yo tengo, encuentros con Don Leonardo Polo. No recuerdo el día, ni la luz producida, pero si pequeños torrentes regalados que, sutilmente me han conducido y me llevan a la fuente, porque *sin saberlo ni pensarlo el adverbio "además" –según lo explicita el filósofo– me ha ido envolviendo desde hace medio siglo*; siempre buscando y siempre experimentando que la persona no se agota en el pensar ni tampoco en el actuar, que hay algo más, que no era suficiente conocer pensando (yo decía "razonadamente")... en realidad me acercaba sin saber cómo ni por qué, sin explicármelo, al abandono del límite mental.

El fenómeno de la ósmosis –vulgarizando un poco– implica lo que sucede entre dos disoluciones de distinta concentración separadas por una membrana semipermeable, la cual impide que los solutos grandes pasen a la más diluida, pero no los pequeños, ni el disolvente. El resultado final es cómo ambas disoluciones van teniendo la misma concentración y hay un ahorro de energía. Lógicamente y existencialmente estoy muy lejos de la fuente poliana, pero hay algo de torrente que fluye. Mi relación con la sabiduría de Polo fue así, de un calado suave; ahora disolvente, ahora un pequeño soluto, ahora... hasta que llega el momento feliz en que aún con mis enormes carencias voy estando impregnada algo de ese disolvente y de ese soluto sin asimilar... la fuente sigue más allá.

Hitos: los años 1968, 1992, 2021

1967 y la década siguiente. Pertenezco a la primera promoción de alumnos de la Facultad de Farmacia de la Universidad de Navarra. Cuando celebramos los 50 años de haber terminado la carrera, entre los actos, hubo una conferencia de Don Francisco Ponz, con una claridad mental admirable y ya a punto de cumplir los cien años. En ella, y para sorpresa de todos, porque no lo habíamos escuchado nunca, nos comentó que *Farmacia se puso en Pamplona para aumentar la cultura de España*, dado que la mayoría de esos farmacéuticos tendrían Oficina de Farmacia y eran muchas las personas a la que atendían y aconsejaban. Quizás esta razón fue por la que además de los estudios propios de la carrera, recibiéramos, creo que de modo no obligatorio, otras materias. Recuerdo diversos tipos de clases-conferencias: de Anatomía con Reinoso; de Arte con el Marqués de Lozoya; de Teología con D. Ángel García Dorronsoro, y de "algo" de Filosofía con D. Leonardo Polo. Iba a todas, disfrutaba y quizás poco más. Estas conferencias eran comunes para los alumnos de Farmacia, Medicina y Biología. Al preguntar en la actualidad a algunos compañeros, curiosamente, ¡no recuerdan estas clases! Yo sí y mucho. Estoy hablando de los años 1967, 1968 y 1969.

Recuerdo también a D. Leonardo "vigilando" algún examen final de alguna materia, quizás de las denominadas "marías", porque lo que sí sé es que yo no había asistido a ninguna clase de esa materia y pregunté si él era el profesor; no lo era. Me llamó la atención como paseaba, como miraba, no sé si atentamente o como en lejanía, tanto a cada persona como al conjunto. Y poco más. Quizás como también les ocurriría a otros tantos profesores en los inicios de la Universidad, Don Leonardo fue un "sobrero", según la terminología taurina, es decir, referida al toro que está de reserva por si falla alguno.

1992 y veinte años más. Ahora hay un salto grande. Pasamos al comienzo de la década de los 90. En esos momentos, mi actividad profesional estaba dirigida a la formación de padres y alumnas del Colegio Guadalaviar en Valencia. No recuerdo cómo ocurrió, pero me relacioné profesionalmente con Ricardo Yepes, que me orientó en las cuestiones que le pedía ayuda y quizás por eso me suscribí a la revista que él dirigía, *Atlántida*. Viví y transmití los artículos que en ella se publicaron. Y también los de don Leonardo; recuerdo lo que me impactó "El hombre, solucionador de problemas". Y compré un libro *Quién es el hombre*, que, para mi capacidad, era extraordinario. Lo trabajé mucho no, muchísimo; así se muestra en que recientemente, haciendo limpia me he encontrado más de cincuenta fichas con mi letra sobre este librito; lo empleé unos diez años en esta labor de formación que tenía encomendada. No busqué ni más bibliografía de don Leonardo, sino que desde él, utilizaba también a Spaemann, Millán Puelles, Yepes… Para mi humildad reconozco que, si no olvidado, este material, sí fue apartado de mis planteamientos por otras premuras, particularmente por mi comienzo, ya mayor, en la Universidad Católica de Murcia. Allí he estado quince años de la noche a la mañana y de la mañana a la noche dedicada a la Bioética (en la que llevaba trabajando también años anteriores, pero que no viene al caso). Curiosamente, y hasta este año en que se me ha reconocido oficialmente en distintos organismos mi trayectoria bioética, siempre he sido en esta disciplina no sé si decir "un gorrión solitario en el tejado" (copio el título de la novela distópica de Pedro Antonio de Urbina), o también una "republicana libre de las artes y de las letras" (como se definía a sí mismo el académico murciano Antonio de Hoyos). *Mi trabajo en la fundamentación de la Bioética, manifestado en la investigación, las tesis doctorales dirigidas, etc. ha sido simplemente distinto a todos los ortodoxos del tema. De hecho el Presidente de mi Universidad, mi recordado y admirado José Luis Mendoza siempre me decía: "Gloriuca ¡eres muy libre!". Menos mal, porque han sido muchas batallas y la incertidumbre no es ajena a ellas.*

2021 y hasta que Dios permita. Ahora afirmo absolutamente convencida y agradecida que en gran parte (también le debo muchísimo a la educación recibida por mis padres) "la culpa" de mi libertad, de mis planteamientos, de mi estudio es de don Leonardo Polo. Lo he constatado abiertamente al realizar el curso, creo que el segundo, 2020-2021 de *Formación superior de la Filosofía de Leonardo Polo* (Curso *on line*; Título Propio de la Universidad de Navarra) cuando todo mi trabajo anterior ha quedado centrado, abierto, real.

Estudié en Mineralogía, mi carrera, que hay distintos modos de lograr la cristalización de los minerales, y cómo hay que cuidar el proceso para obtener un producto valioso. Un método en aquella época era que el investigador agitara poco a poco, lentamente, los componentes. Otro método era un proceso rompedor, haciéndolo todo rápidamente. Mi encuentro con Don Leonardo ha cristalizado de ambos modos y yo... sin darme cuenta hasta ahora.

Para terminar acudo a dos detalles recientes que me han conmovido. Son los siguientes. La Asociación AEDOS está llevando a cabo una labor muy bonita: dar a conocer la persona y su obra de personas relevantes en el campo académico. Una de ellas es la profesora Natalia López Moratalla. En este caso me han pedido una colaboración, pues somos amigas casi desde siempre. Natalia, en el campo de la Bioética defiende que esta disciplina no puede tener apellido; es decir, ni Bioética principialista, ni personalista, etc. Yo, en mi escrito, le he sugerido la siguiente aclaración: "Y dejo para el final, sin entrar en detalles, el tema de la Bioética sin apellido. Si, querida Natalia ¡ojalá lleguemos a ello! Pero para eso hay que seguir estudiando a D. Leonardo Polo, al que conoces y has trabajado y quizás sigues. Pongo un punto final que bien puede considerarse un punto y seguido. Cada una en nuestra línea, tú descubriendo y trabajando a fondo 'La evolución en busca de la belleza de la forma lograda'. Yo colaborando también a fondo en la *Antropología transcendental* de Polo. Hay que contar con la posibilidad de que sigan existiendo diversas escuelas filosóficas y teológicas. Ciertamente, D. Leonardo, llamado el Colón de la Filosofía del siglo XX, al descubrir que la inteligencia y la voluntad son teneres de la persona, pero no la persona, aporta algo absolutamente real e inaudito. Enseña que hay que llegar al corazón, a esa intimidad forjada de coexistencia libre, amor donal y conocimiento connatural; y mientras esto no se comprenda y viva, la Bioética seguirá con apellidos y quizás tal como decía muchas veces Alejandro Llano nos toca aceptar que "no todo lo sabemos todos, sino todo lo sabemos entre todos". Siempre aprendiendo. Como nos han enseñado nuestros estupendos maestros".

El otro tema se debe al comentario que realiza Salvador Mari en su reciente libro *Aproximación a la Bioética desde la Epistemología, Ética y Antropología de Leonardo Polo*" (Síndéresis, Madrid, 2023); en la página 360 –que descubrí al azar mientras lo ojeaba, cuando acababa de comprarlo– habla de la manipulación del lenguaje "que conduce a eliminar la consideración bioética, la carga moral implícita, de la realidad que se expresa"; concluye que "todas las manipulaciones convergen en una misma fundamentación: *el olvido, cuando no la negación, de la realidad del ser personal como explica Tomás-Garrido y tal como es entendido por Polo*, en aras del utilitarismo más abyecto". Ahí figura mi nombre junto al de D. Leonardo.

Ahora me queda seguir estudiando, seguir difundiendo, seguir esforzándome, seguir agradeciendo. Y qué suerte contar con la ayuda de no solo expertos, sino amigos de verdad como Juanfer y Louis.

Gloria María Tomás y Garrido
Catedrática honoraria de Bioética de la UCAM.
Académica de número
Academia de Farmacia Santa María de España
Granada –Andalucía– (España)
gtomas@ucam.edu

106. JAVIER TORRE DE SILVA Y LÓPEZ DE LETONA: *UNA PERSONA QUE TENÍA UNA MISIÓN QUE INSPIRABA TODOS LOS MOMENTOS DE SU VIDA*

Tuve a Leonardo Polo como profesor a finales de los '80. Me causó una gran impresión. No era filósofo de tiempo libre ni funcionario de la filosofía, era una persona entregada por completo a una tarea seria y trascendente. Era una persona que tenía una misión que inspiraba todos los momentos de su vida.

Su antropología es parte de mi forma de ver el mundo. Parafraseando a Zubiri, Polo somos nosotros.

Recuerdo todavía una anécdota: en clase, respondiendo a la pregunta de qué autores de actualidad debíamos leer sobre determinada materia, contestó sin cambiar el semblante: "más caga un buey que cien pajarillos: lean a Hegel". Las risas se oyeron en toda la planta.

Javier Torre de Silva y López de Letona
Letrado del Consejo de Estado (excedente)
Abogado
Madrid (España)
javier.torredesilva@cms-asl.com

107. ÁLVARO TURRIAGO HOYOS: *A MÍ SIEMPRE ME IMPRESIONÓ LA SENCILLEZ DE SU ESTAMPA COMO PROFESOR*

Conocía Polo al inicio del año académico 1991-1992, cuando llegué a Pamplona, procedente de Colombia, para iniciar mis estudios de doctorado en Economía. Había oído hablar mucho de don Leonardo aquí en Colombia. Sin embargo, no había estudiado nada de su obra.

Tuve ocasión de estar con don Leonardo Polo, en dos encuentros de índole estrictamente académicos patrocinados por el Instituto de Empresa y Humanismo. Fueron dos encuentros en los que él fue el expositor. Las temáticas versaron sobre la realidad de la empresa y de la actividad económica desde su perspectiva filosófica.

Mis primeras impresiones, dado que no tuve la fortuna de tratarlo de una manera cercana, y además era la primera vez que asistía a una de sus conferencias, se vio impactada por la figura externa de don Leonardo. A mí siempre me impresionó la sencillez de su estampa como profesor. Me parecía que lucía frío y distante. En principio me pareció que su pensar y sentir estaba en un escenario distinto del aula donde nos reunimos. En ese momento, no capté, ni entendí que estuviese tan cerca de un pensador y de un ser humano de su grandeza.

Sí, definitivamente. Su aproximación humanística a tópicos de economía y empresa me impactaron. Considero que su ideario ha marcado un derrotero en mi trabajo intelectual, en mi vida profesional y también en mi vida familiar. Fue uno de los profesores de la Universidad de Navarra que dejaron huella en mi vida.

Álvaro Turriago Hoyos
Dr. en Economía
Universidad La Sabana
Bogotá (Colombia)
alvaro.turriago@libertadores.edu.co

108. P. Mauricio Uribe Blanco: *SÓLO UNA PERSONA QUE TENGA UNA EXPE-RIENCIA HONDA DE LA FE, PUEDE CONTEMPLAR LOS MISTERIOS DEL CRIS-TIANISMO COMO ÉL LO HIZO, RENOVANDO LA TRADICIÓN FILOSÓFICA DEL REALISMO METAFÍSICO*

Estando en Pamplona, como subdirector del Colegio Mayor Aralar y realizando mis estudios de Doctorado en Derecho Canónico (1972-1975), tuve ocasión de conocer a Leonardo Polo, mas no de tratarlo, por medio de invitaciones que se le hicieron para que nos acompañara en algunas tertulias con residentes e invitados. Desde luego, eran diálogos informales, en los que uno podía apreciar la novedad de sus enfoques cuando trababa temáticas muy diversas. Respecto de estas tertulias, relativamente breves, ahora, a la distancia de los años, no podría identificar las temáticas. No eran conferencias estrictamente académicas, sino que se conversaba al compás de preguntas que le hacían los asistentes. Había tenido ya contacto con su pensamiento a través del profesor Jorge Yarce Maya, e incluso, conocí la tesis doctoral del mencionado, en la que abordaba el pensamiento poliano. Yo apenas era un estudiante de Derecho y Ciencias Económicas en la Universidad Javeriana de Bogotá. Sin embargo, siempre demostré mi interés por conocer con más profundidad su pensamiento, gracias a quien lo conocía bien y podía "traducirlo" a un lenguaje más sencillo, que fue precisamente el Dr. Yarce.

El profesor Polo, a todas luces, con un aspecto sencillo, humano, dejaba traslucir, sin aspavientos, su potencia intelectual y la originalidad de sus enfoques. Los estudiantes estábamos informados de la trayectoria intelectual de Don Leonardo y, a pesar de proceder de diversos campos profesionales, su figura era no sólo motivo de curiosidad sino deseos de asistir y participar en sus clases. La verdad, es que yo, por mis ocupaciones de ese momento, no pude estar presente a sus magistrales exposiciones.

Ha sido mi interés como Decano de la de Filosofía y Humanidades de la Universidad Sergio Arboleda de Bogotá que se conociera su pensamiento. En la Escuela estaba como profesor catedrático el Dr. Mario Acosta, discípulo de Leonardo Polo, fallecido en el año 2023. Él, en sus clases de Antropología Filosófica, exponía las posiciones novedosas y riquísimas del pensamiento poliano. De manera que los muchos estudiantes que han pasado por esta Escuela a lo largo de los años, han tenido, de una manera u otra, un acercamiento al pensamiento de Don Leonardo. Más aún, cuando corría el año 2010, el profesor Juan Fernando Sellés visitó la Escuela de Filosofía y Humanidades con la finalidad de impartir un breve curso acerca del pensamiento del Dr. Polo. Fruto de este evento, surgió la iniciativa de ofertar a los estudiantes un seminario electivo para profundizar en algunas temáticas del pensamiento poliano. Incluso, algunos estudiantes de la Escuela, como trabajo de grado, abordaron el pensamiento del profesor español. Es más, quisimos abrir un proyecto de investigación explícitamente orientado a tratar la filosofía de Leonardo Polo, pero, dados los objetivos estratégicos de ese momento, no fue posible hacerlo. Sin embargo, esta posibilidad sigue estando abierta. Posteriormente, la Escuela de Filosofía y Humanidades invitó al profesor Juan A. García González para impartir la *Lectio* Inaugural de curso y en ella también hizo un acercamiento a ciertos aspectos de su obra.

Por otra parte, en la Escuela de Filosofía y Humanidades trabaja el profesor Alejandro García, egresado de la Universidad de Navarra, quien también se ha acercado al pensamiento de Don Leonardo Polo y tuvo la oportunidad de presentar una ponencia sobre Leonardo Polo en el II Congreso Colombiano de Filosofía.

Continuamos en la Escuela muy interesados en que se conozca y difunda su pensamiento, pues somos conscientes de las virtualidades que encierra. En lo que a mí respecta, he de reconocer que en ningún momento he dejado de interesarme por su pensamiento y difundirlo e impulsar espacios para que se reflexione acerca del mismo. Además, y esto se trasluce en todo su pensamiento, el profesor Polo nos ha dejado un testimonio de vida, en la que resulta manifiesta su profunda espiritualidad, que, por eso mismo, deja abiertos interesantes aportes para abordar realidades teológicas con nuevas luces, lo cual es prueba fehaciente de la admirable coherencia de su pensamiento con la fe cristiana, siendo experto conocedor de la filosofía moderna y contemporánea. Sólo una persona que tenga una experiencia honda de la fe, puede contemplar los misterios del cristianismo como él lo hizo, renovando la tradición filosófica del realismo metafísico.

D. Mauricio Uribe Blanco
Presbítero
Decano de la Escuela de Filosofía y Humanidades
Capellán mayor de la Universidad Sergio Arboleda
Bogotá (Colombia)
mauricio.uribe@usa.edu.co

109. NURIA VALLÉS BOTEY: *EL MEJOR TESORO DE LO APRENDIDO EN 5 AÑOS DE FILOSOFÍA Y TEOLOGÍA*

Mi primer contacto con Leonardo Polo fue en sus clases en la 2° promoción de Bachillerato Teológico de la Facultad de Teología. No éramos muchos y sin embargo tuvimos la suerte de tenerle como profesor. Para nosotros era una leyenda y lo "examinábamos" con curiosidad. Recuerdo que entraba en el Aula Magna caminando mirando al suelo, se sentaba en su mesa y decía cuantos alumnos éramos y cuántos menos que el último día. Daba la impresión de que iba ensimismado pero se enteraba de todo.

De estas clases recuerdo con verdadera emoción su explicación de las causas aristotélicas. Fue una enseñanza tan clarividente que es para mí el mejor tesoro de lo aprendido en 5 años de Filosofía y Teología.

Más tarde me impartió psicología. Estaba muy al tanto del progreso de la ciencia, cosa que yo no. Recuerdo sus clases sobre la célula a las 16.00 y yo me dormía… cosa que él después nos lo hacía notar. En esta materia lo que D. Leonardo quería enseñarnos se me hizo claro más tarde estudiándolo, intentando desentrañar su mensaje. Estudiarle era un precioso reto. Te hacía pensar más allá de tu capacidad.

Él comentaba, seguramente entristecido, que hacía 10 años que nadie le retaba o le cuestionaba. Mi promoción era así. Le teníamos como una leyenda viviente. Para mí era un paradigma de la aventura de pensar. Este testimonio es una gota en el océano, pero para mí es una experiencia viva de un profesor que me hizo mella.

Núria Vallès Botey
Pintora
Sant Cugat del Vallès –Cataluña– (España)
artnuriavalles@gmail.com

110. Marga Vega Rodríguez: *Un Gigante Gentil*

"Las ideas son de quien las piensa". Así se puede resumir la generosidad intelectual de Leonardo Polo. En un mundo en el que rigen la propiedad intelectual, los derechos de *copyright*, y el plagio, este aforismo que Polo repetía a sus alumnos, puede resultar chocante, o incluso alarmante, pero explica el estilo de su filosofar. Como quien sale a sembrar y tira la semilla a puñados, sin importar donde caiga, Leonardo Polo impartía su pensamiento filosófico a granel, sin apegos a donde saldría publicado, o cómo se le reconocería personalmente.

Así que no fue de extrañar que cuando, en 1992, don Ángel Luis González, nos encargó a Meritxell Serra y a mí cotejar y organizar sus escritos inéditos, nos encontrásemos con un armario del despacho del Director del Departamento lleno de manuscritos. Trajinando con los papeles y la lista de publicaciones y conferencias, daba la impresión de que a Polo no le preocupaba cuándo ni dónde saldrían a la luz, o incluso que alguna vez llegaran a ser publicados. Su actitud aparentemente despreocupada, parecía reafirmar que si "las ideas son de quien las piensa", tarde o temprano, alguien más llegaría a esas conclusiones. Polo era un filósofo del descubrimiento, propio y compartido. Para él las ideas hay que compartirlas. No tienen propietario porque simplemente expresan aspectos de la realidad que cualquiera puede descubrir.

Aunque profesor de universidad, Polo carecía de aires de grandeza académica. Es verdad que en la época intelectual en que vivió inicialmente, darse a la carrera de las publicaciones no era el oficio de los catedráticos, sino de profesores en el comienzo de su trayectoria académica. Pero había en la actitud *laissez-faire* de Polo una pizca de desafío, un poco de abandono del bueno, y un algo de ser fiel a uno mismo. Con la conciencia de quien sabe que ha descubierto una realidad que otros ha pasado por alto, y la esperanza de que la verdad siempre prevalece, Polo seguía su propio camino filosófico; sin preocuparse por cómo adaptarse a los estándares académicos, sin necesidad de mostrar su afiliación por una determinada escuela filosófica y sin necesidad de recibir menciones y espaldarazos. Su actitud no era una llamada a la anarquía académica, sino un toque de atención a lo que realmente vale la pena en la actividad intelectual. No tanto las menciones, y los indexes como el desarrollo de un hábito intelectual.

De ahí que, más que en la letra impresa, su pensamiento se hiciera vida en el ejercicio intelectual, que era una especie de gimnasia filosófica en la que muchos querían participar. Ese fue el caso de nuestra clase de primer curso de la licenciatura de 1989, cuando esperábamos con anticipación la llegada de este profesor con la espalda algo encorvada, quizás sobrecargada por el peso de su altura física y mental, que arrastraba ligeramente sus pasos, y siempre mostraba una sonrisa apacible.

La antesala de sus clases se parecía a una estación de tren donde personajes ajenos al curso, ansiosos por visitar destinos inéditos, se colaban en el aula y la abarrotaban. El viaje filosófico llevaba su tiempo y su medida: no podía apresurarse, por lo que una hora lectiva no era suficiente, y hacían falta cuando menos dos horas para encender motores y alcanzar velocidad. Una vez que la maquinaria mental se ponía en marcha, nada podía pararla. Ni siquiera ese mosquito zancudo que un buen día aterrizó en la pista de su tersa calva, donde permaneció el resto de la lección como un alumno más. No había apuntes, ni programa, ni *PowerPoints*, ni páginas *web*: una ausencia de parafernalia docente que también descubrí en otros buenos filósofos. Tan sólo estaba Polo, quien, con gran concentración desde su silla, y para entonces con semblante serio, transportaba a los oyentes por el recorrido de lo que más tarde fue transcrito como *Quién es el hombre, un espíritu en el tiempo* y *Ética. Hacia una versión moderna de los temas clásicos*. Los oyentes, matriculados o no, estaban allí por amor al arte, pues en las notas de final de curso Polo no tomaba represalias: la única consecuencia era la satisfacción de lo aprendido. Abundaban los notables, pues su teoría parecía ser que la vida ya se encargaría de ponernos las notas y darnos los sobresalientes (o los suspensos). Quizás era una manera de inculcar que "todo éxito es prematuro" y por la misma razón, que ninguna derrota es definitiva.

Esto es algo que, años más tarde, cuando impartí clases en la Universidad de Berkeley, parafraseé a mis alumnos, necesitados de un respiro de aire fresco que les liberara de la presión y dictadura de las notas para poder acceder a la siguiente etapa de sus estudios o a un trabajo. En una edad en la que, pasada la adolescencia, la persona joven sigue a la búsqueda de su identidad, y necesita descubrir quién es, las ideas de Polo que transmití a estos alumnos de licenciatura eran una invitación a no poner su identidad en los resultados, entre ellos las notas, o en cualquier otro aspecto predicamental: su nacionalidad, su raza, su linaje o patrimonio, la opinión de los demás, o un nuevo tatuaje. A través de las reflexiones de la antropología transcendental de Polo, les invitaba a darse cuenta de que cada uno era único, pero que el ser único no era resultado de un esfuerzo por diferenciarse de los demás de una manera competitiva, a veces a costa de hundir al otro. La ansiedad juvenil, provocada por lo que el futuro pueda deparar, se calmaba al entender que su singularidad ya estaba dada desde el comienzo, no era un resultado, y que su tarea era el expresarla desarrollando las capacidades de su naturaleza.

En mi caso, el futuro me llevó a casi seis mil millas de distancia, aunque a un lugar con cierta raigambre española pues California formó parte de la corona de España de 1769 a 1821. En mi periplo, el pensamiento de Polo me ha acompañado y brindado los cuatro puntos cardinales para navegar la marea de temas, corrientes y modos de hacer filosofía con los que me he cruzado. El conocimiento básico de la filosofía de Polo que adquirí durante mi licenciatura en Navarra, me proporcionó el espinazo para encajar los problemas que distintos filósofos se planteaban en la tradición analítica, la continental, e incluso en el tomismo con sus perplejas luchas internas.

Al acabar la licenciatura, la cuestión del conocimiento habitual resonaba conmigo, pues me parecía la panacea a un gran número de callejones sin salida del pensamiento filosófico. La teoría del conocimiento de Polo era un contrapeso perfecto a la racionalidad estrecha que merma nuestra aprensión de la realidad. Así, en el tema sugerido por mi director de tesis doctoral en la Universidad de Valladolid, la metáfora, vi un resquicio de entrada al conocimiento habitual. La revolución metafórica, que se reflejaba en una avalancha de publicaciones sobre la cuestión, era una protesta clara a una racionalidad malnutrida. Lo que investigadores en la ciencia cognitiva, la filosofía del lenguaje y de la ciencia descubrían en el funcionamiento cognitivo de la metáfora, se podía comprender mejor desde lo que Polo llamaba conocimiento habitual. Esta intuición poliana me sirvió para poner en perspectiva estas investigaciones que distintas disciplinas realizaban sobre la metáfora, y se materializó en una tesina titulada *La metáfora como ampliación de la racionalidad*. También me ayudó a rectificar la valoración que estos estudios hacían de la primera teoría de la metáfora, la de Aristóteles, mostrando cómo el uso y las referencias que Aristóteles hace de la metáfora tienen sentido cuando se entiende como un tipo de hábito cognitivo. Este fue el tema posterior de mi tesis doctoral.

Tiempo después, durante un posdoctorado en la Universidad de Berkeley, donde más tarde también impartí clases como profesora, y a medida que aprendía sobre más cuestiones filosóficas, me percaté de la extensión y alcance del pensamiento de Polo quien, sin mencionar muchas veces nombres o temas, hacía referencias o se pronunciaba sobre cuestiones que evidentemente mostraban su familiaridad con la literatura en las ciencias y con diversas corrientes filosóficas. Parecía que Polo nos dejaba herramientas para el camino, como quien sabe que se van a necesitar, porque ya ha hecho el viaje. Así que no resultó difícil descubrir conexiones y aplicaciones a debates y autores que Polo no había tratado explícitamente, o temáticamente, pero que se hacían presentes en su pensamiento. Este fue el caso cuando me asignaron clases que incluían temas de mecánica cuántica, inteligencia artificial, el problema de la mente y el cerebro, el inconsciente cognitivo, o la intencionalidad.

Cuando, durante mis años de licenciatura, le comenté a mi paisano leonés don Ángel Luis González, mi deseo de aplicar la filosofía de Polo a la teología, no podía imaginar que dicha aspiración se cristalizaría de un modo algo distinto. Actualmente doy clases en Dominican School of Philosophy and Theology (DPST) centro afiliado con la Graduate Theological Union (GTU) en Berkeley, que reúne escuelas y centros de distintas denominaciones religiosas (ortodoxa, católicas, protestantes, musulmana, judía, hinduista), haciéndola la escuela teológica más comprensiva de EEUU. DSPT proporciona a todas las escuelas afiliadas la posibilidad de un diálogo mediado por la filosofía, y constituye un primer punto de conexión entre variadas tradiciones teológicas. En este contexto, las ideas de Polo me proporcionaron luz interpretativa sobre Aristóteles o Aquino haciéndoles relevantes en las discusiones contemporáneas, o mostrando sus limitaciones. En el caso de Aristóteles, quien frecuentemente recibe críticas por su rígida y artificial categorización predicamental y silogística, las sugerencias de Polo ofrecen una lectura en la que Aristóteles se sirve de distintos tipos de lógica con el fin de respetar distintos tipos de realidades y revelar su verdad. Frente a una versión de la filosofía de Aquino centrada en la esencia, Polo remarcaba la contribución tomista de la distinción real entre el ser y la esencia, y su potencial para entender a la persona humana. La antropología transcendental de Polo, simultáneamente ilumina con la luz natural de la razón la realidad de la persona, humana y divina, y proporciona una visión más coherente con los misterios Trinitarios y Cristológicos.

Por supuesto no han sido sólo de Polo las contribuciones filosóficas que me han ayudado en mi tarea docente. La filosofía aristotélico-tomista, la historia de la filosofía misma, y la diferencia de enfoques de la tradición continental y la analítica, cada una con sus distintas perspectivas, han sido fuentes de reflexión. De Polo, no obstante, aprendí a tenerlas cuenta. Las agudas observaciones de Polo acerca de autores de la modernidad y la postmodernidad, validaba el aspecto de verdad de las contribuciones de estos autores, y hacía proseguir el diálogo filosófico, sin el miedo a la novedad que en ocasiones estancaba al pensamiento tomista, sin contradecirlo, pero siguiendo adelante. En definitiva, la herencia más importante que me ha dejado la inspiración poliana es que el pensamiento sólo puede hacerse conversando con la diferencia. Éste procedimiento puede tener la desventaja de estar en tierra de nadie y en tierra de todos simultáneamente, de no pertenecer a ningún grupo y dialogar con todos, y probablemente no sea una llamada filosófica que todo filósofo deba seguir, ya que la especialización también tiene un valor indudable. No obstante, dadas las circunstancias de mi andadura, estoy profundamente agradecida por haber encontrado en Polo un gran filósofo, un gran maestro, una gran persona, y un modelo para una visión comprensiva de la realidad.

Marga Vega Rodríguez
Dominican School of Philosophy and Theology
Berkeley –California– (USA)
marvegabro@gmail.com

111. D. José Verdiá Báguena: *Dos recuerdos*

Era la primera semana de mi vida universitaria. Apenas conocía a nadie, salvo a la gente del colegio mayor, con la que ya llevaba un par de meses viviendo. No sé qué clase habíamos tenido antes, pero algunos de mis compañeros hablaban con expectación: aparentemente, la Introducción a la filosofía la iba a impartir Leonardo Polo. Nunca había oído ese nombre. No conocía nada de la Universidad de Navarra, en la que me matriculé por recomendación de un amigo ("la única uni donde creen que filo va de comprender la verdad", me dijo), ni de su profesorado. La sesión de la jornada de bienvenida con Alfredo Cruz me había gustado ("no crean a quienes les digan que con la filosofía se morirán de hambre. La filosofía sí da para comer.... la cena ya es otro problema"), pero las clases... bueno, de momento tampoco me apasionaban. No me parecían muy distintas a las de COU. Eso sí, más caras.

Entró D. Leonardo. Se hizo el silencio, y todos ocupamos nuestros sitios. Le recuerdo con una boina, una bufanda, un abrigo tres cuartos ¿marrón? ¿marrón-verdoso? Dejó el abrigo y la bufanda sobre la mesa del profesor, mientras nos miraba con una sonrisa divertida. Nos saludó, y en seguida me dio la impresión (que se confirmaría en los años siguientes) de que era una de esas personas que trasmiten paz, y son la afabilidad encarnada. En su mirada había algo más. Tal vez esperanza. Desde luego, ilusión. Se veía que era alguien que disfrutaba con lo que iba a hacer.

Hubo unas palabras de presentación. Y una pregunta-marco dirigida a la clase: ¿qué es la filosofía? ¿qué creen que es? Y tras ellas, se giró y dibujó nueve puntos en la pizarra.

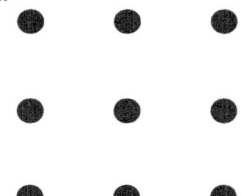

"¿Pueden unirla usando con un único trazo, compuesto de cuatro rectas?" Miramos los puntos. Nadie dijo nada. Sé que ni yo ni quienes estaban a mi alrededor lo resolvimos. La sonrisa de D. Leonardo se hizo más amplia, y volvió a los pizarra:

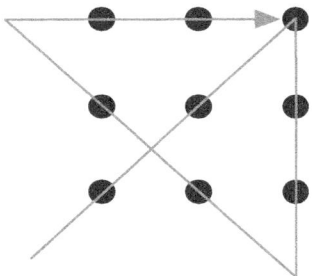

"No lo olviden. El filósofo sabe ver más allá. No se dejen encorsetar por los márgenes. Vean las cosas en su conjunto". La clase siguió, y ya no recuerdo mucho más de ella. Pero sí que, cuando terminó, mi percepción había cambiado. La universidad era eso. La filosofía era eso, lo que hacía aquel hombre. Y salí de aquella clase sintiéndome afortunado de poder aprender de alguien así.

Entonces no podía prever que D. Leonardo iba a dar clase a nuestra promoción en cuatro de los cinco años de nuestro paso de la universidad. En sus clases –y supongo que muchos darán cuenta de ello– se abstraía, y su figura agazapada sobre la mesa, sujetando su cabeza con una mano, se convirtió en habitual. Y lo que no podía haber previsto es que tendríamos la oportunidad de estar de tertulia con él unas cuantas veces, ya fuera en algún intercambio de clases, o como invitado en el colegio mayor en el que vivía.

Una de esas tertulias ha quedado grabada en mi memoria: empezó a hablarnos de San Josemaría, a quien pudo conocer. Nos dijo que, por aquellos años, a la gente del Opus Dei se le pidió que, a partir de entonces, saludaran a al fundador del Opus Dei (al Padre, como D. Leonardo le llamaba) besándole la mano. Esa era la práctica común en la época para saludar a los sacerdotes comunes: no digamos ya los eclesiásticos de cierto nivel. D. Leonardo nos contó –mientras removía la copa de licor brandi que le habíamos ofrecido– que aquello le indignó. Que le parecía que era acabar con el espíritu de familia en la Obra: hizo el firme propósito de no cumplir jamás con aquella indicación. Poco tiempo después, San Josemaría visitó la ciudad en la que vivía, y D. Leonardo iba a poder saludarlo personalmente.

Mientras daba vueltas a la copa, D. Leonardo explicaba su conflicto interior: saludar o no saludar. Cuando San Josemaría llegó a su sitio, se decidió a besar la mano… en parte por no montar el número, en parte porque, a pesar de lo que él pensara, motivos había para hacerlo. Empezó a arrodillarse, y notó que San Josemaría lo detenía: "hijo mío, venga un abrazo". En ese momento, la sonrisa de D. Leonardo, parecía decir "qué tontos somos a veces", y empezó a reflexionar sobre la importancia de relativizar nuestros juicios, de la humildad intelectual, de que hay cosas que sólo cuando se viven se comprenden y de que no nos debemos tomar demasiado en serio a nosotros mismos. Yo lo escuchaba fascinado: fascinado de la humildad de aquel genio, que era capaz de contar aquellas intimidades con semejante sencillez. Experimenté envidia de la buena. Y de nuevo, me sentí afortunado por estar allí.

No. No soy discípulo de D. Leonardo. Nunca llegué a hablar con él personalmente, ni he estudiado su pensamiento. Pero en algunos momentos recuerdo la pizarra, los nueve puntos, y a la necesidad de no perder de vista el contexto de las cosas, ni dejarse encerrar por los problemas; viene a mi memoria aquel abrazo, y la importancia de saber reírme de mí mismo, de no tomarme demasiado en serio, y la sonrisa pícara del maestro. Son esos recuerdos, junto a un consejo de D. Ángel, los que más me marcaron en la universidad. Así que, sí, aunque el abandono del límite mental me pille lejos, me gusta llamar "maestro" a D. Leonardo.

D. José Verdía Báguena
Sacerdote
Profesor universitario
Universidad Internacional de Cataluña
Barcelona –Cataluña– (España)
jverdia@icloud.com

112. CARMEN ROSA VILLARÁN RODRIGO: *DON LEONARDO POLO: FILÓSOFO Y UN GRAN CATEDRÁTICO*

Fui alumna de D. Leonardo Polo en el Doctorado de Filosofía en la Universidad de Navarra en un Curso o Seminario que él tituló 'El yo'. Era el más numeroso de los Seminarios, llegábamos a 20. En esa época de los 90 sé que ya habían oleadas de admiración por él, por sus Cursos sobre Teoría del Conocimiento. En cuanto a su Seminario hablar del yo era situarnos desde Descartes y citando a muchos, ponía sus propias conclusiones, para coger el hilo conductor de los modernos. Me parecía un regalo

tener clases con él. Enseguida, Polo me llamó la atención no por sus clases
o postura filosófica, sino por su bondad como profesor, pues me pareció el
más comprensivo de todos. Yo veía a los profesores de Filosofía de la
Universidad de Navarra con inmensa admiración; me dieron mucho, no
solo con su comportamiento frente al quehacer intelectual, sino también
en sus mismas apreciaciones intelectuales tan valiosas. Se daban tiempo
para conversar, les sobraba actitudes de acogida y estímulo, que no me
canso de agradecer. Se cultivaba el buen diálogo, el estudio, el fomento a
la investigación, escuchar y respetar y saber argumentar tus perspectivas.

D. Leonardo era muy paternal como persona y profesor; a veces taci-
turno, pero siempre afable. Cuando iba a Navarra sabía que él estaba trabajando un nuevo planteamiento sobre Teoría del Conocimiento que era
muy interesante. No era lo que a mí me atraía como estudio. Había tenido
algún premio grande de Filosofía acerca de Descartes y yo pensaba que
seguro quería contestar a los modernos de ayer y los que han seguido ese
itinerario luego. Los libros posteriores a esa época me han interesado más.
Como tantos, iba de curiosa a sus clases de Teoría del Conocimiento, me
encantaba ver que le importaba argumentar.

Era muy bonito ver cómo todos le daban a D. Leonardo un trato prefe-
rencial. Él parecía el mayor y como la campana en la carrera de caballos,
es decir, el que daba la partida continuamente, para no desmayar en el
trabajo dedicado, esmerado y muy universitario, atento de colaborar con
la sociedad, para que cada uno diese de sí todo lo que podía. Este afán por
una universidad abierta a sus alumnos y en compromiso con la sociedad
se notaba en las reuniones a las que pude asistir en cuanto a la iniciativa
de Empresa y Universidad, y en general.

Por mi parte, tenía necesidad de un trabajo de Suficiencia Investigadora. Yo quería darle mil vueltas, dejarlo para más adelante, y a la vez quería
hacerlo y terminarlo. La bondad exigente de D. Leonardo me llevó a terminarlo, algo me explicó para que culminara, sabiendo que luego tendría
tiempo de seguir investigando. Fue así que también gracias a él obtuve la
Suficiencia Investigadora. Algo que me encantaba de D. Leonardo Polo
era cómo gozaba en la Dirección de Tesis o trabajos. En realidad, era un
ambiente ideal, en todo sentido, el de la Universidad de Navarra en los
estudios de Filosofía, de la época que yo recuerdo como estudiante del
Doctorado de Filosofía y mis visitas previas y posteriores.

D. Leonardo Polo me resulta una maravillosa inspiración de un auténtico catedrático universitario, cuyo estilo no es 'yoísta' como afán de responder al 'yoísmo' de la modernidad, que tiene aún hoy continuidad. Con esto recalco que es una buena inspiración real, precisamente por su talante personal universitario muy generoso, pues, aunque alguna vez estuviese andando en solitario, iba siempre con ademán convocador, y ésa es una cualidad de grandes y nobles personalidades, como la suya, como las que le rodeaban, a quienes su porte universitario ayudaba.

Carmen Rosa Villarán Rodrigo
Prof. Emérito del CAEN,
Centro de Altos Estudios Nacionales
Escuela de Posgrado
Lima (Perú)
crmvillaranr@gmail.com

113. Octavio Vinces Zegarra: *La obra de don Leonardo Polo estuvo esperándome por casi treinta y tres años*

Los primeros días de mayo de 2023 Beto era aún el profesor Alberto Vargas. Venía a Lima de Ciudad de México para dictar un curso de Antropología de la Cultura en dos jornadas del Doctorado en Humanidades de la Universidad de Piura. La noche anterior había leído un artículo suyo en el que dedicaba varios pasajes al análisis del concepto de cultura, un tema que me interesaba especialmente. Ya en clase, su exposición siguió captando mi atención y en algún momento se me ocurrió que tal vez aceptaría una invitación a almorzar. En la segunda jornada, minutos después de haber introducido la noción de "intimidad personal", iba a comentar brevemente que el filósofo Leonardo Polo entendía que la titularidad era esencial para el concepto de derecho.

"El Derecho es una especial normatividad que descansa sobre dos nociones: la de titularidad, y la de capacitación o potestad". Recordaba con vaguedad aquellas palabras que, sobre el final del año 1990, don Leonardo había dictado al grabador que yo sostenía. Pocos días antes, lo había visto por segunda vez en una tertulia del Centro Cultural Los Andes. En aquella ocasión –esto sí lo recordaba con mayor claridad– habló sobre la diferencia entre versificar y escribir poesía y mensuró las cualidades de un joven filósofo, crítico lector de Marcuse, cuyos ensayos solían impresionar favorablemente al universitario de veintidós años que era yo entonces.

Que Alberto hubiera aceptado mi invitación me alegraba ahora por partida doble. Pedimos unas cervezas antes de ordenar el almuerzo. Le comenté entonces que conocí a Polo en persona y que, veintitrés años atrás, lo había entrevistado para una revista de la Facultad de Derecho. Me sorprendió descubrir que Alberto conocía aquella entrevista: podía incluso repetir con bastante exactitud el largo título con que fue publicada en 1991. Minutos después, en medio de una plática en la que se intercalaban temas académicos con otros más personales, me animé a revelarle que siempre había querido estudiar filosofía.

La amistad que Beto y yo comenzamos a forjar esa tarde terminaría por llevarme al estudio de la obra de Leonardo Polo. Una obra que parece subrayar el carácter *sapiencial* de la filosofía como ninguna otra a la que me haya aproximado antes, y que, al plantear un método para el descubrimiento de la intimidad, revela la insondable riqueza que conlleva la existencia personal.

Reencontrarme de esta curiosa manera con don Leonardo me ha incentivado a tomar acción sobre algunos aspectos de la vida; a advertir omisiones y procurar repararlas. No es mi intención que esta nota tenga un tono innecesariamente confesional, pero, por otro lado, me parece ineludible dejar constancia de que el aspecto *sapiencial* de la filosofía de Polo, al que me refería antes, no me ha dejado indiferente.

En algún momento me decidí a descartar el tema que tenía planeado para mi trabajo doctoral y concentrarme en leer filosofía. He llegado a pensar que la invitación a estudiar la obra poliana que me iba a extender Beto semanas después de nuestro almuerzo, pudiera ser el eco de otra invitación que, acaso de manera implícita, me había hecho don Leonardo cuando yo era un joven estudiante de derecho y él aceptó con generosidad que lo entrevistara.

Más allá de la urgencia y presión propias de un curso doctoral, quiero hoy pensar que nada me apresura: no debería haber espacio para la ansiedad cuando se aprende que la libertad personal es un futuro que no se desfuturiza. Además, si fuera verdad lo de aquella primera invitación, sería justo afirmar que la obra de don Leonardo Polo estuvo esperándome por casi treinta y tres años.

Octavio Vinces Zegarra
Licenciado en Derecho
Universidad de Carabobo (Venezuela)
Universidad de Cornell (Nueva York, Estados Unidos)
Universidad Católica del Perú.
Doctorando en Humanidades en la Universidad de Piura.
Profesor de Historia de las Ideas Políticas
Universidad de Piura
Piura (Perú)
octavio.vinces@gmail.com

114. JOSÉ MARÍA YANGUAS SANZ: *D. LEONARDO TE OBLIGABA A PENSAR CON ÉL LOS ASUNTOS*

Conocía a D. Leonardo cuando yo cursaba el cuarto año de Filosofía y Letras en Universidad de Navarra; era el curso 1974-1975, si la memoria no me falla. D. Leonardo explicaba una asignatura en ese curso. No recuerdo exactamente cuál, pero pudo ser Antropología filosófica.

Sin duda, lo que más me llamó la atención de D. Leonardo fue que no se podía decir propiamente que "daba una clase" en el sentido habitual de la expresión. Me parecía que lo que realmente hacía era reflexionar en voz alta sobre el tema que exponía; lo repensaba en aquella ocasión; no trasmitía algo sabido; cada clase me parecía una recreación del tema que fuera. Pienso que si al terminar cada clase, hubiera tenido que volver a hablar del tema expuesto, lo habría hecho de manera parcialmente, al menos, distinta. Me atraía su modo de exponer, quizás porque nunca me han gustado las clases "enlatadas". D. Leonardo te obligaba a pensar con él los asuntos.

Esa impresión mía era reforzada por el hecho de que D. Leonardo llegaba a clase "con las manos en los bolsillos". No llevaba texto, ni apuntes, ni textos de libros, que pudieran sostener su exposición. Ésta me parecía siempre una "recreación". Recuerdo, y entiendo muy bien, que quizás por lo que acabo de decir, a D. Leonardo no le gustaban nada las preguntas. Interrumpían su discurso y obstaculizaban su fluidez.

No podría decir que el pensamiento del Prof. Polo haya dejado huella en mi pensamiento. El curso ya citado, 1974-1975, compaginé cuarto de Filosofía y Letras y primero de Licenciatura en Teología, y mis intereses intelectuales se centraron más en este último campo del saber. Siento no poder ofrecer una colaboración más rica sobre la figura de D. Leonardo, de quien conservo un grato recuerdo, y por quien mantengo viva mi admiración.

D. José María Yanguas Sanz
Obispo de Cuenca
Cuenca –Castilla La Mancha– (España)
obispocuenca@planalfa.es

115. Ignacio Yarza de la Sierra: *Un gran maestro que supo crear escuela*

Aunque me cueste reconocerlo, tengo que admitir no haber sabido apreciar las numerosas ocasiones en que tuve la fortuna de escuchar a don Leonardo Polo. No fui formalmente su estudiante, salvo en algún breve curso que dictó en Roma. Haciendo memoria, tendría que volver a los años 1970-72 en que cursé en Pamplona los dos primeros años de derecho. Vivía en el Colegio Mayor Aralar y en alguna ocasión se invitaba a don Leonardo a la tertulia. Era una personalidad llamativa, un tanto peculiar y para mí, en aquel entonces, que reflexionaba sobre cosas cuyo alcance seguramente no entendía. Recuerdo su imagen, su mirada recogida, una copa de brandy en una mano y acariciando con la otra su grande calva. Terminé derecho en San Sebastián y de allí fui a Roma en donde estudié filosofía y el nombre de don Leonardo resultaba más familiar, pues algunos profesores conocían con mayor o menor hondura su pensamiento, siempre circundado de un cierto halo de profundidad y misterio. En alguna ocasión don Leonardo vino a Roma, pero no sabría precisar si fue durante mis primeros años de estudio o sucesivamente, después de que yo mismo me incorporara al claustro de lo que entonces se llamaba Instituto de Filosofía. Tengo un vago recuerdo de alguna clase suya hablando de Plotino, aunque el curso, seguramente, versara sobre pensamiento moderno, con particular atención a la filosofía de Hegel.

Unos años más tarde, después de haber iniciado a ocuparme de estética, me invitaron a un encuentro en Villaviciosa de Odón, si no recuerdo mal, para profesores de estética del *Studium Generale* de la Prelatura del Opus Dei. Mi conocimiento de la estética era incipiente, llegaba allí con más dudas que certezas, pero tampoco supe aprovechar la presencia de don Leonardo para ampliar mi saber. No he profundizado después en su pensamiento estético, al que no me parece que le dedicó particular atención, pero la sensación que conservo es que comprendía la estética, como la gran tradición de la filosofía moderna, como el ámbito de la belleza y ésta entendida en el contexto de su metafísica y de su visión de los trascendentales.

Nunca he dedicado particular esfuerzo al estudio de la obra de don Leonardo; sólo esporádicamente he leído alguno de sus libros, *Quién es el hombre*, apreciando entre otras cosas el sentido crítico con que afronta el pensamiento de los grandes maestros del pensamiento moderno, en particular Kant y Hegel, y la convicción con la que avanza su propia propuesta.

En el fondo, la idea que me he hecho de su pensamiento es que se sitúa ante la misma disyuntiva del pensamiento contemporáneo, la polaridad sujeto-objeto y el esfuerzo por superar tanto el denostado objetivismo de la tradición como el profundo subjetivismo de la modernidad. Como sus contemporáneos, intenta salvar lo propio de la realidad, del ente, sin aceptar las soluciones que otros –sobre todo Hegel y Heidegger– proponían. Pretende hacerlo volviendo a la metafísica tradicional, pero añadiendo las correcciones que entiende necesarias. Esto requiere repensar la gnoseología y, sucesivamente, la metafísica.

Seguramente estudiando con más atención sus publicaciones me haría más consciente del valor de sus reflexiones, pero la vida me ha llevado por otros derroteros. Sin embargo, no me queda ninguna duda de que don Leonardo fue un gran maestro que supo crear escuela, formar intelectuales y filósofos que han influido en el pensamiento filosófico actual, sobre todo español, y dar a la Facultad de Filosofía de la Universidad de Navarra un merecido prestigio. Y todo ello armonizándolo con un talante humano y un sentido del humor estupendos que hacían de la Facultad, por lo poco que me ha tocado ver, un foro en que se pensaba y discutía con un profundo respeto y una gran cordialidad.

Ignacio Yarza de la Sierra
Profesor Emérito
Pontificia Università della Santa Croce
Roma (Italia)
yarza@pusc.it

116. JUANA MARÍA YOLDI GALAR: *UN HOMBRE MUY CONCENTRADO EN SÍ MISMO*

Comencé a estudiar Filosofía en la Universidad de Navarra con 17 años, en el año 1968. Leonardo Polo fue mi profesor de Fundamentos de Filosofía en el primer curso y Metafísica en tercero. Mi recuerdo de él es el de un hombre muy concentrado en sí mismo, siempre inclinado hacia adelante. Era joven, pero con su calva lo veíamos como una persona mayor, siempre con su cabeza apoyada en su mano y su traje y corbata.

Tenía un compañero que al comienzo de cada clase me decía: "hoy le tengo que entender algo". Y al final de la clase me decía: "nada; otra vez no le he entendido nada". Yo, en cambio, le entendía todo y les explicaba a mis compañeros. A Polo nunca le pregunté nada, ni en clase ni fuera de ella.

En primero, me llamaron mis amigas por teléfono diciéndome que habían sacado una lista con los que habíamos sacado sobresaliente, que teníamos opción de sacar matrícula. Me presenté al examen para matrícula y Polo me puso matrícula de honor en el primer año. Sus exámenes no eran de repetir cosas, sino de pensar, recuerdo uno que era un comentario sobre una silla.

No me parecía una asignatura especialmente dura; te podías examinar con sus apuntes o con el libro de Millán-Puelles. Yo me examiné con los apuntes. En clase estábamos unos 90.

Juana María Yoldi Galar
Profesora de Filosofía
Pamplona –Navarra– (España)
jmlorenza@gmail.com

117. MIGUEL ÁNGEL ZABALZA GOICOECHEANDIA: *CUANDO VI ESTO ME ENA-
MORÉ*

He sido catedrático de filosofía en el Instituto San Izaga de San Sebastián. Estudié en Filosofía en la Universidad de Navarra y me dio clase Polo. El asunto es que yo, a los 21 años, empecé la carrera de Filosofía y Letras en Deusto, en Bilbao. A los 16 años empecé a trabajar, porque se me
daba muy mal estudiar. Estuve trabajando 5 años en costos, en *planning*,
en una empresa. Ahí trabajaba mi padre, en la barra. Y cuando estaba trabajando, trabajaba de 8 a 3. Quise terminar el bachillerato, me puse a estudiar de una manera increíble, que mis padres se quedaban un poco sorprendidos. Entonces allá me ofrecían hacer Económicas para seguir con la
empresa. Pero yo quería estudiar Filosofía pura, porque tenía un gran
apasionamiento por la verdad.

Cuando había estado en Deusto yo conocía la filosofía medieval que a
mí me parecía un poco rancia. Pero cuando fui a Pamplona, siendo un
chico joven de veinticuatro años, conocía gente joven de filosofía que era
como yo, o sea, frescos. Pero entonces yo veía que había una persona ahí
que era aparentemente un viejete, como muy mayor, pero cuando le oías
hablar, hablaba de la mecánica, de la física, de la historia del mundo, de
las matemáticas, con un rigor y con afán de verdad. No era lo que se decía
entonces: "a fulanito le gusta mucho leer, pues que haga filosofía". Yo iba
a buscar la verdad. Lo que me atrajo a mí de Polo fue la frescura, que hablaba de temas que tienen que ver con lo trascendente, pero sin empalago,
sin Dios por arriba y Dios por abajo. Sí que se hablaba de eso, pero se hablaba un poco y con profesionalidad. Polo me atraía mucho por eso, porque era un tío salado. Cuando hablaba de lo trascendente, se refería a lo
trascendente del pensar. No forzosamente tenía que referirse a Dios, sino
que la realidad misma era trascendental. Entonces, esa manía que había de
ir por el atajo y hablar de Dios a cada dos por tres Polo no la usaba. Mis
padres también me decían: "Hijo mío, se puede estar hablando de Dios sin
mencionar la palabra 'Dios'".

Debo confesar que a Polo no le entendía nada. Me dio la Teoría de conocimiento en cuarto de carrera. Pero no entendía casi nada. Yo le oía hablar mucho de Hegel. Y entonces a mí me atrajo mucho la seriedad con la
que hablaba de Hegel y cómo entendía a Hegel y el cariño que le tenía. Y

me admiraba cómo estaba hablando de Hegel, pues decía: "¡Qué pena, podía haber ido por aquí!". Dialogaba con el filósofo. Yo estaba con gente en el curso de Filosofía; éramos pocos. Pero eran gente bastante inteligente, por lo que me encontraba un poco acomplejado, ya que, claro, iba a estar trabajando y yo no tenía mucha base.

Yo tenía ganas de estudiar y empezó el tema de las Jornadas Filosóficas, en el que también solía haber excursiones. Yo me enganchaba, y siempre que podía me pegaba a Polo. ¿Qué había una comida en la Facultad? Me apuntaba y me ponía siempre al lado de Polo. Le oía hablar. Una cosa me impresionaba de él pues yo me decía: "¿Por qué Polo habla así". Y me respondía: "Porque cada uno se pone a pensar… Y tiene que pensar. Tiene que seguir sin miedo. Y luego, si hay que parar, pues para, y va por otro lado". Ese es el ejemplo de intentar buscar la verdad, y si hay algo que no va, pues no se sigue, sino que se va atrás y se recomienza. A mí esto me abría los ojos. Y bueno, cuando yo me ponía al lado de él apenas me miraba. Le hice alguna pregunta. Más tarde comencé la tesis en Filosofía en la Universidad de Navarra con D. Ángel Luis González.

A Polo lo solía ver, aunque no lo tenía de profesor. Yo le he oído a Polo hablar de la figura del fundador del Opus Dei, pues yo estaba encargado en Torre 1, en el Colegio Mayor Belagua, de atender a los invitados y de suministrar coñac a los tertulianos para que siguieran hablando. Polo, en la fama que tenía entre la gente de Belagua, era una persona que llegaba, bajaba y hablaba. Pero nada que ver con lo que luego he visto con el rigor y la precisión de clase. En las tertulias era muy amable, como muy niño, muy sencillo.

Me acuerdo que en la Universidad de Navarra algunos profesores empezaron a hablar en voz alta con Fernando Mújica, con Juan Antonio Braña y otra gente muy buena. Mújica estaba en quinto y yo estaba en cuarto (yo era el pardillo). Entonces él hablaba mucho con Polo y Polo le hacía caso. Yo no contaba; no sé ni si Polo me conocía, creo que sí, pero yo lo conocía. Él se daba cuenta de que yo siempre estaba, me miraba, pero nunca llegué de tú a tú con él porque no daba la talla. Pero bueno, entonces hablando así en el hall del Central, hablando de Hegel, le dice Polo a Mújica en voz alta: "Tú lo que tienes que estudiar es la Santísima Trinidad".

Cuando Polo estaba dándome clases, me acuerdo de que fui a hablar con él. También fui a mesas redondas en las que siempre estaba Polo. Él escuchaba lo que había dicho otro profesor y sabía lo que decía. Estaba dialogando con otro profesor y decía: "Yo no voy por ahí. Lo entiendo, pero yo no voy por ahí". Me acuerdo haberle oído decir: "yo soy tomista en los temas pero no en el método". Le pregunté un día a Polo: "Don Leonardo: ¿me podría decir un libro suyo para empezar a introducir un poco que me cuesta un poco a veces". Y me dice: "Usted, Zabalza, antes de leerme a mí, estudie muy bien a Aristóteles. No a Tomás de Aquino, ni a San Agustín, ni a San no sé quién; a Aristóteles". Cuando me jubilé a los 65 años, estuve por dos años, casi tres horas diarias, estudiando a Aristóteles, toda su obra. Después he empezado a estudiar a Polo. Llevo ya cuatro años estudiando tres horas diarias; sigo ahora y no voy a parar.

Primero estudiaba la ética de Polo. Pero veía que esto no es la base, aunque es muy bonito. Esto es el Polo de las tertulias, el Polo de las conferencias, pero yo no quería ese Polo. Yo quería el Polo duro, el pensador: teoría del conocimiento. El conocimiento, para Polo, es una operación que no es procesual. Conocer cómo es el conocimiento, eso cambia mucho. El caso es que empecé a estudiar sistemáticamente la su *Curso de teoría del conocimiento*. Empecé con el tomo uno, que versa sobre el conocimiento sensible, que es una maravilla; vi que Polo es súper claro; es difícil, pero súper claro. Tengo muchas tentaciones de ir a la *Antropología trascendental*, pero me estoy aguantando. No quiero, quiero ir entendiendo todo. El tomo dos y el tres los he visto dos veces.

Polo habla mucho de moralina. Dice que la moralina no es suficiente, que no basta, que hay que comprender. Y luego me acuerdo hablando de don Carlos Cardona que tenía un libro llamado *Metafísica de la opción intelectual*. Es un libro de filosofía. En él se dice que hay que optar entre Descartes y el realismo. Pero Polo decía en clase: "si hay que optar, se opta. Pero ¿y si no hay que optar? Y si se puede comprender". Eso me atrajo. El fundador del Opus Dei estuvo en Roma con Polo. El prelado le llamaba a Polo: "mi filósofo".

A mí me gusta mucho cuando Polo dice que el ser humano no es efecto de Dios. Es muy importante. No es efecto de Dios, sino que es causa causada. Polo dice que cuando se habla de metafísica en rigor, es metalógica. He leído ya tres veces *El acceso al ser*, he leído dos veces *Ser I*.

A mí me ilustró mucho cuando me enseñaron que Ockham, que para mí es el menos profesional de los filósofos, empieza su filosofía diciendo *"credo in unum Deum"*. Yo creo que la persona que me explicó esto fue Polo. Pero, ¿cómo se puede empezar la filosofía con *"credo in unum Deum"*?, ¿qué pasa con Ockham? Polo explica bien su noción de *suppositio* para entender la intencionalidad.

Cuando yo empecé a darme cuenta de Polo sin entenderle mucho, yo veía que cuando íbamos a estudiar filosofía decían: "Tú eres ingeniero, tú eres físico, yo soy matemático... La filosofía ya la estudiamos en otras circunstancias". Pero yo veía que eso Polo lo deshace con la primera sentada. También veía que estaban haciendo, desde la física cuántica, metafísica. Que querían hacer una metafísica con los elementos, con el método de la física cuántica. Pero eso es un fraude. Las ciencias ni van al ser real, ni van a un Dios real. De este último me refiero a la existencia. He comprendido que el problema principal en la física cuántica es el problema de teoría del conocimiento.

Luego también otra cosa. Polo ha entendido muy bien a Heidegger. Y a mí me sirve Heidegger, porque Heidegger quiere estudiar la relación del ser humano con el mundo. Pero una relación, un modo de relacionarse con el mundo es el interés. Un modo interesante, el ser humano como interés. Y Polo dice, un modo de comprender indirectamente la persona humana, no el sujeto como pensado, porque el sujeto como pensado siempre va a ser el objeto pensado, el sujeto pensado, sino el núcleo de conocimiento que es la persona. Un indicio es la relación con el mundo. Entonces, la relación con el mundo, cuando yo me relaciono con el mundo, es una relación dual entre el interés y el plexo. Polo dice que esa relación es un indicio de la persona. Pero el conocimiento teórico no es eso. El conocimiento teórico no va a conseguir el fin procesualmente, sino que el fin está ya en la operación. Y entonces, bueno, pues eso a mí me ha encendido las luces.

Yo notaba que, cuando empecé, vi que Polo era una cosa interesante, Los demás siempre me paraban los pies. Me decían, "Polo no; escribe otra cosa". Hacían bien. Sobre todo, porque la idea no es entronizar a una persona. Y lo que a Polo le gustaría era ocultarse y desaparecer. Polo, cuando habla de conocimiento, habla de conocimiento como operación y objeto, y dice que "para comprender bien la filosofía, sobre todo a través de la historia, es conveniente utilizar como propedéutica la teoría de conocimiento". En la teoría de conocimiento tienes que poner entre paréntesis la persona y la realidad, y centrarte en esto. Uno me ha dicho: "Oye, pero Polo es un hegeliano". Hay gente que le dice eso. Pero Polo no tiene nada que ver con eso.

Llega un momento en el que Polo explica cómo sería el conocimiento por fe. Dice lo siguiente: "para tener la fe tenemos que entender que Dios hace que podamos conocer lo que supondría meterse en el conocimiento de Dios". Es como irse al abismo de cómo sería el conocimiento de Dios. Pero, Dios cuando conoce no manipula, no toca, ni las partículas elementales, ni el martillo para clavar el clavo, sino que a ti, Miguel Ángel, te conoce, pero te está dejando que seas como eres. Aunque te vea caer, y está haciendo lo posible para que no caigas, te deja que tú mismo te levantes. Eso es grandioso. Cuando vi esto me enamoré. Cuando entendí un poco esto, me enamoré. Y ha sido después de jubilarme. Cuando me he enamorado realmente más, ha sido ahora.

Miguel Ángel Zabalza Goicoecheandia
Catedrático de Instituto
San Sebastián –Guipúzcoa– (España)
maizabalza@gmail.com

118. BELÉN ZÁRATE RIVERO: *DETRÁS DE TANTO SABER DEBÍA HABER UNA GRAN PERSONA*

En 1988 comencé los estudios de lo que entonces llamábamos filosofía pura en la Universidad de Navarra. Conocí al profesor Polo en el segundo o tercer curso, en la asignatura de Teoría del conocimiento.

La Facultad de Filosofía era una pequeña familia. Mi promoción fue excepcionalmente numerosa en los primeros cursos, pero siempre se vivió un trato muy cercano. Se hacían encuentros de todos los que formábamos parte de la Facultad en ocasiones especiales como la fiesta del patrón, en los que coincidíamos todos. Por un día profesores y estudiantes cantábamos, comíamos y preparábamos postres filosóficos en un ambiente relajado y familiar. Allí pude ver por primera vez a Leonardo Polo, que hasta entonces para mí no era más que una especie de mito.

Cuando entró en los comedores universitarios donde celebrábamos la fiesta, me pareció una persona mayorcísima, que casi sucumbía ante el peso de sus ideas. Una especie de sabio, de mirada profunda. Sonreía pero parecía estar lejos, pensando. Siempre se le veía acompañado de colegas, de estudiantes de doctorado… Pensé que el nombre le iba como anillo al dedo, un nombre con personalidad. Le vi disfrutar con detalles y ocurrencias muy sencillas y pequeñas, lo cual me llevó a pensar que detrás de tanto saber debía haber una gran persona.

Las clases eran de otro nivel, cada palabra tenía un significado en el que podías detenerte como hacía él y saborearla. Y así ocurría muchas veces, se quedaba sonriendo saboreando un pensamiento. Me gustaron muchísimo sus clases. Se percibía que estábamos ante alguien con una sabiduría fuera de lo normal. Creo que a todos nos daba cierto temor preguntar, interrumpir su discurso. Era una especie de pozo de saber. Empezaba a hilar pensamientos y concluía después de una hora sin mirar un solo papel.

No conseguí verle mucho por el *campus*. Imagino que debía estar mucho tiempo en la biblioteca. Tampoco fui capaz de entender del todo su teoría del conocimiento, aunque su ayudante entonces (Ignacio Miralbell) intentaba desmenuzar cada concepto y ayudarnos a integrarlo. Fue gracias a un compañero de estudios que realizó un trabajo en la asignatura de Teodicea, Miguel Ángel Balibrea, en la que utilizó la Teoría del conocimiento de Polo para explicar algo que no recuerdo bien, cuando comprendí un poco más el alcance de su Teoría.

Oí siempre hablar de él a otros profesores con gran admiración y cariño, lo cual siempre me llevó a pensar que me estaba perdiendo algo grande al no conocer más su persona. Al cabo de unos años, volví a encontrarle en el IESE de Barcelona, dando clase en un programa de doctorado de Empresa y Humanismo que comenzó en el curso 93-94. Aún recuerdo cómo sacó una moneda de su bolsillo y contemplándola nos dio una clase magistral sobre el dinero, su significado, el influjo que ejercía en las personas, su valor real… nunca he oído a nadie, ni he leído nada sobre el dinero como lo que le oí decir a él. Entonces ya era más consciente del privilegio que suponía aprender junto al profesor Polo.

Por distintos motivos, ahora he vuelto a tenerle muy presente al estudiar Antropología dialógica. Creo que ha sido una gran suerte poder coincidir con el profesor Polo en mis años universitarios. Un privilegio del que estoy sumamente agradecida.

Belén Zárate Rivero
Derecho 92/ Filosofía 93
Profesora de Filosofía del Derecho
Universidad Internacional de Catalunya
Barcelona –Cataluña– (España)
bzarate@uic.es

Parte segunda
Testimonios indirectos

Seguidamente se ofrecen testimonios de quienes sin haber conocido personalmente a D. Leonardo Polo, sin embargo, la lectura de sus obras y el ir conociendo progresivamente su pensamiento ha supuesto un gran bien en sus vidas.

1. CARMEN ALICIA ACEVES GIACINTI: *HABLAR DE LEONARDO POLO ES HABLAR DE UNA PROFUNDIDAD EXCELSA*

Hablar de Leonardo Polo es hablar de una profundidad excelsa, no encuentro otro adjetivo. En lo personal, más que un descubrimiento, la antropología trascendental fue un acomodar de ideas, de darle nombre a cosas que el corazón ya me decía. Conocer la antropología trascendental que plantea el Doctor Polo significó, para mí, permitirme y agradecer el poder ir más allá del límite mental; dejar de frenar en la esencia lo que tantas veces el corazón anhela evidenciar.

Me permitió, además, descubrir lo que somos y eso me deja claro, para qué y cómo fuimos creados: para ser libertad coexistente, conocimiento personal y –con enorme grandeza– ser igualmente amor donal. El que, en mi esencia quedará claro ese ser de cada quien, de cada persona, me ha permitido permitirme (valga la redundancia) tratar a cada quien como alguien creado en su unicidad. También, me permitió descubrir los desfondamientos personales en mí misma y en cada persona. Saber que, a pesar de ellos, estamos enrumbados al Creador, y así actuar cara los demás: sabiendo que hay razones del corazón que la razón no entiende. Esto en particular me ha llevado a tratar a mis hijas que tienen una condición especial, no solo como la razón lo indica, sino como el corazón lo pide.

Fue fabuloso para mí descubrir el continuo estar en acto del Creador. Incluso puedo afirmar que mi "descubrimiento del año" fue comprender que en el cielo estaremos en acto, en un continuo crecimiento; esta es una realidad que, en lo personal me llena de esperanza. Me encantó entender que, como parte de su misión de vida y a través de la antropología trascendental, Leonardo Polo hizo filosofía de todo el legado teológico de San Josemaría Escrivá. Esa delicadeza con la que Leonardo Polo explica esta teología tan profunda me hace llegar más a fondo en tantas frases y escritos de San Josemaría. Y esto es un regalo que no se puede pagar. Por último, ese reconocerme como hija de Dios radicalmente –entendido el concepto de radical– no como extremo, sino de raíz, de origen, me ayuda a vivir con mucha seguridad, porque el Creador, mi Padre, no me dejará y lo podré reconocer cada vez más presente en la medida en que vaya siendo mis trascendentales personales. Me encuentro profundamente agradecida por tener la oportunidad de que la antropología trascendental se cruzara en mi camino. Mi reconocimiento y agradecimiento al Dr. Leonardo Polo –a quien directamente no conocí– y a la Maestra Claudia María Zamora, a través de quien llegó a mi vida la antropología trascendental.

Carmen Alicia Aceves Giacinti
Licenciada en Psicología
Master en Educación Familiar
Aguascalientes –Aguscalientes– (México)
carmen070ac.gi@gmail.com

2.   CECIL AGUTU: *MY MEETING WITH LEONARDO POLO*

I first got to read something on the thoughts of Leonardo Polo in the year 2008. It was a book on Transcendental Anthropology written by Prof. Juan Fernando Sellés and translated into English. I had heard in the past that Polo was deep philosopher and that some of his thoughts and works were not easy to understand and this is true for various people with varying levels of philosophical training. I was pleasantly surprised at how this book outlining the Transcendental Anthropology thoughts of Polo was accessible to one who was not a trained philosopher like me.

At the time I was grappling with many unresolved and tough questions in my profession about the leadership of rural community groups in Kenya that come together to carry out development projects to improve their living standards or to solve some complex problems facing the community. I had completed a case study in April of the year 2008 as part of a Masters in Public and Development Management at the University of the Witwatersrand in Johannesburg, South Africa in which I looked at the leaders a rural community at the Yala Swamp area in Kenya, the challenges they had and what they needed to best serve their community. I ended up proposing that they exercise the virtues of justice, fortitude, prudence, and temperance among other aspects of leadership as a basis for best serving their communities but in reality, though this was necessary, I felt short of what was really needed by these leaders.

It is at this moment that I discovered Polo and the Transcendental Anthropology he articulated. It first as a profound eye-opener and a cause of personal transformation. It also strongly, convincingly, and without doubt shed light to the questions that I had been asking by giving a definition of the human being which set to cover all his dimensions and realities. It also articulated very well the manifestations of the human being and above all else gave the clear link between God and human beings, human beings between themselves and human beings with the cosmos.

I then incorporated Polo's thoughts into my work. One of the most striking impacts is that when I shared these thoughts applied to the field of Development Studies with my undergraduate university students at Strathmore University in Nairobi, Kenya and with my fellow professionals they found them to be very accessible, took them up with keen interest and enthusiasm for it was as it were a fresh well giving new life to the body, mind, heart and helping to address some of the challenging questions and matters in their personal life, in their families, at work, in the economy, politics and culture.

I have found in Polo a robust philosophy which draws from the treasure of the past philosophers of all ages. It is humble enough to recognize and accept that it does not have the answer to all questions nor is it the last philosophy. It is open to improvement by other thinkers of our days and the times to come. It is a philosophy which is open to all, it is welcoming and is a basis for dialogue with anyone from whatever background or persuasion. In this lies one of its greatest strengths for me, for our time and the times to come.

Even though I did not meet Leonardo Polo in his lifetime, I have met him alive, time and again, in his works that I have read to date and from which I have drawn much personal benefit, and which have helped me as a professional. His deep professional, intellectual, human, spirit englobed in his deep Christian spirit shine out in his works in a splendid way transmitted to the reader in a natural and friendly manner all the while upholding and promoting personal freedom. He is a man who sought to love and serve God, human beings, and the cosmos by his philosophical thoughts, writings, and manner of life.

Cecil Agutu
Lecturer, Development Studies
Profesor Universitario
Nairobi (Kenya)
agutuc@yahoo.co.uk

3. CARLOS AINCIBURU SERNA: *NO SÓLO ADMIRO EL PENSAMIENTO PO-LIANO, SINO QUE SI HOY SÉ ALGO –POR MUY POCO QUE SEA– DE FILOSOFÍA, ES DEBIDO A LA INFLUENCIA QUE LEONARDO POLO HA TENIDO SOBRE MÍ*

Durante los primeros años de la carrera de Filosofía los profesores realizaban citas poco frecuentes y vagas a alguna de las obras o de los aspectos más conocidos del pensamiento de Leonardo Polo. La sensación que, como estudiante, adquirí en los inicios de mis estudios de Filosofía es que Leonardo Polo era un autor más del siglo XX mencionado en la Facultad en tanto en cuanto formó parte de la misma. No obstante, esa imagen que tenía de Polo poco o nada tenía que ver con lo que en verdad Polo fue para la filosofía. No sólo admiro el pensamiento poliano, sino que si hoy sé algo –por muy poco que sea– de filosofía, es debido a la influencia que Leonardo Polo ha tenido sobre mí.

Mi interés por el pensamiento de Polo surgió en la recta final de la asignatura *Antropología Metafísica*, asignatura impartida por el profesor Juan Fernando Sellés. A pesar de las limitaciones y las dificultades en la profundización del temario de las asignaturas impuestas por Bolonia, lo cierto es que Juanfer logró realizar una gran síntesis de los aspectos esenciales e introductorios en la filosofía de Leonardo. Además, el enfoque de la asignatura fue especialmente acertado porque Juanfer explicó a los autores al tiempo que los comparó y los expuso críticamente a la luz del pensamiento de Polo. Tras examinarme de la asignatura, comencé con las lecturas que Juanfer me propuso sobre Polo.

Si a día de hoy he aprendido algo de filosofía, eso se debe fundamentalmente a las lecturas de alguna de las obras completas de Polo que he realizado. En el momento en el que estoy escribiendo las presentes líneas –diciembre de 2023– me encuentro sumergido en la elaboración de mi TFG. Apenas llevo 10 o 12 semanas con el TFG; no obstante, ha sido tiempo suficiente para haber aprendido más filosofía que durante los cinco años anteriores de doble grado.

Ciertamente, la filosofía y la teología son disciplinas distintas. Que estas dos disciplinas sean distintas no significa que se encuentren constituidas por objetos separados. Dicho de otra manera, es un error separar la filosofía y la teología. El estudio de la filosofía poliana me ha ayudado a ser más consciente de los vínculos que unen a las personas con Dios. Profundizar en el planteamiento de Polo me ha ayudado a vivir mi fe cristiana de una manera más consciente y más plena.

En definitiva, quien me hizo despertar la curiosidad por Polo fue mi director de TFG, el profesor Juanfer Sellés, que me ha sugerido lecturas y me ha resuelto una importante cantidad de preguntas que le he planteado. Gracias a Juanfer y de manera indirecta a Leonardo, he podido aprender cuestiones importantes como la filosofía tomista, teoría del conocimiento o el planteamiento trascendental poliano. Si tuviese que sintetizar en una oración lo que Polo ha supuesto para mí, diría que él me ha brindado la posibilidad de profundizar en temas filosóficos que merecen ser estudiados y me ha conducido paulatinamente hacia una vida y un pensamiento más cristiano.

Carlos Ainciburu Serna
Doble Licenciatura Derecho-Filosofía
Universidad de Navarra
Pamplona –Navarra– (España)
cainciburu@alumni.unav.es

4.   KLEIO AKRIVOU: *A GENIUS WHO IS ALSO A GREAT SAINT*

To write a personal testimony about Leonardo Polo and his influence for me in my profession for which I am grateful, is something which is harmonious to do especially in this moment close to Christmas. Christmas, a moment of the birth of the possibility of love and hope before pain linked with the denial and betrayal of true human essence (which come with the Crucifixion of Jesus, but triumphantly reversed yet again with His divine resurrection), they are very much in the spirit of what Polo's nature of work and his spirit and his intellectual and spiritual gifts and the spirit of gratuity the great teacher points towards.

To start is to say Leonardo Polo, a genius who is also a great saint and will surely be very high in heaven. It is very hard to articulate so perfect an intellectual-academic-philosophical and yet a purely spiritual one, which equally would apply to great masters and simple people and to do this in a way which liberates the human person and raises one's attention to the highest realms of being are not small but huge endeavors and Leonardo Polo has managed to bring this all to the level of both specificity and wonder. For me, the more I have delved in Polo's works the more its pure brilliance and truthfulness have captured most if not all of my attention. The first thing Polo's influence for which I am grateful is to try to look beyond and to start daring integrating these boundaries between the divine and the philosophical and with them the attempt to overcome the gaze of a purely psychological-sociological and/or biological levels of attention in how to understand truth and the possibilities for truly good professional work as an academic, which has been for me both simpler and complicated than just practicing every day scientific work. A great philosopher, Polo, but also a very profound and difficult one, as his transcendental philosophy's suppositions, concepts and mechanisms are not easy to grasp for someone who started engaging with Polo's works out of a deeper sense of intuition and stable sense of certainty as to the huge importance of these works but without already being an established philosopher. Polo's huge and perfect balancing of philosophy/moral philosophy, transcendental anthropology and theology would only be fit for spirits and minds at least as great as his. On my side I always felt lacking in this, and yet I feel gratitude to his great companions and students, great philosophers themselves for their help as I try to do better and deeper in how the work I do captures his intention and make his methods, ideas and spiritual proposals acceptable to others in the world. This is very demanding intellectually but also very awesome, as I notice that I joyfully deepen my understanding, acceptance, appreciation and deeper humanity for myself and others, which means personal growth while working as if Polo, and great POLIANOS would be happy and joyful about the work and contributions offered. This creates for me a feeling of responsibility to do well and duly represent the work of this great philosopher in the context of all the collaborations.

In my work since 2015-16 —when I first found myself so utterly fascinated by Polo's work, and its importance that I decided to add it in a last minute decision as part of a cross-disciplinary collective volume I was co-editing on Challenges of Capitalism for Virtue Ethics & the Common Good— my focus was given to integrating Polo's personalist philosophy and an appropriate moral philosophical psychology from within a personalist – classical virtue ethics tradition. Despite the many important works and efforts in the last two decades relevant to this endeavour by scholars (colleagues and friends), my own sense is that of adding value (working together within great team efforts). I grappled for years before Polo's *Who is the Human Being (person)* with the problem of the integration which Polo's work allowed me to grapple with in depth, from within the root of the person, hence the influence on me here was huge, to see beyond the modern psychology and social sciences attempt to consider the problem of integration as a form of cognitive consistency or integrity in the modern subject-agent. Instead, since 2015 I came to see the challenge being the integration of the radical of the subject-agent, the so called "Greek radical" of the nature, and the radical of the person, to suggest according to Polo's works influence that integrating the different roots of being (human) under the person and their transcendence is the most complete and profound answer. This work gave rise to the theorisation of the Interprocessual Self theory of person and action. This seemed to me as I see it now in line with Polo's ethics and his ethics and transcendental anthropology for non-conformist persons. This work helped me so much progress in seeing how friendship becomes a key part of personal and interpersonal growth. I feel gratitude to Polo's work as it elevates the spirit of gratuity and how to grow in gift-love. This spirit has nurtured relations with incredible colleagues and friends who we all have been working together in so many good works published and in terms of incredibly good and mutually supportive relations and friendships. This has been inextricably linked with increasing self-awareness as Polo's work raise the notion of knowing oneself to a very different level, one whereby one feels it is possible to finally see the person one always was albeit from a quite different perspective and standpoint, the extramental, the one which is beyond the psychological, sociological, intellectual or ideological and political ones. Polo's influence on me is profound in terms of deeper awareness of myself and articulation of where I stand as academic, even in the articulation of my key concerns. I see myself as someone whose work's intention is aiming to the notion of personal growth intersecting spiritual and a moral philosophy which captures at the heart a more profound inquiry about the person and personal growth, applying them in key domains which inform moral education and applied social science, psychology and management which fully capture but also transcend (raise higher) the humanistic concern, and the ethical concern in terms of personal and interpersonal growth. Because, Leonardo Polo's work integrates so eloquently philosophy, religion, psychology, ethics, anthropology, philosophy of science and human experience under a powerful inquiry about who is the human being and what means to grow as a human being in the transcendental singularity of each of us.

I am grateful to Polo's ideas and take great pride in all the works I have published since 2016, till to date at the end of 2023 with the recent completion of the special issue on "Personalism and moral psychology" in *Frontiers* 2023. Compared to all the works I had completed in the past I find these works which all captured the ideas of Polo different in terms of their true relevance, braveness, sincerity and potential and they aim to integrate Polo's work into broader personalist virtue ethics and wisdom theories within the academic community. Don Leonardo's influence made me more able to admit that a different kind of philosophy and moral psychology are possible and to humbly accept that it matters to me to be in this effort, and my gratefulness to Don Leonardo Polo's ideas is that it made me realise and trust to co-produce this with very important other scholars, without the help and dedication of whom my entire development and work would have been impossible and perhaps unimaginable. This influence means to me that to "materialise" a single or co-authored work with relevance to Polo and to elevate his place within the broader humanist personalist philosophy and personalist virtue ethics, are very much about my deepening and acceptance of his works as much as it is about others doing the same and us all deepening and improving gift-love and gratuity and a true concern and affection for each other. This is about realizing a notion of value which enriches and opens up myself and others to a transcendent way of personal and inter-relational being, hence this opens up a notion of value is anyway more than a material or surface kind of value in terms of the content of the works and the interpersonal dimension. Hence I am grateful to my friends and co-authors as much I am grateful to the great saint and philosopher, Polo. In this spirit, I have been seeing that the problem of personal and relational aspects and growth in Polo are very much intertwined, in an extramental way (not as an internal vs external boundary, nor as individual vs. social/communal one, but the more profound elements of intimacy involved in relating to a person capturing all they are –but additionally to it. Beyond the output of an academic work, even works which aim to bring to publication works inspired closely by such a great spirit as Polo's, the work I have done since first reading Polo's ideas in 2014-15 have been a turning point, broadening my perspective, emphasizing personal openness to pain and fragility in the pursuit of loving others better. Often this is something which I think it is important to study further as the notion of reaching true human intimacy in Polo, has one and only method, which is according to Professor Selles' reference to Polo, the only valid pathway which exists for the human being to put oneself open to the other, entirely at stake, and to find the true roots of truthfulness, and true friendship and its virtuous or vicious manifestations. This is profound, so Polo's message here like throughout his work, even transcends the "modern subject of power and mastery," focusing on freedom and hope as catalysts for growth in our commitments to one another. This helps show that higher forms of love and friendship are intertwined with virtuous truthfulness to develop them, a concept illuminated by Don Leonardo's transcendental anthropology. Polo's ideas here to which I am grateful, point for me to the necessity to embrace and yet transcend even the (relational) person of virtue (the inter-processual person of virtue), in order to start accessing truly the notion of friendship in truthfulness as a pathway to goodness and the notion of true and deep trust and how liberating this can be. For me this opens up another pathway for the future years which I hope to continue making progress with, but I am truly joyful as the start has already taken place.

Hence, Polo's Personal and co-growth within the context of transcendentals, as eloquently described in Polo's works, has allowed me to take steps toward a more profound understanding of friendship. Progressing through incredible relationships and friendships in recent years, I find myself in awe and genuinely happy. Polo's influence has enabled me to accept and not doubt the profound impact of free, full commitment to work in intimacy inspired by gift-love, fostering hope that collaborative efforts can emerge from a purer and more intimate place in the heart, transcending complex metaphysics and theory of knowledge. I often wonder if my approach aligns with Polo's vision for scholars engaging with his intricate philosophical anthropology. In relation to these, my appreciation of the influence of Polo on me would be unimaginable without the real links, bonds, works and travels I have had in the context of invitations and research collaborations and visits I had in the past years in the Pamplona campus of University of Navarra, and at IESE in Barcelona which all have been sort of paradises for me which enriched my academic confidence, knowledge, relations and self-awareness and I hope to continue with in the future years. These, besides the importance they have been having in my development as a scholar within broader collaborations and friendships allowed me to make progress in better balancing my own contradictions, within contexts of truly superb and complicated other persons who work in common or different projects.

Overall, and looking to the future I feel Polo's work is not a kind of work one moves away from, but a kind of work one remains deeply engaged with looking to how to bring it to the world through various angles and avenues (intertwining personal and professional ones). Because it is an unlimited, and truly awesome philosophical kind of geometry of the true spirit of being and growing as a human person, which opens the door to possibilities of a deeper approach to humanism and relationality but also to developing trust, friendship, love, and freedom and meaning which can allow a birthing of hope, joy and potentiality to really change the world.

Kleio Akrivou
Professor of Business Ethics and Moral Development
University of Reading
Reading –Berksihire– United Kingdom
k.akrivou@henley.ac.uk

5.   QUERUBINA ALBADALEJO MEROÑO: *ME REGALÓ UNA IDEA SOBRE LA RELACIÓN DE LA LUZ EN LA CREACIÓN Y EN NUESTRA CREACIÓN*

A D. Leonardo, como lo llamaban sus alumnos, lo oí nombrar por primera vez en año 2019 gracias al primer contacto con la Palingenesia de Francisco Moya, y ya me pareció un pensamiento esperanzador, que daba cuenta de que mucho más que las tantas veces sobrevaloradas inteligencia y voluntad, radicaba en la persona un conocer en acto desde el instante en que éramos llamados a la existencia y que era la encargada de alguna forma de activar a nuestra inteligencia en potencia. Junto a ese acto de conocer los otros dos trascendentales personales de libertad-coexistencia y sobre todo el amor donal, formaban una unidad con sentido personal único.

Para alguien que ha pasado toda su vida estudiando y explicando anatomía, fisiología, enfermedades y remedios y que ha valorado siempre la maravillosa simplicidad-complejidad con la que estamos hechos, esto supuso un salto a otra dimensión, un entender que todo aquello tan valioso, en realidad, cobraba su sentido a nivel de un quién personal y único, independientemente de que sus teneres fueran más o menos vistosos o llamativos. Me ha servido esto para darme cuenta, más que antes, de por qué cada persona es tan valiosa, más que todo el universo físico y lo común de los hombres.

Otra cosa que considero que me ha influido es la explicación del pecado como mentira que hace que salga de forma espontánea el deseo del rechazo a cualquier pecado venial deliberado por poca cosa que nos pueda parecer. También la importancia de que estamos llamados a crecer de forma irrestricta, incluso en la otra vida, me resulta muy coherente con la grandeza y magnanimidad divinas, y es apasionante frente a los que ven la eternidad como algo logrado, estático, y por ello, al final aburrido.

Por último, como anécdota personal, cuando estaba escribiendo el artículo para el curso que sobre Polo impartió la Universidad de Navarra, estaba bastante bloqueada, digamos que mis conocimientos sobre filosofía eran claramente insuficientes y tampoco tenía tiempo material –probablemente nunca lo tenga, aunque dedicara toda mi vida a ello– para asimilar todo el pensamiento de Polo, así que como se acercaba el aniversario de su marcha al cielo tuve la osadía de dirigirme a él y le dije: "D. Leonardo, yo no tengo ni idea, pero usted sí, así que como los dos queremos que esto le sirva a alguien, haga el favor de decirme qué es lo que tengo que poner". Y así se desatascó el artículo y me regaló una idea sobre la relación de la luz en la creación y en nuestra creación, que dejamos atravesar hacia nuestra sindéresis.

Esto es por ahora lo que se me ocurre exponer, pero seguro que no serán las únicas ni las últimas influencias del pensamiento de Polo en mi vida.

Querubina Albaladejo Meroño
Profesora de Secundaria
Formación Profesional. Rama Sanitaria.
Murcia –Comunidad de Murcia– (España)
qalbamero@gmail.com

6.   Zhenia Djanira Aparicio Aldana: *Don Leonardo Polo, un nuevo camino para comprender la historia*

Don Leonardo Polo fue profesor visitante de la Universidad de Piura en la década de los noventa. En 1996 inicie mis estudios para ser abogada en dicho centro universitario. Durante esa época no tuve la suerte de conocerlo directamente, pero sí escuché de él, por parte de mis profesores, en ese entonces de Estudios Generales, quienes señalaban lo actual de su pensamiento y, sobre todo, del beneficio de aplicarlo a la carrera de Derecho. Así se generó en mi persona la curiosidad de saber más de su pensamiento. Recuerdo haber pedido uno de sus libros a la biblioteca de la universidad acudiendo a Laura Machuca, quien en esa fecha era la encargada de entregar los libros solicitados, la cual me dijo que era valiente para leer a ese filósofo español que llegaba a la calurosa ciudad de Piura y abarrotaba las aulas en sus clases, dejando a muchos sorprendidos y con las ganas de involucrarse en su pensamiento.

El libro que solicité fue *Quién es el hombre. Un espíritu en el mundo*, y realmente en su primera lectura quedé maravillada por la forma en que don Leonardo, quien también estudió la carrera de Derecho, plasmaba la complejidad humana y, sobre todo, la de la sociedad. Cuando ingresé con mayor hondura a sus escritos, comencé a descubrir que el Derecho, para él, es un resultado cultural, es decir, producto de la dinamicidad u operatividad humana y, a su vez, comprendí que no era una ciencia, tal como me lo mencionaban mis loables profesores de Introducción al Derecho.

Pasados los años, don Leonardo y su pensamiento se diluyeron en el tiempo, pues me dediqué a la defensa libre y a la docencia universitaria en el ámbito jurídico. Sin embargo, siempre se despertaba en mí la necesidad de formar personas, mediante un acompañamiento que generase un crecimiento recíproco en virtudes. A su vez, sentía que en la sociedad algo estaba fallando y que el hombre se encontraba en tal perplejidad que no se permitía proyectarse destinalmente, obturando su futuro y frustrando su porvenir. En este sentido, poco a poco, sentí la necesidad de obrar en beneficio del mundo, pero, primero, mirando siempre a la persona. Fue en este momento en que, en pleno auge de mi vida jurídica, entre expedientes y resultados monetarios positivos, las ideas rescatadas de las lecturas que hice del pensamiento de don Leonardo aparecieron de nuevo, pues no se habían olvidado, y cobraron nuevamente luz en mi ser personal.

Entonces decidí cambiar de rumbo y la oportunidad se presentó: trabajar como docente en la Facultad de Humanidades de la Universidad de Piura, en donde don Leonardo había dejado una huella imborrable. Es así que en mi historia biográfica la alternativa elegida fue dejar los vaivenes jurídicos y optar por la enseñanza de las humanidades en la Universidad de Piura, que se caracteriza por tener una formación humanística, es decir, con miras siempre a la persona. Ingresé, entonces, al Departamento de Historia, pues estudié también la carrera de artes liberales con dicha mención, y fue en esa situación en que un nuevo encuentro con don Leonardo se suscitó.

Así, ya por el 2017, en la Universidad de Piura, inicié mis estudios doctorales en humanidades. En el primer día de clase, el Doctor Alberto Vargas, con el entusiasmo que le caracteriza, comenzó su clase con la necesidad de cambiar la situación histórica de la sociedad contemporánea, apostando por un mejor uso de la libertad pragmática, la cual se ve situada a nivel esencial. Para ese entonces el estudio de la historia me había llevado por la senda del pensamiento y de las ideologías. En consecuencia, ante la pregunta del Dr. Vargas referida a mi tema doctoral, le señalé que me interesaba mucho saber cuál era la mejor noción de historia, desde el pensamiento, que nos lleve a una mejor apuesta sobre el futuro; le mencioné a Hegel y, por supuesto, a Leonardo Polo. Así, ante la respuesta favorable de mi profesor, al decirme "es un buen tema de tesis, pero cuidado, pues el éxito prematuro no es éxito"; comprendí que había encontrado mi camino y que ahí debía apuntar por un largo de tiempo.

A su vez, desde el primer momento, sabía que dicho transcurrir investigativo de mi tesis doctoral sería arduo y difícil, más aún cuando mi primera formación no era filosófica y, mi experiencia en las humanidades había sido enseñando historia, de la cual me había dado cuenta que, considerarla como un proceso de causas y efectos, no era del todo beneficioso para comprender al ser personal. Decidí entonces poner en marcha el objetivo de hacer una investigación que planteara una nueva noción de historia que no encierre reduccionismos en la comprensión del hombre, sino que se proyecte, de la mano de la libertad, a un futuro con proyección destinal. Es decir, una concepción de historia que no rompa sino que restablezca la relación entre la criatura y su Creador.

Es así que comencé mi investigación doctoral de la mano de don Leonardo, con el firme propósito de transmitir en ella la necesidad urgente de comprender la realidad actual, pues la sociedad necesita un crecimiento positivo y esperanzador que lleve al hombre, en la historia, a superar la crisis de su libertad, a la cual se le hace difícil recoger aquellas posibilidades, dejadas en el pasado, que proyecten un horizonte cultural siempre abierto. Lamentablemente hoy en día el hombre se deja determinar por los hechos históricos, olvidando que es más que su historia, es decir, es persona.

Por esto Polo señala en uno de sus libros, *El Hombre en la Historia*, que es necesario dejar en un segundo plano la noción de historia como articulación cultural del operar humano y concebir de manera preferente una interpretación que mire a la libertad. En este sentido, Polo nos dice que el tiempo histórico es un 'discontinuo de comienzos libres', pues en la historia aparecen las novedades radicales que son las personas, que se insertan en ella para innovar y continuar el mundo dado por Dios como encargo divino. Por esto, el hombre es un *novum* histórico, pues la historia es producto de los actos libres del hombre, los cuales son actos personales. Entonces, desde Polo, el valor de la historia se invierte, ya que los hechos históricos no son lo verdaderamente importante en ella. Ni tampoco el tiempo es una concatenación de causas y efectos que determinen el futuro humano, sino que lo relevante son las novedades radicales que se insertan en ella, proyectando un horizonte siempre abierto y dotado de posibilidades humanas que el hombre ostenta para seguir creando e innovando, en beneficio del crecimiento de su ser personal y del mundo.

Finalmente, soy consciente que me falta mucho por descubrir y conocer del pensamiento de don Leonardo Polo; sin embargo, si bien el éxito no se encuentra asegurado en la historia, lo que es cierto es que las investigaciones que se hagan de él aportan verdad al mundo, y si bien no se imponen, son convenientes para la sociedad en la que vivimos, la cual está padeciendo conflictos que vulneran abiertamente la dignidad humana.

Además, actualmente, el ser personal se encuentra alejado de Dios; su relación con Él está fracturada, lo cual es peligroso porque el hombre no ubica caminos de solución para salir de su vacío existencial, sintiéndose solo y vaciada su historia. Por esto, es conveniente mirar con ahínco y transmitir el pensamiento de una filosofía como la de Leonardo Polo, totalmente esperanzadora, que nos permite reencontrarnos con nuestro Creador y mirar la historia como una situación para nuestra libertad personal, y que encamina nuestro hacer cultural hacia lo que naturalmente somos, es decir, coexistentes con los demás, con el mundo y principalmente con Dios.

Para mí, y para mis seres queridos, es una bendición tener a don Leonardo siempre y tan cerca y de la mano de objetivos personales que en algún momento se compartirán y favorecerán la coexistencia humana. Por esto vivo agradecida por el legado antropológico que nos ha dejado, del cual prometo seguir transmitiendo desde todos los horizontes que me sea posible.

Zhenia Djanira Aparicio Aldana
Doctoranda en Humanidades
con mención en Estudios sobre Cultura
Universidad de Piura
Catedrática de la Escuela de Derecho
Universidad César Vallejo
Catedrática del Departamento de Filosofía
Universidad de Piura
Asesora de Humanidades del Colegio Vallesol
Piura (Perú)
zhenia.aparicio@udep.pe

7.   PABLO ÁMEZ RODRÍGUEZ: *ENTENDER MEJOR NUESTRA IDENTIDAD Y PRO-PÓSITO, AMBAS SE DAN LA MANO*

Mi conocimiento de Leonardo Polo viene desde el año 1996, en el que cayó en mis manos el primer libro que leí de él, que es *Quién es el hombre*. Posteriormente tuve la oportunidad de leer su libro *Antropología de la acción directiva*, que publicó junto con Carlos Llano; también el libro *Ayudar a crecer* y algunos *pappers* suyos sobre ética, aunque luego he profundizado más a través de fuentes directas suyas como Juan Fernando Sellés con sus libros de *Antropología para inconformes*, *Antropología de la intimidad*, *Teoría del conocimiento* y algo de su libro *Teología para inconformes*, así como muchas conferencias suyas que están en las redes. Lo he tenido además como profesor en el Master de Gobierno de las Organizaciones que hice en el PAD (Programa de Alta Dirección), que pertenece a la Universidad de Piura (Perú).

No soy filósofo ni tengo formación filosófica, sino que estudié sociología hace mucho tiempo y desde el '96 me he dedicado a la formación de directivos, especialmente en los 12 últimos años. En la actualidad he fundado una Escuela de Negocios en la zona norte de la República Dominicana y estoy promoviendo más iniciativas educativas –como un colegio con la Fundación Arenales, que se llama Duarte Arenales–, que tengan todas ellas como inspiración, como un eje transversal, el humanismo cristiano.

Para esto Polo ha sido para mí un gran descubrimiento, porque muchos de los casos que doy en las escuelas de negocios en las que he trabajado provienen de los casos del IPADE, del profesor Alejandro Armenta, que tiene un enfoque muy tomista y que ha tenido un enorme impacto aquí en República Dominicana. Todo el material que tengo para trabajar con los directivos, que tienen que ver con ser directivo, con su madurez personal, el carácter, las pasiones, los apetitos (concupiscible, irascible), la inteligencia y la voluntad (potencias de la esencia humana), todo esto a la hora diagnosticar se me quedaba corto porque intuía que tenía que haber algo por encima de la esencia del hombre que fuera lo más radical.

Cuando se me descubrió el acto de ser personal, la persona, que es activa, para mí fue un cambio, porque me daba cuenta que en todos los casos había al final un problema de autoestima: directivos que por su problema de autoestima, a pesar de haber llegado muy alto, eso les hacía que se descargaran en el largo plazo. Los motores para ir bien en el corto plazo, les iban a producir descargamientos como persona en el largo plazo. Me di cuenta de que el problema estaba en cómo ayudarles a darse cuenta para tener una correcta autoestima. Para mí eso radicaba en hacerles caer en la cuenta de la radical coexistencia de la intimidad, entendiendo que lo más importante en mí como ser humano es aquello en lo que yo no he hecho nada, sino que me ha sido regalado, es un don: es el acto de ser, el co-acto de ser.

A entender esto en profundidad me ayudó Polo y he ido trasladándolo a las clases, de tal manera que es habitual en ellas que al tratar sobre quién es el hombre acabé hablando de la intimidad humana y de esos trascendentales personales que no son los trascendentales del universo, sino que son una coexistencia libre, un conocer personal y un amar personal; éste último es, a la vez, tríadico: aceptar, dar y don. Para mí este descubrimiento de la intimidad humana y saber que eso es la persona, que eso es activo, coactivo, me ha ayudado también a entender la ética, para darme cuenta que ésta no se fundamenta en la esencia del hombre, sino que se tiene que subordinar a la persona a través del hábito innato de la sindéresis.

También me ha aportando en lo personal, porque la antropología poliana a mí personalmente me ayuda a rezar y a tener mejor relación en vida con Dios. Entender que el conocer personal tiene como tema a Dios, un tema que desborda al método, es la única manera de saber quién soy;

conocerme solo me lo puede dar quien me ha creado. El autoconocimiento no parte del yo o del hábito innato de la sindéresis, no es encerrarse en uno mismo para intentar reflexionar sobre quién es uno, sino que se trata, a través de la oración, de la comunicación, con quien es nuestro Padre, aquél que nos ha creado, de entender mejor nuestra identidad y propósito; ambas se dan la mano. Para todo esto me ha ayudado Polo, al que le estoy enormemente agradecido, a nivel intelectual, y como lo mío es el ámbito de la praxis, lo intento volcar con los directivos y para que inspire las instituciones educativas que estamos abriendo aquí en la República Dominicana.

Pablo Ámez Rodríguez
Profesor de Escuela de Negocios
Santo Domingo (República Dominicana)
pabloamez@me.com

8.   CRISTINA L. ARRANZ RICHIGER: *DESEO AGRADECER A L. POLO POR COMPARTIR LOS HALLAZGOS FILOSÓFICOS DE SU BRILLANTE INTELIGENCIA*

Mi nombre es Cristina L. Arranz Richiger y nací en Rosario, Argentina. Desde hace casi 20 años me desempeño como docente e investigadora en la Universidad Nacional de Cuyo, en Mendoza, Argentina. Mi primer contacto con los escritos de Leonardo Polo tuvieron lugar entre 1999 y 2003. Estaba entonces en Pamplona para hacer mi tesis doctoral en Filosofía en la Universidad de Navarra. Como mi tesis fue en Estética, el texto que principalmente utilicé y continúo consultando con cierta frecuencia es el tomo I del *Curso de teoría del conocimiento* de Polo.

Desde mi limitado conocimiento de su obra y con este brevísimo testimonio deseo agradecer a Leonardo Polo por compartir los hallazgos filosóficos de su brillante inteligencia, aportando novedad a la tradición de Platón, Aristóteles y Tomás de Aquino. También, por entablar un diálogo sumamente enriquecedor con los filósofos más destacados del idealismo alemán, dando muestras de su amor a la verdad y su honestidad intelectual. Pienso que una de las principales aportaciones de Polo es la de reconocer las continuidades existentes entre los filósofos de una y otra tradición. Esta actitud de Polo permite superar la tendencia a encerrar a cada filósofo en su época y dar actualidad al pensamiento de los filósofos del realismo.

Cristina L. Arranz Richiger
Doctora en Filosofía
Universidad Austral
Buenos Aires (Argentina)
carranz@ffyl.uncu.edu.ar

9.   FR. ELOBUIKE ASOGWA: ¡*TE TIRA MUY ARRIBA!*

"…Se llama Leonardo Polo… un filósofo de España…". Me enteré así de él gracias a un profesor que me daba en Lagos, Nigeria, unas clases libres de filosofía tras mi carrera universitaria en ingeniería eléctrica. Sucedió que en 2012 fui a Pamplona para completar al menos el grado en teología. Viviendo en la misma ciudad y además estudiando en la Universidad de Navarra en las que Polo dejó su marca, seguía aprendiendo más de él y su genio en el pensamiento filosófico. Un hito importante fue que, en 2013, asistía en su funeral en el Colegio Mayor Aralar oyendo más testimonios sobre él, sobre todo su fidelidad a la verdad en sí misma, la verdad de la grandeza del hombre y de Dios sobre todo. También ese año coincidí con Juan Fernando Sellés unas semanas en San Sebastián, que me abrió los ojos a los altos horizontes del pensamiento filosófico, inspirándome de aportaciones polianas.

Sin duda que era y sigo como un novicio en filosofía, a pesar de estudiar mucha teología, pero el atrevimiento de pensar a fondo e ir al meollo de temas radicales –la libertad, la persona humana, el ser hijo etc.– lo debo mucho, al fin y al cabo a Polo. Leyendo sus obras, por mencionar algunas como *Introducción a la filosofía*, *Quién es el hombre*, *Ayudar a crecer*, u otros escritos inspirados de él como *Anthropology for Rebels*, gano confianza en seguir buscando. He participado en encuentros y pertenezco a foros de pensadores que indagan mucho guiados por Polo en la antropología trascendental, economía, educación.

En mi tarea sacerdotal, sea al colaborar con personas, familias –padres e hijos– del colegio Whitesands School donde trabajo, o sea en un país como éste, Nigeria, que goza de gran riqueza humana, los pocos descubrimientos desde Polo para mí han sido tan fecundos que no lo dejaría, sin faltar al dialogo con otras aportaciones. Animaría al que quisiera afianzar con la verdad del hombre y Dios que paladee lo que Polo tiene que decir, no obstante lo denso de su procedimiento, pero admito que es solo en apariencia. ¡Te tira muy arriba!

Fr. Elobuike Asogwa
Profesor de Teología
Capellán, Whitesands School
Lagos (Nigeria)
elobuikeasogwa@gmail.com

10. RODRIGO BANDA LAZARTE: *UNA REVELACIÓN PARA MÍ*

El pensamiento de Leonardo Polo ha sido una revelación para mí en mi búsqueda por desarrollar una visión antropológica más sólida, especialmente en el ámbito de la dirección de personas. Su concepción tripartita de la persona ha sido fundamental para demostrar que cualquier tipo de responsabilidad directiva requiere una conexión profunda con la intimidad del individuo.

Según Polo, la persona se compone de tres dimensiones interrelacionadas: el ser-en-sí, el ser-para-otros y el ser-para-sí-mismo. Esta última dimensión, el ser-para-sí-mismo es especialmente relevante en el contexto de la dirección de personas. Polo enfatiza la importancia de que los líderes conozcan y comprendan su propia intimidad, su propio ser, para poder ejercer un liderazgo efectivo sobre otros.

El pensamiento de Polo ha sido fundamental para fundamentar cómo un líder necesita conocerse a sí mismo, y ser más capaz de comprender y conectar con los demás. Reconocer sus propias fortalezas, debilidades, valores y motivaciones. Todo esto le permitirá ser más consistente en su liderazgo y establecer relaciones más adecuadas con aquellos a quienes dirige.

Además, como estoy trabajando con el concepto de propósito personal, creo que Polo me ha permitido entender que, en última instancia, este concepto se convierte en un reflejo de esa intimidad individual. Descubrir y alinear el propósito personal con la propia intimidad y con las responsabilidades directivas ha sido transformador. Porque ha sido fundamental para comunicar una idea de trascendencia en el ámbito de la dirección de personas. Todo esto lo pude expresar en un libro que publiqué[1].

En resumen, gracias al pensamiento de Leonardo Polo, he comprendido que la efectividad en la dirección de personas no solo depende de habilidades técnicas o estratégicas, sino también de una profunda conexión con nuestra propia intimidad como seres humanos. Conocerse a uno mismo es el primer paso hacia un liderazgo auténtico y significativo, y el propósito personal se convierte en la expresión más auténtica de esa conexión íntima con nuestro ser.

¡Muchas gracias, Don Leonardo!

Rodrigo Banda Lazarte
PhD. Candidate in Governance and Culture of Organizations
Universidad de Navarra
Pamplona –Navarra– (España)
rodrigoebl@gmail.com

11. ENCARNITA BARCELÓ RUBIO: *ALGO QUE CALA EN EL ABISMO DEL SER PERSONAL*

No conocí personalmente a Leonardo Polo; pero me decanté por el estudio de su filosofía, cuando por circunstancias personales, tuve que aprender a vivir de nuevo. La muerte de mi marido me situó en una desorientación, en una soledad física, afectiva y espiritual hasta ahora desconocida. Y entonces encontré la filosofía de Polo, siempre en diálogo con otros pensadores a los que corrige y prosigue, abriendo nuevos cauces que permitan responder a las acuciantes preguntas del hombre de hoy.

Polo con su método científico y axiomático elabora una Teoría del Conocimiento y una Metafísica. Después, tras un largo trayecto, plantea una Antropología que, ampliando los trascendentales personales, accede de manera natural a Dios; un Dios pluripersonal, dialogante, relacional, coexistente, libre. Ya no es el Dios de las 5 vías tomistas, ni de los argumentos ontológicos demostrativos de su existencia desde la Metafísica; con la Antropología Trascendental, Polo accede a Dios de otra manera; de forma

---

[1] Cfr. BANDA, R., *Directivo ¿quién eres? Liderar(se) desde el autoconocimiento*, Pamplona, Servicio de Publicaciones de la Universidad de Navarra, 2022.

ostensiva muestra cómo Dios es Creador y nos interpela y nos ama y nos hace hijos suyos por filiación natural; es un Dios que nos da el ser y que también nos acepta. Conocer todo esto sin acudir, de entrada, a la Revelación, me parece algo novedoso y reconfortante; algo que cala en el abismo del ser personal impulsándonos a ser más fuertes y perseverantes.

Encarnación Barceló Rubio
Maestra
Licenciada en Filosofía y Ciencias de la Educación
Curso de Doctorado por Filosofía
Tres años de Teología
Asesora de Educación Infantil por la Junta de Andalucía
Málaga –Andalucía– (España)
mariemba71@gmail.com

12. EDUARDO BAYO: *FUE UNA BUENA IDEA SEGUIRLE LA PISTA A POLO*

En otoño del 2002 comencé mi licenciatura en economía en la Universidad de Navarra. En aquél entonces, éramos una clase de estudiantes motivados, todos con un objetivo en la cabeza: llegar a tener todo el éxito posible –al fin y al cabo, teníamos el mundo a nuestros pies (o así lo pensábamos)–. Como todo alumno de primero de economía, también me tocó a mí la clase de antropología impartida por Salvador Piá Tarazona. Al llegar el final del curso académico tuvimos que leer el libro *Quién es el hombre* de un tal Leonardo Polo. Me acuerdo que el libro me pareció interesante (me lo tuve que "empollar" para el examen), y que, aunque me acabaron poniendo buena nota, no le di más vueltas al asunto y me olvidé de Leonardo Polo por el momento.

No fue hasta más de 15 años más tarde, en el 2019, que me volví a topar con Leonardo Polo. Fue en Múnich, una noche después de una larga e intensiva jornada durante el EMBA del IESE, cuando quedé a cenar con un amigo mexicano que me explicaba que estaba haciendo la tesis sobre Leonardo Polo. "Ah sí, me suena", le dije, "durante la licenciatura tuve que leer un libro suyo". Le escuchaba medio interesado, con la cabeza llena de *marketing*, finanzas y estrategia empresarial. Pero empezó a hablar del acto de ser persona y de que tenemos la capacidad de conocer de forma innata. Esta afirmación, a modo de noticia para mí, me dejó profundamente impactado. ¿Cómo que puede haber un conocimiento que va más allá de lo racional? Tal idea me resultaba tan exótica, pero también, de alguna manera, tan familiar. En su día, había aprendido yo a rezar, a tener una relación con Dios –y me parecía en seguida que lo que este amigo me estaba contando concordaba perfectamente con la experiencia que había tenido yo: poder conocer algo que va más allá de lo material o de lo puramente (cómo lo diría) empírico y entrar en una relación de trato personal con Dios–. La forma tan clara de formular el conocimiento "profundo" (por decirlo de alguna manera –como lo entendía yo en su día–) me parecía tremendamente novedosa. También me contó este amigo mío que había un tal Francisco (Paco) Moya que hablaba mucho de Leonardo Polo. Entonces decidí en seguida que tenía que conocer a este tal Moya y ver qué más podía descubrir. Me apunté a un curso suyo en febrero del 2020, en Lugano, Suiza. Tomando una pizza en un restaurante céntrico de la ciudad con Paco la noche antes de comenzar el curso, empezamos a hablar del método que él mismo había desarrollado: un método muy específico, muy suyo, de ayudar a gente a entender y superar eventos del pasado que han dejado algún tipo de impronta; un método que él basa (como afirma él mismo) en la antropología trascendental de Leonardo Polo. El curso de Paco me ayudó a dar los primeros pasos hacia la antropología de Polo.

Mientras pasaban los meses, me daba cuenta de que lo poco que había aprendido yo de Polo ya estaba cambiando mi forma de ver el mundo. Empezaba a descubrir muchas cosas nuevas en mi propia vida interior, la calidad de mis amistades mejoraba considerablemente… y en conversaciones de *coaching* que tenía yo con gente joven centro-europea salían cosas a relucir que antes no habían salido nunca. Empecé a hablar cada vez más de Polo (aun sabiendo poco), y mis amigos, colegas de trabajo, conocidos, etc. tenían mucho interés en escuchar. Terminé mi EMBA del IESE en 2021 y asistí a un simposio en el IESE de Barcelona sobre el pensamiento de Juan Antonio Pérez López, antiguo profesor y decano de dicha escuela de negocios, y propulsor de la teoría de motivación trascendente. En tal simposio volví a toparme con la antropología transcendental de Polo, ya que, por lo visto, Pérez López y Polo habían sido amigos y algo del pensamiento del filósofo traslucía en el del manager. Por eso, decidí comenzar, en el otoño del 2022, un doctorado sobre organización y cultura en la universidad de St. Gallen, Suiza, para estudiar a Leonardo Polo más a fondo y entender qué podía aportar este gran pensador al mundo del *management* y de la empresa.

Sigo profundizando cada vez más la antropología de Polo para mi tesis –a saber dónde acaba todo esto–. En todo caso, ya puedo decir que fue una buena idea seguirle la pista a Polo.

Eduardo Bayo
EMBA y Doctorando en Económicas
Salzburgo (Austria)
edbayo@gmail.com

13. LORENA BENARO Y GABRIELA RIVERO: *ÉL ES UN REGALO PARA LA IGLESIA DE NUESTROS TIEMPOS*

Somos Lorena y Gabriela, dos laicas consagradas de Argentina. Hace aproximadamente dos años que junto a un grupo de amigas, de manera providencial, descubrimos a Leonardo Polo a través del libro del profesor Juan Fernando Sellés *Antropología para inconformes*, y desde entonces una vez por semana nos juntamos a leer. Por gracia de Dios en septiembre del año pasado junto a Lorena pudimos comenzar el Curso Superior de Filo-sofía de Leonardo Polo que imparte la Universidad de Navarra, y la ver-dad que ha sido un antes y un después en nuestras vidas, ya que nos ha abierto la mirada a un nuevo mundo desconocido y apasionante.

En lo poco que conocemos de Leonardo Polo nos parece que ha sido una persona que ha vivido su vida de cara a Dios, ya que ha tenido mu-chas luces muy profundas en cuanto a la filiación divina (cómo debemos acudir a Dios como Padre), a la dignidad de la persona (nos enseña a valo-rar a cada persona descubriendo la novedad y riqueza de cada quien), y también ha desarrollado una gran cantidad de temas de tal envergadura espiritual al estilo de los grandes místicos, pero por un camino filosófico, él es un regalo para la Iglesia de nuestros tiempos. Dios quiera que pronto lo podamos ver en los altares.

Lorena Benaro
Técnica en Ciencias Sagradas
Gabriela Rivero
Contadora Pública
San Rafael –Mendoza– (Argentina)
gabrielarivero015@gmail.com

14. GUILLERMO BENITES GAVILANO: *ME AYUDA MUCHO A SEGUIR CRECIEN-DO*

El anexo de *Antropología para inconformes*, que ya lo conocen Uds. muy bien (lo menciono para resaltar que luego de leer el libro, y en mi perfil de ingeniero, de negocios y de humanidades ese anexo, lo encuentro ¡*fascinante*!), me permite ver a diario con esos lentes, los 3 niveles del ser humano: orgánico, esencia y acto de ser. Y sobre todo entenderlos y aplicarlos en mi vida personal, con mi esposa, en mi ambiente empresarial vinculado con innovación e I.A., y también en mi rol de profesor y coordinador académico de educación continua en PUCP (dictando y creando programas). El método del abandono del límite mental también creo haberlo entendido bastante razonablemente, y ¡Wow! me ayuda mucho a seguir creciendo.

No dejo de sorprenderme con todo lo que se puede seguir construyendo sobre la antropología trascendental de Polo. A modo ejemplo, ayer mismo dictaba una clase con el tradicional formato de enseñanza y adicionalmente con el *plus* de buscar agregar tocar la 'esencia' (esencializar la clase) y 'algo del acto de ser'... y les puedo decir con mucha alegría que 'ese detalle muy pequeño que experimenté' fue *muy humano*, la clase, pequeña (8 alumnos), lo experimentó, y su mensaje en resumen fue '¡Wow! ¡Qué tal clase, que nos motiva a seguir asistiendo!, y enfatizando que, muy aparte de la técnica enseñada, el 'wow' viene por el aspecto personal compartido en profundidad e incluso con el límite de tan breve tiempo de una clase, es decir, compartimos un 'trailer del asunto tan profundo'.

Finalmente, les comparto que desde hace más de un año vengo experimentando lograr tocar ligeramente la esencia y el acto de ser experimentalmente en mis clases. Hace algún tiempo me viene dando vueltas en la cabeza el asunto de llevar la práctica de clase mundial de *Peer Advisory Groups* a su siguiente nivel y obviamente basado en la antropología trascendental de Polo.

Guillermo Benites Gavilano
Pontificia Universidad Católica –Lima–
Callao (Perú)
Guillermo.Benites@innovat21.com

15. JORGE LUIS BENITES LUNA: *LEONARDO POLO Y SU VIGENCIA HUMANISTA PARA EL SIGLO XXI*

Para nada debe asombrar la abundancia de estudios, escritos, artículos y reflexiones no sólo filosóficos sino también de índole ética y antropológica, que toman como referencia al gran maestro español Leonardo Polo. Incluso sus aportes se hacen extensivos a cuestiones educativas, psicológicas o económicas. Mucho tiene que ver en esta irrupción la ingente labor de los innumerables investigadores, discípulos, dispersos por distintos lugares del mundo, fruto de encuentros, clases, conversaciones no sólo académicas sino también de genuinas tertulias amistosas.

El horizonte realista, humanista, de las enseñanzas de Polo reivindica las posibilidades de la naturaleza humana frente a las demandas del presente siglo XXI. Como bien ha expuesto Yepes[1], las propuestas polianas recuperan aspectos teoréticos, pero con gran responsabilidad en la cultura de nuestro tiempo, frente al síndrome de aquella antipática patología llamada 'prisa'. En efecto, ella es la raíz del mal de 'carencia' propia de la sociedad de consumo. La 'buena vida', según Polo, no es sólo subsistir o sobrevivir temporalmente, sino el vivir verdaderamente, con sentido. Es decir, trascender los límites de nuestra –a veces dura– contingencia.

La presente reseña es resultado del contacto indirecto con este gigante pensador. Sus enseñanzas e ideas llegan de la mano de la publicación de sus Obras Completas y la tan difundida revista *Studia Poliana*. Pero de manera más cercana, amistosa y generosa las intenciones profundas, las líneas proyectivas de sus aportes llegan del contacto directo de un discípulo y amigo de Polo, el Doctor Juan Fernando Sellés (infinitas gracias por ello).

Jorge Luis Benites Luna
Profesor
Universidad Católica de la Plata
Buenos Aires (Argentina)
jorge.benitesluna@ucalpvirtual.edu.ar

---

[1] Cfr. YEPES, R., "Introducción" a POLO, L., *La persona humana y su crecimiento*, Pamplona, Eunsa, 2ª ed., 1999.

16. D. Juan Bernabé Gorostidi: *Doctor de la Iglesia*

He de comenzar diciendo que, lamentablemente, no he conocido personalmente a Leonardo Polo: falleció un mes antes de mi primera contacto con la Universidad de Navarra, todavía en el Bachillerato. Sin embargo, desde ese mismo día tuve conocimiento de él, pues estaba invitado a una clase de Metafísica y la profesora, Juliana Peiró, habló de él como «uno de los pensadores más grandes de la historia de la filosofía», y no albergaba ninguna duda de que «con el tiempo será reconocido como tal». A mis compañeros se les pasó aquél comentario, a mí no.

Pues bien, antes incluso de entrar en el Bachillerato yo me reconocía de manera muy decidida como tomista, seguidor de los planteamientos de santo Tomás de Aquino. Tan celoso era que mis padres me regalaron por mi Confirmación la edición bilingüe de la *Suma contra los gentiles*. En ese momento no aceptaba que alguien hubiera pensado más, hubiera llegado más, que el propio santo Tomás; no digamos ya corregirlo (actitud juvenil que el propio Aquinate no habría compartido en absoluto).

Ahora bien, han pasado ocho siglos desde que santo Tomás vivió –precisamente nos encontramos en su triple Jubileo– y, a medida que estudiaba su obra, lo cual es cada vez más fácil y accesible con todos los medios disponibles, descubrí que había cuestiones profundas que él no respondió, y, sobre todo, que había algunas cuya respuesta no era satisfactoria (sobre la persona humana, sobre el entendimiento, sobre el conocimiento por abstracción etc.). Entonces, buscando la respuesta, apareció Polo.

A Leonardo Polo empecé a leerlo cuando comenzaba el ciclo de Teología, por recomendación del secretario del centro de estudios, Iñaki Ilundáin. También me advirtió que en Polo hay que entrar por medio de sus discípulos (de sus «traductores»), recomendación que hago mía. Mi primer contacto fue un artículo de Salvador Piá Tarazona, *La doctrina del acto de ser en Leonardo Polo*. Fue un impacto; recuerdo incluso dónde estaba y qué día de la semana era cuando lo leía. Al acabar me quedé pensando "¿y si realmente hubiera alguien que ha llegado más lejos que santo Tomás?". Al principio me negué a esa posibilidad, pero, según iba leyéndolo más y comparándolo con santo Tomás empecé a darme cuenta de que sí, Polo había llegado más lejos que él y lo había corregido en algunos puntos.

Recuerdo también el momento en que terminé de convertirme en poliano, sin dejar de ser auténticamente tomista –recientemente he peregri-
nado a Toulouse a rezar ante los restos del Aquinatense–: cuando, antes
de ordenarme presbítero, leí el Cuaderno de Pensamiento Español del
profesor Juan Fernando Sellés, *El pecado según Leonardo Polo*. Fue otro impacto, se me abría la dimensión teológica y, en definitiva, sobrenatural del
pensamiento de Polo. Después de todo, una luz tan grande, tan verdadera,
no puede venir de la casualidad, mucho menos cuando se va sabiendo la
relación que tuvo el propio Polo con san Josemaría Escrivá, fundador del
Opus Dei.

Por el momento continúo profundizando en la obra de Leonardo Polo y
sacándole todo el partido que puedo no ya en filosofía, también en teología e incluso en la vida espiritual. Pensaba concluir este testimonio defi-
niendo con cuatro palabras a D. Leonardo, como lo conocían sus alumnos,
pero no voy a hacerlo: lo estaría limitando, encasillando, una actitud que
no compartiría en absoluto. Dejemos que el lector lo vaya descubriendo
como yo mismo lo hice, y por lo cual doy gracias al Señor.

D. Juan Bernabé Gorostidi
Sacerdote
San Sebastián –Guipúzcoa– (España)
juanbgorostidi@gmail.com

17. D. Josep Boira Sales: *Su Cristología es un avance en los estudios teológicos*

Me llamo Josep Boira Sales. Soy sacerdote numerario de la Prelatura
del Opus Dei. Nacido en Barcelona en 1964. Desde 2002 vivo en Marbella,
donde ejerzo mis encargos sacerdotales, entre los que se cuentan tareas
docentes para otros miembros de la Obra en temas de Sagrada Escritura, y
ocasionalmente en otras materias de teología y filosofía para otro público:
supernumerarios y cooperadores de la Obra.

Mi relación con el prof. Leonardo Polo es a través de alguno de sus escritos. Personalmente, solo estuve en una ocasión con él, cuando yo tenía
17 ó 18 años, quizá en el verano de 1982, durante una convivencia en que
él fue invitado a tener un rato de tertulia con nosotros. Recuerdo muy bien

aquella tarde, aunque no sabría reproducir los temas que tocó. Sí recuerdo que fue un rato muy agradable y divertido.

Muchos años más tarde he podido conocerle a través de personas que siguen su pensamiento. En particular, el punto de contacto más enriquecedor fue el siguiente: estaba yo atendiendo una convivencia junto con otro sacerdote, D. Francisco Molina, seguidor del pensamiento poliano. Estuvimos charlando y le comenté que en los próximos días tenía que impartir unas clases sobre Cristología a un grupo de mujeres (supernumerarias de la Obra). Me comentó que Leonardo Polo había escrito una 'Cristología'. Me interesé por el asunto y decidí comprar el libro *Epistemología, creación y divinidad*. Recuerdo haber leído con pasión ese libro en la parte que trataba de Cristología, y sin duda me ha ayudado a contemplar con asombro el misterio de la humanidad-divinidad de Cristo. Ahora no soy capaz de recordar con detalle cada idea, pero tengo la intuición de que su Cristología es un avance en los estudios teológicos sobre esta materia.

Fue entonces cuando me interesé algo más en el pensamiento poliano y acudí a las clases grabadas del prof. Sellés sobre la antropología de la persona. Eso me sirvió para ampliar mi visión sobre la persona humana. Con ocasión de una sesión que tuve que dar para profesoras de un colegio acerca de las tutorías con los padres y las alumnas del colegio, acudí, con un lenguaje asequible, a esa visión antropológica de la persona. Del mismo modo, en unas clases que impartí sobre antropología filosófica, utilicé el manual de antropología (del ISCR) del Prof. Sellés.

En general, debido a mi dedicación a otras tareas pastorales y de estudio de la Biblia, mi relación con el pensamiento poliano ha sido más bien intermitente. Menos constante de lo que hubiera deseado. Pienso que una mejor comprensión de su epistemología (a la que no he podido dedicar apenas tiempo) me daría la llave para conectar mejor con todo su pensamiento.

D. Josep Boira Sales
Sacerdote
Marbella –Andalucía– (España)
jboira1@gmail.com

18. FREDERICO AUGUSTO BONALDO SILVA: *MUY GENEROSA Y AMABLEMEN-
TE, D. LEONARDO CONTESTÓ MI CORREO CON RAPIDEZ*

En el año 2002, yo me encontraba en la mitad del periodo entre el comienzo de mi Máster en Derecho y la defensa pública de la Tesina que
debía redactar. Estaba escribiendo sobre la consistencia teórica del derecho subjetivo de propiedad, que en la literatura jurídica de aquel entonces
–y supongo que en la actual también– presentaba una inconsistencia lógica insalvable: se decía que dicho derecho subjetivo era absoluto y, a la vez,
que tenía una función social intrínseca, que podría implicar su relatividad,
concretamente su cancelación por parte de la autoridad pública para fines
de obras viarias, viviendas populares, preservación del medio ambiente,
etc.

Puesto que, años atrás, yo había leído *Presente y futuro del hombre* de
Leonardo Polo, que me había convencido de que el ser humano no es existencia aislada, sino coexistencia, me animé a escribir un email a D. Leonardo, sin que él supiera quién era yo, planteándole la referida inconsistencia en la noción de derecho subjetivo de propiedad y preguntándole
qué bibliografía suya o ajena me podría indicar, para tratar de abordar la
propiedad privada de una manera que llevara en consideración la condición coexistencial del hombre.

Muy generosa y amablemente, D. Leonardo contestó mi correo con rapidez y me señaló el libro recién publicado de su discípulo Sebastián Piá-
Tarazona, intitulado *El hombre como ser dual. Estudio de las dualidades radicales según la 'Antropología trascendental' de Leonardo Polo*, aclarando que ahí
yo encontraría muchos recursos para alcanzar lo que pretendía en mi investigación.

En efecto, me compré el libro, lo leí y saqué abundantes ideas de él, tanto las provenientes de su autor como las muchísimas del mismo Leonardo
Polo, allí citado en profusión. Todo eso enriqueció mucho mi trabajo y fue
decisivo para que la tesina no solo fuera aprobada con máxima calificación, sino también expresamente recomendada para publicación por el
tribunal que la evaluó.

Por ello, soy profundamente agradecido a D. Leonardo Polo, quien, en cierta medida, es también mi maestro.

Frederico Augusto Bonaldo Silva
Profesor de Ética (Academia Atlântico, Brasil)
Doctor en Filosofía del Derecho y del Estado
(PUC São Paulo, Brasil)
São Paulo (Brasil)
fbonaldo@academiatlantico.com.br

19. UNAI BUIL ZAMORANO: *LAS IMPLICACIONES DEL PENSAMIENTO DE POLO SON ESPECIALMENTE RESEÑABLES EN EL ÁMBITO DE LA TEOLOGÍA*

Leonardo Polo falleció unos meses antes de que comenzara mis estudios filosóficos. Aunque yo ya estaba en Pamplona algo antes de que él muriera, lamentablemente no pude conocerlo en persona. Mi testimonio sobre don Leonardo, por tanto, es netamente intelectual, no personal. A este respecto, en primer lugar, debo subrayar que mi acercamiento a la filosofía como tal, entendida como disciplina independiente o autónoma con respecto al tipo de obras filosófico-teológicas a las que yo estaba acostumbrado, fue, justamente, a través de Polo.

Para ir calentando motores antes de empezar el Grado en Filosofía, me recomendaron la lectura de una obra supuestamente propedéutica para iniciarse en esta disciplina: *Introducción a la filosofía*, de Leonardo Polo. Para alguien como yo, habituado a la tradición de pensamiento centrada en la metafísica de la sustancia y del acto de ser de Santo Tomás de Aquino, el primer contacto con Polo no fue sencillo. Para este filósofo, el *conocimiento* adquiría una importancia que yo juzgaba incomprensible y que se situaba en lógica conexión con su reivindicación de la primacía de la doctrina aristotélica del acto como acto de conocer (*enérgeia*) y solo secundariamente como acto de la sustancia (*entelécheia*).

Sin embargo, hubo un elemento que, ya adentrada la exposición de *Introducción a la filosofía*, me llamó mucho la atención: la defensa de la *persona* como ámbito entitativo supremo, como lo más real de lo real. Lo curioso es que la persona no era situada por Polo en la línea del acto sustancial, sino en la senda del acto como acto de conocer. La persona no era el producto final de la determinación o total concreción de la sustancia individual, sino un elemento irreductible, espiritual, directamente vinculado a Dios y consistente en un acto de ser que era, indisociablemente, un acto de conocimiento especial, según iría comprobando en otras publicaciones polianas.

Aunque no terminaba de entender la destacada relevancia que el ámbito gnoseológico tenía en Polo, me di cuenta de que este pensador quizás había dicho algo nunca antes expresado. Por ello, empecé a leer otras obras de este filósofo, donde la precisión conceptual y la claridad expresiva siempre me han parecido que contrastan con la supuesta oscuridad o impenetrabilidad que muchos le adjudican a su pensamiento. Como digo, una vez superada la compleja experiencia de leer *Introducción a la filosofía*, a mí siempre me ha parecido que Polo sabía muy bien lo que quería decir y que lo expresaba con un estilo muy lleno de inteligencia, coherencia y nitidez redaccional.

Estimo que las implicaciones del pensamiento de Polo son especialmente reseñables en el ámbito de la teología, donde se ve claramente, a la luz de la doctrina de la Trinidad, que la persona y la naturaleza son elementos diferentes, a pesar de que en Dios no hay *distinctio realis* entre acto de ser y esencia. En el hombre, donde esa distinción real sí está presente, la persona está a nivel del acto de ser: el 'alguien' que somos cada uno de nosotros es irreductible a lo común de la especie (naturaleza), como efecto de ser creados de modo especial, a imagen y semejanza de Dios. Este dato hace del hombre ya de entrada un ente no solo dirigido metafísicamente *ad Deum* por la genérica *creatio ex nihilo*, sino encaminado antropológicamente *in Deum* por su carácter personal, ligado inexorablemente a lo sobrenatural por voluntad divina (gracias creadas) y, de modo especialmente gratuito, destinado incluso a lo sobrenatural mismo (a la filiación divina en Cristo). Las implicaciones teológicas de esta distinción real entre persona y naturaleza en el hombre aún están por desarrollar suficientemente en el campo límite entre la Cristología y la Antropología teológica; en especial, en lo referido a puntos dogmáticos objeto de reflexión intelectual milenaria como el pecado original.

Unai Buil Zamorano
Universidad Internacional de la Rioja (UNIR)
Huesca –Aragón– (España)
unaibuiza@gmail.com

20. GIOVANA BURGOS FLORES: *AHORA TODO TIENE SENTIDO*

Me impresionó con sus descubrimientos de la persona, la distinción y sus manifestaciones; mi vida ha cambiado, ahora todo tiene sentido, aunque vaya envejeciendo y se vayan deteriorando algunas de mis potencias, puedo crecer en lo que no termina de hacerlo, en mi persona, en cada una de esas dimensiones.

Giovana Burgos Flores
giovana1322@hotmail.com

21. CARMEN CABANILLAS SERRANO: *POLO ES UN GRAN REGALO DE DIOS PARA LOS TIEMPOS ACTUALES Y FUTUROS*

Mi encuentro con Leonardo Polo Barrera ha sido consecuencia de una carambola. Soy química y me he dedicado a la enseñanza en un instituto. En un momento de mi vida pasé una mala racha, confluyeron varios problemas, y conocí la Palingenesia que me ayudó a superar esa situación y por la Palingenesia conocí a Leonardo Polo.

Me animaron a hacer el curso que se iba a comenzar a impartir en la Universidad de Navarra sobre la filosofía de Leonardo Polo y lo solicité; no fui admitida al primero de los cursos, pero me aseguraron plaza para el segundo. Mientras tanto, comencé a estudiar la filosofía de Polo de un modo indirecto, a través de autores que explicaban su filosofía, y por fin comenzó el curso. Para mí, los primeros tres módulos fueron muy duros, pero a medida que avanzaba en el curso se me fueron abriendo unos panoramas muy interesantes. Me daba cuenta de la profundidad de su pensamiento, de cómo desde su filosofía se pueden trabajar distintos temas. De hecho, el examen final del curso –escribir un artículo con calidad publicable– fue un gran reto, y escribí "El método de la enseñanza de la química y su relación con el ser extramental".

Desde que acabé el curso tengo gran interés en difundir su filosofía, sobre todo me impresiona la antropología trascendental, pues me parece que entendiéndola bien se pueden superar los voluntarismos, los racionalismos, sentimentalismos. Con otras partes de su filosofía se entiende bien la evolución, se ve claramente la diferencia que hay entre el hombre y el resto de la creación; se ve nítidamente la diferencia que existe entre los animales y el hombre, entre el hombre y la maquina…

Por educación soy muy kantiana y perfeccionista, "el deber por el deber", y siempre he puesto el acento en la voluntad. Esto me llevó a actuar como si el valor de la persona estuviese en la perfección de lo que se realiza; fue agotador, tuve muchos problemas por exceso de esfuerzo. El descubrir los trascendentales de la persona ha hecho dar un giro a mi vida, ha hecho darme cuenta de cómo Dios me ama, y cómo lo primero que debo hacer es aceptar ese don, y después corresponder, girar la mirada: no es tanto lo que yo hago, sino orientar mi vida entera a Dios, corresponderle con total libertad personal.

Desde esta perspectiva me siento más feliz, con más confianza de hija en Dios, me lleva a tener más flexibilidad en el actuar. Pienso que Polo es un gran regalo de Dios para los tiempos actuales y futuros, gracias a la finura de sus descubrimientos en filosofía se pueden recibir muchas luces para distintos campos del conocimiento humano y también para la teología.

Carmen Cabanillas serrano
Química
Profesora de Instituto
Granada –Andalucía– (España)
carcabse@gmail.com

22. EDUARD CAMERON TORRA: *UN EJEMPLO Y UNA AYUDA EN MI CONFIGU-RACIÓN PERSONAL*

Soy Eduard Cameron Torra, seminarista de la diócesis de Terrassa. Tuve la suerte de estudiar Filosofía y Periodismo en la Universidad de Navarra, del 2016 al 2021. Creo que –casi– siempre se llega a conocer a Polo por un amigo. A mí me ocurrió así, y a tantos otros, como aquí se puede ir leyendo.

La primera vez que oí hablar del maestro fue en el Aula Magna de la Universidad, el día que empezaban las clases de Filosofía. Había un encuentro de los alumnos que comenzábamos los estudios con los profesores de la facultad. A mí me tocó sentarme al lado de Jas Podhorski, que también empezaba la carrera. Después de las presentaciones pertinentes, Jas me preguntó qué filósofo me gustaba especialmente. Yo no recuerdo qué le contesté, porque todavía no sabía casi nada de filosofía. Imagino que respondía que Aristóteles, pero no estoy seguro. Sin embargo, recuerdo perfectamente que él sentenció que Leonardo Polo era un grandísimo filósofo al que valía la pena estudiar.

Yo me quedé con la copla, pero no le di más importancia. Pero, al cabo de unos meses, mi gran amigo Xavi Campmany –ahora seminarista también– me habló de Leonardo Polo, de su filosofía y de unas charlas en el Club Irati para conocerlo mejor. Entonces recordé lo que Jas me había dicho unos meses antes y le di una oportunidad al maestro Polo. Fui a Irati, donde conocí al profesor –y, sobre todo, amigo– Juan Fernando Sellés, que daba una sesión de antropología trascendental. La verdad es que la experiencia me encantó: el ambiente familiar de Irati, la pasión docente de Juanfer, la diversidad de oyentes... Pero, sobre todo, me cautivó la propuesta de la antropología trascendental. Educado en propuestas realistas más clásicas, la novedad –en consonancia con el realismo– de los descubrimientos polianos me parecieron de capital importancia en el campo de la antropología.

Tanto es así que, después de muchas charlas en Irati y muchísimos cafés en el despacho de Juanfer –en los que con paciencia me explicaba y volvía a explicar las bases polianas– me decidí a estudiar el acto de amar según don Leonardo en mi Trabajo de Fin de Grado. La verdad es que fue una gran suerte, porque me pasé el último año de la carrera leyendo textos del maestro, así como comentarios y explicaciones de otros autores – quiero señalar aquí la tesis del Dr. Adam Sołomiewicz, que tanto me iluminó en la comprensión del acto de amar según Polo–. Al final, pude presentar una síntesis modesta pero sólida en un asunto tan importante.

En conclusión, aunque mi contacto con Don Leonardo ha sido indirecto –él ya había fallecido cuando yo leí mi primer libro de filosofía–, su pensamiento y él mismo me han sido un faro importante en mis estudios. Pero, más allá, Don Leonardo ha sido un ejemplo y una ayuda en mi configuración personal, porque la antropología trascendental unida a su biografía –difícil a vueltas, fructífera en todo caso– han sido una referencia de cómo la persona humana está llamada a *aceptar* el *don* de Dios y, luego, a *dar* a los demás como reflejo de ese amor divino.

Eduard Cameron Torra
Licenciatura en Filosofía y Periodismo
Seminarista, Diócesis de Terrassa
Terrasa –Cataluña– (España)
ecameron@alumni.unav.es

23. XAVIER CAMPMANY DE ARQUER: *DON LEONARDO SIEMPRE SERÁ UN AMIGO, UN MAESTRO, Y SU FILOSOFÍA, UNA INVITACIÓN A PENSAR*

Mi primer contacto con la obra de Don Leonardo fue en las clases de antropología que impartía el profesor Murillo. Recuerdo perfectamente la impresión que me causaron sus reflexiones sobre *Presente y futuro del hombre* y *Lo radical y la libertad*. Su análisis de los problemas filosóficos me ofreció un horizonte amplísimo sobre el cual podía empezar a pensar por mi cuenta. Esto no me había sucedido con la lectura de otros autores que, quizás por ser demasiado didácticos, presentaban sus planteamientos ya muy masticados. Polo me brindó la posibilidad de enfrentarme a textos llenos de afirmaciones que me animaban a seguir pensando, de alguna manera, constituían una educación en el pensar.

También fueron un descubrimiento para mí sus textos sobre antropología: *Persona y libertad* y *Quién es el hombre. Un espíritu en el tiempo*, me mostraron otra manera de pensar la intimidad humana. El profesor Juan Fernando Sellés también me hizo accesible su teoría del conocimiento y me entusiasmó a que Polo fuera siempre para mí un punto de referencia a la hora de abordar cualquier tema. Ciertamente, él siempre tiene una palabra original, un pensamiento provocador, una palanca que invita a pensar por cuenta propia...

En lo personal son abundantes las anécdotas que he escuchado acerca del maestro. Todas llenas de un profundo respeto y cariño. Muchos profesores hacen eco de sus famosas afirmaciones: "todo éxito es prematuro"; "la clave para hacer buena metafísica es hacerse las preguntas pertinentes"... Su figura como maestro es indiscutible y de esto son testigos todos estos testimonios. Don Leonardo siempre será un amigo, un maestro, y su filosofía, una invitación a pensar.

Xavier Campmany de Arquer
Estudiante de Filosofía
Barcelona –Cataluña– (España)
xaviercda@gmail.com

24. JENNY CANALES PEÑA: *POLO LLEGÓ A MÍ… POR Y PARA MI CRECIMIENTO INTELECTUAL, EMOCIONAL, SOCIAL Y PERSONAL*

He llegado a Polo por extensión. Al hacer los estudios de doctorado recién me entero que él ha venido al Perú en varias oportunidades, que ha participado de eventos académicos, que la gente lo quiere mucho, pero es que ha estado a mil kilómetros de donde vivo, en el norte de Lima, específicamente en Piura. Y es que en mi país la comunicación no es su fuerte.

Leonardo Polo es un ser muy complejo. Todavía no comprendo mucho de su propuesta filosófica, pues para ello debo de tener una gran base teórica que me permita entretejer el mensaje; pero sí me gusta la mirada histórica con la que presenta sus argumentos; el énfasis que le pone al ser humano; la constante repetición de que hay que trabajar en equipo, saber ser líder, ayudar a crecer al otro, formarse como un todo integrado; lo importante que es para él estar destinado y saber llegar a Dios.

Polo es un maestro porque nos enseña permanentemente y nos hace sus discípulos de modo natural. Polo llegó a mí por crecimiento, por y para mi crecimiento intelectual, emocional, social y personal.

Jenny Canales Peña
Comunicadora Empresarial
Doctoranda en Filosofía
Universidad de Piura
Lima (Perú)
jennycanales78@hotmail.com

25. LOUIS CARDONA SORIANO: *LEONARDO POLO, UN ARISTÓTELES PARA LA III^a ERA*

Como *testimonio indirecto*[1], tengo que agradecer mi primer encuentro con Leonardo Polo a tres personas[2]. El primero que quiso motivarme a conocer a Leonardo Polo es el Dr. Francisco Moya, el cual me pasó el enlace de unos vídeos del profesor Juan A. García[3]. En el primero de ellos, el profesor García explica, entre otras cosas, el por qué convendría ampliar la metafísica tomista. Ahí tocó un tema que yo llevaba tiempo intuyendo, pero que, como no soy filósofo, tampoco tenía muy formalizado ni pertenecía a una de mis prioridades intelectuales.

Paco Moya me facilitó también dos vídeos donde el profesor Juan Fernando Sellés hacía una introducción general a la antropología trascendental y donde dijo que si alguien quería ponerse en contacto con él, pues que le escribiera a su correo electrónico. Acabé escribiendo a los dos a Juan García y a Juan Fernando Sellés. Juan García me puso en la *mailing list* de la revista[4] del Instituto de Estudios Filosóficos Leonardo Polo (IEFLP)[5]. Y Juan Fernando Sellés me dijo que, quizás, en un futuro próximo se haría un curso sobre la filosofía de Leonardo Polo, pero no me dijo nada más, solo que me animó a seguir estudiando.

Al cabo de un tiempo recibí la revista del IEFLP donde se anunciaba el próximo inicio del curso superior sobre la filosofía de Leonardo Polo en la Universidad Navarra, en modalidad *online*. Cuando quise inscribirme,

---

[1] No he tenido la suerte de conocer a Leonardo Polo en vida. Aunque nací en Barcelona y pensé estudiar filosofía en la Universidad de Navarra, al acabar el bachillerato emigré a Suiza. Era el 1976. Tomé la nacionalidad helvética y desde entonces toda mi actividad se ha desarrollado alrededor de ese país. Como formación soy economista (Ginebra), informático de gestión empresarial (Zurich) y doctor en Inteligencia Artificial (Friburgo).

[2] Tendría que agradecer a muchas personas el haber podido conocer a Leonardo Polo. Pero, históricamente hablando, estas tres personas se encuentran en la génesis de ese encuentro.

[3] Se trataba de unos cursos que dio en el PAD de Lima (2016, 2017). Se pueden encontrar en YouTube: www.youtube.com/playlist?list=PL88uUgLnu--NADXlgkNI1kaEro-Porjowc.

[4] Se trata de la revista *Miscelánea Poliana*: https://www.leonardopolo.net/revista-miscelanea-poliana/.

[5] https://www.leonardopolo.net/.

Juan Pablo Puy[1] me respondió diciendo: "Mira: ya no hay plazas, pero no sé por qué, hay profesores que dicen que te tenemos que inscribir, con lo cual puedes hacer el curso"[2]. Gracias a ese curso mi relación con Polo se ha ido intensificando y he ido conociendo a más gente. Bueno, esto es solo para introducir mi testimonio.

1. *Interrogantes respondidos y apertura mental.* Leonardo Polo ha supuesto la respuesta a muchos interrogantes que me iban apareciendo los últimos años. Uno de ellos se podría describir así: '¿Porque tenemos que ir siempre al siglo XIII para hacer filosofía si la realidad es un ahora?'. Polo se esfuerza por descubrir qué es el ser y como acceder a él; cómo intentar conocer la realidad tal como es en sí. Esto es lo que más me interesaba. Al estudiar a Polo, esos interrogantes se han convertido en retos, porque Polo me llevaba mucho más lejos de lo que era capaz de comprender; retos que han provocado en mí una apertura mental con la consiguiente ampliación[3]. Se trataba de verdaderos *descubrimientos filosóficos*, como por ejemplo, la presencia mental, la articulación del tiempo y la distinción entre lo real y lo ideal e intencional. También me interesó mucho *la proyección hacia el futuro* porque yo, por mi formación académica, estoy naturalmente y profesionalmente orientado hacia el futuro. La descripción de la persona como libertad trascendental de Polo *me proyectaba hacia el futuro*: hacia una posesión del futuro que no lo desfuturiza[4]. Polo me ha ayudado a ampliar

---

[1] Juan Pablo Puy es un doctorando que hace de asistente al prof. Sellés en la organización del curso superior sobre la filosofía de Leonardo Polo que organiza la UNAV. A él le tengo que agradecer especialmente que haya podido ser admitido en el grupo de investigación del profesor Sellés: https://www.unav.edu/web/grupo-investigado–res/continuacion-del-pensamiento-de-leonardo-polo.

[2] Probablemente el profesor Sellés se acordó de mi interés y pidió que se hiciese conmigo una excepción: que pudiese tener una plaza de la que ya no había. Le estoy inmensamente agradecido por este acto de generosidad ante alguien que, en aquel momento, era un extranjero desconocido.

[3] Ahora diría que se ha establecido una dualidad intelectual entre Polo (miembro superior) y yo (miembro inferior) que supone para mí una fuente, un manantial de crecimiento intelectual irrestricto.

[4] El primer texto de Polo que intenté leer por mi cuenta fue sobre la esencia (cfr. *Obras Completas*, Serie A, vol. XXIII, 295 ss.). Un fracaso total en aquel momento: estaba muy lejos de entender las cosas como Polo las entendía. Ahora leo de nuevo ese texto con gran alegría. Me parece un torrente de luz. Me gustaría que tanta gente pudiese llegar a sentir lo que yo siento cuando leo un texto como éste.

mi modo de ver las cosas, en particular la persona que soy, como novedad, como proyecto divino. Ahora indicaré algunos de los descubrimientos que voy haciendo gracias a él, aunque estén todavía en los primeros
pasos y necesiten ser matizados, pulidos, corregidos, contemplados[1].

2. *Persona, no sustancia.* Liberarme de la noción de persona como sustancia ha supuesto un gran bien para mí, porque la sustancia es actualidad
pensada, mientras que la realidad es actividad. Cada vez me costaba más
entender al hombre de modo "esquemático"[2]: partes que estaban unidas
entre ellas. Para mí, en aquél entonces, el ser era información, lo que hacía
que el hombre no pudiese ser solamente composición de alma y cuerpo.
Con Polo he aprendido que ser es *el conocer de un espíritu en su ámbito mental.* Conocer es más que información. Me ha dado más luz. La realidad –
tanto extramental como personal– adquiere mucho más sentido. La persona es un acto de ser distinto de los "algos"[3], como diré más adelante[4]. Porque claro, la persona humana no es como una criatura no personal, ya que
el modo como Dios la crea es distinta. La persona tiene intimidad, es libertad co-existente, cognoscente y amante.

2. *El lenguaje.* Polo, en rigor, no es un pensador[5]. Es muchísimo más.
Pensar para Polo –y esto me gusta mucho– es la operación inmanente, el
conocer objetivo. O sea, el hombre no solo piensa. Pero la gente común,
incluso muchos filósofos, hacen del pensar la única actividad intelectual. Y
esto lleva a una gran confusión. Al descubrir el hombre como ser dual,
Polo presenta una visión poliédrica con respecto al conocer: se podría decir que, para Polo, el conocer humano es como *una pirámide abierta inverti-
da,* creciente, irrestricta, cuyo *vértice inferior* es el conocer objetivo, o, si se

---

[1] Con cierta frecuencia el profesor Sellés dice que él no es Polo. Que es solamente un
pollino. Pues yo, quizás, soy la raíz cuadrada del pollino...

[2] Considerar al hombre como sustancia acaba llevando a disecarlo en partes. Es todo artificial, porque es pensado. El hombre real no es sustancia.

[3] "Algo" es una criatura no personal: cosas, plantas, animales...

[4] La diferencia entre el hombre y el universo no se da solo a nivel esencial, sino a nivel
del acto de ser. Esto es un descubrimiento formidable. Está claro que la esencia humana,
como manifestación personal, también se diferencia del universo.

[5] Para mí los pensadores actuales son, a lo sumo, filósofos de segunda categoría. Es
gente que piensa, pero pensar pensamos todos. Como escriben bien y dicen cosas sorprendentes, sus pensamientos llaman la atención de la opinión pública. Se hacen un nombre,
venden algunos libros, y su fama dura el tiempo que dura: casi siempre son "fuegos de
bengala".

quiere, el 'límite mental', que se puede abandonar de cuatro modos: advertir, explicitar, alcanzar y demorarse.

¿Por qué hablo del lenguaje? Porque Polo está muy interesado en ser preciso a la hora de nombrar sus descubrimientos[1]. Seguramente quiere evitar dos peligros mortales para la filosofía: *el abuso de las analogías*[2], que puede conducir a un realismo borroso[3], confuso; y *la hermenéutica*, que lleva a interpretar la realidad según la lógica humana[4], lo que conduce a un idealismo barato. Polo no acepta que 'pensar' sea cualquier actividad

[1] El proyecto PODIUN (cfr. https://www.unav.edu/web/departamento-de-filosofia/investigacion/podiun), dirigido por Santiago Tejero, contiene las obras publicadas de Polo como *Corpus*, de modo que pueden ser consultadas en el ámbito de investigaciones científicas. Se puede acceder a través del enlace: https://polo.podiun.org. También se puede acceder a través del enlace siguiente: https://leonardopolo.ch/podiun/.

Todavía falta un estudio lingüístico de las obras completas de Polo. Pero se puede decir que en las 36 que han sido publicadas hasta ahora, el número de palabras utilizado es de casi 5 millones. El vocabulario comporta *60.511 vocablos diferentes*, lo que significa *un dominio lingüístico muy superior a la media alta*. Predomina naturalmente la lengua española. También aparecen términos latinos, griegos, franceses y alemanes. En menor medida aparece algún vocablo en italiano y en inglés. Lo más sorprendente es que intenta utilizar algunos términos comunes en una acepción más originaria, quizás abandonada, con el fin de reportar la cultura hacia unos derroteros desde los cuales se puede continuar el realismo filosófico. Por ejemplo, el término *esencia*. Polo considera la esencia, según Aristóteles, como *perfección de la naturaleza*. GARCÍA, J.A., "La persona humana en la antropología trascendental de Leonardo Polo. Cuatro matizaciones a la distinción tomista real de esencia y ser", *Comunicación presentada en las III Jornadas de la Asociación Española de Personalismo*, 16-17 de febrero de 2007, 4.

[2] Sería oportuno descubrir para cada realidad un término que la defina de modo unívoco, reconociendo que no será siempre posible, especialmente cuando se quiere hacer una filosofía sobre Dios a partir de la Revelación (que utiliza con frecuencia términos análogos).

[3] Mucha gente confunde, por ejemplo, sentimientos, emociones y afectos. Para ellas se trata de sinónimos. Por ello confunden lo corporal, con lo sentimental y con lo personal. Luego, si tienen un déficit afectivo lo quieren "curar" con emociones. No hay que sorprenderse si esas "curas" no son eficaces. Otro engaño muy de moda es el *yo-sujeto reflexivo*. Algunos quieren solucionar, por ejemplo, los vacíos de amor con el "self-love" (autoamor). ¿Cómo es posible que la gente se deje engañar así? Pues ante la desesperación, tener un psicoterapeuta que te oye, que te escucha, ya te da algo de sentido… No es el auto-amor que cura, sino la sesión de psicoterapia. Pero no es ese un amor verdadero, ya que se construye a partir de una relación médico-paciente que se materializa en las facturas, normalmente caras, que hay que pagar.

[4] La realidad no se interpreta sino que *es*. No corresponde decir al hombre cómo es, sino descubrirla tal como ella se presenta ante él.

intelectual. Porque no es lo mismo pensar que advertir, que alcanzar, que explicitar, que demorarse, etc. Es muy llamativo el esfuerzo que hace Polo para *utilizar verbos para los actos cognoscitivos*, mientras que utiliza *sustantivos para las potencias y facultades*[1]. De ahí que su modo de nombrar a la persona humana como adverbio –además– tenga una enorme *carga semántica*[2].

3. *Regalo.* A propósito del lenguaje, considero que mi interés por Leonardo Polo no es solo intelectual y tampoco es debido solamente a una coincidencia con aquellas personas a las que estoy muy agradecido. Se trata de algo mucho más profundo, íntimo: *es un regalo que Dios me ha hecho para que pueda conocer lo que Él está haciendo en mí.* Porque, como dice San Josemaría Escrivá, llega un momento en que *sobran las palabras*[3]… La antropología trascendental de Leonardo Polo constituye un mapa que me ayuda a orientarme en el *manantial de agua viva donde puedo entretenerme 'trinitariamente' con Dios.*

4. *El ser segundo: la persona humana.* Supone un gran enriquecimiento que no me canso de considerar el hecho que la persona sea un ser segundo. Las criaturas no personales necesitan distinguirse de la nada para ser *algo*, para distinguirse de Dios. En cambio, el ser personal no necesita de suyo distinguirse de la nada para ser algo, *ya que se distingue inmediatamente de Dios por ser alguien*, como dice el profesor García[4]: con punto de partida, del que se desaferra, y al que vuelve. Pues esto es un gran progreso con respecto al concepto boeciano de persona.

5. *El hombre: un ser dual*[5]. Otro punto que me llama la atención de Polo es la dualidad, no el dualismo ni la dialéctica. Hablar de dualidades es también hablar de jerarquía, porque el hombre tiene dos modos de prose-

---

[1] A veces tiene que hacer alguna excepción como por ejemplo con la coexistencia libre. En cambio, es llamativo que el yo (moderno) lo presente como una dualidad (que es manifestación de actividad) de *ver-yo* y *querer-yo*. Este esfuerzo provoca en el lector una llamada a abrir la mente: *experimentar la actividad real* en vez de *pensarla conceptualmente*.

[2] Quizás por mi *background* informático aprecio particularmente *la univocidad* de muchos términos usados por Polo.

[3] ESCRIVÁ DE BALAGUER, J., *Amigos de Dios*, §307 (en https://escriva.org/es/amigos-de-dios/).

[4] He apreciado mucho la conferencia de Juan García dada en las Jornadas conmemorativas del X aniversario del fallecimiento de Leonardo Polo. Cfr. https://leonardopolo.ch/jornadas/: Semejanza y diferencia entre la persona humana y su creador.

[5] Una explicación profunda, aunque algo incompleta, se encuentra en PIÁ TARAZONA, S., *El hombre como ser dual*, Pamplona, Eunsa, 2001.

guir a partir del conocer objetivo: *la vía afirmativa* (*racional*), y *la negativa* (*generalización*), que intenta siempre unificar. Por eso, el hombre, cuando piensa, *piensa en dos*: afirma y niega. Y la progresión cognoscitiva se cifra en cómo relacionar estos "dos". Ante las tres posibilidades: dualismo, dialéctica y dualidad, sólo la dualidad permite arrojar luz sobre la realidad sin caer en aporías. Por eso mismo, sigo muy interesado en conocer cada vez mejor *la teoría del conocimiento* de Polo, la más completa y coherente que algún filósofo haya conseguido hacer en toda la historia de la filosofía hasta ahora.

6. *Anticipar el futuro.* Polo, indirectamente, pone las pautas para la empresa del siglo XXI, porque *pone la persona en el centro de la gestión empresarial*. Si en el siglo XX se han buscado modelos[1] para que el empresario pudiese aprender a ser un buen empresario, en el siglo XXI, es el empresario el que tendrá que ser el miembro superior de la dualidad con el modelo empresarial (miembro inferior)[2]. Los modelos que utilizarán serán válidos si el empresario es el actor, su activador. Lo que significa también que el empresario sea capaz de actuar realmente, auténticamente, personalmente. ¿Por qué es importante esto? Pues porque la realidad, conforme vaya pasando el siglo XXI, tendrá que armonizarse cada vez más con los meta-

---

[1] Se ha intentado hacer del *management* una ciencia. Por eso se ha establecido una dualidad, en la que el modelo era miembro superior y el empresario miembro inferior. Al finales de siglo, con un ambiente cada vez más cambiante –se va notando el inicio del cambio de Era, del que hablaremos más adelante–, esta dualidad equivocada ha llevado a no pocos fracasos empresariales (como por ejemplo el caso de Kodak). Cfr. CARDONA, L., *Anticipar el futuro*, Conferencia del XVI encuentro de la empresa poliana, 2023, https://youtu.be/Ll5vpwu_Bz0.

[2] Más tarde se vislumbrará que la IIIª Era obligará a corregir los errores duales de la IIª Era. La antropología volverá a ser miembro superior con respecto de la ciencia (algo así como fue la filosofía en la Edad Media). Lo mismo sucede aquí, en el ámbito empresarial: si en la IIª Era el modelo es miembro superior, en la IIIª Era tendrá que aceptar quedar como miembro inferior.

versos[1]. *El futuro ya no será lo que ha sido.* Lo primero que tendrá que definir el empresario es *la* realidad en la que querrá *ser* como empresa[2].

7. *La vida no es un proceso.* En la revolución digital[3], lo propio del siglo XXI, el hombre cree haber incorporado lo inmaterial a lo material con un dualismo: *software-hardware.* Tiene la sensación de haber cubierto un déficit que la ciencia agnóstica había olvidado voluntariamente[4]. A pesar de las buenas intenciones, se ha olvidado de algo más importante: la vida. La vida escapa a la dualidad *software-hardware*[5]. En efecto, el *software,* en cuanto que información digital, genera procesos que parten de una potencia y se concluyen con el acto, tienen un principio, desarrollo y fin. Una vez conseguido el fin el proceso termina: es la condición necesaria para que se pueda hablar de *algoritmo.* Pues bien, Polo muestra que la vida no es eso[6]. *La vida no es un proceso.* La vida es *práxis teléia,* actividad instantánea, que ya obtiene su fin desde el principio, y continúa creciendo (o decreciendo). Esto tiene su importancia, porque en el futuro convendrá ampliar la cibernética de corte informático para dar paso a una *cibernética*

[1] Ya la finanza actual tiene mucho de metaverso, porque el enlace con la economía real es cada vez más frágil. La economía presenta resultados, balances, la finanza se interesa por el futuro, las proyecciones, etc. Por eso, la afirmación de alguien importante, como por ejemplo Elon Musk, puede tener más peso que muchos años de esforzado trabajo con resultados sólidos.

[2] Acabo de conocer a un *influencer* que tiene 4 millones de *followers.* Tiene 17 años. Acaba de firmar un contrato de consejero de comunicación con una empresa importante que le pagará 16.000€ a la hora de trabajo. Mucha gente no se lo cree. No puede ser. ¿Quién es este chiquillo que no tiene ni el bachillerato? Ya. El futuro no es lo que era. Y la realidad económica tampoco. Todavía no se nota mucho porque la mayoría de la gente no está preparada para el cambio a la IIIª Era. Pero los cambios generacionales llevarán a ese cambio. En un mundo lleno de metaversos, lo importante es que *el empresario sea real.* Los modelos pueden ser virtuales. De ahí que la dualidad empresario-modelo tenga que estar bien orientada, si no se quiere ir a pique, como suele decir Polo. El empresario como miembro superior. Los modelos (virtuales) como miembro inferior.

[3] La revolución digital es el primer paso hacia la IIIª Era. Pero todavía no lo es. Sino que actúa como catalizador del cambio.

[4] Hoy está de moda un modelo informático para explicar el modo de proceder del cerebro humano. Es la ironía de un saber científico que niega una vez y otra vez su origen divino. Porque es el hombre el que ha "creado" el sistema informático. Y ahora se pretende usar el sistema informático para explicar al hombre. *Una pescadilla que se muerde la cola.*

[5] Precisamente por eso no se dará un posthumanismo exclusivamente digital.

[6] "Los movimientos vitales se caracterizan porque tienen fin: *télos,* no *péras*". POLO, L., *Presente y futuro del hombre,* en *Obras Completas,* Serie A, vol. X, Pamplona, Eunsa, 2016, 307.

como lógica de la vida[1]. La informática puede actuar como puente entre la ciencia y la filosofía, porque recupera la causa formal, que, en la física, se ha perdido[2]. Pero la informática es inferior a la antropología, aunque se pueda dualizar con ésta, que sería el miembro superior.

Polo, al hablar de cibernética como lógica de la vida, prepara el terreno para ir más lejos: la esencia humana es vida añadida, creciente. Si la gente supiera lo que Polo dice y lo entendiera, habría menos miedo e histeria ante el futuro que se nos está echando encima: nos acercaríamos a nuestro futuro con más serenidad, con más libertad.

8. Ser libres. El descubrimiento de la dimensión personal es de una riqueza irrestricta. En concreto, la libertad trascendental como apertura coexistente permite explicar con claridad por qué es más importante actuar libremente que hacer el bien de modo obligado. La ética no es el valor supremo en el hombre. Lo superior es el amar personal: solamente así se consigue hacer el bien libremente. Es gracias a la libertad trascendental que el hombre es capaz de *querer querer* (*hacer el bien*): lo que, de hecho, desearía la voluntad: es mejor amar libremente, vinculándose al Amar, que buscar una libertad autónoma, gestionada por un yo cerrado a su Origen[3].

9. Educación: ayudar a crecer. Y claro, todo esto nos lleva a la educación. Cuando no se considera la persona como la conoce Polo, al hablar de educación personalizada se cae fácilmente en un error: el de *confundir persona con individuo*[4]. Una educación es realmente personalizada cuando se considera a cada uno como una novedad, un proyecto divino como no ha existido, ni existe, ni existirá. Por lo cual no habrá dos personas iguales. En

---

[1] La cibernética como Polo la entiende no es la cibernética como se entiende en el s. XX. La primera es la lógica de la vida, mientras que la segunda es algo así como un *software*. La confusión de estas dos cibernéticas hace pensar a mucha gente que los futuros robots podrán ser vivos. Cfr. POLO, L., "La cibernética como lógica de la vida" (2002), en *Obras Completas*, Serie A, vol. XXVI, Pamplona, Eunsa, 2018, 19-28.

[2] Porque "la informática es una teoría de la causa formal… el redescubrimiento de la causa formal apunta a la fundamentación en presente". POLO, L., *Presente y futuro del hombre*, 229.

[3] El yo autónomo lleva a la despersonalización del ser humano. Esto puede conllevar la soledad, verdadera tragedia para el hombre, y causa de muchos suicidios (más o menos asistidos: eutanasia).

[4] El individuo corresponde a la definición boeciana de persona: *sustancia individual de naturaleza racional.*

cambio, la educación individualizada significa que se intenta encuadrar a cada uno en un modelo educativo (¡el mismo para todos!), pero de modo individual (con un *coach*, mentor, tutor, etc.). La diferencia no es poca. Porque en el primer caso, cada joven "sale distinto"; en el segundo, todos salen "igual" (uniformizados)[1]... o "no salen" (son rechazados por el sistema educativo). La educación individualizada se parece en algo a un conjunto de imperativos categóricos pero implementados a cada uno individualmente, en vez de a grupos[2]. Para educar hace falta *ayudar a crecer*. Y ayudar a crecer comporta el riesgo de la libertad y la capacidad de jugar[3]. Cada uno tiene que poder descubrir que es una novedad, un proyecto divino, y tiene que poder realizarlo. Con lo cual la educación personalizada tiene que ver con el sentido vocacional, o sea, quién uno es llamado a ser, de dónde viene y a dónde va, y qué es lo que Dios quiere de él.

10. Teología para inconformes[4]. Con respecto a la teología, la antropología trascendental permite abrir ingentes campos de investigación teológica[5]. Ha suscitado también mucho interés entre cristianos de todos los ambientes y condición social[6]. Quiero dar un ejemplo que sirva como botón de muestra. En la actualidad estoy investigando la identificación con Cristo –

---

[1] En este ámbito tengo una cierta experiencia porque he educado personalmente en 30 años a unos mil jóvenes. Y he fundado un colegio en Lugano: https://www.everestlugano.ch/. Ya no me ocupo de la gestión de esa institución: la cedí a un equipo de confianza hace ya algunos años.

[2] La educación personalizada, que llamo aquí individualizada, es naturalmente superior a la "educación integrativa" (de corte socialista) donde no sólo se busca la uniformización, sino que se pretende disolver el individuo en el grupo. Esta educación integrativa es la que se aplica en Lugano, donde yo vivo desde hace unos veinte años. De ahí que una parte de mis esfuerzos consista en hacer resurgir la dimensión personal en esos jóvenes "moldeados por el sistema", cuyo objetivo principal es "no llamar la atención", ser masa, proletariado del s. XXI.

[3] A Polo le gustaba mucho jugar al ajedrez. Y leía con ganas autores como Agatha Christie y otros análogos. Era muy juvenil de espíritu y, al final de su vida, era como un niño: ideal de santidad (cfr. ESCRIVÁ DE BALAGUER, J., *Amigos de Dios*, §§144 y ss.).

[4] El título está tomado de una obra de Juan Fernando Sellés, publicada por Rialp, Madrid, 2019.

[5] Un ejemplo es la tesis doctoral de la doctora Ana Bastidas, defendida el 25 de mayo de 2023 en la UNAV sobre las confluencias entre Leonardo Polo y Romano Guardini.

[6] Hemos creado un grupo donde el profesor J.F. Sellés comenta su libro –un capítulo cada mes–. El grupo está compuesto por casi 500 personas y el primer vídeo ha sido visionado ya más de 1.300 veces.

no ya *'alter Christus, sino ipse Christus'*– a partir de la experiencia (mística) de San Josemaría Escrivá de Balaguer[1]. En el documento[2] que utilizo como base textual se puede leer: "De los textos (de S. Josemaría) se desprende[3]: 1°) Que no habla únicamente de su presencia en cuanto a Dios, sino *también en cuanto hombre* o por su Humanidad. 2°) Que se trata de una *presencia permanente*, no circunscrita el momento de recibir la Santísima Eucaristía. 3°) Que *no es una presencia sustancial*, es decir, de la sustancia de la humanidad de Cristo, pero que tampoco se reduce a un parecido con Cristo derivado de la imitación de su ejemplo, aunque ciertamente es una presencia que impulsa a imitarle. 4°) Que es una *presencia de la vida de Cristo y de su acción* y no sólo del conocimiento de Cristo, del amor a Él, aunque se realiza por este conocimiento y amor y se alimenta de ellos"[4]. Basta leer esta pequeña citación *con los ojos de Leonardo Polo* para darse cuenta de las inmensas posibilidades de profundización teológica, con respecto al análisis tomista que los autores desarrollarán en las páginas siguientes[5].

11. Alegría trascendental. Quizás mi sorpresa mayor en lo que he ido aprendiendo de Polo hasta el momento es el descubrimiento de *la alegría trascendental*. La alegría trascendental es propia, dice Polo, *"de la generación del Hijo. Se puede incluso decir que Dios es el inventor de la alegría en tanto que extiende a la creación, sobre todo, en cuanto que la vida creada es también generativa"*[6]. Bien, esto es una sorpresa muy grande. Y cuando lo explico a diver-

---

[1] La experiencia (mística) tuvo lugar el 16 de octubre de 1931 en Madrid.

[2] Para esta investigación me apoyo en el estudio de BURKHART, E., LÓPEZ, J., *Vida cotidiana y santidad en la enseñanza de S. Josemaría*, vol. II, Madrid, Rialp, 2013.

[3] Sin querer entrar ahora en el mérito de la investigación, está claro que Leonardo Polo amplía mucho la teología clásica en lo que se refiere a conceptos como "presencia", "sustancia", "naturaleza" (la Humanidad de Cristo es una naturaleza humana, si no, no podría ser verdadero hombre), "vida" (de Cristo), etc.

[4] BURKHART, E., LÓPEZ, J., *Vida cotidiana y santidad*, 95.

[5] Esta investigación que estoy realizando no está aún acabada, y podría no acabarse nunca porque no es suficiente dar una opinión teológica más o menos acertada, sino que, antes que nada, es oportuno *experimentar interiormente lo que significa vivir en Cristo*: como una persona (miembro inferior) dualizado con una Persona (miembro superior), de modo que Él vaya creciendo y yo disminuyendo (cfr. *Jn.*, 3, 30) hasta poder decir: ya no soy yo quien vive, sino Cristo que vive en mí (cfr. *Gal.*, 2, 20). Pero queda claro, para el que conoce las dualidades polianas, que la identificación –*ipse Christus*– es irrestrictamente creciente para toda la eternidad.

[6] POLO, L., *Epistemología, creación y divinidad*, en *Obras Completas*, Serie A, vol. XXVII, Pamplona, Eunsa, 2015, 320.

sas personas resulta que, al principio, no lo entienden. Por eso es menester cambiar el modo de entender común de la gente, o "polianizarlo" para poder darse cuenta de aquello a lo que Polo se está refiriendo[1].

12. Marco antropológico para la realidad virtual. Primeros pasos. Me sorprende que Polo, que no era experto en informática, pone igualmente algunas bases para un tratamiento adecuado de la realidad virtual, dado que ésta depende de los hombres: lo real son los hombres; el *software* es digital; y los metaversos son virtuales. Cuando estén más generalizados los metaversos, los filósofos se darán cuenta que la realidad virtual es, en el fondo, uno de los ámbitos de la libertad: *la espaciosidad*. Espaciosidad *donde el espacio es tiempo*, porque el espacio, por ejemplo, de una reunión *zoom*, es *cuando los participantes se encuentran*[2]. O sea, los instrumentos digitales permiten que el "cuándo" se convierta en un "dónde". Por eso se pueden crear grupos de trabajo permanentes a distancia que, al cabo del tiempo, acaban *generando amistad*, a pesar de que, probablemente, no se dará jamás un encuentro presencial. Éste es un buen ejemplo para ilustrar lo que ya se ha dicho con anterioridad. Para entender a Leonardo Polo y saber apreciarlo es necesario, antes que nada, aprender a conocer como él conoció (no sólo pensar...)[3].

---

[1] Sorprende sobre todo porque la tradición cristiana llama a la Virgen María *causa de nuestra alegría* y también *trono de la sabiduría*. ¿Qué significa esto? Si se considera que la persona se dualiza con Dios como miembro superior (y que las luces le llegan de parte del Espíritu Santo como Don), no extraña considerar que la dualidad metódico-temática del carácter de *además* "en contacto" con la Virgen María (sabiduría) y el Espíritu Santo (dimensión personal) lleve a que se dé una presencia de Cristo en el alma humana *como generación* por la que no somos solamente hijos de Dios, sino también de la Virgen María, marianos. De ahí que se pueda decir también, en rigor, que la Virgen María (junto con el Espíritu Santo) sea *"causa"* de *nuestra alegría*. Polo diría *origen* mejor que *causa*. Porque en el ámbito metódico-temático del carácter de *además* no se dan causas, sino origen y destinación. Somos conscientes que esta nota a pie de pagina podría originar una ingente investigación teológica gracias a la antropología trascendental de Leonardo Polo.

[2] Esta idea está recogida en la citada conferencia "Anticipar el futuro". Se basa en las reflexiones de Polo sobre la *espaciosidad* como uno de los ámbitos de la libertad, y se construye sobre la idea de que "espacio significa la pausa que, al menos de modo provisional, deja en suspenso la sucesión temporal de estímulo-respuesta". POLO, L., *Filosofía y economía*, en *Obras Completas*, Serie A, vol. XXV, Pamplona, Eunsa, 2015.

[3] Aquí se encuentra el reto mayor para la divulgación de Leonardo Polo, como se dirá más adelante.

13. La III^a Era. Una breve introducción[1]. Convendría dedicar algunas líneas para introducir la III^a Era, porque estamos en un momento histórico nuevo: no es la persona lo único nuevo. Estamos entrando en una situación histórica nueva, que, a mi modo de entender, da aún más valor a todo el trabajo de ampliación filosófica que ha realizado Leonardo Polo. El cambio de la I^a Era a la II^a –de la prehistoria a la historia– es debido a *la escritura*; tiene que ver con *la articulación del lenguaje*. En la I^a Era se crean mensajes orales a partir de sonidos. Con el descubrimiento de la escritura, II^a Era, aparecen la letras, y, con ellas, las palabras; éstas permiten las frases con las que se forman los mensajes. Esta doble articulación del lenguaje es, pues, importante porque introduce nuevas dimensiones en la cultura humana. La primera consecuencia de la introducción de la escritura es la *analfabetización* de los seres humanos. Se hace necesario aprender a superarla. Y para eso se necesitan *dos actividades* que se llaman *leer* y *escribir*. Superar la analfabetización requiere *aprender a leer y escribir*. El producto cultural de la escritura es el *documento* y con el documento se puede hacer historia, con lo cual es un aporte cultural muy importante[2].

Pues ahora yo propongo *ampliar* esta noción para descubrir que *estamos entrando en la III^a Era*. Porque se dan dos nuevas articulaciones del lenguaje[3]: una es el *bit*: podemos formar letras a partir de un conjunto de *bits*. La otra es *la señal digital*, porque con la señal digital podemos formar los *bits*. En estos momentos la III^a Era se manifiesta como una incipiente *revolución digital*, que es donde se encuentra actualmente la humanidad. Todavía es prematuro darse cuenta realmente de lo que la III^a Era podrá suponer en el próximo futuro. Lo que todo el mundo percibe es *el analfabetismo digital*. Esa sensación que, de repente, uno no consigue comunicar, porque no sabe usar el teléfono, no sabe usar una aplicación, no sabe que se pueden hacer las cosas de modo digital, etc. Se da una gran resistencia al cambio, se prefiere seguir haciendo las cosas *"como se han hecho siempre"*. La humanidad se divide entre los que quieren aceptar todos los cambios (más bien

---

[1] Este tema está algo más desarrollado en la citada conferencia "Anticipar el futuro".

[2] Cfr. GARCÍA, J.A., *El hombre como persona. Antropología filosófica*, Madrid, Ideas y Libros ediciones, 2019.

[3] Crear un lenguaje nuevo, como por ejemplo el *esperanto*, no es suficiente para provocar un cambio de Era. Hace falta que las nuevas articulaciones aporten nuevas dimensiones culturales. Éste es el caso de la *escritura digital*.

gente joven) y los que buscan estabilizar el progreso digital: frenarlo, para tener más tiempo de asimilación (más bien los seniors)[1].

El analfabetismo digital es un hecho que puede gustar o no. Para superarlo conviene aprender, de nuevo, a "leer" y a "escribir". Leer ahora significa "utilizar". Lector, significa "usuario". Usar es una ampliación de leer. Escribir ahora significa "programar". Escritor significa programador. Crear *software* es una ampliación de escribir. Así como hay muchos niveles de alfabetización con respecto a la escritura (por ejemplo, no es lo mismo saber escribir que ser un literato), también hay muchos niveles de alfabetización digital. Así que hay muchos niveles de integrarse en la IIIª Era[2]. Polo distingue muy bien entre los procesos y la vida. Por eso, no hay que tener miedo a la informática y/o a la inteligencia artificial: porque el hombre no puede ser sustituido por las máquinas[3]. Lo que hay que temer es lo que Polo llama *inepcia teórica*, como veremos más adelante[4].

La pregunta que sí que convendría hacerse y que la gente no se hace, pero que sería importante, es la que Polo pone al centro de su filosofía: *¿quién es el hombre?*[5]. Y la respuesta que, a mi modo de ver, pasará a la historia es ésta: *el hombre es un espíritu en el tiempo*. El hombre no es digital – materialismo espiritualizado–, sino espíritu en el tiempo.

---

[1] Parecía que el *standard* era aprender el *Office* de *Microsoft* o análogo, hasta que llegó *Internet*. Y, de repente, todo cambió. Apareció el móvil. Debido a la pandemia hubo que aprender *Zoom*. Desde entonces se da el *Home Office* y muchas reuniones son *online*. Esto ha permitido crear grupos polianos con participantes de unos tres a cuatro continentes. Se pensaba que habíamos llegado de nuevo a una pausa, y aparece la inteligencia artificial. Y uno se pregunta: ¿llegaremos de nuevo a un momento de estabilidad? Pues no lo parece. Lo que conviene es hacer el esfuerzo de *la alfabetización digital completa*.

[2] Actualmente el grado de integración digital es relativamente pobre; pero, con el pasar del tiempo, será cada vez más amplia: cuando los *"digital natives"* constituyan la gran mayoría de la población.

[3] La competición con la inteligencia artificial obligará al hombre a salir de una cierta pereza: la de querer formalizar todas las operaciones, en vez de desarrollar lo más humano que en ellas se dan: lo espiritual y, con ello, la creatividad. Hay quienes opinan que no todos son capaces de estar a la altura de la historia que se nos viene encima. Pero no se dan cuenta de que lo más importante no es ser un genio intelectual, sino *ser humano, cariñoso, atento a los ancianos y a los pequeños, …, saber amar como Cristo nos ha amado*. Ahí las máquinas no pueden competir.

[4] La gente, en general, desconoce completamente este peligro. Y es realmente serio.

[5] POLO, L., *op. cit.*

14. *La improgramable aparición del genio filosófico*[1]. Polo muestra claramente los límites de la ciencia al hablar del *trilema del barón de Münchhausen*. Conviene darse cuenta de que la ciencia pierde su hegemonía en la IIIª Era, porque sirve solamente para conocer la realidad extramental[2]. En cambio, lo que sí quedará es el hombre. Por eso, lo más probable es que la antropología tome el papel que correspondió a la filosofía en la Edad Media. Una antropología que no sea científica, sino que realmente continúe el realismo tal como lo dejó Aristóteles, y que lo amplíe, que lo ponga a la altura histórica en la que nos encontramos.

¿Qué vemos hoy? Hoy vemos que, por un lado, el proyecto filosófico contemporáneo está en agonía. ¿Y qué vemos también? Pues que los científicos, quizás de más nivel, están haciendo filosofía de la naturaleza[3]. Es la *versión presocrática* del siglo XXI. ¿Qué nos enseña la historia? Que, si se quiere continuar, hace falta un genio para el s. XXI. Un "Aristóteles" que sepa recoger a Aristóteles allí donde se quedó y lo continúe teniendo en cuenta las reflexiones bien intencionadas de todos los filósofos que le han seguido hasta el día de hoy, incluidos los modernos y los contemporáneos. La IIIª Era exige esto: un nuevo Aristóteles. Polo explica que la ciencia, cuando se encuentra ante un cambio de paradigma, necesita de un genio para poder progresar[4]. Pues ahora sucede algo parecido para la filosofía. Y Leonardo Polo advierte: "Estamos a punto de sumirnos en una especie de apagón mental. Si Dios no lo remedia, y si nosotros no hacemos algo…, podemos irnos a pique en un futuro próximo por inepcia teórica"[5]. El desafío que nos compete ahora es el de *la divulgación de la filosofía polia-*

---

[1] Polo, L., *op. cit.*, 32 y ss.

[2] Los metaversos, al ser programados, no necesitan del método científico –que es especulación– para ser conocidos. Basta poseer el código con el que han sido escritos. Con el pasar de los próximos siglos, la humanidad se irá llenando cada vez más de metaversos. La realidad extramental jugará un papel cada vez menos importante. Por eso la ciencia quedará en parte aparcada (con la excepción de algunos sectores que seguirán siendo centrales, como la salud).

[3] Se piense, por ejemplo, en la cosmología propia de la física teórica.

[4] La ciencia necesita de un genio ante un cambio de paradigma porque la misma ciencia no tiene los instrumentos teóricos para poder continuar. Por eso, desde la física de Newton no era posible establecer la relatividad. Hacía falta Albert Einstein, y Einstein no se podía deducir a partir de los postulados de la mecánica de Newton.

[5] Polo, L., *Presente y futuro del* hombre, ed. cit., pp. 304-305. Cfr. Cardona, L., "Una antropología trascendental para la era digital", *Miscelánea poliana*, 76 (2023).

na, porque es la que puede educar a retomar la teoría –el pensar, dice Polo– como vida, como práxis por excelencia[1].

15. *Divulgar a Leonardo Polo.* Desde hace algún tiempo el esfuerzo divulgativo se ha intensificado. Se están creando grupos polianos que estudian distintos ámbitos: antropología, teoría del conocimiento, la libertad, teología, empresa, pedagogía, etc. También se han creado algunos *websites*[2]. La Universidad de Navarra organiza regularmente un curso superior sobre la filosofía de Polo[3]. También existen cuatro revistas científicas centradas en Leonardo Polo[4]. Se está intentando crear una familia poliana, donde los participantes están contentos de verse y de hablar de cosas que tengan que ver con Polo[5]. No es siempre fácil porque no todos participan del mismo modo, con la misma intensidad y por los mismos motivos. El esfuerzo *temático* se está haciendo, me parece, con intensidad creciente y está orientado bien. Lo que realmente falta, a mi modo de entender, es encontrar que la gente que se acerca a Polo consiga ver las cosas tal como las vio Polo, conocer como Polo conoció. Es decir, no se trata tanto de temas, de enseñar lo que Polo dijo, de acceder a sus obras, pues eso es la divulgación temática, sino algo más profundo, que yo lo llamaría una *pedagogía metódica*, que me parece que está aún por hacer[6]. De hecho a veces sucede que algún poliano 'se desvíe' de Polo porque, aun habiendo aprendido los temas, no conoce como él conocía, no ve como él veía. En-

---

[1] *Ibid.,* 306.

[2] Existe el que gestiona el IEFLP: https://www.leonardopolo.net/. El que yo he creado, con el objetivo de facilitar el conocimiento de Polo a un público no filósofo, tiene como título *"presente y futuro del hombre"* (https://leonardopolo.ch/). También existen dos *blogs* polianos: preguntas polianas (https://preguntaspolianas.blogspot.com/) y glosario poliano (https://glosario–poliano.blogspot.com/), los dos llevados por Joseph Kabamba desde la República Democrática del Congo.

[3] Ya hablé al principio de mi participación en la primera edición. Ahora se está desarrollando la 4ª.

[4] Personalmente ayudo en la publicación de una revista en inglés –*Journal of Polian Studies*– y otra en castellano –*Revista de Estudios Filosóficos Polianos*–, editada en Argentina, bajo la dirección de la profesora Silvia Carolina Martino.

[5] Esto es ya así con algunos participantes regulares a las sesiones de los distintos grupos. Estos ya no vienen sólo porque lo necesitan, porque les ayuda. Sino porque *Polo es amistad*.

[6] Elevar la capacidad intelectual de los que quieren conocer a Polo para acercarse lo más posible a su altura intelectual.

tonces intenta interpretar, hacer una hermenéutica poliana, de la que 'sale lo que sale': a veces algo muy parecido –aunque distinto–, a veces algo menos parecido, a veces diciendo cosas que Polo no habría dicho nunca, pero que ellos creen, seguramente en buena fe, que lo que dicen son una legítima 'prosecución' de las tesis de Polo.

16. *Un Aristóteles para la III\u00aa Era*. Después de todo lo dicho no queda más que concluir con una tesis que está llena de agradecimiento a Polo y a aquellos por los que me ha llegado su filosofía[1]: *Leonardo Polo es el Aristóteles que necesita la III\u00aa Era*, el genio no programable que necesita actualmente la filosofía para que no caiga en manos de 'sofistas'[2], *porque el hombre no es la medida de todas las cosas*. La altura histórica de la III\u00aa Era, que ahora estamos empezando a vislumbrar, tiene que llegar aún. Pero Polo ha puesto las bases antropológicas para gestionarla de modo correcto, sin crear aporías. Esta es nuestra convicción.

Louis Cardona Soriano
Profesor Dr. Informática
Universidad Libre Internacional de las Américas (ULÍA)
Lugano (Suiza)
louiscardona@gmail.co

26. ANDRÉS CARRASCOSA GIL: *LA FILOSOFÍA DE LEONARDO POLO PUEDE ILUMINARNOS INTELECTUALMENTE COMO UN POTENTE FARO EN DIVERSOS NIVELES*

Mi nombre es Andrés Carrascosa. Soy médico anestesista. La primera vez que escuché hablar sobre el filósofo Leonardo Polo fue en 2008. Fue en la asignatura "Antropología" que impartía el profesor y sacerdote D. Juan Ramón García-Morato en la Universidad de Navarra. Yo era un joven estudiante de primero de Medicina. Las clases eran amenas y seguían una dinámica muy práctica. Había unos seminarios en los cuales los alumnos debíamos dialogar razonadamente entre nosotros sobre distintos asuntos incluidos los de carácter bioético. Para el examen final de la asignatura

---

[1] Se trata de un comenzar, porque considero que debo continuar a conocer mejor a Polo, asimilarlo, divulgarlo.

[2] Históricamente la filosofía empieza con los presocráticos, llegando a los sofistas, hasta que aparecen los tres grandes clásicos griegos: Sócrates, Platón y Aristóteles.

teníamos que estudiar algunos de los capítulos del manual *Antropología para inconformes*[1] del profesor Juan Fernando Sellés.

Me encantaba tener una asignatura diferente y que se salía un poco de las habituales en medicina como son Anatomía, Biología celular, Bioquímica o Histología. Las asignaturas de las ciencias empíricas tienen un perfil más técnico y requieren del estudiante una enorme dedicación de tiempo al estudio. En estas circunstancias, estudiar *Antropología para inconformes* también era exigente, pero era a la vez como un remanso de paz para el alma. Uno se quedaba con ganas de disponer de más tiempo para poder adentrarse en una lectura más pausada y comprensiva del libro. Se trataba del mismo manual que estudiaban los alumnos de primero de Filosofía, no era ninguna adaptación más sencilla.

En segundo de Medicina me topé con otras dos asignaturas con un perfil humanista: Ética y Claves de la Cultura Actual. Ambas me gustaron muchísimo. En Ética se utilizaba el manual *Introducción a la ética. Historia y fundamentos* del profesor José Ramón Ayllón. Considero que es una obra divulgativa excelente porque recorre la historia de la ética de manera sencilla y nítida. En *Claves de la Cultura Actual* el profesor Luis Echarte nos invitaba a reflexionar partiendo de distintos fragmentos de clásicos de la literatura. Era una asignatura con un carácter muy sugerente y que, a su vez, estimulaba a los estudiantes a ir poco a poco adquiriendo un bagaje literario y cultural.

Considero que las asignaturas de humanidades son especialmente importantes en las ciencias de la salud. En medicina pese a que con sus 6 años de duración es la carrera universitaria más larga de todas, paradójicamente, todo pasa muy rápido. La vorágine del estudio y prácticas pueden hacer difícil para el estudiante disponer de tiempo para la lectura y la formación humanista (tan esencial para todo universitario). Los aspectos científico-técnicos son muy relevantes en medicina, pero, evidentemente, no lo son todo. La formación que vaya atesorando unida a su concepción del ser humano luego va a influir muy significativamente en el desempeño de su trabajo y en su vida personal.

---

[1] En ese manual se explican las claves fundamentales de la filosofía de Leonardo Polo: la *Antropología trascendental*.

En ocasiones, a los médicos nos pasa que lo científico-técnico; nos seduce y ciega hasta tal punto que podemos ofuscarnos y perder el norte olvidando las cuestiones más fundamentales. Es ahí donde empieza la mala medicina, cuyo ejemplo más inicuo es la cultura de la muerte. Independientemente de que cuente o no con la contingente aprobación legal del parlamento de un lugar en un momento dado este tipo de medicina trasgrede la ley moral universal divina inserta en el fondo de la realidad. Es mala para los pacientes y espiritualmente destructiva para los propios facultativos que la ejercen.

Las asignaturas de humanidades despertaron en mí una enorme curiosidad por la filosofía y en quinto de Medicina empecé a estudiar alguna asignatura del grado de filosofía por la UNED. Fue aproximadamente en ese momento durante una segunda lectura de algunos capítulos de *Antropología para inconformes* (varios años después de haberla estudiado en primero) cuando me percaté de que aquella obra era una auténtica joya. Fue para mí una especie de descubrimiento. Es un libro que he regalado a varios amigos míos (algunos de ellos médicos). A raíz de ese descubrimiento inicié una amistad con su autor quien providencialmente es vecino de mis padres y a quien tengo un enorme aprecio.

Es certera la famosa frase "el médico que sólo sabe medicina; ni medicina sabe"[1]. No es una buena señal que un estudiante de medicina termine la carrera sin haber escuchado nunca hablar de las novelas distópicas: *1984* y *Un mundo feliz*. Sin embargo, hoy en día cuando les pregunto a mis residentes, me doy cuenta de que con bastante frecuencia ignoran su existencia. Mi estupor sube de grado cuando hablando con algunos de ellos me cuentan que ni siquiera han tenido estudios de filosofía en el colegio. Como "nunca es tarde si la dicha es buena" trato de aprovechar tales ocasiones para despertar su curiosidad a través de la conversación. Con frecuencia les comparto el enlace de la entrevista[2] que le hizo en 2021 el sacerdote argentino D. Javier Olivera Ravasi a Juan Fernando Sellés para dar a conocer de manera divulgativa la antropología trascendental.

---

[1] Este conocido aforismo se suele atribuir erróneamente al químico y microbiólogo francés Louis Pasteur, pero es del doctor español José de Latamendi y Manjarrés (1828-1897). Fue catedrático de Anatomía en la Universidad de Barcelona.

[2] Conferencia: "¿Qué es el hombre? ¿Alma y cuerpo? Conversando con Juan F. Sellés". Disponible en https://www.youtube.com/watch?v=zzmsLPxk6_k.

Hoy occidente vive inmerso en una profunda crisis sobre la verdad. En estas circunstancias, la filosofía de Leonardo Polo puede iluminarnos intelectualmente como un potente faro en diversos niveles. A nivel histórico puede ayudarnos a comprender mejor la historia de la filosofía especialmente los problemas derivados de la filosofía moderna y contemporánea. A nivel personal puede ofrecernos luces para la comprensión de la índole espiritual de la batalla en la que nos vemos inmiscuidos todos los seres humanos a lo largo de la vida presente. Especialmente a los médicos nos puede ayudar a fundamentar mejor los verdaderos fines de la medicina y a detectar las líneas rojas éticas que, si de verdad queremos ser fieles a nuestra profesión, nunca debemos traspasar.

La simbiosis entre razón y fe es uno de los pilares fundamentales de la grandeza del occidente cristiano (y parte del oriente) que permitió el desarrollo de una civilización única en la historia de la humanidad. Considero que para revivificar dicha relación armoniosa las aportaciones de Leonardo Polo manifiestan un enorme potencial.

Andrés Carrascosa Gil
Médico anestesista
Valladolid –Castilla y León– (España)
andrescarrascosa@gmail.com

27. RENIE CAVALES TOCO: *I HAVE GREATLY BENEFITED, BOTH INTELLECTUALLY AND PERSONALLY, FROM LEONARDO POLO'S WORLDVIEW*

Leonardo Polo's philosophy has had a significant and life-changing influence on me, changing my viewpoints and giving me fresh insight when navigating challenging circumstances. Polo's writing initially piqued my interest out of curiosity, but I quickly became engrossed in his unique viewpoint on knowledge, human life, and the transcendent aspects of reality.

Polo's emphasis on going beyond formal logic's bounds to comprehend being on a deeper level struck a chord with me and was a welcome change of pace from the more traditional frameworks I was used to. His concept of "abandoning the mental limit" opened my eyes to a way of thinking that goes beyond analytical reasoning and instant awareness, beckoning me to delve into the core of reality and the depths of my own consciousness.

After considering his theories, I started to observe a change in the way I handled issues in both my personal and more general philosophical investigations. Polo's viewpoint inspired me to go below the surface of problems to find their underlying causes and guiding principles. This method has improved not only my philosophical reflections but also my interactions with others, enabling me to speak with them more clearly and compassionately.

Furthermore, Polo's research on the fusion of information from several fields has been especially insightful. His multidisciplinary approach has made me see how human knowledge and experience are intertwined, bridging the gap between science, ethics, and metaphysics. This all-encompassing viewpoint has greatly aided in my personal growth by helping me to see the world and my place in it in a more cohesive and integrated manner.

Polo's ethical perspective, which emphasizes virtue, personal development, and the pursuit of the good, has also had a big influence on me. His understanding of the nature of human freedom, accountability, and the pursuit of happiness has given me insightful direction and motivated me to lead a more genuine and fulfilling life.

To sum up, I have greatly benefited, both intellectually and personally, from Leonardo Polo's worldview. It has pushed me to live a fuller life, think more profoundly, and behave more morally. His work has taken me on a rewarding and challenging trip that has increased my understanding, sense of purpose, and sense of connectedness to the world.

Renie Cavales Toco
Industrial Engineer
Cebu (Philiphines)
rcavales@alumni.unav.es

28. Marjorie Josephine Cooper Kivett: ¡*Gracias Leonardo Polo por haber escrito esto tan bello*!

Yo no conocí a Polo en persona y estoy en pañales en cuanto todo el aprendizaje maravilloso que Polo nos ha legado, pero sí quiero decir que lo que he logrado captar hasta ahora ha sido maravilloso: desde abandonar el límite mental y "ver para adentro", lo he visto ahora con otros ojos "cada persona es realmente única e irrepetible". Es eso que se dice: "más bueno que las personas buenas; ¡ufff!". Es comprender de verdad que cada persona es una historia diferente; en nuestra biografía hay veces duras, otras más duras y desde temprana edad... Cada persona es un mundo, cada persona es una historia, cada persona es "copyright".

Lo que quisiera compartir como anécdota sencilla en comparación a los grandes filósofos es algo sobre el libro *Ayudar a crecer*, que se incluye en el tomo XVIII de las *Obras Completas*: ¡estoy fascinada! Pienso que todo educador, padre de familia, personas que piensan casarse y más deberían leerlo. Me encanta, lo entiendo, es práctico, sencillo de leer, pero con un contenido importantísimo. ¡Gracias Leonardo Polo por haber escrito esto tan bello!

Marjorie Josephine Cooper Kivett
Docente
Tegucigalpa (Honduras)
mcooper@alumni.unav.es

29. María Clara F. Dalla Costa Ames: *La antropología trascendental de Polo... ayuda a que alguien crezca como persona*

Empecé a conocer la obra de Leonardo Polo gracias a amigos que estaban en la Universidad de Navarra desde finales de 2019. En ese momento también tuve la oportunidad de pasar dos meses estudiando en dicha universidad. A lo largo de los años siguientes aprendí gradualmente un poco más sobre su filosofía y antropología. Juan Fernando Sellés nos transmitió *on-line* la teoría del conocimiento de Polo, desde España a un pequeño grupo en Brasil. Luego, tuve la oportunidad de realizar el curso sobre la Filosofía de Leonardo Polo que ofreció la Universidad de Navarra, en el que pude ver el alcance de su obra y el significado de su antropología trascendental.

Puedo decir con seguridad que muchas de las dudas que tenía en mi área de conocimiento, ética en ciencias empresariales, estaban siendo aclaradas. Más importante aún, la antropología trascendental de Polo, desde la dimensión de la persona humana, ayuda a que alguien crezca como persona, pues entendemos mejor nuestra constitución y destino como personas, así como la manifestación de esa persona en el mundo.

Además, entiendo que una filosofía que contempla la posibilidad de relación entre la persona humana y un Dios personal ofrece una filosofía más inclusiva, en el sentido de articular diferentes niveles de conocimiento posibles para la persona humana, lo que revela diferentes posibilidades de acceso a realidades superiores. Aunque soy una principiante en la filosofía de Polo, estoy muy agradecida por conocerla y poder contar con la comunidad académica que sigue dedicándose a difundirla.

María Clara F. Dalla Costa Ames
Ph.D. Administración
Pamplona –Navarra– (España)
mariaclaraames@gmail.com

30. CARLOTA DE DIOS IBARLUCEA: *HA SUPUESTO EN MÍ UN CAMBIO DE MIRADA QUE HA TRASFORMADO MI FORMA DE ABORDAR ASPECTOS PERSONALES Y PROFESIONALES*

No tuve la ocasión de conocer personalmente a Don Leonardo Polo pero he de decir que ha supuesto en mí un cambio de mirada que ha trasformado mi forma de abordar aspectos personales y profesionales. Y al hacerlo me ha permitido compartir ese conocimiento con personas de diversos ámbitos de mi vida. Como dice un buen amigo mío "tú y tus polismos".

Empezaré por identificar mi formación; siempre pensé que condiciona la forma de mirar el mundo que me rodea. Estoy licenciada en medicina y cirugía e hice mi doctorado en ciencias de la comunicación. He sido formada desde una ciencia basada en un método científico/analítico/mecánico. Desde los primeros años de formación como médico comencé a preguntarme qué había antes de eso que llamábamos etiología de las enfermedades, pues ante los agentes etiológicos unas personas enfermaban, morían y otras no parecían tener ningún síntoma. En aquel tiempo se hablaba poco de la inmunología; hoy sabemos el papel fundamental que tiene el sistema inmune en la aparición de la enfermedad o no. Luego vino la genética como el origen de muchas enfermedades y tener determinados genes en nuestro ADN suponía para muchas personas una sentencia de muerte. Más tarde llegó la epigenética y vimos que la genética no era una condena si trabajábamos eso que ha venido en llamarse "estilo de vida" y con ello modificar la expresión, o no, de esos malignos genes. Y cuanta más investigación realizamos gracias a la tecnología nos damos cuenta que hay algo más a lo que no alcanzamos a llegar y que está relacionado con aspectos intangibles como las relaciones, la meditación, la generosidad, el servicio, los valores y virtudes de personas, que llegan a tener por ejemplo en las autopsias de sus cerebros: proteína Tau y sustancia amiloide y no manifiestan la enfermedad de Alzheimer. De hecho, ya sabemos que 1 de cada 4 personas que padecen la enfermedad, no la manifiestan.

En los últimos tiempos también hemos visto surgir una epidemia de enfermedades mentales y suicidios que manifiestan que el sistema de gestión de la salud fracasa, como lo muestran la evolución de las cifras de estos padecimientos. Por no hablar de que la máxima aspiración es la cronificación de enfermedades y no su cura. Actualmente podríamos decir que no tenemos éxito por la no identificación de las causas finales de estas patologías. Nos resignamos a justificar que vivimos más años y que eso es la causa del incremento de patologías que afectan a la salud cerebral y por ende en la discapacidad. Olvidando, o no sabiendo, que cada 12 meses de vida que ganamos, 8 son de discapacidad cerebral. No es objeto de este escrito abordar el auge de las visitas a profesionales de la psicología y al elevado número de personas que acuden a todo tipo de profesionales en búsqueda de orientación o al elevado consumo de ansiolíticos y drogas.

Todo ello manifiesta nuestra incapacidad de encontrar soluciones que resuelvan estos problemas. Es más, muchas veces en las soluciones creamos más daño que beneficio. Polo ya nos dice que "plantear bien el problema es acertar con lo relevante" y, sobre todo, porque olvidamos que "cualquier explicación de tipo mecanicista es insuficiente para las cosas elementalmente humanas". Deberíamos plantearnos si, como dice Erich Fromm en su libro *El arte de amar*, "el hombre moderno esta enajenado de sí mismo, de sus semejantes y de la naturaleza". Personalmente he llegado a la conclusión que estamos ante un momento encrucijada de la historia y que la causa de esta crisis es la ineficacia del modelo científico vigente. Porque, en palabras de Polo, "muchos problemas pretendidamente insolubles se deben a un abuso del método analítico", porque "el método analítico termina en ceguera" y porque "para alcanzar la verdad del ser humano es preciso atenerse a su complejidad".

Posteriormente me he dedicado a la empresa, primero trabajando en una multinacional de publicidad y posteriormente en una consultoría de identidad, estrategia y comunicación propia. Eso me ha permitido conocer de primera mano a la empresa española, PYMES y empresas familiares, y darme cuenta de la importancia de la salud laboral en el buen o mal funcionamiento de la empresa, de la importancia de una comunicación total y no fragmentada (hoy se imparte en las universidades fragmentada), de la importancia del valor diferencial de la organización como origen del desarrollo de una misión, visión y valores empresariales, de la necesidad de definir la identidad de le empresa antes de definir la estrategia empresarial y la relevancia de una buena comunicación y de forma especial la interna. Todo ello vinculado a que la organización pusiese en el centro a las personas y no a los recursos (materiales y humanos). En este itinerario de estudio y búsqueda llegué a conocer el modelo sistémico de Von Bertalanffy y la aplicación de este pensamiento sistémico a la gestión de organizaciones con Peter Senge.

No he dejado de buscar, de forma autodidacta, respuestas a las preguntas que iban surgiendo y en las respuestas que fui encontrando; vi claramente el vínculo entre la salud de una persona y la salud de una organización. He ido integrando e hibridando conocimientos. En este viaje llegué a Polo y he de decir que leyéndolo y estudiándolo he ido viendo respuestas a muchos de mis interrogantes. He visto en su antropología, teoría del conocimiento, física de causas, ética y un largo etc., una luz capaz de responder y alumbrar un nuevo modelo, el sistémico, pero añadiéndole un "*además*". De tal manera, que el trabajo de fin de curso sobre filosofía de Leonardo Polo que ofreció la Universidad de Navarra lo titule: *Polo, filósofo sistémico*, pues aporta desde el sur de Europa, de forma brillante, una filosofía integral y sistémica de la que pueden beneficiarse todas las ciencias en ese tránsito de un modelo a otro.

Y hasta aquí, lectores, se preguntarán cómo descubrí un filósofo, si en mis formaciones de origen no estuvo nunca la filosofía. Llegué a Polo por la Palingenesia de Francisco Moya y es en la práctica de ésta y de la mano de él que llego a conocer la *Antropología trascendental* de Leonardo Polo, al Profesor Sellés y a la formación de la Universidad de Navarra en el curso citado aludido. A ellos quiero reflejar aquí mi agradecimiento por este descubrimiento y me uno, desde mi insignificancia en conocimiento, al compromiso en la divulgación de esta filosofía.

Desde mi sencillez y hallazgos comunico a aquellas personas que tengo oportunidad de tratar bien como amigas, alumnas o consultantes algo que he ido comprobando. Las trasformaciones personales que han aportado libertad a sus vidas gracias al conocimiento de algo que es esencial respondernos cada uno de nosotros: ¿quién soy? Y cuya respuesta simplificada final es el subtítulo de uno de los libros que recomiendo para acercarse a la filosofía de Don Leonardo, *¿Quién es el hombre? Un espíritu en el tiempo.*

Hoy estamos ante un binomio interesante: por un lado una negación de la parte espiritual del hombre, cuando, como dice Meister Eckhart, "el hombre es un viviente cuya radicalidad es espiritual", y su cosificación; y por otro lado, la emergencia de una tecnología muy avanzada que empieza a considerarse una amenaza para el hombre sin una ética que la regule. Existen muchas publicaciones que nos informan de la integración en equipos de filósofos con tecnólogos. Ambas cosas unidas, nos ponen a la vista que podemos estar repitiendo el error expresado unas líneas más arriba: que la solución puede convertirse en más dañina que el problema, si perdemos la dimensión espiritual del hombre y elegimos la filosofía no adecuada.

En mi experiencia, el gran aporte de Polo han sido los trascendentales del acto de ser del hombre: la coexistencia libre, el conocer personal y el amar personal. De ellos es el primero, la coexistencia libre, en el que centro el inicio de mi discurso que es desde una provocación dialéctica: el hombre no es un *ser*, es un *ser-con*.

Cada vez que lo digo personas de todo tipo de formación me piden que lo explique y así ese *ser-con* es la puerta de entrada a Polo, de tal modo que tiempo después siguen recordándolo aunque el resto no sean capaces de narrarlo. Y la breve explicación de que *ser* es existencia y *ser-con* es coexistencia y coexistimos en tres dimensiones, con Dios, nuestro creador, con los demás humanos y con el universo que habitamos, da entrada a la dimensión espiritual del hombre como su nivel más superior.

Es esa coexistencia la que separa a los co-seres de otros seres vivos como sistemas abiertos del modelo sistémico, para convertirnos en sistemas libres. Es fácil comprender que un *ser-con* es en relación y que es una relación desde una libertad, *libertad* inspirada desde el conocimiento y que solo es libertad trascendental si nace desde el amar personal. Libertad que se manifiesta gracias a los actos de la voluntad virtuosa inspirada desde ese Amar personal.

Dejo abierto este escrito, que espero que nos ayude a seguir comprometiéndonos en el conocimiento de la obra de Polo, de cómo virtudes, hábitos, jerarquías, orden, ética, motivaciones, y un largo etc., nos ayude a encontrar respuesta y soluciones a los problemas actuales. Comparto esta experiencia, con el espíritu poliano y su obra, desde mi inspiración sinderética de que es la respuesta a muchas preguntas y da las claves para dar solución a muchos problemas del mundo occidental que es el que yo conozco. Termino con una frase de Polo: "Vida y alegría coinciden, vivir es alegría si se crece".

Carlota de Dios Ibarlucea
Médico y doctora en Ciencias de la Comunicación
Valencia –Comunidad Valenciana– (España)
carlotadedios@gmail.com

31. SOR MARÍA CRISTINA DE GETSEMANÍ: *DON LEONARDO TRAZÓ EN MI VIDA UN CAMINO*

Tuve mi primer encuentro con Leonardo Polo en la Universidad Hemisferios de Quito (Ecuador), en las clases que tomaba de la carrera de Estudios Humanísticos, que dictaba la doctora Ana Isabel Moscoso, filósofa. Fueron varias las materias que cursamos en las que conocí unos rasgos del pensamiento de Don Leonardo, entre las cuales estaba Teoría del Conocimiento y Antropología Trascendental.

Lo que puedo decir es que fue un encuentro con un pensamiento que era comprensible, no quiero decir que yo conociera y entendiera todo el pensamiento de Polo mas, a lo que me refiero, es que mi entendimiento se halla a gusto con la verdad, la abraza en cuanto la encuentra y es casi como si se pudiera ver aquello que se aprende. Hay una connaturalidad y, además, es como haber alcanzado un objetivo, es descubrir la luz que tiene la razón.

Don Leonardo trazó en mi vida un camino, se hacía gráfico, se mostraba en orden cómo es el hombre y cuál es su fin de una manera racional, sin prescindir, porque no se puede, de lo divino. De aquella Luz que todo lo ilumina y que es la fuente de la que recibía toda la sabiduría que luego buscaba ponerla en palabras. Y esta Luz, es Verdad, y para acceder a ella es necesario abajarse, reconocer lo que se es, la nada que se es, de otra manera, la Verdad no se deja encontrar, pues huye de la autosuficiencia.

La estructura que presenta Leonardo Polo fue para mí una palanca para seguir el camino del conocimiento personal y de la perfección de vida, del llamado a la santidad, porque si todo lo que ilumina es iluminado por otro superior y al llegar al Ser Supremo, es éste el que ilumina, el hombre debe dejar de mirarse, en cuanto que se estanca en sí mismo, y mirar hacia su destino que es Dios, es el salir del estado de postración en el que quedó el hombre desde su vacío existencial y hacer efectivo en sí los recursos trascendentales que ofrece la Redención en su vida.

Sor María Cristina de Getsemaní
Hijas de María Madre de la Unidad
Quito (Ecuador)
madresdelaunidad@gmail.com

32. Eva Dean Ferrer: *Agradezco el pensamiento filosófico integrado y fundamentado que irremediablemente nos lleva a nuestro Creador*

Quiero agradecer la profundidad del pensamiento de Polo y especialmente que me haya sumergido en él en este momento de mi vida. Es un pensamiento que me ha servido y me sirve como esposa y madre. Me ha fascinado su antropología trascendental, el alcance que tiene para conocerse a uno mismo en cuanto persona, a las demás personas y las relaciones entre éstas. Su pensamiento es un modo radical de acercarse a la persona humana tan necesario en la actualidad tanto para el desarrollo de todas las profesiones (porque para poder ayudar a las personas debemos conocer quién es la persona) como en el desarrollo personal. Es de una profundidad y riqueza exquisitas.

Agradezco esa inquietud que ha sembrado en mí el saber más, crecer más, ayudar más y mejor... Voy poco a poco y soy consciente de todo lo que me queda por aprender y aplicar en la vida. Agradezco el pensamiento filosófico integrado y fundamentado que irremediablemente nos lleva a nuestro Creador.

Eva Dean Ferrer
Pedagoga
Villanueva de La Cañada –Madrid– (España)
edeanferrer@gmail.com

33. SOR PAULA DEL ESPÍRITU SANTO: *HABLAR DEL BENEFICIO RECIBIDO DEL PENSAMIENTO DE DON LEONARDO POLO ES, PARA MÍ, UNA DEUDA DE GRATITUD*

Hablar del beneficio recibido del pensamiento de Don Leonardo Polo es, para mí, una deuda de gratitud, no únicamente por su extraordinario aporte a la filosofía como tal, que permite aquilatar más profundamente esta ciencia perenne y su valor medular en el edificio del conocimiento, sino particularmente porque las herramientas de su aporte, a través de la estructura antropológica que describe, como de una teoría del conocimiento cuya dinámica toma el pulso a lo real, excluyendo elucubraciones caprichosas que bloquean el acceso a genuinos avances posteriores, permite delinear de manera más clara y neta la mecánica de la vida espiritual, de modo que torna evidentes las contribuciones previas de teólogos y autores espirituales clásicos que carecían de estas herramientas.

El pensamiento poliano sitúa, de forma más precisa, variables naturales y sobrenaturales, lo que agiliza la comprensión del desarrollo del camino espiritual de intimidad con Dios en la vida cristiana, al ayudar a los fieles a mapear la ruta a recorrer desde la vía ascética hasta la mística, evitando escollos tales como los escrúpulos o el fariseísmo que estancan o anulan el avance, y que el Profesor Polo contribuye a sortear con su enfoque ético, que evidencia su propia vivencia de creyente.

Las virtudes adquiridas e infusas –cardinales y teologales–, la gracia actual y aquella santificante, los dones del Espíritu Santo y sus frutos, a la luz de la distinción entre amor y amar, entre alma y espíritu o entre libertad y libre albedrío delinean diáfanamente aquella senda propuesta al hombre para alcanzar la "piedrecita blanca con el nombre nuevo" (*Ap.* 2, 17). El "espíritu, alma y cuerpo" paulinos (1 *Tes.* 5, 23), soportados sobre una sólida disposición antropológica ponen de manifiesto que el mandamiento de "amar a Dios con todo el corazón, con toda el alma y con todas las fuerzas" (*Dt*. 6, 5) demanda la intimidad con Él, luz en la luz, en una vida de oración creciente que recuerda las moradas teresianas. La pretensión de sí es justamente el perder de vista el espíritu humano, tomando como fin en sí mismo el entendimiento o la voluntad.

A su vez, esta comprensión de la persona humana ilustra el aserto tomista de que la Segunda Persona de la Trinidad es verdadero Dios y hombre, sin que ninguna de ambas realidades obstaculice la otra. El comprender que el hombre no tiene relación con Dios, sino que la es en sí mismo, un amado sostenido por el Amor Amante, es profundamente esperanzador pues, si el origen es coexistencia, libertad, conocer y amar infinitos, el crecimiento de la persona humana tiene necesariamente que ser irrestricto en este mundo como en la eternidad: "Ni ojo vio ni oído oyó lo que Dios tiene preparado para los que le aman" (1 *Cor*. 2, 9).

Por otro lado, la asociación poliana del trascendental "belleza" a la Santísima Virgen María y el distinguir su ser del de Dios, subrayando la riqueza de un espíritu cuya autodestinación incondicional al designio divino le embellece ilimitadamente, abre la posibilidad de una comprensión más profunda de la afirmación clásica de que la *Mater pulchrae Amoris* supera en méritos a todos los santos y mártires juntos.

Por último, una metafísica creacionista sin saltos ni recursos forzados desemboca a una genuina demostración de la existencia divina cuando se abandona la objetualidad y se desemboca en el ser. La riqueza del pensamiento del Profesor Polo ha sido de gran ayuda para mi labor de evangelización y creo que a medida que se continúen desarrollando sus implicaciones continuará revelándose de modo patente como *preambula fidei*.

Sor Paula María del Espíritu Santo
Hijas de María Madre de la Unidad
Quito (Ecuador)
madresdelaunidad@gmail.com

34. ALESSANDRO DI VITA: *UNA SÍNTESIS ENTRE LA RAZÓN Y LA FE CRISTIANA*

Leonardo Polo fue un destacado filósofo y teólogo español nacido en 1926. A lo largo de su carrera, Polo realizó importantes contribuciones en diversos campos, como la filosofía de la persona, la gnoseología y la ética.

Su enfoque filosófico, según mi opinión, se basó en la fenomenología y la filosofía tomista, fusionando ambas corrientes para desarrollar su propio sistema filosófico. Polo se destacó por su profundo análisis del ser humano y su capacidad para integrar la filosofía con la teología, buscando una síntesis entre la razón y la fe cristiana.

Además de su trabajo académico, Polo también fue un profesor y conferencista prolífico, compartiendo sus ideas y conocimientos con estudiantes, académicos y el público en general. Su influencia se extendió más allá de España, convirtiéndose en una figura reconocida en el ámbito filosófico a nivel internacional.

Se puede afirmar que Leonardo Polo fue un filósofo español de gran relevancia en la historia, cuyas contribuciones en la filosofía de la persona y la integración de la razón y la fe dejaron un legado significativo en el mundo académico. Su enfoque filosófico único y su capacidad para combinar diferentes corrientes filosóficas lo convierten en una figura destacada en el panorama filosófico contemporáneo.

De momento estoy utilizando el concepto de "libertad trascendental" según Leonardo Polo porque proporciona un marco crítico-fundacional posible para la idea de "vivir sin trabajar", vista e interpretada desde una perspectiva antropológico-pedagógica. La libertad trascendental va más allá del simple libre albedrío y la elección racional, ya que explica la profunda apertura intrínseca del ser humano entendido como persona. Desde una perspectiva auténticamente antropológica, lejos de significar desempleo o simplemente trabajar menos, "vivir sin trabajar" explica más bien que la búsqueda de armonía entre el tiempo dedicado al trabajo y el dedicado a la familia, las relaciones sociales, el deporte, las actividades recreativas y culturales, y el cultivo de la propia intimidad, es una manifestación de la "libertad trascendental". Al basar mi reflexión en el concepto de "libertad trascendental" según Leonardo Polo, me propongo explorar la decisión de abandonar un trabajo seguro por uno más satisfactorio y flexible, y la movilidad de un trabajo a otro como intentos de vivir de manera más auténtica e integrada la propia vida.

Alessandro Di Vita
Prof. Titular de Didáctica general
Universidad de Estudios de Palermo
Palermo (Italia)
alessandro.divita@unipa.it

35. D. ERIK DURAND CORY: *SU FILOSOFÍA ES UNA VERDADERA RIQUEZA, NO SÓLO PARA LOS QUE VIVIMOS AHORA, SINO TAMBIÉN PARA LOS QUE VENDRÁN DESPUÉS*

Se dice que hay cosas que suceden por casualidad y otras que suceden porque deben suceder. Bueno, es de mi opinión que mi encuentro con la filosofía de Polo se dio, no por casualidad ni tampoco porque debiera suceder, sino creo que fue providencial. La filosofía y el pensamiento de Leonardo Polo fue una cosa de Dios. Y es que el año 2017 me fue comunicada la noticia, por parte de mi obispo, de que debía ir a España, a la Universidad de Navarra, para hacer los estudios de la Licenciatura en Filosofía –lo que es equivalente a un máster–. Grande fue la noticia y la alegría que me inundaba el corazón de ir a estudiar lo que me gusta. Llegado el tiempo de concluir los estudios, debía hacer un trabajo de fin de grado, *la tesis de licenciatura*. La verdad es que no tenía idea de que mi trabajo trataría de la intencionalidad en el pensamiento de Leonardo Polo; sólo había leído el primer tomo del *Curso de teoría del conocimiento* y ya me había encantado el pensamiento de Polo. Y es así que recorrí es busca de ayuda para enterarme más sobre Polo y su filosofía con D. José Ángel García Cuadrado; éste me envió con D. Enrique Moros, y éste a D. Juan Fernando Sellés. Todo un camino largo para llegar a un personaje –filósofo–: Leonardo Polo. Por eso, creo que mi encuentro con la filosofía y el pensamiento de Polo fue Providencia, cosas de Dios.

Actualmente sigo leyendo y estudiando los escritos de Polo, no sólo para obtener el grado de doctor en la Pontificia Universidad Católica de Argentina –UCA–, sino porque estoy convencido de que la filosofía de Leonardo Polo hace mucho bien. Así mismo, de manera especial, puedo decir que el rigor filosófico de este autor, su forma de abordar, no sólo los temas o problemas filosóficos recientes, sino sobre todo ese estar frente a frente, de tú a tú con grandes filósofos de la historia, hace de Don Leonardo Polo un gigante de la filosofía actual. Puedo afirmar que la filosofía de Polo es un tesoro inagotable. Con esto, quiero decir que las intuiciones filosóficas de Don Leonardo son profundas, en el sentido de que siempre se puede sacar más provecho, en la medida en que se le estudie más.

Su pensamiento filosófico es un verdadero saber, porque no sólo añade conocimiento/ciencia, sino que también inspira al verdadero saber –búsqueda de la Verdad–. Es verdad que no he tenido la fortuna de conocer en vida a Leonardo Polo –ya me hubiera gustado–, sino sólo por sus obras, pero me he dado cuenta de que su filosofía es una verdadera riqueza, no sólo para los que vivimos ahora, sino también para los que vendrán después. En este sentido, agradezco a D. Juan Fernando Sellés –alumno y discípulo de Polo (quizás la persona que más tiempo ha convivido con Don Leonardo)–, que es, el que me ha iniciado en esta aventura poliana.

D. Erik Durand Cory
Presbítero
Licenciatura en Filosofía en la Universidad de Navarra
Ica (Perú)
erick_durand2021@hotmail.com

36. BORIS ESPINOSA MEDINA: *HE SIDO BENEFICIARIO DIRECTO DE SU RECTA DOCTRINA*

Al hablar de Leonardo Polo, de seguro nos ponemos al frente de uno de los filósofos más influyentes del siglo XXI. Durante mi estancia en Pamplona en el 2015-2016 cuando me adherí como voluntario a la Línea Especial del Pensamiento Clásico Español, dirigida por Don Ángel Luis González, y materializada por la Secretaria Técnica la Dra. Idoya Zorroza, con Juan Fernando Sellés, que pertenecía a esa línea, tuve la gran oportunidad de adentrarme al mundo de Leonardo Polo, revisar sus aportes trascendentales a un mundo postmoderno que no reconoce lo bueno, lo verdadero y lo que está por encima de los bienes materiales.

En primera persona me he nutrido de su *Antropología de la acción directiva* y ha sido fundamento angular para desarrollar mi tesis doctoral en la Universidad Pontificia de Salamanca. En la misma línea, su pensamiento ha sido transmitido a más de 1.000 estudiantes en la Universidad de Especialidades Espíritu Santo en Guayaquil, en la que durante 6 años he desarrollado contenidos filosóficos y de antropología, también impartiendo clases. La doctrina de Leonardo Polo es profunda, clara, capaz de remover los rescoldos de la conciencia y de la voluntad, sus tomos del *Curso de teoría del conocimiento* son una verdadera oda al trabajo científico, serio y profundo.

Gracias a Leonardo Polo he podido contribuir de una mejor manera a la sociedad ecuatoriana en el ámbito educativo, también he sido beneficiario directo de su recta doctrina, que me ha servido también para guiar, y sustentar postulados que quedarán como tema de estudio pendiente por el claustro académico.

Boris Espinosa Medina
Profesor
Universidad del Espíritu Santo
Guayaquil (Ecuador)
boris.espinozam@gmail.com

37. LAURA FEIJOO PORRES: *LA FILOSOFÍA DE LEONARDO POLO HA AÑADIDO A MI VIDA UNA NUEVA DIMENSIÓN, LLENA DE LUZ*

Es un gran honor para mí escribir un testimonio indirecto sobre la persona y obra de Leonardo Polo, y aunque pienso que lo que voy a decir será de poca utilidad para muchos de los posibles lectores, espero que algunas personas entiendan y disfruten el relato que sigue, con el que quizás puedan identificarse.

Para dar una idea de cuál era mi escenario mental cuando descubrí la existencia de Leonardo Polo y el alcance de su obra, debo ahora referirme a dos aspectos de mi vida que, aunque no son interesantes en sí, son necesarios para entender mi reacción cuando tomé un curso introductorio a la antropología trascendental de Polo y otro a su teoría del conocimiento.

En primer lugar, desde los años de escuela secundaria yo había decidido dedicarme exclusivamente al estudio de la física, ya que, a mi parecer, lo más importante que se podía hacer en esta vida era llegar a entender algo sobre el universo y los asombrosos fenómenos que contiene. Por eso, después de recibir la Licenciatura en Física en Venezuela, mi país de origen, vine a los Estados Unidos y logré completar los estudios para el doctorado. Hasta aquí todo iba muy bien, pero en ese momento tenía que decidir cómo iba a orientar mi vida profesional y elegir si dedicarme seriamente a la investigación científica o poner más atención en atender las necesidades de mi creciente familia. La decisión fue fácil de hacer porque las áreas de investigación a mi disposición, aunque importantes e interesantes, no tenían como objeto contestar las preguntas que me había planteado en mi juventud que, por no tener aplicaciones prácticas, no eran populares en el mundo científico.

Aquí empieza la segunda parte de este relato, que se refiere a un periodo de más de treinta años durante los cuales me dediqué a criar a nuestros hijos y a la docencia. Durante estos años, que normalmente estuvieron llenos de actividad, aventuras y algunas contrariedades, con frecuencia me volvían a la mente las preguntas que siempre me habían interesado, como la relatividad del espacio-tiempo, el principio de incertidumbre en la mecánica cuántica, etc., y cómo estas preguntas no pueden responderse mediante la investigación empírica decidí que debería estudiar libros y publicaciones sobre filosofía de la ciencia para hacerme una idea de lo que ya se sabía sobre este tema. Muchos de los resultados de estas investigaciones fueron poco alentadores en cuanto al contenido pero, gracias a *internet*, encontré el grupo de Ciencia, Razón y Fe (CRYF) de la Universidad de Navarra cuyas actividades demarcan la vanguardia del conocimiento en estos temas. Este hallazgo me dio mucha alegría y el deseo de ir a Pamplona para asistir en persona a seminarios y conferencias pero con mis obligaciones, y la distancia geográfica, hacían imposible hacer el viaje, me consoló la idea de que podría aprender algo remotamente desde mi casa.

La tercera y última fase de este relato empezó durante el año 2020 cuando en un rato de ocio, quizás debido a la pandemia, y sin tener un motivo aparente, decidí visitar la página *web* del CRYF y, por el camino, encontré el anuncio para el Diploma de Filosofía, Ciencia y Religión, uno de los programas online que ofrece el Instituto Superior de Ciencias Religiosas (ISCR). No sé cómo describir mi emoción cuando leí la información sobre este diploma, pero quizás podría resumirse así: "¡Por fin encontré la puerta que había buscado por tanto tiempo!, y ahora voy a aprender filosofía de la buena, y algo sobre la biología molecular y la neurociencia y, además, podré aclarar mis ideas sobre la teoría de la evolución y la relación entre la ciencia y la fe, etc.!". Y así fue: en todos los cursos del Diploma aprendí mucho más de lo esperaba y estoy muy agradecida a los profesores y tutores que hacen posible este programa. Sin embargo, aquí no acaba la historia porque, además del inmerecido regalo del diploma del ISCR, la providencia divina tenía otra sorpresa preparada para mí, y así es como la encontré: durante el segundo y tercer año del programa antes mencionado tomé las clases de Historia de la Filosofía, Antropología filosófica y Teoría del conocimiento que dicta el profesor Juan Fernando Sellés. Y, como era de esperar, muy pronto me contagié de *polianitis*, una seria condición espiritual cuyo síntoma más notable es un aumento de esperanza en un futuro mejor. Hay otros síntomas que tienen un aspecto más individual y de los cuales me afectaron tres: uno, el deseo de aprender más sobre la vida de Leonardo Polo y su obra; dos, el empeño de aplicar a la vida personal sus enseñanzas sobre la coexistencia con Dios; y tres, la ilusión por poner a muchas personas en contacto con la antropología trascendental y sus estupendas aplicaciones a todos los niveles del saber humano.

Y para terminar quiero ahora referirme a dos aspectos de la filosofía de Leonardo Polo que han cambiado mi visión de esta vida de manera muy positiva. En primer lugar, a nivel humano, me da seguridad el saber que muchas de mis preguntas sobre la realidad física son consecuencia del severo límite mental que afectaba mis ideas sobre la realidad y no de mi pereza intelectual. En segundo lugar, y este es el punto más importante de este comentario, la filosofía de Leonardo Polo ha añadido a mi vida una nueva dimensión, llena de luz, donde puedo entrever cosas inusitadas sobre la realidades que nos esperan en la vida eterna y que, aunque forman parte de esta vida, a menudo nos pasan desapercibidas.

¡Muchas gracias Leonardo!

Laura Feijoo Porres
Ph.D. in Solid State Physics
University of Minnesota, Twin Cities
Washington DC (USA)
lfeijooporr@alumni.unav.es

38. MANUEL JOAQUÍN FERNÁNDEZ GONZÁLEZ: *ME INSPIRA A INTENTAR TRABAJAR CON ALTITUD DE MIRAS Y UNA SANA AMBICIÓN INTELECTUAL*

En este breve testimonio quería dejar constancia de mi creciente admiración por la persona y la obra de Leonardo Polo. En mis años universitarios, un amigo me sugirió leer su libro *Quién es el hombre Un espíritu en el tiempo*, que me impactó por la riqueza de ideas sugerentes y la variedad de temas abordados con una línea coherente de pensamiento profundo. Tras varios años de trayectoria profesional artística, me metí en el mundo académico de la educación. Durante mis primeros años tuve algunas conversaciones con discípulos de Polo. Me llamó la atención siempre su entusiasmo por su figura, que yo conocía poco, pero después de cada conversación con ellos salía con más preguntas que respuestas: estaba claro que si quería saber más de Polo tendría que leerle a él directamente.

Un primer paso fue explorar su obra *Ayudar a crecer*, que me impactó por lo moderno, sencillo y lúcido de su planteamiento pedagógico. Otro texto clave fue su ensayo sobre "Lo radical y la libertad", que me dio muchas claves para entender mejor el contexto antropológico de muchos de los debates actuales en el mundo educativo. Más adelante colaboré en algunas publicaciones científicas con académicos de Inglaterra y España que conocen muy bien a Polo y me introdujeron en los conceptos de los trascendentales antropológicos y el abandono del límite mental. Fue un periodo de profundización y deslumbramiento continuo por la audacia y seriedad de sus planteamientos antropológicos.

Actualmente sigo apoyándome en la filosofía de Polo para conceptualizar el crecimiento moral de los jóvenes y con mi equipo estamos desarrollando modelos e instrumentos de investigación sobre la educación moral de la persona basados en la antropología transcendental. Mis últimos pasos en esta dirección han sido la exploración de su idea de la amistad personal como objetivo último de toda educación moral, un tema que espero seguir desarrollando en los próximos años. La profesionalidad y profundidad de la actitud de Polo en su investigación filosófica me inspira a intentar trabajar con altitud de miras y una sana ambición intelectual en mi actual trabajo académico. ¡Gracias, Leonardo!

Dr. Manuel Joaquín Fernández González
Investigador principal
Departamento de Ciencias de la Educación y Psicología
University of Latvia
Faculty of Education, Psychology and Arts
Scientific Institute of Pedagogy
Senior researcher
Riga (Latvia)
manuels.fernandezs@lu.lv

39. ANA FERNÁNDEZ URTASUN: *MI AGRADECIMIENTO A SU PERSONA*

Trabajo como médico de familia en un centro de salud. Siempre me ha interesado la persona como unidad de cuerpo y alma. Estudié medicina y después psicología, quería adentrarme en ese misterio que tanto me atraía en cada ser humano…

Hace unos años tuve la suerte de conocer, aunque de manera indirecta, a Leonardo Polo. Su antropología me ayudó a acercarme de manera distinta a ese mundo interior, esa profundidad inabarcable de la que muchas veces no somos conscientes.

Cuando veo el cuerpo de un paciente, trato, como siempre, de aliviar sus enfermedades físicas, pero ahora comprendo de una manera nueva que ese cuerpo y sus acciones manifiestan la vida interior de la persona. Son cosas que muchas veces damos por supuestas pero tras estudiar a Polo cobran un sentido diferente en la experiencia diaria. Atiendo a personas con muy distintas formas de ser, con enfermedades de todo tipo, a veces muy afectadas psicológicamente, con discapacidades severas… pero sé que debo trascender esa apariencia. No puedo olvidar que desde que empezamos a vivir, hay un amor, sabiduría y libertad innatas que nunca desaparecen, por muy mermadas que estén las condiciones en las que nos encontremos.

A uno se le puede arrebatar lo que tiene pero no lo que es.

Vivimos jugando un partido de interacciones físicas, racionales, clasificables… Pero mientras tanto, en lo profundo, se está jugando otro partido;

uno en el que el conocimiento no es racional sino que está más allá del límite mental. Uno en el que verdaderamente nos relacionamos como personas, en el que libremente decidimos a quién nos damos y en el que realmente nos jugamos el sentido de nuestras vidas.

La antropología de Leonardo Polo es una invitación a conocernos para vivir en libertad. De ahí mi agradecimiento a su persona y a todas las que acercan sus enseñanzas a quienes no somos filósofos pero podemos aprender tanto de él.

Ana Fernández Urtasun
Médico de Familia
Pamplona –Navarra– (España)
anafernandezurtasun@gmail.com

40. JUAN DE DIOS FERRANDO NIETO: *MI ENCUENTRO FORTUITO Y PROVIDENCIAL CON LEONARDO POLO*

¿Quién soy? Un desconocido para la gran mayoría e incluso para mí mismo de momento. Uno más. Sin embargo, trataré de expresar brevemente cómo conocí indirectamente, sin quererlo ni pretenderlo, al Profesor Leonardo Polo. Provengo de las ciencias experimentales modernas, concretamente del ámbito tecnológico. Estudiante de ingeniería industrial, siempre estuve más interesado en las ciencias de la salud que en la tecnología, aunque no imaginaba tanta sinergia entre ambas en la actualidad. ¿Por qué hago un testimonio sobre Polo? Porque está aportando mucho su modo de pensar y de conocer a mi visión universitaria tan tecnológica, tan positivista. Pero también me resulta cada vez más de gran ayuda incluso en mi vida interior. ¿Cuándo, dónde, quién y cómo conocí indirectamente a Leonardo Polo?

¿Cuándo, dónde y quién? Conocí providencialmente al profesor Rafael Vives Fos un 2 de enero del año 2021. Sin saberlo, ni pretenderlo, aquello ya fue un primer contacto indirecto con Leonardo Polo. Rafael estaba buscando un asistente personal, por motivos de salud, a quien al mismo tiempo pudiese él ayudarle. Poco a poco fui descubriendo que él no solamente había gustado del saber tecnológico en Valencia y del saber de la física teórica matemática en la École Normale Supérieure de Paris-Saclay, sino también del saber filosófico y del saber de salvación en la Universi-

dad de Navarra en su campus de Pamplona. Es allí dónde conoció a Juan Fernando Sellés, a Leonardo Polo y a otros grandes maestros. Es, pues, Rafael la persona que me ayudaría, y lo continúa haciendo diariamente, en mi ansiada búsqueda de conocer más y más, más bien de ser más y más. Pero no sabía ese más y más qué pudiera ser, pero intuí y confié que, en Rafael, al menos, era en quien me debía apoyar para llegar más alto, tal como dice Bernard de Chartres: *"como enanos aunados subidos a hombros de gigantes"*.

Mis primeros gigantes fueron mis padres, mis abuelos, toda mi familia, en definitiva. También mis profesores en la escuela. Rafael me hablaba con mucha naturalidad de técnica y libertad. Pero en la universidad tecnológica donde estudio, nadie, absolutamente nadie me habla nunca de libertad y menos aún de la persona humana. Sólo tecnología y más tecnología, sólo resultados y más resultados, como si la vida fuese tan sólo un resultado, un objeto.

Ayudando a Rafael, y desde luego él a mí, desde la empatía y la amistad que surgió entre ambos, descubrí lo enriquecedor que supone la figura profesional de asistente personal. Yo le asistía y él continuamente me asistía a su manera. Vislumbré así en aquellos días que una nueva etapa amanecía poco a poco para mí tanto a nivel personal como a nivel universitario. En un momento dado, llegué a sentirme, por así decirlo, *cada vez más persona* y me resultaba, y me sigue resultando, difícil de expresar y de compartir con mi patrimonio afectivo esas nuevas inquietudes que de forma natural y providencial iban surgiéndome. ¡Este cambio de ir a más, cada vez más y más, de ser *cada vez más persona*, de un modo anagógico irrestricto, es, me parece al menos para mí, lo más nuclear de mi testimonio indirecto sobre Leonardo Polo!

¿Cómo? 1º) A través del libro *Qué es la filosofía* de Juan Fernando Sellés. Al cabo de varios meses el profesor Vives Fos me sugirió la lectura de un libro titulado *Qué es la filosofía* de Juan Fernando Sellés. Saboreando muy poco a poco dicho libro fui adquiriendo algunas bases para empezar a deleitarme con la filosofía, comprendiendo así inicialmente que mis estudios en tecnología ya eran propiamente filosofía en cierto modo. También poco a poco me fui dando cuenta de cómo iba entrando en contacto con la propuesta de Leonardo Polo presentada y proseguida en este libro de Juan Fernando. La propuesta, con intención teológica como se me subraya

diariamente, es la de ir más allá de la objetividad muy presente en todos los ámbitos. El superar, sin excluir, el exagerado y agobiante positivismo presente en la actual idea de universidad y en no pocos ámbitos profesionales: derecho, medicina, economía, etc. Leonardo Polo es católico, filósofo y por lo tanto nada le impedía, más bien lo contrario, ir en búsqueda de la filosofía verdadera, al igual que en los orígenes del cristianismo, con su intención de contribuir en fundamentar las enseñanzas de san Josemaría, a cuya espiritualidad fue muy fiel don Leonardo. De hecho, san Josemaría lo llamaba *"Mi filósofo"* tal como se señala en algunos de los 234 testimonios publicados sobre Leonardo Polo. Con Sellés, con Polo, y con Rafael, iba dándome cuenta de los múltiples picos antropológicos y ecológicos presentes en ingeniería. Iba poco a poco vislumbrando la terna paulina *pneuma, psiqué* y *soma* (*1 Ts.* 5, 23).

Es así como fui dándole más importancia a la antropología filosófica que a la tecnología, sin la exclusión de ésta. O como dice Polo pasé del tema al método. Pero es así como descubrí también el principio del resultado al que se me está adoctrinando diariamente en la universidad. Estoy por ello acostumbrado a objetivar, pero he descubierto con Polo que se puede conocer más y más allá de la objetivación desde ella misma, es decir, que se puede superar el límite mental tal como él lo descubre con tan solo 23 años.

2º) En la Asociación Frágiles –*Infants i Desemparats*– en Valencia. Por una parte, *Las tertulias para universitarios.* Pasaron los meses y el profesor Rafael Vives Fos, otro gigante que Dios ha querido poner en el camino de mi vida hacia Él, me invitó a las tertulias para universitarios que animaba él personalmente en Frágiles –*Infants i Desemparats*–. Otros jóvenes universitarios también participaban activamente en dichas tertulias. ¡Todos buscaban trascenderse! Se hablaba de Leonardo Polo, de su contribución a la filosofía y a la teología, de sus Obras Completas, de su propuesta de los tres radicales: clásico, cristiano y moderno, complementarios entre sí, y propios de la división en tres grandes periodos que propone Polo de la filosofía en su historia. Pero al final sólo podía haber un único radical, si no, aquello no era un radical según Polo. Se hablaba de otros autores de los orígenes del cristianismo, en particular de los Padres Capadocios y de san Agustín y de las múltiples afinidades de Polo con todos ellos.

Es llamativa para mí la distinción entre la mente y lo real que propone Polo, la distinción entre la idea y el hecho como señalaron Parménides y Heráclito en los orígenes de la filosofía occidental, la distinción entre Hipócrates y Galeno, es decir, entre el enfermo y la enfermedad, etc. Esa distinción me es de gran ayuda diariamente, para crecer en vida interior, en lo más noble en cada uno de nosotros tan silenciado por la modernidad, que de moderna tiene muy poco, aunque sabiendo que el verdadero Maestro interior es el Espíritu del Padre y del Hijo. Aprendí también cómo la distinción entre lo mental y lo real puede contribuir en dar unidad a tanta diversidad desde la persona humana en cuanto *Novum* que cada uno somos, tal como señala repetidas veces don Leonardo.

A medida que se me hablaba de Leonardo Polo, me resultaba llamativo, al menos para mí, cómo desde la enfermedad y desde la humildad, Leonardo Polo profundizó y desarrolló su propuesta de ir más allá de la objetividad, sin excluirla. También me resultó muy llamativo, y muy difícil de comprender, quizá por mi juventud, aquellas situaciones en las que Polo fue expulsado, varias veces, de la Universidad de Navarra.

Por otra parte, *mi colaboración en una conferencia sobre el misterio del tiempo desde los tres saberes*. Se trataba de una conferencia dictada por Rafael Vives Fos en Madrid con motivo del 101 Encuentro de Antropología y Salud Mental y titulada "Sobre el misterio del tiempo. Apuntes para una aproximación interdisciplinar desde las perspectivas de la teología, de la filosofía y de la ciencia experimental moderna". Me di cuenta en esta ponencia que la propuesta sobre el tiempo que mantenía Leonardo Polo era coherente con la ofrecida con san Agustín, aunque fue, por lo visto, primero ofrecida unos 70 años antes por los Padres Capadocios. Pero también me di cuenta en esa conferencia de la visión plana que ofrecía la ciencia experimental moderna respecto de su noción del tiempo. En cualquier caso, fue muy enriquecedora esa experiencia y también muy motivadora para seguir formándome en más saberes.

Una primera conclusión de mi fortuito y providencial encuentro con Leonardo Polo es que es posible y necesario el diálogo entre el saber tecnológico y el saber filosófico verdadero pues es indudable la relación existente entre técnica y libertad como bien señala Polo. Otra conclusión es que la historia personal de Polo me es de gran ayuda espiritual cada día en mi trato con Dios en la oración, con los demás y desde luego con nuestro hábitat.

Finalmente, quisiera dar las gracias a Dios por tantos otros gigantes, y gigantes de gigantes, que en estos últimos tres años se me han regalado. Debo seguir estudiando a Polo, a los investigadores que indagan su filosofía y su teología, y animo a otros jóvenes afirmándoles con fuerza que vale la pena esta tarea, sabiendo, como dice Polo, que *todo éxito es siempre prematuro*. ¿Y cuál es el mayor éxito?

Juan de Dios Ferrando Nieto
Estudiante de ingeniería en Valencia
Valencia –Comunidad Valenciana– (España)
juandeferrando@gmail.com

41. Rafael Ferrer Xipell: *Siempre le reconoceré como un maestro*

¿Qué testimonio puedo dar? ¿Qué puedo decir de mi experiencia con la filosofía de Leonardo Polo? No mucho, la verdad. Descubrí su obra hace escasos años. Un amigo me lo había recomendado vivamente: "una vez le hinques el diente ya no le podrás dejar", recuerdo que me dijo. Leí un poco de un libro, *La persona humana y su crecimiento*, y si no me entusiasmé, al menos me sentí un poco más interesado. Ya en el comienzo de esta obra veía que se trataban temas que me interesaban mucho desde un enfoque que me gustaba. Recientemente en una asignatura de Antropología filosófica, me había, en cierto sentido me atrevería a decir que, "emocionado" la cuestión de la radicalidad de la persona. Y ahora en Leonardo Polo veía este mismo tema.

Pasó el tiempo, lo estudié más y me entraron las dudas. Había cosas que no entendía y que me "chirriaban". Pero con dedicación poco a poco se fueron aclarando mis dudas, disipando mis prejuicios y corrigiendo mis malinterpretaciones, dejando ante mí la certeza de que claramente me encontraba frente a un genio que trataba la radicalidad del hombre con una profundidad como nunca antes había estudiado. Es cierto que tampoco tengo una gran cultura filosófica y, por tanto, tampoco me atrevo a comparar a Polo con otros autores; y también es cierto que no "me caso" con una filosofía (y esto creo, aunque no le haya conocido en persona, que Polo lo aprobaría: casarme sólo con la verdad, esté donde esté) y menos cuando aún la estoy empezando a conocer. Pero desde luego, sé seguro que, aunque se diese el caso en el futuro de que esté más interesado en otro filósofo, o incluso llegue a estar en desacuerdo en algún punto con Polo, siempre le reconoceré como un maestro.

Rafael Ferrer Xipell
Doctorando en Filosofía
Universitat de La Salle
Hospitalet –Cataluña– (España)
rafaelfexi@gmail.com

42. Jannett Maribel Flórez Ibarra: *Lección de amor, lección de vida y sobre la muerte ante las epidemias*

Durante mi viaje de retorno de vacaciones en Holanda, los primeros días de marzo del 2020, tuve una extensa y aleccionadora conversación en el avión con un octogenario compatriota peruano radicado en Italia, que me expresaba su profunda preocupación por las dos mascotas que se encontraban en otro ambiente del avión. Él se refería a ellas como sus "compañeros del camino de la vida". También comentaba que no tenía mucha comunicación con sus dos hijos profesionales y que esto ocurrió desde que enviudó en 2018. Entre sus justificaciones aducía que ellos tenían múltiples ocupaciones laborales y familiares. Por ello vino a Perú para visitar a los hermanos que vivían en el país.

Escuché atentamente como aquel padre se refería con tanto amor a sus hijos y hablaba de la esposa con tal alegría que parecía por instantes que ella estaba presente en el avión. Me explicó las formas que había encontrado para superar su ausencia; escuché las experiencias con su esposa y todo el esfuerzo que realizaron para sacar adelante a su familia. Aterrizamos en Lima y acompañé a mi nuevo amigo a recoger a una pareja de *schnauzers*, una hembra y un macho de 8 años. Cuando se encontraron, después de casi una hora de controles de verificación de documentos, el recibimiento fue tan grande, tan natural, tan auténtico, que no encuentro palabras para expresar lo que vi y sentí entre esa conexión entre estas dos criaturas: el hombre y el animal.

Desde el pensamiento poliano aquí se expresarían la realidad del ser personal a través de su esencia, es decir, del trascendental personal, del amar personal, que puede ser inacabable e infinito a pesar de las adversidades. A continuación, nos tocaba pasar a nosotros por el área de retirada de maletas y nadie nos preguntó si teníamos algún signo o síntoma de COVID-19. Ya en varios países de Europa se habían presentado casos y, por ello, al salir del aeropuerto de Schiphol se llenaban varios formularios. Mi amigo y yo hablamos sobre la exigencia exhaustiva de documentos que realizaron en el aeropuerto de Lima para retirar a sus perros y los nulos controles de ingreso para quienes proveníamos de un área geográfica donde ya se conocía que había casos confirmados de esa epidemia. Nos despedimos y no supe más de este anciano amoroso que me enseñó lo que es vivir en soledad y cómo continuar el recorrido de la vida sabiamente. Me pregunto: ¿estará vivo? ¿se reencontró con su amada esposa?... No tengo respuesta. Algo que sí puedo asegurar es que en el lugar donde él se encuentre sigue trascendiendo felicitariamente, más allá de la vida y de la muerte, distinguiendo entre este ser del universo y el ser de la persona humana, que coexiste con ese ser superior que trasciende a la apertura absoluta de la intimidad.

Al siguiente día me incorporé a trabajar al Hospital de Policía; soy Coronel asimilada desde hace 29 años. La experiencia con las epidemias ha acompañado gran parte de mi vida profesional. En 1991, en el Perú, ocurrió la epidemia del cólera, y como joven y reciente obstetra, tuve que aprender a prestar mis servicios de salud a las gestantes con tuberculosis de las zonas pobres y populosas de la ciudad de Lima. En 1995 trabajé en el Programa de VIH y SIDA de la Policía Nacional del Perú y posteriormente con las Fuerzas Armadas (Ejército, Marina de Guerra y Fuerza Aérea). Por aquellos años en esta otra epidemia la carga de mortandad estigmatizaba a ciertos grupos poblacionales y el personal militar y policial no estaba exento de ella. Esta década se caracterizó por mi desempeño profesional por todo el Perú en actividades preventivo-promocionales de salud a favor de mujeres y uniformados con VIH y SIDA. La tercera epidemia, la del coronavirus, me ha dejado una huella imborrable por el gran dolor y muerte producidos. La reflexión sobre las diversas actitudes y el comportamiento tan distinto de las personas ante eventos dramáticos me acerca a entender mejor el conocer personal, otro trascendental personal descubierto por Polo, que sirve para ampliar la explicación del pensamiento racional con el método del abandono del límite mental mediante el hábito de la sindéresis.

Siento que mi condición de madre, de cuidadora de mi familia y de creyente, de esa esperanza de vida incluso después de la muerte que te da ese ser divino que no ves, pero que sientes en cada instante de tu vida, te marca un sendero a recorrer. Reconozco que no es nada fácil comprender a Polo; a medida que avanzamos en clases del curso que sobre su filosofía se imparte *on-line* de la Universidad de Navarra, más cercana me siento a su pensamiento. No ser de la especialidad es una desventaja (¡eso creo, aunque puedo estar equivocada!); por ello agradezco mucho la apertura, gentileza y apoyo recibido por Ana Bastidas y Louis Cardona; si ellos no hubieran estado acompañándonos, por lo menos en mi caso, estoy segura de que habría abandonado el curso.

Las historias sobre cuidado, ética y ayuda mutua, me han llevado también a realizar una Maestría en Filosofía en la Facultad de Teología y Pontificia Civil de Lima, a entrenarme en Roma en Salvaguarda en protección de menores con la Universidad Gregoriana y a recibir la invitación a este Curso de la Universidad de Navarra realizada por mi asesor del Doctorado en Humanidades, el poliano Alberto Vargas. Todo ello hace que aceptarse y donarse preserven esos hábitos innatos y adquiridos para la trascendencia del hombre y su convivencia saludable con el entorno.

Jannett Maribel Flórez Ibarra
Obstetra por la Universidad San Martin de Porres, Salubrista
Docente universitaria
Doctoranda en Humanidades; mención en estudios sobre cultura
Universidad de Piura
Piura (Perú)
jflorez9@yahoo.es

43. José Pablo García Pomar: *La antropología trascendental de Leonardo Polo ha dejado una profunda impresión en mí*

Vengo de una familia cristiana y a lo largo de mi vida, gracias a Dios, he recibido una formación antropológica con raíces cristianas. Inicialmente, concebía esta disciplina como una ética para llevar una buena vida, es decir, como un conjunto de instrucciones para actuar de manera correcta, acorde a la naturaleza humana y la voluntad de Dios.

Mi primer acercamiento a la antropología de Polo se produjo de manera inadvertida, a través de un curso *on-line* de antropología del Instituto Superior de Ciencias Religiosas (ISCR) de la Universidad de Navarra, impartido por el profesor Juan Fernando Sellés. Estudiaba esta materia simultáneamente con mi carrera de ingeniería en la Escuela de Ingeniería de la Universidad de Navarra (Tecnun), mientras vivía en el Colegio Mayor Ayete en San Sebastián. Éste modo de conocer la persona humana era completamente nuevo para mí. Lo que realmente me intrigó fue la reflexión sobre el "acto de ser personal" en "primera persona". No estudiar a la persona como un objeto externo presentado a la inteligencia, sino más bien como una contemplación íntima de mi propio ser. Fue así como, de manera consciente, empecé a poner en práctica el método de Polo, dejando de lado el objeto pensado y enfocando mi atención en el sujeto que pensaba. Recuerdo con claridad momentos de intensa alegría y lágrimas de felicidad mientras estudiaba: experimentaba en primera persona esa conexión íntima con mi Creador.

Indudablemente, la antropología trascendental de Leonardo Polo ha dejado una profunda impresión en mí. Se trata de una filosofía viva que exige un compromiso total para comprenderla. Recomiendo encarecidamente su estudio. En mi caso, ha sido una forma efectiva que Dios utilizó para acercarme más a Él. Siempre le estaré agradecido por el gran regalo de Leonardo Polo y sus obras.

José Pablo García Pomar
Ingeniero
Pamplona –Navarra– (España)
jpgarciap@unav.es

44. ABRAHAM GERALDEZ BRIONES: *MY PERSONAL JOURNEY OF GETTING TO KNOW LEONARDO POLO*

It all began almost six years ago…

I studied Mechanical Engineering and used to teach in a technical school for fifteen years. With all due sincerity, my professional world before revolves around machines, tools and some less-privileged youth who are hunger to learn some skills to join the world of work in as short times as possible to help their families and loved ones. I have never heard of Leonardo Polo, or perhaps the closest that may sound familiar to me was the books translated into English with the title *Ethics: A Modern Version of its Classic Themes*. I can't even remember the year or who translated this book into English.

I came to Pamplona in August 2018 to study Theology at the University of Navarra, a course which is far distinct from the technical sciences which I was accustomed to. With barely little Spanish that I knew at that time, I was so fortunate to meet Professor Juan Fernando Sellés in his office a few days later since we arrived. It was there and then that I got to learn that Professor Sellés is the closest disciple of Leonardo Polo. I was fortunate enough to take part in the get together and classes given by Professor Sellés at the classrooms of Asociación Irati, most notably on Transcendental anthropology.

The experience I had in Pamplona, of learning the Spanish language and getting to know great people, is one of my most treasured moments and fantastic learning experience. I just hope that the complete works of Leonardo Polo, which is publishing and still ongoing project of publishing more on his thoughts and writings, will also be translated in English. I have learned the Spanish language but still I admit with all truthfulness that with the vast amounts of his works and language, Leonardo Polo is not easy to comprehend fully and there are many who misunderstood him even among the native Spanish-speakers. If his works could be translated in English, I am sure that his great and rich ideas will reach a much wider audience.

Abraham Geraldez Briones
Profesor técnico
Escuela de formación profesional CITE
Cebu (Philiphines)
ageraldez@alumni.unav.es

45. RODRIGO GIMENO GIL: *PARA MÍ LA FILOSOFÍA DE POLO HA SIDO UN ACONTECIMIENTO ASOMBROSO, COMPROMETEDOR, CULMINANTE Y FUNDANTE*

Creo que mi llegada a la filosofía de Leonardo Polo es providencial. Puedo descubrir múltiples causas prestándole atención, pero tres son significativas. En primer lugar, la inquietud familiar acerca del crecimiento humanístico y la elección de Pamplona para la formación universitaria (UNAV). En segundo lugar, la calidad humana del claustro académico, con especial pasión por los filósofos y teóricos; así como el hallazgo de mi primera maestra: Ruth Gutiérrez. En último lugar, la conexión final con la filosofía de Leonardo Polo, a través de amigos suyos, como Juan Fernando Sellés y Juan Pablo Puy. A todos los mencionados, entre otros, debo mi agradecimiento por su generosidad y amistad: por no poner trabas al saber, al contrario, por haberme invitado y ayudado a crecer.

Conforme terminaban mis estudios universitarios (Comunicación Audiovisual) tenía la preocupación de convertir ese barniz humanístico que había recibido, especialmente gracias al *Core Curriculum* y otros profesores generosos de distintas disciplinas que compartían su tiempo y conocimiento conmigo, en un proceso de crecimiento intelectual serio. El proyecto recibió críticas y felicitaciones, pero apenas recibió medios para su desarrollo, ni siquiera por parte de los más teóricos. Tras mucho discernimiento, pude comprobar que ese proyecto podría realizarse, por la orientación temática y metódica, conociendo más la filosofía de Leonardo Polo, cuyo ejemplo, y el de aquellos que le hicieron caso, dan testimonio espléndido de éxito. Además, con esto podría convertirme en un verdadero alumno, que encarnase comprometidamente, los valores de la Universidad de Navarra.

Para mí la filosofía de Polo ha sido un acontecimiento asombroso; comprometedor, culminante y fundante. Ha terminado de poner en orden lo que ya había, para poder seguir creciendo en conocimiento y en amor. Me ha afianzado en mi amor y fidelidad a la Verdad. Ha sido una oportunidad de crecimiento inmensa, por la que ya estoy en deuda. Entrar en diálogo con Polo supone entrar en diálogo, de manera real, con la historia de la filosofía.

Todavía soy muy joven, tengo 23 años, y no sé cómo proyectarme en el futuro personal y profesional. Considero que me quedan muchos autores por conocer, y propuestas polianas por terminar de entender, pero sí tengo una gran seguridad en haber llegado a sitio seguro. Dentro de mi pequeño bagaje intelectual, construido mediante reflexiones personales, lecturas, ponencias y conversaciones con grandes figuras intelectuales de la universidad, la propuesta más completa y potente es la de Leonardo Polo. Dicha propuesta ya la venía reconociendo, de manera velada, en Ruth Gutiérrez; hecho providencial. Me refiero a la manera en que delimita los temas, y al alcance de las investigaciones: rebasa con creces a los otros autores o filósofos que en ocasiones consideraba, humildemente, insuficientes.

Me conmueve profundamente comprobar cuántas personas, provenientes de distintas ocupaciones profesionales, confían en Polo (y sus amigos) para comprometer su vida por el Amor a la Verdad.

Rodrigo Gimeno Gil
Máster en Estudios Humanísticos y Sociales
Curso de Formación Superior en
la Filosofía de Leonardo Polo
Zaragoza –Aragón– (España)
rgimeno@alumni.unav.es

46. PILAR GÓMEZ JIMÉNEZ: *UN DESCUBRIMIENTO QUE HA ABIERTO UN HORIZONTE PROFUNDO, REALISTA*

Un sacerdote amigo, filósofo, alumno de Leonardo Polo me animó a conocer su pensamiento. Llegó la pandemia del covid'19 y aprovechando las circunstancias vi que era el momento de conocer el pensamiento filosófico de don Leonardo y me matriculé en un curso introductorio on-line de la Universidad de Navarra.

Mi encuentro con el profesor Sellés y el profesor Murillo ya fueron muy gratos y sorprendentes por su cercanía, generosidad, entrega. Ahora sé que son manifestaciones de tener interiorizada, hecha vida, la visión antropológica de nuestro filósofo.

Personalmente, para mí, encontrarme con el pensamiento filosófico de Leonardo Polo, su método para acceder tanto a la metafísica, la física, la antropología, ha sido todo un descubrimiento que ha abierto un horizonte, profundo, realista, que ha dado respuesta a mis perplejidades en esas materias en cuanto encontraba que faltaban respuestas, que eran teorías interesantes, verdaderas, pero nada más.

En concreto la teoría del conocimiento de Polo es una profunda y realista visión del acto de conocer que fundamenta su método filosófico y sus altísimos alcances al ejercerlos en todas las áreas del saber filosófico humano.

La antropología trascendental me permite fundamentar todos los demás saberes y conocer mejor quienes somos y desde luego, en la vida, me ayuda a ser consciente del valor de cada persona con la que convivo o me encuentro y tener una relación personal más rica y respetuosa. A la vez, la relación con Dios se hace personal, irrepetible, creciente, con mucha más sencillez llena de agradecimiento.

No me cabe la menor duda que la filosofía de Leonardo Polo es una de esas cumbres que se dan en el pensar filosófico a partir de la cual se abrirán unas líneas de investigación y divulgación que influirán en la mejor comprensión de la realidad.

Por todo ello doy gracias a Dios cuya providencia nos dona esta persona buena y fiel a su misión y sus talentos que es don Leonardo. También agradezco a los profesores que nos han introducido en su pensamiento y al esfuerzo que hacen por difundirlo.

Pilar Gómez Jiménez
Filósofa
Sevilla –Andalucía– (España)
pilar20013@gmail.com

47. Carlos Granados Fernández de los Ríos: *En mi vida personal hubo un antes y un después*

¿Quién no ha quedado deslumbrado ante la genialidad poliana de distinguir en la persona su 'acto de ser' de lo que es su 'esencia'? Supongo que mi caso debe ser parecido al de tantos y tantos que han visto en esta afirmación un mediterráneo de horizontes insospechados. Siento haberlo descubierto tan tarde, pero como recoge nuestro rico refranero "nunca es tarde si la dicha es buena". Pretendo disfrutar cada día más profundizando en la intimidad personal a partir de esta premisa. La sociedad en la que vivimos desde hace unos años cada vez va más rápida y resulta difícil a cada uno pararse a pensar qué tiene dentro. Con esta breve reflexión me gustaría aportar mi pequeña contribución al reconocimiento que considero se merece con creces este insigne filósofo. Estoy convencido de que el tiempo y las personas de las nuevas generaciones que sepan dejarse deslumbrar por su novedosa metodología lo situarán en el lugar que la historia le tiene reservado.

En mi vida personal hubo un antes y un después, situado en el momento de conocer, mejor, de intuir algo del núcleo central de su antropología trascendental. Con esa luz inicial, que confío cultivar cada día un poco más, he aprendido y sigo intentando deslumbrarme ante la presencia de cada persona. Antes no era capaz de darme cuenta con esta nueva claridad de la singularidad y riqueza íntima de cada uno; que aparecía confundida en medio de una amalgama de elementos espirituales no armonizados entre sí. Después, al no dejar de ver antropológicamente la conexión con su Origen que cada persona tiene y la jerarquía connatural a su ser personal, vislumbro mucho mejor y con mayor intensidad el núcleo profundo que distingue a cada uno.

La reflexión sobre la filosofía de don Leonardo Polo me lleva de modo inmediato a querer conocer y ayudar a las personas con unas ideas y unos planteamientos que les faciliten descubrir y conocer un poco mejor el extraordinario mundo interior que cada uno posee y su enorme trascendencia para sí y para los demás. En la medida que pueda me gustaría contribuir a difundir de modo práctico y operativo su método, de modo que muchas personas se pudieran beneficiar de lo que esas luces suponen en cada uno.

En este reconocimiento quiero agradecer expresamente a don Leonardo su fidelidad extraordinaria al propio don recibido y a cómo dedicó toda su vida a defenderlo y custodiarlo *contra viento y marea*. De alguna manera considero que es responsabilidad de los que le hemos entendido un poco – y mayor de los discípulos que mejor se hayan identificado con su filosofía e intenten encarnarla en sus vidas, como Juan Fernando Sellés y otros– transmitir lealmente a las nuevas generaciones toda la riqueza que su legado encierra.

¡Muchas gracias, don Leonardo, que sé se está sonriendo al leer estas torpes consideraciones sobre parte de su ingente filosofía!

Carlos Granados Fernández de los Ríos
Profesor de Filosofía y Religión
Secundaria y Bachillerato
Colegio El Tomillar
Badajoz –Extremadura– (España)
carlosgfr@gmail.com

48. JOSÉ GRISI FRISBIE: *CON LOS TEXTOS DE POLO SE PUEDE, Y DIRÍA YO SE DEBE, HACER ORACIÓN: NO TE LOS ACABAS, SIEMPRE HAY UN 'ADEMÁS'*

Desde hace un poco más de un año estoy estudiando a Polo vía *zoom* y leyendo algunos de sus escritos. Siendo comerciante y técnico se me dificultan los nuevos términos filosóficos. Los voy comprendiendo. Eso de 'abandonar el límite' en la practica diaria no es fácil. Pocos lo entienden aunque al platicarlo se sorprenden positivamente.

Me atreví a dar una charla en un curso a gente casi de mi tercera edad. Me escucharon, no se cuánto logré transmitir. Al menos aceptaron que además de Sto. Tomás (y Aristóteles) hay una opción más avanzada para hablar, por ejemplo, de la creación. Uno de los asistentes se animó a inscribirse al curso que se imparte por *internet* sobre Polo en la Universidad de Navarra y hasta donde sé, sigue. Como tiene más estudios humanísticos, seguramente entenderá más que yo. No lo he vuelto a ver, ya que vive a unos 1000 km. de distancia, y no lo he buscado aún.

Personalmente, en persona, Polo me ha servido mucho. Actualmente sigo la lectura de *Teología para inconformes* de J.F. Sellés, que, confirmando toda la Tradición y la Doctrina de la Iglesia, aclara muchos conceptos. Con los textos de Polo se puede, y diría yo se debe, hacer oración: no te los acabas, siempre hay un 'además'.

José Grisi Frisbie
Ingeniero
Monterrey –Nuevo León– (México)
kalgri@gmail.com

49. PRISCILA GUERRA LAMADRID: *UNA AUTÉNTICA DONACIÓN PERSONAL*

Tuve la oportunidad de conocer la filosofía de Leonardo Polo a fines del 2010. Cursaba las últimas asignaturas de mis dos carreras en la Universidad de Piura, e intenté leer la *Antropología trascendental I* (1999). Digo que lo «intenté» porque sabía de su dificultad y porque realmente entendí muy poco en la primera vez. La guía de la Dra. Genara Castillo, quien posteriormente dirigió mi primera investigación de filosofía, logró que los ánimos no decayeran: fui comprendiendo un poco más en cada lectura que hacía del libro.

El testimonio vivo de la Dra. Castillo, que retrataba perfectamente la admiración por su maestro, contribuyó en la búsqueda que empecé como universitaria y que continué como profesora. Además de propiciar el encuentro de un conocimiento riguroso y verdadero, este aporte fue dejando en mí muchas enseñanzas personales y profesionales. Y, por fortuna, las ideas de Don Leonardo las evidencié en el empuje que recibí para seguir buscando, pese a que ignoraba muchas cosas.

Noté claves para entender su pensamiento: *la invitación a no dejar de buscar y no llegar a planteamientos filosóficos «cerrados»; el valor dado a la herencia dejada por Santo Tomás de Aquino y su propuesta de continuación; la ampliación de los trascendentales antropológicos; la riqueza de la persona para 'darse' y 'aceptar' a los demás, precisamente por ser donación coexistente...* Tuve la oportunidad de profundizar en esta última idea en la investigación titulada: "El amor personal, un enfoque de temas actuales desde la Antropología de Leonardo Polo".

En esta primera averiguación descubrí que la persona, así como la carencia de réplica, también le caracteriza la riqueza de su ser personal, por lo que puede encauzar dones en su esencia, donde no solo se encuentra con otros, sino también con el Creador. Descubrí el *dar* como iniciativa originaria y la capacidad personal para acoger la vida, para *darse* a los demás buscando aceptación, pero destinándose, sobre todo, a quien nos ha originado. Comprendí que la obra de Polo no se quedaba solo en el papel, era un pensamiento vivo porque permitía reflexionar sobre la dinámica de distintos ámbitos sociales. Noté *cómo* la estructura donal personal –el dar, el aceptar y el don– contribuye en la reflexión sobre la familia, las relaciones interpersonales, la economía, la empresa y el trabajo. Con la justificación de una *civilización del amor*, que reconoce la dimensión festiva de la donación, cerré temporalmente mi investigación, aunque no la búsqueda.

Cuando tuve la oportunidad de venir a Pamplona con mi familia (agosto del 2019), con el claro objetivo de emprender los estudios del doctorado en el Departamento de Filosofía de la Universidad de Navarra, palpé de cerca la profundidad y el realismo de la filosofía poliana, no solo por el acceso a fuentes directas y recursos bibliográficos de la obra, sino por la vivencia de su filosofar y la apuesta por la verdad de sus discípulos, especialmente del doctor Juan Fernando Sellés, quien dirige actualmente mi investigación: "Trabajo: significado y sentido, origen y destino. Aportes desde Leonardo Polo". Los avances de este tema han sido significativos para asir en la magnitud del pensamiento poliano, especialmente en su forma integrada y sistémica de comprender al hombre, en lo que respecta a su *ser*, a su *hacer*, a su *tener*, a sus manifestaciones, a su trabajo; descubrimientos en los que la dirección del prof. Dr. Sellés ha sido nuclear y familiar.

En el acercamiento (personal) a mi director y a quienes estudian las ideas de Don Leonardo he notado las palabras del maestro hechas vida. El valor que procuran darle a cada *quién*, la humildad para averiguar los *principios*, el interés por enseñar lo que saben y aprender de los demás son virtudes que invitan alegremente a filosofar y denotan una gran humanidad. Pienso que el *encuentro festivo* y generoso, junto a la iniciativa por encontrar un sustento firme a lo que existe es uno de los grandes valores que ha dejado la filosofía de Leonardo Polo. Es una auténtica *donación personal*. Esta, decía, es de lo más íntimo y real porque la persona tiene su origen en el amor y a él se encamina. Es un privilegio descubrir cómo esta relación se perpetúa de modo más sorprendente con Dios, a quien el hombre se destina y trasciende (asunto que justifica desde la filiación natural como vínculo nativo, primerísimo, de cada persona creada con Dios; y que se palpa también, ciertamente, en una dedicación tan universal como el trabajo).

Lo expuesto toma sentido en la invitación de Polo para insistir en el estudio de la persona a través de proyectos que aporten en el descubrimiento de su existencia novedosa e irrepetible. En esta tarea inacabada y apasionante estamos, en gran parte, gracias a la huella dejada por Don Leonardo.

Priscila S. Guerra Lamadrid
Doctoranda en Filosofía
Universidad de Navarra
Pamplona –Navarra– (España)
pguerralama@unav.es

50. FRANCISCO GUILLÉN: *POLO SERVIRÁ PARA DAR RESPUESTA A MUCHOS INTELECTUALES QUE ANDAN A LA BÚSQUEDA DE RESPUESTAS PARA CUESTIONES CONTEMPORÁNEAS QUE NI LA FILOSOFÍA CLÁSICA NI LA MODERNA SON CAPACES DE SATISFACER*

No conocí a Polo personalmente. Haber asistido a una tertulia con él a mediados de los años 70 no me confiere un conocimiento suficiente sobre su persona. No puedo precisar la fecha, pero sí recuerdo vívidamente el impacto significativo de su charla, que confirmó la excelente reputación que le acompañaba en esos años.

Más de 45 años después, descubrí la oportunidad de participar en un curso en línea sobre la Filosofía de Leonardo Polo. Esta modalidad me permitió seguir el curso desde California, así que no dudé en solicitar la admisión y que generosamente me concedieron. Durante unos meses pude compatibilizar el seguimiento del programa con los trabajos de establecimiento y puesta en marcha de una empresa tecnológica en la región de Sacramento.

El estudio de la *Antropología trascendental* de Polo proporciona la oportunidad de progresar en el crecimiento personal de manera significativa y te abre a nuevas perspectivas sobre la vida y las relaciones humanas. Puestos a hacer el esfuerzo de concretar los beneficios que se pueden derivar del estudio de la *Antropología trascendental*, destacaría los siguientes puntos:

–La Antropología de Polo aporta una visión más rica y profunda del ser humano, facilitando una mejor comprensión de los demás y de uno mismo.

–Incluso para quienes no somos filósofos de profesión, adentrarse en esta Antropología lleva a reflexionar sobre cuestiones existenciales y metafísicas, lo que mejora las propias capacidades de pensamiento crítico y abstracto.

–Explorar las ideas de Polo sobre la dualidad transcendental y el límite mental ayuda a comprender mejor los propios patrones de pensamiento y actuación, contribuyendo, de nuevo, al crecimiento y el desarrollo personal.

–Sus conceptos y herramientas resultan útiles para entender y afrontar los problemas cotidianos desde una perspectiva más filosófica y reflexiva.

En unos momentos de confusión ideológica generalizada, parece evidente que el estudio, la promoción del conocimiento de la filosofía de Polo servirá para dar respuesta a muchos intelectuales que andan a la búsqueda de respuestas para cuestiones contemporáneas que ni la filosofía clásica ni la moderna son capaces de satisfacer.

Francisco J. Guillén
Ex rector de universidad
Sacramento –California– (USA)
fjguillenm@gmail.com

51. Claudio Andrés Hernández Argueta: *Mi comprensión de la existencia humana y mi percepción del mundo han experimentado una transformación radical*

Desde que me adentré en el estudio de la filosofía de Leonardo Polo, mi comprensión de la existencia humana y mi percepción del mundo han experimentado una transformación radical. Polo, con su enfoque innovador de la antropología trascendental, ha iluminado aspectos de la condición humana que antes me eran oscuros, revelándome la insondable profundidad de la persona, la intrínseca unión entre libertad y esperanza, y el entrelazamiento del conocimiento personal con la fe.

La filosofía de Polo me ha enseñado que el ser humano trasciende la mera racionalidad y se extiende hacia dimensiones de libertad, esperanza y amor que configuran nuestra esencia más profunda. Gracias a su pensamiento, he aprendido a apreciar que cada persona es un misterio vasto e irreductible, cuya dignidad radica en su capacidad para trascenderse a sí misma en busca de la verdad, el bien y la belleza.

Este viaje filosófico no solo ha enriquecido mi vida personal, sino que también ha transformado la manera en que conduzco mi *podcast* de filosofía. Inspirado por Polo, he orientado el contenido hacia un enfoque más personalista, buscando explorar y discutir la filosofía de una manera que resalte la importancia de la persona y su capacidad para superar límites en la búsqueda de un conocimiento más auténtico y significativo. La respuesta de los oyentes ha sido profundamente gratificante, evidenciando un anhelo compartido por comprender y valorar la complejidad de la experiencia humana.

En mi profesión como ingeniero mecánico y formándome como especialista en Inteligencia artificial, la influencia de Polo ha sido igualmente transformadora. He llegado a comprender que el fin último de la tecnología y la innovación no debe ser meramente el logro de resultados o la eficiencia, sino el servicio genuino a las personas. Esta perspectiva me ha impulsado a diseñar y crear con un sentido de responsabilidad más profundo, buscando soluciones que no solo resuelvan problemas técnicos, sino que también promuevan el bienestar humano y el desarrollo integral de la comunidad.

En resumen, la filosofía de Leonardo Polo me ha permitido ver más allá de las apariencias superficiales y apreciar la riqueza y complejidad de la vida humana. Su visión de la antropología trascendental ha sido una fuente de inspiración constante, guiándome hacia un compromiso más profundo con la esperanza, el conocimiento personal y un amor que busca genuinamente el bien del otro. Estoy profundamente agradecido por el impacto que su filosofía ha tenido en mi vida y en mi trabajo, y espero continuar explorando y compartiendo estas verdades profundas con otros.

Claudio Andrés Hernández Argueta
Ingeniero Mecánico
Master en Inteligencia artificial
Doctorando
Tegucigalpa (Honduras)
cahargueta@gmail.com

52. CARMEN ELENA HERNÁNDEZ DE VELADO: *UN CORAZÓN ENAMORADO*

¿Que hay en el mapa del amor dentro de quien sabe aceptar y dar amor? ¿Cómo es el corazón de una persona enamorada? Responder a estas interrogantes esta radicalmente relacionado con encontrar el propósito vital y el sentido o valor propio junto con el de los demás.

En este escrito no pretendo haber encontrado la verdad absoluta, sino realizar homenaje y testimonio de agradecimiento a Leonardo Polo (gran pensador) por sus escritos y aporte a la campo de la ciencia de la Antropología trascendental. Reconozco que sus ideas me ayudaron a conocer mejor quien soy. Gracias a este generoso filósofo he descubierto que lo que hay en lo más profundo del interior humano es un corazón enamorado, así como que el motor de crecimiento y la principal vocación humana es amar. Según Polo, la tarea de conocer al ser humano se puede comparar con la labor artesana de pelar las capas de una cebolla, desgajando cada piel hasta llegar al centro en donde se aloja un corazón que acepta-da-recibe amor, que manifiesta en forma original e irrepetible enamorado y que busca incansablemente en su vida la belleza, la verdad y la bondad al ser imagen y reflejo de Dios.

Gracias a la profundización y aportación de los planteamientos antropológicos de Don Leonardo, yo he podido pensar más allá de mis creencias limitantes, dudas, miedos, tabúes y prejuicios sobre mí misma para llegar a mi verdad personal más profunda a través su método de pensamiento denominado "abandono del límite mental" (ir más allá de la presencia mental), para conocer mejor la realidad[1]. Ciertamente, es deseable saber quién somos y para ello Polo describe quien es el ser humano: Un espíritu en el tiempo que co-existe en el universo como su habitante. "Somos una persona que habita el cosmos, no como un mero animal racional, pero tampoco sólo como una persona corpórea; sino una persona abierta hacia fuera, radicada en principios; dueña de un cuerpo y capaz de actuar, por estar situada entre posibilidades factivas". He podido redescubrirme con mayor claridad como un regalo original e irrepetible para el mundo (al igual que cada persona), de tal forma que puede llegar a reconocer, comunicarme o conectar mejor con los otros dones o regalos semejantes como son mis prójimos.

[1] Cfr. https://www.leonardopolo.net/wp-content/uploads/2022/12/MP75-7.pdf.

De la mano de Polo pude vislumbrar que la real autovaloración facilita con mayor profundidad alcanzar el altísimo valor propio y de los semejantes para convivir con mayor respeto y amabilidad en cualquier situación, construyendo confianza, prestigio profesional y mejores relaciones interpersonales en el hogar, la familia, el trabajo y la sociedad a través de la coherencia entre lo que se piensa, se habla y se actúa al estar consciente de la alta dignidad. Consecuentemente, sobre la base de las ideas de Polo, ahora el concepto de la marca personal tan frecuentemente mencionado en mi campo laboral especializado de asesora de imagen y etiqueta corporativa.

Desde la antropología trascendental vista en forma panorámica, Polo plantea que las manifestaciones y el cuerpo humano son un símbolo o medio de comunicación no verbal que remite a lo más profundo del interior personal posibilitando conectar con el de los demás, es decir, comunicarse de intimidad a intimidad, de corazón a corazón. Aquí es adonde se cimenta mi planteamiento de que la marca personal de mis clientes ha de estar cimentada en unificar y proyectar en su imagen la esencia, la sindéresis y el lenguaje no verbal de forma consciente (libre), para que proyecte tanto los valores éticos universales como la originalidad personal de manera que inspiren a los demás, y facilite a mis asesorados ser percibidos en sus esfuerzos por crecer hacia su mejor versión. Unificar equivale a ser coherentes lo cual facilita la comunicación interpersonal al facultar que nuestro gesto corporal (comunicación no verbal) remita a nuestro valor real o denominado "marca personal" modernamente.

De acuerdo con este enfoque panorámico de las ideas antropológicas de Polo, me parece que la comunicación sería un intento por transparentar mejor la luz de cada persona, sirviendo a la esencia y naturaleza humana para que revele mejor a la persona detrás. Polo me ha ayudado a construir junto a mis clientes un nuevo proceso de autodescubrimiento que permite pensar más allá de creencias limitantes y revelar la persona detrás de sus manifestaciones y del gesto de su cuerpo, empezando por su dignidad (sana autoestima y autovaloración); su propósito, su vocación profesional (en qué se es bueno o el talento original); qué legado quieren dejar; sus hobbies, sus amores, sus gustos, su cultura, su familia, en fin, toda la novedad que significa para el universo ser persona original, y a qué no se reduce: a su naturaleza, ya que es un "además" de lo que se ve[1].

Kalena de Velado
Columnista dominical
Asesora de Branding Personal y Corporativo
El Salvador (El Salvador)
kvelado@yahoo.es

53. SAGRARIO HERNÁNDEZ GIL: *ME DIO LA LIBERTAD DE SEGUIR MI LLAMA-DA*

Yo no conocí a Leonardo Polo. He conocido su legado filosófico a través de la vida de dos hombres: D. Alfredo Rodríguez Sedano, al que le debo mucho, y el profesor Sellés, gracias al cual estoy conociendo poco a poco toda la riqueza y profundidad de la Teoría del Conocimiento y de la Antropología Trascendental de D. Leonardo. Me asombró la capacidad de estas dos personas de tener una gran cercanía humana y a la vez una gran altura intelectual. En mi imaginación lo relacionaba con el superpoder de Elastigirl, la superheroína de la película de "Los increíbles". Te ayudan a trascender tus circunstancias igual que te ayudan con su disponibilidad.

Me parece relevante decir que mi trabajo profesional es cuidar a las personas que viven en los centros del Opus Dei con cuidados de madre y de hermana. Porque lo primero que me impactó fue saber que yo no soy lo que me pueda desarrollar con mi voluntad o con mi inteligencia o con mi corporeidad. Me dio la libertad de seguir mi llamada a servir en esas tareas sabiendo que aunque signifique renunciar a otros proyectos con más reconocimiento humano, yo no soy lo que me puedo desarrollar, sino que soy plenamente aunque en algunos aspectos no me pueda desarrollar como me gustaría, incluso simplemente por falta de tiempo. En el plano humano me puedo realizar y tengo un camino a recorrer, incluso tiene la tarea de descubrir cuál es mi sentido personal, único.

Siempre me ha gustado buscar y entender los porqués y he leído y aprendido sobre distintos humanismos, libros de autoayuda, sobre virtudes... unos más que otros ayudan a motivarte para vivir éticamente. Pero veía que, o se me olvidaban igual que me emocionaban, o hacía falta una

[1] Cfr. *Revista de Estudios Filosóficos Polianos*, 11 (2023).

voluntad de titanes para vivir siempre así. Con Polo es distinto. Hay un fundamento, un lugar seguro. Es como una colchoneta desde la que te puedes impulsar. Es muy esperanzador saber dónde está tu realidad y saber que puedes crecer ilimitadamente en tu personalización, en tu dirigirte a Dios. Ahora sé cuando me hablan de virtudes de qué nivel me están hablando, cuando alguien se emociona mucho con un tema sé situarlo e incluso cuando caigo sé que no caigo más abajo de la colchoneta.

El profesor Sellés insiste mucho en el núcleo de la persona, en el acto de ser personal, que ahí es donde la persona se decide, donde coexiste, conoce y ama. La filosofía de Polo es como una gran ampliación de perspectiva, una luz que te ilumina y que te hace ver que hay mucho más en lo que tienes que profundizar. Sin embargo, me parece importante señalar que no hace falta esperar a ser sabio ni a haberlo entendido todo. Puedes conectar con tu intimidad donde te encuentras y puedes encontrar a ese Dios que es cercano, el mismo con el que has hablado muchas veces, solo que ahora sabes desde dónde le hablas, no de un modo vago u obscuro, sino con seguridad: le hablas desde tu espíritu, desde tu centro.

También me parece que la filosofía que ha desarrollado Polo en diálogo con la fe católica ayuda muchísimo a las relaciones entre las personas. Siempre me han influido mucho las personas que tengo a mi alrededor: me afecta la interacción que tenga con cada una. Polo, al ayudarme a valorar mi valía, igual que la de cada persona con la que me relacione, me ha ayudado a redirigir esos impactos: yo sigo siendo la que soy, sea el impacto positivo o no. La actitud de la otra persona la define a ella, no tanto a mí. Y, no menos importante, la relación cuando una persona querida pueda partir al cielo. No dejaremos de relacionarnos, porque el espíritu no muere. ¿No es eso una gran revolución?

Esta es una pequeña aportación en agradecimiento a las enseñanzas de D. Leonardo Polo, un poco personal y sin ser una valoración filosófica. Pero no quiero dejar de remarcar la gran confianza en la persona humana y en el futuro que transmite la Antropología Trascendental que nos ha transmitido D. Leonardo. ¡Muchas gracias!

Sagrario Hernández Gil
Técnico Superior en Administración Hotelera
Zaragoza –Aragón– (España)
sagrariohernandez13@gmail.com

54. ANA MARÍA HORTA-E-VALE: *ES UN CONOCIMIENTO QUE CAMBIA RADI-
CALMENTE LA VIDA DE QUIENES SE LE ACERCAN Y ABRE A UNA FELICIDAD
INSOSPECHADA*

Soy médica y profesora de la Facultad de Medicina de Porto, Portugal.
Hice la especialidad de Medicina interna en la Clínica Universitaria de la
Universidad de Navarra y, asimismo, el doctorado en la Facultad de Me-
dicina. He sido uno de los últimos discípulos de D. Eduardo Ortíz de
Landázuri, y aunque viví en Navarra, absorbida por mi formación médica
intensiva, no conocí personalmente a D. Leonardo Polo.

Con D. Eduardo aprendí a conectar con los enfermos más allá de sus
enfermedades. Pero hace unos 5 años me encontré providencialmente con
una forma de abordar el sufrimiento humano que va mucho más allá de
todo lo psicofísico que practicaba antes: fue en un curso de Palingenesia
del Dr. Francisco Moya. Su práctica se fundamenta en gran parte en la
Antropología transcendental de Leonardo Polo, para mí por aquel entonces desconocida, y allí, sucintamente, nos introdujo de forma intensiva y
resumida. Me quedé inmediatamente deslumbrada con algo que enseguida me produjo un impacto enorme y rompió horizontes en la forma de
abordar y restaurar a la persona humana enferma.

Era eso lo que vivía D. Eduardo. Hoy sería seguramente un seguidor
de Polo y sería palingenésico si estuviera vivo ahora. Con ambos saberes
se me abrió un panorama insospechado. De pronto, por gracia de Dios,
con la pandemia y el consiguiente parón en los lugares de trabajo, me pude unir al grupo del Dr. Francisco Moya, e hincamos el codo profundizando en el estudio de esa maravillosa y tan sólida Antropología transcendental de Polo y su fundamentación filosófica con la ayuda imprescindible del Prof. Juan Fernando Sellés (que, como todos los expertos, hace
fácil lo difícil, y consiguió hacérnoslo más asequible: clases suyas luego
difundidas en la *net* y libros suyos, etc.). Acabamos por hacer todos un
curso de postgrado de Antropología trascendental en la Universidad de
Navarra.

Y así mi vida tiene un antes y un después. Cuántas veces estudiando le
agradecía a D. Leonardo tantas maravillas, claridad, apertura y altura, que
tan sólidamente venían a abrirme un panorama y unos contenidos nuevos, no solo en mi relación con las personas portadoras de somatizaciones

y sufrimientos, sino con toda la gente, y hasta conmigo misma. Unas luces arrebatadoras y una solidez nueva, un aire fresco y una altura insospechada, una libertad interior; en fin, una elevación y comprensión distinta y gozosa de todo; hasta de algo que ya era tan grande en mi vida: mi relación con Dios y mi comprensión de un espíritu que ya conocía y me inspiraba profundamente desde la juventud: el de San Josemaría Escrivá, pero cuya profundidad solo ahora descubrí, pues antes no alcanzaba, y con Leonardo Polo me empieza a llegar con nuevo sentido y contenido.

En nuestro equipo de trabajo con Francisco Moya fuimos profundizando, compartiendo, dialogando, descubriendo y saboreando el camino con emoción insospechada; la filosofía de Polo nos iba aportando. Estudiar a Polo se hace muy difícil, pero llega a ser embriagante y viciante. Cada descubrimiento va abriendo otros, y la cabeza y el corazón se van dilatando en un *in crescendo*.

No paro de agradecer a D. Leonardo Polo y a quienes lo hicieron 'asequible' de forma incansable (como es el caso del Prof. J.F. Sellés y del Dr. Francisco Moya) este conocimiento que abre caminos, que no se agota ni termina nunca de ayudar a crecer, y de poder maravillarse: saber siempre y cada vez más abierto a nuevos horizontes y, a la vez, sólido y gozoso.

Con nuestra aplicación práctica de sus conocimientos, en la Palingenesia, esta Antropología se extiende además a cuantos se nos acercan y nos buscan. Lo veo en la práctica frecuentemente, lo mismo casi siempre, quizá más palpable en la gente joven, sedienta de algo que les abra ventanas al sol, al sentido de sus vidas, y que "explique" sus sufrimientos: ¡Cómo quedan fascinados y ya empiezan a cambiar, visiblemente impactados, cuando les explicamos sucintamente, al abordarles inicialmente esta visión nueva del ser personal y no simplemente como un animal racional o hasta un mero yo! ¡Es impresionante qué connatural a todo hombre y profundamente iluminador es este conocimiento de Polo!

Y luego, como salen restaurados, después de nuestra actuación práctica, lo aplican hasta que llegan a conseguir libremente dejarse iluminar interior e íntimamente en su situación concreta vital. ¡Cuántas personas a raíz de toda esta grandeza se han acercado a Dios de nuevo o de forma nueva!

La oportunidad de prestar mi testimonio me posibilita explicitar y compartir el agradecimiento profundo que le confesé en mis adentros, muchas veces, a D. Leonardo, rezándole. Ahí donde esté (seguramente en el cielo), por todo lo inmenso que su Antropología transcendental, vino a aportar y a transformar todo lo que hago y hasta lo que soy. También el efecto que veo que produce la transmisión de este conocimiento en la gente con la que contacto. Es un conocimiento que cambia radicalmente la vida de quienes se le acercan y abre a una felicidad insospechada.

Ana María Horta-e-Vale
Médico. Especialidad: Medicina interna
Porto (Portugal)
anahortaevale@gmail.com

55. Alejandra Juliarena Larzabal: *No puedo pensar los temas filo-sóficos ignorando sus descubrimientos*

No he tenido la suerte de conocer personalmente a Leonardo Polo, pero he estado en contacto con profesores de la Universidad de Navarra primero indirectamente y en el ultimo tiempo directamente y he podido hacer el curso introductorio a la filosofía de Polo de esa institución académica.

Estos últimos años en los que he conocido más a fondo a Polo han significado para mí un antes y un después. En primer lugar, por su actitud al filosofar: a) su gran apertura, que nace del respeto hacia todos los pensadores (porque entiende en profundidad quién es el hombre y la grandeza del espíritu humano), que le lleva a dialogar con todos los autores como si estuvieran vivos (no sólo lee un escrito, sino que piensa con los autores y por eso es capaz de ver los aciertos, pero también los límites y los condicionamientos); b) su conciencia de la fraternidad humana, que le lleva a sentirse parte de una gran tradición, a agradecer a los que pensaron antes, a incorporar todo lo que considera sus aciertos y a aprender de sus errores; c) su audacia, apoyada en una gran humildad y la conciencia de fraternidad, que lo lleva a continuar y corregir el pensamiento de los que le precedieron con una gran libertad. Esta actitud suya ha generado en mí también una actitud de aprender de los demás y de seguir buscando la verdad junto con los demás.

Y, claramente, también por sus avances filosóficos. Creo que los avances de Polo son impresionantes. Polo es un gigante. No puedo volver a pensar los temas como antes, porque lo descubierto por Polo, es para mí simplemente verdadero. Me encanta pensar los temas a partir de Polo, no puedo pensar los temas filosóficos ignorando sus descubrimientos. Supongo que son verdaderos para el ser cognoscente que soy y por eso simplemente parto de allí.

Agradezco a Dios tener la suerte de poder conocer un poco el pensamiento de Polo y espero seguir profundizando en los próximos años de la mano de todos los polianos, pero también de la mano de todos los no polianos.

Alejandra Juliarena larzabal
Médico. Especialidad: Medicina Interna
Dra. en Bioética. Licenciada en Teología
Santa Cruz (Bolivia)
alejandrajuliarena@gmail.com

56. STEPHANIE KATAYAMA LOAYZA: *HA SIDO PARA MÍ UN MOTOR DE HUMANIDAD*

El mundo suele ir más rápido de lo que nuestra reacción es capaz de sostener, y suele presionar más arduamente de lo que nuestro carácter está preparado para afrontar. Frente a esto, una respuesta habitual está en refugiarte en lo conocido, limitarte a lo superficial, esconderte de tus debilidades o forzar el control de tu entorno. Y por más que en la teoría sepamos que estas respuestas no son soluciones, en la práctica éstas eran las herramientas que había conocido en mi entorno. Con la incógnita latente de una manera más profunda de entender la vida y de vivirla, llegué a la Universidad de Navarra y me topé con los escritos de L. Polo. Encontré en ellos una nueva visión de lo que es el ser humano, que partía de muchos conocimientos que había recibido en el pasado, pero los llevaba un paso más allá: el paso que respondía a mis inquietudes con una rigurosidad intelectual que se verificaba en la coherencia de su vida y de su proceso discursivo.

¿Es esto algo realmente relevante? ¿Marca estrepitosamente un cambio en la vida? Si entendemos la vida como los resultados que evidenciamos, las respuestas serían "no". Porque un libro o un conjunto de pensamientos solo transmiten de forma inmaterial. Pero si vemos nuestra vida con su peculiaridad de ser "humana", tal vez las respuestas sean radicalmente distintas. Porque entonces comprendemos que una idea, una luz nueva, puede llegar a ser una estrella que guía en la noche oscura, una vela que alienta en la habitación fría, una chispa que enciende las cenizas. Y, ¿qué mayor punto de ignición que aquello que apela al núcleo más *íntimo* del ser humano? ¿Hay algo que sea un motor más potente que lo que mueve desde el mismo *ser* de la persona?

El pensamiento de Leonardo Polo me excede en todo sentido, y constantemente me topo con nuevos ámbitos que me abren horizontes. Pero ha sido para mí un motor de humanidad que, estoy segura, me ayudará a seguir caminando: profundizando desde la teoría y desde la vida.

Stephanie Katayama
Licenciada en Economía
Master en Profesorado
Doctoranda
Pamplona –Navarra– (España)
skatayamalo@alumni.unav.es

57. Joaquín León-Parodi: *Alcanzar la amistad para vivir como educador*

En el cuarto año de mis estudios de Derecho recibí un ofrecimiento que cambiaría radicalmente mi vida profesional: me pidieron hacer –a tiempo parcial, mientras seguía estudiando– algunas asignaturas en el colegio del cual había egresado. Pasaron los años, terminé mi carrera y desembarqué, como era natural, en un despacho de abogados. Sin embargo, algo le faltaba a mi trabajo, no me sentía aportando todo lo que podía aportar. Por ese motivo, tras el llamado del director del colegio en el que había trabajado, renuncié al despacho y me fui a trabajar de tiempo completo al colegio como profesor de diversas asignaturas y tutor de alumnos y padres.

Tras unos años trabajando –tiempo en el que estudié Pedagogía y un Máster de Matrimonio y Familia–, dejé el colegio para dedicarme a un asunto que cambiaría radicalmente mi manera de entender la educación: hacer la tesis doctoral en la Universidad de Navarra. Durante este tiempo 'conocí' a Leonardo Polo desde su filosofía, puesto que mi investigación procuró construir una Filosofía de la Educación desde el pensamiento de Leonardo Polo.

En la *Antropología trascendental* descubierta por Leonardo Polo encontré lo que había estado buscando desde hace mucho tiempo: cómo fundamentar correctamente la educación. La forma en que Polo entiende al ser humano puede aportar grandes consecuencias al quehacer educativo, puesto que en la educación se trata de ayudar a crecer al ser humano. El sujeto de la educación es el hombre, por consiguiente, tener un conocimiento profundo de éste es fundamental para educar correctamente. En este sentido, la antropología trascendental permite adentrarse en el estudio del ser humano poniendo el foco en lo más radical de éste: su acto de ser personal. Cada persona es una novedad irreductible –única e irrepetible– llamada a crecer irrestrictamente aportando al mundo –por medio del trabajo– a los demás hombres –ayudándolos a crecer por medio de las relaciones interpersonales–.

Durante mis años en Pamplona, mientras estudiaba el pensamiento de Leonardo Polo, tuve la oportunidad de conocer a muchos otros que estaban haciendo lo mismo –algunos doctorandos y otros ya doctores– y evidencié, una y otra vez, que muchas de esas personas no solo entendían la antropología trascendental, sino que procuraban vivir según lo que de ella se desprende. Este fue uno de los grandes aprendizajes en Pamplona: toda buena teoría lleva a una buena práctica; y una buena práctica, generalmente, está fundamentada en una buena teoría. La antropología trascendental, que es una forma de adentrarse en el conocimiento del ser humano desde la fundamentación filosófica, es una excelente manera de fundamentar la práctica humana.

En fin… Podría contar muchas anécdotas y reflexiones de mis años estudiando a Polo, pero, para esta ocasión, me quedaré con una sola palabra: amistad. Esa virtud a la que Leonardo Polo –en sintonía con Aristóteles– dio tanta importancia. Desde la antropología trascendental la amistad no es solo una virtud que procura 'querer el bien de otro', sino que es una virtud que nos permite ver en ese otro –al que le deseamos el bien y queremos ayudar a conseguirlo– una persona única e irrepetible, llamada a aportar a los demás y con una capacidad de crecimiento irrestricto. Por tanto, la vida del amigo debe estar destinada a ayudar a crecer a los otros –ese es el mayor bien que puedo querer en ese 'otro yo'–; por este motivo me permito señalar acá que la vida de quien logra la virtud de la amistad es la vida de un educador, con todas las consecuencias que esto implica.

Joaquín León-Parodi
Dr. en Filosofía (Universidad de Navarra)
Santiago de Chile (Chile)
jleonp@unav.es

58. JULIO LEZAUN INDURAIN: *MI ENCUENTRO CON POLO HA SIDO, Y ES, FUENTE DE VIDA, ESPIRITUAL, SOCIAL, ACADÉMICA Y RELIGIOSA*

Soy un ingeniero agrónomo y licenciado en ciencias religiosas que siempre ha estado muy interesado en los temas filosóficos; por ello en mi búsqueda de hacer presente a Dios en este mundo me he estado formando en diferentes círculos y dialogando mucho con I. Ilundain (Jefe de estudios y filósofo en el I.S.C.R. S. Francisco Javier) y bajo la dirección teológica de D. Pablo Blanco (reciente premio Ratzinger). Con estos antecedentes, hace unos años tuve mi primera noción de Polo al escuchar una conferencia de neurociencia en la que se nombró el 'sobrante formal' en la discusión mente cerebro: ¡y me impactó! Vi lo real de la exposición y su clarividencia, y un añadido: la importancia del concepto en este mundo tan materialista y poco dado a admitir la persona en su plenitud.

Ante este hecho acudí a P. Blanco y él me dirigió a J. F. Sellés. Este, con gran simpatía y atención inusitada (carácter que he encontrado en los polianos con los que me junto) me explicó la antropología trascendental en una conversación de una o dos horas, con café y chocolates.

Acudí en otros numerosos encuentros que se produjeron entre ambos y realicé posteriormente el curso sobre la obra de L. Polo que se dictó en la Universidad de Navarra. Mi formación se amplió con lecturas polianas, tanto del maestro como de los maestros que lo han seguido, y en eso sigo, estudiando y publicando artículos sobre temas abiertos.

Pero lo importante es lo que me aporta hoy en día Leonardo Polo, que se hace presente en sus libros y comentadores y que ocupa la mayor parte de mi tiempo libre (soy profesor de religión católica en un instituto público) y en esta relación continua en la distancia de la vida y la muerte, las lecturas de los libros, el diálogo con los autores y la compañía de los compañeros se ha convertido en contemplación, contemplación al más puro estilo carmelita o jesuita, en la cual la advertencia del ser, de la persona, de la libertad del amor y del don me dirigen a Dios a través de los escritos polianos.

Mi particular testimonio de Polo es así la fuerza del ser y de la verdad que anida en su obra y que me abre a la libertad dirigida a Dios en mi trabajo y amistades, y así, su presencia me llena de alegría... De alegría y de recursos, recursos que se explican en las clases con alumnos de ESO o Bachiller y en los diálogos de todo tipo que ocurren en mi vida, con los profesores del claustro o con los amigos filósofos y teólogos, encontrando herramientas y argumentos que me colocan en una situación óptima para llevar a cabo el desafío de la evangelización en nuestros días.

Como conclusión diré que mi encuentro con Polo ha sido, y es, fuente de Vida, espiritual, social, académica y religiosa, ampliando mis conocimientos y favoreciendo la contemplación del ser y la verdad.

Julio Lezaun Indurain
Profesor de Enseñanza Secundaria
Instituto de Tudela
Barasoain –Navarra– (España)
juliolezaun@gmail.com

59. IMANOL LIZUNDIA PUENTE: *UNA FILOSOFÍA TRASCENDENTAL QUE RECUPERA LA DIGNIDAD DE LA PERSONA Y SU SENTIDO DE VIDA*

Aunque no tuve el privilegio de conocer personalmente a D. Leonardo Polo, la providencia divina hizo que fuese alumno de la Universidad de Navarra y me encontrase con un gran profesor, Juan Fernando Sellés; gracias a él descubrí el fundamento de la filosofía y, por supuesto, la obra de Polo.

Una vez que empiezas a estudiar a Polo, te das cuenta de que es un hombre con una genialidad desbordante, que en cada área de estudio siempre ofrece descubrimientos. Además, a través de Juan Fernando Sellés, he sabido que animaba a sus discípulos a continuar investigando, aportando nuevos conocimientos. Con lo cual, no sólo estamos ante un grande de la filosofía, sino frente a una persona inspiradora para todos los buscadores de la verdad. Este legado poliano de crecimiento irrestricto en el estudio e investigación no deja de ser una prueba fehaciente de la trascendentalidad del ser humano.

Desde el primer encuentro con las ideas de Polo, su enfoque integral y su profundidad conceptual, me generaron un gran interés. La filosofía poliana no es sólo un ejercicio intelectual, va más allá; es una invitación a explorar todas las facetas que han despertado la búsqueda del conocimiento en el hombre: Dios, el ser humano y el universo.

En el terreno profesional, la filosofía de Polo es crucial, puesto que, en mi labor docente y tutorial de nuevos empresarios, implica la elevación de un modelo estrictamente materialista, reduccionista a un paradigma donde el ser humano pasa de percibirse como un sujeto operativo a ser una persona (única, con total dignidad) y desde la sindéresis (la conciencia del yo), toda actuación adquiere un valor trascendental y la ética alcanza su plena fundamentación.

Para finalizar, y desde una perspectiva cotidiana, decir que la filosofía de Polo no es simplemente un cuerpo teórico; es un modo de vida, que conecta al ser humano con su interior, con su origen, su propio conocimiento y su sentido de vida.

Imanol Lizundia Puente
Doctor en Economía
Consultor y Profesor
DEMA, Agencia de Empleo y Emprendimiento
Diputación Foral de Bizkaia
Bilbao –Vizcaya– (España)
Imanol.lizundia@bizkaia.eu

60.   ALDO LLANOS MARÍN: ¿POR QUÉ LEONARDO POLO?

Esa es la pregunta que suelen hacerme muchas personas que se dedican de un modo u otro a la filosofía. Profesionalmente o como *hobby*. Lo cierto es que la filosofía de Don Leonardo no deja indiferente por donde pasa.

Mi profesión inicial no es la del filósofo. Fui biólogo primero y educador después. Un biólogo agnóstico durante mis años de universidad pública. Sin embargo, al igual que con Aristóteles, los biólogos solemos hacernos preguntas que exceden los límites explicativos de nuestra ciencia, como el origen de la vida, haciéndonos más cercanos a los filósofos. Los biólogos, solemos realizar descripciones muy finas de las características de los vivientes y su funcionamiento, mas no podemos dar razón de eso llamado vida. Fue así que empecé a leer textos de filosofía.

Dicen que los autores a los que lees y con los que te enganchas llegan a cautivarte porque tocan fibras biográficas ocultas. No a todos les gusta Heidegger o Husserl. Por ello, después de pasar por autores modernos, y luego postmodernos, en una librería católica de Lima alguien me sugirió el nombre de Leonardo Polo. ¿El título? *Quién es el hombre*. Me enganché. Al poco tiempo, un profesor del Programa de Alta Dirección de empresas (PAD) de la Universidad de Piura (UDEP), empezó a reunirse semanalmente con aficionados a la filosofía a leer textos de Juan Fernando Sellés al que me uní con mucha asiduidad. En estas sesiones, las flechas del camino nuevamente apuntaban con mayor claridad a un nombre: Leonardo Polo Barrena.

¿Por qué Polo y no cualquier otro filósofo? Mirando en retrospectiva, pienso que fue el permitirme descubrir a la persona humana en toda su amplitud. Sus escritos en torno al ser personal y sus radicales, me hizo ver, no sólo que éramos mucho más que cuerpo o inteligencia y voluntad, sino que, además, estábamos destinados, apareciendo en el horizonte un ser al que había olvidado por completo: Dios. Quizás fue eso. En medio de mi agnosticismo ver que la filosofía podía llevarme a comprender a la antropología como trascendental (como filosofía primera), operó una metanoia del que hoy en día vivo agradecido ya que finalmente pude encontrar un camino vital en medio del "desierto de lo real" en el que vivía atrapado.

Desde ese tiempo ahora me dedico a la docencia de la filosofía, al llevar –como no podía ser de otra manera– una maestría en antropología filosófica y llevando la filosofía de Polo a dialogar no sólo con las ciencias experimentales, sino también con la cultura popular de mi tiempo. En efecto, a la fecha, he desarrollado y sigo desarrollando cursos y talleres al respecto en clave poliana, lo cual, estoy seguro, ha ayudado y ayudará a mucha gente, como a mí me ayudó a ver y vivir la vida de un modo más profundo y feliz.

Aldo Llanos Marín
Profesor de Teoría del conocimiento y Antropología filosófica
Colegio Alpamayo
Lima (Perú)
allanos@alpamayo.edu.pe

61. QUIM LLOPART SERRA: *ME HA AYUDADO MUCHO PARA VER LA PREEMINENCIA DE LA PERSONA SOBRE TODO LO DEMÁS*

Me llamo Quim, tengo 26 años y soy seminarista de Girona. Yo estudié ingeniería química en Barcelona y, en ese entonces vi que el Señor me podía estar llamando al sacerdocio. Así que decidí ir a Pamplona a un colegio mayor que se llama Albaizar para discernir mi vocación. Allí cursé tres años de filosofía eclesiástica. Por otro amigo –Edu Cameron– conocí las tertulias del profesor Sellés en el Club Irati y me encantaron. Durante mis años en Pamplona fui a muchas tertulias con Juanfer y a visitarlo al despacho. También pude leerme varios libros de Polo además de hacer el primer curso online sobre el pensamiento de Polo que ofreció la Universidad de Navarra. Además, ayudé a poner la nomenclatura de citación en el tomo XXIV.

Personalmente, conocer el pensamiento de Polo me ha ayudado mucho para ver la preeminencia de la persona sobre todo lo demás y entender que significa ser un ser personal. Y es que la antropología trascendental ayuda a entender que la dignidad de la persona está en su acto de ser y no en sus capacidades potenciales – la esencia y la naturaleza–. Esto me ha hecho enfocar todas las demás áreas de conocimiento en tanto que al servicio de la persona.

También me ha ayudado mucho el método del abandono del límite mental en sus cuatro dimensiones para entender mejor muchas cosas. Por ejemplo, la creación y los primeros principios en tanto que principios y no como conceptos lógicos –como lo hace Aristóteles–. O el conocimiento habitual: el hábito de sabiduría del que deriva el conocimiento de la antropología; el de la sindéresis, de la que deriva el conocimiento de la ética…

En definitiva, el método de pensamiento de Polo me ha ayudado a entender más la realidad tal como es sin caer en la objetivación de ésta. Así, conociendo más la verdad, se puede tener una más adecuada postura ante la realidad, porque lo más práctico es tener una buena teoría, como diría Polo.

Joaquim Llopart Serra
Seminarista de Girona
Estudiante de Teología
Università della Sancta Croce
Roma (Italia)
qllopart@gmail.com

62. MAURICIO LÓPEZ: *LEONARDO POLO, EL MAESTRO QUE DIOS ME REGALÓ*

1. Un encuentro sin fortuna. Llamó mi atención el título del libro: *La esencia de la persona humana*; revisé el índice, leí la breve reseña del autor que aparece en el libro y lo compré. Después de leer tres páginas y no entender absolutamente nada, me arrepentí de la compra. Estuve tentado a volver a la librería, que estaba ubicada sobre la carrera 11 con calle 74 en Bogotá (Colombia), para devolver el texto, pero decidí mantener ese libro del 'profesor Polo', como lo había llamado la vendedora; supuse que debía ser bueno el autor y más adelante algo pasaría, era el año 2012.

2. Un encuentro afortunado. En el año 2015, revisando textos sobre psicología encontré las memorias de un congreso sobre psicología personalista y en éstas se encontraba un artículo denominado "El carácter distintivo de la psicología como ciencia filosófica", escrito por Juan Fernando Sellés (un desconocido para mí en aquel entonces). El artículo me interesó y empecé a buscar más textos de este autor. En las librerías que solía frecuentar en Bogotá no encontré nada, así que al volver a la biblioteca de la universidad le busqué allí y observé que contaban con varios libros de su autoría; me sorprendí gratamente. Leí sus tres tomos sobre *La persona humana* editados por la Universidad de La Sabana. Encontré en este autor un asunto que estaba buscando y constaté que refería constantemente sus estudios a su maestro Leonardo Polo.

3. Primicias antropológicas. La primera vez que tuve contacto con un estudio sobre la persona humana fue en la Central de Juventudes en 1988, organización colombiana que ofrece experiencias de formación para jóvenes y a la que pertenezco como Misionero de la Juventud. Allí escuche sobre la integralidad de la persona humana por primera vez en unas reflexiones sobre antropología pastoral del Padre Luis María Fernández (fundador de esta organización), cuando yo tenía 14 años. Desde entonces he querido profundizar y estudiar los temas del hombre en sus tres dimensiones: cuerpo, alma y vida de gracia, como las denominó el Padre Fernández. Estudié psicología pensando que estudiaría lo relativo a la voluntad, a la inteligencia, a las profundidades espirituales del hombre, pero no fue así, pues estos temas no se estudian en psicología; por tanto, en paralelo con mis estudios de psicología, de manera autónoma realicé lo que podría denominar una introducción a la filosofía, con asesorías esporádicas de personas versadas en este saber. Así ingresé al campo de la antropología filosófica. La inquietud por este tema y otros (psicología, educación, historia, teología) me ha llevado, entre otras prácticas, a consultar librerías de forma ocasional en orden a conocer nuevos desarrollos temáticos. Respecto de los conocimientos en antropología filosófica, debo decir que generalmente encontraba manuales y compendios, hasta que conocí a Sellés y a Polo.

4. *La búsqueda y el hallazgo.* Fueron varios años buscando algo que no sabía qué era, pero tenía que ver con la relación entre lo psicológico y lo espiritual en el hombre. Pensaba que las relaciones entre estas dimensiones no estaban bien comprendidas, presentadas, estudiadas, pero no sabía muy bien qué era lo que no veía; no entendía lo que estaba buscando, hasta que encontré las nociones de 'abandono del límite mental', 'la distinción real entre acto de ser y esencia en el hombre', y 'el carácter de *además*', entre otros asuntos abordados por Polo entre 2002-2015. Los temas encontrados, el método con el que se encuentran y los asuntos relativos al conocer humano presentados por Sellés y Polo fueron para mí como un gran destello de luz.

5. *Ingresando en los temas.* El 1 de enero del año 2016, tuve un accidente haciendo parapente en una de las formaciones geológicas más impresionantes y bellas del mundo, el cañón de Chicamocha en San Gil (Colombia); lo que pretendía ser un inicio de año con altura, terminó siendo un inicio de año contra la tierra. Ese accidente me permitió estar seis meses con movilidad reducida, por tanto, fue la ocasión para conocer a Sellés y

Polo. Una vez leídos algunos textos de Sellés, me adentré en la antropología trascendental de Polo, aventura que tomó parte del año 2015, el año 2016 y parte del 2017. Sellés actuaba como traductor de Polo. Al iniciar estos estudios recordé que unos años antes había comprado un libro de Polo que no había entendido… ya estaba en condiciones para leerle.

En las librerías bogotanas no encontraba libros de Polo ni de Sellés, solamente estaban en la biblioteca de la Universidad de La Sabana; así que solicité a una librería de la ciudad importar libros de España y así lo hicieron. Empezaron a traerme los libros que les solicitaba; pedía libros de Polo y de Sellés. Accedí vía *internet* a diferentes artículos y publicaciones de otros discípulos de Polo, conocí el Instituto de Estudios Filosóficos Leonardo Polo (IEFLP), la *Revista de Estudios Filosóficos Polianos* y el *blog* de preguntas y respuestas polianas.

En el año 2017, encontré una publicación de María Elvira Martínez que contenía una serie de ponencias sobre Leonardo Polo y el 'abandono del límite mental', busqué a María Elvira, profesora de la Universidad de La Sabana; me presenté, le comenté mi interés en Polo, tuvimos algunas conversaciones y me contó que conoció personalmente a Don Leonardo y que era amiga de Juanfer; me invitó a un naciente grupo de estudio sobre el tomo II de la *Antropología trascendental*; acepté encantado.

6. El Padre Posada. Muchos sábados de los años 2018-2019, de 10:00 a.m. a 12:00 a.m., se desarrolló este grupo de estudio con el Padre Jorge Mario Posada. El padre presentaba el tema; los asistentes le escuchábamos y luego se hacían preguntas o discusiones. En ocasiones algún asistente presentaba un breve escrito sobre el tema del día (según se avanzaba en la lectura). Fueron casi dos años profundizando en la antropología trascendental al calor de la erudición del padre, sus intuiciones, sus referencias al "maestro" que me suscitaban cada vez más interés. Quise conocer más sobre Polo y a través de Polo, sobre el hombre, sobre Dios.

7. Polo On-Line. Entre 2020-2021 me interesaba conocer más sobre este prolífico pensador, y así surgió la inquietud de viajar a Pamplona para realizar un doctorado en orden a continuar los estudios sobre Polo. Cuando estaba en esas cavilaciones ofrecieron desde la Universidad de Navarra el primer curso *on-line* sobre la filosofía de Polo, me inscribí. Fue la oportunidad para constatar que había aprendido algo sobre Polo en los años anteriores y descubrir nuevas dimensiones de su pensamiento. Además tuve la oportunidad de dialogar por primera vez con el profesor Sellés y hacer diversas consultas sobre mis inquietudes doctorales. Al final de este curso *on-line*, una vez orado y discernido el asunto, decidimos con mi esposa Pilar cursar el doctorado y sería en Pamplona.

8. El herido de Pamplona. El 30 de noviembre de 2022 aterricé en Pamplona; el 1 de enero de 2023 lo hizo mi esposa. Ha pasado un año y unos pocos días en esta ciudad, pero han pasado 7 años desde que leí aquel texto de Sellés (hoy le puedo decir cariñosa y personalmente 'Juanfer') que permitió el inicio de este camino. Leí hace poco un texto en el que von Hildebrand se refería a San Ignacio como "el herido de Pamplona". Para mí, este tiempo en Pamplona ha sido de reposo y quietud, como el que un herido debe tener para recuperarse. Mas mi reposo y quietud físicos (mi ritmo bogotano implicaba movimiento y velocidad) son corporales, porque mi alma y mi espíritu están en inquietud permanente. Algunas personas interesadas en Polo viven en Pamplona. Las he ido conociendo poco a poco; han sido como un bálsamo durante nuestra estadía en Pamplona. En esta pequeña y amistosa comunidad de "polianos", siento cómo las palabras de Polo dan vida a la vida.

9. Leonardo Polo, un regalo de Dios. Difícil de leer, críptico, enredado, hace uso de palabras otorgando un sentido propio y eso imposibilita la comprensión inicial… Complicado es el profesor Polo. Erudito, humilde, sabio, cristiano dócil, perseverante, fecundo, prolífico, humano, iluminado… Me hubiese gustado conocerle en persona. Me pareció misterioso encontrar una persona que se interesara por tantos temas que a mí me interesan (antropología, teoría del conocimiento, filosofía de la ciencia, historia de la filosofía, psicología, educación, teología, doctrina social de la Iglesia, ética…). Esa coincidencia temática es para mí algo providencial. Es como si Dios me hubiese enviado el profesor que necesitaba. No sólo encontré una persona a quien le interesan estos temas, es un erudito que los conoce, los ha estudiado en profundidad, universitario cabal, docto en estos asuntos, gran maestro, contemporáneo y, además, su obra está en idioma español. ¡Qué gran regalo para mí! Todo lo que me interesa en una sola persona. ¡Qué regalo Dios mío!

Agradezco a todas las personas que han hecho posible la difusión del pensamiento de Polo, el que han sido puertas de acceso al "maestro". Así como el coliseo romano tiene muchos arcos para acceder a él, cada discípulo de Polo es como un arco que abre a la arena poliana. Polo ha sido un regalo de Dios para mí. Regalo al que no podría haber accedido sin otros regalos (Juanfer, María Elvira, el padre Jorge Mario Posada). Así como no se llega al Padre sino por el Hijo (Jesús), no hubiese llegado al maestro (Polo), sin sus discípulos. Han sido un regalo de Dios para mí. Gracias a Polo he descubierto que nos parecemos a Dios más de lo que creemos. Ahora veo con más claridad cómo Dios eleva en nosotros la vida, la verdad y el amor.

10. El futuro. Espero enriquecer a muchas personas con algo del pensamiento de Leonardo Polo y, si Dios quiere, con algo propio desarrollado gracias a los conocimientos que me otorgan el profesor Polo y sus discípulos. Y así como decimos los Misioneros de la Juventud, "dejar tras de nosotros un mundo mejor que el que hemos encontrado al llegar a la vida".

Edgar Mauricio López Castro
Psicólogo
Doctorando en Filosofía
Universidad de Navarra
Pamplona –Navarra– (España)
edgarmauriciolopezcastro@gmail.com

63. D. FRANCISCO JOSÉ LÓPEZ SÁEZ: *DEBAJO DE SUS FORMULACIONES AUSTERAS Y TRANSPARENTES LATE UN VERDADERO FONDO DE SANTIDAD*

He recibido a Leonardo Polo como un regalo. En primer lugar, materialmente, porque recibí sus obras completas, que enriquecieron mi biblioteca. Era un autor que desconocía completamente, lo cual me lleva ahora a lamentar el grado de fragmentación y "etiquetado" con el que se comunica en nuestros tiempos la cultura universitaria. Me atreví a romper la "etiqueta" (hoy sé darle a esta empresa un nombre poliano: abandonar el límite mental) y, al comenzar a leer, fue como si me viese de pronto inundado por un océano de luz.

Dos intuiciones nacieron entonces con fuerza en mi espíritu: la primera, ¡aquí hay un hombre que busca auténticamente la verdad! Es decir, aquí hay un auténtico filósofo, capaz de conducir el pensamiento antropológico fuera del *impasse*, fuera de los caminos sin salida del presente, fuera del combate feroz en el que las escuelas, pertrechándose formalmente bajo la doctrina del propio maestro, dejan de pensar y devoran su propio fondo, convirtiendo la universidad en un mero almacén de opiniones, bien anotadas a pie de página, ciertamente, pero nunca vivas ni inspiradoras de un verdadero futuro. En este contexto, Polo muestra cómo es el verdadero amor a la tradición de las escuelas filosóficas el que impulsa a llevar adelante su empeño, rectificando las opiniones y prolongando *in melius* el pensamiento de cada filósofo: solo así la filosofía vuelve a ser algo vivo.

Pero es más: el modo en que Leonardo Polo comprende el camino hacia la verdad (el carácter metódico de su filosofía, en marcha hacia los temas reales) es vivido por él con tanta coherencia que su propuesta, finalmente, no es necesaria, sino fruto de libertad e invitación a la libertad. Fue la segunda intuición: ¡he aquí un pensador enamorado de la persona, que alcanza el ser personal como libertad radical! Ese apartarse del "yo" para dar espacio a la persona, es decir, esta profundísima humildad ontológica que resplandece en cada pensamiento de Polo, me hizo intuir que debajo de sus formulaciones austeras y transparentes late un verdadero fondo de santidad.

Soy sacerdote, y mi labor de acogida en la misericordia de la persona de cada pecador se ve acompañada con el trabajo universitario de enseñanza de la eclesiología y la teodicea, además de la investigación sobre la espiritualidad de los maestros del Oriente cristiano. En todos estos ámbitos puedo decir que la profundización, lenta pero esperanzada, en las obras y el pensamiento de Polo, me están ofreciendo un grandísimo apoyo. Leer hoy a Polo puede servirnos de gran ayuda. Se abren inmensas vías de investigación, que invito a otros a emprender también conmigo. Una de ellas es la comprensión del conocimiento personal en el que culmina la antropología transcendental de Polo a la luz de los hallazgos de la espiritualidad de los Padres orientales, encerrados en los archivos de la Patrología (Evagrio Póntico, Isaac de Nínive, Juan de Dalyatha, más los maestros del Hesicasmo y de la filosofía religiosa rusa…). Estas mismas cumbres de la *epignosis* patrística (el conocimiento contemplativo), afrontadas con el lenguaje y la metodología de Polo, podrían recuperar su fecundidad para elaborar en estos momentos de confrontación universal una antropología capaz de superar la crisis de fundamentos humanos que empobrece nuestra visión del mundo y de la misma fe. Intuyo también que puede ser muy fecunda la profundización en la cristología de Polo. Si, como dice el Concilio Vaticano II en *Gaudium et Spes* 22, "el misterio del hombre solo se esclarece en el misterio del Verbo encarnado", quizás el modo que tiene de Polo comprender el misterio de la humanidad de Cristo abra luces importantísimas para sondear mejor el misterio del hombre, es decir, para abrir al hombre que se encuentra perdido al misterio de la vida divina, respirando en Cristo los secretos de la antropología transcendental como salto, en la libertad, a la antropología revelada.

En definitiva, he recibido en Polo un impulso de auténtica esperanza. Si la amistad es el camino hacia la sabiduría, el amor personal se genera recibiendo regalos. La palabra incipiente de un poliano tardío solo puede ser: ¡Gracias!

D. Francisco José López Sáez
Profesor de Teología
Seminario de Ciudad Real
Profesor de Espiritualidad y Liturgia de las Iglesias de Oriente
Universidad de San Dámaso
Parroquia de Ntra. Señora de la Visitación
Villamayor de Calatrava –Ciudad Real– (España).
franjolosa@comillas.edu

64. ANDRÉS LUCAS JARAMILLO: *LA FILOSOFÍA DE LEONARDO POLO ME HA AYUDADO… PARA SEGUIR CON MI BÚSQUEDA. DE ESA RÉPLICA A LA ORIGINALIDAD QUE ES UNO*

Cuando me pidieron que realizara un testimonio indirecto de Leonardo Polo pensé: "en realidad para qué sirven este tipo de testimonios, los únicos testimonios que cuentan son los directos". Sin embargo, logré convencerme de lo contrario y llegar a la conclusión de que este tipo de testimonios también son de utilidad porque reflejan cómo ha influido el legado del maestro en otras generaciones que no lo conocieron personalmente.

Mi primer contacto con Polo fue a través de su libro *Quién es el hombre* y el texto "Lo radical y la libertad" que forma parte de su libro *Persona y libertad*. La primera lectura pasó sin pena ni gloria en mi "camino intelectual", mientras que la segunda lectura caló más hondo porque se centraba en pocas ideas, pero volvía a ellas frecuentemente (la de los tres radicales: clásico, cristiano y moderno).

Posteriormente, gracias a las brillantes explicaciones del profesor Juan Fernando Sellés en la clase de Antropología Metafísica en la Universidad de Navarra logré mejorar la impresión inicial que tenía de Polo. De hecho, empecé a interesarme cada vez más por sus escritos y teoría. Por ese motivo, empecé a colaborar con el profesor Sellés como su alumno interno, y también realicé mi Trabajo Fin de Grado con él.

Ahora que estoy en el máster, he caído en la cuenta de que la filosofía es una búsqueda para toda la vida, y que las lecciones más importantes no las he aprendido (ni las aprenderé) en la carrera. La filosofía de Leonardo Polo me ha ayudado mucho en este aspecto. Para seguir con mi búsqueda. De esa réplica a la originalidad que es uno.

Andrés Lucas Jaramillo
Licenciado en Filosofía
Master de Dirección de Personas
Universidad de Navarra
Pamplona –Navarra– (España)
alucasjaram@alumni.unav.es

65. José Juan Lucena Molina: *La teoría del conocimiento de Leonardo Polo: un tesoro por explotar*

Mi experiencia profesional en la Guardia Civil como miembro de la Escala Superior de Oficiales y perito del Laboratorio Central de Criminalística, en su mayor parte –más de dos décadas– trabajando como experto en acústica forense gracias a la formación continua recibida en Escuelas Técnicas Superiores de Ingeniería de Telecomunicación, entre otros centros docentes universitarios, es claramente singular. La puesta en marcha de una nueva disciplina científica en el Laboratorio Central de Criminalística de la Guardia Civil que acabamos denominando «acústica forense» nos condujo a la firma de distintos Convenios de Colaboración con distintas universidades españolas que, en aquellos primeros años, nos ofrecían la posibilidad de desarrollar sistemas de reconocimiento de locutores de forma experimental.

El primer prototipo que atrajo fuertemente nuestra atención lo desarrollaron jóvenes ingenieros superiores de telecomunicación formados en la Escuela Técnica Superior de la Universidad Politécnica de Madrid. Desde entonces empezó una colaboración científica entre esa Universidad y nuestro Laboratorio Central que tuvo, como fruto maduro, el desarrollo de un *software* –conocido años más tarde por su nombre comercial: BAT-VOX– apto para las pericias forenses. Necesitamos diez años de investigación y desarrollo antes de que pudiera ser utilizado oficialmente: 2004. Si he narrado esta historia es porque ahí me formé como experto en ciencias forenses aplicando la ciencia experimental. Gracias al mencionado esfuerzo investigador, continuado ininterrumpidamente durante una década más, vio la luz una metodología científica que, apoyándose en el desarrollo del *software* mencionado, fue propuesta por la Red de Laboratorios Forenses Europeos (ENFSI) como estrictamente seguidora de sus recomendaciones. Los informes de acústica forense del Laboratorio Central de la Guardia Civil han sido valorados y reconocidos por los Tribunales españoles en sus sentencias desde el año 2004.

Pero el motivo que justifica este trabajo, en honor de Leonardo Polo, no se ha mencionado aún. La tecnología de reconocimiento automático de locutores en entorno forense experimentó una evolución que podríamos calificar de espectacular desde los inicios del nuevo milenio. Sin embargo, tanto a los investigadores universitarios, dependientes desde 2003 de la Escuela Politécnica Superior de la Autónoma de Madrid, como a mí, nos atrajo fuertemente la metodología bayesiana de evaluación de la evidencia forense preconizada por investigadores de la Universidad de Lausana (Suiza). Tanto es así que, desde entonces, fuimos conscientes de que la solución lógico-científica de los suizos al problema forense de un cotejo de voces, era, con mucho, el mayor avance conseguido por la comunidad internacional científico-forense en esa materia. Detrás de la propuesta de los suizos se encontraban las teorías bayesianas de la evaluación de la evidencia y de la decisión. Al incorporar en el *software* forense de reconocimiento de locutores la metodología bayesiana de evaluación de la evidencia se hizo necesario aplicar en casos reales la noción de probabilidad subjetiva. Todo lo que pude encontrar en la bibliografía científica especializada de los estadísticos bayesianos, desde un punto de vista de fundamentación filosófica de la noción, es su referencia a la noción de creencia tal y como David Hume la entendió y la difundió.

Así pues, uno de los aspectos que afronté en la tesis doctoral que presenté en la Universidad de Lausana bajo la dirección del estadístico baye-

siano subjetivista Franco Taroni, fue el estudio de la noción de subjetividad en las publicaciones de estos especialistas. Puede resumirse afirman-
do que el contenido de esa subjetividad se circunscribe a tres aspectos que
influyen en el momento en el que el sujeto cognoscente (que denominamos investigador) formula su juicio probabilístico: 1º) los conocimientos
previos que el investigador tenga sobre el problema objeto de estudio
probabilístico; 2º) la información relevante que posea el investigador relativa al caso; 3º) las circunstancias conocidas del caso que influyan en su
juicio probabilístico.

Los estadísticos bayesianos subjetivistas defienden así la noción de
probabilidad subjetiva porque, a su entender, la noción de probabilidad
aplicable en un caso real está condicionada, necesariamente, por esos tres
aspectos. La casuística forense se caracteriza por el estudio de indicios en
los que se busca una posible relación con la comisión de un crimen. En ese
contexto no es posible obviar que el conocimiento sobre la autoría y las
circunstancias relevantes del caso está condicionado a factores de naturaleza objetiva y subjetiva. Lo primero hace referencia a la aplicación de la
metodología científica experimental en la escena del crimen y lo segundo
a la existencia de un supuesto necesario para el conocimiento del caso: el
sujeto investigador.

La lógica desarrollada por los estadísticos forenses bayesianos para la
evaluación de la evidencia posee un potencial para la ciencia experimental
cuyos logros no necesitan presentación por sus múltiples aplicaciones
prácticas en numerosos campos de la ciencia. Puede afirmarse que, desde
un punto de vista estrictamente científico, es uno de los avances más importantes alcanzados en la ciencia desde el pasado siglo. Sin embargo, la
fundamentación filosófica de carácter empirista de algunas de sus principales nociones nos retrotrae a la herencia que esa corriente de pensamiento dejó en Occidente por la predominante influencia cultural anglosajona
desde el siglo XVIII. La cuestión del papel que desempeña el sujeto cognoscente o investigador, si nos atenemos al contexto en el que se presenta
esta comunicación, en la valoración probabilística de un juicio sobre cuestiones relevantes para la ciencia forense dentro de lo que denominamos
«caso», nos introduce de lleno en el problema de la subjetividad en el conocimiento.

Quien haya utilizado la estadística bayesiana para resolver casos forenses sabe la relevancia que tiene la noción de probabilidad subjetiva en la evaluación de la evidencia científica. Los criminalísticos formados en laboratorios policiales clásicos pensamos con probabilidades frecuentistas. Si como consecuencia del desarrollo de determinadas áreas de la ciencia moderna como, por ejemplo, los análisis forenses de ADN, los peritos oficiales entran en contacto con la valoración bayesiana de la evidencia, siguen pensando preferentemente de modo frecuentista. Es así por el sencillo hecho de que sigue siendo mayoritaria la enseñanza de la estadística clásica en las escuelas y facultades de ciencias. Sin embargo, no es así en algunas disciplinas académicas en las que el bayesianismo hace tiempo que constituye un pilar de su razonamiento científico.

Realicé primeramente una exploración del término «sujeto» en los textos de su teoría del conocimiento[1], porque Polo repite frecuentemente en sus lecciones que el tema del sujeto *molesta* en esa teoría. Así pues, me propuse profundizar en el porqué de esa afirmación y, a continuación, expongo, con un cierto orden, lo que encontré. Sienta Polo que, aunque el conocimiento es una operación de un sujeto, el estudio del sujeto cognoscente es un tema metafísico, empleando esa palabra en un sentido amplio. La objeción de Polo al tratamiento del sujeto en teoría del conocimiento obedece a que, "frecuentemente, al sujeto se le hace intervenir como factor constituyente del conocimiento"[2], y quiere dejar claro que "la tesis según la cual la subjetividad es constitutiva del conocer humano es falsa". La falsedad estriba en que: "El conocimiento es operativo y eso quiere decir que tiene un carácter suficiente en cuanto que se ejerce. Si se considera al sujeto constitutivo del conocer, el carácter operativo del conocer se pierde".

---

[1] Se advierte al comienzo del curso sobre la teoría del conocimiento axiomática de Polo que no sobrepasa el nivel racional.

[2] Polo proporciona en sus cuatro volúmenes un análisis muy completo de las hipótesis noéticas centrales de los principales autores clásicos, modernos y contemporáneos: Platón, Aristóteles, San Anselmo, Santo Tomás de Aquino, Escoto, Ockham, Descartes, Espinosa, Leibniz, Locke, Hume, Kant, Fichte, Schelling, Hegel, Kierkergaard, Marx, Nietzsche, Brentano, Husserl, Heidegger, Wittgenstein, Zubiri, etc., y señala, con precisión, quiénes hacen intervenir al sujeto como factor constituyente del conocimiento.

Polo formula su teoría del conocimiento de forma axiomática[1] porque quiere subrayar su carácter necesario, es decir, "que no está determinado por factores extrínsecos". Las características de un axioma las resume así: "(1) que su contrario es falso; y (2) que goza de una intrínseca necesidad. Esa intrínseca necesidad requiere la necesidad del antecedente, si lo tiene. En el caso del conocimiento humano, el antecedente es la persona humana". Explica que "los axiomas de la teoría del conocimiento (…) no son incompatibles con un supuesto: el sujeto. La necesidad del axioma es intrínseca si es una continuación de la necesidad intrínseca del supuesto. El supuesto humano es necesario ontológicamente". Afirma que "la teoría del conocimiento propuesta en fórmula axiomática tiene que ser también una teoría del error. El error consiste en no atenerse a los axiomas, en tratar de conocer conculcando los axiomas" y que "la causa del error es la sustitución del axioma A[2] por el sujeto".

Insiste Polo en que "introducir el tema del sujeto en teoría del conocimiento trae malas consecuencias. La teoría del conocimiento humano no es la teoría del sujeto, sino la teoría de la operación, del objeto, de su distinción y unificación. El único tema de índole subjetiva que cabe en teoría del conocimiento es el tema de las facultades". Lo explica: "El sujeto no debe aparecer en teoría del conocimiento porque no es un objeto ni tampoco un acto operativo, es decir, porque no comparece ni como uno, ni como otro". De todas formas –reconoce Polo–, "es comprensible que el tema del yo aparezca de alguna manera: es indudable que alguien conoce. Pero es preferible no atribuir al sujeto funciones que no le corresponden. El sujeto, la persona humana, no se confunde con el axioma A[3]. Asimismo, es conveniente no enturbiar la pureza, la nitidez, de cualquier operación cognoscitiva. La libertad es un carácter de la persona, no solo una propiedad de la voluntad. Una pugna entre la persona y la actividad cognoscitiva comprometería a la libertad personal". Como ejemplo de esas malas consecuencias afirma lo siguiente: "Exigir la comparecencia del sujeto lle-

[1] No llega a ser total por la potencialidad de la facultad.

[2] Axioma central primero o axioma A: "El conocimiento es acto".

[3] "El axioma A excluye el sujeto del conocimiento. El yo no está en la operación intelectual porque la posesión intencional del fin no es reclamada para sí. El yo reclama para sí el querer, en atención a que lo querido es otro; no reclama para sí lo que el acto cognoscitivo posee".

va a plantear el problema de qué tiene que ver el sujeto con el conocer, en cuyo caso, o atribuimos al sujeto carácter constituyente[1] o nos vemos obligados a verificarlo. Hacer del sujeto un hecho empírico es un error. El sujeto, la persona humana, no es un hecho, sin más. Conceder al sujeto funciones constituyentes es conculcar el axioma A, negar que el conocer es un acto, una operación inmanente".

Uno de los razonamientos más clarificadores que justifican las advertencias de Polo es el siguiente: "La operación cognoscitiva es tan poderosa, tan propiamente un acto, que no necesita constitución, es incompatible con la noción de elemento. Los actos cognoscitivos no se constituyen. Los actos en cuanto actos no son producciones; las producciones son los términos de los movimientos transitivos. Si se supone que el sujeto funciona con valor constituyente respecto del conocer, el carácter de acto del conocimiento se disuelve". Los argumentos esgrimidos hasta el presente sirven para entender que la teoría del conocimiento es una disciplina imprescindible para juzgar con acierto el papel del sujeto en un acto de conocimiento ejercido por un individuo. No basta tener una buena formación metafísica clásica, ni tampoco una buena formación en lógica filosófica. Intentaré explicarme, seguidamente:

Polo realiza estas importantes observaciones: "(1) La axiomática del conocimiento humano no es la del ser, sino de la operación. La axiomática metafísica versa sobre el ser. La axiomática de la operación no es del orden del ser, sino consecutiva: *operari sequitur esse*. La axiomática metafísica es *ex supposito*, pero aquí el supuesto es el ser. La operación cognoscitiva es la estricta continuación del ser, por lo que en este sentido no es un simple accidente. Por ello puede tratarse de un modo axiomático, es decir, podemos captar con evidencia su carácter necesario, incluso omitiendo el estudio del sujeto"; y "(2) Los axiomas de la teoría del conocimiento pueden expresarse sin excesivos inconvenientes en forma proposicional, ya que su necesidad es *ex supposito*. No ocurre lo mismo con los axiomas de la metafísica". (3) Identifica el voluntarismo con el subjetivismo. "El axioma A, es decir, la noción de la función cognoscitiva como acto, permite pres-

---

[1] Afirma Polo que: "si el sujeto se incluye en la operación cognoscitiva con carácter constituyente, se vuelve al fisicalismo kantiano (o voluntarista, en general). La constitución del acto voluntario corre a cargo del sujeto. En cambio, el acto cognoscitivo es independiente del sujeto, es acto sin necesidad de constitución subjetiva".

cindir de la función constituyente del sujeto o del acto confundido con el sujeto. El voluntarismo no lo permite, porque sin la aportación del sujeto, el acto voluntario es imposible. La voluntad es *más* subjetiva que el conocer". (4) Subraya que el sujeto sale a relucir cuando se trata de actos voluntarios: "Los actos voluntarios sí necesitan ser constituidos. La voluntad, por activa que sea, es más débil que el conocimiento, de manera que sin la contribución constitutiva del sujeto no hay acto elícito. Por ejemplo, si yo no decido, si yo no comparezco y lo asisto, no hay acto decisorio. El acto de conocer no es una decisión. El riesgo de confundirlos es propio de nuestra situación cultural". (5) "Cabe decidir conocer o no conocer, dirigir la atención a esto o lo otro. En cualquier caso, la decisión abre paso a que la facultad pase al acto, influye en ella, pero no es un ingrediente constitucional del acto. Más aún, sin un conocimiento antecedente, el sujeto no pasa a constituir la decisión. La constitución subjetiva de un acto requiere como condición previa otro acto del cual el sujeto no es factor constituyente. Esta es la articulación primaria de la voluntad y el conocimiento. Admitir que se conoce porque se quiere es ridículo. La voluntad carece de cualquier poder a este respecto".

Siguiendo con mis observaciones derivadas de mi formación y experiencia en ciencias forenses, no es posible hallar probabilidades de sucesos reales de interés para la criminalística si no son, al mismo tiempo, probabilidades condicionales. La descripción de la subjetividad propuesta por los estadísticos bayesianos subjetivistas que detallé más arriba permite calificarla, analógicamente, como «supuesto». Al igual que ha ocurrido históricamente en el desarrollo de la teoría del conocimiento, el voluntarismo se ha introducido en algunas nociones de carácter científico como es la de probabilidad. La probabilidad voluntarista se presenta como decisión. Si no se distingue una decisión de una evaluación de la evidencia estrictamente probabilística, el subjetivismo de la probabilidad la despoja de su significado propio como acto cognoscitivo o la subvierte. No obstante, es innegable el influjo real de los «supuestos» en un juicio probabilístico en un entorno forense. Pienso esos «supuestos» son lo que permite hablar a los estadísticos bayesianos, legítimamente, de probabilidades personales.

No es difícil entender la noción de probabilidad subjetiva bayesiana sin caer en alguna forma de voluntarismo por la influencia filosófica empirista predominante. Si no se entiende el acto de conocimiento probabilístico

desde una antropología que distinga niveles de conocimiento y los jerar-
quice como la que propone Polo no será difícil caer en ese error. La axiomática que propone Polo para entender la teoría del conocimiento permite
resolver uno de los problemas que, con frecuencia, tienen los estadísticos
bayesianos cuando intentan explicar su modo práctico de entender la noción de probabilidad, porque las nociones filosóficas heredadas de las corrientes de pensamiento en las que se han apoyado sus mentores no respe-
tan sus axiomas.

Recuerda y enfatiza Polo que "la persona no es la sustancia clásica ni el
sujeto de la filosofía moderna", pero afirma, a su vez, profundamente, que
"es posible considerar el conocimiento como un indicio de la subjetividad
humana". "Tal subjetividad es, en última instancia, alguien, es decir, una
persona. El nivel del conocimiento que indica, en rigor, la persona, es el
intelectual". Profundizando aún más en su pensamiento aclara que "la
inteligencia es operativamente plural. La diversidad de operaciones intelectuales es jerárquica (axioma B). Pero todos los niveles operativos de la
inteligencia son indicadores de la persona humana. Ello implica que su
diferencia jerárquica no es incompatible con una constancia muy peculiar:
todos son indicios de la persona".

Una forma de ver cómo la precisión del pensamiento de Polo puede
ayudar a clarificar nociones aparentemente contradictorias, como la de
probabilidad subjetiva en la ciencia experimental, consiste en fijarse en reflexiones como la siguiente:

"Las operaciones intelectuales se conmensuran con sus objetos (axioma
A). Los objetos son intencionales (axioma lateral F). Por tanto, la constancia del indicio personal no es intencional. Esto significa que la idea de persona no es la persona. No intentamos ahora formular tal idea, sino detectar su indicio, el cual tampoco es una idea, sino la *constancia objetiva*. La
constancia objetiva no debe confundirse con la comunidad objetiva (la
cual, en todo caso, sería un objeto).

La indagación del indicio de la persona debe anteceder al estudio del
contenido programático (de la teoría del conocimiento). El inconveniente
del estudio directo del sujeto radica en que induce a la interpretación
constitucional o constructiva del objeto. Esta interpretación desplaza el
acto cognoscitivo (conculca el axioma A). La constancia objetiva como
indicio personal evita ese desplazamiento, mejor dicho, pone de manifies-

to que el sujeto no es el acto. Desde luego, la persona no es una operación; además, las operaciones son plurales, y la persona no lo es. Por eso, su indicio ha de ser: (1) constante (no común), pues la persona no es una pluralidad; y (2) no intencional, pues la persona no desplaza el acto cognoscitivo. La constancia objetiva es compatible con el axioma B.

A lo largo de la historia de la filosofía, el axioma B ha sido repetidamente conculcado. Si la diferencia jerárquica de la inteligencia y la sensibilidad ha sido respetada por muchos autores, la diferencia entre las operaciones intelectuales ha sido frecuentemente advertida de modo confuso. Polo resalta que las confusiones acaecidas en torno al axioma B en el orden intelectual se deben a una mala interpretación de la constancia objetiva. Asimismo, al mismo motivo obedece el constructivismo objetivo.

Si la constancia objetiva no es intencional (no es un objeto), ¿cómo se conoce? Desde luego, no con una operación que se conmensure con ella. Su conocimiento ha de ser habitual. Esto quiere decir que, si la inteligencia no fuera una potencia susceptible de hábitos, no sería posible tratar esa noción. Pero, a la vez, la referencia a los hábitos marca la distinción de la inteligencia con las facultades orgánicas".

Si el lector ha conseguido llegar a este punto de mi exposición habiendo comprendido lo que lee –admito que eso no es fácil porque Polo es profundo–, verá que Polo ha encontrado la solución a mi problema: la subjetividad de la noción de probabilidad utilizada por los bayesianos es un indicio de la persona.

La larga cita con la que he terminado estas líneas me ha servido de ejemplo para lo que más me interesa resaltar de mi contribución: la teoría del conocimiento de Leonardo Polo es "un tesoro por explotar" de la que muchos investigadores pueden resultar beneficiados.

José Juan Lucena Molina
Coronel retirado de la Guardia Civil
Especialista en Criminalística
Doctor en Ciencias Forenses
Universidad de Lausana
Madrid (España)
jjlucenamolina@gmail.com

66. ITZIAR LUQUIN: *EL PENSAMIENTO DE POLO ME HA AYUDADO A DESCU-
BRIR QUE NO VALEMOS POR LO QUE HACEMOS O TENEMOS... SINO SENCI-
LLAMENTE POR SER QUIENES SOMOS*

No he tenido oportunidad de conocer personalmente a Leonardo Polo.
El primer detonante de mi interés por su pensamiento fue cuando, hace
unos cuatro años, escuché una anécdota que despertó mi atención por él:
una persona que quería mucho a un joven filósofo, llamado Leonardo Polo le dijo en una ocasión: "Eso que estás pensando, ¡escríbelo!". Ese amigo
advertía que el joven tenía pensamiento propio, consistente y original. Le
espoleaba a que aquella sabiduría que bullía por su cabeza pudiera enriquecer a otros.

Aquello suscitó en mí sorpresa e interés por profundizar en *eso* que
pensaba Polo y había dejado escrito. El segundo fue conocer a algunos
alumnos suyos a los que considero "expertos en humanidad". Veo autenticidad en ellos y transparencia a la vez que cercanía, e intuyo que esas
cualidades proceden de estar en contacto con el pensamiento de Polo.
Ellos se dedican a acercar al gran maestro Polo; "lo traducen". Hacen
comprensible algo que resulta abstruso y novedoso. Pero no lo hacen de
manera puramente intelectual: transmiten y contagian cariño por su maestro. Polo transmite un modo de pensar, de ver la realidad en la que cada
uno vivimos y que cada uno somos, que ayuda a vivir con esperanza.
Ellos, sus discípulos, dan vida, de alguna manera, al pensamiento del
maestro. A sus sesiones uno acude porque le da la gana, no por la atracción intelectual, sino por la atracción de humanidad que suscitan.

Mi experiencia profesional y vital me ha llevado a querer profundizar
en el valor de cada persona. De manera particular me inquieta esa consideración cuando llega una enfermedad. Muchas veces no encontramos
explicación intelectual que consuele al enfermo o a sus familiares, porque
no la tiene y porque los problemas más importantes del hombre no se
afrontan sólo con la inteligencia humana. El pensamiento de Polo me ha
ayudado a descubrir que no valemos por lo que hacemos o tenemos, por
la brillantez intelectual que alcancemos, hallazgo que a veces resulta in-
cómodo, ni por la fuerza de voluntad que logremos tener, sino sencillamente por ser quienes somos.

Ciertamente, esto es algo que podemos concluir sin haber leído a Polo, pero el pensamiento de Polo tiene una aproximación holística al hombre que suscita entusiasmo. Al avanzar poco a poco en el conocimiento de su filosofía, al dedicarle tiempo, comprendes no solo de manera intelectual sino vital que su concepción de la persona convence y da respuestas a ese tipo de interrogantes los que mencionaba.

¿Qué hay (y de lo cual puedo llegar a saber) que no se me muestra en el conocimiento cotidiano u objetivo que puedo y quiero descubrir? Con el pensamiento de Polo percibes una vía de acercamiento a algo desconocido que se esconde detrás de lo que se ve o escucha. Esta línea de pensamiento 'vital' la he descubierto a través de Polo y discípulos. Muchas gracias por ello.

Itziar Luquin
Enfermera de la Clínica Universitaria
Universidad de Navarra
Pamplona –Navarra– (España)
itziarluquin@gmail.com

67. CARLOS LUQUIN MELERO: *VEO MÁS CLARAMENTE QUE SOY HIJO DE DIOS*

¿Qué ha significado Leonardo Polo para mí? Lo primero que se me ocurre es hacer una relación de las "novedades sorprendentes" con que me encuentro cuando por primera vez leo u oigo hablar de términos como "vida recibida", "vida añadida", "vida elevada y elevable", "personalidad", "yo", "límite mental", distinción real entre "ser y esencia", "libertad transcendente (para Dios)", "coexistencia", "conocer personal", "amar personal", "el hombre es un ser donal", "intimidad personal", "el hombre nace de Dios", "sindéresis", "hábitos innatos", "abandono del límite mental", "ser del universo" distinto y menor al "ser de una persona", "el ser de una persona es de más valor que el ser del universo", "mirar hacia adentro y mirar hacia afuera", "carácter de además de la persona", etc., y comienzo a desarrollarlos. Me doy cuenta inmediatamente de que las anteriores "sorpresas" no son lo que realmente me ha impactado de Polo, y abandono el relato, porque para eso ya están los filósofos polianos. ¿Qué es lo que realmente ocurre en mí al encontrarme con Polo? Ocurre lo siguiente:

1°) Veo más claramente que soy hijo de Dios. Entre infinitas posibilidades me ha elegido a mí. Es una prueba de su predilección y así como a mí a todos los hombres que pueblan o han poblado la tierra. Esto último hace que yo vea a cada persona tan amada por Dios como lo soy yo. ¿Antes de conocer a Polo, yo no lo sabía? Sí, pero es un saber que ha crecido de manera importante a raíz de conocer a Polo y su antropología. ¿Ha sido Polo o el Espíritu Santo? No lo sé. Lo cierto es que ha coincidido en el tiempo. Veo también a cada persona como única, irrepetible e insustituible, descubriendo su gran dignidad al ser hija de Dios. También lo veo en las personas que no creen en Dios o lo rechazan. Son hijos de Dios aunque no lo quieran y están llamados a una misión única. Veo más claramente que debo dedicar más tiempo a tratar de acercarlos a Dios, a rezar por ellos, etc. El único que puede "elevar" su vida del espíritu, la que importa y es la verdadera vida, su vida eterna, que está en Dios. En caso contrario se despersonalizan y no alcanzan el Cielo. Es una tarea urgente y he aprendido que la forma de hacerlo es donándome a ellos a través de la esencia.

2°) Veo más claramente cómo debo amar. Amar es aceptar, dar, don. El hombre es un ser "donal". Para amar a Dios, que es el "para" del hombre, lo primero es aceptar el amor que Dios nos manifiesta al crearnos y corresponder a ese amor "dando". Lo que nosotros podemos dar son "dones" a través sólo de nuestra esencia, es decir, con nuestras obras, mediante nuestro cuerpo, nuestra inteligencia y nuestra voluntad, obras que siempre deben estar "atravesadas" por el amor de Dios. Si lo hacemos así, Dios siempre aceptará nuestras obras (siempre las acepta, si las hacemos por amor a Él) y nos "elevará", nos hará "crecer personalmente" porque somos "*además*" (adverbio del Verbo, que es Jesús actuando junto a nosotros, en nosotros). Se trata de crecer en el Espíritu, que es la vida de Dios, la Gracia. Si nuestras obras no las hacemos por amor a Dios, sino por altruismo, quedar bien, u otros motivos distintos del amor a Dios, no tendrán ningún valor personal y no nos servirán para nada. ¿Y por qué debemos actuar siempre por amor a Dios? Porque es propio de los hijos la piedad y el honor. Piedad es devolver o mejor tratar de devolver a Dios lo que nos ha dado (nunca podremos devolver a Dios ni el ser ni su amor y tratamos de hacerlo mediante nuestros dones a los demás, a los que Dios también ama), y por otro lado el honor, que es actuar como corresponde a un hijo de Dios.

3°) Distingo la libertad personal del libre albedrío. Somos libertad *para* Dios. Libertad de destinación. El libre albedrío queda para la esencia, para la inteligencia (razón práctica) y para la voluntad, aunque el origen del libre albedrío es también la libertad personal.

4°) Distingo entre ser y esencia. Los transcendentales personales son la coexistencia libre, el conocer y el amar personales. El ser personal, además, dispone de los hábitos innatos, que son una gran fuente de conocimiento, que apenas conocemos y utilizamos. Los hábitos innatos son: el hábito innato de sabiduría, el hábito innato de la sindéresis y el de los primeros principios. El hábito de la sindéresis es como la batuta del ser personal que activa la vida del cuerpo, la inteligencia y la voluntad, que constituyen la esencia del hombre, el yo, que es distinto del ser. Mira hacia el exterior de la persona. El hábito innato de sabiduría mira hacia el interior de la persona, hacia su intimidad y la encuentra vacía, por eso debe mirar hacia Dios para saber de sí mismo, mediante la búsqueda de la réplica en el origen, que es Dios. De esa manera descubrimos que nacemos de Dios, "valemos" para Dios. El hábito de los primeros principios mira y "comprende" el universo y, derivadamente, la razón conoce sus causas.

Todos estos hábitos innatos son "crecientes". También son crecientes los transcendentales personales. Los hábitos innatos son "de la persona", no son "la persona". La persona es el acto de ser personal, también llamado intelecto agente por Aristóteles o espíritu por la tradición bíblica y patrística.

5°) Entiendo lo que significa el "límite mental" y también que hay modos de conocer distintos y superiores a la inteligencia. No he profundizado en las 4 vías de abandono del límite mental, pero espero llegar a entender algo más.

6°) Veo también que es fundamental en la vida de una persona el vivir junto al Señor, por el carácter de "además" de la persona, porque Dios nos eleva por "segunda" vez (la primera elevación es al crearnos) a hijos "adoptivos" con el Bautismo, y nos hace "hijos en el Hijo", es decir, nos da su Espíritu y crecemos en Espíritu (verdadero crecimiento) si estamos unidos al Verbo (adverbio "además").

7°) Barrunto lo que son las dualidades humanas, aunque no he llegado a comprender bien su funcionamiento, su forma de actuar, la dependencia entre unas y otras, etc., pero espero poder comprenderlas un poco más.

Creo que hay más cosas de la filosofía de Polo que medio entiendo y una mayoría que no entiendo, pero creo que lo importante de Polo no es, al menos a mí me parece, desentrañar y llegar al fondo de su pensamiento filosófico, sino aprovechar sus enseñanzas más directas para la vida. Por ello quiero hacer los siguientes comentarios:

–En alguna ocasión, movido seguramente por el impacto que en mí ha supuesto el acercarme a su pensamiento, he manifestado en conversaciones con gente "cualificada" del Opus Dei, que pudiera ser muy interesante para nuestra formación, estudiar un poco a Polo. Las respuestas siempre han ido en esta línea: Polo es muy complicado, la gente en general no lo va a entender… como si el pensamiento de Polo fuera infranqueable para una mente "normal". Pienso que la verdadera razón de esa idea es que hay "cierta pereza" en descubrir lo que Polo piensa, y sólo el nombrar a Polo da miedo.

–Yo he tenido la suerte, ya desde el comienzo de mi aproximación a Polo, de escuchar algunas clases-charlas, en las que se me clarificaban algunos conceptos un tanto "borrosos" hasta entonces para mí como "cuerpo", "alma", "espíritu" "naturaleza", "vida recibida", "vida añadida", "personalidad" etc., que me descubrían mediterráneos. Pero el mayor descubrimiento era el que afectaba a la vida del espíritu. El espíritu, la persona, es lo verdaderamente importante, y la vida de esa persona es una vida que sólo la puede dar Dios. Eso es algo que yo debía saber desde hace muchísimos años (llevo más de medio siglo en la Obra) pero nunca me había "sonado" con tanta claridad como ahora. Tampoco que con la inteligencia y la voluntad construimos nuestra personalidad, pero que no nos sirve esa vida añadida para el Cielo. Si la vida del espíritu es lo más importante y sólo la puede elevar Dios (nosotros no), qué significado tiene que en esta vida me esfuerce en conseguir una vida añadida rica en saberes, teneres, etc., y una personalidad relevante? ¿O esa vida añadida hace que, automáticamente, Dios me conceda aumentar la vida del Espíritu? Si no es así, y con Polo lo he visto mucho más claro, no tiene ningún sentido centrar todo el esfuerzo en dichos trabajos, sino más bien en vivir como Dios quiera. Entonces el objetivo cambia y la pregunta es: ¿Qué querrá Dios de mí? Sólo esta pregunta, responderla y aclararla, hace que profundicemos más en lo que Polo dice. Y probablemente Polo no diga nada nuevo en cuanto al fondo de cómo vivir la vida cristiana, pero lo que sí hace es ponerte ante los ojos con una claridad mayor, un esquema de la vida claro, en el que todas las piezas van encajando perfectamente, Dios es Padre, nos ama, cómo nos ama, nos ha dado el ser, nos entrega a su Hijo, nos hace herederos del Cielo, quiere que amemos a los demás hijos que Él ama, con nuestras obras hechas por amor, quiere que le busquemos insistentemente, que vivamos en Cristo, qué es importante para Él y qué no lo es. Quiénes son los demás, los que creen, los que no... ¿Son cosas nuevas? No, pero desde Polo suenan distintas y quizás muevan más el corazón. Por eso pienso que el darlo a conocer puede hacer que, en estos momentos difíciles, en la Obra podamos volver a tener ese fuego de los primeros, que estoy convencido que tenían y que puede avivarse si lo damos a conocer.

–Hay otro motivo que me hace encontrarme muy a gusto leyendo y estudiando a Polo, aunque no soy capaz de profundizar mucho en él, y es la seguridad y claridad que transmite de estar en la verdad ante todo tipo de ideologías y pensamientos de los hombres de todos los siglos.

Carlos Luquin Melero
Arquitecto
Madrid (España)
cluquin@gmail.com

68. Edwina A. Maksym Samolis: *I believe that the dissemination of Polo's work can bring about another 'Copernican revolution' in philosophy*

My first encounter with the thought of Leonardo Polo came through an English translation of *Ética. Hacia una versión moderna de los temas clásicos*. As I read along, I began to experience what I imagined an explorer would feel upon discovering a new ocean or a hitherto unknown continent[1]. Here was a thinker who knew and used the findings of contemporary science in developing his anthropology and his ethics. Here, too, was a philosopher

---

[1]   I discovered Polo's thought while teaching a course on Introduction to History of Philosophy and Metaphysics to high school students. Since then, I have begun integrating Polo's anthropological insights into a variety of courses, classes and workshops that I teach because of the positive impact they can have on people's lives. I am especially pleased to be able to share Polo's thought with the Anglophone world by working on a translation Juan Fernando Sellés' *Antropologia para Inconformes*.

who brought forward the realist tradition of Aristotle and Aquinas which, historically, was the one that had asked and most adequately attempted to answer all the fundamental questions about the world, God, and the human person that the human mind can ask. Here, too, was a thinker who knew and integrated the entire history of philosophy into his approach, separating the wheat from the chaff, notably in regard to the positive and negative aspects of twentieth-century philosophy. The experience set me on a quest to deepen my understanding of Polo's thought.

The notion of a *transcendental* anthropology intrigued me. Polo's *Presente y Futuro del Hombre* served as a good introduction to it. Here, indeed, was an approach that healed the world mind split initiated by Ockham and Descartes with its disastrous consequences in modern and contemporary thought and practice. Here was an anthropology that offered a firmer grounding for the dignity of the human person than had the various personalist approaches of the twentieth century, even the achievements of as eminent a thinker as Karol Wojtyła (John Paul II). Here, too, was a new and unique exploration of the human person's interiority that enhances one's self-understanding and interior freedom in ways never previously achieved.

I believe that the dissemination of Polo's work can bring about another "Copernican revolution" in philosophy that mends the fragmentation initiated in the Modern period and moves past the pessimism and cynicism of postmodernity both in theory and in practice. For this reason, I believe it is important that Polo's philosophy, especially in anthropology and theory of knowledge, be made known as widely as possible not only among professional philosophers, but among other, less specialized audiences as well.

Edwina A. Maksym Samolis
PhD
Washington, DC (USA)
eamaksym7221@gmail.com

69. SALVADOR MARÍ BAUSET: *EL PENSAMIENTO POLIANO HA ENRIQUECIDO MI DIMENSIÓN PERSONAL*

Nos encontramos en el año 2018. Había defendido ya la tesis doctoral. Mi vida académica y profesional había transitado por la senda de las llamadas a día de hoy *"ciencias de la salud"* en carreras como C. Biológicas, Farmacia, Nutrición y Dietética y que alcanzó su cénit con el doctorado por Medicina, todo ello en diversas universidades españolas.

La Providencia, que siempre actúa, vino en mi ayuda y sabiéndome huérfano de aquello que trascendiera la mera observación, experimentación e investigación empírica me propuso realizar en la UNAV la Diplomatura en *"Filosofía, ciencia y religión"* a la que siguió el Curso de *"Formación superior en la Filosofía de Leonardo Polo"*.

Si bien no conocí personalmente al Prof. Polo, como excelente maestro, dejó una pléyade de discípulos que han continuado sus enseñanzas. Y, sin menoscabo de otros, debo citar al Prof. Sellés, tal vez, su mejor intérprete y excelente comentador del pensamiento poliano. Sus clases y conferencias, sus anécdotas en sus conversaciones con Polo, se convertían en una grata, distendida y enriquecedora charla, presidida por el talante y rigor académico propio del ámbito universitario en la que se desarrollaban.

No voy a descubrir nada nuevo si afirmo que los tres niveles que define en la persona humana desde su antropología *trascendental* (la vida recibida, la vida añadida y el acto de ser personal, el espíritu) con sus trascendentales, co-existencia libre, conocer y amar personales, es el único antídoto frente a antropologías al uso que devienen inexorablemente a asumir éticas reductivas asentadas sobre principios utilitaristas, emotivistas, consecuencialistas o contractualistas erosionantes de la identidad, la dignidad o la vida misma del hombre.

Sin embargo, más allá de estas consideraciones filosóficas, el pensamiento poliano ha enriquecido mi dimensión personal dándole un sentido más trascendente, una nueva manera de afrontar la realidad y de reorientar la propia existencia dotándola de sentido: así, conozco las dimensiones del amar personal, aceptar, dar y don; que puedo entender al Dios pluripersonal en su Trinidad; que el querer se corresponde con la voluntad y es necesitante por carente, mientras que el amar personal es efusivo, rebosante, donante, oferente; que el amor si no se refiere a un tú es un sinsentido, no podemos prescindir del otro, no es, por tanto, dar sino darse; que el aceptar, dar aceptación, en nosotros es superior al dar en cuanto criaturas ("Él nos amó primero", *1 Jn.* 4, 10); que el don ha de entenderse como manifestación operativa, perfectible según los hábitos adquiridos y las virtudes. Conocido esto, saber actuar en consecuencia.

Todo lo expuesto lo aprendí del pensamiento poliano y me exige gratitud y me interpela a obrar co-rectamente.

Salvador Marí Bauset
PhD. Dep. Medicina Preventiva y Salud Pública
Universitat de València
Colaborador del Observatorio de Bioética de la UCV
Valencia –Comunidad Valenciana– (España)
salvador.mari@ext.uv.es

70. MIGUEL MARTÍ SÁNCHEZ: *LA FILOSOFÍA DE LEONARDO POLO COMO FUENTE DE INSPIRACIÓN*

Tuve mi primer contacto intelectual con la filosofía de Leonardo Polo durante mis estudios de grado y posgrado de filosofía en la Universidad de Navarra. No recuerdo exactamente el momento en el que oí hablar por primera vez de D. Leonardo y su filosofía –aunque no me extrañaría que fuese a través de Juan Fernando Sellés–, pero sí que el segundo cuatrimestre de mi primer año de licenciatura leí "Lo radical y la libertad" en la asignatura de Antropología filosófica II con el profesor José Ignacio Murillo, quien había realizado su tesis doctoral bajo la dirección de Polo. Esa primera lectura me produjo un entusiasmo poco común, y lo atribuyo a que, pese a mis pocos conocimientos de filosofía, me abrió un modo de entender la labor filosófica que me pareció admirable y digno de ser imitado.

Recuerdo haber leído con avidez, seguramente durante el segundo curso de la licenciatura, el primer tomo de su *Curso de teoría del conocimiento*. Al llegar a la lección sobre la intencionalidad y la explicación de ésta –o más bien de la intencionalidad del objeto– a partir de la comparación entre una fotografía y su tipo de remisión con la que es propia del objeto intencional, experimenté por primera vez lo que se suele denominar un "captar" o "caer en la cuenta" de algo que por obvio tiende a pasarse por alto.

Con el tiempo me acerqué también a otras de sus obras como, por ejemplo, *Introducción a la filosofía*, *Ética*, *Quién es el hombre* o *Presente y futuro del hombre*; precisamente sobre un excelente capítulo de este último, que se ocupa de la diferencia entre operaciones inmanentes y transeúntes –a partir de las nociones aristotélicas de *kínesis* y *enérgeia*– nos examinó a mí y a mis compañeros en su asignatura de Introducción a la metafísica el catedrático D. Ángel Luis González. Recuerdo ese examen de cuatro horas de duración como si fuera ayer, y también el enunciado de la pregunta y mis esfuerzos por responderla lo mejor posible.

Alrededor de mi tercer año de carrera leí por recomendación de D. Ángel Luis el libro resultado de la tesis doctoral de Polo, a saber, *Evidencia y realidad en Descartes*. De ese libro ha dicho Juan Arana que posiblemente allí Polo comprende a Descartes mejor de lo que éste se comprendió a sí mismo. Y no le falta razón. En un ejercicio virtuosísimo de hermenéutica textual y puro filosofar especulativo, Leonardo Polo desgrana las tesis cartesianas sobre la duda metódica, el *cogito*, la existencia de Dios y en general su comprensión del quehacer filosófico, y las critica con agudeza, acusando a Descartes de voluntarista. En una segunda parte más polémica –y me atrevería a decir también más discutible– trata de exponer el modo en que sería corregible la filosofía de Descartes a la luz de la metafísica de corte aristotélico-tomista.

Posiblemente fue también durante ese segundo año de carrera cuando intenté leer algunos capítulos de *El ser. Tomo I: la existencia extramental* para un trabajo sobre el principio de causalidad en una asignatura de textos filosóficos cuyo profesor era José María Torralba, pero con poco éxito; seguramente éste fue uno de los momentos en que comprendí el origen de las críticas a la escritura de Polo –por oscura, críptica y algo abstrusa– así como a su estilo poco "académico". Situaría más o menos en el mismo tiempo la redacción de un trabajo para la asignatura de Historia del pensamiento sociológico sobre la comprensión de la técnica en la filosofía de Polo y Heidegger; y lo recuerdo porque leí el artículo de Fernando Múgica "El habitar y la técnica: Polo en diálogo con Marx", que continúa siendo para mí un ejemplo de exégesis filosófica. En los años sucesivos leí los siguientes tomos del *Curso de teoría del conocimiento*; del segundo tomo recuerdo, sobre todo sus complejas lecciones finales sobre la correlación entre orígenes de la filosofía y la toma de conciencia de las diferentes operaciones intelectuales; del tercero las interpretaciones y discusiones con Leibniz y Hegel.

Más o menos en el mismo periodo traduje junto con Philip Muller el artículo de "La amistad en Aristóteles", publicado en *Anuario filosófico*, al inglés para el primer volumen de la revista *Journal of Polian Studies*. Además, al tiempo que trabajaba en la transcripción de algunos manuscritos de cursos de Polo por indicación de D. Ángel Luis González, hice algunas reseñas de otras obras que salieron cuando Polo todavía vivía, como, por ejemplo, la recopilación de trabajos conocida como *La esencia del hombre*. Allí está incluida la transcripción de un magnífico curso de doctorado sobre "El yo", del que aprendí muchísimo, entre otras cosas la diferencia entre conocer al yo como objeto o como acto.

Al terminar mis estudios de licenciatura el profesor D. Ángel Luis González tuvo la generosidad y audacia de invitarme a participar en un coloquio sobre la filosofía de Leonardo Polo junto a varios expertos en su pensamiento. Allí expuse algunas ideas sobre la intencionalidad en la filosofía de Polo. A raíz de estas intervenciones y como fruto del impulso de D. Ángel Luis escribí un trabajo sobre "Elementos fundamentales de la filosofía de Leonardo Polo" que salió en la revista *Metafísica y persona*. Sin embargo, al comenzar mis propias investigaciones de Máster y Doctorado dejé de lado la lectura de las obras polianas para centrarme en Aristóteles. Solo ya casi al finalizar el doctorado escribí un artículo para un número de *Studia Poliana* coordinado por Enrique Moros, que trataba sobre el hombre como *capax Dei* y la posibilidad del conocimiento de Dios según la filosofía de Leonardo Polo. Además, volví en esa misma época sobre algunos pasajes del tomo cuarto del *Curso de teoría del conocimiento* por sugerencia de José Ignacio Murillo con el fin de revisar algunas cuestiones relativas al tema del movimiento y del continuo y su lugar y relevancia en la *Física* de Aristóteles.

En la actualidad encuentro en el modo de hacer filosofía de D. Leonardo un acicate para mis propias investigaciones, sobre todo, para no cejar en el empeño por cultivar la filosofía y no solo aumentar la erudición filosófica. Si algo creo haber aprendido al leer las obras filosóficas de Polo es que para hacer genuina filosofía uno debe comprometerse en la búsqueda del conocimiento y la verdad. Y no según el modo ingenuo que presupone que la verdad está ahí para ser encontrada, sino como aquel que sabe, con

Sócrates, que una vida no llevada a examen no merece ser vivida. A propósito de esto último viene a mi memoria uno de mis pocos recuerdos con D. Leonardo. Como tuve ocasión de recordar en otro testimonio recogido en un volumen anterior, siendo Polo ya anciano solía ir de vez en cuando a su casa a jugar con él al ajedrez y hacerle compañía. De esos encuentros, y seguramente por el contraste tan marcado entre el Polo filósofo y el Polo mayor y achacoso –aunque con un humor envidiable–, saqué una lección difícil de olvidar: *primum vivere, deinde philosophari*, esto es, lo primero es vivir y en el interior de esa vida cultivar la filosofía.

Como es fácil de ver por el elenco citado, mi acercamiento a la filosofía de Leonardo Polo ha sido parcial, irregular y poco sistemático. Pero ha sido y sigue siendo para mí fuente de admiración, inspiración y, por qué no decirlo, de cierta frustración. A lo largo de las horas de lectura no he podido evitar tener de vez en cuando dicha sensación acompañada del pensamiento de que una escritura algo más pulida e incluso un uso más cuidado de las fuentes y la terminología habrían ayudado sobremanera a la difusión de su pensamiento. Ahora bien, quizá habrían provocado también la pérdida de esa frescura propia de la especulación genuina que se abre paso por primera vez y que no atiende a convenciones. Puedo decir que el encuentro con la filosofía de Leonardo Polo despertó en mí el interés por la comprensión profunda y radical de la realidad, así como el amor por la sabiduría no como una pose, sino como un modo de vida; y, por último, que con sus obras me introdujo en esa conversación milenaria en que en cierto sentido es la historia del pensamiento filosófico.

Martí Sánchez, Miguel
Dr. Filosofía
Departamento de Formación Humanística
Universidad Francisco de Vitoria
Pozuelo de Alarcón –Madrid– (España)
miguel.marti@ufv.es

71. José Joaquín Martínez Soto: *El descubrimiento de la Antropología trascendental de Leonardo Polo ha sido algo que me ha
cambiado la vida*

Mi único contacto con D. Leonardo en vida tuvo lugar a lo largo del
año 2005. Yo tenía 16 años, y acudía los sábados al centro de la Obra donde él vivía, cerca de la Avenida de Bayona de Pamplona, para cuidar de D.
Amadeo de Fuenmayor. Sin saber muy bien quién era D. Leonardo, coincidía con él en algunos ratos de la mañana e intercambiábamos unas pocas
palabras. Solo recuerdo que me hacía bastante gracia y continuamente me
decía que era muy 'astuto'. Ocho años después, viviendo yo en Zaragoza,
me enteré de que había fallecido. Quién me iba a decir que, pasado un
poco más de tiempo, iba a ser alguien tan importante en mi vida…

A finales del año 2019 cayó en mis manos casualmente *Teología para inconformes*. Yo siempre he tenido cierta inquietud por la filosofía y la teología, aunque soy Ingeniero Industrial y profesionalmente solo me he dedicado a cosas muy técnicas. Así que dediqué un rato a hojear el índice y…
ya no pude soltarlo. En las siguientes semanas, lo devoré. No sabría muy
bien decir qué es lo que me atrajo tanto, porque nunca antes me había pasado algo igual con un libro, y menos con uno de tanta densidad intelectual… El hecho es que ahí comenzó una gran inquietud y pasión por el
pensamiento de Leonardo Polo.

En cuanto pude, hice las gestiones pertinentes para contactar con el
profesor Sellés, y aproveché un viaje a Pamplona para estar con él. Creo
que fue en enero de 2020. Aprovecho para decir que me sorprendió tanta
facilidad para charlar un rato con él: yo no era nadie y sobra decir que él
tiene cosas bastante más importantes que hacer… Le conté lo emocionado
que estaba con el libro que había leído y, entre muchas otras cosas, me
quedé con la idea de que tenía que ir a por *Antropología para inconformes*.
No lo dudé ni un momento. Para mí, los meses de marzo a junio de 2020
quedarán firmemente grabados en mi memoria, además de por haber estado encerrado en casa, por haber degustado semejante menú. Recuerdo ir
poco a poco, trabajándolo, subrayándolo, meditándolo… muy poco a poco
para que durase más tiempo…

Indudablemente, no escribo este testimonio por haber leído dos libros
que 'me han gustado mucho'. No, sino que es mucho más. El descubri-

miento de la Antropología Trascendental de Leonardo Polo ha sido algo que me ha cambiado la vida. El haber intuido cómo es la persona humana, o más precisamente, qué es el ser personal, y todas sus consecuencias, me ha dado muchas luces para todos los ámbitos de mi vida, además de gozo y paz en el alma. Saborear estos conocimientos me ha ayudado en mi vida de trato con Dios. La relación con las personas es distinta: es mucho más fácil quererles, entenderles, comprenderles... casi diría que es obvio, es suave, no cuesta esfuerzo. En un ámbito más general, haber leído las enseñanzas antropológicas de Polo me ha ayudado a saber jerarquizar, dar importancia a las cosas que realmente la tienen.

Me doy cuenta de que es un pozo sin fondo. En el ámbito de la filosofía y la teología cristianas, estoy muy contento de haber descubierto que hay futuro, que no todo acabó con Santo Tomás de Aquino, y que muchas personas podrán trabajar para continuar lo que él solamente comenzó... En estos últimos años, poco a poco he ido leyendo algunos libros de Polo y, aunque sin duda no estoy preparado adecuadamente para entender bien su lenguaje y sus razonamientos, de vez en cuando llegan 'flashes' que son geniales. Por supuesto, a medida que avanzo también le trato a él y sé que me acompaña desde el Cielo. Le pido que me acompañe en este camino y que pueda seguir llamándome 'astuto', por saber avanzar en la dirección correcta.

José-Joaquín Martínez Soto
Informático
Madrid (España)
jotas89@gmail.com

72. CERNIN MARTÍNEZ YOLDI: *SUS ESCRITOS SOBRE ECONOMÍA, EMPRESA Y POLÍTICA Y SON DE UNA GRAN RIQUEZA*

Conocí a Polo por medio de mi madre, a quien le dio clase en filosofía, pero sin prestarle mucha atención. Pasé mis años en la Universidad de Navarra estudiando Económicas entre 1990 y 1995 sin hacer seguimiento de su producción filosófica o pensamiento económico.

Fue con Leonardo Polo ya fallecido cuando Juan Fernando Sellés me propuso profundizar en sus enseñanzas en economía y empresa, y ahí es cuando descubrí la genialidad y personalidad de Leonardo Polo. He pasado cerca de cuatro años estudiando junto con el grupo de "Empresa Poliana" sus escritos sobre economía, empresa y política y son de una gran riqueza. Pienso que se debería hacer referencia a ellos en los grados de Economía de la universidad, porque plantea una empresa, economía y política innovadoras y, sobre todo, humanas, muy en sintonía con los valores de la universidad.

Me quedarán para siempre frases como "el derecho no es la protección del individuo aislado, sino sacar al individuo de su aislamiento", "los salarios no son costes sino beneficios", o su consideración de la empresa, no como un proyecto en marcha al que se suman los trabajadores a cambio de un salario, sino un lugar donde los participantes en la empresa desarrollan toda su potencialidad, se hacen más personas. O su visión del liderazgo, que es ese sistema en virtud del cual en la organización las personas aportan más que en cualquier otra. O su consideración del capital empresarial no como propiedad sino como técnica dinámica.

Estos y otros pensamientos han despertado en mí el interés por investigar, prolongar y avanzar en sus pensamientos en materia económica –bien dice Polo que no quiere que le repitan, para eso ya se basta él– y motivar entre otros este mismo deseo, lo cual lo considero una verdadera evangelización.

Pero no sólo eso; quizá es más importante la determinación por crear y desarrollar lo que llamamos "empresas polianas", entidades productivas en las que el éxito se mide por el perfeccionamiento de todas las personas que con ellas se relacionan: trabajadores, clientes, proveedores, accionistas, sociedad en general. Verdaderas instituciones humanas con capacidad de transformar la sociedad y crear, como titula una de sus conferencias, "un mundo más justo y más humano". ¡Muchas gracias Leonardo por tu obra y sobre todo por tu persona!

Cernin Martínez Yoldi
Doctor en Economía Aplicada
Bilbao –Vizcaya– (España)
cernin.martinez@gmail.com

73. JORGE MERINO GARCÍA: *DON LEONARDO POLO, EL GENIO DE LO OBVIO*

No tengo la dicha de haber conocido personalmente a don Leonardo. Sin embargo, sí tuve la suerte de que él saliera a mi encuentro a través de sus obras. La primera vez que escuché hablar de él fue mientras cursaba mi primer año de Filosofía en el Seminario Arquidiocesano "San Juan María Vianney" de Piura, Perú. En aquel entonces era un muchacho muy curioso y amante de las lecturas filosóficas. Aún recuerdo con nostalgia que me encontraba en la biblioteca cuando algunos de los que estaban allí, mantenían una conversación sobre Polo. Iban y venían términos hasta entonces desconocidos por mí: acto de ser, esencia humana, hábitos, primeros principios, concausalidad, etc. Muchas de las conclusiones que resultaron de esa apasionante tertulia llamaron mucho mi atención. Y, como era de esperar en un muchacho de diecisiete años, comencé a leerle por mi cuenta para enterarme completamente de esos asuntos. Algo en mí intuía que Polo tenía mucho que ofrecer. Así que decidí arriesgar.

El primer texto que llegó a mis manos fue *La esencia del hombre*. Cuando vi el libro en uno de los estantes –y como aún me sucede cada vez que tengo contacto con alguno de sus libros– me emocioné hasta el punto que me brillaron los ojos. No obstante, esa emoción duró poco. Y es que, al leerlo, como suele ocurrir en la mayoría de los que recién se inician en la filosofía de Polo, no entendí absolutamente nada. Su modo de escribir me resultaba un poco críptico. Ahora que lo pienso, quizá por eso –como decía él mismo– se le acusaba de ser hegeliano[1]. Aún así, por alguna razón, no me desencanté de él. Algo absurdo quizá para quienes piensan que si no se entiende a un filósofo a la primera, lo que dice no tiene valor. Sin embargo, con Polo ocurrió todo lo contrario. Yo sabía que él apuntaba muy alto con los temas que trataba; y es que arrojaba mucha luz a medida que comencé a adentrarme en su pensamiento.

Recuerdo que por aquel entonces mi interés académico se fue inclinando hacia el ámbito de la ciencia; por tanto, lo que hice fue indagar en el *corpus poliano* acerca de cuestiones afines. Quedé enormemente admirado cuando me di cuenta de la magnitud de sus reflexiones acerca de temas

---

[1] "Como anécdota, se puede comentar que algunas personas han sostenido que dependo de Hegel. Sin embargo, si bien es verdad que me he ocupado de ese autor, nunca he sido hegeliano". POLO, L., *Antropología trascendental*, 12.

tan difíciles. Trataba los temas científicos con una pulcritud inefable. No era para nada un reduccionista, sino más bien –lo definiría así– era un *continuador*. Polo no era propiamente un científico, pero cualquiera que lo haya leído habrá notado esa gran habilidad para las exactas. Tenía un gran conocimiento de los fundamentos matemáticos de los diversos postulados y modelos. Ahora que menciono esto viene a mi memoria la vez en que, leyendo su *Introducción a la filosofía*, quedé anonadado al ver su capacidad para entablar una conversación con las ecuaciones newtonianas del sistema solar. Tal dominio del cálculo se debía a ese ingenio matemático y único que Polo tenía. A simple vista se notaba que poseía un fuerte ingenio y un bagaje no solo de la ciencia, sino también de la su historia. No obstante, no se limitaba a repetir ecuaciones, sino a sacar de ellas una verdad que tratase de expresar una parte de la realidad. Como el análisis de la luz física y la luz intelectual. Ese precioso tratamiento de la intencionalidad que zanja muchas aporías modernas sobre la dualidad objeto-acto de conocer. Es un logro de Polo el inclinar la balanza hacia lo que de *verdad* importa. Y es justamente una de las cualidades que admiro y admiraré de don Leonardo: ese gran celo por la verdad. Encontrar verdad en las cosas más sencillas de la vida cotidiana. Sabía cómo justificar sus discrepancias con los filósofos de las diversas etapas de la Historia de la Filosofía, con la verdad por delante. Penetraba las cuestiones 'obvias', porque sabía que siempre valía la pena detenerse en lo '*obvio*'. La gente piensa que lo que se conoce se conoce del todo y ya. No hay más. El practicismo incita a dejar las cosas en el aire, y mientras deje beneficios, no es necesario ningún otro esfuerzo de índole intelectual. Con Polo aprendí que no es así, que lo que resulta y aparenta ser todo lo que hay, es simplemente una ilusión. Las cosas no se conocen del todo por medio de un nivel cognoscitivo. Hace falta subir de nivel, si es que uno quiere conocer temas más altos. Y para encontrarlos, no hace falta encerrarse en una biblioteca. Es en las cosas ordinarias de la vida humana donde las cuestiones más profundas encuentran su solución. Al mencionar esto recuerdo que Polo descubrió su método, precisamente, mientras hacía algo *común*: pensar[1]. ¿Cuál

---

[1] "Eso se me ocurrió de repente, y punto. Estaba pensando acerca del pensar y el ser, y cómo tenía que ver el ser con el pensar; entonces me di cuenta de que al ser no podíamos llegar mientras no se abandonara la suposición del objeto, porque la suposición hace que el objeto sea limitado y un conocimiento limitado no puede ser un conocimiento del ser si

es la clave de estas hazañas? Admirarse. La filosofía, según Polo, no inicia su andadura solo desde los libros o presupuestos de la tradición. Filosofar es admirarse, detenerse en eso que nos llama la atención. Pero no se trata de una admiración pueril, infantil y momentánea, sino una puesta en marcha del pensamiento.

Admirarse es despertar de ese letargo causado por la pereza mental de la buena vida. Filosofar es pensar, es pararse a pensar, como solía decir. Esta es una de las enseñanzas que destaco de don Leonardo, 'no ser un filósofo de escuela, un simple testamentario de la tradición'. Y es quizá por esto, que si me preguntan qué es lo que más admiro de don Leonardo, es su sencillez para mostrar sus ideas. La virtud poliana se centra en la libertad, noción clave –precisamente– en la antropología de Polo. No es más libre el que decide, sino, el que *acepta*. La vida intelectual reflejada en sus obras siempre me ha dejado un sabor a libertad y humildad. Todo descubrimiento es a modo de 'propuesta', porque todo conocimiento tiende a la Verdad, y quien anda en la verdad, es libre.

Leer a Polo caló profundamente en mí. Despertó mi interés por la Teoría del conocimiento, la Antropología trascendental, la Ética y la Filosofía de la naturaleza. Constantemente caía en la cuenta de que Polo tenía razón en muchísimas de las cosas que decía en sus libros. La vida misma me las confirmaba. "¡Pero esto es exactamente lo que Polo decía!". Me quedaba atónito al relacionar su teoría con mi experiencia. Así pues, fue tanta mi emoción al descubrir "casi por completo a Polo", que un 10 de agosto del 2021, fundé la *Comunidad Filosófica de Amigos Leonardo Polo,* un lugar en la red social *Facebook* dedicado a divulgar el pensamiento de don Leonardo. Hasta el momento ya somos casi 600 polianos en el grupo, y resulta satisfactorio el saber que Polo poco a poco se da a conocer a más gente. Y es que –como un día me dijo Juanfer Sellés– con Polo no hay pierde.

El pensamiento de Leonardo Polo es un manantial del cual brotan vertientes que pueden hacer mucho bien a la humanidad. Su riqueza de pensamiento no termina de agotarse. El método del *abandono del límite mental* será uno de sus mayores aportes a la filosofía. Además, sus frutos abundantes se notan también en otras ramas como la teoría del conocimiento,

éste se toma en sentido trascendental". FRANQUET, M.J., "Trayectoria intelectual de Leonardo Polo", *Anuario Filosófico*, XXIX/-2 (1996) 303-22.

antropología, metafísica, física, psicología, etc. Sin duda, Don Leonardo es un pensador prolijo, recuperador sistemático, continuador, y, sobre todo, distinguidor. Sabe manejar y corregir las distintas filosofías. Sabe continuar y ampliar la tradición filosófica. No deja de lado ningún pensamiento que pasa por sus manos. Su autenticidad es, tal vez, más notoria en ese manejo minucioso y delicado de la *persona*, pues ésta es, para él, la realidad más alta. Gracias a él sabemos que una persona no existe en solitario, es imposible. La persona es coexistencia, apertura. La persona humana es también abierta al universo físico, a otras personas humanas, y a Dios. El gran legado que nos dejó es sin duda un tesoro intelectual y un patrimonio que necesita enseñarse por todos los rincones de la tierra.

Jorge Merino García
Estudiante de Lengua y Literatura
Universidad Nacional de Piura
Piura (Perú)
jorgemerinogarcia6@gmail.com

74. SPERANZA MIGUE: *NO TWO SUBJECTS ARE ENTIRELY EQUAL... THIS IDEA HAS HELPED ME UMPTEEN TIMES*

It has been most refreshing to engage with the insights Leonardo Polo has left us on the human person. I have really appreciated his thought, particularly after experiencing first-hand the aftereffects of the apartheid system in South Africa. One thing is knowing the dignity of the human person, and quite another is giving reasons to back that knowledge. Leonardo Polo has provided concepts which serve as the very means to delve further into why and especially 'what' of the human person: why he exists, what is his purpose. I find Polo rather daring in pointing out the continuum of the human person towards the origin of the personhood in God, in an age where contemporary thinkers shy away from benefitting from an awareness given us by Christian tradition.

One of his ideas that assists me in explaining some concepts, or even looking for balanced solutions is the concept (not verbatim), that no two subjects are entirely equal, and between them a hierarchy exists. This idea has helped me umpteen times. His extensive development on the Theory of Knowledge has helped me explain with some depth matters needed in my work in teaching auditing. It goes without say, the clarity given in his Transcendental Anthropology, which among other things, hat has come in so handy in diffusing ideas on man's affectivity, which is a topic of great interest in my circles.

Speranza Migue
Accountant
PhD in Philosophy
Strathmore University
Nairobi (Kenya)
smigue@strathmore.edu

75. MARTA MIJANGOS CASTELLANOS: *"POR SUS FRUTOS LOS CONOCERÉIS"*. *LA ANTROPOLOGÍA TRASCENDENTAL DE LEONARDO POLO EN MI VIDA*

Solamente soy "filosofa nata" como lo es toda persona que al silenciarse escucha claramente en el hontanar de su corazón las preguntas existenciales: ¿Quién soy? ¿De dónde vengo? ¿A dónde voy? ¿Con quién voy? En esta búsqueda, necesitaba ir más allá del conocimiento que en los clásicos me había encontrado, pues me resultaba imposible alinear la realidad de la persona a la noción aristotélica de hombre, o a la definición boeciana de persona donde la relación es un accidente y el amor una pasión. No podía comprender cómo la riqueza de cada persona que es irrepetible pudiera ser contenida en una naturaleza dada y acabada, aunque esta fuera racional.

Sabía que la persona es un misterio y, como tal, inabarcable por la razón, pero intuía que existían caminos para, al menos, atisbar este insondable misterio. Deseaba, sobre todo, conocer la intimidad de la persona humana. Así pues, tirada por lo que me gusta llamar "pasión por la persona", llegué a la *Antropología trascendental* de Leonardo Polo.

Mi espiritualidad hunde sus raíces en la espiritualidad de los padres y las madres del desierto de los primeros siglos del cristianismo, de ahí que mi trabajo espiritual no consista en hacer sino en ser y su método en escuchar, "escuchar para ser"[1]. ¿A cuento de qué viene aquí este comentario? Silenciarse, acallar el cuerpo, acallar la mente y escuchar, abandonar el

---

[1] Título de uno de los libros de Franz Jalics.

conocimiento objetivo para, por medio del ejercicio de los hábitos innatos y adquiridos advertir, encontrar, alcanzar y acceder a maneras superiores de conocimiento. Abandonar el límite mental para alcanzar el acto de ser personal: coexistencia libre, conocer personal, amar donal.

Tengo para mí que ha sido gracias a mi espiritualidad que no siendo filósofa por formación me resulte tan atractiva y enriquecedora la *Antropología trascendental*. Si fuera filósofa académica, me aventuraría a fundamentar la espiritualidad de los padres y las madres del desierto en la *Antropología trascendental*, buscaría puntos de coincidencia entre ella y el *Tanto cuanto* de Ignacio de Loyola, y, ¿por qué no?, con las expresiones *El siglo XXI será místico o no será* de Malraux y *El cristianismo del siglo XXI será místico o no será* de Karl Rahner.

En definitiva, la *Antropología trascendental* de Leonardo Polo me ha acercado de una manera holística, integral y trascendental al misterio de la persona. Responde a, y a la vez las mantiene vigentes, las preguntas existenciales innatas en toda persona porque la persona es *además*. Desde ella he podido ver a cada singular persona en sus circunstancias específicas y asimismo a los acontecimientos sociales con más realismo y profundidad. He logrado alinear mi experiencia de vida en sus diversas dimensiones, con la doctrina trascendental y sobrenatural que la sustentan e iluminan, suscitando en mí una sensibilidad que me permite percibir las circunstancias, los acontecimientos, las personas, la naturaleza, desde la integración de sus diversas dimensiones (visión unitaria) y, por lo mismo, de una manera más realista, más profunda y más vital.

He encontrado un mapa conceptual que da cuenta de mi experiencia íntima y de la de las personas que me han abierto su "mundo interior". La dignidad de la persona, el valor sagrado de la vida humana en cualquier estado y condición, ya no son para mi meras formulaciones etéreas, sublimes, sobrenaturales sino realidades familiares a las que me voy acercando, alcanzando, gustando como las olas a la playa.

Estos son apenas algunos de los grandes beneficios que la doctrina de Don Leonardo ha traído a mi persona y a mi vida. Un árbol bueno solamente puede dar frutos buenos. Gracias Don Leonardo.

Marta Mijangos Castellanos
Tres Licenciaturas
Maestría en Ciencias para la Familia
Doctoranda en Bioética
Monterrey –Nuevo León– (México)
mijangos.marta@gmail.com

76. ELDA MILLÁN GHISLERI: *ABRE UNA PERSPECTIVA COMPLETAMENTE NOVEDOSA*

No he tenido la suerte de conocer personalmente a Leonardo Polo. Mi primer contacto con su pensamiento fue gracias a mi profesora de Antropología de la Educación Consuelo Martínez Priego durante mis años universitarios de los estudios de Magisterio y Psicopedagogía. Durante varios años estudiamos *Quién es el hombre* y *Ayudar a crecer*. Recuerdo la complejidad inicial que me supuso comprender la profundidad de aquello.

Poco a poco, fui adentrándome en el pensamiento de Polo y *necesitando más*. En una tutoría con esta profesora le comenté mi interés por el pensamiento de Polo y me invitó a las Jornadas Filosóficas de Polo que se han ido celebrando durante años en Madrid y Pamplona. Recuerdo con cariño ahorrar en esos años universitarios para viajar a Pamplona y poder participar de esas jornadas. En muchas de ellas –al carecer de formación filosófica– no alcanzaba a comprender bien el significado de lo que los diferentes profesores de gran talla intelectual comunicaban. Sin embargo, y a pesar de no comprender bien, era consciente de estar participando de algo sublime. Esto también se unía a la familiaridad que percibía en el trato entre los polianos y de la que me hacían partícipe. Me parecía una afortunada por con 18, 19, 20 años, estar disfrutando de todo aquello.

Terminada la carrera, hice el doctorado en la Universidad Complutense de Madrid y redacté mi tesis doctoral sobre los fines de la educación contemporánea a la luz del pensamiento de Polo. Recuerdo la curiosidad del Tribunal –mayoritariamente no experto en Polo– por aquello del *abandono del límite mental.*

A día de hoy, mis clases de Teoría de la Educación, así como el trato personalizado con los alumnos y la investigación que hago, procuro realizarlos bajo la perspectiva de la antropología trascendental. Concretamente, pienso que conocer que la persona es *además*, con todo lo que ello conlleva, abre una perspectiva completamente novedosa y amplia al quehacer educativo y las relaciones con otras personas.

Elda Millán Ghisleri
Dpto. de Orientación Académica
Vicerrectorado de Desarrollo y Ordenación Académica
Universidad de Villanueva
Madrid (España)
emillan@villanueva.edu

77. FR. PAUL CIRIL MIMBI: *THE MAIN REASON I TOOK NOTICE OF HIM IS BECAUSE OF HIS MANNER OF PUTTING SOME THINGS SO WELL*

Leonardo Polo is a brilliant mind… He clearly has something to say in the world of ideas. The main reason I took notice of him is because of his manner of putting some things so well… It is clear that there are some areas I do not fully agree with him (e.g. his method of the abandonment of the mental limit) but I suppose great thinkers like Polo are more entitled to their opinions than midgets like us…

I have always held that his first contact with philosophy was with "system philosophers" –the Enlightenment crowd–. This I presume skewed the development of his method… I wish he had first had contact with the classical thinkers (Aristotle, Plato, Aquinas, etc.) before reading the likes of Heidegger, Hegel and Descartes; his contribution would have been greater in my view.

The task of his disciples should mainly be to make him more palatable and accessible to all.

Fr. Paul Ciril Mimbi
Priest
Professor of Methaphysics
Stratmore University
Nairobi (Kenya)
pmimbi@gmail.com

78. Sonsoles Miquel Uzquiano: *Desde aquel día contó con toda mi atención.*

Debo comenzar este escrito haciéndoos saber que el primer contacto con D. Leonardo Polo lo tuve al poco de comenzar la Universidad, concretamente en mi primero de carrera y sucedió en unas circunstancias algo anecdóticas. Acababa de comenzar el doble grado de Derecho y Filosofía (muy reputado por aquel entonces entre los alumnos de la Universidad), vivía en el C.M. Olabidea junto a otras tantas compañeras y la verdad que en lo último que pensaba en aquellos días era en mi carrera; parecía como si ésta no fuese conmigo.

Resulta que una de las asignaturas en las que me había matriculado era Fundamentos de Filosofía, que impartía el profesor D. Enrique Alarcón, sevillano, de aspecto aparentemente muy serio y formal. Al mes o a los dos meses de comenzar nos examinó del *Gorgias* –si no me equivoco–, examen que tuvimos que firmar (algo inusual para mí) y posteriormente debíamos concertar una cita personal con él. ¿Por qué y para qué? Nadie lo sabía, era todo un misterio.

En mi caso, no recuerdo cuanto tiempo pasó entre el examen y la cita, pero lo que sí recuerdo es que estuve esperando y que D. Enrique llegó tarde. Muy amablemente me invitó a pasar a su despacho, se sentó en su silla y comenzó a hablar. Sé que tuvimos una conversación agradable, fluida y me dio la impresión de que le caía bien, él a mi también. Ahora bien, no sé en qué momento la conversación se tornó más personal y D. Enrique, que apenas me conocía, ni corto ni perezoso enumeró tres aspectos de mi persona que, parecía, a mí también me resultaban desconocidos. Y al hacerlo, o antes de hacerlo, me miró muy seriamente y me dijo: "Mire usted, Sonsoles. A mí una vez el gran maestro D. Leonardo Polo me dijo muy sabiamente que yo era un caballo de carreras. Un caballo que es capaz de rendir mucho en muy poco tiempo, pero que de normal necesita descansar, reposar. Y lo mismo le digo a usted: es usted un caballo de carreras, y no de tiro y por eso necesita usted descansar, necesita dormir. Téngalo muy presente".

Yo cuando escuché aquello me quedé atónita. En cierto modo, en mis adentros, le di la razón: efectivamente era todo un caballo de carreras, de los más rápidos, sin lugar a dudas. Ahora bien, el tema del descanso no me encajaba: ¡pero si yo solo descansaba por aquel entonces, mi vida era todo ocio, todo diversión! La verdad que no quise contradecirle, pero debo reconocer que mi cabeza cortocircuitó. No sé si mi cara me delató o no pero sí recuerdo que en mi interior agradecí a Polo ser tan comprensivo con personas como nosotros; desde entonces contó con toda mi simpatía.

Mi segundo contacto con Polo fue, lo que podría llamarse, un encuentro anónimo. Tiempo después descubrí que en ese encuentro estaba presente Polo, pero en aquel entonces no lo sabía. Resulta que el que sí estaba presente en esta ocasión, incluso físicamente, es, de nuevo, D. Enrique Alarcón.

Ahora bien, antes de comenzar mi relato, debo haceros saber algo: yo decidí estudiar filosofía porque buscaba respuestas personales –que no teóricas– acerca de la vida y de mi vida. Buscaba acrecentar mi saber en la línea del *quién* soy. Por aquel entonces pensaba que estudiar filosofía era una gran idea, pues me permitiría encontrar todas aquellas respuestas a mis preguntas; en consecuencia, podría conducir mi vida con un sentido y una *ratio* más plenos, minimizando así el margen de error. Pues bien, nada de eso encontré durante varios años de carrera; de hecho, debo decir y, creo, debemos reconocer todos, que mucho de lo que se estudia en filosofía es una autentica bazofia, pura paja, que no suma sino resta y que no aporta luz sino oscuridad.

A pesar de todo, hay unas cuantas asignaturas (y profesores) que sí arrojan rayos de luz a tu vida, que te abren nuevos horizontes, que te invitan a reflexionar acerca de las cuestiones que te son más excelsas, más elevadas, más lejanas y más inalcanzables y, al mismo tiempo, cuestiones que te resultan de lo más íntimas, de lo más identitarias, de lo más inquietantes. Pues bien, una de esas asignaturas que me hacía volar era metafísica, con Alarcón. La dinámica de las clases era siempre la misma: él entraba, se sentaba y se ponía a hablar, como si de un monólogo se tratase. Y tú, alumno, intentabas seguirle tomando apuntes como buenamente podías. Eran clases magistrales, en el doble sentido de la palabra, pues lograban sustraerte del tiempo y del espacio, elevándote y permitiéndote contemplar y disfrutar las realidades más trascendentales, aquellas respecto de las cuales nos sentimos profundamente atraídos.

Yo hacía tiempo que venía dándole vueltas a una idea que rondaba en mi cabeza. Como intuición, tenía pleno sentido, sabía que podía estar en lo cierto. Ahora bien, no veía el modo de que esa intuición se pudiese explicar, razonar, desglosar, en definitiva, que resultase argumentable, defendible. De hecho, desde un punto de vista meramente analítico no había por donde cogerlo y, por eso, nunca me atreví a formularlo en alto. Hasta que un día, en una clase, todo apuntaba a que lo que yo pensaba no era ninguna locura, por lo que me armé de valor para preguntar algo que, en cualquier otro contexto, podrían tildar de estupidez, y dije, no sin cierto asombro: "Pero entonces, Dios es nuestra propia intimidad", como tanteando a la suerte a ver si lo que decía era cierto. Se hizo el silencio y la gente se giró para mirarme. El profesor me miró fijamente y me dijo: "Efectivamente, Sonsoles, está usted en lo cierto. Ya lo decía S. Agustín, padre de la Iglesia: Dios es más íntimo a nosotros que nosotros mismos". Y, de nuevo, mi cerebro cortocircuitó.

No podía creer que Dios, que es otra persona, otro Ser, fuese nuestra propia intimidad. En mi corazón tenía pleno sentido, pero en mi cabeza no gozaba de sentido alguno, me parecía una contradicción. ¿Cómo iba a ser eso posible? ¿Cuáles eran los entresijos de la relación Dios-hombre para que la realidad fuese tal? ¿Qué tipo de vínculo tenemos con Dios, y Dios con nosotros? ¿Hay ahí una identidad y, al mismo tiempo, una diferencia? –Raro total– pensaba.¿De qué va todo esto?; ¿qué tipo de juego es este? –me planteaba–. ¿Cómo va a ser Dios, un Ser distinto a nosotros, nuestra propia intimidad, identidad? –me decía a mí misma–. No daba crédito.

En realidad, lo que me había movido siempre y lo que me movió a estudiar filosofía era resolver esta cuestión: qué tipo de relación metafísica-ontológica hay entre Dios y los hombres. Entender esta relación filial me permitiría entender *quién* soy (o eso creía) y, en consecuencia, dilucidar *qué* hacer (nada ambicioso). Pues bien, no fue hasta cierto tiempo después, concretamente tres años más tarde, cuando caí en la cuenta de que estas cuestiones las trataba directamente Polo en sus escritos, y las hacía más fácilmente accesibles Juan Fernando Sellés en los suyos.

Fue en el primer cuatrimestre de sexto de carrera cuando, en mi primera clase de Antropología Metafísica –que impartía Juanfer– escuché la exposición del profesor y me quedé pasmada. A medida que escuchaba me iba quedando más fascinada y me decía a mí misma: "Esto es lo que yo buscaba. Esta es la razón por la que decidí estudiar filosofía. Esto es lo que realmente me interesa y me interpela personalmente". Y desde entonces, si Polo ya me había llamado la atención con lo de ser un caballo de carreras, desde aquel día contó con toda mi atención.

Sonsoles Miquel Uzquiano
Licenciatura de Derecho y Filosofía
Madrid (España)
smiquel@alumni.unav.es

79. MÓNICA MOLINA: *ESE MENSAJE TAN EXACTO, TAN PUNTUAL Y AL MISMO TIEMPO TAN GRANDE, SOLO PODÍA TRANSMITIRLO, UN NAVEGANTE RECIO, SERENO, PACIENTE, HUMILDE*

Existe en una región cercana al norte del mundo, un continente que han llamado Europa. Ha sido la cuna de la civilizaciones griega y romana. En ella, los hombres, desde antes del tiempo, tuvieron la audacia de intentar comunicarse con sus dioses. Y fue naciendo así una forma de pensar que ante semejantes ejercicios de diálogo, evolucionó hasta llegar a lo que ahora llamamos antropología. La antropología, en resumen, es la manera más justa de explicar al hombre.

En esa región mediterránea, nacieron Sócrates, Platón y Aristóteles. Es difícil comprender cómo es que se preguntaron y entendieron tanto. Sin duda, por poseer grandes intelectos, pero también por algún tipo de soplo divino. Lo cierto es que, de entre todos los temas que dejaron plasmados de manera prolifera, no hablaron de una de las más importantes virtudes. Tuvo que surcar los mares acechados por tormentas de nihilismo, las calmas olas del personalismo y el manso espejo del fideísmo, un Odiseo, que encarnó en persona, la virtud de la humildad. De manera que pudiéramos ahora, comprender verdaderamente, quién es el hombre. ¡No qué! ¡Sino quién!

Habría que entender que ante semejantes despliegues de la naturaleza, en el Egeo, y después el Mediterráneo y el Mar del Norte, el hombre ha parecido a veces quizás, un ser más de esas vastas regiones trasparentes. Bastante inútil y poco más que un *"copy/paste"* de su Dios único, del que advirtió el navegante más audaz de todos, uno que se hizo llamar Pablo.

Pero regresando a aquel Personaje, que se llamó Polo, su humildad fue tal, que no se conoce momento en el que se mencionara a sí mismo. Y si embargo su voz fue tan fuerte, que ha resonado ahora, hasta en estas regiones centrales y sur del mundo. Pues ha sido llamado a surcar otros mares, que lo han recibido con los brazos abiertos. Y es que su mensaje lleva todas esas ideas a otros límites. De hecho. Tres fuertes palabras que son una de las claves de su pensamiento son: abandono del límite mental. Esto es a veces difícil de entender para los adultos, no así para los niños que, como él, viven en esas regiones, casi de continuo. Y eso no ha sido dictado solo en clases de filosofía, sino ante todo con amigos, caminando pasillos, con el periódico bajo el brazo, pensando. O en una partida de ajedrez, o comiendo unos chocolates.

En todo momento fue capaz de introducirse ahí adonde ya lo habían hecho sin duda los aristotélicos, y también, claro que sé, el gran Santo Tomás de Aquino, las dos personas con quienes más ha dialogado. De hecho, con ellos, como en un partido de *squash*, él ha sido capaz de tomar la pelota que venía con fuerza y poner la raqueta de tal manera, que ha quedado en la mejor de las posiciones. En esa esquina adonde después casi ya no hay manera de hacer otro punto.

Pues su pensamiento es completo, exacto, sin remates violentos salidos de la cancha, sin ideas revanchistas. Logra medir todo y apuntar ahí donde faltaba estar. Su abandono del límite mental propio, es decir, la manera en la que él mismo, seguramente, hizo ese ejercicio que propuso como clave para conocer al hombre, es, sin duda, uno de los dones más grandes que ha recibido la humanidad.

Don, regalo puro, seguido de dones y dones y más dones. Porque un hombre así, que tuvo la valentía de surcar esos mares, tremendos a veces, y entrar en esas partidas con tanta exactitud y delicadeza, no hizo más que vivir desde lo que él bien describió como el núcleo personal. Desde ahí fue, y por eso sigue siendo un maestro, que antes de terminar de mostrar sus mayores hallazgos, se sabía ya, en una libre co-existencia cognoscente y dedicada a amar.

Por eso es que mencionar a los tres griegos viene al caso, en el inicio de esta historia, porque habiendo sido ellos un punto de inflexión, aportaron sin saberlo a las vías en las que ahora somos capaces de entendernos. Polo hace un poco de lo mismo, pero también mucho más. Porque describe las perfecciones o trascendentales que somos. El amor personal, el conocer personal y la coexistencia libre. Y este es el *quid* de su humildad. Habiendo vivido lo que entendió, se sabe portador de un mensaje, más que conquistador de una lucha. Lo hace desde su cátedra serena y creciente, hasta la fecha, desde su queridísimos y cercanos discípulos, rodeado de alumnos de distintas nacionalidades y oficios, que hemos ido entendiendo la magnitud del descubrimiento encontrado dentro de las murallas medievales. No se ha tratado pues de contradecir a Santo Tomás de Aquino por osadía, sino por don recibido, para explicar así que no es la fe sola, y recibida, la que sale al auxilio del hombre indefenso para instruirle. Tampoco de seguir un pensamiento psicologizado de un yo hipertrófico, tan de moda en su tiempo, en el que se ha recorrido desde los tan externos sentidos y sus pasiones, hasta el más profundo sentido del sufrimiento.

Uno de los dones de Polo es que no ha caído en aceptar y prolongar formas de pensar que sin duda, en su abandono del límite, descubrió insuficientes. El hombre que Polo logra comprender y describir es muchísimo más. Es el ser personal que siendo único ha de dirigirse a un fin, creciendo hacia adentro, de manera ilimitada incluso en la eternidad. Ese hombre, pues, pone en suspenso a la más audaz de las inteligencias, y hace ver el mar Egeo, como una simple y sencilla pálida realidad, ante la que nosotros somos. Una transparencia en ocasiones opacada y sí hasta burda, ante esa a la que hemos sido llamados los más pequeños.

Eso es también fuerte en Polo, haber señalado, que más que tener, grandes inteligencias, o recias voluntades, ¡somos! No llevamos, nada. Lo somos. Somos ser personal, único, trascendente. Creados en una llamada que nos interpela a dirigirnos en el descanso de la coexistencia libre, para conocer cada vez, de manera más fina, ese Amor al que hemos sido convocados. Ese mensaje tan exacto, tan puntual y al mismo tiempo tan grande, solo podía transmitirlo, un navegante recio, sereno, paciente, humilde, que no corriera el riesgo de pensarse un Odiseo, un Aquiles, o hasta un Zeus. Un hombre que supiera discernir la gran dignidad que no podemos terminar de comprender y ponerla como quien desarma una bola enredada de lana sobre la tabla de una mesa. Todo en el calor de una tertulia o en una cena de amigos.

Este cuento de niños, ojalá, le hubiera hecho reír, porque su risa era fácil, y las personas humildes, que se sienten siempre incómodas cuando se les menciona, prefieren reírse de sí mismos que alardear. También porque su Madrid de la postguerra, tenía poco, si no nada que ver con el Egeo. Y ahí está quizás también uno de sus grandes méritos. Sabiéndose capaz, se dedicó a la tarea, sin importarle tanto las circunstancias. No esperó a ser escuchado por el mundo para informar, ni a tener la más importante de las cátedras para investigar. Desde la cultura alemana de su cuna académica, entendía perfecto que no hablaba desde Heidelberg, ni desde Göttingen, ni desde Berlin. Hizo lo que comprendió debía, y estuvo en ello. Ahora su mensaje surca los mares de todos los continentes. Quisiéramos haberlo conocido, todos, muchos incluso, hemos pedido en algún momento de su vida ir a preguntarle como se atrevió, de dónde nació tanto, y sobre todo, de qué magnitud han sido las fuerzas.

Mónica Molina
Psiquiatra
El Salvador (El Salvador)
monicademolina@iclo

80. RAFAEL MONTERDE FERRANDO: *LEONARDO POLO: EL FILÓSOFO DE LA FILIACIÓN DIVINA*

Cuando uno es invitado a escribir un testimonio sobre una persona como Leonardo Polo puede sentir que es una tarea demasiado eminente para él. Pues lo que yo diga está limitado, por un lado, por mi experiencia personal y, por otro lado, por mi capacidad intelectual. Por eso, considero que todo lo que se puede decir de una persona es pobre, precisamente porque el misterio que oculta cada uno solamente puede ser conocido por el propio Dios. Así que espero ser lo más fiel a la verdad que pueda, sabiendo que el valor de la vida y la obra de este gran maestro solamente puede ser juzgado por el Creador.

Si hay algo que he aprendido de la tarea filosófica acercándome a la obra de Leonardo Polo es que la vida intelectual se desarrolla y crece en relación con Dios. Precisamente porque la vida personal consiste en eso: aprender a poner la mirada más allá de lo pensado y acceder a aquello que no puede ser tenido por uno mismo, es decir, dejarse tener por Otro que me da el ser. Así es como interpreto yo el método del abandono del límite mental. Lo que he aprendido leyendo a Polo es que la vida personal es un aprender a abandonarse en las manos de Dios para hacer filosofía. En cierto modo, éste es el sentido mismo del amor a la sabiduría. Consiste en comprender que la verdad no es algo que nos pertenece, sino que nos eleva y nos arrebata con su belleza. Y Polo, como filósofo cristiano, desarrolla con su método ese saber abandonarse filialmente en Dios. En un contexto cultural como el nuestro, en el que el pensamiento está orientado hacia la acción estratégica y la obtención de resultados, la obra de Polo es sumamente reveladora.

Considero que Polo sabe recuperar y exponer en qué consiste el amor a la sabiduría para un cristiano del siglo XXI: es algo sencillo y difícil a la vez, pues es disfrutar y crecer siendo hijos de Dios. ¿Por qué? Porque ser persona humana consiste en eso. Lo que he aprendido leyendo a Polo es que la palabra persona esconde una realidad que puede devolvernos la capacidad para asombrarnos, porque es la abertura que necesitamos hoy en día para vislumbrar, aunque sea veladamente, la luz de la vida eterna. Polo, siguiendo su propio itinerario filosófico, expone en pleno siglo XXI la realidad de la persona humana, el significado de ser persona, con originalidad y, sobre todo, con la riqueza de su propia vida íntima. En cierto modo, con su obra nos manifiesta lo que él vivió en esta vida: es posible estar abierto a Dios porque "hacer filosofía" es descubrir cómo el corazón está radicado en Él. Creo que de eso habla cuando desarrolla su libertad trascendental en su obra filosófica. Sin ser directamente agustiniano, Polo comprendió que cabe pensar filosóficamente desde lo más íntimo de nosotros mismos: "interior intimo meo et superior summo meo" (*Confesiones*, III, 6, 11).

Por la radicalidad de su pensamiento, que, en mi opinión, es posible gracias a que Polo pensó desde la vida de la fe, su obra entronca con la tradición de la filosofía cristiana iniciada por los Padres de la Iglesia. Así lo explica él en la última de sus obras, *Epistemología, creación y divinidad*, cuando dice que su investigación sobre la persona humana, a la que define con el *carácter de además*, se asemeja a la de San Gregorio de Nisa. El santo griego se sirvió de una noción para explicar que el ser personal humano consiste en la esperanza: *epéktasis*. Una esperanza fundada concretamente en la peculiaridad de su ser personal: el movimiento propio de la vida personal se desenvuelve cuando está orientado hacia el ser divino porque el verdadero lugar en el que la persona humana puede encontrar su morada es el Corazón de Dios. Algo que Polo comprendió y que desarrolló filosóficamente a lo largo de su monumental obra filosófica y con su vida.

Si tuviera que sintetizar en una frase qué significa la *Antropología trascendental* de Leonardo Polo, me atrevería a decir –siempre en voz baja, para no entrar en demasiadas discusiones escolásticas– que con esta obra Polo consigue, en pleno siglo XXI, explicar filosóficamente en qué consiste la libertad y la vida de los hijos de Dios. En un mundo en el que cada vez se empaña más nuestra mirada con la neblina de lo que está sujeto al tiempo dándole la espalda a la eternidad, en el que el horizonte humano parece cerrarse más y más, donde parece que, otra vez, no hay nada nuevo bajo el sol, Polo nos dice que no hay que perder la esperanza, que no hay que desfuturizar el futuro y que la libertad consiste en eso, en ser capaces de desempañar nuestras pupilas con la luz de la verdad para mirarnos a nosotros mismos y al mundo con una mirada nueva, abierta a la eternidad. Polo nos permite con su propuesta filosófica trascender los límites intelectuales de nuestro momento presente y mirar más allá, hacia Dios mismo, para comprender que aún es posible aspirar a una vida más elevada, una vida más viva, si nos atrevemos a pensar por todo lo alto, como ad-verbios, junto al Verbo, orientados hacia Él, y vivir el tiempo actual con la verdadera esperanza personal, la de ser hijos de Dios.

Rafael Monterde Ferrando
Profesor de Humanidades
Universidad Francisco de Vitoria
Madrid (España)
r.monterde89@gmail.com

81. MARÍA DE UJUÉ MORENO ZULATEGUI: *LA FILOSOFÍA DE LEONARDO POLO HA APORTADO VERDAD, ALEGRÍA Y SENTIDO A MI VIDA*

Conocí la filosofía de Leonardo Polo porque tuve la suerte de cursar el Diploma de Filosofía, Ciencia y Religión del Instituto Superior de Ciencias Religiosas de la Universidad de Navarra. En este Diploma cursé asignaturas con Juan Fernando Sellés, como Antropología filosófica y Teoría del conocimiento, donde Sellés nos hizo accesibles las claves fundamentales de la filosofía de Polo.

Estoy muy agradecida a Polo y Sellés por haberme abierto la mente, aportado conocimientos sólidos y hacer posible una nueva manera de estar en el mundo. La filosofía de Polo destaca por su profundidad y su amplitud, abarcando todas las realidades, y su capacidad de explicar al detalle todas ellas. Nada le es indiferente y a todo aporta verdad. Sellés nos enseñó con paciencia y de manera sencilla claves filosóficas de gran relevancia. Comprendimos por qué Polo es uno de los grandes filósofos de la historia.

Como científica, me resulta de gran interés y ayuda la Teoría del conocimiento, para reconocer errores noéticos, identificar los objetivos y límites del conocimiento científico y saber valorar y conocer la realidad en toda su amplitud, más allá de lo material. Me ha permitido ser consciente de la gran profundidad con la que el ser humano puede conocer y ponerme a ello con todas mis capacidades.

Como docente, las enseñanzas sobre qué es ser persona desarrolladas en su Antropología filosófica han cambiado la manera en que me relaciono con otras personas, especialmente mis alumnos. El reconocer a cada uno como un ser personal, único, irrepetible, digno, amado, transcendente, con sentido, hace que ahora los trate de manera diferente. Procuro acompañarles con la dedicación, atención, alegría, responsabilidad y cariño que merecen. Gracias a Polo y Sellés veo su rostro. Mi labor como docente se ha enriquecido y ha ganado en sentido.

Finalmente, como creyente, la filosofía de Polo me ha sorprendido por su capacidad de robustecer, acompañar y renovar mi fe. El reconocerme como ser personal; el poder conocer a la Santísima Trinidad desde mi ser, además de por la Revelación; el identificar qué supone realmente la libertad; la realidad del pecado; el don del trabajo; la esperanza de un Dios misericordioso. Todo ello son regalos de Polo y Sellés que me acompañan cada día y contribuyen a dar sentido a mi vida, como una especie de brújula que te indica el norte verdadero, aún en la oscuridad.

En resumen, la filosofía de Leonardo Polo ha aportado verdad, alegría y sentido a mi vida. Les estoy profundamente agradecida a Polo y a Sellés.

María de Ujué Moreno Zulategui
BSc, PhD
Profesora contratada doctora
Departamento de Bioquímica y Genética
Facultad de Ciencias, Universidad de Navarra
Arruazu –Navarra– (España)
mumoreno@unav.es

82. MIGUEL ÁNGEL MUÑOZ FERNÁNDEZ: *UN ENCUENTRO AFORTUNADO Y FELIZ*

Todo comenzó cuando, intentando gastar una broma a un exalumno de Leonardo Polo, busque en *Internet* unos videos, donde en un aula se daban cita tanto los alumnos como un grupo de filósofos españoles debatiendo a modo de tertulia. Entre ellos estaba Leonardo Polo.

El tiempo transcurría, los filósofos seguían charlando, mientras los alumnos, después de agotar su interés por los temas en discusión, se distraían en otras cosas. Por fortuna los videos fueron retirados, ya que representaban la opinión ampliamente difundida de que la filosofía trata de temas abstrusos, oscuros y de difícil solución, sin interés para una inmensa mayoría; más difundida está la perplejidad que producen estas preguntas: ¿Hoy se puede seguir buscando la verdad? ¿Realmente existe una verdad atemporal y verdaderamente hay una Verdad? O, por el contrario, como dice Popper, es una búsqueda sin término.

Como hombre que soy, las preguntas se pueden traducir así: ¿De dónde vengo y a dónde voy? ¿Tiene la vida un sentido, pero un sentido congruente con mi ser persona? ¿La persona humana tiene potencialidades a desarrollar o simplemente ha de contentarse con llevar una existencia más o menos, sin sobresaltos, monótona y cómoda?

Polo va andando por un sendero orientado a lo largo de toda su obra y vida. Tiene en consideración toda la tradición filosófica anterior, antigua, moderna, y contemporánea, dado que el que filosofa compromete su persona y pensamiento, no se detiene ni en aporías, ni perplejidades, ni sincretismos, pues la filosofía no tiene por qué envidiar a cualquier ciencia positiva, ni copiar sus métodos, ni compartir su inagotable fuente de incertidumbres, ya que la mayoría no tienen fundamento ni admiten discusión. En las cuestiones de la filosofía en la historia Polo resuelve las cuestiones por elevación, con fundamento. No parte, como los filósofos modernos, del 'borrón y cuenta nueva', ya que su estilo es sistémico y no analítico, y hace auténtica filosofía, porque cuando trata de comprender a otros pensadores lo hace '*in melius*', nunca '*in peius*', es decir, trata de aprovechar la parte de verdad que pueden contener los pensamientos modernos, dando lugar a un pensamiento y filosofía abierta, evitando las detenciones en los diferentes niveles de conocimiento. El error es de la voluntad, de la persona que piensa. No se puede hacer autentica filosofía sin comprometer la vida.

El mayor hallazgo de Polo está en el pensamiento de Tomas de Aquino. Su distinción entre esencia y acto de ser. Tan importante en la Antropología Filosófica y directamente en la Teoría del Conocimiento, que por fuerza ha de ser nueva. Llevamos algunos siglos de retraso más o menos desde el XIV, y nos espera un pensamiento esperanzado y feliz por ser Leonardo Polo cristiano; y esto que voy a decir lo digo con convicción personal: La filosofía de Polo es continuación de la de Tomás de Aquino. Se precisa con premura rescatar del olvido de siglos el auténtico pensamiento. Y si se puede, de la forma de elaborar la filosofía en el medievo.

Miguel Angel Muñoz Fernández
Ingeniero Técnico Industrial
Madrid (España)
mamuf5030@gmail.com

83. GUILLERMO NAVARRO ÚBEDA: *LO ESPLÉNDIDO DE SU PENSAMIENTO ORAL*

Presento aquí un testimonio atípico. No conocí personalmente a Leonardo Polo y tampoco puedo decir que conozco la obra de Polo, al menos en cuanto a su teoría propia, por lo que, en rigor, no me puedo posicionar en cuanto a la propuesta de Polo. Mi único contacto con Leonardo Polo se debe a lo que él escribe sobre otros, en concreto, a su análisis sobre la modernidad. He dudado al respecto de escribir esta contribución y no sé qué pudiera aportar, pero en virtud de mi relación cariñosa con muchos polianos y mi agradecimiento a lo leído de su pensamiento, me he decantado por hacerla efectiva.

Debo decir que he podido leer completos dos libros de Leonardo Polo: *Claves del nominalismo y del idealismo*, en primera instancia, y, posteriormente *Evidencia y realidad en Descartes*. Estas lecturas son consecuentes con mi investigación filosófica. En el momento de escribir mi testimonio, soy doctorando de filosofía y mi tesis tiene como título *La prioridad metafísica de la potencia sobre el acto: el nominalismo voluntarista de Duns Escoto a Descartes*. La tesis de fondo implica la contraposición de los principios de la metafísica del acto aristotélico-tomista y su sustitución por una metafísica voluntarista de la prioridad de la potencia sobre el acto, lo cual ha generado el sustrato común de una pléyade de filosofías muy heterogéneas entre sí en sus determinaciones materiales, pero que comparten ese mismo paradigma formal, y que hoy denominamos filosofía moderna y postmoderna. Y, creo, si no traiciono a Polo, que esta es una tesis que está en su obra y que no es, desgraciadamente, muy popular en la academia de hoy en día.

Es obvio que si escribo este pequeño testimonio es porque el análisis poliano de modernidad me parece, sencillamente, espléndido. Puedo contar una anécdota al respecto. Cuando leí *Claves del nominalismo y del idealismo* le conté a la Dra. Genara Castillo que me había parecido una lectura maravillosa. Ella, como experta en Polo, me dijo que ese libro era fruto de apuntes de clase. No me lo podía creer. Por muchas correcciones que pudiera tener en su edición, el despliegue metafísico en la argumentación no era fruto siquiera de un pensamiento escrito, sino en vivo y en directo. Es obvio que, en general, dado que el pensamiento oral tiene la característica de su inmediatez, genera numerosas imprecisiones a la hora de comunicar las ideas, algo que apenas sucede cuando uno escribe y corrige una y otra vez lo que quiere decir hasta que encuentra satisfactoriamente la redacción adecuada. Además, lo que leí –algunos fragmentos con atención dada su profundidad– tenía muchísimo sentido y, por supuesto, ha arrojado luz sobre mi investigación.

Infiero, por tanto, que estamos ante un pensador de una altura que guarda tremenda desproporción con cualquier otro, al menos, en cuanto a nuestros tiempos modernos. Lo que he visto en Polo en este análisis no tiene parangón con otros ilustres pensadores que tratan, aun con acierto, el asunto de investigación que me involucra. Esto es lo que puedo decir, para que conste y sirva, si es que tiene capacidad de hacerlo, en post de la verdad.

Guillermo Navarro Úbeda
Profesor y Doctorando en Filosofía
Universidad de Navarra
Pamplona –Navarra– (España)
navarroubeda@gmail.com

84. JOSÉ NIETO POL: *NO DEJA DE SER SORPRENDENTE QUE TENGA TAN PRE-SENTE EN MI DÍA A DÍA A ALGUIEN QUE NO CONOCÍ EN VIDA*

Al cumplir 50 años me surgió la oportunidad de hacer el Grado de Magisterio. El Centro Universitario Villanueva (Madrid) ofrecía un modo semipresencial para hacer estos estudios, y por tanto compatible con seguir dando clase en el Colegio de Fomento Montecastelo, donde trabajo desde 1997 (Sección de Formación Profesional y también Secundaria y Bachillerato).

Consuelo Martínez Priego fue la profesora responsable de la asignatura de la Teoría de la Educación. Nos hizo disfrutar con la lectura, los foros y trabajos sobre el libro *Ayudar a crecer* de don Leonardo Polo. Este fue mi primer contacto cercano con su pensamiento, que me atrajo profundamente por su novedad, por su carácter integrador y porque encontraba aplicaciones prácticas del mismo en mi entorno profesional.

Me habían dicho que la lectura directa de otras obras suyas era muy difícil, y me aconsejaron comenzar por los libros de Juan Fernando Sellés. He disfrutado con la lectura y estudio de *Antropología para inconformes*, *Antropología de la intimidad* y *Teología para inconformes*. Tras hacer el primer curso para titulados universitarios sobre la filosofía de Leonardo Polo en la Universidad de Navarra, leí su *Epistemología, creación y divinidad*.

La lectura de estas obras hizo surgir en mí un respeto, afecto y cariño hacia don Leonardo, que he visto compartido por muchas personas. Sus enseñanzas sobre antropología (su propuesta sobre la antropología trascendental, con el cambio de paradigma que implica, si somos capaces de llevarlo a la práctica) han marcado mi desempeño profesional. Trabajo con niños de 6 a 12 años, y procuro no perder nunca de vista la grandeza de cada uno, su carácter único, y la novedad radical que traen al mundo. Me ha llevado a descubrir y gozar con la trascendencia que descubro en el trabajo que realizamos los maestros. Esto se lo debo a don Leonardo, y por ello le estoy agradecido y me siento en deuda con él. También recurro a él pidiéndole que sepa acertar en la ayuda que preste a cada alumno y a cada familia.

No deja de ser sorprendente que tenga tan presente en mi día a día a alguien que no conocí en vida. Sólo asistí a una conferencia suya en Valencia, entre los años 1980 y 1982, de la que no conservo recuerdo alguno.

José Nieto Pol
Licenciado en Derecho
Maestro de Educación Primaria
Colegio Montecastelo
Vigo –Galicia– (España)
jnietopol@gmail.com

85. BEGOÑA OLÁBARRI OLÁBARRI: *UN FILÓSOFO HUMILDE Y DETERMINADO*

La primera vez que oí hablar de Leonardo Polo fue en una conferencia de Juan Fernando Sellés en el Instituto Superior de Ciencias Religiosas de la Universidad de Navarra en 2017. Su propuesta antropológica primero me "descolocó", pero a medida que avanzaba la exposición me cuadró totalmente, aún cuando apenas hubo espacio para explicar lo más fundamental, y mi ámbito profesional es el de la clínica veterinaria (es decir, con una formación filosófica más bien reducida). A partir de entonces, me uní al grupo de "forofos" de Polo, y empezamos a estudiar su antropología y su teoría de conocimiento con la asistencia incondicional de Juan Fernando Sellés.

Y ésta es una aventura en la que se descubre a un filósofo humilde y determinado, en el sentido de que es un hombre que busca y gusta de "andar en verdad" (sobre todo a nivel de la intimidad humana), y no se arredra ante las dificultades que vayan surgiendo al pensar, sino que las afronta "parándose a pensar", despacio, sin prisa y con la confianza de que si él no la resuelve, otro que lo siga lo hará, ya sea matizando, ampliando o rectificando su propuesta. Igual que hizo él con Aristóteles y Tomás de Aquino desde la admiración. Y es que Polo es además un hombre esperanzado, y su propuesta está abierta a cualquiera que "se pare a pensar".

Creo que su propuesta filosófica resulta reveladora en muchos ámbitos, no sólo a nivel personal sino también en el científico. En mi ámbito, sorprende cómo muchos hallazgos de comentaristas aristotélicos medievales pueden iluminar y ayudar a entender nuestro conocimiento del comportamiento animal (etología), como es el caso de la descripción de la estimativa y su correspondencia con la impronta de Lorenz. Y esto creo que pone de relieve el valor de una observación contemplativa, sistémica, en la ciencia, y la necesidad de no reducir la ciencia a una observación analítica, empírica, mecanicista.

Begoña Olábarri Olábarri
Licenciada en Veterinaria
Bilbao –Vizcaya– (España)
bego.olabarri@telefonica.net

86. JAVIER ORMAZABAL ECHEVERRÍA: *FUE LO QUE DE VERAS ME ENSEÑÓ A PENSAR*

Supe de la obra de Polo muy pronto, incluso antes de saber quién era. En el colegio, en primero de bachillerato (año 2015), cuando aún no le ponía ni cara ni nombre, mi profesor de filosofía me regaló una copia de la *Introducción a la filosofía* de Leonardo Polo. Yo tenía una vaga idea de que quería estudiar filosofía, pero hasta entonces las únicas obras que me habían indicado tal posible camino eran las *Analectas* de Confucio, algunas novelas de Tolstoi y Dostoievski y, sobre todo, la *Apología* de Platón, porque un espíritu adolescente lleno de inquietudes intelectuales y abierto de par en par a la experiencia del asombro es fácilmente cautivado por el tipo de vida que propone Sócrates. Cuando leí la *Introducción a la filosofía* de Polo, fui algo más allá de la admiración y, por primera vez, me introduje en la apasionante actividad de la especulación. Recuerdo especialmente el pasaje en el que Polo explica las dimensiones del espacio y el tiempo, y lo recuerdo como el inicio de otra forma de vida, porque entonces aprendí lo que significa pensar y comprender el mundo que nos rodea.

Si entonces fue así, en primero de Filosofía aprendí lo que significa pensar acerca de lo que somos; no ya fuera, sino dentro, se descubrían los tesoros más fascinantes de la existencia. El profesor Murillo nos introdujo a la antropología de Polo a través de *Quién es el hombre* y, a partir de ahí, todo fue a más. Conocer al profesor Sellés fue, naturalmente, un punto de inflexión, puesto que sus clases y su amistad personal hicieron que, como diría él, se me pegase la fiebre.

Si en unas pocas líneas tuviera que describir la influencia de la figura de Polo en mi pensamiento, diría que fue lo que de veras me enseñó a pensar, al menos en un sentido especulativo, y que su teoría del conocimiento y su antropología me han abierto dimensiones totalmente imprevistas de continuación y profundización. Su teoría del conocimiento me ayudó a colocar cada cosa en su sitio y, sobre todo, a advertir la insuficiencia de las epistemologías de tipo fenomenológico. Su antropología, por otro lado, me regaló un antídoto definitivo contra el esencialismo, la cosificación, e incluso me abrió la puerta a una especulación teológica de otro orden, elevando la categoría relación a un plano fundante –el de la filiación– y permitiéndome ver el espíritu del hombre como un cristal atravesado por Dios.

Pero si tomase el pensamiento poliano en su conjunto y su método como legado –método, que no sistema–, diría que me abrió caminos para una consideración trascendental de la belleza. Siempre me ha interesado la estética, más como reflexión acerca del trascendental belleza que como teoría del gusto subjetivo en clave moderna. También ha sido siempre el trascendental que más me ha costado comprender, y desde mis primeras lecturas de Polo supe que, sobre todo desde la antropología trascendental, era posible elaborar una fundamentación de la estética que integrara todas las dimensiones de lo bello, desde su estatuto de *nomen divinus* hasta su encarnación artística, pasando por su relación con la antropología y la metafísica. El conocimiento simbólico poliano ofrecía una perspectiva desde la que la belleza no era reducida a objeto por medio de razón discursiva.

Javier Ormazabal Echeverría
Licenciado en Filosofía
San Sebastián –Guipúzcoa– (España)
formazabal@alumni.unav.es

87. D. José Víctor Orón Semper: *A POLO HAY QUE COLOCARLO A LA ALTURA DE LOS GRANDES FILÓSOFOS DE LA HISTORIA DE LA FILOSOFÍA*

No tuve la suerte de conocer a D. Leonardo Polo en persona ya que llegué en el 2012 y el falleció en el 2013. Lo conocí inicialmente a partir de los comentarios de Juan Fernando Sellés y José Ignacio Murillo. En conversaciones con ellos descubría la propuesta filosófica de Leonardo Polo como robusta, bien trabada y con mucha potencialidad para tomarla como base de mis investigaciones. Cuando inicié la tesis la entrada en el *corpus* poliano fue ya total.

No me presento como un investigador poliano, entre otras cosas, porque siento que aún me falta profundizar más a pesar de tener controladas las obras centrales suyas. Al inicio, leerle me costaba tiempo y cada página necesitaba ser leída un par de veces. Luego descubrí una forma de lectura más fructífera y era seguir leyendo incluso a pesar de no entender hasta tener un capítulo completo y luego volver a leerlo entero. Descubrí entonces el gran rigor de Polo, la dificultad del texto reside en que toda palabra tiene un significado concreto y es necesario comprender cómo él carga de significado cada palabra. Incluso palabras que al lector le suenan familiares conviene preguntarse qué significan en la propuesta de Polo. Esto hace que cuando conoces su vocabulario la lectura se vuelve lúcida, reveladora y amplia la mirada. Agradezco tremendamente que Polo no haya optado por un lenguaje divulgativo que descafeína la propuesta.

La lectura de su obra permite encontrar un robusto suelo a las grandes afirmaciones sobre la persona. Su capacidad de aprovechar lo mejor de cada filosofía le convierte en un interlocutor increíble para poder entender a otros tantos filósofos. Su forma fresca y bien humana de entender los grandes temas permiten tener una comprensión bien abierta y sugerente que da capacidad de poner dichos temas en relación con el corazón de la persona.

Al referirme a la robustez de su obra quiero señalar que se descubre una coherencia entre todas sus aportaciones y todas nacen, a mi parecer, de la comprensión del ser humano. Es decir, haber afirmado quién es el hombre es coherente con su ética o con su teoría del conocimiento u otros temas. Por eso Polo no conviene que sea considerado un filósofo-pensador como otros muchos que lo que aportan son interesantes reflexiones sobre ciertos temas, pero que no dan recursos para articular aproximaciones a otros temas. A Polo hay que colocarlo a la altura de los grandes filósofos de la historia de la filosofía que ofrecen un *corpus* completo de pensamiento.

Además, descubrir cómo Polo ha sabido hacer concreciones de sus grandes propuestas en temas sectoriales muestra su potencialidad. Con ello deja el camino abierto a que otros muchos podamos usar su marco filosófico para adentrarnos en otros tantos campos.

Sencillamente, ¡gracias Don Leonardo!

José Víctor Orón Semper
Sacerdote Escolapio
Profesor Contratado Doctor
Asesor educativo
Universidad Francisco de Vitoria
Fundador del proyecto educativo UpToYou
Madrid (España)
josevictororon@gmail.com

88. MARÍA DE LOS ÁNGELES PADILLA LAVÍN: *TESTIMONIOS SOBRE LA IN-FLUENCIA DE LEONARDO POLO EN MI VIDA*

Leonardo Polo ha cambiado mi forma de ver la vida. Yo consideraba que tenía una visión amplia y con perspectiva de la vida, pero después de estudiar a Polo he adquirido una tercera dimensión con ecos casi palpables de eternidad.

¿Quién es la que escribe esto? Narro un poco mi trayectoria: soy hija –en mi naturaleza corpórea– de padre mexicano y de madre española refugiada en México. Mi padre fue –o debo decir *es* porque su espíritu está vivo– un hombre bueno, ingeniero, con una gran cabeza que siempre se hacía preguntas trascendentes. Mi madre fue una mujer muy tenaz aunque estaba insatisfecha con su destino; recibió una sólida educación académica y una escasa formación espiritual y buscó dar la mejor educación para sus hijas. En mi país, en la década de los 60's y en nuestras circunstancias, eso significaba asistir a una escuela católica, aunque en casa no se practicara mucho. Mi primer contacto con la religión fue a través de unas dulces monjas josefinas que trataron de sembrar en mi alma la semilla del amor a Dios. Mis padres, por su parte, hacían todos sus esfuerzos por inculcarnos virtudes humanas para ser las mejores en la escuela, en el club y en todas partes.

Los años pasaron y puedo decir con honestidad que mis dos hermanas y yo somos mujeres de bien, con muchas virtudes humanas que nos han permitido destacar laboralmente. Yo, en la universidad, al estudiar la licenciatura de Química Farmacéutica, tuve la inmensa suerte de conocer a una amiga que se formaba en el Opus Dei. Años después, Dios me dio la vocación de numeraria lo que le brindó un sentido maravilloso a mi vida. Pasé de una dimensión plana y competitiva –en la que había alcanzado ya muchos "logros"– a tener vida interior y una nueva dimensión de la vida. Mi vida como numeraria ha sido maravillosa con algunos claro-oscuros porque así es la vida, pero realmente estupenda.

Pasaron varias décadas y llegó la pandemia, busqué ocupar el tiempo ahorrado en trayectos y salidas y me certifiqué como *coach* emocional. Una de mis *coachees* me comentó que había un curso en que explicaban la filosofía de Leonardo Polo, de la que yo sabía algo porque me había interesado el tema de la Palingenesia. Decidí tomarlo y he aquí que, con el curso de Polo, descubrí una luminosidad sorprendente en mi vida y la respuesta a muchas inquietudes incoadas y acalladas ante la imposibilidad de resolverlas durante años. Muchas veces la gente me pregunta por qué me he hecho tan "fan" de Polo cuando no es algo que vaya con mi carácter; suelo responder que Polo ha logrado que mi vocación y el sentido de mi vida –que ya tenía– se encumbre, se entinte de luz, pase de dos a tres dimensiones con un relieve y una resonancia que no soñé alcanzar en esta vida.

Ahora me pregunto "si esto es así en esta vida, ¿qué será el Cielo?". Y me lleno de fuerza, de impulso y de ilusión por ser cada día más fiel a mi Padre Dios que me ha permitido seguir toda esta trayectoria, tan apasionante y retadora.

María de los Ángeles Padilla Lavín
Doctora
Universidad Panamericana
México D.F (México)
lpadilla@up.edu.mx

89. KATYA PALAFOX GÓMEZ: *ENCONTRÉ UNA SINTONÍA ENTRE EL MENSAJE DE LA SANTÍSIMA VIRGEN DE GUADALUPE Y EL MODO EN QUE LEONARDO POLO DESCRIBE LA ESTRUCTURA DE LA PERSONA HUMANA*

Escuche por primera vez sobre Leonardo Polo y su pensamiento durante el curso de formación para doctorandos del año 2010 en la Facultad de Educación y Psicología de la Universidad de Navarra. En él se nos presentó la Antropología trascendental, y desde un inicio me pareció un modo de aproximación a la persona muy adecuado, aunque complejo de entender. La forma en como realizaron la presentación los profesores Alfredo Rodríguez y Francisco Altarejos me llevó a plantearme la posibilidad de adoptar ese enfoque para el trabajo de mi tesis doctoral que trata sobre el Acontecimiento Guadalupano. Encontré una sintonía entre el mensaje de la Santísima Virgen de Guadalupe y el modo en que Leonardo Polo describe la estructura de la persona humana.

La forma de hablarnos sobre el cuento de "Caperucita Roja" y "El Quijote" en la asignatura fue un modo muy didáctico para ayudarnos a comprender la trascendencia de la persona y el sentido y misión que ella tiene. Otro aspecto que llamó mi atención fue el cómo se trabaja el tema del Origen y su importancia para la identidad de la persona, asunto de gran trascendencia para la labor educativa. Por último, me gustaría mencionar que su pensamiento vuelve a poner a Dios en la ecuación para la comprensión de 'quién' es la persona. Actualmente se habla poco de esta realidad.

Continúe los estudios realizando el curso de formación superior en filosofía de Leonardo Polo y, gracias al apoyo de Juan Fernando Sellés y su gran equipo, he podido conocer un poco más sobre su pensamiento. Aunque no he logrado ser una buena aprendiz, pues reconozco que me queda mucho por hacer y sé que hay aspectos que me costarán más que otros, puedo decir con seguridad que ha sido acertado acercarme a conocer un poco más el pensamiento de un autor cristiano y contemporáneo que hace aportaciones pertinentes sobre la estructura de la persona humana.

El reto aún es grande. Aunque he intentado seguir leyendo y profundizando sobre su Antropología trascendental, no he logrado comprender en totalidad la riqueza que ofrece. Desde el ámbito educativo considero que sus aportaciones sobre la Teoría del conocimiento son interesantes y que requieren tiempo para estudiarlas y madurarlas con profundidad, pienso que podrían aportar al perfil del educador cristiano.

Katya Palafox Gómez
Dra. en Educación y Psicología
Universidad de Navarra
Pamplona –Navarra– (España)
kpalafox@unav.es

90. ALAN PATRONI MUÑOZ: *ASÍ ES COMO PUDE COMPRENDER CON EL DR. POLO QUE EN LA ORGANIZACIÓN LO PRIORITARIO ES LA PERSONA HUMANA*

Mi nombre es Alan Patroni Muñoz, vivo en la ciudad de Piura, en Perú. He trabajado en el ámbito educativo escolar como docente y directivo por varios años y quería compartir las enseñanzas que marcaron mi desempeño profesional a partir de la lectura del libro *Antropología de la acción directiva* del Dr. Leonardo Polo.

A inicios del año 2003, como parte de mis estudios de Maestría, llegó a mis manos dicho libro para su lectura completa. Las ideas que extraje sobre la acción directiva delinearon para siempre en mí el enfoque y estilo de tratar con las personas que día a día colaboraron en la institución educativa en la que trabajaba.

De la mano del Dr. Polo pude entender cómo el ser personal dinamiza dentro de una organización con otros seres personales y con ellos establece una realidad interna y propia –una realidad que verdaderamente importa–. Me refiero a la relación especialísima que se establece entre directivos y profesores. El comprender la profundidad de la dimensión personal de cada una de las personas que tenía a mi cargo, forjó en mí la gran responsabilidad que conlleva el ser directivo.

Respecto de esa relación, comprendí que "el hombre es un sistema complejo interrelacionado". El Dr. Polo menciona que en el hombre todo está interconectado y no se le puede tratar como una realidad compartimentada que se pueda someter a análisis por partes específicas sin que otras se vean incluidas o afectadas, de ahí que promueve el enfoque sistémico para el estudio del ser humano. Entendí que la dirección no se trataba de mí y mis capacidades directivas, sino que se trataba de ser a la vez con el otro, de tomarlo en cuenta porque también piensa; no consistía sólo en alcanzar objetivos para la institución, sino que antes están las personas… Se trataba de quienes trabajaban conmigo… que sean mejores cada vez haciendo lo que hacían.

"No hay dirección de cosas, las cosas se administran, se gestionan, se hacen, se consumen. Dirigir es estrictamente dirigir a hombres"; vale decir que la relación unilateral se utiliza únicamente con los objetos, con las cosas, pero no con las personas, pues con ellas, el directivo está llamado –a través de la comunicación– a conocer a profundidad al sujeto con el que se trabaja, quien dirige está llamado a comprender la realidad del trabajador, a entender al colaborador para luego integrar esa información y pensar – que no es fácil porque cuesta tiempo y esfuerzo– la mejor condición para esa persona que desarrolla gran parte de su vida dentro de la organización.

Así es como pude comprender con el Dr. Polo que en la organización lo prioritario es la persona humana.

Alan Patroni Muñoz
Past-Director del Colegio Turicará
Piura (Perú)
alan.patroni@udep.edu.pe

91. LINDA PAZ QUEZADA: *LA INFLUENCIA TRANSFORMADORA DE LEONARDO POLO*

Entrar en contacto con los escritos de Leonardo Polo ha marcado un hito transformador en mi vida, tanto a nivel personal como profesional. Inicialmente sus libros representaron un desafío intelectual, pero gracias a la insistencia y orientación de mi mentor, Juan Fernando Sellés, logré adentrarme en las profundidades de su pensamiento. Ya había tenido el privilegio de leer algunas conferencias que Polo dictó en la Universidad de Piura, donde resaltaba la importancia de la calidad de los profesores en la formación universitaria.

Durante mi estancia en Navarra, en plena postpandemia, surgió la oportunidad de impartir un curso en línea sobre antropología filosófica para estudiantes de la Universidad del Istmo en Guatemala. Mi situación era compleja, ya que llevaba años enfocada en el pensamiento político y económico. Fue entonces cuando Juan Fernando me proporcionó un segundo manual escrito por él, una introducción a la antropología según los principios de Polo. Este recurso se convirtió en la llave que abrió un mundo de conocimiento para mí.

Al estudiar el manual logré conectar conceptos que antes estaban dispersos e inconexos. Posteriormente tuve la oportunidad de participar en un curso de introducción al pensamiento de Polo, y aunque las primeras clases de metafísica supusieron un desafío, gradualmente empecé a descubrir un universo fascinante en el que sé que estoy en el pórtico, con mucho por explorar. Ahora me siento capaz de abordar directamente los textos de Polo.

En estos años, he tenido el privilegio de interactuar con alumnos directos de Polo y especialistas en sus estudios. Su mente tiene la capacidad única de unir a personas diversas en la aproximación a temas complejos. Puedo afirmar con seguridad que hay un antes y un después en mi vida desde que me sumergí en el pensamiento de Polo. Reconozco que aún me queda un largo camino por recorrer para profundizar en sus enseñanzas, pero estoy emocionada por el viaje intelectual que tengo por delante.

En resumen, la influencia de Leonardo Polo ha sido invaluable, permitiéndome encontrar conexiones significativas en mi aprendizaje y proporcionándome una base sólida para mi desarrollo académico y personal. Nunca podré agradecer lo suficiente el prodigio de la mente de Leonardo Polo y la comunidad que ha surgido en torno a sus enseñanzas, iluminando y dando sentido a la vida de quienes acceden a su propuesta natural y cristiana sobre la persona humana y su relación con el universo.

Linda Paz Quezada
Dra. en Gobierno y Cultura de las Organizaciones
Universidad del Istmo
Ciudad de Guatemala (Guatemala)
lpazq@unis.edu.gt

92. Juliana Peiró Pérez: *HA SIDO, ES Y SERÁ SIEMPRE LUZ, INSPIRACIÓN Y ALIENTO EN MI CRECIMIENTO PERSONAL Y PROFESIONAL*

Aunque nunca conocí a don Leonardo en persona, creo que puedo decir con cierta verdad que sí lo comencé a conocer personalmente desde el momento en que pisé por primera vez las aulas del departamento de filosofía de la Universidad de Navarra, mi universidad. Corría el año 1998 y don Leonardo, ya jubilado pero plenamente lúcido y activo, estaba redactando con ayuda de algunos de sus discípulos como Salvador Piá, el primer tomo de la Antropología trascendental. Algunos estudiantes, en los descansos entre clase y clase, nos escapamos al "pasillo filosófico" por si teníamos suerte y lo podíamos ver trabajar en alguna de las "peceras", que así llamábamos a los despachos de nuestros profesores, visibles en todas direcciones. No siempre lo encontrábamos, y cuando sí, no siempre estaba trabajando; no fueron pocas las veces en las que lo sorprendí jugando al solitario en el ordenador con cara de felicidad. En aquella situación, no parecía el gran filósofo que sabíamos que era, solo parecía un "niño grande" super entretenido y ensimismado con su juego, sin importarle nada más. La única ocasión en la que lo escuché fue en una charla que dio en el colegio mayor Belagua sobre la filosofía de Heidegger, en la que sorprendentemente, en aquella ocasión dejaron que entraran chicas, y yo fui de las que se coló; reconozco que no le entendí nada de nada, o eso me pareció. Hablaba sin mirar al público, mesándose la "frente ancha" que siempre tuvo a juzgar por las fotos. Pensaba mientras hablaba, y no parecía que le importara mucho si lo que estaba hablando llegaba realmente a aquel grupo de adolescentes descerebrados, hablo por mí.

Todas estas anécdotas tienen escaso valor testimonial si no fuera porque de la mano de ellas, como entretejidas, y gracias a uno de mis maestros, mi entonces profesor de Antropología Juan Fernando Sellés, pude comenzar a conocer su pensamiento. Soy filósofa por vocación. Cuando elegí estudiar esta carrera, elegí también estudiarla en la Universidad de Navarra, consciente –dentro de mi escasa madurez de entonces, 19 años– de la importancia de los maestros en la búsqueda de la verdad. Y hoy, tras 25 años, puedo decir que la realidad superó las expectativas y Dios, en su misericordia, puso en mi camino la filosofía de Leonardo Polo, la cual ha sido, es y estoy segura que será siempre luz, inspiración y aliento en mi crecimiento personal y profesional, casi idénticos en la vida filosófica.

¿Qué supuso comenzar mis primeros pasos en la vocación filosófica, tener como guía y referencia a un filósofo como Leonardo Polo? Libertad y esperanza; los dos pulmones del conocimiento en la búsqueda y el encuentro con la verdad como inspiración. Pero además, de manera muy personal, la filosofía de Leonardo Polo me reveló y confirmó que no hay disputa entre el Dios de la fe y el Dios de la filosofía. Y esto, para una joven estudiante de 19 años fue, sencillamente, cautivador. De la mano de *Introducción a la Filosofía*, de *Quién es el hombre* y de *La persona humana y su crecimiento*, aprendí, ya entonces, que el mayor anhelo, la vida plena del ser humano sobre la tierra, es la vida en Dios. Y me lo creí hasta las trancas; y gracias a ello decidí desde ese momento que no quería otra cosa ni a nadie más en mi vida que esa Vida. En relación con esto, pasados unos años en los que me alejé temporalmente de la universidad, don Leonardo me hizo llegar un regalo por medio de mi maestro don Juan Fernando. Se trataba de varios libros suyos, uno dedicado por él de su puño y letra en el que, ya con pulso tembloroso, me decía: "A Juliana, llamada a una contemplación mayor que la que se describe en estas páginas".

Siento que estas palabras son actuales para mí y para todos los que admiramos su persona, estudiamos su pensamiento, deseamos seguir las rutas que él nos abrió. La vida filosófica no es sino la existencia llamada a la contemplación; es anhelo, búsqueda y chispas de encuentro con Aquel que conoce nuestro nombre. A lo largo de los años, estas palabras han ido cobrando mayor peso dentro de mí. Así lo pude experimentar en mis años de investigación doctoral en los que, de la mano de mi otro gran maestro, don Angel Luis González, me atreví a adentrarme por los tortuosos caminos de la metafísica tomista. Puedo decir, que de entre los varios interlocutores con los que dialogué, ninguno me iluminó más y mejor para entender los vericuetos del problema del ser, la distinción real, la participación y la relación de creación que la metafísica de Leonardo Polo. La asombrosa y original lucidez de sus planteamientos en obras como, *El acceso al ser*, *El ser extramental* o el Tomo I de *Teoría del Conocimiento*, fueron claves para lograr una comprensión más profunda de los problemas que laten en el fondo de la metafísica platónica, aristotélica, tomista, moderna y contemporánea.

Pero si hay un texto de don Leonardo que ha sido para mí especialmente esclarecedor es, "La persona como relación en el orden del origen". Recuerdo que esta pequeña obra aún era inédita cuando don Ángel Luis me recomendó que la leyera, una mañana en su despacho: "Léala con atención... –me dijo– es una mina de oro; a ver qué es capaz de sacar". Reconozco que necesité hacer varias lecturas para comenzar a entrever la síntesis metafísica y antropológica que don Leonardo había sido capaz de hacer en esas breves páginas. Siglos y siglos de debate filosófico estaban expuestos y diría que casi resueltos ante mis ojos. Usando un símil futbolístico, era como ver a Messi en la final de un mundial, resolver un partido en el último momento llevando el balón de portería a portería, él solo, esquivando a todos hasta el área contraria y meter gol. No voy a negar que fue de esas veces en las que uno experimenta el gozo intelectual al contemplar la verdad, bella, sencilla y evidente ante sí.

Es por todo esto y mucho más que no recuerdo y no soy capaz de expresar que me he decidido a redactar este testimonio, en reconocimiento y agradecimiento a Dios por habernos regalado a Leonardo Polo; el tiempo pondrá su filosofía en el lugar que merece. De su persona, solo espero y confío que esté con Dios, jugando al solitario y divirtiéndose como un "niño grande"; y espero que sin enfadarse mucho de las tonterías que decimos en su nombre. Dios le libre de sus discípulos, don Leonardo. ¡Va por usted!

Juiana Peiró Pérez
Profesora investigadora
Hápax, Centro de Investigaciones en Humanidades
juliana.peiro@hapax.ac

93. CARMEN PÉREZ DIE: *TESTIMONIO PERSONAL SOBRE MI ENCUENTRO CON LEONARDO POLO*

Mi nombre es Carmen Pérez, soy valenciana. Docente de profesión. Ingeniera y filósofa de formación universitaria. En este escrito me animo a transmitir cuál ha sido mi encuentro con Leonardo Polo.

Lo primero de todo, quiero dejar claro, que este encuentro no ha sido en un momento concreto de mi vida, sino que ha sido prolongado en el tiempo y que sigue produciéndose y perfeccionándose.

Lo segundo, decir que mi encuentro no ha sido personal, de cuerpo a cuerpo, cara a cara… sino un tropiezo. Un tropiezo del azar, fortuito, de su recuerdo. Un recuerdo que no poseía yo sino varias personas de mi alrededor y que fue desvelándose a raíz de una serie de circunstancias.

El primer destello de este "desvelamiento" lo produjo la "palingenesia". Método donde la persona viaja al interior de sí misma para encontrarse con su historia, con su pasado, con el motivo de sus heridas por medio de la ayuda de un tercero. Fue una cosa que había oído hacía varios años y que me había asombrado por lo increíble del proceso, y atraído por su inexplicable familiaridad… aunque era algo inaudito intuía que era posible y que, de alguna forma, se podía intuir parte de ese proceso. Creo que el impacto que produjo en mí conocer esta forma de llegar a la intimidad fue decisiva para mi encuentro con Polo.

Años más tarde de este descubrimiento (que solo fue teórico aunque hizo que naciera en mí un interés que pondría en marcha cuando "tuviera tiempo"), estaba hablando con una amiga filósofa y salió el tema de la palingenesia. Me comentó que su metodología se confirmaba en la antropología de Leonardo Polo, filósofo madrileño, que había dado clases durante varios años en Pamplona, en la Facultad de Filosofía de la Universidad de Navarra. En ese momento yo estaba en Roma estudiando, justamente, filosofía. Y este dato encajaba con la misión que yo estaba llevando a cabo: conocer qué es la persona para poder entender el pensamiento del siglo XXI y redirigir ese pensamiento hacia la verdad del hombre y su historia.

La palingenesia me atraía justo por eso, porque me descubría un cuarto oscuro que podía resolver muchas preguntas que me hacía. Pero se desarrollaba en un contexto de la medicina psicológica. Yo no la tenía y tampoco buscaba eso. Sin embargo, la filosofía de Leonardo Polo me abría una puerta al hombre con un marco mucho más amplio que los modernos. Purificaba sus errores y no despreciaba sus hallazgos. Aunque era una travesía difícil, me decidí a embarcarme en sus escritos.

Este fue el segundo desvelamiento hacia la personalidad de Leonardo Polo: sus escritos. Arduos, pero inexplicablemente sencillos. Yo era una analfabeta de sus términos pero cada vez que leía una definición de alguno de ellos la reconocía, la intuía… sabía que no captaba todo lo que me decía, pero que esa verdad yo la poseía dentro de mí y la vivía a través de la intuición.

Luego empezaron a aparecer más piezas del puzle; me empecé a dar cuenta que dos de mis profesores de mi facultad citaban en algunas clases a Polo. Uno de ellos, me enteré más tarde, había hecho su tesis doctoral sobre la libertad en Polo. Y lo mejor… la lectura de sus obras me empezó a iluminar en escritos de otra gente: en concreto de San Josemaría Escrivá. Todo eso que hablaba y que tenía un fundamento teológico, Polo lo explicaba desde la filosofía. ¡Es lo que yo necesitaba!

Así que me decidí para hacer la tesina (trabajo final de la licenciatura en filosofía) en "la intimidad" en Leonardo Polo. Así es cómo me lancé a ir a Pamplona para conocer mejor a este filósofo desde el testimonio personal de uno de sus discípulos: Juan Fernando Sellés: Juanfer para los amigos. Ahí conocí no solo el pensamiento de Polo, su manera de pensar, sino su delicadeza, su fuerza, su trascendencia. Pude ver muchas fotos de su vida, cosa que me completó un poco más mi encuentro personal con él. Pude palpar su manera de vivir, de tratar a la gente, de mirar, de hablar. Todo consecuencia de su filosofía, de su antropología trascendental. Y esto pude hacerlo a través de las personalidades de sus discípulos.

De la misma forma, la lectura y reflexión de su filosofía (acompañada de la oración y mi trato con Dios, no nos vamos a engañar) están marcando en mí también una forma de vivir. Algo que ya intuía y que de alguna forma ya vivía, pero que la sociedad me gritaba constantemente que así no lo hiciera, porque no era lógico ni útil ni conveniente:

–El trato de confianza con la gente, como seres trascendentales, como personas con lo que significa ser persona en el contexto de su filosofía. Entrever ese "microcosmos" que tiene cada una de las personas que me encuentro cada día. Y ver eso, ser consciente de eso, te cambia decisivamente tu forma de entablar una relación. Mucho más libre, mucho más auténtica, mucho más confiada…

–También en la relación con Dios superando el límite mental para dejar que el ser personal se desvele. Siendo consciente de mi papel: la predisposición para que se pueda revelar ese ser personal.

Todo esto siempre haciéndolo desde la intuición. No puedo afirmar una conciencia clara de estar "superando" el límite mental. Lo hago intuitivamente, pero sé que lo hago por las consecuencias que tiene, porque alcanzo dimensiones que solo son explicables a través de los trascendentales personales. Que con la sola razón o voluntad son inexplicables.

Carmen Pérez Die
Ingeniera
Doctoranda de Filosofía
Università della Sancta Croce
Roma (Italia)
carmenpusc@gmail.com

94. DANIEL PINEDO GONZÁLEZ: ¡HOLA A TODOS! ESTE MARTES TENDREMOS POLO

Este es el mensaje que habitualmente se lee en el grupo de *WhatsApp* del "Polo Filosófico", un seminario de antropología trascendental dirigido por Gustavo Vélez que tenemos en el Centro Cultural Colinas, en Bogotá, Colombia. Asistimos estudiantes universitarios y profesionales interesados en la propuesta filosófica de Leonardo Polo.

Todo empezó cuando un grupo de amigos estábamos interesados en profundizar un poco en temas de antropología (y filosofía, en general), y propusimos empezar este seminario. Desde comienzos del 2021, hemos estado estudiando temas de teoría del conocimiento, metafísica y antropología, vistas desde Leonardo Polo, yendo directamente a las fuentes, y estudiando también a diversos autores polianos.

Es un espacio que todos disfrutamos, y esperamos con ansias a lo largo de la semana. Hace poco, con ocasión de la visita de un amigo que venía desde España, pudimos compartir nuestra experiencia con el seminario, reflexionando sobre todo lo que nos ha aportado la filosofía de Polo: desde la capacidad de entender bien qué se ha dicho (y por qué se ha dicho) en la historia de la filosofía –en particular, sus aportes sobre los presocráticos transformaron la forma de ver y estudiar la historia de la filosofía de varios–, pasando por reconocer la importancia de la teoría del conocimiento para distintas ramas de la filosofía, hasta estudiar algunas nociones sobre la persona, que nos llevan a reconocer la gran dignidad que tenemos nosotros mismos, y que tienen los demás. También, varios hablaron de cómo el ver esto ha tenido un gran impacto en su vida personal, pues cambia la forma en que se ven y se asumen realidades como el trabajo, la relación con los demás, la lucha por ser mejores personas, y la relación (personal) con Dios.

Ofrezco este testimonio como un pequeño homenaje de agradecimiento a Leonardo Polo y a quienes lo han estudiado, por el impacto que han tenido sus aportes filosóficos –muy actuales– en nosotros. Pienso que dar a conocer su propuesta puede ser de gran ayuda para el crecimiento –personal e intelectual– de todos.

Daniel Pinedo González
Estudiante de Matemáticas y Filosofía
Universidad Nacional de Colombia
Bogotá (Colombia)
dpinedo@unal.edu.co

95. MARÍA TERESA PRADA MANSILLA: *LOS VERDADEROS PROBLEMAS EXISTENCIALES HAN DE SOLUCIONARSE POR ELEVACIÓN*

El pensamiento de Leonardo Polo ha sido para mí, como docente en las áreas de Humanidades, una magnífica herramienta que me ha permitido esclarecer personalmente algunas inquietudes en cuanto a la unidad entre materia y espíritu; pero sin lugar a duda lo que ha sido de mayor eficacia para mis clases de Bioética con los profesionales de la salud, es mi acercamiento y mediana comprensión sobre el tema de la superación del límite mental. Y digo mediana porque no he tenido mucho tiempo para leer con dedicación suficientes textos polianos ni lo que ha sido escrito para ayudarnos a comprender su pensamiento; pero sí que es una de mis prioridades dentro de la agenda 2024 para mi actualización profesional.

Lo que he logrado con apenas unas cuantas ideas extraídas de Polo es comenzar a poner en marcha –en el pensamiento del personal de la salud– algunas dimensiones humanas que ellos han dejado de lado porque están inmersos en el racionalismo y el pragmatismo. Tanto médicos como enfermeras son "hijos de su tiempo", ya que sus mismos profesores sólo les han enseñado que los seres humanos que aún no razonan, que ya no lo hacen o que nunca lo podrán hacer, son absolutamente inútiles y, por tanto, hasta estorban.

Mi objetivo en cada clase es animar a pensar con profundidad, especialmente acerca del hombre como persona; no como *homo sapiens*, que ellos manipulan cada día en sus consultas clínicas como si solo fuera un animal más. Desde la Bioética les recuerdo constantemente que ellos no tienen más remedio que plantearse las cuestiones vitales de la existencia humana desde una perspectiva trascendente. También he aprendido del pensamiento de Polo, y he tratado de transmitirlo como píldoras durante las clases, que los verdaderos problemas existenciales han de solucionarse por elevación, y que todo lo que puedan adquirir durante su formación profesional han de ponerlo al servicio de lo más alto de ellos y sus pacientes.

Además, tengo en mente, para este año, preparar un Seminario sobre el Sentido del sufrimiento humano a la luz de la antropología trascendental.

María Teresa Prada Mansilla
Bióloga y Bioeticista
Profesora de Bioética y Antropología
Docente de pregrado y postgrado en Medicina y Enfermería
Universidades UPB y el CES
mtprada17@gmail.com

96. MARÍA PRATS MORRAL: *CONOCER EL PENSAMIENTO DE POLO HA SIDO UN ANTES Y UN DESPUÉS EN MI VIDA*

Conocer el pensamiento de Polo ha sido un antes y un después en mi vida. Su pensamiento y manera de exponer me ha permitido también conocerle a él personalmente, aunque no en presencia física.

A través de sus escritos he conocido un Polo humilde, sencillo, de brillante pensamiento y lleno de amor de Dios. Su manera de cuestionar a otros autores es elegante y siempre buscando la parte de verdad que aportan, aunque sea sólo en algunos aspectos. Nunca se consideró el colofón de nada, sino que invitó a otros a seguir pensando. Esto último es para mi muy atractivo.

No me considero una "fan de Polo", sino comprometida con la verdad de lo que Dios, el ser humano y el mundo son y en búsqueda de la mejor explicación de la realidad. Por el momento, considero que Polo es el filósofo que por una parte mejor ha sabido dar una explicación de lo que es el hombre, la realidad y sus relaciones con Dios, jerarquizando las diferentes ciencias. Por otra parte, ha sabido armonizar fe y razón hasta unos niveles desconocidos anteriormente. Sin duda es deudor de la tradición aristotélica-tomista, pero la ha ampliado y mejorado.

Leonardo Polo ha impactado especialmente mi manera de entender, estudiar, y enseñar ética en la universidad. Su ética está fundamentada en su antropología transcendental. La conexión ética-antropología, olvidada por la gran mayoría de mis colegas, da un sentido mucho más profundo (el único en mi opinión valido) a la ética en sí misma y por extensión, a la ética de los negocios. Gracias a él, en mis clases de "Business Ethics" empiezo con unas sesiones introduciendo conceptos básicos de antropología y conectándolo después con cuestiones éticas en el mundo de la empresa. Estas nociones antropológicas generan interesantes y fructíferas conversaciones con los alumnos. El enfoque poliano es el tema de gran parte de mis investigaciones.

A nivel personal, sin ser filosofa de formación, siempre he tenido mucho interés en las grandes cuestiones en torno al hombre: ¿Quién es el hombre? ¿Cuál es mi relación con Dios?, etc. Está inquietud me llevó a asistir a un seminario sobre la filosofía de Polo hace unos quince años y hasta hoy sigo asistiendo a más seminarios, leyéndole y aprendiendo de él. Su explicación de los transcendentales personales me ha llevado a profundizar en mi relación con Dios, haciéndola mucho más personal. Polo me ha abierto unos horizontes que, aun siendo católica, eran desconocidos para mí. Por ejemplo, el transcendental co-existencia, la libertad humana y la destinación han sido temas en los que Polo ha aportado una profundidad y conexión entre ellas hasta ahora desconocidas.

María Prats Morral
Profesora Adjunta
Management Department
School of Business, SIUE
St. Louis –Misuri– (USA)
marion.prats@gmail.com

97. JUAN DAVID QUICENO OSORIO: *IMAGINO QUE TOMARSE UN CAFÉ CON ÉL Y COMPARTIR UN BUEN DIÁLOGO FILOSÓFICO ME HUBIESE DADO UN ENORME GOZO*

Conozco hace ya varios años a algunos filósofos que compartieron directamente con Leonardo Polo. He aprendido con ellos algunos de sus pensamientos y, además, he tenido la oportunidad de leer directamente algunas de sus obras. Desde mi perspectiva de trabajo filosófico, puedo decir que Polo ha dado un importante aporte al estudio sobre el ser humano y, sobre todo, al reconocimiento de la dignidad personal en un mundo con muchas ideologías que atentan contra ella.

Polo ha querido hacer una filosofía de la persona auténticamente cristiana, en consonancia con el pensamiento clásico y de algunos autores católicos de gran relieve en los últimos siglos. En ese sentido, la forma como explora los trascendales de la persona a través del método de ir más allá de lo verificable es un aporte real al estudio antropológico. Si bien no tuve la fortuna de conocerlo, imagino que tomarse un café con él y compartir un buen diálogo filosófico me hubiese dado un enorme gozo.

De sus discípulos más cercanos, valoro que cuenten con entusiasmo el hábito que Leonardo tenía de tomarse en serio las preguntas en apariencia más sencillas y coloquiales. Además, de saber apreciar el diálogo como un espacio privilegiado de búsqueda de la verdad. Seguramente, en ese encuentro imaginario hubiesen salido también preguntas personales. Me hubiese atrevido a preguntarle por el tiempo en el que se le prohibió publicar sus escritos, sobre cómo vivió ese tiempo de dificultad y cómo vio la vida de servicio a la Iglesia en medio la contradicción que seguramente implicaba el silencio público y el amor por la enseñanza.

Seguro que, si bien hubiese encontrado a un ser humano vulnerable, también habría encontrado la enorme confianza de una persona que concibe su relación con el Creador como aquello más esencial a su vida, así como manifiestan sus escritos y algunas de las transcripciones de sus clases más apasionadas.

Juan David Quiceno Osorio
Dr. Filosofía
Profesor de la Universidad Católica San Pablo
Coordinador del Pregrado de Humanidades
Editor de la revista *Persona y Cultura*
Coordinador del grupo de investigación 'Antropología y psicología'
Arequipa (Perú)
jquiceno@alumni.unav.es

98.   Ivette María Ramírez Gómez: *Buscadores de Luz*

La primera vez que leí y escuché sobre Leonardo Polo fue en La Habana, en uno de los magníficos Seminarios que lleva a cabo el CISAV en Cuba. Era febrero del 2018, serían las 9 de la mañana… El doctor Alberto I. Vargas estuvo a cargo ese día inolvidable. Nos había propuesto leer el tercer capítulo del libro *Antropología de la acción directiva*, dedicado a "Los miedos del directivo". Recuerdo que quedé impactada por la ráfaga de verdades que encontré en aquellas nueve páginas. Tuve una impresión similar a las que había experimentado leyendo las obras de santa Teresa de Jesús; como la de quien se acerca a un manantial inmenso…

El profesor "Beto", fiel discípulo de Polo, nos escuchó y encauzó el diálogo, e hizo agudas y difíciles preguntas de responder para aquellos buscadores de luz que allí estábamos, más arduas aun por el trasfondo de la *situación* de oscuridad que es haber nacido y crecido en la Cuba que los Castros y su camarilla nos robaron y continúan esclavizando. Ahora, desde lejos y en un país libre, gracias a Dios, comprendo que el haber ido hasta allí y atreverse a presentar a un pensador tan poderoso y hondo como Leonardo Polo fue una muestra de audacia enorme. El diálogo grupal fue profundo y conmovedor. Nos habló de la distinción del "qué" y el "quién", de la riqueza infinita que es *ser persona, ser libertad* desde dentro… Así llegó Polo a Cuba y a mí, desarmándome y sorprendiéndome.

Después le escribí para agradecerle y preguntarle por otros textos de Polo, y compartió *Quién es el hombre, Presente y futuro del hombre,* etc., y del querido profesor Juan Fernando Sellés, *Antropología para inconformes* y algunas de sus conferencias publicadas en *YouTube.* Ahí comenzó mi búsqueda poliana. Con la alegría de haber encontrado en Polo a un gran Maestro, hacer la Tesina del Bachiller en Humanidades que estaba cursando fue un reto apasionante, más aún porque quería estudiar la libertad personal humana, y la Antropología trascendental es como "estar en casa"; a la vez es como un continuo bucear en las profundidades de nuestro interior, de la filiación divina que somos. Eso fue en el 2020. En el camino he recibido muchísima ayuda de varios discípulos de Polo, sobre todo de los que antes mencioné. Desde aquella época una pregunta importante me acompaña: ¿qué puedo hacer para compartir los descubrimientos y aportes de Polo a la filosofía y a la antropología?

En el 2021 la Facultad de Filosofía y Letras de la Universidad de Navarra, por pura bondad, me regaló una beca completa para cursar la primera edición del "Curso de Formación Superior en la Filosofía de Leonardo Polo". Y fue inmenso don recibir la posibilidad de estudiarlo con profesores geniales y con otras personas que también han visto la piedra preciosa que él y su filosofía son. Además, y por si fuera poco, ahí conocí algunos muy buenos amigos.

Realmente no soy capaz de decir cuánto, cuánto me ha ayudado Polo en mi vida personal su antropología y hasta su teoría del conocimiento.

Solo puedo narrar algunos hechos puntuales que fueron invitación hondí-
sima a ser libre, a reconocerme como hija de Dios y a honrar la libertad
personal creada que soy, y que es cada persona humana. Polo ha sido y es
una bendición en todas las dimensiones de mi vida. Después de conocerlo,
mi visión del mundo y mis experiencias personales, las de la dimensión
espiritual, se fueron integrando cada vez y más haciendo cada vez más
transparentes, abiertas a crecer.

Él nos ofrece en su vasta obra un estudio minucioso de los grandes temas
humanos en toda la historia del pensamiento; y lo hace con la claridad de
un padre, de un maestro que ama a sus estudiantes, con la destreza de un
filósofo bien curtido, y la delicadeza interior de un gran santo. Su finura
personal e intelectual se refleja en todas partes de su obra, aun en las más
difíciles de entender. Tengo la firme esperanza de que llegará el día que la
Iglesia lo proclame doctor.

Creo que Polo impresiona y conmueve porque habla desde el corazón y
al corazón ¡Y la verdad enamora!

Ivette María Ramírez Gómez
Licenciada en Psicología
Miami –Florida– (USA)
imramirezgomez@gmail.com

99. GUSTAVO REZENDE LAVIGNE SUED: *"SE SE ESCONDEREM NO CUME DO CARMELO, EU OS IREI BUSCAR E OS TIRAREI DE LÁ"* (AM. 9, 2)

Acredito piamente que, se Deus quer algo de uma pessoa, não adianta
fugir cem vezes; ao final, Ele te puxará pelos cabelos. Só o muito teimoso
consegue fugir pela última vez.

Descobri Leonardo Polo no meu primeiro curso anual, dez. 2021-jan.
2022, verão tropical, fugindo do calor do Rio de Janeiro em uma chácara
no interior do Brasil.

Tudo começou por causa da minha mania de perguntar, quando al-
guém me diz qual curso fez na faculdade, o que essa pessoa tinha feito de
trabalho de conclusão de curso (TCC). Quando perguntei a um caro amigo
o que havia feito no seu TCC em Filosofia, ele me respondeu que havia
investigado um filósofo espanhol chamado Leonardo Polo. Nunca havia
ouvido falar e ele passou a explicar alguns pontos de sua filosofia. O que

me marcou, porém, foi a primeira frase da explicação, que, de maneira risonha e hiperbólica, disse meu amigo: *"Metade achava que ele era um herege, a outra metade que era um gênio".*

Como um bom membro da geração "Z" que sou, fui imediatamente pesquisar no *Google* quem era esse Leonardo Polo. Achei um artigo enorme da Wikipédia em inglês, que explicitava diversos pontos de sua filosofia. Logo levei um susto com a variedade dos filósofos com quem se relacionou, clássicos e medievais, como Aristóteles, Santo Tomás e Ockham, assim como modernos e contemporâneos como Descartes, Kant, Hegel, Husserl, Heidegger e Nietzsche. Além disso, identifiquei-me com algo pessoal: ele era advogado e tornou-se filósofo, uma sina mais que comum daqueles que possuem uma profunda dúvida vocacional filosófica.

Porém, tive de deixar Polo em segundo plano, pois estava prestes a começar o meu TCC sobre teoria do conhecimento na jusfilosofia de Javier Hervada e não havia tempo para começar um novo filósofo de tamanha magnitude.

Polo, para minha surpresa, reapareceu, pois, ao conversar com um especialista em J. Hervada que morava na Argentina, ele me convenceu da importância do ato de ser pessoal poliano na antropologia jurídica de Hervada. A conexão entre as duas filosofias era genial. Comecei a pesquisar e vi certa influência de Polo em Hervada, especialmente no seminário que lecionou no então Estudio General de Navarra. Estudei e encantei-me por alguns dias pela filosofia de Polo.

Pensei seriamente em dedicar algumas páginas do meu TCC à filosofia de Polo, mas desisti, pois o filósofo era muito complexo para ser explicado em cinco páginas. Fugi pela primeira vez. Terminado meu TCC, entrei em certa crise com o tomismo tradicional, via explicações e sistematizações insuficientes para os problemas propostos pelos modernos. Comecei a explorar alguns modernos, como Hegel, Heidegger, Wittgenstein e Gadamer de maneira demasiado superficial.

Nesse período, apresentei Leonardo Polo a um amigo filósofo, que devorou os dois tomos da *Antropologia transcendental* e ele insistia muito para que eu lesse Polo. Fugi pela segunda vez. Depois de muitas confusões intelectuais, dei-me por derrotado e comecei a ler Polo entre outras leituras simultâneas. Li parte substancial de *Pessoa e Liberdade*. Porém, cometi o erro de ler como segundo livro do autor o *Acesso ao Ser*.

A dificuldade titânica do livro, somada a desorganização e dificuldades das outras leituras paralelas, só poderiam ter um resultado: a desistência. Fugi pela terceira vez. Então Deus me puxou pelos cabelos. Polo voltou, dois anos depois, no mesmo curso anual e na mesma chácara ao tentar puxar um assunto com Dr. Francisco Moya, vindo da Espanha. Logo expus o pouco que sabia da filosofia poliana e começamos a conversar. Ele disse que haveria um simpósio sobre Antropologia Transcendental com o prof. Juan Fernando Sellés e o próprio doutor, rapidamente comprei o ingresso. O simpósio foi espetacular. As perspectivas do espalhar da filosofia de Leonardo Polo em um país tão ávido de sabedoria como o Brasil são imensas.

Com tudo que acabo de contar, certamente aqui não é lugar para um recém "capturado" expor a filosofia poliana e como ela lhe afeta pessoalmente, o processo de aprofundamento apenas começou. Porém, caberia aqui citar o brilhante comentário do prof. Ricardo Yepes no prefácio de *Presente y Futuro del Hombre* sobre a filosofia de Leonardo Polo: "*Estamos ante una visión del hombre radicalmente optimista y lanzada hacia el futuro (de ahí el título), una auténtica filosofía de la esperanza*". Uma filósofo da esperança, porque o pessimista não pode amar a sabedoria. Um filósofo projetivo, porque quem destrói ama a barbárie. Um exemplo vocacional.

Por isso, eu concluiria, nessa tentativa de depoimento, que, muito mais importante que escrever o que Polo foi e é para mim, que não o conheci e não o estudei suficientemente, é concretizar o que ele será. Isso é viver de esperança e rumo à última pedra.

Gustavo Rezende Lavigne Sued
Abogado por la OAB (Orden de Abogados de Brasil)
Bachiller en Derecho por la Pontificia Univ. Católica del Río de Janeiro
Rio do Janeiro (Brasil)
suedgrl@gmail.com

100. JUAN CARLOS RIOFRÍO MARTÍNEZ-VILLALBA: *TESTIMONIO SOBRE EL IN-FLUJO DE POLO EN MI VIDA*

He de reconocer que nunca conocí a Leonardo Polo en persona. Lo que narraré aquí es solamente cómo su obra ha influido en tres aspectos de mi vida: el filosófico, el teológico y el que podríamos llamar "lado humano" de la existencia.

Comienzo con el filosófico. Aunque durante mis primeros años de carrera había leído *Quién es el hombre*, he de confesar que en la primera lectura no capté mucho cuán original podía ser este libro. Fue allá por el año 2009 o 2010 cuando comencé a entender más a Polo. Durante varios trabajos manuales que me tocó hacer en Roma, compartí mucho tiempo y discusiones sobre diversos temas con tres o cuatro estudiantes de filosofía, que me introdujeron en las claves de la antropología poliana y, especialmente, al trascendental de la libertad. También por esa época don José María Galván explicó en clases de teología el argumento poliano de la existencia de Dios, que me pareció muy sugerente. Ambas cosas me llevaron a estudiar más a Polo. Mi conversión a Polo sucedió una noche, en la que daba vueltas cómo podía ser que en la duermevela o incluso en los sueños a veces parece que uno puede dirigir el sueño, lo cual me resultaba imposible con un intelecto dormido; entonces, me pareció que el acto de ser de la persona humana podría desempeñar un papel en esos raros sueños donde existe algún tipo de intervención de algo superior. Hoy esto no me parece tan evidente la tesis, pero en esa época me pareció que era una buena solución al problema. Desde entonces me confieso poliano.

Luego, con más estudio, fui descubriendo muchos aciertos de Leonardo Polo. Ya por aquella época había comenzado a escribir una especie de resumen, sumario o "código" de derecho natural, del que aún me faltan unos tres o cuatro años para terminarlo. Tal obra tiene como cometido explicar, no la teoría del derecho natural, sino lo que éste tiene que decir en cada área del derecho. Observé enseguida que la parte del Código dedicada al estatuto jurídico del ser humano en sí mismo considerado (donde se recogen casi todas las declaraciones relacionadas de derechos humanos), podía mejorarse mucho con los esquemas de la antropología poliana. Terminé dividiendo ese libro en tres secciones: la primera contenía los derechos y obligaciones humanas relacionadas con el cuerpo (v.gr. derecho a la vida, salud, derechos reproductivos, no tortura, etc.), la segunda lo relacionado con el alma humana (v.gr. derecho a la cultura, al conocimiento, derecho de elección de autoridades políticas, etc.), y la tercera con los relacionados con el acto de ser personal y sus propiedades. Tal acto es causado, abierto, libre, creador, exuberante, etc., justificaba

derechos como los relacionados con la propiedad intelectual, la coexistencia con otros seres (Dios en primer lugar, lo que representa más que la
sociabilidad humana), el derecho al desarrollo integral, entre otros. Era un
tema complicado, aún no desarrollado por nadie, pero ofrecía grandes
perspectivas. Su estudio me ha tomado más de trece años, en los que he
madurado mucho varias conclusiones.

Recientemente he dado un par de seminarios en la Universidad de Navarra sobre las consecuencias de la filosofía poliana para el derecho y,
específicamente, para los derechos humanos. Hoy veo claro que hay que
dotar de una perspectiva más personal –más poliana– a los derechos humanos, lo que les dará hondura y una razón más profunda de ser. Hoy se
protege el mínimo de muchas cosas. El derecho a la casa, por ejemplo, es
el derecho a un cobertizo contra la lluvia y la nieve. Es mejor apuntar al
máximo, a poner las bases para que cada uno pueda crear un hogar, que
es algo mucho más personal. De igual manera, más que quedarse en unos
esquemas individualistas y patrimoniales de la propiedad intelectual, la
libertad de expresión y el acceso a la información pública, lo que en el
fondo hay que fomentar es el diálogo entre las personas. No tiene sentido
escribir un libro, si nadie lo quiere leer, o expresarse si nadie nos quiere
escuchar. Es el diálogo interpersonal lo que nos permite crecer. Y así podría seguir haciendo una larga lista de derechos que hay que reformular y
personalizar más. Para ello, es imperativo usar la filosofía poliana.

En mi vida también he cultivado la teología, a la que he dedicado muchos estudios y algunos escritos. El más largo de todos llevo escribiéndolo
unos 25 años. Quizá me faltan otros tantos para terminarlo. Se trata de
una novela histórica relatada por un ángel. Fácilmente me he leído más de
cincuenta libros filosóficos y teológicos relacionados con los ángeles. Al
leerlos algunas veces me chirriaban bastantes puntos. Polo me ha dado
muchas luces en lo que me parecían temas insolubles en la angelología.
Solo el hecho de admitir que hay una especie de "sentimientos" en los
niveles más altos de la persona ya cambia toda la perspectiva.

Finalmente, puedo añadir que los escritos, vida y anécdotas de Polo
también han nutrido mi vida, piedad y explicaciones de muchas cosas.
Como profesor recuerdo mucho a mis colegas que nuestra vocación es una
especie de "voto de pobreza" para el bien, como decía el filósofo. Pienso
mucho en esto cuando trabajo en los dos libros que antes he mencionado

(el Código de Derecho Natural y el de los ángeles). Podría estar ganando mucho dinero en un estudio jurídico, pero con mi "voto de pobreza" pienso que puedo ayudar a muchísima más gente.

Desde luego hay mucho más. Sin embargo, pienso que los puntos más sobresalientes en los que ha influido Leonardo Polo en mi vida y obra han quedado al menos bosquejados.

Juan Carlos Riofrío Martínez-Villalba
Sthratmore University
Nairobi (Kenya)
jcriofrio@gmail.com

101. D. Lucas Ripoll Soria: *Resultó ser… mi maestro*

No tuve la dicha de conocer personalmente a Don Leonardo, sino a través de personas que convivieron con él. Recuerdo la primera vez que oí hablar sobre su obra; el ambiente era el mejor: estábamos un grupo de amigos tomándonos una caña en un bar durante un atardecer cualquiera en Pamplona, conversando sobre distintos temas. Cada uno exponía aquello que estaba trabajando o que le interesaría trabajar en el futuro. Estaba en mi segundo año de carrera y en ese momento intentaba comprender el pensamiento de los autores clásicos, pero sin dejar al margen el aporte de los modernos, sobre todo, de los existencialistas.

Un atractivo especial ejercía sobre mí la filosofía de Heidegger, por su profundidad o quizás por su oscuridad, no lo sé… ¿Pero cómo encontrar líneas comunes entre pensadores tan distintos y pertenecientes a épocas tan diversas: Aristóteles, Tomás de Aquino, Hegel, etc.? En esa charla de amigos, Don Leonardo estuvo presente, no sé cómo, pero como uno más. Comenzamos a hablar sobre su legado, y sobre cómo es posible continuar el pensamiento de los clásicos enriqueciéndolo con los aportes modernos. A partir de esa tarde, resultó ser, sin yo quererlo y quizás resistiéndome un poco a su novedad, mi maestro, al que no lograba comprender, pero que me fascinaba con sus escritos tan complejos y llenos de verdad, aunque yo no me diera cuenta de ello.

Recuerdo la vez que debía rendir un examen de la carrera de Filosofía en la Universidad de Navarra, se trataba de dos autores: Husserl y Heidegger. Luego de mucho estudiar y leer decidí recurrir a la intercesión de Don Leonardo, que sin dudas me ayudaría desde el Cielo, pues había oído hablar de lo mucho que quería a Dios y a San Josemaría, un amigo que tenemos en común. El día anterior al examen imprimí una de sus fotografías que encontré en *internet*, y como si de una estampita se tratara, fui al oratorio de mi casa. Lo que hablamos queda entre Dios, Don Leonardo y yo. Lo que sí puedo decir es que me fue muy bien en el examen, y prometí que cuando fuera sacerdote celebraría todos los días 9 de febrero, aniversario de su fallecimiento, una Misa en sufragio por su alma, y que intentaría esforzarme por leer su obra y dar a conocer su pensamiento.

Lo primero lo vengo cumpliendo muy bien: rezar por su eterno descanso. En cuanto a lo segundo, Don Leonardo tendrá que hacer de lo suyo para ayudarme a ordenar las ideas y captar un pequeño destello de la obra magnífica que nos dejó, y así no faltar a mi promesa. En eso estamos trabajando.

D. Lucas A. Ripoll Soria
Sacerdote de la Diócesis de Salto
Artigas (Uruguay)
lripoll@alumni.unav.es

102. CARMEN RODRÍGUEZ LUNA: *ME CAMBIÓ LA VIDA*

Mi primer contacto que tuve con la filosofía trascendental de Leonardo Polo fue en 2004, hace ya casi 20 años. Todo comenzó en el Master de Matrimonio y Familia de la Universidad de Navarra, cuando cursé la clase de Antropología filosófica con el Dr. Juan Fernando Sellés, discípulo de Polo, como le llamamos cariñosamente.

Recuerdo claramente cuando, por primera vez, leí la primera página de aquel material que había impreso para estudiar la materia; leía y leía, una y otra vez y no entendía nada, llegando a la desesperación y con ello a querer darme de baja del Master. Sin embargo, pensé que si lo hacía, en un futuro cuando alguno de mis hijos estuviera en la universidad y quisiera darse de baja, no tendría la valentía y el ánimo de decirle: No te des por vencido, es simplemente una materia; ¡tú puedes!

Así que decidí acercarme más a Juan Fernando, le escribí y le comenté que si tenía algunas dudas lo buscaría para poder avanzar. Y ahora sí, ya evidenciándome, no tenía otro camino que poner todo de mi parte para empezar a entender la antropología trascendental, pues nunca antes había llevado filosofía en mis estudios. Fue aquí cuando comenzó todo, pues poco a poco fui entendiendo lo que es ser persona, su dignidad, su libertad, el coexistir… Estos términos que fueron para mi toda una novedad y que dieron fundamento a cada una de las materias de ese Master (MMF), el cual dio un giro por completo a mi vida profesional, pues estudié informática.

Al terminar el MMF comencé, aquí en Monterrey, mi ciudad natal, a atender familias como orientadora familiar, en Ciudad de los Niños, colegio de familias de escasos recursos; y al mismo tiempo empecé a impartir, una vez por semana, sesiones de educación afectiva y sexual, en VIFAC, institución en donde se reciben mujeres embarazadas en situación vulnerable y a las que se les proporciona atención ginecológica, psicológica, etc. En ambas instituciones, veía situaciones complejas que me forzaban a dar más de mí, y para esto necesitaba repasar una y otra vez el material del MMF, especialmente Antropología filosófica. Así fue cómo la vida y situaciones de las personas conectaban muchísimo con los trascendentales personales… Ya empezaba a ver en vivo y a todo color, la realidad de cada persona, ese amar personal que somos… No importando la clase social, la religión que profesamos, el color de piel, los estudios que tengamos, etc., requerimos ser aceptados y a su vez donarnos a los demás.

Poco a poco, sin darme cuenta, fui adentrándome en la antropología, conectando todo, conociéndome y conociendo a los demás; fue tomando un verdadero sentido mi vida, que antes no lo había visto del todo. Y es aquí cuando comencé a ayudar a los demás a encontrar también el suyo. Al principio cuando hablaba con las personas que atendía, veía que necesitaban atenderlas no solamente en lo psicológico, sino en lo más íntimo de su ser… ¡Pero no sabía cómo! Así que hice el curso básico de EMDR, muy bueno por cierto, y empecé a practicarlo, dando buenos resultados pero sabía que había algo más… Esto me provocaba inquietud para seguir estudiando… Todo esto cada vez iba tomando más forma y fue en diciembre de 2018, cuando leí el libro de *Viaje al fondo del corazón* de Rafael de los Ríos, el cual habla de la Palingenesia, técnica de autoconocimiento desarrollada por el Dr. Francisco Moya, cuyo fundamento es la antropogía trascendental de Polo, es la teoría puesta en práctica. Es ese poder abandonar el límite mental del que tanto nos habla Polo.

Así que teniendo como base la antropología de Polo, me dio confianza y fue como uno de mis hijos, Luis, quien también estudió en la Universidad de Navarra, se comunicó con Juan Fernando, y él contactó a Paco Moya para invitarlo como *speaker* en el TEDx Paseo Santa Lucía. Así conocimos a Paco Moya, vino a Monterrey y tomé con él y su equipo, el curso básico de Palingenesia, y ahora sí, aquello que siempre pensé que faltaba en las personas que atendía, ese conectar con su propia intimidad y encontrar allí su misión, su llamado, su sentido de vida, su realidad, se puede conseguir con ese abandono del límite mental.

Es aquí en donde estos trascendentales personales del amar personal, del conocer personal y de la coexistencia libre, logran entenderse con muchísima más facilidad, llevándonos de una forma natural a la aceptación de Dios; es una antropología que sencillamente es cristiana y nos da todo el conocimiento profundo sobre la persona y su coexistencia libre, creada por amor, para amar y ser amada; llevándonos a esa felicidad que todos anhelamos.

Tras la gran aceptación y difusión de la Palingenesia, Juan Fernando, junto con el Dr. José Ignacio Murillo, desarrollaron por parte de la UNAV el curso de Introducción a la Filosofía de Leonardo Polo, al cual me inscribí en la 1ª Promoción. Fue un gran curso que me ha ayudado todavía más, además de contar con compañeros muy valiosos y en su mayoría con doctorado en Filosofía, lo cual enriquecieron mucho sus aportaciones. Al terminarlo, surgió la iniciativa de formar un grupo para estudiar Teoría del conocimiento, al que de inmediato me uní; aunque lo confieso, aún me falta muchísimo, pero no llevo prisa, voy avanzando a mi paso, pero bien.

Así también hay un grupo de Antropología y otro de Teología, en donde Juan Fernando con toda su paciencia, vocación y entrega, nos da una sesión al mes, coordinadas por otro grande, quien también ha estudiado a Polo recientemente, Louis Cardona. Todo esto va creciendo, vamos conociendo y dando a conocer a el gran Leonardo Polo y su filosofía, al cual tengo mucho que agradecer al igual que a Juan Fernando Sellés, quien nos traduce los escritos de Polo, pues no es nada sencillo de entender; sin embargo, con paciencia y perseverancia podemos ir avanzando en el conocimiento profundo de la persona y su crecimiento, llegando a esa felicidad eterna a la que todos estamos llamados.

María del Carmen Rodríguez Luna
Licenciada en Informática
Master en Matrimonio y Familia por la Universidad de Navarra
Monterrey –Nuevo León– (México)
carmen3_rdzsalas@hotmail.com

103. ANA RODRÍGUEZ SOTO: *COMO LA FAMA DE SANTIDAD LE PRECEDE, TAM-BIÉN LE HE PEDIDO INTERCESIÓN*

Leonardo Polo era totalmente desconocido para mí. Durante mis años de carrera en la universidad, donde me formé en Filosofía, los autores y corrientes que estudiábamos estaban en las antípodas de lo que representa Polo.

Fue durante el doctorado cuando llegué a través de una serie de 'casualidades' a un vídeo que aparecía su discípulo Juan Fernando Sellés explicando con entusiasmo lo que su maestro había pensado sobre el pecado y el infierno. Aquella explicación me deslumbró, pero no sólo en un sentido intelectual, sino que me invitó a un acto de fe: tales misterios no podían ser de otro modo. Iluminaba en mí una verdad de la que, en el fondo, había sido testigo en mi persona.

El impacto despertó en mí la necesidad de leer los escritos de aquel profesor de Navarra, hasta el punto de elegirlos como materia de investigación en mi trabajo de tesis doctoral.

Durante años de ardua lectura –porque los textos de Polo se me presentaban oscuros–, llegué a descubrir lo que él había descubierto antes que yo: la realidad y la grandeza del ser personal. Aunque son muchos los temas que aborda en su filosofía, es su convicción de la persona humana lo que ha calado en mí y me ha conducido a reorganizar mi comprensión de quién soy yo y quién son los otros. Ahora, con una mirada esperanzadora, sé que todo ser humano es un tesoro digno de ser amado incondicionalmente y con un valor irrestricto. Porque lo radical de nuestro ser no radica en lo que tenemos o logramos por nosotros mismos –tarea que sería agotadora y frustrante–, sino en haber sido pensados y amados primero por uno que no desiste jamás de hacerlo: Dios creador. Él nos asegura el ser, porque no descansa de dicha tarea. Esto es lo que transmito incansablemente a mis alumnos.

Como la fama de santidad le precede, también le he pedido intercesión. Ante la incertidumbre y cierto miedo a la hora de enfrentarme a la defensa de tesis, pedí en mi oración capacidad para superarla con éxito. Y no hay duda de que así fue, sacando la máxima nota ante el Tribunal y pudiendo disfrutar del momento.

Polo me ha conducido a la apertura con lo trascendental, y lo sigue haciendo.

Ana Rodríguez Soto
Doctora en Filosofía
Universidad Francisco de Vitoria de Madrid
Profesora de la Universidad Internacional de La Rioja (UNIR)
Alicante –Comunidad Valenciana– (España)
anarodriguez621@gmail.com

104. Talís Romero Vázquez: *Descubriendo verdades antropológicas y alimentando mi corazón*

Mi nombre es Talís Romero, soy una puertorriqueña que se encuentra actualmente realizando su doctorado en psicología en la Universidad de Navarra. Estoy fundamentalmente interesada por la dimensión antropológica de la psicología, y ese interés me ha conducido al pensamiento de Leonardo Polo. Recuerdo la primera vez que escuché sobre él; me encontraba en el despacho de mi director de tesis –Juan Fernando Sellés–, comentándole mi interés en trabajar la dimensión antropológica de mi disciplina. En ese contexto, Juanfer –como le decimos cariñosamente sus alumnos– me preguntó: "¿sabes quién es Leonardo Polo?". Tras mi negativa, Juanfer buscó un viejo álbum de fotos, contó algunas anécdotas y desarrolló una pequeña introducción que impactaría sobre el curso de mi tesis doctoral: la antropología trascendental. ¡Imagínense!

"Antropología trascendental"; abrí los ojos como alguien a quien le han dicho algo que lo llena de ilusión. A partir de ese momento, emprendí –lo que no sabía que sería– el arduo trabajo del estudio de la obra de Polo. Para alguien que tiene inquietudes y curiosidades filosóficas, pero que no viene de la carrera de filosofía, puede llegar a ser muy difícil estudiar a

Polo. Eso es así por su gran profundidad intelectual, por su vasto conocimiento filosófico, y por supuesto, por la originalidad de su propuesta. Así las cosas, llevo poco más de un año estudiando la obra de este gran filósofo español, descubriendo verdades antropológicas y alimentando mi corazón.

Talís Romero Vázquez
Doctoranda
Facultad de Educación y Psicología
Universidad de Navarra
Pamplona –Navarra– (España)
talisromero34@gmail.com

105. PABLO GUILLERMO RUBIO CHUPINA: *HOY EN DÍA MIS DECISIONES, MI TRABAJO Y MI QUEHACER EN LA SOCIEDAD Y FAMILIA ES PERMEADO EN SU TOTALIDAD POR ESTAS ENSEÑANZAS DE LEONARDO POLO*

¿Que me ha dejado Leonardo Polo? En mi caso, no tuve la oportunidad de conocerlo en persona, pero la primera vez que le conocí fue a través de Carlos Llano, el fundador de la escuela de negocios que comenzó a inspirar mi esperanza de que había instituciones comprometidas con el buen futuro de las empresas, sus personas y la sociedad (a quienes sirve y quienes colaboran con ellas).

Por medio de Carlos Llano pude comenzar a interiorizar el pensamiento filosófico de Leonardo Polo, algo que llegó a conectar en lo más profundo de mi ser (debido a que era algo que yo desde muy pequeño reclamaba a la sociedad y a los adultos) era el ir interpretando entre líneas que el trabajo de dirigir la empresa era un deber moral que transforma al director y a todas las personas que la organización impacta para bien. Esto me dio el primer acercamiento de lo que es la antropología de Polo, que es el comprender a la persona desde su ser, manifestado en su quehacer, pero con una finalidad que le trasciende desde su individualidad hacia las demás personas. Y, justamente, esto eran mis interrogantes desde la edad de 6 años.

Tras esa etapa, al estar emprendiendo mis estudios de doctorado, pude conocer a Juan Fernando Sellés, un discípulo de Leonardo Polo. Fue con Juanfer, en muchas conversaciones íntimas, con quien pude comprender a un nivel más profundo que el ser personal es más que materia, más que intelectualidad, que es un ser de dones, con la capacidad y el potencial de servir como un catalizador para la transformación de la humanidad, que el ser manifiesta su noble esencia que proviene del amor y con un propósito de ser existencialmente un ser que vive, que es, que trabaja y que realiza proyectos bajo esa pauta del amor. Este es un conocimiento que desde muy niño anhelaba y finalmente gracias a Carlos Llano y a Juan Fernando Sellés pudieron enseñarme de Leonardo Polo.

Hoy en día mis decisiones, mi trabajo y mi quehacer en la sociedad y familia es permeado en su totalidad por estas enseñanzas de Leonardo Polo. Personalmente, deseo dar gracias a Juanfer, especialmente por tomarse el tiempo personalmente para introducirme al campo de la filosofía de Polo, puesto que ha sido una forma vívida de mostrarme lo que abarca Polo y lo que significa para esta sociedad.

Pablo Guillermo Rubio Chupina
Esposo de Ana Lucía y padre de Allegra y Milana
Master en Gobierno y cultura de las organizaciones
Universidad de Navarra
Director
Ciudad de Guatemala (Guatemala)
proyectopablorubio@gmail.com

106. MARÍA JOSÉ RUIZ GONZÁLEZ: *TENGO CERTEZA QUE DON LEONARDO POLO ESTÁ EN EL CIELO Y DESDE AHÍ ME ECHA UNA MANO*

A Leonardo Polo y a su Antropología trascendental los encontré en un momento de "desesperación moral y académica". Realizo el Doctorado en Educación en una Universidad de los Estados Unidos, y me especializo en la formación de maestros, particularmente docentes de educación bilingüe. Siempre he pensado que la educación debería de tener como meta hacer que las personas crezcan, que mejoren. No obstante, ese crecimiento desde una perspectiva educativa esta asociado a la idea de ser humano que como sociedad tengamos.

En los Estados Unidos, en los últimos 10 años, el entendimiento de la persona, del alumno, se ha realizado desde la Teoría Crítica de la Raza (Bell, 1970). Este enfoque, resumidamente, considera que los acontecimientos son vistos a través del lente de la raza. Y ya que el racismo se considera como sistémico, el funcionamiento social va de mantener el dominio de las personas blancas en la sociedad. Junto con la raza, otras corrientes teóricas, estratifican cualidades de la persona (su género, su idioma, etc.) y explican que, dependiendo de estas características, unos u otros ejercen mayor o menor control.

Cuando llegó el momento de escribir mi propuesta de investigación doctoral y tenía que escoger un marco teórico de cómo iba a "entender a mis sujetos de investigación" me sentía incapaz de usar una teoría que redujera a la persona a una cualidad, y que además no promoviera la solidaridad, la ayuda mutua entre las personas. Recuerdo que pasaba largas horas pensando cómo y qué hacer, porque no quería invertir tanto tiempo estudiando algo de lo cual no estaba convencida y mucho menos quería escribir una tesis acerca de la estratificación y jerarquías y no de la solidaridad. En un momento dado, saqué todos los libros que tenía en mi armario para ver si entre esas páginas podía encontrar algo que no había visto aún. Fue así como di con una fotocopia que me había regalado una amiga sobre educación personalizada. Yo había despreciado esa fotocopia, pero la había guardado para agradecer el gesto. Y mientras ojeaba la copia, que ya ni sabía que existía entre mis libros, mucho de lo que se mencionaba ahí, hacia *clic* con lo que yo pensaba.

Ya que necesitaba teoría pura y dura, me puse a buscar a los personalistas y entre nombre y nombre que se mencionaba, de un pronto a otro llegué al libro *La persona humana y su crecimiento* de Leonardo Polo. Desde ahí fui ampliando mi búsqueda e iban apareciendo más y más escritos de Polo. Encontrarme con un teórico que hubiera escrito tantos volúmenes acerca de la persona humana era como haber descubierto un nuevo continente. El gozo de leer que alguien pensara que la persona humana era compleja y que reducirla a una categoría era limitar su crecimiento, me cautivó. En mi euforia, descargué el volumen XV de sus Obras Completas, *Antropología Trascendental*, y empecé a "tratar de leerlo". El contenido era tan denso que, hacia el final de la semana, sentía que mi cerebro se había fundido. Estaba sin duda ante algo muy grande. Recuerdo que, en esa semana, me fui a caminar con unos amigos, y uno de ellos notó que "me pasaba algo" porque estaba muy callada; lo que sucedía era que estaba absorta en lo que había descubierto. Cuando le conté de Polo, me sugirió "buscar en *Google*" por si había algunas personas que lo estudiaran. Eureka! Así descubrí la red de polianos. Escribí un *email* un viernes, y un domingo a las 9:00 a.m. estaba en una conferencia transoceánica con el profesor Juan Fernando Sellés, quien me estaba traduciendo las ideas de Polo de manera que pudiera entender algo.

Me pareció que una persona que escribía con tanta riqueza sobre la persona humana y que sus "discípulos" fueran accesibles y generosos era ejemplo de los frutos de un teórico que tenía que ser grande, extraordinario. Como soy creyente, decidí poner a Leonardo Polo en mi "comité de Tesis". Este comité lo integran una serie de santos a quienes les he encargado echarme una mano en mis labores académicas, que han sido complicadas, particularmente al oponerme a las teorías imperantes. Tengo certeza que Don Leonardo Polo está en el Cielo y desde ahí me echa una mano. Yo siempre he pensado que él se me puso en el camino, me vino a buscar, y por eso mismo le digo continuamente que ahora no puede dejarme sola. Mi propuesta de Tesis fue aprobada y dentro de poco, será la defensa de Tesis. Aunque sé muy poco de Antropología trascendental, estoy inmensamente agradecida con la oportunidad y todo lo que me queda por aprender y que sé que aunque necesite mucho tiempo para entenderla, el profesor Polo me echa la mano desde el Cielo.

María José Ruiz González
PhD Candidate Curriculum and Instruction
Austin –Texas– USA
mariajoseruiz@utexas.edu

107. Pablo Sahagún Kunhardt: *Media hora… bastó para decidirme a elegir a Leonardo Polo como mi maestro*

Conocí a Leonardo Polo por medio de sus discípulos, primero, y de sus escritos, después. Oí hablar de él mientras estudiaba teología en la Universidad de la Santa Cruz, en Roma. Más que explicaciones serias, escuchaba simplemente que era un autor polémico, en cierta medida.

No me interesé por sus ideas en ese entonces, pero estaba fascinado por la libertad humana y sobre cómo es compatible esa libertad con el ser creado. Es decir, por un lado, me enseñaban en diversos cursos de teología que la libertad de un hombre es tal que puede inclinarse en contra del propio ser y del propio creador; por otro lado, aprendí en el curso sobre la creación que Dios, al crear, dona el ser. Entonces, concluía yo: si mi ser es creado por Dios, ¿cómo puede mi libertad 'ponerse' por encima de ese ser, que es su propio fundamento?

Si la persona creada puede libremente encarar a Dios, entonces el ser creado se sale, en cierta manera, de la soberanía que Dios tiene sobre sus creaturas. ¿Qué nos dice esto acerca del ser creado? Recuerdo que fui con un profesor de filosofía en la Universidad de la Santa Cruz a preguntarle si mi acto de ser es mío, en realidad y con todo lo que eso significa.

Algunos textos de Romano Guardini y de Cornelio Fabro sobre lo más íntimo de la persona y otros textos sobre la libertad alimentaban mi reflexión acerca del acto de ser. Me sugerían esas ideas que mi acto de ser debería ser más mío que de nadie más; sólo así tendría sentido mucho de lo que había aprendido en las clases de teología.

Esas cuestiones se me quedaron en la cabeza aún después de concluir el bachillerato de Teología. Entonces empecé la licenciatura de Filosofía en la Facultad Eclesiástica de la Universidad de Navarra como alumno externo (vivía en Múnich). Tenía la esperanza de seguir pensando acerca de la libertad y el ser. Desde Múnich iba a Pamplona dos semanas cada semestre y aprovechaba para dialogar con otros filósofos.

En una de mis primeras clases de la licenciatura tuvimos como manual de la asignatura un libro del Prof. Juan Fernando Sellés en el que se explicaban muchos aspectos de la antropología poliana. Gracias a ese texto empecé a vislumbrar un posible camino para reflexionar fructíferamente sobre el acto de ser personal.

Una vez que me tocó estar en Pamplona, tuve la suerte de toparme con Don Adam Solomiewicz, quien venía a defender su tesis doctoral. Cuando supe que había estudiado a Leonardo Polo para la tesis, le expuse mi duda: ¿mi acto de ser es más mío que de nadie más? (también le expliqué el contexto de tal duda). Don Adam me respondió que el pensamiento de Polo me ayudaría a ir resolviendo esa duda. Entonces le pedí que me introdujera en el pensamiento poliano y tuve la suerte de escucharlo por más de media hora haciendo un resumen que bastó para decidirme a elegir a Leonardo Polo como mi maestro.

Desde entonces he leído mucho de Polo, he hablado con diversos discípulos suyos, hice el curso *on-line* sobre el pensamiento poliano que ofrece la Universidad de Navarra e investigué la antropología trascendental en mi tesis doctoral. Estoy muy agradecido a Leonardo Polo y a sus discípulos por el regalo de su pensamiento; espero seguir aprendiendo y continuando los descubrimientos de los que me han precedido.

Pablo Sahagún Kunhardt
Profesor del Instituto de Humanidades
Universidad Panamericana,
Guadalajara –Jalisco– (México)
pablosahagun88@gmail.com

108. FERNANDO RICARDO SALLES: *UN ENCONTRONAZO CON DON LEONARDO*

Mi carrera universitaria es Física, y mi formación filosófica la tuve en Centros de Estudios privados, en una clave tomística y sistemáticamente crítica para con los planteamientos o conclusiones Filosóficas –en especial las de los filósofos modernos– incompatibles con la fe cristiana.

Muy pronto empecé a trabajar en informática y en gestión de negócios, y en esto estuve durante más de veinte años. Pero seguí con mis lecturas a buen ritmo, ahondando en los aspectos filosóficos de todo lo que se me venía encima: el mundo de la empresa, las personas y sus problemas existenciales, el alcance de la ciencia, la justificación (y si la hubiera) del realismo, y todos los enigmas de la historia y los que una mente curiosa como la mía sabe formular continuamente.

Así como Leibniz buscaba concordar todo lo que leía, he procurado sacar buen partido de los textos de filosofia que encontré, con ilusión y alegría en muchos casos, y en otros solamente con una buena impresión y nada más. Mis ocupaciones profesionales no me permitieron llegar a una visión más unitária de mis ideas filosóficas, ni a despejar muchas de las dudas pendientes que uno se permite llevar mientras no aparezca un buen libro donde encontrar la solución para ellas.

En 1997 encontré por casualidad un volumen titulado *Curso de teoría del conocimiento* de un autor llamado Polo. Así decía lacónicamente el lomo de un libro quer tomé al azar en la bliblioteca de un amigo cuando fui a su casa. Ese amigo sería intervenido en un hospital cercano, y me quedaría con él por la noche acompañandole en el post-operatorio; por eso quería tener conmigo un libro cualquiera para leer en esas horas de vigilia y espera. Y me pareció una buena elección uno sobre el conocimiento, pues el tema me interesaba desde hacía mucho tiempo.

Al lado de la cama de mi amigo empecé a darme cuenta de que ese autor, que proponía nada menos que axiomatizar la teoría del conocimiento humano, solamente podría ser un loco o un genio. La lectura fue demostrando que la segunda hipótesis era la más plausible.

El *Curso de teoría del conocimiento* lo leí con avidez en los meses siguientes, y en él he descubierto una especie de Gran Enciclopedia de Filosofía: quizá porque personalmente mi formación ya había madurado lo suficiente (incluyendo una dosis suficiente de la buena ingenuidad 'a lo Chesterton'), ordenando las cuestiones pendientes como en una hilera de dianas prontas para que Don Leonardo les diera en todas con sus agudas observaciones. Y lo hacía implacablemente, una por una. Además, proponía otros enigmas mucho más interesantes, y los resolvía con una elegancia y una maestría realmente impresionantes.

Es muy difícil describir lo que sentía mientras tenía en las manos los volúmenes del *Curso*, leyendo y, muchas veces, deteniéndome a considerar el enorme alcance de lo que estaba allí escrito. Era algo distinto de simplemente haber encontrado un excelente autor: era como haber encontrado la clave de lo que hace posible la excelencia de cualquier autor.

Las propuestas y observaciones de Leonardo Polo son la solución para los grandes problemas de la filosofía moderna, porque, entre otras cosas, empiezan por describir con precisión cuáles son en realidad esos problemas, que hasta ahora se han apuntado de una forma un tanto confusa.

La consideración detenida del hábito como acto cognoscitivo superior a la operación, hace de Polo el propulsor de la metafísica como ningún otro filósofo, pues dio con el punto central de la dificultad de emprender el camino hacia el ser: el método.

La forma como Polo dialoga con los filósofos modernos, asumiendo como propias las cuestiones que ellos han propuesto, corrigiendo sus errores en sus mismos términos, sin quitar la importancia de lo que trataban de pensar, es simplesmente genial y muy aleccionadora.

De capítulo en capítulo mi sopresa con la lectura del texto fue '*in crescendo*': no me avergüenzo de decir que me emocioné muchas veces. Las piezas del rompecabezas de toda una vida de reflexiones iban encajando, y además aparecieron muchos nuevos problemas, con sus soluciones, prontas para que yo las pudiese observar y admirar en su belleza. Más que de alegría, lo que me pasó fue pura conmoción. Agradecí a Dios el gran privilegio de estar viendo tanta grandeza, tanta maravilla, tanta profundidad.

El *Curso de teoría del conocimiento* –no tengo ninguna duda– es su obra-prima. Leerlo con calma y reflexión es fundamental para entender su pensamiento y sus propuestas. Su estilo, tan peculiar, es lo que facilita después la lectura de todas sus otras obras.

En los meses siguientes al 'gran encuentro' con ese escrito de Leonardo Polo procuré encontrar y leer todo lo que pude de su autoría. No fue fácil, pues no tenía mucho dinero para importar los libros al Brasil. Un buen amigo me los prestó y así he leído casi toda su obra en poco tiempo. Incluso los copié en un sitio *web* para que otros pudiesen leerlos también. Años después cerré el sítio por pedido de los editores.

Hace unos años dejé la informática, hice una Maestría en Filosofia de la Ciencia y ahora me dedico a la enseñanza de la ética para bachilleres en una ONG. Sigo enseñando también filosofía para universitarios, en breves cursos monográficos en los veranos.

Ese jalón en mi vida que fue el encuentro con Don Leonardo (con sus escritos, porque de él solamente tengo un brevíssimo saludo en la portada de un volúmen del *Curso*, que un buen amigo me regaló cuando pasó por Pamplona y se lo pidió para mí), ese jalón, decía, tuvo, al fin de cuentas, un doble resultado: por un lado, una serenidad incomparable, pues los caminos abiertos por Don Leonardo son de tal manera amplios y llenos de posibilidades, que por ellos se pueden encauzar todas las discusiones; es una filosofía máximamente abierta. El segundo resultado es que la bibliografía sobre las materias que enseño, especialmente para los universitarios, ahora me parece muy pobre. No enfoca adecuadamente los asuntos y los macla (un término tomado de la mineralogía: algo así como una mezcla inextricable). No hay más remedio que escribir yo mismo unos cuantos libros. En eso estoy ahora. (Dios me ayude…)

Considero que Don Leonardo es una figura destinada a tener un alcance multisecular. No me preocupo mucho en hablar del contenido de sus escritos, ni en leer muchas cosas sobre ellos; en ese sentido creo que soy un rebelde entre sus discípulos: me basta, sin más, con leerlo a él, y reflexionar hasta llegar a hacer filosofía por mí mismo, en la medida de mis posibilidades. Es lo que recomiendo a todos los que quieran asomarse a su gigantesca fugura: leerlo directamente. Quizá empezando por *Presente y futuro del hombre*. Pero sin duda, lo mejor es empezar por el *Curso de teoría del conocimiento*.

Fernando Ricardo Salles
Físico, Informático y Profesor de Filosofía
São Paulo (Brasil)
fsalles001@gmail.com

109. DAVID SANDOVAL GONZALES: *LEONARDO POLO Y APORTE A MI VOCACIÓN*

Supe de Leonardo Polo en Lima, cuando era otro adolescente más en búsqueda de la Verdad. Fue gracias a Manolo Alcázar y a través de Juanfer Sellés que pude saber de sus ideas que me cambiaron la vida.

Estudiaba Humanidades y Psicología y todo era tan relativo, que su propuesta de captar los temas anclando en la realidad y abandonar el límite mental para aproximarme a ella, me ayudó mucho a entender mejor las verdades y errores que me enseñaban en la universidad. Entendí que la realidad es menos que el espíritu que la conoce y que para conocer la razón debemos valernos de un conocimiento superior.

Pero es sin duda la *Antropología trascendental* de Polo su aporte fundamental en mi vocación. La distinción entre la esencia humana y el ser personal es lo más importante que he podido encontrar para la comprensión del ser humano. Reconocer que una persona es única e irrepetible, que no se reduce a lo que piensa, hace o siente; sino que es un quién capaz de dar sentido a todo lo demás, y que ese sentido es recibido por Dios, de quien es co-dependiente, tiene un valor aplicativo destacado en mi trabajo de consejería, consultoría o evaluación de personas y organizaciones. Ver que cada uno es una realidad radical creada para ser feliz, libertad irrestricta, amor que no se desgasta amando, es necesario para todas las actividades humanas.

La última vez que estuve con don Leonardo, yo estudiaba un Máster de Dirección de Personas en Pamplona. Nos encontramos en una emotiva reunión donde rezábamos por su descanso eterno. Me tocó, inmerecidamente, llevarle en hombros esa última vez que estuvo en el Colegio Mayor Aralar, antes de enterrarle en el cementerio de la ciudad.

Agradezco a Dios por todos los favores que a través de él he podido recibir, las personas que he podido conocer, las que me han ayudado y a las que he podido ayudar. El aporte de Polo, en mi caso, ha sido mucho mayor que el intelectual. Cómo diría otro maestro, ha sido de vida superior.

David Sandoval Gonzales
Psicólogo Consultor
Investigación y evaluación Política
Madrid (España)
vdavidsandoval@gmail.com

110. Ana María Sanguineti Cavalieri: *Lo que en definitiva me llevó a amar a don Leonardo... fue el libro de Testimonios sobre Leonardo Polo*

Conocí a Leonardo Polo en reuniones académicas, a través de personas que lo trataron personalmente –muchos colegas y exalumnos suyos–, quienes me transmitieron de algún modo su pensamiento sobre el hombre –la persona– y el cosmos. Me sorprendió su profundidad respecto a la consideración del hombre como hijo, a la distinción real entre el acto de ser personal y su esencia y la consideración de los trascendentales personales en otro orden de realidades diverso al del cosmos.

La primera persona que me habló de don Leonardo fue la académica Blanca Castilla, con quien coincidí en unas Jornadas sobre *Derechos Humanos y Género*, en la Facultad de Derecho de Valencia, en mayo de 2018. Fue ella quien amplió mi mirada sobre mi tema de exposición en las mismas, *Persona y corporalidad*. Tuvimos varias conversaciones en las que me habló de la *Antropología trascendental* de Leonardo Polo con lo que se amplió y llenó de luz toda la antropología que yo llevaba incorporada hasta ese momento a propósito de mis estudios de Filosofía y Letras, de Educación y de Teología en distintas Universidades.

A mi deslumbramiento inicial se añadió el conocimiento que me proporcionó personalmente el Profesor Juan Fernando Sellés ese mismo mes de mayo en la Universidad de Navarra, en mi viaje de Valencia a Pamplona. Me llené entonces de nuevos interrogantes a raíz de las muchas reflexiones que suscitaron en mí la conversación que tuve con él así como los comentarios de amigos y conocidos conocedores de Polo y de su pensamiento con los que me crucé, entre los que puedo contar a mi hermano sacerdote, Juan José Sanguineti, entonces Profesor de la Universidad de la Santa Cruz en Roma.

Pero lo que en definitiva me llevó a amar a don Leonardo –conociéndolo a través de quienes lo conocieron– fue el libro de *Testimonios sobre Leonardo Polo, Filósofo, Maestro y Amigo,* que me regaló en esa oportunidad el Profesor Sellés. Leí detenidamente el volumen, día tras día, dejándome impactar por los sucesivos relatos de quienes le conocieron personalmente o a través de profesores o de compañeros de estudios, o por la lectura directa de sus textos: para todos, de una manera u otra, había llegado a ser verdaderamente un Maestro y un Amigo. Así también llegó a hacerse, de algún modo, mi Maestro y mi Amigo.

En todos los testimonios recogidos en ese volumen encontré algo en común: el valor fundamental de la persona que era –y que es– don Leonardo, centrado no tanto en la profundidad de su conocer personal, verdaderamente sapiencial, sino sobre todo en su querer personal. Había llegado a entablar una amistad profunda con todos, quienes llegaron a saberse y a sentirse queridos por él –acogidos– a través, sobre todo, de pequeños detalles de la vida cotidiana: encuentros, fiestas, viajes, comidas, paseos…, además de sus clases y conferencias en las que por lo visto "no volaba una mosca" por el respeto y la confianza que generaba, dejando en libertad a quien no pensara como él; atribuyo especialmente a esto la grande influencia que ejerció sobre todos –su amistad profunda y sincera–, a tono con la profundidad de sus enseñanzas, aplicables a la propia actividad profesional y a la realidad familiar de cada uno, en unidad de vida.

Esto me llevó a desear participar en el *Curso de formación superior en la Filosofía de Leonardo Polo* que organizó la Universidad de Navarra, de febrero a junio de 2021, bajo la modalidad *on-line,* a distancia. Estos estudios me supusieron mucho esfuerzo, pero considero que fue el mejor modo de aprovechar el tiempo en pandemia.

Su pensamiento se entrelazó con el mío, el que estaba asentado sobre sólidas bases aristotélico-tomistas, pudiendo decir con propiedad que, como decía el mismo Polo, mi pensamiento fue "a más": se abrió y amplió mi panorama sobre Dios, sobre el mundo y la persona, echando profundas raíces para proseguir en mi camino desde tan nuevas perspectivas; creo que de la mano de don Leonardo y de mis maestros "aprendí a pensar", lo que quizá me hizo crecer por dentro en todas mis dimensiones.

El contacto directo con los escritos de Polo y con los expositores polianos del curso de Navarra, y el afán sincero de todos mis compañeros de curso por conocer más y mejor a Polo, llegaron a entusiasmarme. Me proporcionaron una luz interior muy "iluminante" sobre todo lo *real* como nunca antes lo había experimentado. Esta se proyectó a todo mi ser y a mi quehacer académico en el campo de la docencia e investigación de la *Antropología filosófica y teológica* a la que me dedico, sobre todo en la Universidad Austral, lo que me llevó a rehacer casi todos los *Apuntes de cátedra*, los que había preparado para mis alumnos.

Su vida también se me hizo especialmente rica por su enorme sencillez, razón por la que se me agigantó, y se me acercó, su amable figura, casi como si lo hubiera conocido personalmente. Su *amar personal* que llegaba a todos, fuera cual fuera su condición –discípulo, colega, amigo–, me removió, así como algunos pequeños rasgos de los que oí comentar acerca de su modo delicado –personalísimo– de relacionarse con Dios, con piedad de niño, totalmente acorde con su pensamiento acerca de su visión del hombre como hijo.

Todo esto hizo que no me sorprendiera el hecho de que se lo considerara "canonizable", por lo que podía darse pie al inicio de la recogida de los documentos necesarios para abrir su proceso de beatificación y canonización. Acerca de esta iniciativa, que comenzó a tomar cuerpo en Pamplona, me enteré por boca de Graciela Soriano y de Juan Assirio, grandes amigos argentinos amantes de Polo y conocedores de su pensamiento sobre todo en lo relativo a su *Antropología trascendental*.

En muchas ocasiones, privadamente, he acudido –y acudo– a su intercesión, considerándolo un amigo en el Cielo.

Ana María Sanguineti Cavalieri
Dra. en Teología por la Universidad de la Santa Cruz, Roma.
Lic. en Ciencias de la Educación por la Universidad de Navarra, Prof. en Letras por la Universidad Católica de Argentina.
Actualmente Docente investigadora de *Antropología Filosófica* y *Teología de la Familia* en la Universidad Austral, Argentina.
Buenos Aires (Argentina)
anamsanguineti@yahoo.com.ar

111. María Pilar Sanz Peña: *Estoy inmensamente agradecida por haber conocido la obra de Polo*

Oí hablar de Leonardo Polo por primera vez cuando estudiaba la carrera en la Universidad de Navarra, allá por el año 1979. Se decía que era un profesor difícil de entender, un sabio, inasequible para una alumna como yo, pero como no daba clase en mi carrera, no me preocupaba en exceso. En alguna ocasión me puse a leer algún libro suyo y, en efecto, me resultaba inasequible. Volví a encontrar los escritos de Leonardo Polo ya hacia el final de mi vida profesional en activo, soy profesora en un IES, y estaba interesada en conocer su concepción antropológica.

En el 2016 conocí la Palingenesia y formaba parte del equipo del Dr. Moya, con quien estábamos trabajando en el abordaje de la persona para ayudar a encontrar el sentido de su vida y resolver los malestares y dolencias en los que se manifestaban las alteraciones de su interioridad. En este punto, el estudio de la Teoría del conocimiento y la Antropología trascendental de Leonardo Polo ha sido inspirador y clave para poder fundamentar nuestro trabajo y proporcionar explicación a lo que veíamos en la práctica, porque no lo podíamos justificar con el esquema de "animal racional" o del hombre que es "cuerpo y alma". La existencia de unos conocimientos superiores a la razón, el abandono del límite mental, y el concepto de persona o acto de ser personal, han proporcionado el marco preciso en el que situar nuestra intervención y la explicación adecuada a lo que nos pasa "por dentro".

Aunque lo habitual es que necesite leer varias veces los textos de Polo para comprender algo, y precise la guía de profesores que lo conocen mejor, como J.F. Sellés, o que lo han trabajado para extraer las aplicaciones prácticas al abordaje antropológico de la persona, como Francisco Moya, estoy inmensamente agradecida por haber conocido la obra de Polo y considero un privilegio poder difundir este conocimiento de la persona, que tanto nos ayuda a comprendernos y que Leonardo Polo tuvo el acierto y la genialidad de comprender y exponer.

María Pilar Sanz Peña
Profesora IES
Zaragoza –Aragón– (España)
mapisanz@gmail.com

112. Juan Alonso Sardá Candia: *Como un faro de luz en la marea*

La condición humana es una realidad que desde adolescente llamó fuertemente mi atención, probablemente por ver a tantos amigos, conocidos, profesores y adultos que no hicieran el bien que querían y que en muchos casos realizaron el mal que aborrecían, como diría San Pablo. Mi experiencia propia de fragilidad me cuestiona de forma profunda y constante. Siempre escuché que el ser humano era imperfecto, pero no hallé una respuesta que realmente me satisfacía, no entendía la dinámica salvadora de Dios con los seres humanos. Más de una vez me pregunté si Dios podía facilitarnos un poco más la vida, por qué nos dejaba a merced de un montón de libertades mal ejercidas, por qué permitía que el mal se manifiestase en el corazón humano de la forma más vil y miserable.

Estos cuestionamientos hallaron su respuesta cuando me convertí a los 21 años al catolicismo. Comprendí cómo en Cristo podía hallar calma a mi sed de infinito, a mis anhelos más profundos. Este encuentro con Dios me dio un sendero, un propósito que ha dotado mi vida y mis actividades de sentido. Pero la vida y el tiempo suelen estar un paso por delante, casi siempre nos sobrepasan, las exigencias y desafíos de nuestro tiempo van más allá de nuestra fuerza, de nuestras posibilidades y capacidades. Pese a ello uno siempre se las ingenia para ser un incauto esperanzado, una especie de optimista cansado e iluso que cree poder saciar esos anhelos inherentes del ser personal con una serie de sucedáneos que no hacen más que agudizar el vacío personal que toda persona está llamada a atender.

En la línea de lo mencionado en los párrafos precedentes puedo decir que en la medida que he conocido a Leonardo Polo a través principalmente de Juan Fernando Sellés, he podido constatar la hondura de un pensador novedoso al punto de revelar, sin más, pistas fundamentales para humanizar un mundo en creciente deshumanización y personificar a seres humanos que vivimos bajo regímenes que en algunos casos no hacen más que despersonalizarnos, deshumanizarnos y desnaturalizarnos. Buena parte de personas en la actualidad cree haber encontrado en el trabajo y la profesión su vocación personal, pero luego algunos nos damos cuenta que lo personal o la intimidad está estrictamente ligada a la relación con Dios. Sólo cuando el ser humano constata que es un alguien, un cada quién, una novedad radical con una vocación única e irrepetible se da cuenta que ese llamado particular sólo se nos puede revelar en la relación con Dios.

La modernidad ha arrojado luces para revelar al hombre cuáles son las vías de perfeccionamiento. Cuando hablamos de perfeccionarnos o más propiamente humanizarnos hacemos referencia a una dimensión humana que Polo denomina: esencia del hombre. La esencia comprende las potencias humanas (inteligencia, voluntad, memoria e imaginación); pero por encima de la esencia se encuentra la persona, el acto de ser. Muy pocos filósofos de la modernidad han dado nociones y consideraciones tan hondas acerca de la persona, la mayoría de pensadores actuales se han quedado en la esencia del hombre. La importancia de poder desvelar al hombre quién es la persona radica principalmente en poder conocer que más allá de lo virtuoso que uno pueda ser a nivel de la esencia o el alma, existe una dimensión superior que puede no estar elevándose. Esto quiere decir que puedo crecer irrestrictamente en mi trabajo, ayudar a crecer a muchas otras personas, generar muchos beneficios sociales, económicos, culturales para mis colaboradores, pero a su vez puedo no estar en sintonía con mi vocación personal.

Para explicar mejor lo dicho anteriormente, es claro que uno puede hacerse acreedor de premios que destaquen la prudencia de su actuar, no obstante en lo personal puede estar cometiendo una serie de acciones que se van constituyendo en vicios. Un ejemplo claro se da cuando vemos a empresarios, educadores, políticos o gente que recibe premios y alabanzas por sus trabajos realizados, en algunos casos podría no resultar extraño que esas personas lleven una vida paralela y desintonizada de su sentido personal. Hemos observado en no pocas ocasiones personajes que reciben una estatuilla dorada por su brillante labor hecha en un trabajo determinado, y que al cabo de unos meses esta misma persona aparezca involucrado en situaciones embarazosas, o peor aún, inmersos en adicciones que en algunos casos han llevado a la muerte a dichos personajes.

El tema de mi vida está relacionado con el perfeccionamiento humano, concretamente cuál es el papel que juegan las virtudes fundamentales en el autoperfeccionamiento y el crecimiento de los demás. No podría haber encontrado un autor que me revelara más hallazgos que Leonardo Polo. En primer lugar, si queremos realizar una investigación, debemos colocar a la antropología como la ciencia primera. La antropología seguida de la metafísica y la ética. En segundo lugar, toda ética que pretenda ser verdadera debe partir de una antropología real. Una de las causas de la descomposición del proyecto de vida de buena parte de personas se debe a la desfiguración o "involuntaria" caricaturización de la persona humana. Si partimos de una idea errada de la persona estaremos ante una ética parcial o deforme. En tercer lugar, es preciso señalar que toda ciencia o técnica hecha por el hombre parte de una antropología. Los que hemos leído a Polo por esas incidencias de la vida hemos corroborado que su pensamiento ha ido más allá de los hallazgos de Aristóteles y Santo Tomás en temas no sólo relacionados a la antropología sino también a la ética.

Juan Alonso Sardá Candía
Jefe del Centro de Liderazgo para el Desarrollo
Docente de Humanidades
Universidad Católica San Pablo
Arequipa (Perú)
jsardacandi@alumni.unav.es

113. MAURICIO CUSTODIO SERAFIM: *LITERALMENTE, POLO DIO UN VUELCO A MI MUNDO*

Conocí a Polo a través de las charlas con el profesor Juan Fernando Sellés y la lectura de su libro *Antropología para inconformes* en 2020. En 2021 realicé el Curso *on-line* de la Filosofía de Leonardo Polo ofrecido por la Universidad de Navarra, donde pude profundizar en temas y lecturas de las obras de Polo.

Su filosofía me ayudó a entender mejor varias dudas que intentaba comprender desde hacía muchos años, como la relación entre razón y voluntad, quién es una persona, la conexión entre persona y acción, la ética de las virtudes y la vida práctica, pero sobre todo, cómo compatibilizar la fe cristiana con los enfoques teóricos académicos.

Estaba en busca de un enfoque filosófico que, al menos, no fuera incompatible con la fe cristiana, para tener una unidad intelectual en mí mismo. La filosofía de Polo me dio más que eso: es una filosofía que ayuda a proporcionar sustento intelectual a la cosmovisión cristiana y nos libera del cautiverio académico en el que las ideologías y reduccionismos contemporáneos nos sitúan. Literalmente, Polo dio un vuelco a mi mundo.

Serafim, Mauricio Custodio
Profesor Titular
Fac. de Ciencias de la Administración
y Socioeconómicas
Universidad Estatal de Santa Catarina
Florionópolis (Brasil)
serafim.mc@gmail.com

114. JOSÉ ENRIQUE SERRANO EXPÓSITO: *SE EXPLICA MEJOR CÓMO EN EL SER HUMANO SON Y SE ARMONIZAN EL ACTO DE SER Y SU ESENCIA*

No conocí personalmente a Leonardo Polo, pero he estudiado un poco su extenso y profundo pensamiento en lo relativo a la antropología filosófica y teoría del conocimiento, por lo cual sólo puedo dar un *testimonio indirecto* y limitado de lo que ha supuesto la filosofía de Polo en mi vida personal.

No conocía a este filósofo, ni es mi fuerte ni pasión la filosofía, pues más bien soy de ciencias, aunque también poeta y novelista, además de interesado en cómo somos los humanos y en métodos curativos alternativos, si muestran su eficacia.

Mi interés en uno de ellos, la Palingenesia, se basa en que es el método curativo mediante el cual me he curado de tres enfermedades (intestino irritable, trastorno obsesivo compulsivo y diabetes), y de ahí mi interés por una fundamentación filosófica de la Palingenesia, que para su fundador es la antropología trascendental de Leonardo Polo. Gracias a Polo, se explica mejor cómo en el ser humano son y se armonizan el acto de ser y su esencia, describiendo su distinción real, lo cual sólo puede favorecer la mejora de la mencionada técnica curativa o al menos facilitar su explicación.

José Enrique Serrano Expósito
Telefónica
Córdoba –Andalucía– (España)
iesulord@gmail.com

115. Juan Alberto Talla Pacahuala: *Su valía como persona, como pensador*

Particularmente me ha sido difícil dar el presente testimonio sobre el pensamiento de Leonardo Polo, tanto por no haber tenido el privilegio de haberlo conocido personalmente o de haber participado en alguna de sus tantas tertulias y cátedras dadas en diferentes espacios académicos, como también por lo vasto y amplió de su pensamiento, que abarcó diferentes disciplinas, épocas y diversos pensadores.

Mi primer contacto con el pensamiento de Leonardo Polo se dio durante algunos cursos de una maestría que estaba cursando en dirección de personas algunos años atrás. En lo que me atañe, dicha dificultad me pareció ser más grande para mí que para el resto de mis compañeros, debido a que nunca antes había tenido contacto con la filosofía. Además, si entender a los filósofos clásicos ya tendría sus dificultades, entender el pensamiento de Don Leonardo representaba para mí toda una osadía y un verdadero reto. Por esto solo voy a compartir uno de los primeros temas que me engancharon con el pensamiento de Don Leonardo, el que me hizo reconocer de inmediato su valía como persona, como pensador y la relevancia de sus aportes para la humanidad actual y venidera.

Revisando los primeros textos todo me parecía abstracto y difícil de comprender, hasta que me topé con su texto "Ética y virtudes del empresario". Conforme lo fui leyendo, reconocí en esencia bastantes coincidencias con mi forma de pensar, haciéndome reflexionar sobre las diferentes experiencias que había pasado en el mundo empresarial, pero, sobre todo, advertí que con él podía explicar por qué son tantas las empresas carentes de virtudes, si es que se les puede atribuir metafóricamente hablando estas cualidades. Pensar que "la ética y la empresa no son irreconciliables" (Polo), nos invita a pasar de un estado de pesimismo y resignación a tener esperanza; es necesario que cada uno tenga la convicción de involucrarse y adoptar el reto de querer cambiar para mejor este tipo de organizaciones; en realidad, es necesario cambiar todo tipo de organizaciones, tanto las públicas como las privadas.

La crítica que Polo hace al empresario por su falta de virtud y su tendencia hacia lo hedónico es notable, pues la falta de ética en la toma de sus decisiones es lo común. La expresión de Leonardo Polo "los empresarios no pueden permitirse el lujo de vivir de la trampa, porque si no están destinados a desaparecer", me pareció oportuna y acertada para estos tiempos, sobre todo porque "el hombre es capaz de aguantar muy poca falta de ética", y la falta de ética restringe y coacciona el crecimiento libre e individual de cada persona, como también él refiere.

Polo claramente nos advierte que inevitablemente en las organizaciones donde sus directivos no son éticos en sus decisiones y acciones contaminan con su cultura, en su misma línea, a toda la organización. Sin embargo, Polo también nos señala parte de la solución: volver desde las virtudes a lo radical, a la persona. Claramente, a Polo le preocupa el mundo y su destino, pero creo que más le preocupa el destino del hombre, su ennoblecimiento y humanidad en contraposición con su posible decrecimiento e inhumanidad.

Juan Alberto Talla Pacahuala
Master en Gobierno de Organizaciones
Universidad de Piura (PAD)
y de formación profesional
Bachiller en Administración de Empresas
Lima (Perú)
jtalla@outlook.com

116. MATILDE VARGAS MACHUCA: *DESCUBRIR A LEONARDO POLO HA SIDO UN GRAN REGALO PARA MI*

He tenido la ocasión de encontrarme con la antropología transcendental de Leonardo Polo, y aunque es reciente, sí puedo decir que en mi poco recorrido es mucho lo que está aportando a mi vida. El ahondar en cómo está constituida la intimidad personal humana y cómo está llamada a ser cada persona abre un horizonte esperanzador de un valor incalculable.

Cada transcendental aporta unos rasgos tan esenciales y propios del ser personal que al bucear en cada uno de ellos descubres no sólo respuestas a los diferentes interrogantes humanos que se te presentan, sino que también te aporta un nuevo panorama que te hace cambiar el paradigma de tu existir, generando vida y sentido a tu día a día. Conforman una perspectiva, una profundidad, una mirada diferente a uno mismo y hacia cada una de las personas con las que tienes ocasión de conectar. Te refuerza el mirar al ser y no al tener.

Descubrir a Leonardo Polo ha sido un gran regalo para mí, un activar ese anhelo de felicidad que todos tenemos, un agradecer con mayor profundidad mi vocación personal, un ganar en libertad interior convirtiéndose en una fuente de inspiración, un ahondar en la búsqueda del sentido personal aceptando y acogiendo a cada quién como quién es y está llamado a ser; en definitiva, un deseo de compartir con los demás la esperanza y el amor a los que está llamado el ser humano, viviendo con una alegría interior y serena de quien se sabe querido y amado por el Creador, con independencia de las circunstancias, de las dificultades y de las limitaciones del propio existir.

Matilde Vargas Machuca
Enfermería
Málaga –Andalucía– (España)
lilillavargasmp@gmail.com

117. Patricio Vergara Aguirre: *Libros de Polo… me han permitito abrir los ojos*

Es difícil plantear en un texto los cambios que Polo ha realizado en muchas vidas. En mi caso particular, desde la academia enfocaba mi análisis de las empresas en aspectos meramente cuantitativos y normalmente atados a aspectos económicos. Leer sobre la visión humanista cristiana del ser humano y del mundo de Polo, me llevaría a profundizar en la ética como dimensión fundamental para la conquista de la felicidad de la persona y como eje articulador de la empresa para el logro de sus objetivos corporativos.

Sin embargo, Polo me hizo caer en cuenta de que por sí sola la ética no logra conducir al hombre a su fin, porque ésta debe partir de principios antropológicos que den luz y guía al comportamiento. Gracias a él entendí que una ética que parte de una visión equivocada del hombre no lo conduce a su felicidad, sino por el contrario a su infelicidad: "Quiero añadir que la ética es muy importante, pero no es lo último. La ética necesita un *a priori*: esto es así porque el hombre es como es. La consideración de la ética tal como ha sido aquí propuesta no agota la consideración del hombre.

Hay que llegar a la filosofía. Para llegar a la filosofía tendríamos que considerar el carácter personal del hombre, y así averiguar los fundamentos de la ética desde la perspectiva adecuada"[1].

Libros de Polo tales como *Antropología de la acción directiva*, *Filosofía y economía*, *Quién es el hombre*, *Presente y futuro del hombre*, entre otros, me han permitito abrir los ojos y poder ver la real importancia del ser humano y su rol fundamental en la sociedad y en la empresa.

Patricio Vergara Aguirre
MBA
Director Adjunto IDE Business School
Quito (Ecuador)
pvergara@ide.edu.ec

118. Fco. Manuel Villalba Lucas: *Toda mi actividad filosófica ha tenido como punto de referencia al profesor Leonardo Polo*

No he conocido personalmente al profesor Leonardo Polo. Sin embargo, allá por el año 2010, comencé a conocerlo a través de la lectura de sus obras. Tras un Master en la Universidad de Murcia y un TFM de investigación centrado en la persona. Urbano Ferrer, discípulo de Leonardo Polo, me animó a continuar con el doctorado. La tesis debía seguir girando sobre la persona, y allí apareció la obra de Leonardo Polo como un vasto océano de pensamientos, conceptos y propuestas. He de confesar que, al principio, creí ahogarme entre ellas, pero poco a poco fui descubriendo un mar de posibilidades de explicitación de la persona en muchos ámbitos: conocimiento, antropología, metafísica, ética, historia, cultura, religión, etc. Desde entonces hasta ahora toda mi actividad filosófica ha tenido como punto de referencia al profesor Leonardo Polo.

Con una trayectoria que abarca décadas, Leonardo Polo se erige como una figura destacada en el ámbito académico y filosófico. Su vida y obra han estado impregnadas de una profunda interdisciplinariedad, marcando un hito en la comprensión de la realidad desde múltiples perspectivas, que no solo han dejado una profunda huella en el pensamiento contemporáneo, sino que también han influido en generaciones de estudiantes y

---

[1] Polo, L., *Filosofía y economía*, Pamplona, Eunsa, 2002, 443.

colegas. Un recorrido por su legado nos hace comprender que ha trascendido las fronteras convencionales de la filosofía.

Su filosofía constituye una amalgama de la filosofía clásica, el pensamiento moderno y los autores contemporáneos. Pero no se trata una simple mezcla, sino de la exploración de un camino nuevo, su propio camino filosófico, que, aun partiendo del descubrimiento de un límite, el límite mental, tiene posibilidades ilimitadas de desarrollo filosófico, al modo del crecimiento irrestricto de la persona. Aunando y criticando diversas épocas y corrientes filosóficas, el profesor Leonardo Polo alza sistemáticamente un edificio filosófico fundamentado en dos pilares, el entendimiento y la antropología, en definitiva, en la persona.

Su pensamiento, por ello, sigue y seguirá desafiando y enriqueciendo el pensamiento contemporáneo. Me atrajo su capacidad para integrar y sintetizar conceptos de diversas disciplinas, su enfoque interdisciplinario resultó ser la apertura al mundo del conocimiento en general y la manera de entender la filosofía entrelazada de manera orgánica con las ciencias. ¿Cómo aborda de manera integral y crítica tanto la metafísica como la ética? No como aspectos alejados o dos orillas irreconciliables, sino que establece puentes entre ambas, entre las reflexiones metafísicas abstractas y las consideraciones éticas concretas. No encerrando la reflexión filosófica en gruesos tratados o en sesudas clases, sino que su obra me reveló su compromiso con una filosofía que no se queda en la contemplación teórica, sino que busca impactar en la vida cotidiana. Polo va más allá de las aulas universitarias.

No he sido alumno directo del profesor Polo, pero eso no ha impedido que, a través de su obra, me haya hecho reflexionar sobre el papel de la filosofía en la vida cotidiana y en la construcción de una sociedad más justa.

La noción de persona ocupa un lugar central en la obra de Polo y, en el fondo, fue lo que nos unió. Pronto vi que su enfoque humanista destaca la importancia de comprender la realidad desde la perspectiva de la persona, considerando tanto su dimensión individual como social. La filosofía de la persona según Polo no se focaliza en un mero concepto abstracto, sino que es una guía para comprender la complejidad y riqueza de la existencia humana en todas sus manifestaciones. Coincidíamos en la necesidad de poner a la persona en el centro de la reflexión filosófica. Es por lo que he llegado a decir del profesor Leonardo Polo que es un 'personalista *sui generis*'. Sabiendo que consideraba al personalismo un pensamiento débil, no sé si habría estado de acuerdo con dicha afirmación.

Otro punto de coincidencia con el profesor Polo fue la teología. En su pensamiento podemos entrever que su diálogo con la fe no se limita a la esfera dogmática, sino que busca establecer un puente entre la razón y la fe. Como teólogo, también le debo al profesor Polo este enfoque armonizador, que ha generado en mi pensamiento un diálogo fructífero entre la filosofía y la teología, contribuyendo a una comprensión más profunda de las dimensiones espirituales y racionales de la existencia.

Mi formación como antropólogo cultural es otra coincidencia. Alguno podrá estar empezando a pensar que mi destino era convertirme en 'poliano'. También la filosofía de la cultura surgió como nexo entre nosotros. Polo no se limitaba a explorar las dimensiones individuales de la existencia; su interés se extiende también a la filosofía de la cultura. En este sentido, examina cómo las personas se relacionan entre sí y con el entorno cultural que las rodea. Su obra fue una total invitación a reflexionar sobre la influencia de la cultura en la formación de la identidad personal y colectiva, así como en la configuración de los valores éticos.

Por último, y no menos importante, quizás el elemento que unifica toda mi vivencia personal sobre el profesor Leonardo Polo desde la lejanía, era la necesidad de encontrar una crítica a la modernidad y a sus implicaciones para la comprensión de la persona y la sociedad actual. Mi sorpresa fue que lo encontré en sus escritos, pero no solo una mera oposición a la modernidad y posmodernidad, sino una crítica que va a lo práctico, a hacer propuestas filosóficas que superen las limitaciones de las visiones reduccionistas y atomizadas que caracterizan a la modernidad y a la sociedad actual.

En conclusión, la figura del profesor Leonardo Polo ha trascendido las limitaciones convencionales de la filosofía. Su legado interdisciplinario no solo ha enriquecido el campo filosófico, sino que ha proporcionado herramientas conceptuales valiosas para abordar los desafíos complejos de la existencia humana. Más allá de sus escritos y logros académicos, el profesor Polo ha dejado una marca indeleble en la vida de aquellos que tuvieron el privilegio de ser sus estudiantes y de aquellos que no lo tuvimos. En mi caso, su estilo pedagógico, su capacidad para inspirar el pensamien-

to crítico y su apertura al diálogo han hecho de él un mentor que ha guia-
do y guía mi trabajo filosófico. Su legado trasciende las paredes de las
aulas y las de sus libros. Su vida y obra son testimonios de una dedicación
inquebrantable al conocimiento, la ética y el humanismo. A medida que su
influencia perdura, nos recuerda la importancia de abordar la filosofía con
mente abierta y corazón comprometido, contribuyendo así al enriquecimiento continuo de la experiencia humana.

Fco. Manuel Villalba Lucas
Profesor Instituto Teológico San Fulgencio
Murcia –Comunidad de Murcia– (España)
villalba-lucas@hotmail.com

119. DIANA WANCIER: *ESTOY MUY AGRADECIDA POR CONOCER EL PENSA-MIENTO DE LEONARDO POLO*

He tenido la bendición de conocer la antropología trascendental en el
Master de Matrimonio y Familia de la Universidad de Navarra. Sin embargo, al vivir en Pamplona he tenido la oportunidad de profundizar sobre el pensamiento de Leonardo Polo en las tertulias de Juanfer.

Todavía me queda mucho por aprender. Aunque creo que he aprendido lo fundamental en Polo: que la persona siempre es más que lo que vemos. Tiene una intimidad que solo puede llegar a crecer si cuida su relación filial con su creador. Desde que conozco a Polo, siempre reflexiono
esto: ¿lo que estoy haciendo me permite llegar a ser como Dios me pensó?

Tengo dos hijas pequeñas y trato de enseñarles las nociones básicas de
antropología: que ellas son personas, no animales o cosas y, por tanto,
tienen una naturaleza especial. Parece algo muy simple, pero que triste-
mente se ha perdido hoy en día.

Desde el cielo estoy segura que Polo ha juntado a familias muy especiales, en Pamplona, que nos reunimos por diversas ocasiones y que se pueden llegar a considerar familias de corazón.

Estoy muy agradecida por conocer el pensamiento de Leonardo Polo y
en especial quiero agradecer a Juanfer. Es una persona excepcional, muy
humilde y que nos transmite no solo la sabiduría de Polo, sino su sencillez

y amabilidad. Es entrañable el cariño que tiene por los niños y las personas más vulnerables. ¡¡¡Juanfer es muy especial para nuestra familia!!!

Diana Wancier
Master en Matrimonio y Familia
Universidad de Navarra
Pamplona –Navarra– (España)
dianaluz2@hotmail.com

120. MARLEN YADA DE JEREZ: *EXPRESIÓN DE AGRADECIMIENTO A LAS ENSE-ÑANZAS DE LEONARDO POLO*

He tenido el placer de conocer el pensamiento de D. Leonardo Polo a través de la transmisión de sus enseñanzas por parte de sus discípulos, como se decía –de boca a oreja–. Conocí el pensamiento del Dr. Polo en un salón de clases de la Universidad de Navarra, en la cátedra del Dr. Juan Fernando Sellés, quien no solo fue su discípulo, sino también su amigo.

Como describía el Dr. Polo en su artículo "La amistad en Aristóteles", la amistad es una relación entre dos personas que se basa en la reciproci-dad y el bien común. La amistad entre ambos culminó en el conocimiento mutuo, conocimiento que el Prof. Selles nos ha permitido descubrir y con ello elevando nuestras vidas: "Lo superior está al servicio de lo inferior".

El conocimiento de los principios y legado de Don Leonardo ha permi-tido incrementar mi propio conocimiento, aumentando además mi creci-miento humano y personal, el amor a Dios y a los demás. La antropología filosófica y teológica, también la teoría del conocimiento ha cambiado mi manera de ver el mundo, las personas y las cosas.

Aunque no tuve la dicha de conocer a Don Leonardo personalmente, he participado de su amor a través de su amistad con Juan Fernando Se-llés, es decir, a través de las enseñanzas del pensamiento de Don Leonar-do al Prof. Sellés y que éste nos ha trasladado para inspirarnos a traspasar el límite mental.

Mi testimonio indirecto me hace valorar más sus enseñanzas, ya que a pesar de no oír directamente sus clases han penetrado en mi en la forma de ver y valorar las cosas, el cosmos, las personas, la vida, mi persona, mi ser; ya que la filosofía transcendental ha sido luz que ha marcado un des-pertar y un abandono del límite.

No puedo decir más que en todas las áreas de mi vida, profesional, social, espiritual y personal, su obra filosófica, antropológica, metafísica y teológica me ha influenciado en mi forma de conocer, mi vocación y mi vida, para trabajar y amar con una chispa de fuego que arde por encontrar y seguir creciendo con la sabiduría de los primeros principios, que ha permitido conocer el pensamiento y la filosofía del profesor Polo.

Estudié el sentido del dolor y el sufrimiento en la vida del cristiano, inspirada en el pensamiento de Don Leonardo, concluyendo que el dolor y el sufrimiento no eran eso, sino al contrario, medio de crecimiento y santidad, pudiendo afirmar que he descubierto el *además* como forma de ser y de amar.

Con estas pequeñas líneas quiero dar mi agradecimiento a Dios, ya que, por medio de la enseñanza del pensamiento del profesor Leonardo Polo voy alcanzando cumbre tras cumbre, como persona, la mejor versión de mí misma.

Marlen Yada de Jerez
Dra. en Derecho
San Salvador (El Salvador)
m78872305@gmail.com

121. Karina Ylizaliturri Garza: *La filosofía de Polo me ayuda a tener un entendimiento vital más completo, porque veo que sus nociones dan cuenta de mi realidad personal*

Mi nombre es Karina Ylizaliturri Garza y mi encuentro con Leonardo Polo fue del todo fortuito, gracias a un pequeño curso de Antropología Filosófica al que me invitaron a asistir. Me sentí atraída a su pensamiento porque sus nociones me parecieron novedosas e intensas y a la vez tan obvias y plausibles, pues todas ellas llevan a planteamientos que, quien no obstruya su cauce natural, terminará hurgando, reflexionando o meditando, captando lo arrollador de su propia realidad interior y su relación con Dios, con un enfoque mucho más amplio e integral donde la antropología y la fe se potencian de manera coherente, más no cerrada.

La filosofía de Polo me ayuda a tener un entendimiento vital más completo, porque veo que sus nociones dan cuenta de mi realidad personal. Al ahondar en su pensamiento, concretamente en los trascendentales perso-

nales y sus aportaciones sobre la esencia humana, me parece que constituyen fuentes idóneas para renovar la totalidad de las ramas del saber.

Karina Ylizaliturri Garza
Abogada
Monterrey –Nuevo León– (México)
kylizalitur@alumni.unav.es

122. Claudia María Zamora Zapata: *Ha significado el aprendizaje de una nueva forma de vivir la vida*

Vivo en Guadalajara, Jalisco (México). Realmente, no tuve la oportunidad de conocer a D. Leonardo Polo. Y, aunque no lo conocí en vida, sé –de
alguna manera– que lo conozco y lo trato. Lo he ido conociendo y tratando, a través del estudio de sus escritos y de mis intentos por vivir sus enseñanzas. Llevo alrededor de 3 años, dando clases –en línea– de antropología trascendental de Leonardo Polo. Años en los que, definitivamente,
ha sido de enorme valía, la ayuda y atención que me ha proporcionado el
doctor Juan Fernando Sellés.

En cada clase que imparto, algo que me tiene sumamente sorprendida,
es darme cuenta de que toda esta antropología, es el aterrizaje en la vida
ordinaria, de la teología de San Josemaría, Fundador del Opus Dei. Todo
lo que aprendo –y procuro enseñar–, proviene de la inmensa fuente de
sabiduría del doctor Polo, que, igualmente no hizo más que nutrirse del
amor efusivo por los demás que tiene San Josemaría.

Puedo decir que la sabiduría de D. Leonardo Polo es verdaderamente
la sabiduría expresada en "un conocimiento amante". Dar las lecciones
que comparto con mis alumnos ha significado el aprendizaje de una nueva forma de vivir la vida, que, me ha empujado dulcemente a una nueva
forma de ser libertad, conocimiento y amor. Desde luego, es muy hermoso
constatar cómo muchos de mis alumnos coinciden en esta misma realidad.

Como anécdota curiosa, una de mis alumnas –de los primeros grupos–
estaba animando a una de sus amigas a tomar el curso. Lo simpático fue
cómo la quería animar: "Al principio cada diapositiva –o *slide*– te suena a
chino mandarín… pero después del curso, sabes que sí eres valiosa como
persona y que cada día puedes ser mejor". Incluso añadió: "lo del chino
mandarín, es porque para nosotros –como estudiantes– el lenguaje po-

liano nos es desconocido; pero es gracias a ese lenguaje que te apercibes de que todo te cuadra muy bien en el corazón. Todo lo aprendido se va instalando en tu corazón con sólidos argumentos filosóficos y antropológicos. Adviertes que en tu corazón hay un sentido de plenitud y trascendencia; porqué, como enseña D. Leonardo, somos radicalmente hijos de Dios. Todos, hijos de modo natural –y muchos más de los que nos imaginamos– de modo adoptivo, por la filiación divina".

En fin, creo que podría seguir escribiendo de muchas más realidades de D. Leonardo Polo a quién no "conocí" en esta vida. Pero a quien conozco "personalmente" y admiro demasiado. Muchas gracias.

María Claudia Zamora Zapata
Universidad Panamericana
Guadalajara –Jalisco– (México)
cmzamora@up.edu.mx

123. ÁLVARO ZELADA CIFUENTES: *LO MÁS GRANDE QUE ME HA APORTADO POLO ES COMPRENDER EL AMOR*

No he tenido la dicha de conocer directamente a Don Leonardo Polo, pero a través de sus escritos le he conocido mejor que a muchas personas con las que he compartido a lo largo de mi vida. El leerle y encontrar a una persona que está comprometida con la verdad es muchas veces más inspiración para mí, que de lo que tratan sus textos.

En sus textos uno encuentra verdades profundas e importantes para la vida, pero a pesar de que estudio filosofía, el hablar de un conocimiento por puro conocer siempre me ha parecido muy bajo. El conocer la verdad no es solo para conocer, sino es para vivir contemplando y en una relación con ella. Muchas veces esta relación cuesta por errores voluntarios o pasiones desordenadas, pero en Don Leonardo encuentro un maestro que guía con calma y te lleva de la mano para que vivas como realmente se debería vivir. Es por ello que para mí Polo se ha convertido en un amigo que continuamente me lleva a regresar, a reenfocar mi vida conforme a quién verdaderamente estoy llamado a ser.

Propiamente no le conozco como muchos de los que compartieron este peregrinaje por el mundo con él. Pero le conozco en un estado mejor, pues a través de la oración logró preguntarle las cosas claramente, y le noto más cercano que todos aquellos que están todavía en la prueba de esta vida. Por eso puedo decir que verdaderamente es un amigo que me inspira y me anima a hacer frente a un mundo que ha perdido el sentido personal.

Desde que comencé a leer a Leonardo, he descubierto que muchas de las cosas que siempre había echado en cara a la filosofía son válidas y necesitaban ser explicitadas. Descubrimientos como el cruce del límite mental me confirmaron que para pensar las cosas importantes no cabía usar solo el lenguaje, sino algo más perfecto. Y es desde estos niveles de conocimiento donde realmente podemos encontrar el verdadero sentido a la vida propia.

Así que verdaderamente Polo me ha dado herramientas para llegar a conocer quién estoy llamado a ser. Esto es sin duda lo más valioso que alguien puede darle a otro, pues es realmente promover el bien integral para cada persona. Y esto se puede definir en una palabra muy breve: *esperanza*.

A la vez esa esperanza se ha convertido no solo en esperanza para mí, sino para mis amigos, familiares, compañeros y muchos otros. El que podamos llevar verdad y sentido real de libertad a los demás, a través del amor, es sin duda lo que pretende Polo con sus escritos. Como muchas veces he hablado con Juanfer Sellés, Leonardo ha logrado dar una base para explicar las enseñanzas de San Josemaría. Y para quienes hemos oído de la llamada a la santidad en medio del mundo son los descubrimientos de Polo una autopista para pasar a una vida de verdadera contemplación en el mundo.

Un ejemplo de ello es el descubrimiento de la persona. Media vez intuyes que eres persona, y que estás vinculado de una manera casi imposible de describir a Dios en sus tres Personas, es sin duda algo que marca un antes y un después. El palpar que la distancia entre Dios y el hombre no existe, a menos que el hombre ponga distancia, es algo que se escucha, pero hasta verlo no se conoce con claridad. Y es de esa claridad de donde realmente se comienza a vivir el verdadero amor al prójimo, pues te sabes amado y el otro también es amado. Eso cambia el modo en que tratamos a todas las personas.

También es importante resaltar que en sus textos solo cabe la humildad. Sin duda no he conocido y creo difícil conocer a alguien de la categoría intelectual de Don Leonardo. Pero a pesar de su aplastante capacidad, jamás se posiciona como el autor de la verdad, sino como un niño que va descubriendo las maravillas que muchos no ven. Y a uno solo le queda sumarse a esa humildad, pues al ver las cosas es evidente que no somos ningún autor de todas las maravillas. Seguramente diría Leonardo que es reconocer que somos criaturas en todo momento, y que todo lo que tenemos es don del Creador. Y tiene absoluta razón.

Polo demuestra que su relación con el mundo no es la de un intelectual, sino la de un niño. Un niño que se maravilla y es curioso sobre el mundo. Pero también un niño que confía en que las cosas irán bien. Sus escritos pueden manifestar a un sabio muy mayor, pero es justamente la sabiduría que le hace notar que su relación con la verdad es de inferioridad. Es un niño que conoce mucho, pero jamás trata de que te quedes fuera del juego. Trata de incorporar a todos a su juego de descubrir la realidad. Esto se ve en sus obras y sus discípulos que siempre buscan integrarte a la vida de un filósofo y no una serie de proposiciones que debes memorizar. Es estar con otro niño en un campo de juegos que se llama mundo. Polo es un niño que juega con cosas complejas, pero siempre aceptando las reglas del juego. Y esa es una gran humildad.

Esa humildad de Polo te invita a reconocer los dones propios y ponerlos en servicio de todos. Pues el ser humano es increíble, pero está llamado a ser más increíble. Como diría él "el perfeccionador perfectible". Es por eso que en vez de quedarse en una posición de miedo respecto a la grandeza del Creador solo cabe responder con agradecimiento y confianza en que los dones cumplirán su función si me dejo guiar. Es justo la docilidad de dejarse guiar la única forma de comprender los textos de Polo, al menos en lo verdaderamente importante. Es la actitud de aceptar lo que te es dado lo único que te permite crecer, y Polo a mí me ha sido dado como inmenso don.

Pero sin lugar a dudas lo más grande que me ha aportado Polo es comprender el amor. A través de su compromiso con el Amor, he aprendido qué es amar y ser amado. He descubierto qué significa realmente ser hijo de Dios, que es sin duda lo más grande. A la vez comprender eso me ha ayudado a ordenar todo para corresponder a ese Amor. Y para corresponder a ese Amor, he aprendido a tratar a cada una de esas Personas divinas –también divinas como encantadoras y no solo como deidad–. He descubierto que sin importar qué tan duras se pongan las dificultades en la vida, que estos últimos años han sido grandes, esas tres Personas jamás, jamás, ¡JAMÁS! se olvidarán de ti. Descubrí que solo en la medida que nos dejamos amar cómo únicamente descubrimos la felicidad a la que estamos llamados todos los hombres. Pues a un corazón enamorado no hay quien le pueda la contra.

Justamente un corazón enamorado es invencible pues jamás está solo, ya que, más que acompañado, es habitado. Es en la medida en que vamos tratando al Divino Huésped, como todos los dolores, penas, pecados y todo mal van desapareciendo. Luego esas penas y dolores se transforman en motivo de acción de gracias y de alegría. Es desde el corazón desde donde realmente es posible decir que la vida siempre puede tener felicidad. Son los actos del corazón de donde realmente podemos sacar la fuerza para vivir una vida plena. Esa fuerza es el amor.

Solo en la medida en que amamos podemos tener paz. Y esta paz es la que descubro en quienes han mantenido la fidelidad a las enseñanzas de Polo, cada quien conforme a su profesión, pues han comprendido el Amor. Y no me sorprende oír las anécdotas que me cuentan de Polo, en las dificultades siempre es llamativo que él se lo tomase con tanta paz. Eso es propio de quien se sabe amado, y se conoce en sus escritos, pues nunca va corriendo. Él se toma el tiempo y cuanto haga falta para que las cosas queden claras. Y es ahí donde se descubre que era una persona que hacía bien las cosas por amor.

Ese es Polo, un corazón de niño enamorado y habitado por Dios, y que todo lo que ha escrito es simplemente un intento de manifestar qué es comprometerse con la Verdad, con Dios. Y eso marca qué es hacer filosofía. O se vive comprometido con la verdad, o se camina por mal camino.

Polo es mi referente en mi vida filosófica y si alguna vez alguien me pregunta cuál es el filósofo a quien profundamente admiro, diría que es él. Me ha enseñado que detrás de cada persona y palabras siempre hay algo de verdad. A tal punto de que incluso de autores que les tengo desagrado por sus conclusiones y principios ellos tienen algo de verdad que debe ser rescatable y puesta en su lugar correcto. Pero también saber decir que hay errores que son inadmisibles por la degradación de la realidad y especialmente del ser humano. Cosas que hay que refutar con precisión y sin escrúpulo, pues terminan desencadenando grandes malestares en cada persona y en la sociedad.

Álvaro Zelada Cifuentes
Dto. de Filosofía
Universidad de Navarra
Pamplona –Navarra– (España)
azeladacifu@alumni.unav.es

124. JULIA ZORRILLA ROMÁN: *POLO ME HA CAMBIADO LA MANERA DE VER EL MUNDO*

Conocí el pensamiento de Leonardo Polo en el curso de filosofía sobre Leonardo Polo de la Universidad de Navarra, en febrero del 2021. Una de las cosas que me ha aportado Polo es descubrir la grandeza del ser humano, el acto de ser humano personal, único, y la íntima y profunda co-existencia de cada persona con Dios. Me ayuda mucho en la convivencia con las demás personas, porque entiendo (aunque tal vez no se ve por fuera) que cada persona es más de lo que parece, que yo soy más que mi inteligencia y mi voluntad. Me ha servido mucho también el tema del ser y de los teneres, pues generalmente busco seguridades en los teneres (títulos, estudios, amistades, habilidades, sentirse útil o necesaria), y realmente mi valor y mi dignidad están en lo más profundo de mí, en quien yo soy.

También me ha ayudado mucho el tema del conocer personal, en la relación con Dios. Estar abierta a recibir y acoger lo que Dios me quiera dar, sin pretender agarrar, o controlar.

Hay muchas cosas que todavía no entiendo, y otras que, en teoría, son muy bonitas, pero luego no sé cómo se llevan a la práctica. En fin, Polo me ha cambiado la manera de ver el mundo, el acto de ser del universo y de cada persona, que son mucho más de lo que podemos objetivar con nuestras inteligencia.

Espero que sirva este breve y humilde testimonio. ¡Y gracias por hacer llegar a todos el pensamiento de Polo!

Julia Zorrilla Román
Doctoranda en Psicología y Filosofía
por la Universidad de Sevilla
Monterrey –Nuevo León– (México)
juliazorrilla@gmail.com

125. EDGAR EDUARDO ZÚÑIGA GOYZUETA: *MI ENCUENTRO CON SU OBRA HA CAMBIADO MI VIDA Y LA HA LLENADO DE SENTIDO DONAL Y MOTIVO TRASCENDENTE*

Quisiera empezar diciendo que, para mí, la filosofía de Leonardo Polo representa casi el final de mi búsqueda personal de la verdad, aquella que dio inicio a mis 19 años, como fruto de la semilla que mis padres plantaron en mí: hacer siempre lo correcto. Pero, ¿qué es lo correcto?, ¿cómo tener la certeza que hacemos lo correcto? Son preguntas que abordan la existencia de todas las personas pero, en mi caso, se constituían en una necesidad imperiosa, una exigencia que me define como persona.

Gracias a Dios, la primera certeza que tuve provino de la sentencia evangélica: "Yo soy el Camino, la Verdad y la Vida". Lo correcto proviene de la Verdad y Cristo es la Verdad. Para encontrarla solo tenía que seguirlo, ya que Él también es el Camino. Seguirlo implicaba entonces hacerme sacerdote, ya que, a mi juicio, en ese momento, no había otra manera de abordar la santidad. Sin embargo, cuando intenté hacerlo y busqué a un sacerdote muy amigo mío, director de un preseminario, me di con la sorpresa que no fui aceptado, a pesar de haber experimentado una de las experiencias más gozosas de mi vida, viviendo temporalmente con él y participando del preseminario. Su respuesta fue que no tenía vocación, que Dios no me llamaba a ser sacerdote. Su respuesta fue bien cruda y directa, sin mayor explicación y me dejó en un gran desconcierto. ¿Cómo seguir a la Verdad si no se me permitía ser sacerdote? La respuesta llegó a mí algunas semanas después, cuando, uno de mis mejores amigos de colegio y universidad me habló de la existencia de una residencia del Opus Dei, donde, puntualizó, "te enseñan a ser santo sin ser cura".

La alegría y la esperanza volvieron entonces a mi alma, mucho más cuando conocí la Obra y, al ingresar al centro, sentí que "Dios estaba allí" y que me había estado esperando ahí mismo, desde toda la eternidad. Ahora solo debía aprender el nuevo camino que Dios me mostraría en el Opus Dei y emprender así mi viaje personal hacia la Verdad. Sin embargo, esto no ha sido nada fácil. Entre mi forma de percibir la espiritualidad y la de Opus Dei existía un gran abismo, casi imposible de cubrir. Me sentía "un cuadrado con vocación de círculo" y esto no podía comprenderlo: ¿cómo era posible que un cuadrado tuviera vocación de círculo? Comencé a sentirme desanimado y las dudas empezaron a embargarme. Luego vinieron varios años de idas y venidas, casualmente siempre me topaba con gente de la Obra en cada lugar que trabajaba o estudiaba y terminaban siempre invitando a un centro. Finalmente, todo ese vaivén confluyó en mi deseo de postular al MBA de la UDEP en Piura, animado por un primo mío graduado en el IESE, y deslumbrado esta vez por la "cuota de verdad" que el modelo antropológico de Juan Antonio Pérez López me ofrecía: sentía que, finalmente, este modelo organizacional era la respuesta a mis anhelos filosóficos porque integraba genialmente el campo de mi vocación profesional, la administración de empresas, con la ética y la visión espiritual del Opus Dei.

El problema llegó cuando, tras ingresar a dicha maestría, fui expulsado tras el primer año de estudio. La divergencia con el enfoque teórico que yo esperaba era muy grande y me pasó factura. Aun no tenía la experiencia laboral necesaria y mi mundo volvió a desmoronarse: el Opus Dei, Pérez López, la administración de empresas. Necesitaba un refugio y decidí que la filosofía iba a dármelo. Era 1996 y decidí cambiar de rumbo profesional: ya no me dedicaría más a la administración. Me convertiría en filósofo especializado en filosofía tomista. Sin embargo, Dios nuevamente me hizo saber su voluntad, más rápido de lo que yo pensaba. Surgió repentinamente una opción de trabajo fuera de Lima, el perfil de puesto me calzaba como anillo al dedo y me daba lo que realmente necesitaba: un refugio para reflexionar, reponer fuerzas y reintentar. Tras tres años de trabajo en provincia, regresé a Lima, postulé a una nueva maestría (ya no la UDEP), ingresé, estudié y la concluí, esta vez en el extranjero. Regresando a Perú, decidí tomar el camino de la consultoría, participando en un par de proyectos, en unos de los cuales tuve la dicha de conocer a mi actual esposa. Tras tres años de conocernos, nos casamos y allí di inicio a lo que consideraba mi etapa de tranquilidad espiritual y emocional. Mi búsqueda iba a estar enmarcada dentro de mi matrimonio y nada fuera de él sería para mí. Era el 2004 y el enfoque duró hasta la llegada de la pandemia. Tan inesperado evento puso en crisis mi matrimonio y mi carrera por lo que me vi en la obligación de cuestionarme y reinventarme. Miré hacia mi interior y me di cuenta que realmente no estaba plenamente satisfecho con mi vida, que aun el amor por la filosofía existía dentro de mí, por lo que decidí reintentar el adquirir el conocimiento sobre el modelo antropológico de Pérez López, pero esta vez con un nuevo enfoque: el de la Maestría en Gobierno de Organizaciones. Esta maestría brindaba el complemento perfecto para profesionales que ya cuentan con un MBA, desde una perspectiva antropológica teóricamente muy sólida: el modelo antropológico de Juan Antonio Pérez López y la Antropología trascendental de Leonardo Polo.

Así fue como el maestro llegó a mi vida. Llegó en el momento justo, cuando la antropología trascendental ya estaba plenamente desarrollada. Y digo "llegó" porque nunca lo busqué directamente. Yo buscaba el modelo antropológico de Juan Antonio y terminé descubriendo una verdad más profunda, importante y trascendente: la verdad antropológica. Con ella todas las demás verdades adquieren su real sentido: la de Dios como Origen y Destino de nuestra libertad personal, la de cada uno de nosotros como expresión de la voluntad y amor divino, la de nuestro prójimo como objeto de nuestra manifestación donal a través de nuestra esencia, y la del universo como medio fundamental para poder ejercer esta donación, cara a Dios.

Este enfoque configura una misión que, a mi juicio, es naturalmente promovida por la filosofía poliana: la "personalización" de las actividades humanas, mediante el descubrimiento de las claves de la antropología trascendental que subyacen en cada una de dichas actividades, conectándolas entre sí y convirtiéndolas en un "plexo", que sea una gran manifestación personal humana, dirigida hacia su Creador.

La comprensión de esta misión me revitalizó y me reveló la magnitud y relevancia de los descubrimientos polianos, para el momento histórico que atraviesa actualmente la humanidad. Cada uno de ellos se complementa con los demás y, juntos, forman una unidad muy sólida y útil para enfrentar eficazmente el reto de la personalización del mundo. Así, por ejemplo: a) la distinción real nos lleva a comprender la diferencia entre ser y esencia así como las distintas formas del ser, cada uno con su tema y con su método; b) el abandono del límite mental nos lleva a profundizar el entendimiento tanto del ser del universo como del ser personal humano; c) la antropología trascendental ahonda en la descripción del ser personal mostrándonos sus perfecciones (coexistencia, libertad trascendental, conocer y amar personal) que nos constituyen nativamente en hijos de Dios.

Habiendo encontrado estas verdades no cabe en mí otra tarea más que colaborar con su difusión y progresiva realización. Esta es la labor en la que me abocaré en lo que me resta de vida terrenal y, es el testimonio personal más grande que puedo dar acerca de Leonardo Polo: mi encuentro con su obra ha cambiado mi vida y la ha llenado de sentido donal y motivo trascendente, que tanto necesitaba.

Finalmente, desde aquí quiero agradecer a Dios por suscitar un genio de la talla y calidad moral de Leonardo Polo. Sin él, la paz que embarga mi alma por el conocimiento de la verdad antropológica trascendental no hubiera sido posible.

Edgar Eduardo Zúñiga Goyzueta
Bachiller en Ingeniería Industrial
MBA y Magister en Gobierno de Organizaciones
Jefe de Control Interno en Engie Energía Perú.
Lima (Perú)
EDGAR.Zuniga@engie.com

1. ROBERTO ABÍA FERNÁNDEZ: *LO QUE MÁS ME IMPACTÓ DE LA ANTROPO-LOGÍA TRASCENDENTAL DE POLO FUE EL CONCEPTO DE PERSONA Y LOS TRANSCENDENTALES PERSONALES*

Cuento que no conocí a Leonardo personalmente y no trabajo como profesor de filosofía. Sin embargo, mi gusto, y mi interés personal siempre fue la Antropología Filosófica. Tanto con universitarios como después en el colegio con profesores y padres, usé muchas veces un curso de Antropología más bien clásico, pero buscando palabras menos académicas y más de divulgación. De cualquier forma, por si ayuda saber, lo que más me impactó de la *Antropología trascendental* de Polo fue el concepto de persona y los transcendentales personales. La idea de la co-existencia como realización de una vivencia humana y felicitaria, por ejemplo, es muy poderosa. Esos conceptos ya están incorporados al curso.

Roberto Abía Fernández
Profesor de Antropología Filosófica
Curitiba (Brasil)
abiaroberto@gmail.com

2. HELENA ACÍN AGUADO: *UNA SONRISA POR LO DESCUBIERTO, UN DETE-NERSE CON ASOMBRO*

Lo que más recuerdo de D. Leonardo es que sentía que cuando hablaba en ese momento parecía que pensaba y descubría algo nuevo, ante lo que siempre Polo reaccionaba con alguna emoción: una sonrisa por lo descubierto, un detenerse con asombro. Asistíamos al proceso de creación, de descubrimiento, de epifanía. El propio D. Leonardo se detenía para contemplar lo que se le había desvelado, como sorprendido. Su discurso no era lineal, no era tanto un razonamiento como una contemplación y una descripción. Todo su ser parecía como tomado por el ejercicio de pensar: rostro inclinado, las manos con movimientos como si intentase "amasar". A veces una conexión muy ágil, inesperada con un tema de actualidad, que reconocíamos como muy certera.

Helena Acín Aguado
Licenciada en Filosofía
Madrid (España)
elena.acin@gmail.com

3.   GUILLERMO AGUILAR VILLAFRANCA: *UN VENDAVAL DE AIRE FRESCO INTELECTUAL*

Al entrar en contacto con los escritos de Leonardo Polo me ha sido de suma utilidad para poder comprender la irreductibilidad del ser humano y conocer la posibilidad de crecer siempre más y ser *además*: ser un ser creciente. Vitalmente esto me plantea una esperanza en la persona humana. Sobre todo, me ha llevado a descubrir el valor de la intimidad, de un trato aún más personal con Dios –ser yo un cada quién, más cada quién– más personalizado. Este planteamiento de la intimidad me ha ayudado a apreciar el inmenso valor que tiene cada persona y a un optimismo vital a los que las enseñanzas de Polo conducen. Puedo añadir que la riqueza de sus enseñanzas son un gran tesoro para lograr una antropología que conduzca al hombre a los niveles más elevados de posibilidades vitales y sanar las heridas que actualmente producen las corrientes filosóficas y de pensamiento contemporáneas. Es como un vendaval de aire fresco intelectual –antropológico– que puede renovar el pesimismo imperante en la filosofía contemporánea, las ideologías y la cultura actuales; y que tanto daño y división provocan en la humanidad, hoy día.

Guillermo Aguilar Villafranca
MBA
Tegucigalpa (Honduras)
guilleaguilarv123@gmail.com

4. LURDES ÁLVAREZ DE MON SOTO: *DE ÉL APRENDÍ IDEAS PROFUNDAS QUE HAN FUNDAMENTADO MI PENSAMIENTO CRISTIANO*

En tercero de carrera nos dio una clases D. Leonardo. Pocas, porque enfermó. Para los alumnos fue un disgusto, pues esperábamos con emoción asistir a sus clases. Le pedimos al sustituto, Agustín Riera, que nos explicara el pensamiento del profesor Polo. Posteriormente asistí a varias conferencias suyas. De él aprendí ideas profundas que han fundamentado mi pensamiento cristiano. Estoy muy agradecida. Estudié en la Universidad de Navarra de 1968 al 73.

Lurdes Álvarez de Mon Soto
Licenciada en Filosofía y Letras
Profesora emérita de Bachillerato.
Master en Doctrina Social de la Iglesia
Palencia –Castilla y León– (España)
lurdesmonsoto@gmail.com

5. SEBASTIÁN ANTÓN GOMILA: *GRACIAS A POLO HE ENCONTRADO UNA BRÚJULA PARA NAVEGAR POR LA VIDA*

Gracias a Polo he encontrado una brújula para navegar por la vida. Antes de conocerlo, disponía de referentes diversos y válidos con los que trataba de manejarme lo mejor posible, pero *Polo con su enseñanza me ha traído una estructura precisa y preciosa de alta tecnología antropológica que me invita a crecer de una manera nueva.* Ahora puedo analizar y discriminar con mucha más seguridad las estructuras de pensamiento de otras personas, de las corrientes actuales y de los azares vitales en conjunto. Estoy muy, muy agradecido. Si tuviera que destacar algún elemento de esa maravillosa brújula serían dos: el abandono del límite mental (ALM) y el crecimiento irrestricto mejorando (CIM). Con ellos me abro paso y me comunico de otro modo con mis semejantes, con el mundo, conmigo mismo y, sobre todo con Dios.

Sebastián Antón Gomila
Enfermero / Actor / Asesor Sistémico ABA
Elche –Comunidad Valenciana– (España)
animalenamorado@gmail.com

6. MARÍA ISABEL ARMENDARIZ AZCÁRATE: *HE PODIDO VALIDAR LO QUE EN EL TRAYECTO DE MI CARRERA PROFESIONAL OBSERVÉ*

En la *Antropología trascendental* del filósofo Leonardo Polo he podido validar lo que en el trayecto de mi carrera profesional de enfermera matrona observé: que la persona humana tiene una dimensión de la espiritualidad junto a la emocional, la física y la social. Leonardo Polo me permitió aclarar qué es la dimensión de la espiritualidad, en qué consiste, dónde se encuentran las 'necesidades espirituales' y poder diferenciarlas de las psicológicas. Por años busqué todo esto y pude plasmarlo en una Tesis Doctoral en Ciencias de la Enfermería en la Universidad de Navarra. Así podré dar a conocer a las enfermeras lo que está muy difuso en la Enfermería y motivaré a estas profesionales a otorgar el cuidado espiritual a los pacientes, consiguiendo una atención integral de ellos, que a su vez se podrá hacer extensivo a las familias y por éstas a la sociedad.

María Isabel Armendariz Azcárate
PHD en Enfermería
Enfermera Matrona
Santiago de Chile (Chile)
miabasca2013@gmail.com

7. CONCEPCIÓN BARREIRO GUEMES: *SU HUMILDAD ERA NOTORIA, PUES SE NOTABA UNA CABEZA BRILLANTE Y, SIN EMBARGO, NO SE DABA NINGUNA IMPORTANCIA*

Conocí muy poco a Don Leonardo Polo. Fue mientras trabajaba en el Centro Panamericano de Humanidades de Monterrey. El entonces Director, Guillermo Cantú, supo que el Dr. Polo estaba en México y lo invitamos a Monterrey. Estamos hablando del curso 1991-92. Nos dio una clase de 2 horas. No recuerdo el tema, pero sí su figura. Amable y cordial. En la clase, completamente encorvado sobre su mano, hablaba pensando. Salía su pensamiento fluido. Lo más importante es que su sabiduría nos dejó un agradable sabor. Su humildad era notoria, pues se notaba una cabeza brillante y, sin embargo, no se daba ninguna importancia. Agradezco haberlo conocido y más ahora que su Antropología me ha ayudado a conocerme y a entender a las personas con otra dimensión. ¡Descanse en paz el Dr. Leonardo!

Conchis Barreiro Guemes
Doctora en Historia, Universidad Complutense de Madrid
Directora del Centro Panamericano de Humanidades
Monterrey –Nuevo León– (México)
conchisbarreiro@gmail.com

8.   JAVIER BLÁZQUEZ RUÍZ: *COMO PERSONA ERA AMABLE Y RESPETUOSO*

D. Leonardo Polo fue un profesor especial. Lo recuerdo bien. Sus clases de Teoría del conocimiento, en la Licenciatura de Filosofía, requerían atender con máxima concentración. Como persona era amable y respetuo-so. Guardo un recuerdo entrañable de su magisterio.

Javier Blázquez Ruíz
Catedrático de Filosofía del Derecho
Facultad de Ciencias Jurídicas
Universidad Pública de Navarra
Pamplona –Navarra– (España)
javier.blazquez@unavarra.es

9.   P. WILLIAM CAMPANA MARROQUÍN: *SER SANTO NO ES OTRA COSA QUE SER BUENO DE VERDAD*

Lo que puedo aportar es muy poco. Pero también pienso que lo poco a veces tiene mucha riqueza. Por eso aquí va mi testimonio: Coincidí con Don Leonardo Polo en la ciudad de Piura en Perú allá por los años 90 cuando pasaba alguna temporada en aquella ciudad. Aparte de recordar su carácter alegre y siempre positivo y hasta diría lúdico, hago memoria que en una ocasión le pregunté ¿Don Leonardo: en qué consiste ser santo en qué consiste la santidad? Y me respondió: "ser santo no es otra cosa que ser bueno de verdad". Aquella frase se me quedo grabada para siempre.

P. William Campana Marroquín
Sacerdote
PAD (Programa de Alta Dirección)
Profesor de Antropología
Lima (Perú)
whcampana@gmail.com

10. ALEJANDRO CARVALLO POZO: *ESTOY EN DEUDA CON D. LEONARDO…*
POR HABERME PERMITIDO CONOCER MÁS DE ESE GRAN DESCUBRIMIENTO
CRISTIANO QUE ES LA PERSONA HUMANA

Soy un médico avanzado en años que un día de finales del 2019 decidió matricularse en la Universidad de Navarra para hacer el Master de Matrimonio y Familia, que culminó en un solemne acto de graduación en junio de 2021. Durante esos estudios aprendí algunas nociones de antropología y eso me motivó a proseguir en el deseo de aprender un poco más de esos temas. Nació ciertamente mi curiosidad por conocer a ese gran pensador español, Don Leonardo Polo. He perseverado en el estudio de su filosofía con la ayuda de extraordinarios maestros que conocen sus enseñanzas y me han facilitado algo la comprensión de sus formulaciones filosóficas. Estoy en deuda con D. Leonardo y con sus discípulos por haberme permitido conocer más de ese gran descubrimiento cristiano que es la persona humana.

Alejandro Carvallo Pozo
Doctor en Medicina
Tampa –Florida– (USA)
alejandrocarvallop@gmail.com

11. RAFAEL DE SANTIAGO HERNANDO: *EL PENSAMIENTO DE LEONARDO*
POLO SIEMPRE ME FASCINÓ

El pensamiento de Leonardo Polo siempre me fascinó desde que leí algunos escritos suyos hace unos 30 años. La profundidad y la belleza de su construcción intelectual me ha motivado intelectualmente durante años, y siempre he tenido interés por encontrar posibles aplicaciones de su pensamiento a la toma de decisiones, especialmente en el ámbito de la economía y la vida de la empresa. Desgraciadamente, por motivos profesionales complejos, no he podido continuar con esta línea de investigación. Pero estoy convencido del potencial de las ideas de Leonardo Polo en esta área.

Rafael De Santiago Hernando
PHD, Profesor del IESE
Universidad de Navarra
Barcelona –Cataluña– (España)
RSantiago@iese.edu

12. D. Francisco Javier Del Castillo Ornelas: *Estar abierto y nunca conformarme*

El único testimonio que tengo es que Leonardo Polo me ha ayudado a siempre estar abierto y nunca conformarme con lo que ya he entendido.

D. F. Javier del Castillo Ornelas
Sacerdote
New York –New York State– (USA)
jdelcast@gmail.com

13. Andrea Diego Armida: *Una invitación a seguir naciendo de Dios*

La noción de «novedad personal» puede ser la cumbre antropológica que puedo pensar como el regalo que a través de Polo, Dios ha donado a mi vida profesional y personal. La profundización en ese tema se va convirtiendo en un escalar una cúspide desde de la que descienden como ladera las novedades de mi labor docente y educativa. El talento inventivo patente en mis producciones humanas[1] va creciendo en ese ir buscando.

Lo primero de la «novedad personal» es la convicción de haber nacido de Dios que sólo se puede explicar por la predilección divina; un don debido al amor de predilección. De mi vida personal enfocada en la filiación, las pequeñas cosas de la vida se van engrandeciendo porque se me van

---

[1] Cfr. Polo, L., *Persona y libertad*, en *Obras Completas*, Serie A, vol, XIX, Pamplona, Eunsa, 2017, 170.

alumbrando como encargos de mi Padre. Así, todas las situaciones familiares, sociales, profesionales o de cualquier índole se inundan de sentido porque todas son una invitación a "seguir naciendo"[2] de Dios.

Andrea Diego Armida
Maestra
Doctoranda en Filosofía
Universidad de Navarra
México D.F. (México)
andrea_da11@hotmail.com

14.   AURORA EGEA LERDO DE TEJADA: *LE ESTOY MUY AGRADECIDA*

El estudio de la antropología de Leonardo Polo me ha ayudado a buscar y a tratar más y mejor a Dios, a conocerme y a conocer mejor a los demás, y por tanto, a poder tratarlos mejor. Veo que me ha sido útil en la vida ordinaria, y en el trabajo profesional como pediatra. Creo que conocer su antropología ha contribuido a que tenga una visión más esperanzada, optimista y serena de la vida. Le estoy muy agradecida.

Aurora Egea Lerdo de Tejada
Médico pediatra
Málaga –Andalucía– (España)
auroegea@gmail.com

15.   TERESA FERREIRA: *EL ESTUDIO DE SU PENSAMIENTO ME HA HECHO MIRAR AL MUNDO MATERIAL Y A LA PERSONA HUMANA DE UN MODO COMPLETAMENTE NUEVO E INSOSPECHABLE PARA MÍ*

Mi conexión con D. Leonardo sólo ha ocurrido a través de su pensamiento y, desgraciadamente, poco involucrada por mi falta de tiempo. No obstante, he intentado escribir unas breves líneas. El impacto de descubrir a Polo en mi vida se traduce en espanto. El estudio de su pensamiento me ha hecho mirar al mundo material y a la persona humana de un modo completamente nuevo e insospechable para mí, que soy químico-físico. Y

---

[2] POLO, L., *Ayudar a crecer. Cuestiones de filosofía de la educación*, Pamplona, Eunsa, 2006, 48.

me ha hecho valorar de un modo mucho más fuerte cada momento en mi vida.

Teresa Ferreira
Profesora Auxiliar
Evora / Lisboa (Portugal)
tasf@uevora.pt

16. DARÍA GIANELLA: *LE AGRADEZCO MUCHISIMO A LEONARDO POLO SU TRABAJO*

La *Antropología trascendental* de Polo ha sido una luz muy potente en mi vida y en mi trabajo como psicóloga y psicoterapeuta. Echaba de menos un punto de referencia antropológico profundo y verdadero. La explico a mis pacientes de todas las edades, niños, adolescentes y adultos. Las personas perciben una redundancia fuerte en sus vidas. Se sienten comprendidos. Es una antropología esperanzadora, que abre a Dios, a los demás y a la realidad. Le agradezco muchisimo a Leonardo Polo su trabajo y espero que pronto será traducido al italiano, francés y alemán. ¡En Suiza le necesitamos!

Daria Gianella
Dra. en Psicología. Psicoterapeuta
Lugano (Suiza)
dariagianella@gmail.com

17. MARY IRIBARREN ARGAIZ: *SU RAZONAMIENTO PAUSADO Y PROFUNDO*

Aunque yo era estudiante de Filosofía Pura durante su tiempo de Profesor, solamente estuve presente en algunas de las tertulias de Leonardo Polo. Fundamentalmente recuerdo su razonamiento pausado y profundo.

Mary Iribarren Argaiz
findermcia1@gmail.com

18. SANTIAGO LEYRA-CURIÁ: *¡OJALÁ SU FILOSOFÍA LLEGUE A CONFIGURAR EL PENSAMIENTO CONTEMPORÁNEO!*

Conocí a Leonardo Polo a través de varios de sus discípulos y antiguos alumnos, que me hablaron de él con una admiración y entusiasmo que ya nos gustaría despertar todos los que nos dedicamos a la enseñanza universitaria. Luego fui interesándome en sus enseñanzas y me gusta citar frecuentemente su famosa frase: "todo éxito es prematuro". Su libro sobre *Antropología trascendental* me pareció de una extraordinaria lucidez. ¡Ojalá su filosofía llegue a configurar el pensamiento contemporáneo!, como lo han hecho otras filosofías muy negativas para el ser humano.

Santiago Leyra-Curiá
Profesor de Fundamentos históricos del Sistema Jurídico
Teoría Política, Derecho
Aplicado al Periodismo y Cultura y Civilizaciones
Universidad Villanueva
Madrid (España)
santiago.leyra@villanueva.edu

19. MADRE ALMUDENA: *LEONARDO POLO NOS HA ABIERTO NUEVOS HORIZONTES EN LA COMPRENSIÓN DEL SER HUMANO*

Leonardo Polo nos ha abierto nuevos horizontes en la comprensión del ser humano, toda su grandeza y profundidad. Gracias a Juan Fernando Sellés, Paco Moya y Anabel Iricibar que vinieron a compartir sus descubrimientos en antropología a nuestro Monasterio de Jesús el Buen Pastor en Zarautz, Gipuzkoa. ¡¡¡Todavía estamos muy lejos de leer y entender, todo lo que Polo ha dejado escrito!!!, pero ha sido un regalo encontrar muchas respuestas y puertas abiertas. Con mucho cariño y agradecimiento a tan gran filósofo y maestro.

Madre Almudena
Carmelitas Descalzas
Zarautz –Guipúzcoa– (España)
carmelzar@yahoo.es

20. Luis Meseguer Albalat: *SE LE VEÍA CÓMO HACÍA ORACIÓN, MUY CON-CENTRADO CON TODO SU SER*

Bueno, esto no se lo he contado nunca a nadie, porque es algo personal. Pero lo escribo. Nunca conocí a Leonardo Polo, aunque sé quién era, pues lo veía alguna vez cuando entraba o salía del Oratorio de la Clínica Universitaria de la Universidad de Navarra. En una ocasión, no recuerdo la fecha pero sé que fue unos pocos meses antes de que falleciera, entré a rezar al Oratorio pequeño (en la CUN hay dos juntos abiertos al público), el de la Sagrada Familia, y ahí estaba Leonardo Polo en el primer banco con la mirada puesta en el Sagrario. Es un recuerdo que me viene muchas veces a la memoria, pues se le veía cómo hacía oración, muy concentrado con todo su ser, pensé. Le pido al Señor que sepa rezar como él lo hacía… Esta es mi única vivencia que he tenido con Leonardo.

Luis Meseguer Albalat
Mantenimiento
Clínica Universitaria
Universidad de Navarra
Pamplona –Navarra– (España)
lmeseguer@unav.es

21. María Bernardita Miranda González: *POLO ME HA LEGADO VALO-RES ESENCIALES*

Mi recorrido por el Máster en Gobierno y Cultura de las Organizaciones de la Universidad de Navarra, inspirado en los estudios de Leonardo Polo, no solo ha sido académico, sino un diálogo profundo que ha iluminado mi camino hacia el autoconocimiento. Polo me ha legado valores esenciales, y la guía de mi tutor, Juan Fernando Selles, ha sido fundamental para comprender y aplicar estos principios en el ámbito organizacional. Este viaje no sólo ha enriquecido mi perspectiva profesional, sino que también me ha fortalecido como persona.

María Bernardita Miranda González
Master en Gobierno y Cultura de las Organizaciones
Pamplona –Navarra– (España)
bernarditamiranda89@gmail.com

22. ANTONIO ÁNGEL MOYA GARCÍA-MONTOTO: *ME HA SERVIDO COMO GUÍA EN MI TRABAJO PROFESIONAL*

Conocí la obra de D. Leonardo con 20 años. Su Antropología trascendendental me ha servido como guía en mi trabajo profesional como educador y asesor familiar, y como clave interpretativa en mis estudios, no solo en filosofía, sino en pedagogía y psicología, además de en mis investigaciones sobre TEA, que espero que un futuro vean la luz. Su impronta tanto a nivel teórico como práctico, me ha ayudado a obtener resultado muy satisfactorios en el plano personal y en las personas destinatarias de mi labor desde hace más de 20 años.

Antonio Ángel Moya García-Montoto
Licenciatura en Filosofía (Universidad de Navarra)
Profesor y Asesor Familiar
Sevilla –Andalucía– (España)
amogarmon@gmail.com

23. D. SALVADOR MOYA GARCÍA: *ME MIRABA SONRIENTE*

Solamente recuerdo que hacia el año 1980 (me había ordenado en el 78, tenía yo 32 años, ahora 75) iba a casa de D. Leonardo Polo, a recoger las llaves de un coche para atender a los sacerdotes de la diócesis de Osma, Soria. Alguna vez estaba él por el hall de ese centro y me miraba sonriente. Sin conocerme, su mirada era de una confianza esperanzada. Nunca olvido esa mirada que pudo ser una vez o tal vez dos, y menos que ha abierto horizontes antropológicos para mí, y para las personas a las que ayudo. No recuerdo que tuviese alguna conversación.

D. Salvador Moya García
Sacerdote
Zaragoza –Aragón– (España)
Smg878@gmail.com

24. JOSÉ LUIS PASTOR DE LUIS: *HA CAMBIADO MI VIDA*

Solo puedo decir que no tuve trato con don Leonardo, pero coincidí con él en el refugio de Belabarce y en el Colegio Mayor Belagua. Para mí la filosofía de Polo, como mero aficionado, ha supuesto un modo diferente de ver el mundo, a las personas divinas, a las angélicas y a las humanas. De modo que ha cambiado mi vida, me ha ayudado sobre todo en las relaciones personales y a crecer en todas las dimensiones de vida. Gracias por permitirme participar con este testimonio.

José Luis Pastor De Luis
Profesor del ISCR
Universidad de Navarra
Pamplona –Navarra– (España)
jpastord@unav.es

25. D. José María Pérez-Seoane Mazzuchelli: *Considero un verdadero privilegio haberle conocido*

Considero un verdadero privilegio haberle conocido y haber asistido a sus clases de Teoría del Conocimiento. Realmente comprobabas que hacía gala a su tesis acerca de que "el conocimiento es acto", cuando veías que sus clases no consistían en la mera transmisión de conocimientos que tuviera previamente anotados, sino que durante la propia clase se dedicaba a pensar en alto, elaborando ideas que te iban llevando y atrayendo. Gracias por haberme hecho partícipe de esta iniciativa.

D. José María Pérez-Seoane Mazzuchelli
Sacerdote
Dr. en Filosofía (Universidad de Navarra)
Capellán del IESE Business School
Madrid (España)
fr.eloasogwa@whitesands.org.ng

26. Ángel Rey Benayas: *Siempre explicaba sin dejar de mostrar una amplia sonrisa*

Estudié Filosofía en la segunda década de los 80 en la Universidad de Navarra. D. Leonardo me dio clase de Psicología y de Teoría del Conocimiento. Mi más grato recuerdo de él es que siempre explicaba sin dejar de mostrar una amplia sonrisa. Otro recuerdo que tengo es que se veía que tenía un pensamiento muy profundo pero que sabía desgranarlo poco a poco poniéndose a la altura de sus alumnos. Por último, sabía disculpar los errores conceptuales de los que no pensaban como él.

Ángel Rey Benayas
Profesor de Instituto
Madrid (España)
areybenayas@yahoo.es

27. RAFAEL REY REY: *SI NO HAY JUSTICA NADA PUEDE FUNCIONAR BIEN*

Al poco tiempo de ser elegido Diputado del Perú, en una de mis entrañables conversaciones con Don Leonardo, le pregunté: "¿por dónde se comienza a cambiar un país en el que tantas cosas funcionan mal?". Pensé que me respondería con una larga reflexión propia de un filósofo como él. Me sorprendió su respuesta inmediata: "Por el Poder Judicial. Si no hay justicia no hay cambio posible. Si no hay justica nada puede funcionar bien".

Rafael Rey Rey
ExMinistro de Producción y Ministro de Defensa del Perú
ExParlamentario Andino (en dos ocasiones)
ExCongresista (en tres periodos)
ExCongresista constituyente y Diputado
ExMiembro del Directorio del Banco Central del Perú
Lima (Perú)
rafaelreyperu@gmail.com

28. MASSI RIERA PÉREZ: *GRACIAS A POLO HE ENTENDIDO CÓMO DIOS ACTÚA EN MI PERSONA*

Gracias a Polo he entendido cómo Dios actúa en mi persona, en mi alma, en mi actuar y por mí en el mundo; puedo así vivir mi vocación de contemplativa en medio del mundo y transmitirlo a mi alrededor. Esta forma de ver me da gran esperanza y alegría. ¡Gracias don Leonardo! Espero que, aunque usted ya no es de este mundo, pueda coexistir con usted y continuar creciendo y aprendiendo, ahora y siempre. Me ha ayudado particularmente entender el ser como actividad, y el ser personal como coexistente y manifestativo, particularmente gracias a los descubrimientos del Dr. Francisco Moya. El papel de la sindéresis ha sido clave, sobre todo para entender como el acto de ser coexistente empuja a actuar, y no la voluntad, ni la inteligencia, así el amor puede convertirse en el motor de la vida.

Massi Riera Pérez
Dr. ès sciences
Ingeniero del medio ambiente
Lausanne (Suiza)
riera.mariagracia@gmail.com

29. GUILLERMO ROJAS BRÍTEZ: *LA OBRA DE LEONARDO POLO... HA SIDO POR AÑOS DE UNA INVALUABLE AYUDA*

La obra de Leonardo Polo –de entre la que particularmente destaco su *Antropología de la acción directiva*– ha sido por años de una invaluable ayuda para mis clases, tanto de Antropología como de Ética Profesional, en la Facultad de Ciencias Contables, Administrativas y Económicas. El hincapié en el nexo entre estos dos saberes que encuentro en Polo contribuye a hacer diáfana a mis estudiantes la idea de que un buen profesional debe ser, invariablemente, un profesional *bueno*.

Guillermo Rojas Brítez
Profesor de Teología y Ética
Universidad Católica Nuestra Señora de la Asunción
Asunción (Paraguay)
guillermo.rojas@uc.edu.py

30. ALEJANDRO ROJAS JIMÉNEZ: *FUE PARA MÍ UN MOMENTO MUY EMOCIONANTE*

A Polo yo lo conocí poco en persona. Lo vi un día cuando estaba ya muy mayor. Fui a verlo a su casa de Pamplona con Juan A. García González. Recuerdo que D. Leonardo estaba con Juan Fernando Sellés, y fue para mí un momento muy emocionante. Sabía que estaba delante de uno de los grandes filósofos y sabía también que pronto nos dejaría, de modo que para mí fue un momento muy especial e intenso. Pero yo a Polo lo conozco de haberlo leído. No tuve el placer de otros de ser testigos directos de su magisterio y su filosofar en vivo. Tengo claro que eso tuvo que ser algo magnífico, porque la mayoría de los grandes polianos que yo conozco lo son por haberlo visto filosofar en persona.

Alejandro Rojas Jiménez
Universidad de Málaga
Málaga –Andalucía– (España)
rojas_a@uma.es

31. D. Juan Ignacio Ruíz Aldaz: *Sus clases eran una experiencia filosófica*

Todo lo que recuerdo de D. Leonardo Polo es demasiado trivial y sin importancia, y seguramente muchas veces repetido: que sus clases eran una experiencia filosófica, que llegaba sin papeles y hablaba de lo hondamente meditado reflexionado y quizá a veces profundizaba sobre la marcha y cosas así. Recuerdo que en una ocasión, durante una clase de psicología en que reflexionaba sobre el universo de los sentimientos humanos, un alumno, Javier Aranguren, planteó una pregunta sobre la nostalgia. Al terminar la clase un compañero le elogiaba por su pregunta. La respuesta de Javier fue: "¡Qué buena la respuesta!".

D. Juan Ignacio Ruiz Aldaz
Sacerdote
Párroco de Beslacoain, Ciriza y Echauri
Pamplona –Navarra– (España)
jiruiz@unav.es

32. José Sánchez Gomes: *Considero que lo que me pasó después de conocerlo fue un milagro*

He vivido con diversos diagnósticos psiquiátricos de trastorno bipolar durante más de cuarenta años. Durante mucho tiempo tomé medicación fuerte para frenar las crisis que empeoraban día a día. Atribuyo mi marcada mejoría a mi conversión al cristianismo, especialmente después de que comencé a asistir a las reuniones del Opus Dei, donde conocí a Leonardo Polo a través del profesor Mauricio Serafim, a quien estoy muy agradecido. Con cada paso que doy para comprender la obra de Polo, me siento más fortalecido y bendecido por Dios. No puedo decir que esté completamente curado, pero considero que lo que me pasó después de conocerlo fue un milagro. En resumen, nací de nuevo. Pienso que al igual que me pasó a mí, muchos de los que, como yo, padecemos esta enfermedad, pueden recuperar la esperanza de vivir una vida más digna.

José Sánchez Gomes
Licenciado en Psicología
Brasilia (Brasil)
josesanchez.pegasus@gmail.com

33. BEATRIZ SILVÁN LAGO: *CAPAZ DE SUPERAR LAGUNAS INSALVABLES POR OTROS GRANDES DE LA FILOSOFÍA*

Mi experiencia con la filosofía de Leonardo Polo, vaya por delante que mis conocimientos son prácticamente inexistentes, típicos de los estudios de bachillerato, ha sido altamente gratificantes pues ha conseguido una nueva adicta a este pensamiento filosófico. Tanto es el enganche que a día de hoy, y a punto de jubilarme, me he matriculado en una diplomatura de 'Filosofía, Ciencia y Religión': esto a nivel personal es una pequeño-gran éxito.

Leonardo abre un panorama increíble con su Teoría del Conocimiento, donde va desentrañando distintos niveles de conocimiento; con ello ha sido capaz de superar lagunas insalvables por otros grandes de la filosofía, dando una consistencia a sus planteamientos difícilmente rebatibles. Otra aportación es que por medio del pensamiento puramente cognoscitivo alcanza el umbral de lo transcendente, en definitiva un panorama más que atractivo para todo el que busque respuestas últimas. ¡Ojalá fuésemos capaces, entre todos, de dar a conocer esta figura española, mi agradecimiento siempre será poco en relación a tan grandes aportaciones!

Beatriz Silván Lago
Profesora de Secundaria
Educación Física
Tenerife –Canarias– (España)
beatrizsilvanlago@gmail.com

34. DIGLIO SIMONI: *AGRADEZCO PROFUNDAMENTE EL LEGADO INTELECTUAL
PERDURABLE QUE LEONARDO POLO HA DEJADO AL MUNDO*

Como científico que valora la investigación filosófica y la búsqueda de puntos de vista interdisciplinarios, me conmueven sinceramente las contribuciones de Leonardo Polo. Sus profundas reflexiones sobre el ser, la ética y la naturaleza humana resuenan profundamente en mí. Me impresiona especialmente su capacidad para entrelazar armoniosamente ideas de diversas escuelas filosóficas, creando un vibrante mosaico de pensamiento que invita a la contemplación y la introspección. Además, aprecio la inquebrantable dedicación de Polo a fomentar el diálogo y el entendimiento mutuo, que coincide estrechamente con mi compromiso personal de promover el intercambio intelectual entre disciplinas y el respeto entre las personas. En esencia, agradezco profundamente el legado intelectual perdurable que Leonardo Polo ha dejado al mundo, un legado que sigue inspirando y elevando el discurso filosófico a escala mundial.

Diglio Simoni
Founder and CEO de Aline
ReHumanize Tecnolgy
Pamplona –Navarra– (España)
diglio.simoni@aline.today

35. PABLO URDIROZ TORRENT: *ESA SENCILLEZ ES LO QUE HACE QUE UN DES-
TACABLE PENSADOR SEA TAMBIÉN UN DOCENTE MEMORABLE*

Recuerdo mis años en Filosofía con afecto y cierta nostalgia. Disfruté y aprendí mucho en ese periodo. Por aquellos años Don Leonardo Polo era ya una figura reconocida y de prestigio en el ámbito filosófico. Yo tuve la fortuna de asistir a alguno de sus cursos: si no recuerdo mal, Teoría del Conocimiento y Filosofía Contemporánea. Hay algunos docentes que tienen la extraordinaria habilidad no solo de captar la atención sino de provocar la reflexión y de hacer evolucionar el pensamiento de quien les escucha. Este es el caso. Recuerdo una clase de Filosofía Contemporánea cuya temática era Nietzsche y Don Leonardo se sentó en la mesa con el *Así Habló Zaratustra* y empezó a leerlo desde el inicio en voz alta, deteniéndose cada pocas frases para explicar y dar sentido a lo que leía. Esa clase para mí fue impactante por dos motivos: por la sensación de descubri-miento (¡empezaba a entender a Nietzsche!) y por la capacidad del profe-sor para hacer "fácil" lo difícil. Esa sencillez es lo que hace que un desta-cable pensador sea también un docente memorable.

Pablo Urdiroz Torrent
HR Manager en Smurfit Kappa
Pamplona –Navarra– (España)
pablourdiroz@gmail.com

Una charla de
Leonardo Polo

CHARLA DE LEONARDO POLO.

(Convivencia de profesores de Estética,
Molinoviejo, Octubre-1998)

Supongo que todo el mundo habrá leído ya la Encíclica *Fides et Ratio*. Poco hay que decir que no se sepa, pero podríamos hacer una especie de resumen, diciendo que esta Encíclica contiene varias tesis y un diagnóstico. El diagnóstico se refiere a la situación actual de la filosofía en el mundo que, francamente, sobre todo en el mundo occidental, es bastante malo. Porque la filosofía prácticamente ha desaparecido, se ha transformado en otra cosa. Y sin filosofía, la razón humana, el entendimiento humano, funciona de una manera deficiente, a medio gas. Y en la situación actual, funciona además de una manera desperdigada. Estamos en una época de especializaciones y éstas se caracterizan porque abordan una serie de asuntos, a veces con mucho trabajo intelectual, pero asuntos particulares. Y en segundo lugar, esos asuntos que abordan tienen carácter instrumental para el hombre. Porque con la ciencia, tal como se concibe hoy, el hombre a lo sumo que puede aspirar es a conocer mejor técnicas, en definitiva. Pero como la técnica, siendo imprescindible para la vida del hombre, y habiendo contribuido mucho la ciencia a haber perfeccionado la técnica humana, y en eso ha cumplido un gran papel, sin embargo no sirve para ir más allá de los medios, y el hombre no puede contentarse con medios. La abundancia de medios puede dar la impresión a mucha gente, de que estamos en una época progresiva, de que hemos resuelto muchos problemas que antes no podíamos, y la calidad de vida –tal como se entiende hoy normalmente– puede aumentar; pero de ahí la ciencia positiva no pasa. Se podrían añadir una serie de consideraciones sobre una situación, no ya de la dirección técnica adonde apunta inexorablemente la ciencia, sino sobre la situación misma de la ciencia. Sobre esto escribí unas páginas en un libro titulado *Quién es el hombre* (Rialp, Madrid, 3ª ed. 1998), publicado hace un par de años, hablando de que la ciencia también está hecha un pequeño lío desde el punto de vista teórico. Hay un gran esfuerzo tanto en el aspecto del estudio de la materia o de las partículas elementales, en el universo físico, y también hay un gran esfuerzo en el estudio de la vida cuyo aprovechamiento técnico también es cada vez mayor (todo el problema de la biotécnica). Pero eso es insuficiente, no sirve. El hombre puede pensar mucho más; elevar la capacidad de entender que posee naturalmente, muy por encima de esto.

Es patente que el esfuerzo necesario para construir una ciencia hoy es muy notable. Por una serie de razones: porque hacen falta equipos, hay un amontonamiento enorme de conocimientos, de datos, de teorías, de las formalizaciones matemáticas. La matemática por su parte también se desarrolla al margen de sus aplicaciones de la fisica –en la biología prácticamente se aplica muy poco, como no sea según esa manera de entender las matemáticas, o esa rama de las matemáticas que es la estadística, el cálculo de las probabilidades, que según los filósofos especialistas en el asunto, se acude a ello cuando no hay más remedio, porque es muy imperfecto lo que se consigue de esa manera–. Como digo, al hombre, para dar sentido a su vida no le basta con la ciencia (ni siquiera al científico). Hay preguntas que con la ciencia no se pueden resolver. Y sin esas preguntas el hombre cae en una situación de postración espiritual en cuanto a ser que tiene unos afanes y ser que tiene una capacidad de conocimiento mucho más amplia o profunda que las que puede llenar esas maneras de emplear el conocimiento humano que, insisto, tienen mucho valor, pero en el plano instrumental.

Sobre el problema de su valor formal, creo que la última palabra la ha dicho Gödel –matemático nacido en Austria (1906) y repatriado en Estados Unidos–. Creo que nadie puede refutar los teoremas de Gödel. Según él, la matemática es una ciencia provisional; puede funcionar mientras no tenga consistencia teórica. Si alcanza un grado de consistencia suficiente –es el último teorema de Gödel– entonces la matemática como tal desaparece. Parece una paradoja, y hay mucho de paradójico a primera vista en los teoremas de Gödel, pero parece que no ha habido nadie capaz de refutarlos y todo el mundo está convencido. Los matemáticos están convencidos de que en el mismo momento en que consiguieran una formalización enteramente consistente de la matemática, en ese mismo momento la matemática se autodestruiría. Insisto en que la tesis de Gödel tiene un aspecto paradójico y, sin embargo, me parece que tiene razón. No cabe una matematica completa. Cabe seguir investigando. Muchas de esas investigaciones matemáticas son satisfactorias para el que las entiende, pero no ocupan toda la capacidad de pensamiento del hombre. Sobre esto escribí un libro –*Curso de teoría del conocimiento*– donde intenté colocar la matemática dentro de un planteamiento global. Y en rigor, a mí me salía un poco lo mismo que a Gödel: no hay manera de fundamentar la matemática. Puede funcionar desde dentro sin consistencia, puede pasar de axiomas a teoremas –de esa manera no se consigue una consistencia completa–, pero lo que no puede hacer es ni justificar los axiomas, ni evitar que aparezca algún teorema que desautorice los axiomas. Con lo cual ese teorema habría que considerarlo como un axioma más, con lo cual tendríamos una cadena interminable.

De manera que, también desde un punto de vista teórico, en la misma medida en que utilizamos un pensamiento formalizado, estamos en una situación bastante precaria. En lo que respecta a la lógica, hoy está muy matematizada y pasa lo mismo. Tampoco la lógica puede ser la base. Los que conozco, se dan cuenta al cabo de bastantes años de entusiasmo por la lógica, llegan a un momento en que se empiezan a preguntar: esto cómo se podría complementar o sobre esto que más se podría decir. Porque encerrarse en una lógica formal es casi transformarse en una especie de máquina.

Otro problema además es el que las máquinas ofrecen: hoy tenemos una gran cultura, una gran utilización de *computers,* pero los *computers* son de las máquinas –digámoslo así– más frágiles que existen, y además mal construidas, según los especialistas, porque funcionan por aproximación. El objetivo de tantos españoles en Norteamérica es que están intentando una nueva estructuración más lógica: que los ordenadores funcionen de una manera exacta, por así decirlo. Hasta el momento no se ha conseguido. Aparte de que los problemas que plantean los ordenadores son muy fuertes. Hay gente que se fía mucho de todo esto; gente que está exultante con la informática y con todo este asunto de poder hablar a distancia y de poder recibir información. Todo eso, aparte de los grandes problemas teóricos de fondo que tiene –insisto–, descubiertos por Gödel, para el hombre eso es meramente medial.

Hay otras dimensiones de la ciencia en las que la especialización es mucho más difícil y si se aplican las matemáticas salen unos resultados que no son estrictamente adecuados: son las ciencias de la vida. Por ejemplo, hoy se habla mucho del código genético. Nadie sabe lo que es el código genético. Y según el planteamiento analítico que se ha seguido para estudiarlo, por ese camino no se puede llegar a averiguar lo que es el código genético. Se pueden hacer aplicaciones prácticas en biotécnica pero así no se puede llegar a saber lo que es el código genético. Yo creo que saberlo –de un modo adecuado– sería interesantísimo, porque el código genético es una realidad. Para el desarrollo de las ciencias de la vida en un sentido riguroso, haría falta un nuevo planteamiento de lo que es el código genético. Yo pienso dedicar unos meses a eso, en este curso si Dios me da salud, para ver si puedo dar un pasito adelante en ese punto. Pienso que tiene una importancia extraordinaria, pero tal como lo han planteado es una equivocación: se cree que se entiende, pero no se entiende nada porque el código genético no es ninguna cuestión que se pueda estudiar una molécula. Tal como lo estudian es una máquina. Es un planteamiento analítico. No hay un planteamiento sistémico del código genético.

Desde el punto de vista del pensamiento crítico, hay que tener esto en cuenta otra cosa: es que se puedan comunicar y convencer a alguien, para lo cual seguramente habría que decirlo de una manera mucho más larga. Pero, en rigor es así: ni nos podemos fiar de la matemática como ciencia definitiva, ni nos podemos fiar del planteamiento actual de la biología. Eso puede dar buenos resultados prácticos, pero teóricamente es decepcionante. Aunque eso puede consumir muchos años de vida mental en la gente que cultiva ese tipo de ciencias. Pero hay una equivocación fundamental. Por una parte la que pone Gödel, y por otra parte la que acabo decir: que el código genético no es una máquina sino una realidad viva, y eso lo ignoran; no pueden pensarlo; no saben cómo puede estar vivo el código genético… Todo eso tiene un largo desarrollo y en eso entraré a ver si este año lo puedo poner más o menos en claro.

Además, a la inteligencia humana se le presentan asuntos mucho más serios. Porque el hombre, aunque entendiera el código genético, no se entendería completamente a sí mismo. Y si no se entiende suficientemente a sí mismo, no tiene bases para eso que, por otra parte, es característico del ser humano: la capacidad de proyecto, que se refiere a la posibilidad de perfeccionarse como ser humano; a la capacidad de enfrentarse con el futuro, de manera que el futuro no sea para él un elemento extraño, un elemento que no hace más que pasar. Nuestra capacidad de proyecto, que es una característica extraordinariamente aguzada a lo largo de la historia de Occidente –los griegos no la tenían; los proyectos griegos son un pufo; y eso se explica por su metafísica y por su teología–. La capacidad de proyecto del hombre… Ya no sabemos qué proyectar. Vivimos de la renta, pero ciertos modelos de progreso y de proyecto que teníamos, hoy se revelan muy insuficientes, y sobre todo lo que no sabemos es hacer progresar a nuestra propia vida.

Antes hablaba del código genético, que tiene la característica de que, aparte de regular una serie de funciones vitales, realmente lo que regula más a fondo, lo que regula es la capacidad de crecer; tiene que ver sobre todo con la embriogénesis, y ahí es donde menos es entendido. Porque la característica de un ser viviente, ante todo es el crecimiento, y en el hombre, el ser viviente de más categoría que existe en esta tierra, el crecimiento es irrestricto, se caracteriza porque puede crecer toda su vida. Crecer no quiere decir aumentar de tamaño ni nada de eso, quiere decir perfeccionarse, ser más. Cuando el hombre se encuentra ante un vacío de crecimiento, un vacío de proyecto, queda en una situación de suma penuria. De manera que aunque tenga muchos bienes –lo dice Aristóteles en el Libro VIII de la *Ética a Nicómaco*– es un desgraciado, porque no se puede hacer mejor él mismo, ni puede hacer mejores a los demás. Es decir, no puede ejercer como ser humano. En el Libro VIII es donde empieza Aristóteles a hablar de la *"filía"* , es decir, de la amistad, que es para él lo más alto en la vida. Él lo dice así: si el hombre tiene muchos bienes, pero son sólo bienes exteriores, no puede ser feliz –el gran tema de la felicidad que él desarrolla en el Libro X–. En esto Aristóteles yo creo que acierta. Estamos en una época en la que ya no sabemos lo que es la felicidad. Según la cultura ambiente, no lo sabemos. La gente ha renunciado a ella. Ha cambiado la felicidad por otra cosa que se llama placer, o, si se quiere, satisfacción. Pero la felicidad, que consiste precisamente en ser suficientemente capaz de los bienes superiores, eso lo hemos perdido y no sabemos lo que significa. La mayoría de la gente no lo sabe. Hacérselo entender, seguramente se puede hacer a los alumnos de filosofía; se les puede ir llevando de una manera sugestiva, no a través de planteamientos demasiado sistemáticos, hasta que se den cuenta de que han perdido los bienes superiores. Los han perdido de vista. Y que, además, según el tipo de vida que llevan y el modo de proceder él mismo, eso se hace inasequible. De manera que, aunque a veces puede parecer lo contrario, nuestra época –es una cosa que yo escribí hace ya bastantes años con espíritu profético, por decirlo así (yo espíritu profético, tengo muy escaso, pero en un asunto como éste es elemental)–, nuestra época es una época pesimista. Reina un pesimismo antropológico generalizado. El hombre no se atreve prácticamente a nada porque ha perdido su capacidad de proyecto.

¿Cómo crece la capacidad de proyecto de un hombre? También lo dice Aristóteles: aunque insisto que su visión en este punto es bastante limitada, aunque es de los griegos el más audaz. Los otros están muy prisioneros del pasado o del presente, pero no tienen la capacidad de proyección. La capacidad de proyección está muy clara en Aristóteles, pero en Platón, en absoluto. En Platón no hay proyecto para este mundo. En Aristóteles, en la definición que hace él de la prudencia, también en la *Ética*, la prudencia es lo que hace al hombre capaz de decidir, por eso el acto propio de la prudencia es el imperio, que es aquél acto de la prudencia con el que ésta es providencia, es decir, mira hacia adelante. El rasgo central de la prudencia, para Aristóteles es la previsión, lanzar la voluntad hacia delante. El acto del imperio. Por otra parte, como es bien sabido, para Aristóteles es un acto racional: la prudencia es una virtud dianoética.

Haciendo un balance podríamos decir que hemos ganado mucho y hemos perdido más, por lo menos de cien años a esta parte: hemos mejorado mucho, pero hemos empeorado mucho más. En qué consiste este empeoramiento: en que no nos atrevemos a nada.

La propuesta de Juan Pablo II es, sin embargo, una tesis optimista. A saber: la fe sin la razón no puede existir. Y si la razón no enlaza con la fe, se queda parada. Yo creo que esa es la tesis central, aparte de los diagnósticos que he intentado glosar a mi manera (cuando he hablado de la teoría de nuestro tiempo, una teoría que se refiere a medios; hemos perdido la capacidad de fin; el hombre es un ser con *telos*, intrínsecamente con *telos*, tanto desde el punto de vista de la inteligencia, como desde el punto de vista de la voluntad. Aristóteles a la operación intelectual la llama así: *praxis telica.* La actividad que tiene el *telos* en sí).

Esta necesidad de tensarse hacia arriba es todavía más intensa en lo que Juan Pablo II llama –no aquí, sino en otras encíclicas suyas– la "segunda creación". También en esto todo nuestro bagaje conceptual es bastante modesto. La elevación es algo así como un perfeccionamiento de la realidad humana. La expresión que emplea Juan Pablo II en esos pasajes es mucho más fuerte: es un hombre creado por segunda vez. Crear es dar el ser. Las misiones de las Personas divinas lo que hacen es dar al hombre otro ser, un ser superior; pero un ser superior es otro ser... bien entendido: no es que el hombre se haga "otro" desde el punto de vista de su identidad personal, como decía aquel filósofo, que no sabía si se mantenía su yo de día en día. No se trata de eso; se trata de una cosa mucho más simple: que el hombre al aumentar su capacidad de futuro, aumenta también su dimensión personal. Y eso no es simplemente por un desdoblamiento de la persona, como algo ya dado, sino que se produce una segunda creación. No la creación de otra persona, pero sí una segunda creación.

Es un asunto que, por otra parte, me parece que la gente de la Obra lo puede ver, con estas palabras o con otras, pero eso está en nuestro espíritu indudablemente. Porque, si no, esa dedicación que dice el Padre en esa carta tan espléndida, ese hacer la Obra siendo la Obra nosotros mismos, no se explica. Diremos, ¿la gracia es un hábito? –Sí, pero la gracia es algo más. Siendo la gracia increada, entonces, una nueva creación. Según esa nueva creación, somos una nueva criatura. Lo dice San Pablo, por otra parte. Y si somos una nueva criatura, tenemos más capacidad de verdad, de bien, de dirigirnos a una meta...

Somos creados, justamente cuando nacemos: Dios nos da el alma, etc., la personalidad. Es la primera creación. Pero luego está la segunda creación. En mi librito sobre la persona es donde está esto expuesto con cierto detenimiento. Sea de ello lo que sea... Sea verdad o no sea verdad. Nuestra razón es estirada. A nuestra razón se le da otra meta. Eso no quiere decir que la fe sustituye a la razón. Eso sería una tontería. Lo que quiere decir es que, por la fe, algunas cosas que ni sospecharíamos, y que animan a la razón, que quedan dentro de la razón como estímulo para ella misma, pero en cuanto que es ella misma, ni las sospecharíamos.

Ese es el núcleo de lo que interesa a los cristianos. Y lo que interesa a las relaciones entre el hombre normal, que también es filósofo, si no se olvida de estas cosas, si va por estos caminos, si no se deja dominar por los medios, o por las ciencias de los medios, las ciencias *poyéticas* se podrían llamar, sino que se da cuenta de que el hombre es un ser irrestrictamente creciente. Si no fuese irrestrictamente creciente, esa proporción entre el *esse* y la esencia tan tremenda no podría darse; sin un crecimiento de la esencia humana irrestricto, la proporción sería imposible. Teniendo en cuenta lo alto que es la persona. Es *dignior:* es lo más alto que existe, en ese sentido. El acto de ser más alto.

Esto tiene también consecuencias inmediatas para las relaciones entre filósofos y teólogos. Un teólogo que quiera hacer teología al margen del cultivo de la metafísica, de lo más alto a lo que pueda llegar la inteligencia humana, es un mal teólogo; mejor dicho, hace una mala teología; sencillamente, está equivocado. Y un hombre normal, con una profesión que se refiere a medios, si no tiene filosofía es un fideísta. Así de claro. O –como se oía decir al profesor Jiménez Vargas– es *un positivista cristiano* –la fe del profesor Jiménez Vargas se podía cortar, como la de nuestro Padre–. Sin filosofía, se es fideísta; no se puede dar razón de la fe.

Otra cosa en la que también incide el Papa, es que el estudio de la filosofía es lo que hace posible el diálogo con la gente que no tiene fe. Porque en eso sí podemos coincidir todos. Ahí es donde nos podemos entender, sin tener que decirle al otro que haga un acto de fe, cosa que no depende de nosotros, es de Dios, es infusa. Creo que no he exagerado nada lo que dice aquí, no es ir más allá de lo que dice el Papa.

Aquí hace una enumeración de los errores en que puede incurrir un teólogo. El que pretende hacer la teología sin filosofía; no se puede hacer. Yo he sido testigo, por otra parte. Cuando se ha intentado hacer, no ha salido nada, más que un churro sentimentalista. Se encuentran con que hay que acudir a los sentimientos. Pero esa es una cuestión de tipo pastoral, que al final aburre tremendamente, porque no alimenta el espíritu, y además es una especie de excitación emocional que no lleva a ninguna parte, más que, no sé, al manicomio. Es una equivocación profunda separar la teología de lo más alto a lo que puede llegar el hombre. Eso no es teología. Una teología sin metafísica no es teología. Un teólogo que no sepa metafísica no es un teólogo. Es un especialista en ciencias bíblicas, pero no entiende la Biblia tampoco: empezará a hablar de las relaciones con otras culturas y ahí se acabará; sacará luz del asunto, pero el contenido, un hombre que no tenga bien desarrollada la cabeza no puede hacerlo.

Por eso el Bienio Filosófico es tan importante. Otra cosa es que se dé bien o no, pero es muy importante. Porque si no se da eso bien, luego los estudios de teología se hacen mal; de acuerdo con esta encíclica, les falta base... *"Intellectus quaerens fidem"*: si el intelecto no busca la fe, la fe se queda ahí parada. Querer darle una dinámica a la fe misma al margen del intelecto, se queda en un...

Y luego, también se puede decir: es que en cuanto usted intente una filosofía que no desemboque en la fe, está usted perdido como filósofo; se transforma usted en un retórico. Sobre esto yo tengo la opinión de que realmente el filósofo, si publica lo que él considera que es verdad, lo hace por solidaridad. Pero publicar por publicar, no: en esto también soy muy aristotélico y muy tomista. ¿En qué consiste eso de decir lo que uno ha visto? ¿Qué significa enseñar filosofía? Si no fuera por solidaridad, porque el hombre es estrictamente solidario con los demás, no lo haría. Entre otras cosas, porque es que el lenguaje humano no es muy adecuado para la filosofía. El lenguaje humano es adecuado para la comunicación. Se puede; puede hacerlo, hasta cierto punto, pero siempre hay una traducción al lenguaje. El lenguaje no es lo primario, ni muchísimo menos: el lenguaje es un derivado del pensamiento, pero un derivado práctico, en el que el pensamiento queda reflejado hasta cierto punto, y nada más. Por así decirlo, eso es una obra de arte, pero no es el arte. No es el contenido, no es lo bello: no es la verdad. La verdad no está contenida en el lenguaje. La verdad donde está es en la mente. Y si el otro coincide, lo entiende, sí, pero lo entiende él; no el libro: lo entiende él. Si no, no hay nada que hacer; hay un fracaso de comunicación. Bueno, del tema de la comunicación también podríamos hablar, pero sería salirse mucho del asunto...

Relativismo, sofisma, retórica, pragmatismo, historicismo... la hermenéutica se puede salvar si se tiene una buena hermenéutica; si es buen hermeneuta: pero para eso hace falta mucho tiempo; para meterse uno bien en la piel del otro, hace falta tiempo. Y si uno no se mete bien en la piel del otro, un señor que ha vivido hace dos mil o mil años, quinientos o trescientos años. Para entender a Kant hay que meterse en la piel de Kant, si no, no...

–¿Puede decir algo de la expresión *ancilla theologiae*?

—Pues eso, que sirve a la Teología. Se puede decir que es un saber subordinado al otro, pero no subaltenado. La filosofía hay que hacerla como filósofo ¿iluminado por la fe? Muy bien. Pero no como diciendo "bueno, pues esto es una excusa", como decía Escoto. Escoto se equivocó en eso de medio a medio cuando dijo que la filosofía llegaba hasta cierto punto, hasta ciertos temas, y luego había a otros temas los cuales solamente eran accesibles al teólogo. Pero que cuando el filósofo llegaba a esos temas, podía tirar la escalera, es decir todo lo que había averiguado antes lo podía tirar a la calle. De manera que subalternación no, subordinación sí, con autonomía.

Epílogo

Estas páginas se ofrecen para que puedan servir de ayuda a quienes vengan detrás, en especial, a quienes, conocedores del alcance de los hallazgos filosóficos de Leonardo Polo, quieran saber un poco más acerca del personaje. En efecto, si vida y pensamiento conforman una unidad, en la medida en que se sepa un poco más de su biografía se podrá conocer mejor su filosofía.

Por suerte disponemos de un buen álbum fotográfico sobre Polo, y asimismo de algunos videos, material que habrá que hacer valer en algunas nuevas publicaciones. Si la cara es el espejo del alma, algo se podrá también averiguar de él a través de esa documentación audio-visual. Pero como la razón manifiesta más sentido que el oído y la vista, en esta publicación se recogen muchos pensamientos de muchas personas sobre este insigne filósofo que pueden servir para comprenderle mejor.

Tales relatos seguramente podrán ayudar a confeccionar en su día una biografía intelectual de Leonardo Polo, empresa nada fácil, porque además de recoger en ella datos de su vida –que Polo ni manifestó ni estaba dispuesto a gastar energías y tiempo en ello–, deberá fechar sus descubrimientos y la evolución de los mismos en cada una de las ramas de la filosofía por él trabajadas, lo cual comporta una compresión seria de su pensamiento, tarea espléndida que queda por hacer y que será de gran utilidad para los futuros estudiosos de su legado, para que puedan ser capaces –como él mismo aconsejaba– de ampliarlo y hacerlo más fecundo. Si este trabajo ayuda en dicha finalidad, los editores quedan agradecidos a quienes en él han colaborado.

Y dado que *'todo éxito es prematuro'*, como rezan las palabras de Leona-do Polo que aparecen en la parte inferior de la carátula de cada libro de sus *Obras Completas*, aunque de momento contemos ya –entre el primer y este segundo volumen– con 501 testimonios, como esos no son los únicos –ni directos ni, desde luego, indirectos– que se pueden compilar, quede pues esta tarea abierta para proseguirla en una nueva publicación.

Tabula laudatoria

Además de los precedentes testimonios, a continuación se ofrece una parcial lista de personas (a las que se añaden sus respectivas direcciones de correo electrónico), que no habiendo podido realizar esta vez testimonio personal –directo o indirecto– sobre D. Leonardo Polo, le están agradecidas. Esperamos contar con ellas para un tercer volumen.

Abud Aporta, Jorge: contadorjorgeabud@gmail.com

Aguilera Pascual, Domingo: aguilera@netspainco.com

Agustinas, Dainys: augustinas.dainys@vdu.lt

Albiol Esteller, María José: mariajosealbiolesteller@gmail.com

Aliguer Cámere, M. Marc: maliguer@alumni.unav.es

Anchondo Pavón, Erika: erikaanchondopavon@gmail.com

Arbulú Saavedra, D. Juan: juanarbulu@gmail.com

Arnau Carbonés, Jaume: jarnauc@gmail.com

Ayerdi Amigot, Susana: sansuserio@hotmail.com

Azanza Torres, María Luisa: mazanzatorr@alumni.unav.es

Balibrea Cárceles, Miguel Ángel: mabalibrea@external.unav.es

Baños Atance, Emma: ebanos.1@alumni.unav.es

Bastidas Tinizaray, Ana: anabastidast@gmail.com

Benito Arias, María del Sol, benitoariasmarisol@gmail.com

Betancour, Ricardo: ricardo mbetancourt@alumni.unav.es

Boutin, Amaury: amauryboutin5@gmail.com

Calandra, Joaquin: joaquincalandra@gmail.com

Callejo Goena, Guillermo: gcgoena@gmail.com

Camacho Eid, Ana Lucia: acamachoeid@alumni.unav.es

Cañarte La Mota, Hugo: hcanarte95@gmail.com

Cereceda Tépox: Raúl Omar: tepox@irsl.edu.mx

Chapresto, Fernando: fchapresto@gmail.com

Colino Carpintero, Francisco: fjcolino@alumni.unav.es

Colombeti, Elena: e.colombetti@pusc.it

Correa Bertoncini, Ana Luize: analuizec@gmail.com

Davila, Viola: Davilaviola05@gmail.com

Del Toro Hernández, Sair: Sair@geniofemenino.com

Di Giovanni, Aura: aura.digiovanni79@gmail.com

Díaz Meza, José Ascención: jose.diaz@alumnos.udg.mx

Echeveste Úcar, Iosu: iechevesteu@alumni.unav.es

Encabo Valenciano, María Pilar: mpencabo@gmail.com

Engonga Oná, D. Ildefonso José: iljeona@gmail.com

Faustino, Evandro: evandro.faustino@isep.org.br

Fernández, Tomás: tfernandez3@uc.cl

Ferreira Santos, Pedro Filipe: Pedrofsantos@hotmail.com

Fontana, Alejandro: alejandro.fontana@pad.edu

Forcano García, Merche: merforcano@gmail.com

Foronda, Edmundo Miguel: emforonda@unis.edu.gt

García Latorre, Isabel: isabelg95@gmail.com

García Mina, José María: jgmina@unav.es

García Ortega, Jaime: jgarciaorte@alumni.unav.es

Garmendia, Ana Carolina: agarmendiag@alumni.unav.es

Gasteazoro Escolano, Eva María: titogasteazoro@gmail.com

Gil González, María: Maria262gg@hotmail.es

Gómez Fonseca, William: williamgomezf@gmail.com

Gómez Sandoval, Gabriela: gabygmz@gmail.com

Gómez, Andrés: andres.gomez@icami.mx

Gómez navarrete, María Isabel: mgomez.36@alumni.unav.es

González Mérida, Juan Carlos: juancamax@gmail.com

González Urrea, Paola: paoglezurrea@gmail.com

González Vidal, Pau: pgonzalezvi@alumni.unav.es

Guijarro, Silvia: sgcrsm@gmail.com

Gutiérrez Velásquez, Luis Fernando: lufeguzve@gmail.com

Hernández Morales, María Teresa: 0131mthm@gmail.com

Hoyos Castañeda, Ilva Myriam: ihoyos.proc@gmail.com

Hurtado Mejía, Edna: edna.hurtado@unisabana.edu.co

Indacochea, Gonzalo: metanoiacracia@gmail.com

Iparraguirre Bernaola, Alvaro Daniel: alvaroiparraguirre@outlook.com

Irarrazabal Covarrubias, Juan: juan.irarrazabal@ppulegal.com

Iserte Alfaro, David: diserte@alumni.unav.es

Ivorra García-Moncó, Javier: javi.ivorra@gmail.com

Karam, Ana: ana.karam@ceulaw.org.br

Kunhardt Urrea, Lorenza: lorenzaku@gmail.com

Lara Moreno, Jim: jlaramoreno@alumni.unav.es

Letort, Dominique: dominiquel@uhemisferios.edu.ec

Llauce Ontaneda, Mellisa: cllauce@alumni.unav.es

López Chila, Ricardo Ivan: ricardo.ivan.lopz@gmail.com

López Limón, Héctor Tadeo: htlopez@up.edu.mx

López Vidrio, Roxana: roxana@orelop.com

López, Borja: blopez.9@alumni.unav.es

López Fernandez, Enrique: elopez.32@alumni.unav.es

Marquez Amilibia, Natalia: nataliamarquezamilibia@gmail.com

Massmann Bozzolo, D Nicolás: nmassmann@gmail.com

Mauro, Bernardette: mauro.bernadette@googlemail.com

Mazingi Kadogo, Laurent: mazingikadogo@gmail.com

Medina Rodríguez, Beatriz Mª: bmedinabis@gmail.com

Mejía, Olga Lucía: olgaluciamejia1@outlook.com

Montero García, Ana: amontero1974@hotmail.com

Montes López, Adolfo Estuardo: amontes@unis.edu.gt

Montoya García, Pablo: luxtransparens@hotmail.com

Montuenga Ríos, Rocío: rmontuenga@alumni.unav.es

Moscoso, Leonardo: lmmonster@hotmail.com

Mundaka, Rodrigo: rodrigomundaka@alma.com.bo

Múnera, Luis Darío: paradigmas_munera@yahoo.com

Munive Hernández, Edgard: emunive70@gmail.com

Naranjo, P. Jaime: jnaranj@gmail.com

Nazaré, María: mnazarelb@gmail.com

Oliva, Marcos: marcosoliva1@gmail.com

Oneca Arribas, Mikel: mikel_oneca@yahoo.es

Orozco, Juan Pablo: cannabicas@gmail.com

Ortiz, Santiago: hsantiago.ov@gmail.com

Parra Roman, Juan Carlos: jcparra33@gmail.com

Pérez Guerrero, Javier: javier.perez@unir.net

Pérez Martínez, José Francisco: 0216123@up.edu.mx

Pestano Matías, Ana: apestano@alumni.unav.es

Piá-Tarazona, Salvador: salvadorpia74@gmail.com

Podhorski, Stas: spodhorski@alumni.unav.es

Pomar Ferro, Mª Olalla: olallapomar@gmail.com

Ponsignon, Hombeline: hponsignon@alumni.unav.es

Pou Chesa, Beatriz: beapouchesa@gmail.com

Preciado Urrea, Ana Beatriz: jrfuentes@quimicamarel.com.mx

Prieto Cámero, Gonzalo: gprietoc@gmail.com

Prünte, Johannes: jo.pruente@gmail.com

Puigferrat Pérez, Isabel: ipuigferrat@alumni.unav.es

Puy Segura, Juan Pablo: juanpablopuy@gmail.com

Quintero Vallejo, Pablo Andrés: pabloaq@gmail.com

Racelis, Aliza: alizaracelis@gmail.com

Reale, María Alicia: realemariaalicia@gmail.com

Reyes Baixarias, Marcela: marcereycam@gmail.com

Reyna Fortes, Rafael: rafaelreynafortes@gmail.com

Rivera, Claudio: claudio.rivera@rbs.lv

Rivero, Gabriela Antonia: gabrielarivero015@gmail.com

Robledo Yeffal, María Fernanda: mrobledoyef@alumni.unav.es

Rodolfi, Gustavo: gustavorodolfi@gmail.com

Rodríguez Díaz, Jaime: Jrodriguez@legionaries.org

Rodríguez Llamas, Gabriela: gabrielar@uhemisferios.edu.ec

Rojas López, Christian: christian.rojaslo@anahuac.mx

Ronda, Carlos: cronda@me.com

Rubio Irigaray, María: mrubio.19@alumni.unav.es

Ruíz, María Nathanael, cabonorte7121@gmail.com

Sáez García, María: maria2.saez.garcia@gmail.com

Sahagún Kunhardt, Laura: maria.sahagun@pared.edu.au

Sáiz, Miguel: masaizf@gmail.com

Salas Rodríguez, Fátima María: fsalas@alumni.unav.es

Salas Rodríguez, Luis Eliud: luis@polymath.com.mx

Shintani, Regina: regina.shintani@gmail.com

Silberstein, Augusto: augusto.silberstein@gmail.com>

Silveira, Raquel G.: raquel@invenio.edu.br

Simoes Rodrigues, María Paula: paulasilvasimoes@gmail.com

Suárez, Johanna: joana suarez@l-p-a.org
Tamez, Lázaro: jltamez@mahesa.con.mx
Tanchiva Segura: Erlith: erlith.tanchiva@upn.edu.pe
Torres Cortés, Mario: drmariotorrescortes@gmail.com
Trejo, Carlo: ctrejoalumniunaves@gmail.com
Ueda, Roberto: ueda@invenio.edu.br>
Ugarte Abollado, Cristina: cugartea@unav.es
Ugarte, Teresa: teresa.ugarte.a02@gmail.com
Valencia Fuhrmann, Edna Marisa, losaltosmv@gmail.com
Valencia, Edna: ednavalfuhr@gmail.com
Vargas, Sacramento: sacri.vargas57@gmail.com
Viana, María Cláudia: claughira@gmail.com

Tabla cronológica

1926   Nacimiento en Madrid –España– (1 de febrero).

1931-1936 Enseñanza básica en el Liceo Francés de Madrid.

1936   Ingreso en el Bachillerato.

1937-1939 Estancia en Albacete –España–.

1939   Regreso a Madrid.

1939-1945 Estudios de Bachillerato en el Instituto Cardenal Cisneros de Madrid.

1945   Premio Extraordinario de Bachillerato en el examen de Estado.

1945-1949 Estudios de la Licenciatura de Derecho en la Universidad Complutense (llamada entonces Universidad Central) en Madrid.

1949   Obtención del grado de Licenciado en Derecho. Inicio y abandono de la práctica jurídica. Solicitud de admisión al Opus Dei. Cursos de Doctorado en Derecho, y comienzo de la Licenciatura en Filosofía en Madrid. Premio Condesa Vda. de Maudes.

1950   Descubrimiento del método filosófico 'abandono del límite mental' en Madrid.

1950-1973 Profesor de la Universidad de La Rábida.

1952   Finalización de los cursos comunes de Filosofía y Letras en Madrid. Obtención de una beca del CSIC para realizar estudios de tesis doctoral en Derecho en Roma.

1952-1954 Estancia en Roma. Redacción de los manuscritos sobre 'La distinción real'. Secretario del Instituto Jurídico Especial en Roma.

1954   Incorporación a la Universidad de Navarra, Pamplona.

1954-1956   Profesor de Filosofía del Derecho.

1956   Comienzo de la Facultad de Filosofía y Letras de la Universidad de Navarra. Nombramiento como primer profesor. Imparte 'Fundamentos de Filosofía' e 'Historia de los sistemas filosóficos'.

1954-1959   Estudios de Filosofía a distancia en la Universidad Central de Madrid que prosigue en la de Barcelona.

1961   Obtención del grado de Doctor. Tesis: "Evidencia y realidad en Descartes".

1963   Publicación de *Evidencia y realidad en Descartes*. Premio Menéndez Pelayo del CSIC.

1964   Publicación de *El acceso al ser*. Curso en La Rábida: "El sentido de la Historia".

1965   Publicación de *El ser I. La existencia extramental*. Curso en La Rábida: "La función social de la propiedad".

1966   Obtención de la Cátedra de Filosofía y toma de posesión como catedrático numerario de Fundamentos de Filosofía e historia de los Sistemas Filosóficos de la Universidad de Granada (25 de abril). Curso en La Rábida: "La participación política".

1967   Curso en La Rábida: "Valor y temor".

1968   Vuelta a la Universidad de Navarra, Pamplona. Nombramiento como Director de Estudios de su Facultad de Filosofía y Letras (20 de noviembre), y renovación en 1971 (11 de octubre). Curso en La Rábida: "Personalización y libertad".

1968-1997   Profesor de la Universidad de Navarra, Pamplona. Miembro del Centro de Estudios sobre la Responsabilidad Social de la Iniciativa Privada CEISIP. Miembro del Comité de Redacción de la revista *Anuario Filosófico* de la Universidad de Navarra.

1969   Curso en La Rábida: "Personalización y masificación".

1975   Catedrático de Historia de la Filosofía.

1979   Asistencia a la *I Semana andaluza de filosofía en Málaga*. Curso de verano en la Universidad Panamericana de México: "Las fuentes de la dialéctica moderna".

1980   Curso en el ICE de la Universidad de Málaga sobre "El pensamiento de Hegel".

1981   Participación en la conmemoración del II centenario de la *Crítica de la razón pura* de Kant en la Universidad de Málaga.

1982   Conferencia en el ICE de la Universidad de Málaga: "Nociones básicas de cibernética y participación en una mesa redonda sobre Azar y conocimiento".

1983   Conferencia en las I Jornadas de filosofía de la política en la Universidad de Málaga. Visita veraniega a la Universidad Panamericana, sede Guadalajara. Primera visita veraniega a la Universidad de Piura (Perú).

1984   Publicación del *Curso de teoría del conocimiento* (I). Miembro del Tribunal de las tesis doctorales *Los principios de omnipotencia y de contradicción en Ockham*, y *Conocimiento y mundo en Nicolás de Cusa* en la Universidad de Málaga y Conferencia en las II Jornadas de filosofía de la política: "La vertiente política de la sofística". Visita veraniega a la Universidad de Piura (Perú).

1985   Publicación de *Hegel y el posthegelianismo* y *Curso de teoría del conocimiento* (II), Conferencia en las III Jornadas de filosofía de la política de la Universidad de Málaga: Teoría de la productividad social y miembro del Tribunal de las tesis doctorales: *La fundamentación filosófica de la hermenéutica en Gadamer*, y *La extensión inteligible en Malebranche*. Visita veraniega a la Universidad de Piura (Perú).

1986   Nombramiento como Director del Departamento de Historia de la Filosofía y de la Ciencia en la Universidad de Navarra. Estancia veraniega en la Universidad de La Sabana (Colombia). Miembro del Tribunal de la tesis doctoral: *Concepto y función de la filosofía en San Agustín*, en la Universidad de Málaga. Visita veraniega a la Universidad de Piura (Perú).

1987   Miembro del Tribunal de la tesis doctoral: *Ceferino González y los inicios de la neoescolástica española*, en la Universidad de Málaga. Estancia veraniega en Chile. Profesor Invitado por la Universidad Católica de Santiago y por la Universidad Católica de Valparaíso. Visita veraniega a la Universidad de Piura (Perú).

1988   Publicación del *Curso de teoría del conocimiento* (III). Renovación del nombramiento de Director del Departamento de Historia de la Filosofía y de la Ciencia (22 de julio). Conferencia en el programa de doctorado de la Universidad de Málaga: "El orden de los trascendentales". Visita veraniega a la Universidad de Piura (Perú).

1989   Nombramiento de Profesor Ordinario de la Universidad de Navarra (21 de agosto). Estancia veraniega en la Universidad de La Sabana, donde impartió el curso "El conocimiento racional de la realidad". Visita veraniega a la Universidad de Piura (Perú).

1990   Estancia veraniega en la Universidad de los Andes (Chile). Charlas sobre Empresa y Humanismo. Entrega de la medalla al Mérito Académico de la Universidad Panamericana de México.

1990-1991   Curso de Doctorado en la Universidad de la Santa Cruz (Roma) sobre "La libertad". Visita veraniega a la Universidad de Piura (Perú).

1991   Publicación de *Quién es el hombre. Un espíritu en el tiempo*. Estancia veraniega en la Universidad de La Sabana (Colombia), donde impartió un curso sobre "Antropología trascendental". Estancia veraniega la Universidad de los Andes. Curso sobre Empresa y Humanismo.

1992   Cese como Director del Departamento de Historia de la Filosofía y de la Ciencia de la Universidad de Navarra (6 de noviembre). Conferencia en el Departamento de Filosofía de la Universidad de Málaga: "La antropología trascendental". Estancia veraniega en la Universidad de La Sabana (Colombia), donde impartió un curso sobre "Antropología trascendental". Visita veraniega a la Universidad de Piura (Perú).

1993   Publicación de los libros *Presente y futuro del hombre, Claves del nominalismo y del idealismo en la filosofía contemporánea* y de *El conocimiento habitual de los primeros principios*. Conferencia en el programa de doctorado de la Universidad de Málaga: "Metafísica y sociología". Estancia veraniega en la Universidad de los Andes (Chile). Curso de doctorado. Visita veraniega a la Universidad de Piura (Perú).

1994   Publicación del *Curso de teoría del conocimiento* (IV). Primera parte. Conferencias en la Universidad de Málaga: "La antropología después de Hegel: La antropología trascendental", y "La esencia del hombre", "Sobre el estado actual de la filosofía y la universidad". Visita veraniega a la Universidad de Piura (Perú). Recepción del Doctorado Honoris Causa por la Universidad de Piura.

1995   Publicación de *Ética: hacia una versión moderna de los temas* clásicos y de Introducción a la Filosofía. Visita veraniega a la Universidad de Piura (Perú).

1996   Publicación del *Curso de teoría del conocimiento*. Tomo IV. Segunda parte, Sobre la existencia cristiana y La persona humana y su crecimiento. Nombramiento como Prof. Extraordinario de la Universidad de Navarra (10 de octubre). Conferencia en el programa de doctorado: "Versiones modernas de la sociabilidad humana". Miembro del Tribunal de la tesis doctoral *El tener en Zubiri*. Estancia veraniega en la Universidad de Los Andes (Chile). Curso de doctorado. Visita veraniega a la Universidad de Piura (Perú).

1997   Nombramiento como Profesor Honorario de la Universidad de Navarra (22 de noviembre). Publicación de *Nominalismo, idealismo y rea- lismo, Antropología de la acción directiva*. Curso anual en Bonga, Cartagena de Indias (Colombia) en julio de 1997. Curso sobre Dirección de Empresas a los profesores del Inalde (Universidad de La Sabana) en Torreblanca (Colombia), y breve curso a los antiguos alumnos del Bienio de Filosofía de la Universidad de La Sabana en Silvania (Colombia). Visita veraniega a la Universidad de Piura (Perú). Banco Santander "La virtudes en la empresa".

1998   Publicación de *La voluntad y sus actos I y II*. Conferencia en el programa de doctorado de la Universidad de Málaga: "La temporalidad en Heidegger y el problema de la libertad", y conferencia para el Grupo de investigación sobre el idealismo alemán: "De la conciencia idealista al carácter de *además* de la persona". Estancia veraniega en la Universidad de los Andes. Charla a directivos del Banco Santander "La virtudes en la empresa". Participó en el Convegno "Dio e il senso dell'esistenza umana" organizado por la Facultad de Filosofía de la Universidad de la Santa Cruz (Roma). Su ponencia fue "L'uomo, via verso Dio". Visita veraniega a la Universidad de Piura (Perú).

1999   Publicación de *Antropología trascendental. Tomo I: La persona humana*. Última visita veraniega a la Universidad de Piura (Perú). Inicio de la publicación de la revista española impresa *Studia Poliana* (sede en Pamplona)

2003   Publicación de *Antropología trascendental. Tomo II: La esencia de la persona humana.*

2004   Publicación de *El conocimiento racional de la realidad* y *El yo.*

2005   Publicación de *Nietzsche como pensador de dualidades, La crítica kantiana del conocimiento, La libertad trascendental, Lo radical y la libertad* y *El orden predicamental*. Inicio de la publicación on-line de la revista española *Miscelanea Poliana* (sede en Málaga).

2006   Publicación de *La esencia humana, El logos predicamental* y *Ayudar a crecer. Cuestiones de filosofía de la educación.*

2007   Publicación de *Las organizaciones primarias y las empresas (I y II)* y *Persona y libertad.*

2008   Publicación de *El conocimiento del universo físico* y *El hombre en la historia*. Recepción de la medalla de Carlos III el Noble entregada por la Comunidad Foral de Navarra (lunes, 17 de marzo).

2009   Publicación de *Curso de psicología general* y *Lecciones de psicología clásica.*

2010   Publicación de *Introducción a Hegel.*

2011   Publicación de *La esencia del hombre.*

2012   Publicación de *Filosofía y economía* y *Estudios de filosofía moderna y contemporánea.*

2013   Publicación de *Lecciones de ética.*

2013   Fallecimiento en Pamplona (9 de febrero). Funeral en el Colegio Mayor Aralar el día 10 de febrero, y entierro en el cementerio de Pamplona, en el panteón 'Sancta Maria Regina Coeli Ora Pro Nobis', C/ San Simón 29-30.

2014   Publicación de su obra póstuma *Epistemología, creación y divinidad.*

2015   Inicio de la publicación de la Serie A de sus *Obras Completas* (vols. I-XXVII). Inicio de la publicación de la argentina *Revista de Estudios Filosóficos Leonardo Polo* (nº 1).

2019   Fin de la publicación de la Serie A de sus *Obras Completas*.

2021   Inicio de la publicación de la Serie B de sus *Obras Completas* (vols. XXVIII-XL).

2024   Fin de la publicación de la Serie B de sus *Obras Completas*.

Obras completas
de Leonardo Polo

XXI.   *Curso de psicología general* (2018).
XXII.   *Lecciones de psicología clásica* (2015).
XXIII.   *La esencia del hombre* (2015).
XXIV.   *Estudios de filosofía moderna y contemporánea* (2015).
XXV.   *Filosofía y economía* (2015).
XXVI.   *Escritos Menores*, vol. III (2018).
XXVII.   *Epistemología, creación y divinidad* (2015).

SERIE B.
XXVIII.   *Itinerario hacia la antropología trascendental*, vol. I (2021).
XXIX.   *Itinerario hacia la antropología trascendental*, vol. II (2021).
XXX.   *Artículos y conferencias* (2022).
XXXI.   *Cursos y seminarios*, vol. I (2022).
XXXII.   *Glosas a Nietzsche* (2022).
XXXIII.   *Conversaciones* (2022).
XXXIV.   *Cursos y seminarios*, vol. II (2023).
XXXV.   *Escritos para la cátedra* (2023).
XXXVI.   *La dignidad humana ante el futuro y otras entrevistas* (2023).
XXXVII.   *Conferencias y textos breves* (2023).
XXXVIII.   *Conversaciones sobre física* (2024).
XXXIX.   *Lecciones de teoría del conocimiento y antropología* (2024).
XL.   *Textos críticos sobre Hegel y Lectura crítica sobre Teología de la liberación* (2024).